大学生就业指导实训教程
（第2版）

主　编　李　莉

副主编　王　佳

编　委　宋　阳　崔晓玲

北京理工大学出版社
BEIJING INSTITUTE OF TECHNOLOGY PRESS

图书在版编目（CIP）数据

大学生就业指导实训教程/李莉主编. —2 版. —北京：北京理工大学出版社，2021.3（2021.12重印）

ISBN 978 - 7 - 5682 - 9641 - 0

Ⅰ. ①大…　Ⅱ. ①李…　Ⅲ. ①大学生 - 就业 - 高等学校 - 教材　Ⅳ. ①G647.38

中国版本图书馆 CIP 数据核字（2021）第 050050 号

出版发行／北京理工大学出版社有限责任公司	
社　　址／北京市海淀区中关村南大街 5 号	
邮　　编／100081	
电　　话／（010）68914775（总编室）	
（010）82562903（教材售后服务热线）	
（010）68948351（其他图书服务热线）	
网　　址／http：//www.bitpress.com.cn	
经　　销／全国各地新华书店	
印　　刷／三河市天利华印刷装订有限公司	
开　　本／787 毫米 × 1092 毫米　1/16	
印　　张／26.25	责任编辑／徐艳君
字　　数／602 千字	文案编辑／徐艳君
版　　次／2021 年 3 月第 2 版　2021 年 12 月第 2 次印刷	责任校对／周瑞红
定　　价／59.00 元	责任印制／施胜娟

前　言

当前，经济全球化进程加快，科技进步日新月异，综合国力竞争日益激烈。我国高等教育已经进入大众化发展阶段，目前我国的高等教育规模跃居世界第一，由此也引发了大学生就业难等问题。高校毕业生就业形势逐年严峻。在我国的1258所（含独立学院）普通本科高校中，一般本科院校、科研院所和军事学院的初次就业率相对更低；而各地的调查显示，众多企业又难以找到所需的大量应用技术型人才。这一现象对高等学校尤其是地方性本科院校的大学生就业指导工作提出了更高的要求，因此开展系统的大学生就业指导与实训工作显得尤为重要。

国务院办公厅在《关于切实做好2007年普通高等学校毕业生就业工作的通知》（国办发〔2007〕26号）中明确提出，要加强大学生就业指导，将就业指导课纳入教学计划。教育部办公厅印发的《大学生职业发展与就业指导课程教学要求》（简称《教学要求》）进一步明确了就业指导课程的教学目标、内容、方式、管理与评估。对于当今的大学生就业指导而言，树立以人为本的观念，结合转型期地方本科院校的发展要求，针对学生个体特征开展就业指导与实训势在必行。

本教材初版以来，紧紧围绕《教学要求》，力求遵循高等学校就业指导课堂教学的一般规律，并充分考虑实践教学的普遍要求，增加了实训环节。初版教材贴合当时的就业形势和就业政策，帮助读者了解求职择业的相关知识。新版教材将内容重新进行了梳理，按照求职择业的逻辑顺序，将教材分为政策篇、素养篇、技巧篇三个篇章。另外，本教材将就业政策和就业形势中的内容进行了更新，展示了近几年在大学生就业领域的新形势、新现象。

本教材第六、七、八、九章由李莉编写，第一、四、五章以及附录一由王佳编写，第三章由宋阳编写，第二章及附录二由崔晓玲编写，王佳、刘爽校对了全书。本教材的编写和出版得到了北京理工大学出版社的热情帮助和支持，还借鉴、参考了一些已出版的专著和教材中有关研究成果和资料，在此一并表示衷心的感谢！

由于时间仓促和编者水平有限，书中难免存在错误和疏漏之处，敬请广大读者批评指正。

编　者

目　　录

政　策　篇

技　巧　篇

第一章　绪　论

学习本章之后，要求学生能够达成以下目标：
1. 了解就业指导的含义与内容；
2. 掌握就业指导的任务与意义。

能力比学历更重要

一家大公司需要招聘办公室副主任，在省城的好几家大报上登出了"高薪诚聘"内容的广告。月薪4000元的确具有不小的诱惑力，一时间应者如云，有近百人报名参加初试，其中不乏硕士生和许多有工作经验者。

初试之后，又经过了三轮面试，最后确定由三人参加最后一轮面试。他们是：一个硕士毕业生、一个应届本科毕业生和另外一个有着五年相关工作经验的年轻人。

最后的面试由总经理亲自把关：跟三位应聘者逐个进行交谈。面试的房子是临时腾出来的，设在人事部的一间小办公室里。等谈话要开始了，才发现室内恰好少了一把供应聘者坐下来跟总经理交谈的椅子。办事人员正要到隔壁办公室去借一把椅子，总经理挥手制止了他："别去了，就这样吧！"

第一位进来的是那位硕士生。总经理对他说的第一句话是："你好，请坐。"他看着自己周围，发现并没有椅子，充满笑意的脸上立即现出了些许茫然和尴尬。

"请坐下来谈。"总经理又微笑着对他说。他脸上的尴尬显得更浓了，有些不知所措，略作思索，他谦卑地笑着说："没关系，我就站着吧！"

接下来就轮到年轻人，他环顾左右，发现并没有可供自己坐的椅子，也是一脸谦卑地笑："不用了不用了，我就站着吧！"

总经理微笑着说："还是坐下来谈吧！"

年轻人很茫然，回头看了看身后，"可是……"

总经理似乎恍然大悟，说："啊，请原谅我们工作上的疏忽。那好，您就委屈一下，我们站着谈吧！不过，很快就完的。"

几分钟后，那个应届毕业生进来了。总经理的第一句话仍然是："你好，请坐。"

大学生看看周围没有椅子，愣了一下，立即微笑着请示总经理："您好，我可以把外面的椅子搬一把进来吗？"

总经理脸上的笑容舒展开来，温和地说："为什么不可以？"

大学生就到外面搬来了一把椅子坐下来，和总经理有礼有节地完成了后面的谈话。

最后一轮面试结束后，总经理留用了这位应届大学毕业生。总经理的理由很简单：我们需要的是有思想、有主见的人，没有自己的思想和主见，一切的学识和经验都毫无价值。

事实也证明总经理的判断准确无误。仅仅半年之后，应届毕业生就"做到了"总经理助理的位置上，成为公司中最年轻的高层管理人员。

第一节　大学生就业指导概述

 一、大学生就业指导的含义

就业指导可分为狭义和广义两大类。狭义的就业指导，是指给求职者传递就业信息和就业经验，提供就业意见，做求职者和用人单位沟通的桥梁。广义的就业指导，是指立足于求职者职业生涯的和谐发展，包括人力资源市场调查，预测社会需求量，汇集和传递就业信息，求职者自我评估，培养劳动技能，组织劳动力市场以及推荐、介绍、组织招聘等与就业相关的综合性社会咨询、服务活动。在我国，就业指导还包括就业政策导向，以及与之相应的思想教育工作，其目标是使无业者有业，有业者乐业。我国的就业指导部门包括学校、社会机构及团体、政府的人力资源社会保障部门。2009年，我国人力资源社会保障部机构调整后，明确了高校大学生就业指导的责任界限：大学生在校期间的就业指导以教育部门为主，毕业离校后以各级人力资源社会保障部门为主。目前，我国的大学生就业指导工作进入了以高校、政府为主，社会分担，全员关注的新阶段。

 二、大学生就业指导的内容

大学生就业指导，是以提高大学生就业能力为核心，以实现大学生高质量就业为目的，贯穿大学教育全过程的教育引导，包括以下几方面的内容：

（一）就业形势指导

就业形势是大学生就业时面临的总体就业状况，包括社会需求情况、求职者规模情况、供需比例、薪酬行情等方面。就业形势指导是为了指导大学生在毕业求职前，准确把握和理智认识就业形势，了解就业工作程序，提高信息收集与处理的效率与质量。

（二）择业观念指导

帮助大学生分析影响其择业的相关因素，树立正确的择业观；引导大学生从实际出发，主动服从社会和国家的需要，把个人的理想与国家和社会的需求结合起来，避免和纠正择业时的短期行为，抵制眼前功利的诱惑，真正做到以事业为重，以国家利益为重，勇于到基层建功立业；帮助大学生树立高尚的求职道德，正确处理社会需求与个人理想、成才与发展、事业与生活、集体与个人、他人与自我的关系，提高思想境界，以积极的态度择业，进而在工作岗位上充分实现其自身价值。

（三）应聘实务指导

指导大学生正确地认识自己的择业条件，准备好求职材料，直面求职；使大学生掌握求职的相关礼仪、自我推荐的方式、应聘的技巧，了解面试的基本形式和要求，把握笔试的类型和注意事项，提高求职的成功率。

（四）就业心理指导

心理指导是指通过就业心理辅导与咨询，消除大学生在就业择业时出现的消极心态，如担心焦虑、消极依赖、怯场害怕等心理，指导大学生做好就业心理准备，树立求职信心，掌握常用的心理调适方法，积极面对就业的挑战。

（五）职业适应指导

大学毕业生刚刚结束学习生涯步入社会，由于环境发生了变化，在行为习惯和思维习惯上都需要一个适应的过程。因此需要指导大学生进行职业适应，引导大学生做好进入职业角色的准备，使其了解影响职业发展的因素，实现从学生到职业人的转变，并学会有效地管理自己的职业生涯。

（六）就业权益指导

即将步入社会的大学毕业生，往往社会经验不足，自我保护意识较差，而由于就业竞争激烈、就业市场不够规范等多种原因，致使一部分大学毕业生在求职择业的道路上遇到各种各样的"陷阱"。因此，要加强大学生就业权益指导，使大学生了解就业过程中的基本权益与常见的侵权行为，掌握权益保护的方法与途径，维护个人的合法权益。

三、大学生就业指导的主要方式

大学生个体特征的差异性和就业指导内容的丰富性决定了进行就业指导所采取的方法不是单一的而是多样化的。在选择就业指导方法时应注意点面兼顾，既要指导广大学生掌握具有普遍意义的就业知识与技能，又要尽量为学生个体提供个性化指导。

（一）课堂教学的方式

课堂教学是将就业指导科学化、系统化、制度化、规模化的主要方式，也是当前大学生就业大众化形势下落实就业指导工作的重要途径。通过课堂教学，大学生系统、全面地学习和掌握就业指导的理论知识和操作技能，发挥就业主体的主动性，将所学所知内化为自觉、自主、科学的自我指导，从而有助于大学生成功求职择业。2007 年 12 月教育部办公厅印发了《大学生职业发展与就业指导课程教学要求》的通知，文件中提出："从 2008 年起提倡所有普通高校开设职业发展与就业指导课程，并作为公共课纳入教学计划，贯穿学生从入学到毕业的整个培养过程。现阶段作为高校必修课或选修课开设，经过 3～5 年的完善后全部过渡到必修课。"

（二）广泛宣传的方式

目前，各高校都很重视毕业生的就业指导工作，高校一般通过就业动员会、校友报告会、就业指导专题讲座、编写印发就业指导宣传材料、就业信息宣传栏、就业信息网站建设、专题媒体报道、学生就业创业大赛和校园社团活动等多种宣传教育形式来开展就业指导活动，营造一个全员关心大学生就业的良好氛围，通过灵活多样的宣传教育形式给大学生以指导。

（三）个别咨询的方式

个别咨询的方式是指学校就业工作人员和就业指导教师为大学生提供就业咨询服务和指导，这是一个针对性强、效果明显的就业指导形式。每个大学生都有自己的个性特征及职业发展愿望，也会遇到不同的问题，个别咨询指导可以根据大学生个体情况给予其具体指导，帮助其认知自我，明确优势，找出不足，合理定位，确定适合自己的择业目标，解决其求职择业遇到的具体问题，利其就业，促其成才。

大学生是国家宝贵的人才资源，在当前充满机遇与挑战的社会里，大学生能否人尽其才、才尽其用，在祖国需要的各条战线上，为经济的发展和社会的进步作出贡献，大学生就业指导将发挥越来越重要的作用。有效的就业指导也会反过来促进高校的教育模式和专业的发展，不断提高高等教育人才的培养质量。

第二节　大学生就业指导的意义

大学生是国家宝贵的人力资源财富，积极开展大学生就业指导，有利于全面提高大学生的素质，帮助和引导大学生根据自身特点和社会职业的需要，选择最能发挥自身才能的职业，全面、迅速、有效地与工作岗位结合，实现其人生价值和社会价值。因此，大学生就业指导无论是对社会和用人单位，还是对高等院校和毕业生个人，都具有十分重要的现实意义和深远的历史意义。

 一、大学生就业指导的任务

大学生就业指导的任务主要有以下几个：

（一）指导大学生充分了解自我

通过开展就业指导，帮助大学生充分了解自我，包括个人的职业兴趣、性格、能力和价值观等，从而对自己有个全面、客观、理性的认识，进而以就业为导向，进一步提高个人的就业技能，加强就业心理调适，树立科学的择业观念。

（二）帮助大学生全面了解职业世界

通过开展就业指导，帮助大学生掌握职业世界的方法和技巧，使大学生及时了解就业形势，获取职业信息，掌握职业的分类以及岗位的内容、所需的知识、能力和要求，拓宽就业机会和学习范围，帮助大学生转换社会角色，学会保护就业权益。

（三）实现人职匹配，达到高质量就业

实现高质量就业，是就业指导的最终任务，也是检验就业指导质量的最重要的体现形

式。通过开展就业指导，帮助大学生根据自身情况选择最适合自己的职业，也就是通常我们所说的人职匹配，从而完成大学生最终高质量就业的任务。

 ## 二、大学生就业指导的意义

开展就业指导的意义主要有以下几点：

（一）有利于促进大学生全面成才与发展

求职的过程是大学生与用人单位沟通的过程。这个过程体现的是大学生的职业素质是否可以得到用人单位的认可。通过就业指导，大学生可以学会通过自我分析与对职业的探索，不断发现自身与职场要求存在的差距，从而不断完善自我，全面成长与成才。

（二）有利于帮助大学生掌握求职策略，促进顺利就业

就业指导可以帮助大学生正确把握就业形势和用人趋势，了解和熟悉相关就业政策和就业信息；可以帮助大学生准备求职材料，掌握求职相关礼仪，了解面试的基本形式和要求，以及笔试的类型和注意事项；可以帮助大学生以正确的价值观、道德标准和行为规范参与求职活动；可以对大学生进行求职心理辅导与咨询，帮助大学生缓解就业压力和减轻心理负担，提高求职的成功率。

（三）有利于实现高等教育的目标，达到人才资源的合理配置

一方面通过开展就业指导工作，高校能更准确地了解社会对专业、对人才的需求情况，了解社会对大学生的素质要求，有利于高等学校调整教学计划和专业结构，提高教育教学质量和办学效益；另一方面，通过就业指导，大学生可以充分了解社会对人才的需求情况，找到最能发挥自己才能的位置，实现人尽其才，才尽其用，达到人才资源的合理配置。

本章小结

本章重点对大学就业指导的内涵与内容、就业指导的任务与意义进行了介绍。通过本章的学习，希望同学们能对就业指导课程有个总体的认识，了解其开设的意义，做好听课前的相关准备，尽早进入课程状态。

复习思考题

1. 大学生就业指导的内容有哪些？
2. 大学生就业指导的意义是什么？

政　策　篇

第二章　求职前的准备

教学目标

学习本章之后，要求学生能够达成以下目标：

1. 了解就业形势；
2. 掌握就业政策；
3. 了解高校就业管理部门的基本流程和用人单位的招聘程序；
4. 了解大学生自身择业的具体过程；
5. 掌握搜集就业信息的主要渠道；
6. 掌握就业信息的分析和使用方法。

导入案例

梦想　在基层起航
—— "85 后村官" 魏相飞　让致富的梦想飞

梦想是什么？梦想就是一种让你感到坚持就是幸福的东西。

梦想可以被别人怀疑，梦想可以被否定，但是梦想的火种绝对不能熄灭。

他的梦想是让家乡人过上更富裕的生活。

今天，他的梦想就在黑土地上发芽。

作为大学生村官的魏相飞，走上本溪满族自治县碱厂镇胡堡村村主任助理岗位的第一天，他就梦想能带领村民走上富裕路。10个月后的今天，当他站在自己的木耳园里，用手轻抚精心栽植的黑木耳，心中无限感慨："十个月的努力终于有了回报，咱村的新兴木耳产业才仅仅是个开始！村民的富裕路才刚刚起步。"

"村官"成为魏相飞的首选，不为别的，只为自己心中藏了一个梦想，那就是让村村民致富。

2013年魏相飞从鞍山师范学院毕业后，他没有选择去社会上找工作，也没有选择考研深造，当他了解学校的大学生村官的政策后，毅然选择考取"大学生村官"，成为本溪满族自治县碱厂镇胡堡村村主任助理。

去年11月，魏相飞走上"村官"的岗位第一天，就对村里的经济发展情况进行全面的调查研究，他想在村子里搞出一条发展经济的新出路。

"我土生土长在碱厂，我对这片养育我的黑土地有特殊的感情，我选择回到家乡就想为咱老百姓做点实事，让老百姓富裕起来，我一定要把家乡建设得更加美好！"魏相飞用他最朴实的话解释他为什么要回到碱厂，建设胡堡村。他常说："社会主义新农村建设需要大学生，这里能更好实现人生价值。"

村子里的经济发展不是很好，大部分男青年都外出打工，剩下的大部分是留守妇女、老人和儿童。

魏相飞曾有过三种想法：第一个想法是在村子里搞一些工艺品制作；第二个想法是做服装加工；第三个想法就是养殖禽类、种山参。但是这些需要大量的人力物力财力，按照村里的实际情况，这样是行不通的，这让他的工作一度陷入了困难。

幸好，胡堡村的自然气候给他很大帮助，空气温度、空气湿度、水质，这三种条件完全适合种植木耳。早在2012年全省第八届"挑战杯"大学生创业计划竞赛时，魏相飞就曾经设计以黑木耳种植为主的绿色农牧业发展项目获得三等奖。

只是没想到的是，魏相飞实现梦想的地方不在校园，不在城市，而就在生养自己的农村。作为一名扎根农村的"村官"，如今终于有了将梦想孵化成现实的土壤了。

当成箱的黑木耳装上货车运走时，魏相飞感叹道："困难是有的，但是我们克服了，村民们跟我一起干的热情十分高涨！"

万事开头难，为了解决资金问题，魏相飞把他在大学四年经营的早餐店和化妆品店攒下来的17万元家底儿全部投入项目里，"男儿绝不退让，做一回生死较量，拼了！呵呵。"魏相飞笑着说。

资金问题解决了，可是又有难题接踵而来。村里人听说要开展种植木耳的项目，一开始并不是特别支持，"只要咱们村能解决温饱问题就可以了，何必种植木耳呢？"质疑的声音传到魏相飞的耳朵里，这并没有打消他种植木耳的热情，反而让他觉得这件事他必须冲在最前面。魏相飞说："我要做第一个吃螃蟹的人！"

通过努力，2月，魏相飞终于把营业执照拿到手，成立本溪市广成农业开发有限公司。在村里的帮助下，他租赁原村里废弃的小学作为种植基地和办公室，又雇了几名村里的留守妇女和老党员。就这样，魏相飞将大学时的梦想播撒在胡堡村肥沃的黑土上，开始等待它的发芽。

"我开展种植木耳其实是从侧面帮助了村民，首先我雇用他们为我种植木耳，就是让他们学习种植木耳的技术，其次是能带动他们劳动的积极性，不让他们整天无所事事，通过劳动能获得报酬，又能体现个人价值，一举两得何乐而不为呢？我让家庭有困难的村民来我这里工作，能缓解他们的经济压力。"

木耳的种植逐渐有了起色，不少村民主动找魏相飞应聘工作，还害怕魏相飞会不要他们，然而魏相飞没有拒绝，他说："来帮我种植木耳的村民我十分欢迎，我是在向他们传播知识，如果有一天我不在胡堡村工作了，村民们还会把种植木耳这一项发展经济的手段一直延续下去，这是一条让村民致富的道路。"

魏相飞看着自己黑色的"果实"欣慰地说："3月22日启动建园，5月1日种植木耳，6月中旬收获。完全按照胡堡村经济实际来发展，获得了经济效益、社会效益双丰收。"

"现在人们生活水平提高了，对饮食方面的要求也随之提高，以往人们喜欢吃大鱼大肉，可是现在不同了，人们更青睐吃健康的绿色食品，木耳就是绿色食品之一，所以我们村产出的木耳销路很广，像本溪、鞍山、铁岭，甚至是北京那样的国际化城市，都有我们的产品。"魏相飞自豪地说。

魏相飞在胡堡村种植木耳的事情得到了肯定。今年7月中央组织部的《大学生村官报》派人到胡堡村对他进行了采访，市县领导对魏相飞的做法给予充分肯定的同时，还到他的木耳种植基地进行了参观，魏相飞的母校——鞍山师范学院也联合鞍山新闻媒体对魏相飞事迹进行了报道。现在的魏相飞在整个胡堡村就是一个小明星。

如今，胡堡村的木耳长势喜人，越来越多的人想跟魏相飞一起干。魏相飞说，今后还将尝试把木耳进行深加工，将木耳做成罐头，罐头保质期长，易于运输，还能根据消费人群进行产品细分，这将会提高黑木耳的附加值和经济效益。

望着自己那片长势良好的木耳，魏相飞的眼里闪烁着希望："我希望能有更多的村民参与进来，我想让这个村子的村民都能致富。这才是我的理想！"

分析与点评：面对择业，大学生的心理是复杂而多变的。一方面为自己即将走向社会，期望找到自己心仪的工作，实现自己的人生价值而感到由衷的高兴；另一方面也常常表现出迷茫，担心找不到适合自己的工作。所以求职前要做好充分的准备，正确认识面临的就业形势，了解就业政策，及时、有效地获取就业信息，建立就业信息的搜集渠道，提高信息收集与处理的效率与质量。

第一节　就业形势与政策分析

在我国高等教育进入大众化的时代，大学生就业面临着前所未有的竞争和挑战。现如今大学生这种特殊"商品"的价值和价格都在发生变化，大学生就业难是不争的事实，毕业即失业也显得极为平常。但是，是不是因此就要悲观失望，进而对自己就业和人生发展失去信心，这显然是不需要回答的。那么，对当前就业形势如何判断，如何去把握，以至于如何去做出选择，值得大家认真思索、学习和把握。

一、大学生就业形势的分析

随着我国经济体制改革的不断深入，教育体制改革也在如火如荼地展开，首先体现出来的是我国高等教育体制的改革，与之相应的是各大高校的连年扩招，它导致的直接结果就是每年的高校毕业生人数在持续攀升，成千上万的毕业大军不断涌向社会，导致就业形势异常严峻。虽然国家和政府不断推出大学生就业优惠政策和就业岗位，但面对不断增长的就业人群，那只不过是杯水车薪，大学生的就业问题依然得不到根本性的解决。于是一大批毕业生由于这样那样的原因长时间不能就业，一种"毕业即失业"的悲观情绪不断蔓延。据统计分析，大学毕业生的就业形势呈现出以下几方面特点：

（1）社会就业岗位与各大高校毕业生数量之间严重失衡。随着大学生毕业步入社会，就业首先摆在了他们面前，而社会有限的就业岗位与毕业生数量形成鲜明的对比，严重的供大于求成了他们难于就业的根本原因。而这种供大于求的就业趋势还在逐年继续扩大，就业市场规律是：前一届未就业的和本届将要就业的毕业生，还有其他种类的毕业生，集合起来形成一个庞大的就业群体，这个就业群体的个体之间不断地进行着激烈的就业竞争，优胜劣汰的结果形成了众多毕业生难于就业的现状！

（2）行业的两极分化导致人才过剩。由于行业不同，所呈现出的现象有热门行业与冷门行业之分，热门行业求职者趋之若鹜、极力追捧，以致竞争的结果是人才过剩，而冷门行业很大程度上无人问津，这样，整体就业行情便呈现出很多毕业生不能就业的局面。

（3）大学生由于学历因素导致心理预期薪酬普遍与现实薪酬之间差距过大，从而形成难于就业。刚毕业进入社会的大学生难免有一些自视优越的心理，他们认为自己高学历，有知识，有能力，因此在应聘中往往把薪酬看得高于现实水平，以至于多次应聘不中，导致短期难于就业！尤其是名校毕业生这种状况更加严重。其实，大学生这一高的就业期望值往往会导致在求职过程中受挫。不妨想一想：大学生虽然理论知识丰富，但是能不能胜任公司工作还不一定呢。何况一个人在公司的薪酬趋势总是随着工龄的长短而变化的：工作时间越长，薪酬上升空间越大；工作能力越强，薪酬待遇就会越高！但是如果你一开始应聘就想要高薪，难免会被拒！即便是这样，很多大学生宁愿无业，在薪酬待遇上也不松口，从而导致难就业。且目前，市场竞争激烈，用人单位对毕业生的要求与大学生这一期望值过高形成强烈反差，导致毕业生就业难的"高不成低不就"。因此，毕业生在找工作时，更重要的是要有脚踏实地的态度，必须客观地看待现实和自己的能力。

（4）招聘和应聘是一种双向选择，大学生在挑选心仪公司的同时，公司也在挑选心仪毕业生，两者并存，导致很多大学生难于就业。公司招聘和人才应聘是一种双向选择，即人才选择公司的同时，公司也有意识地考查人才，有时候毕业生觉得某个用人单位非常符合自己的求职心愿，但是经过公司考查，求职者却大多不符合用人单位要求的例子不在少数！尤其是应届毕业生由于缺乏公司所要求的经历和经验而被淘汰的不计其数，这就在很大程度上造成不少大学生难就业的局面。因此应届毕业生在就业应聘中尤其要重视这一问题，要注重自身职业素养的提升。

二、大学生就业形势的展望

（一）部分专业设置与快速变化的市场需求错位

据有关资料显示，"就业难"不是供给大于需求，而是就业结构性矛盾突出造成的一种阶段性社会现象，即专业设置与快速变化的市场需求错位。大学生就业与产业结构的调整以及地区经济发展周期有较大的关联。产业结构调整的后面带来的是职业、职位、岗位的变化，形成了人才供需市场配置的时间差。4 年前还是社会需求的热门专业，4 年后却变成了滞销专业，供给与需求的错位在一定程度上造成了大学生就业难。

随着国家和地方经济增长进入新常态，宏观就业压力不减，大学生就业需求在结构性方面有变化，民营中小企业与二、三线城市需求明显上升。此外，随着国家最近推出的国际经济发展战略，如"一带一路"、互联互通、亚太自由贸易区等，外语外贸类、机械类、铁路类专业需求可能会有所增长。

（二）政府机关及事业单位仍是择业热点

在当前经济环境下，政府机关及事业单位和国有企业收入和就业状态稳定，成为当下择业首选。近几年的调查数据显示，每年都有百分之三十多的受访毕业生择业首选政府机关及事业单位。一些受访毕业生表示，由于全球经济形势疲软，部分外企为节省开支而削减员工规模，部分老牌外资企业优势弱化。这些因素使得毕业生对外资企业工作的稳定性有所担忧。因此，"金饭碗"让众多高校毕业生趋之若鹜，他们更倾向于到政府机关及事业单位工作。但目前政府机关及事业单位招聘加大了对应试者基层工作年限的要求，导致部分没有基层工作年限要求的岗位竞争异常激烈。可见，传统的就业观仍然对高校毕业生的择业方向有着重要的影响。

（三）到基层工作将成为就业的新热点

由于政策的推动，越来越多的大学生选择到基层去服务社会、锻炼自己。到基层去、到西部去、到祖国最需要的地方去，如今也已成为越来越多大学生就业的新选项。2020 年，"特岗计划""大学生村官""三支一扶""西部计划"等中央基层就业项目继续实施并扩大规模。其中，"特岗计划"增加 5000 人，总量达到 10.5 万人；"三支一扶"增加 5000 人，规模扩大到 3.2 万人。2020—2021 年，还将招募选派 2 万名"西部计划"全国项目志愿者到西部地区基层工作。经过实践证明，志存高远、脚踏实地，转变择业观念，坚持从实际出发，勇于到基层一线和艰苦地方去，把人生的路一步步走稳走实，才能在平凡岗位上创造不平凡的业绩，才会有更广的发展空间。因此，今后一段时间内，到基层工作必将成为高校毕业生就业的一个主要方向。

（四）就业地点重心将发生转移

改革开放以来，"孔雀东南飞"的现象一直持续着。东南沿海及大城市涌进的人才逐年递增，竞争压力也随之增长。在就业高压力下，高校毕业生开始将目光转向中西部、小城市及农村，因为那里有较广的发展空间。随着东部沿海及大城市岗位需求的饱和，国家鼓励高校毕业生到中西部、基层就业，这必将促进高校毕业生就业地点重心的转移。

（五）自主创业将成为新的就业增长点

近年来，政府和社会都把鼓励大学生自主创业作为一个解决就业难的突破口，搭建三个平台扶持大学生创业。一是搭建创业扶持平台，为高校毕业生创业提供场地支持。进一步放宽市场准入条件和经营场所限制，凡法律法规和政策未禁止的行业和领域均向创业的高校毕业生开放，并对进入创业基地的企业提供房租补贴、经营场地补贴、设施补贴等，以增强创业企业的经营管理和市场竞争力，提高创业稳定性。二是搭建创业资金平台，为高校毕业生创业提供财力支持。各省市政府纷纷设立高校毕业生创业专项基金，主要包括用于扶持高校毕业生创业的小额贷款担保基金、创业实体场所租赁费补贴和创业宣传及奖励等，切实解决毕业生创业资金短缺的问题。三是搭建创业服务平台，为高校毕业生创业提供能力支持。坚持以创业带动就业的工作思路，建立创业服务中心，完善创业服务体系，及时为高校毕业生提供政策咨询、专家指导、项目推介、项目论证、开业指导和贷款扶持等"一条龙"创业服务；积极为有创业愿望和能力的高校毕业生开展创业培训、创业指导服务。以创业指导专家授课和实地观摩等方式开展内容丰富的创业培训，切实提高创业能力和创业成功率。同时，积极做好跟踪服务，为高校毕业生创业人员解决在实际创业中遇到的困难和问题。

三、国家关于毕业生就业相关政策

（一）基层就业

1. 三支一扶

三支一扶是支教、支医、支农、扶贫的简称。2006年，中组部、原人事部、教育部等八部门下发《关于组织开展高校毕业生到农村基层从事支教、支农、支医和扶贫工作的通知》，以公开招募、自愿报名、组织选拔、统一派遣的方式，从2006年开始连续5年，每年招募2万名高校毕业生，主要安排到乡镇从事支教、支农、支医和扶贫工作。服务期限一般为2~3年。招募对象主要为全国普通高校应届毕业生。

2. 西部计划

大学生志愿服务西部计划由共青团中央牵头，教育部、财政部、人力资源社会保障部共同组织实施。从2003年开始，通过公开招募、自愿报名、组织选拔、集中派遣的方式，每年招募一定数量的普通高校应届毕业生，到西部贫困县的乡镇从事教育、卫生、农技、扶贫以及青年中心建设和管理等方面的志愿服务工作。从2009年开始，西部计划服务期由1~2年调整为1~3年。

3. 特岗教师

2006年，教育部、财政部、人力资源社会保障部、中央编办下发《关于实施农村义务教育阶段学校教师特设岗位计划的通知》，联合启动实施"特岗计划"，公开招聘高校毕业生到"两基"攻坚县农村义务教育阶段学校任教。特岗教师聘期3年。2006—2008年"特岗计划"的实施范围以国家西部地区"两基"攻坚县为主（含新疆生产建设兵团的部分团场）。2009年起，实施范围扩大到中西部地区国家扶贫开发工作重点县。

4. 免费师范生

2007年5月，国务院决定从2007年秋季入学的新生起，在北京师范大学、华东师范大学、东北师范大学、华中师范大学、陕西师范大学和西南大学 6 所部属师范大学实行师范生免费教育。免费师范生入学前要与学校和生源所在地省级教育行政部门签订协议，承诺毕业后从事中小学教育 6 年以上。到城镇学校工作的免费师范毕业生，应先到农村地区学校任教服务 1 年。

（二）应征入伍

高校毕业生应征入伍服义务兵役程序如下：

（1）网上报名预征。有应征意向的高校毕业生可在征兵开始之前登录"全国征兵网"（网址为 https：//www. gfbzb. gov. cn）进行报名，填写、打印《应届毕业生预征对象登记表》和《高校毕业生应征入伍学费补偿国家助学贷款代偿申请表》（以下分别简称《登记表》、《申请表》），交所在高校征兵工作管理部门。

（2）初审、初检。毕业生离校前，在高校参加身体初检、政治初审，符合条件者确定为预征对象，高校协助兵役机关将《登记表》和《申请表》审核盖章发给毕业生本人，并完成网上信息确认。初审、初检工作最晚在 7 月 15 日前完成。

（3）实地应征。高校应届毕业生可在学校所在地应征入伍，也可在入学前户籍所在地应征入伍。

（4）组织高校应届毕业生在学校所在地征集的，结合初审、初检工作同步进行体格检查和政治审查，在毕业生离校前完成预定兵，9 月初学校所在地县（市、区）人民政府征兵办公室为其办理批准入伍手续。政治审查以本人现实表现为主，由其就读学校所在地的县（市、区）公安部门负责，学校分管部门具体承办，原则上不再对其入学前和就读返乡期间的现实表现情况进行调查。

（5）在入学前户籍所在地应征入伍的，高校应届毕业生 7 月 30 日前将户籍迁回入学前户籍地，持《登记表》和《申请表》到当地县级兵役机关参加实地应征，经体格检查、政治审查合格的，9 月初由当地县（市、区）人民政府征兵办公室办理批准入伍手续。

（三）科研项目

国务院办公厅《关于加强普通高等学校毕业生就业工作的通知》（国发办〔2009〕3号）要求，承担国家和地方重大科研项目的单位要积极聘用优秀高校毕业生参与研究，其劳务性费用和有关社会保险费补助按规定从项目经费中列支，具体办法由科技、教育、财政等部门研究制定。高校毕业生参与项目研究期间，其户口、档案可存放在项目单位所在地或入学前家庭所在地人才交流中心。聘用期满，根据工作需要可以续聘或到其他岗位就业，就业后工龄与参与项目研究期间工作时间合并计算，社会保险缴费年连续计算。科技部、教育部、财政部、人社部、国家科学基金委根据国务院文件出台关于鼓励科研项目单位吸纳和稳定高校毕业生就业的若干意见。

高校毕业生应聘参与重大科研项目相关的注意事项：

1. 国家和地方重大科研项目范围

由高校、科研机构和企业所承担的民口科技重大专项、973 计划、863 计划、科技支撑计划项目以及国家自然科学基金会的重大重点项目等。这些项目可以聘用高校毕业生作为研究助理或辅助人员参与研究工作，此外的其他项目，承担研究的单位也可聘用。

2. 应聘参与重大科研项目的毕业生要符合的条件

聘用对象主要以优秀的应届毕业生为主，包括高校以及有学位授予权的科研机构培养的博士研究生、硕士研究生和本科生。

3. 科研项目聘用的毕业生是否为在编职工

不是项目承担单位的正式在编职工，被聘毕业生需与项目承担单位签订服务协议，明确双方的权利、责任和义务。

4. 科研项目承担单位与被聘毕业生签订的服务协议应包含的内容

（1）项目承担单位的名称和地址；

（2）参与重大科研项目的毕业生姓名、居民身份证号码和住所；

（3）服务协议期限；

（4）工作内容；

（5）劳务性费用数额及支付方式；

（6）社会保险；

（7）双方协商约定的其他内容。

服务协议不得约定由毕业生承担违约金。

（四）教师相关政策

1. 追溯数据（如表 2-1 所示）

表 2-1　2010—2019 年全国专任教师人数统计

项目	2010	2011	2012	2013	2014	2015	2016	2017	2018	2019
全国专任教师数量/万人	1413.93	1436.56	1461.39	1483.72	1514.09	1542.92	1578.16	1626.89	1672.85	1732.03
增长率/%	1.27	1.60	1.73	1.53	2.05	1.90	2.28	3.09	2.83	3.54

数据来源：教育部历年统计数据。

2. 资格认定

2020 年 4 月 24 日，人力资源社会保障部、教育部等 7 部门印发《关于应对新冠肺炎疫情影响实施部分职业资格"先上岗、再考证"阶段性措施的通知》，提出对中小学、幼儿园、中等职业学校教师资格实施"先上岗、再考证"阶段性措施。9 月，教育部印发通知，明确教育类研究生和公费师范生免试认定教师资格范围。从 1993 年 10 月 31 日颁布的教师法首次以法律形式明确规定"国家实行教师资格制度"起，国家对教师资格制度一直在不断进行改革、优化。

近年来，教师资格考试越发受到舆论关注，近两年里，每年举行两次的教师资格考试，每次报名人数都在数百万级以上。以 2019 年为例，按照教育部的统计，2019 年下半年教师资格考试，全国 28 个省份参加统考，报名人数高达 590 万，创历史新高。加之参加上半年考试的 290 万考生，2019 年全年中小学教师资格考试人数近 900 万。2020 年由于疫情影响，中小学、幼儿园、中等职业学校教师可以"先上岗、再考证"，但许多招聘公告中也都明确要求必须在规定时间内考取教师资格证才可继续任职。教师资格证依然是许多人迈向教师岗位的门槛。该如何考取教师资格证呢？教师资格证＝普通话水平测试＋笔试＋面试＋教师资格认定。

3. 实现途径

（1）公费师范生。国家在 6 所教育部部署师范学校实行师范生公费教育，由中央财政承担其在校期间学费、住宿费并给予生活费补。公费师范生需签订《师范生公费教育协议》，毕业后一般回生源所在省份中小学任教，并承诺从事中小学教育工作6年以上。到城镇学校工作的公费师范生，应到农村义务教育学校任教服务至少1年。毕业时，用人学校与公费师范生可双向选择，落实每一位毕业的公费师范生的任教学校并确保有编有岗。

（2）特岗教师。特岗教师是中央实施的一项对中西部地区农村义务教育的特殊政策，特岗教师的服务期一般为3年，服务期内没有编制，3年服务期满，可按照规定办理编制，并且3年服务期可以作为教龄和评职称凭证。各市、县、乡镇学校教师岗位空缺时，将优先聘用聘期已满、考核合格的特岗教师。2020年全国计划招聘特岗教师10.5万名，并规定2020年特岗教师招聘不将教师资格作为限制性条件。

（3）"三支一扶"。高校毕业生"三支一扶"计划，即支教、支农、支医和扶贫计划，2020年全国招募3.2万名高校毕业生到基层从事"三支一扶"服务。支教是国家考虑到农村师资配备不足，教师总体素质不高，鼓励优秀大学毕业生到师资紧缺的基层义务教育学校从事支教服务。工作时限一般为2～3年。工作期满后，自主择业，择业期间享受一定的政策优惠。

（4）西部计划。大学生志愿服务西部计划是由国家主导，并财政拨款，从2003年起按照公开招募、自愿报名、组织选拔、集中派遣的方式，每年招募一定数量的普通高校应届毕业生，以志愿服务的方式到西部贫困县的乡镇从事为期1～3年的教育、卫生、农技、扶贫以及青年中心建设和管理。西部计划也是有服务年限的，并且有相应的经费保障。

（5）编制教师。编制教师是指享有事业单位编制的教师，各地教育局、人力资源社会保障部会发布招聘公告，确定招聘人数、招聘岗位以及考试形式等，由教育局组织公开考试，通过考试，满足招聘要求被聘用后办理事业单位编制。国家政策规定，公费师范生毕业后可享有教师编制，特岗教师在服务期满后可按规定办理编制。

（6）合同制教师。因为编制有数量规定，而实际中许多公办学校由于某些情况会出现教师不够的情形，所以学校会招聘编外教师作为补充，学校与教师签订劳动合同，约定工资、福利待遇，缴纳五险一金等，这就是合同制教师。对于想成为教师的同学来说，合同制教师也不失为一种选择。

（7）民办学校、培训机构教师。教育部2019年教育统计数据显示，2019年全国民办学校、培训机构共有专任教师349.97万人，占到全国专任教师总人数的20.21%，这也是一股不小的力量。民办学校教师作为教育的补充，有着不可忽视的作用。在民办学校或培训机构，付出与回报有着非常紧密的联系。

第二节　就业工作程序

 一、高校就业指导服务中心的基本流程

（一）毕业生资格审查

毕业生资源统计工作一般在每年的9月份开始进行。资源统计内容包括毕业生毕业专业、姓名、性别、政治面貌、家庭所在地、培养类别等。资源统计是一项十分重要和严肃的工作，既不能有丝毫差错又不能弄虚作假，凡是属于国家正式派遣的毕业生都必须是招生时列入国家任务计划内招收的学生。毕业生资格审查工作在每年12月份左右完成，主要从毕业生德育、智育、体育等三方面进行审查并判定其是否符合毕业条件。对于不符合学校学籍管理有关毕业条款的，给予结业处理（结业生落实到就业单位后同样可以派遣，只是派遣证上要注明"结业"字样）。

（二）发布生源信息，收集就业信息

在进行毕业生资格审查的同时，学校还着手制定毕业生的专业介绍。专业介绍从所设专业、培养目标、专业内容、课程设置（专业课、基础课、选修课）、工作领域、专业前景等方面对应届毕业生的所学专业进行全面介绍。这是向用人单位提供的基础材料，主要是让用人单位对所需要专业的毕业生情况有所了解。毕业生也可通过专业介绍方式广泛收集就业信息，并积极了解各地区的就业政策，加强与用人单位的联系。

（三）发放就业相关资料

高校就业指导服务中心将向通过毕业生资格审查的毕业生发放《毕业生推荐表》和《全国普通高等学校毕业生就业协议书》（以下简称《就业协议书》）。其中《毕业生推荐表》每人一份，是学校对毕业生综合情况的证明。由于毕业生在找工作时尚未毕业，所以《毕业生推荐表》也是证明毕业生身份的有效证件。《就业协议书》是为了明确毕业生、用人单位、毕业生所在学校三方在毕业生就业工作中的权利和义务，经协商签订的法律文书，是劳动合同的一种特殊形式，具有法律约束力。同时，《就业协议书》是学校派遣毕业生的依据，是毕业生办理个人档案和户口的依据，毕业生必须妥善保管，如有遗失需按有关规定到就业管理部门办理相关手续。

（四）就业指导

就业指导已贯穿到大学生学习的全过程。对低年级大学生进行的就业指导主要涉及职业生涯指导和就业素质教育，而各高校对应届毕业生进行的就业指导，主要为求职择业指导，包括形势分析、政策指导、信息指导、心理辅导、面试指导等，目的是帮助毕业生根据自身的特点和社会职业的需求，选择最能发挥自己才能的职业，全面、迅速、有效地与工作岗位结合，并帮助大学生在今后的职业生涯中实现自己的人生价值和社会价值。

（五）供需见面和双向选择

供需见面和双向选择活动是毕业生落实就业单位的重要方式。高校就业指导服务中心在每年的10月至下一年的6月，采取多种形式召开由学校和用人单位参加的"供需见面、双向选择"大中小型招聘会，为毕业生求职择业创造条件，提供服务。毕业生在学校的指导下可直接参加这类活动。经供需见面和双向选择，毕业生与用人单位达成意向后，应签订毕业生《就业协议书》，作为毕业生派遣报到就业的依据。

（六）制定就业方案

每年3—6月，高校就业指导服务中心都要审查《就业协议书》是否合法有效，手续是否齐全。每年的6—7月，毕业生所在高校就业指导服务中心要根据学校、毕业生和用人单位三方签订的《就业协议书》制定就业初步方案，经毕业生本人核对、确认就业初步方案

后形成就业方案，然后到省就业管理部门打印《全国普通高等学校本专科毕业生就业报到证》（以下简称《报到证》）。

（七）派遣、报到接收工作

学校派遣毕业生的时间一般在每年的 6 月底到 7 月初。派遣毕业生统一使用《报到证》。公安部门凭《报到证》办理户口迁移手续。毕业生持《报到证》和户口迁移证到工作单位报到，用人单位凭《报到证》予以办理接收手续和户口关系。毕业生报到后，用人单位应根据工作需要和毕业生所学专业及时安排工作岗位和岗前培训等。

二、政府就业管理部门的工作程序

（1）教育部对年度国民经济发展和国家重点建设工程情况开展调查研究，制定相应的政策，从而确定年度的就业工作意见。各省、自治区、直辖市、中央各部委按照文件精神制定出本地区、本部门所属高校毕业生就业工作的具体意见。这项工作，一般在毕业前的半年内基本完成。

（2）教育部在每年的 10 月左右向各地区、各部门提供下一年度的毕业生资源情况，包括毕业生所在的学校、所学专业以及毕业生的来源地区等，并适时组织毕业生供需信息交流工作。

（3）各地区、各部门和各高校的就业管理部门在每年的 11 月至下一年的 5 月，采取多种形式召开由学校和用人单位参加的"供需见面、双向选择"大会和开办毕业生就业市场，为毕业生求职择业创造条件，提供服务。毕业生在学校的指导下可直接参加这类活动。

（4）每年的 6 月到 7 月，省就业管理部门根据各高校上报的就业派遣方案打印全国普通高等学校毕业生就业报到证。

（5）毕业生报到工作结束后，各级就业管理部门对当年毕业生就业情况进行总结，教育部汇总全国毕业生就业建议方案并连同毕业生就业情况报告上报国务院。

三、用人单位的招聘流程

一般而言，用人单位的招聘活动要经历以下流程：

（一）需求和招聘计划

用人单位根据自身的建设和发展状况，确定当年需要招聘毕业生的岗位、人数和条件等，同时将根据要求制订详尽的招聘计划。

（二）发布就业信息

用人单位在确定了需求信息后会及时向外发布，以传递给毕业生。其主要发布渠道有：

（1）到政府教育主管部门所属高校毕业生就业指导中心登记；

（2）到高校毕业生就业管理部门登记；

（3）在自己的网站上发布信息，供毕业生上网浏览；

（4）通过电视、报纸、广播等媒体发布需求信息。

（三）举行单位信息发布会

为在毕业生中进行广泛宣传，一些用人单位（主要是企业单位）还会到学校举办单位说明会，介绍单位的发展建设情况、人才需求情况及发展机遇、用人制度和企业文化等，并回答毕业生关心的各种问题。单位说明会是毕业生全面了解招聘单位的好机会。

（四）收集生源信息

用人单位要招聘到优秀毕业生，需要广泛收集毕业生信息。收集毕业生信息的主要渠道有：

（1）从政府教育主管部门所属高校毕业生就业指导中心及学校就业工作部门获取毕业生信息；

（2）参加供需洽谈会、招聘会或通过就业市场收集毕业生信息；

（3）在网站上收集毕业生信息；

（4）通过毕业生的自荐获取毕业生信息。

（5）通过报纸杂志等媒体上刊登的求职广告，获取毕业生信息。

（五）分析生源资料

对收集到的毕业生信息进行分析处理，初选出符合自己条件的毕业生，以便进行下一轮筛选。一般而言，用人单位注重的毕业生资料包括性别、专业、知识水平、综合能力等要素。

（六）组织笔试

为了考核毕业生是否具有在本单位工作所需的基本知识、能力和素质，一些用人单位会以笔试的形式选拔毕业生。笔试的时间、地点、出题范围，用人单位会提前通知。

（七）组织面试

面试是许多用人单位考核毕业生综合素质的最后一关。有的用人单位还要组织几次面试，每次面试的参加人员及考核的侧重点是不同的。

（八）签订协议

用人单位经过各项考核后，决定录用毕业生，这时必须签订《就业协议书》。有些用人单位会同时与毕业生签订劳动合同，明确双方的责、权、利。

（九）办理就业管理部门的相关手续

用人单位根据招聘要求，需提前办理需求信息登记，公布招聘信息。办理信息登记有助于政府宏观掌握社会需求状况，有效防止不法单位对就业市场的干扰，保证毕业生和用人单位在公开、公正、公平竞争的条件下双向选择。

（十）上岗培训

每一个用人单位对新员工都有一套培训计划。培训的内容因用人单位而异，但其目的都是相同的，即通过培训让新员工在入职前对公司有一个全方位的了解，了解并认同公司的企业文化，坚定自己的职业选择，理解并接受公司的规章制度，明确自己的岗位职责、工作任务和工作目标，掌握工作要领、工作程序和工作方法，以便尽快适应新的工作环境。

四、毕业生自身的择业流程

（一）了解国家和省、市有关毕业生的就业政策

教育部每年都根据国民经济发展和国家重点建设情况、国家大的政策及相关因素制定当年的就业工作意见。各省、地区、部门、高校也会结合实际据此制定相应的政策、意见或细则。毕业生应按照这些政策来规范自己的求职择业活动。除了学校通过就业指导课、就业指导讲座等向毕业生公布、宣传国家、省及有关地区、部门的就业政策，毕业生也应在面向社会求职择业时主动地向学校或通过网上查询、书信、电话等形式了解当年国家、地区、部门在毕业生就业方面的具体政策和规定。

（二）做好心理准备，确定择业目标

做好充分的心理准备，是保证求职成功的基础。要明确自己的择业目标和职业理想，并现实地考虑自身条件，通过冷静思考和分析后确立自己可能实现的目标。从大的范围来说，毕业生首先需要确定的择业目标包括择业的地域、择业的行业范围和择业的单位。在择业取向上，要遵循有利于发挥素质优势，有利于发展成才，有利于顺利就业的原则。

（三）自己收集需求信息并做出择业决策

毕业生应当及时地、全面地收集和掌握有关就业信息，了解用人单位，并经分析、筛选整理后制定择业目标。做出择业决策后应积极行动，把握机遇，实现自己的愿望。择业决策一般应遵循社会需求、政策约束、学以致用、扬长避短、有利于事业发展、分清主次等原则。同时毕业生也应树立超越所学专业择业的观念，这就需要努力使自己成为"一专多能"的通用型人才，以适应社会对各类人才的需要。当然，毕业生确定目标，往往有较强的主观性，而有时就业机遇也会随着时间推移不断发生变化。因此，如不能一次到位确定就业单位，就应该认真咨询和分析，并对择业目标及方案做出及时的调整。

（四）自荐应聘

应聘主要有两种形式：一是毕业生本人去用人单位应聘；另一种是在学校和省、市毕业生就业主管部门举办的毕业生就业市场应聘，与用人单位供需见面、双向选择。另外，毕业生还可以将自己的自荐材料通过邮件等方式寄给用人单位，用人单位亦可依据此材料决定是否通知毕业生参加笔试或面试。

（五）参加笔试和面试

不少用人单位在招聘过程中，采用笔试的方式考核应聘者的知识、能力与素质。毕业生必须认真对待笔试。面试也是众多用人单位考核毕业生综合素质的重要手段，通过面对面的沟通交流，用人单位可以了解毕业生的表达能力、思维能力、仪容仪表，以及对一些问题的看法和其他一些不能通过笔试反映出来的综合素质。

（六）签订协议书

毕业生与用人单位签订由教育部统一制定的《就业协议书》（一式 4 份），该协议书明确规定了学校、用人单位及毕业生本人三方面的责任、权利与义务。

（七）等待签发就业报到证

毕业生与用人单位签订《就业协议书》，并经学校、政府就业管理部门审核批准后，纳入当年毕业生就业方案，于6月末至7月中旬由学校集中到省就业管理部门办理毕业生就业手续。毕业生领取就业报到证，办理离校手续。

第三节　获取就业信息的主要渠道

教学案例2.1

大学生找工作被骗18万元　幸亏警方追回了11万元

2018年7月2日，东港公安分局经侦大队接到刚刚大学毕业的郑某报案称：其通过日照市一就业中介机构的居间介绍应聘到北京一公司工作，结果在交纳了60000元的就业安置款后，中介机构迟迟未能安排就业岗位，怀疑被诈骗。

接案后，经侦大队民警立即就该案展开初查，经电话了解该北京公司人力资源部门，称该公司从未通过社会中介机构对外招收工作人员。随后，大学毕业生夏某、颜某某相继到经侦大队报称被骗就业安置款60000元。2018年7月6日，经侦大队立即就该案成立专案小组，当日立案侦查。

为尽快查明案情追回大学生的被骗钱款，专案小组民警分批奔赴济南、潍坊、内蒙古包头等地调查取证，与此同时请求北京警方协助到北京公司总部调取证据。2018年8月8日第一名被上网追逃的犯罪嫌疑人刘某迫于压力到东港公安分局投案自首。根据其交代，专案组民警发现另一名犯罪嫌疑人蒋某在内蒙古一带活动。2018年8月19日，在呼和浩特市警方的配合下将犯罪嫌疑人蒋某抓获归案。目前，经侦大队专案组民警共追缴被骗人民币11万元，并退还给受害人。

教学案例2.2

大学生求职陷阱：高薪做饵无薪试用　有人被骗异地做苦力

"其实我特别能理解李文星，在北京计算机培训费用特别贵，他当时内心肯定也特别急躁，非常想找到一份工作。"今年刚刚大学毕业的胡起，在互联网求职过程中也遭遇了种种不顺。

"我6月份毕业刚到北京，当时在一个招聘网上看到了一家名为'用友科技'的公司，简历投递第二天就接到了面试电话，面试很顺利，对方承诺了8000的高薪，但提出要先去天津出差2个月。"胡起对澎湃新闻说，他原本已经收拾好行李准备去天津，但在接到面试电话后，却再也联系不上这家公司了。原本还有些失落的他，在看到李文星事件后，吓出了一身冷汗。

8月，澎湃新闻记者采访了数名大学生，他们有的刚刚毕业，有的还在实习，有的已经是求职"老江湖"，却都遭遇了各种各样的求职骗局。

一、着急找工作，一天投 30 份简历

今年 5 月，毕业于广东某高校的程越，开始了自己的第 8 份工作。

2015 年毕业的他，已经在两年内换了 7 份工作，最短的仅做了一个星期。"都是在网上投简历，没有几家是正经的，不是骗钱就是骗劳动力。"但眼看着身边的同学都慢慢稳定下来结婚生子，自己却还没有一份稳定的工作，程越的求职压力越来越大。

"最多的时候，一天在两个招聘网站投了 30 多份简历。"今年 5 月，程越终于找到了一家"高薪"工作，"是一家化妆品公司的销售经理，面试的时候说看重我工作经验多，底薪就有 8000 多，如果能完成业绩，至少能拿到 15000 左右。"这对于本科毕业的程越有着很大的吸引力。

然而到了入职时，程越才发现，大家都是"销售经理"，实际工作就是出去跑美容院，推销产品，"其实这不是我想做的工作，但是当时觉得工资给得高。"

入职后，程越被通知，在拿正式工资前还需要进行为期 3 个月的试用，其间没有工资，只有提成。"我一开始是很怀疑的，但老板说，只要能完成业绩底线，提成和正式工一样多，能拿 8000 元左右。"

为了这份"高薪"，程越几乎没有休息地在外跑各种美容院，并成功与两家美容院签了合同，然而第一个月却没有收到一分钱工资，"公司说试用期的工资要等结束后一起发放。"

但距离试用期还有 1 个月时，公司以"业绩不合格"为由，将程越等一批招进来的 7 个人全数辞退。"我因为签了两家美容院，所以给了我 1200 元的'实习提成'，而其他没有签的人，一分钱都没有，但他们也联系了很多可能会签的潜在客户。"

这一段被骗的工作经历，对程越造成了很大的打击，"我现在都不敢在网上轻易投简历了，一看有试用期，更加不敢尝试。"但求职压力如影随形，日益加重。

今年刚刚从天津理工大学物流管理专业毕业的李梓，也面临着无法言说的就业压力，"连续参加了几场本市招聘会都没有结果，压力真的很大，又不想待在家里啃老，找工作很着急。"

为了能够赶快找工作，和程越一样，李梓在 58 同城招聘网上开始广撒网，四处投简历，很快就有几家"名企"找上门来，称愿意"高薪聘用"。

李梓选择了天津市西青区的一家公司前去面试，到了面试地点后，他却被对方带往了一间没有任何标志的写字楼。"那个'工作人员'说是'员工分配中心'，要先交 25 块钱的入职费用，用于拍摄登记照和身份证复印。"

这些流程都完成后，李梓以为马上就可以到公司面试了，却没想到对方再次提出了让她交 200 元参加"入职体检"。"当时我就起了疑心，我连公司的影儿都没看到，还没有面试就直接入职，这也太奇怪了吧？"随后李梓便拒绝交体检费并离开了写字楼。

这样的骗局在程越的眼里看来只是"小菜一碟"，但对于李梓的情况，他深有感触，"着急找工作时最容易被所谓'高薪'和'名企'欺骗，没有工作的时候太着急了，自己压力大，家里人也催，等得越久，期待越高，看到高薪的工作更是不敢放弃机会。"

人社部统计数据显示，2017 年中国高校毕业生数量预计将达到 795 万人，再创历史新

高，加上往年未就业的毕业生，就业任务繁重。人社部总结2017年就业形势有两个突出特点，一是总量压力巨大，二是结构性矛盾更突出。

在就业压力持续增长的背景下，和李梓有类似经历的大学生不在少数，很多学生都是因为毕业找工作压力太大而"乱投医"，以致上当受骗。

一位毕业多年的"老江湖"余超告诉澎湃新闻，自己今年上半年正失业在家，突然接到了一位相识多年的老朋友友介绍说自己在湛江有家店面现在缺人手，结果却被带往北海遭遇传销组织洗脑。

二、面试地点挺正经，工作现场脏乱差

"他们面试地点有完整的门面、广告、前台、办公室……所以我就完全相信他们了。"武汉某高校学生雷小东（化名），想在暑假时给自己找一份兼职，通过中介找到了一家名为"海之最"的月饼厂看流水线的工作，按要求先参加了面试。

让雷小东惊喜的是，面试官根本没问多少问题，收了100元中介费和100元保证金，就和他签订了合同，让回去等消息。

然而一连等了3天，雷小东仍然没有收到通知，等他找上公司的门时，却被告知省内的工作已经没有了，建议他去北京工作。"她说是去北京一个物流公司做分拣，很轻松，包吃住，一天还有100元，当时我充满幻想，想象着是像顺丰一样厉害的物流公司。"

因为是外地，中介又额外收取了200元。在去北京的途中，雷小东给朋友们发送了自己的位置，还在国家工商信息网上查找中介所说的物流公司名称，"翻烂了手机也没有查到。"

到了北京，一辆大巴车拉着雷小东等一号人进了六环处一个名叫大兴村的棚户区。"等了十来分钟，来了3个光头，穿着脏兮兮的背心，趿拉着拖鞋板，戴着大金链子，还有文身。"

雷小东说，"光头"和司机接头后，就把雷小东一行人带到了村子里。"一个小门，上面用广告布拉了一块招牌，写着'某某物流'，真的是无法形容，脏乱差都算是高估了，就像收破烂的。"

晚上11点多，陆陆续续有人从外面回来，"浑身脏兮兮的，没有一块干净的地方，走路都是拖着脚步，随时要倒下去一样，不说一句话，澡也不洗地直接就睡。"

雷小东告诉澎湃新闻，他们都是被招聘来的大学生，他想找一个人打听下情况，然而对方只是悄悄说了句："要走趁早走。"

第二天天还没亮，雷小东等人就被一辆小型面包车拉到了一间位于五环外的仓库，里面堆满了家用防盗门，"最轻的有100来斤，最重的双开门有400多斤，我们就是要把这些门从仓库搬到货车上。"

"200多斤的铁门就靠人用背背着，货车车厢离地面很高，负责人就用宽木板搭了个斜面，背着这些门踩着木板上车，随时有踏空的可能。"在搬运时，雷小东趁机和一个专职搬运工搭上了话，得知像这样的工作一天工资就需400元，而公司只承诺付给他们100元。

完成一个仓库的工作后，雷小东又被拉着去了另一间仓库。"从早上4点半到晚上11点半，几乎没有休息过，衣服也被磨破了，手被划伤了，还好在凌晨1点活着回了宿舍。"

晚上，雷小东一行人都无法入眠，一起商量着该如何离开。第二天一早，雷小东借钱买了回武昌的票，一行18人结队出门，"他们没敢拦我们，我们也没敢要那一天的工资。"

除了雷小东，毕业于湖南某大学的王鑫向澎湃新闻总结了类似经验，"很多假公司的面试地点都会选择在有名的地方附近租房，看上去都很好很正规的样子，实际上去了工作地方就知道什么叫脏乱差。"

（资料来源：中国青年网）

收集就业信息是大学生求职择业前的一项重要任务。往往高质量的就业信息存在于广泛的信息之中。职业信息是广泛的，并不仅仅限于需求数量的概念，还包括对人的素质要求的质的概念以及需求单位的隶属关系、单位的性质（指全民所有制单位、集体所有制单位或私营、合资企业、政府机关等）、人才结构、发展前景等。因此，必须充分利用各种渠道、运用各种手段准确地收集与就业有关的各种信息，为就业决策做好充分准备。这里介绍几种获取信息的渠道供毕业生在实践中参考。

 ## 一、政府就业管理部门

毕业生就业工作，是教育部和人力资源社会保障部主抓的一项重要工作，县级以上的教育和人力资源社会保障部门都成立了毕业生就业的管理机构或者指导机构。这类部门的主要任务是制定辖区的毕业生就业政策和定期收集所在地用人单位的需求信息，经过整理后，通过各种渠道发布出去，为毕业生就业提供各种咨询与服务，这些信息也几乎涵盖了当地各行业的需求信息，因此，地域性较强。对于有明确的就业区域的毕业生来说，这是横向搜集信息的主渠道。

 ## 二、高校就业指导中心

从目前就业机制看，学校是连接毕业生与社会的桥梁。高校就业指导中心通常与各级主管毕业生就业工作的部门和社会各界间保持着广泛而密切的联系，每年都会及时向人社部门及用人单位发函征集用人信息；同时，经过多年的工作实践，与有关单位建立了长期的协作关系，每年都会为毕业生提供大量就业信息。这一特殊性使它对就业信息的占有量大于其他任何一个部门，同时其掌握信息的准确性、权威性也是无可比拟的，全国各地各行业的就业政策，在它这里都有较完整的收集。高校就业指导中心发布的需求信息，多为用人单位直接针对学校的专业设置而来，有很强的可信度和针对性，对毕业生来说是主要的信息来源。

通过高校就业指导中心就业有以下几个特点：

1. 针对性强

高校就业指导中心发布的就业信息，多是用人单位根据高校的专业设置，向上级人力资源社会保障部门申报用人计划，然后向学校发布的需求信息，因此这些信息完全是针对该校应届毕业生的，专业对口性强。而人才市场、网络、报刊等渠道发布的需求信息，多是面向全社会的，其中很多用人单位都倾向于聘用有工作经验的人。

2. 可靠性大

高校就业指导中心在向学生公布用人单位的需求信息之前，往往会对用人单位的资质进行审核。很多高校实行了用人单位需求信息登记制度，即用人单位需到就业指导中心或其他代理点办理用人单位需求信息登记手续。办理时，为了确保所登记信息的有效性，需携带有效的材料，并且用人单位需每年办理一次登记手续，信息的准确性和可靠性是其他渠道信息所不能比的。这能在很大程度上帮助涉世不深的大学毕业生避免上当受骗。

3. 时效性强

高校就业指导中心发布的就业信息，往往都是最新的、最及时的招聘信息，而不会是过期的需求信息。这种时效性能帮助毕业生掌握第一手的求职资料。

4. 成功率高

高校就业指导中心发布用人单位招聘信息和组织招聘洽谈会的时间，往往在省、市应届大中专毕业生大型招聘会之前。在这段时间里，用人单位的需求信息不仅数量多，而且很集中。一般而言，只要大学生专业对口，并能在用人单位的考核中有突出表现的话，在学校的招聘洽谈会上，毕业生便能顺利地与用人单位签订《就业协议书》。

5. 提供相关就业政策和信息

高校就业指导中心会根据上级有关部门的精神和指示，发布各种新的就业政策和相关规定，毕业生可以通过本校就业指导中心了解本年度当地就业的动态变化及各种就业信息。

 ## 三、毕业生就业市场

就业市场主要包括大中专毕业生就业市场、各地方主管部门兴办的各类人才市场、劳动力市场。就业市场会不断收集用人单位的需求信息，定期举办人才交流会。进入就业市场，不仅可以收集到有关的就业信息，了解到许多不同的机构及其招聘的职位，而且可以获得极好的面试锻炼机会。毕业生通过与感兴趣的用人单位的交流，也会获得许多意想不到的信息。

毕业生就业市场是毕业生求职择业的一条重要渠道。选择该渠道的优势在于：一方面，毕业生可以通过与用人单位的直接交流，来获取较报纸、网络等渠道更为丰富和全面的信息；另一方面，在这种面谈过程中，毕业生也获得了一次非常好的锻炼面试技能，增强面试信心和审视自身优缺点的机会。此外，毕业生还可以从人才市场的大量信息中了解就业形势和紧缺职位，从而有利于毕业生灵活地做好就业决策。事实上，有不少毕业生是通过这种渠道落实工作单位的。毕业生可以通过本校的就业指导中心或新闻媒体，获得各种招聘会的具体信息。

 ## 四、网络搜索

网络如今已成为大学生了解外界信息的主要途径，以下将根据网络的覆盖面分层介绍。

1. 新职业网

新职业网是由教育部主管、全国高等学校学生信息咨询与就业指导中心运营的服务于高校毕业生及用人单位的公共就业服务平台。新职业网的组织机构：主管为教育部；运营为全国高等学校学生信息咨询与就业指导中心。新职业网的主要功能：

（1）精准推送职位：将往年招聘情况精准推送至毕业生，精准共享至各省、各校就业网，实现高精准、广覆盖。

（2）线上线下结合：采取手机版、二维码等移动互联网模式实现线上线下服务相结合。

（3）大型网络招聘会：定期举办全国、各省市联合招聘会、重点领域招聘会，构建人才招聘零距离通道。

（4）生源信息查询：分学历、专业查询全国800多万高校毕业生生源分布。

（5）大数据支撑：每年800多万就业数据、800多万生源数据、学信网1000万新增用户以及3500万在校生数据库、1.7亿高等教育学历信息库，为用人单位精准、高效招聘提供数据与用户支撑。

（6）学籍学历验证：求职者学籍学历信息经过验证，单位也可自主查询验证。

（7）重点领域带动：推动高校毕业生到重点领域单位就业，实现高校毕业生更高质量更充分就业。

（8）专属客户和推广服务：专属客服，提供最优解决方案；专属品牌及知名度推广服务。

2. 社会招聘网站

覆盖全国的各大招聘网站因其运作时间比较久，因而受到学生的广泛关注，例如华图教育这些大型的招聘网站覆盖面向全国各行各业劳动者，尤其受到大学生等高学历人才的关注。

3. 高校就业信息网

各高校的就业信息网均是由高校就业指导中心主办，针对本校学生的就业信息发布平台。相对于其他网站而言，信息更为集中与实用，发布的信息也都是长期到学校招聘的用人单位信息，对学生而言，成功应聘的机会也更高。

五、实习单位

毕业生还可以通过毕业实习或社会实践等机会广泛地接触社会，通过多种途径和方法收集社会需求信息。社会实践是大学生自我开发职业信息的重要途径，在社会实践的过程中，通过自己的努力赢得用人单位的好感、信任，取得职业信息甚至直接谋得职业的大学生不乏其人。因此，大学生在各种社会实践活动中，在了解社会，提高思想觉悟，培养社会能力的同时，要做一个善于收集职业信息的有心人。通过社会实践和教学实习等活动去了解这些单位的需求信息和对毕业生的具体要求，并在实践过程中弥补自身的不足。这样获得的信息准确、可靠，毕业生与单位间又有一定的沟通基础，故成功率较高。一些毕业生就是在实习中获得这种准确、有效的信息而顺利实现就业的。作为一名毕业生尤其应当重视毕业实习，这也许会是你通向成功就业大门的钥匙。

六、他人推荐

在寻找就业信息的时候千万不要忘记了周围的亲戚、朋友，以及朋友的朋友，也许他们会给你提供一些机会，如果有这种机会最好不要放过。实际上大多数用人单位更愿意录用经人介绍和推荐进来的求职者，他们认为这样录用进来的人比较可靠。用人单位每天收到数百封求职信函，而且这些求职信函在内容上并无太大的差别，所述的求职资格和工作能力也都相差无几，谁也不比谁更为突出，那么用人单位面对如此众多的区别不明显的陌生人，能有什么更好的方法分辨出究竟谁强谁弱呢？所以，在求职中，想要让用人单位更多地注意你，就必须想些切实可行的办法，比如，在关键时候找个"关系"帮你推荐一下，也许是最为有效的。当然，关系要靠自己去发掘，途径也应该正当，切不可不择手段。

一般可以为你提供信息的主要有以下几类人：

1. 家长亲友

他们都相当关心毕业生的就业问题，又来自社会的各个方向，与社会有多种联系，因而可以从不同渠道带来各种用人单位的需求信息。家长亲友提供的职业信息主要来源于其个人的社会关系，相对固定，也有相当大的局限性，一般不反映职业市场的实际供求状况，往往不太适合那些专业比较特殊、学生本人就业个性比较强或具有某些竞争优势（如学习成绩优秀、共产党员、学生干部、有一技之长的学生等）的毕业生。但信息的可靠性比较大，传递到毕业生的职业信息一旦被接受，转变为就业岗位的可能性也比较大。事实上，毕业生由家长亲友提供的职业信息的数量和"质量"有很大的个人差异。

2. 本专业的教师

由于本专业的教师比一般人更了解本专业毕业生适合就业的方向和范围，同时在与校外的研究所、企业、公司合作开发科研项目和教学活动中，对一些对口单位的人才需求信息了解得也比较详细，因此，毕业生可以通过本专业的教师获得有关这些企业的用人信息，从而不断填充自己的信息，而且可以直接找他们作为推荐人或引荐人。

3. 自己的校友

校友提供的职业信息的最大特点是比较接近本校的实际情况。在近几年毕业的校友更有着对职业信息的获取、比较、选择、处理的经验和竞争择业的亲身体会，这比一般纯粹的职业信息更有参考、利用价值。

第四节　就业信息的分析和使用

教学案例 2.3

守株待兔　错失良机

某著名企业集团发布了将要到某校招聘大量人才的信息，该校就业指导中心迅速公布并电话通知了各学院，毕业生得知此事后，纷纷跃跃欲试，但做出的反应却不一样。有不少同学立即根据单位发布信息所提供的电话与对方进行联系，进一步了解详细情况并确知了该单位来校的具体时间，以及准备下榻的住所，同时开始做相应的准备，如用特快专递将自己的自荐材料寄往用人单位，根据单位提供的网址了解单位的具体情况等。而毕业生小方等几位同学却不以为然，认为反正该单位已确定了要来自己的学校举办专场招聘会，等他们来了再详细了解情况，亲自投送材料也不迟，于是坐等学校的招聘通知。眼看该单位原计划到校的日期已到，却迟迟未接到学校的招聘通知，正在焦急等待的小方等同学纷纷来到校就业指导中心询问。正巧该单位还真的准时来了，然而该单位人事部门负责人却非常感慨地说："感谢贵校的大力支持，你们的宣传工作实在做得太好，早在我们来贵校之前，就已收到不少贵校学生的材料，昨天一住进贵校招待所，闻讯而来的毕业生一拨又一拨，结果我们的计划提前录满了，这不，我现在来贵中心联系签约事宜，原定今天的专场招聘会是否可以取消……"在场的毕业生追悔莫及，机会就这样在等待中错过了。

赔了培训费再辞职！

小王在某公司找到一份工作。在试用期初，公司组织小王等新员工参加公司自行筹办的技术培训班。但是，整个试用期内，小王和同期被录用的其他员工都没有被安排上班，理由是单位当前根本没有空缺岗位，工资待遇也因此没有着落。为此，小王向该公司提出辞职，但该公司却要求其赔偿公司培训费 5000 元，小王不得不赔偿培训费。

分析与点评：以上两个案例中，小方错失良机和小王之所以被骗，都是因为没有注意就业信息的采集和筛选，轻易相信对方，再加上没经验，导致最终上当受骗，甚至遭受钱财的损失。因此，做好就业信息的整理与分析，是成功就业的关键。

一、就业信息分析的原则

大学生在通过各种渠道搜集到就业信息之后，不要急于求职，而是要先对信息进行整理、筛选和分析，剔除无效甚至虚假的信息，根据自己的实际情况，有选择、有侧重地参加应聘活动。这是就业信息搜集和运用过程中一个十分重要的环节。大学生在进行就业信息分析时要注意把握以下原则：

（一）准确性、真实性原则

准确、真实是对就业信息收集的首要要求，因为就业信息是否准确，是择业人员能否做出正确决策的关键。信息不准，会给择业带来决策上的失误。大学生在收集就业信息时，必须做到准确无误。只有准确、真实地掌握了用人单位对应聘者专业、层次等的具体要求，才能知道什么样的岗位适合自己，才能进行有针对性的准备，否则只会浪费时间、精力和财力。近年来，社会上有些以营利为目的的职业中介机构，用一些过时或虚假的信息来欺骗大学生，对此大学生应当警惕。

（二）适用性、针对性原则

目前，我们正处在一个信息爆炸的时代，随着社会的进步、信息技术的普及和人才市场的逐步发展壮大，就业信息也越来越多，越来越丰富。如果收集信息时不注意适用性，就可能在众多的就业信息中把握不住方向，捕捉不到真实的、有价值的信息。为此，大学生应该首先做好职业生涯规划，对自我进行充分认识，然后再结合自己的专业、兴趣、需要等进行有针对性的信息收集。

（三）系统性、连续性原则

大多数情况下，大学生获得的就业信息都来自不同的渠道，是零散的。而要对当前的就业形势和就业市场有一个整体的认识，大学生就必须对所获得的就业信息进行加工、提炼，形成能客观、系统地反映当前就业市场、就业政策、就业动向的就业信息集合。

（四）计划性、条理性原则

大学生在收集就业信息的过程中还应该坚持计划性、条理性原则。在收集就业信息时，首先，必须根据自己收集信息的目的制订收集计划，只有这样，才能在收集信息的过程中掌握主动权，避免盲目和混乱。其次，要明确自己所需的就业信息是有关就业政策的、就业动向的，还是用人单位的，这样才能有的放矢，收集的信息才能更具条理性。

（五）及时性、时效性原则

收集信息还要突出一个"早"字。越早下手，越容易掌握主动权。一般来说，大学生在大四时就应该着手进行信息收集。只有早做准备，收集到的信息才能全面、系统。另外，还应注意就业信息的时效性，对收集到的信息进行及时处理。

综上所述，就业信息有多种来源，各种来源的信息也是互补的。每个信息渠道各有特点，大学生要熟悉掌握，灵活运用。在搜集信息的过程中，不同类型和不同层次的求职者，应当尽量选择适合自己的求职信息的收集渠道，以降低求职成本。

 ## 二、就业信息分析的内容

就业信息一般包括招用人单位的资产性质、单位现状、发展规模、发展前景，招聘岗位的专业要求、岗位描述、用人单位对求职者的相关要求及福利待遇等。分析就业信息有三层含义：

（一）分析信息的真伪

一般来说，真实可靠的招聘信息都是经人社部门核实的，然后通过高校就业指导中心向毕业生发布，或由人才市场电子信息屏及招聘信息橱窗公开发布，或在正规报刊、广播、电视、网站等媒体上发布的信息。一个比较好的就业信息应包含以下要素：

（1）用人单位介绍。包括用人单位的全称、性质、业务经营范围、发展实力及远景规划等相关情况。

（2）详细的职位说明。包括岗位职责、工作环境、工作条件、对求职者学历或职业技能等的要求，还包括对求职者政治思想、道德品质、工作态度等方面的要求。

（3）福利待遇。包括每月薪资水平、薪酬计算办法、办理何种保险、是否享受公费医疗等。

（4）申请方式。说明求职者可以通过何种方式来申请职位，是亲自申请、电话申请还是投递简历等。

（5）联系方式。注明企业的联系电话或者邮编、地址，以及附近的交通线路。

例如，一则招聘广告上写道：

高薪诚聘：软件工程师，2名。要求：本科毕业，英语六级以上，三年以上工作经验。简历、照片请寄往：上海××路××号××先生（收）。合则约谈，恕不退件。

该招聘广告存在以下缺陷：其一，没有给出该岗位的具体职责，让求职者无法判断本人到底是否适合该岗位。因为软件工程师有很多种，例如，做单片机应用软件设计的软件工程师，可能就不会做数据库软件设计。其二，未说明劳资制度和工资待遇。其三，联系方式不明确，只有招聘地点。面对这样的招聘信息，大学生一定不要急着去应聘，要通过各种方式先打探虚实，确认信息可靠后再投简历。

（二）抓住信息的关键点

经过整理和筛选之后，对于那些真实可靠的信息，大学生要善于抓住其关键点。这些关键点包括以下几个方面：

（1）用人单位的准确全称。

（2）用人单位的所有制性质和规模。

（3）用人单位的人事管理权限，即它所隶属的上级主管部门。

（4）用人单位的使用意图、具体工作岗位和对所需人才的具体要求。了解这些信息是为了更好地对照自己的条件，准备求职资料，为求职成功做充分的准备。

（5）用人单位的各种联系方式，如电话、网址、人事部门联系人的邮箱、通信地址等。

记住网址可以让求职者按址索迹，深入了解用人单位的具体情况。对于自己特别重视的用人单位的联系方式要铭记在心或存入手机，如果有面试电话，则一看号码便知是哪家用人单位在约自己，从而进行良好的沟通。此外，投递简历几天之后可以打电话询问对方是否收到了简历。

（6）用人单位的其他招聘职位。大学生不能仅把目光锁定在某个职位上，"一叶遮目，不见泰山"，用人单位的其他招聘职位也要关注一下，那里可能会有更适合你的工作。

（7）用人单位实际招聘人数的多少。对于招聘人数非常少，竞争力非常大的单位，也不妨抱着拼拼看的态度，即便求职失败，也可当作为自己争取了一次求职面试的锻炼机会。

（三）分析信息传递的内在含义及自身的适合程度

对于自己感兴趣的用人单位，大学生要仔细研究其招聘信息，认真分析信息中传递出来的内在含义或潜台词，冷静地思考用人单位到底想要招聘什么样的人。比如，如果招聘信息中要求"能吃苦耐劳"，这可能意味着工作之后也许会经常加班或出差，或者一个人要能独挡几面，所承担的工作量很大，而能做到这一点的人也就会有更多的提拔和晋升的机会；如要求"要有良好的组织能力"，这往往意味着要求求职者具备良好的语言表达能力、组织协调能力、随机应变能力，而对于只懂技术、不善表达、习惯于被领导的人来说这个职位就不太合适；如要求"要有创造力"这可能意味着要求求职者具有较强的发散思维的能力，能独辟蹊径地提出新颖的、有价值的观点和意见，这有可能是个设计或策划的岗位；如果招聘信息中要求"精通某项操作"，这就要求求职者必须是这一技术领域里的专家或高手，而不能只停留在会操作、懂得、熟悉的水平，求职者在个人简历中就要重点突出这一块；如果要求"较强的语言文字功底"，这可能意味着对方要招聘一个从事文书工作的人才。

分析了招聘信息的"弦外之音"后，要进一步分析自身的条件与用人单位的要求是否符合，或在多大程度上符合。大学生不妨先思考以下这些问题：

（1）我应聘这个职位的优势、竞争力是什么；

（2）我的个性怎样，该工作岗位是否符合我的个性；

（3）跟岗位相关的专业理论知识和技术能力有哪些；

（4）该工作是否可以挖掘和提升我的能力；

（5）哪些是别人做不到而我做得到的，我用什么去说服用人单位录用我。

总之，好的招聘信息并不一定是对自己最有用的信息，只有用人单位招聘的职位和要求与自己的条件相符或相近时，求职才会有较大希望。也就是说，适合自己的才是最好的。

（四）分析信息是否有利于自己的发展

大学生不能为了就业而就业，求职的时候还要仔细分析用人单位的招聘信息对自己的长远发展是否有利。对于那些新经济领域里的正处于成长发展期，且前景良好的产业，要给予更多的关注。而对于一些夕阳产业，或受市场冲击较大的行业的招聘信息，要谨慎对待，因为即便求职成功，对自己的长期发展也是不利的。此外，不同的地区有不同的经济发展趋势，大学生要了解不同地区的宏观经济发展规划，并预测这种经济发展趋势所需要的人才类型，从而更好地就业。

 ## 三、就业信息的使用

就业信息的使用是指对经过求职者理解并加工处理后的信息的一个转换过程，即依据信息进行择业的过程。大学生对经过自己的思考而筛选出来的有效信息，要学会合理、充分地利用，这样才能把信息的无形价值转换成实实在在的成功择业收益。在就业信息的使用上，大学生要把握好以下几点：

（一）掌握重点，科学筛选

就业信息可以全面收集，但是通过多种途径获取的就业信息可能会杂乱无序，这就需要科学地排序。在就业信息筛选过程中，关键是要把与自己相关的信息按重要程度排队，标明并注意留存，一般的信息则仅供参考。如同一类职位信息中，经过筛选后，要优先考虑那些未来发展空间大、企业知名度高、培训机会多、有晋升空间的信息，要慎重考虑那些管理运作一般、产品占领市场份额明显不足的企业以及一些夕阳企业。这些排序过后的就业信息，求职者更要对重要的信息深入了解，有针对性地做好求职准备，以便在未来的求职过程中掌握先机，"克敌制胜"。

（二）信息全面，注重细节

就业信息收集应遵循全面性原则，具体内容需包括单位名称、性质，单位招聘意向、招聘要求，岗位特点与发展前景，单位联系方式等。以上信息的收集缺少任何一环都将直接导致信息的浪费。同时，在面对海量的信息时，大学生只有付出精力和努力，关注职业的细节，才能在竞争中脱颖而出。如有的大学生在大一职业生涯规划课程时，就开始有意识地建立自己的就业信息库，不断明确自己的职业目标，对自己有意应聘的行业、单位进行详细了解，自然能够在就业信息准备上做到胸有成竹。再如，有的大学生在就业信息收集时，不仅收集用人单位关于招聘意向、招聘要求等信息，更是对用人单位往年用工特点、用人单位人事部门招聘"偏好"作全面的了解和分析，这样的就业信息自然比其他信息有效得多，其就业成功率也会高得多。

（三）结合自身，提升效率

大学生收集一定的就业信息后，必须立足自身素质，按照专业匹配度、工作地域、薪酬、发展前景等个人择业因素对信息进行有重点的分类、加工、整理，客观认识就业形势和行业、岗位人才的需求情况，结合本人的专业、职业兴趣、实际能力等因素适时调整个人求职的预期目标，实事求是，选择自己最需要的信息，有的放矢，少走弯路。在此基础上，充分解读信息，针对信息透露的单位性质、岗位要求等内容，采取合适的策略技巧，增强求职择业的针对性，提高就业的成功率。

（四）了解透彻，避免盲从

对于收集到的就业信息一定要通过各种办法寻根究底，找有关人士了解透彻，不能一知半解，要全面掌握情况，全面了解信息的中心内容。大学生在获取用人信息以后，不能一味盲从，那种认为亲友告诉你的信息一定可靠，网上收集的信息肯定没问题是不可取的，决不要未经筛选就轻率地做出选择，这样往往会错过良机或耽误时间。避免盲目从众，不是所有信息都适合于自己，更不要好高骛远地去挑选不适合自己的工作岗位，尤其是与自己的职业目标相差太远，或者招聘条件太高的工作岗位，这样会误导自己，迷失自我。一些大学生不顾自己的专长，以待遇、地点作为首选原则，即使侥幸在求职中获得成功，在未来的发展中也会逐渐暴露出自己的弱势，发展后劲也不足。

教学案例 2.4

招聘信息中的招聘陷阱，劝你别去

最近有很多人咨询，在网上投了很多看似很好的工作，可是去面试时却得到了不同的说法，比如招人事，其实是直销，让你发展团队而已，虽然这两个岗位有很多工作职责类似，但是求职者并不想做直销或者销售，网上类似的岗位还有很多。

这个时候有求职经验和无求职经验的人差别就会非常明显，有求职经验的人一眼就可以看出这家公司招聘信息的猫腻，无求职经验的人会感觉岗位很有吸引力，从而浪费时间和精力去面试，如果心理再脆弱些，会造成一定的心理影响，认为网络招聘骗子很多，不再想找工作等负面想法。

先说一下过分夸大的招聘信息，例如不限学历、不限工作经验、高薪直聘、创业合伙人、面试缴费、高薪兼职等，基本上骗子居多，当然也有一些销售公司，如保险、直销等用得比较多。

所以我们在找工作时要学会鉴别。本身自己的职业规划是这样的，但是到面试的时候，被面试官充满诱惑力的语言一讲，从而放弃自己的理想，如果是比较符合你的工作还好，就怕白白耽误很长的时间，离职后又对职业生涯产生怀疑。那么常见的几种和实际不符的招聘信息都是哪些呢？又存在着什么陷阱？

一、招聘管理培训生

看似高大上，也确实有一部分企业是真实的，就是因为招聘效果好，且招聘人员素质佳，而被广泛运用，其目标人群就是应届生或者充满管理欲望的求职者。

它的陷阱就是管理培训期间，接受公司安排实践岗位，其实就是哪个岗位缺人就安排到哪，大部分是一线或销售，且薪资一般不高。往后晋升看个人能力，这个不用说，哪怕不是管理培训生，能力强依然会晋升的。

除非有非常明确的管理培训生制度和流程体系，比如如何培训、实习、考核机制等，这个在新人岗前培训的时候就会告知，否则，基本上就可以判断为招聘幌子。

二、招聘有梦想的你、合伙人

以销售居多，而且基本上不是传统销售，例如保险、直销、电销等居多，一般情况下，无底线，主要靠提成或拉人头。

三、招聘人事、钟点工、弹性工作制、兼职等

这类招聘大部分是保险或直销企业打着类似这些幌子招聘销售人员，以人事为招聘手段的比较少，但是也要谨慎对待，而且这类招聘不是在面试的时候说明，而是在新人岗前培训时往业务上引导，要小心警惕。

四、类似于模特、淘宝兼职、打字员等

这类招聘信息就是骗子居多，主要就是入门费，所以可以直接忽略。

综合而言，只要我们有清晰的职业规划，在筛选工作时认真仔细一点，不要想着天上掉馅饼就好，祝你找到一份满意的工作。

教学案例 2.5

@ 求职者，这些招聘陷阱要绕开

名为招聘实为骗钱、录而不用、不签劳动合同——就业招聘季法律问题面面观。

一、阅读提示

以招聘为名实为收费培训的骗局、被人力资源"教"伪造假简历、用人单位录用中途变卦、不与劳动者签订劳动合同……招聘市场上骗局花样翻新。求职者应聘时，应如何防范招聘陷阱？

"工作没找到，反背了近两万元的债，到现在还没还完。"近日，回想起 4 年前初入职场的培训贷遭遇，重庆姑娘张婷仍觉教训惨痛。

以就业推荐为由对培训者办理借贷、录而不用、不与劳动者签订劳动合同……记者调查发现，目前，招聘市场上骗局花样翻新，令人真假难辨。专业人士提醒，求职者应聘时，要小心招聘陷阱，并保存好相关证据，以备不时之需。

二、推荐工作只是告诉哪里招聘

2016 年大专毕业后，21 岁的张婷在网上求职时，发现重庆微跑科技公司招聘 UI 设计人员，岗位要求条件不高，于是便投了简历。

面试后，人力资源承诺，可以在公司或与公司有合作的企业工作，但前提是参加公司的内部培训，培训收费、分期交，一共 1.78 万元，培训后百分百安排工作，月薪不低于 4000 元。

考虑到公司规模不小、培训可以提升个人能力，张婷便与这家公司签订了培训协议和贷款协议，由一家分期贷款平台分期提供贷款。

培训时长近半年。当时，张婷班上一共有 20 多位同学。培训结束后，人力资源"教"他们伪造工作经历真假参半的简历，编造面试话术，"不能说自己是培训机构出来的"，而

所谓的推荐工作，也只是告诉学员哪里有招聘，让大家自己去投简历应聘。

"事实上，培训开展至一半时，我们看新闻发现这是个骗局。"张婷后悔不已。分期每个月要还 1400 元。在父母的帮助下，她还了几个月，共计 1 万余元。由于推荐工作的承诺没有兑现，"剩下的几千元，我不想还了。刚开始不还的几个月，他们会催我，后来我换了手机，就开始给我家人打电话。"

目前，没有还上的钱在分期 App 里"利滚利"。一旦有陌生人联系，张婷就会提高警惕，生怕是分期公司"钓鱼"，催她还钱。

这种培训协议属于服务合同范畴。对于已经掉入这类陷阱的人员，北京市东友律师事务所杨博玉律师建议赶紧终止培训协议，停止付费或者要求培训公司退费。

这种以招聘为名、实为收费培训的骗局，在杨博玉看来，一般是针对初入社会的人或是没太多应聘经验的人，那些挂羊头卖狗肉的"招聘"公司抓住了这些人的弱点和求职急切心理，以招聘做幌子，忽悠这些人员参加培训，以此收费赚钱。

"根据法律规定，用人单位招聘员工不能以任何理由收取员工的押金、服装费等，用人单位给员工做岗前培训不应收取任何费用。"杨博玉说，求职者如果在面试时或入职时被招聘公司告知要缴费用，要提高警惕了，"这很有可能不是真正的招聘，真正招聘人员的企业是不会向应聘人员收取任何费用的。"

三、录而不用有违诚信

2017 年 8 月，孙亮与北京一家互联网公司负责人面谈后，其工作态度和专业能力均得到认可。

同年 10 月 9 日，该公司向孙亮发送录用通知书，约定同年 10 月 16 日入职，任运营部的棋牌游戏产品经理，月薪 3 万元。收到录用通知后，孙亮即向所在单位申请离职，并办理了交接手续。随后这家公司无故反悔，拒绝与孙亮签订劳动合同。

该公司主张，最后一次面试时，孙亮被要求编写一套方案计划作为对其能力水平的考核，而他以确认诚信招聘为由，要求公司先发入职邀请函，以确保不是为了骗其为该公司编写策划方案。但孙亮收到入职邀请后，并未提交计划方案，故视为放弃入职邀约。

根据录用通知函及其他证据，当地法院认为，孙亮基于对这家公司录用通知的信赖而从原工作单位离职，该公司应就单方撤销录用通知给孙亮造成的合理损失进行赔偿。

北京市东友律师事务所律师王凯认为，该公司向孙亮发送的《录用通知书》属于《合同法》所规定的要约。孙亮接到《录用通知书》便与原公司解除劳动合同，以自己的行为向互联网公司做出明确承诺。这家公司录而不用的做法，是一种有违诚信原则的缔约过失行为，应按规定承担缔约过失责任。

孙亮的遭遇在劳动者应聘的过程中时有发生。王凯告诉记者，用人单位录用中途变卦言而无信的行为，虽然会给企业带来一定利益，但这种行为被曝光后也必将影响到企业的声誉。

为减少此类风险，王凯提醒劳动者，求职前一定要对招聘企业做好充分的背景调查，可以通过企业信用信息登记软件，了解企业经营情况、诚信情况、涉诉情况等与求职相关的信息。同时在应聘中也要保存好证据，将《录用通知书》保存好，把自己和招聘单位人事部门的聊天记录留存好，并尽量录音。这样在纠纷发生后，才能够从容应对。

四、约定试用期却一直被"试用"

2017 年 5 月，王心语入职陕西一家安装工程公司，从事设备安装工作，约定试用期一个月，试用期工资 2500 元，转正后工资 2500 元加提成，双方并未签订书面劳动合同。

2019 年 3 月 27 日，该公司向王心语出具离职证明："于 2019 年 3 月 21 日因个人原因提出辞职。经公司慎重考虑同意其辞职，已办理完离职手续。"离职前，王心语月平均工资为 3534.88 元。对于工资发放时间，双方一致认可至 2019 年 4 月。

关于离职原因，该公司表示被告王心语是主动申请离职；王心语则认为原因在于原告公司不给其缴纳社保，也不签劳动合同。

法院审理认为，双方在 2017 年 5 月 3 日至 2019 年 3 月 27 日期间存在劳动关系，该公司应承担其作为用人单位的权利与义务。

"虽然公司没签订书面劳动合同，但根据《劳动合同法》，这种情况下自用工之日起，双方的劳动关系已经建立。"同时，王凯说，《劳动合同法》规定，用人单位自用工之日起超过一个月不满一年未与劳动者订立书面劳动合同的，应当向劳动者每月支付二倍的工资。

关于试用期陷阱，王凯举例：双方只签订 1 份试用期合同，用人单位表示试用期结束后再签订正式劳动合同；签订 1 年的劳动合同却约定 3 个月甚至更长时间的试用期；在劳动合同中约定试用期届满后，用人单位可根据考察情况延长试用期直至考察合格。

王凯建议求职者要仔细审查有关试用期间的约定，如发现存在违反《劳动合同法》规定情形的，应立即要求变更此类约定。另外，如果入职后长时间未签订劳动合同更没有缴纳社保，也要做好证据采集，留存双方存在劳动关系的证据，比如名片、工牌、工服、工作交接记录、工资发放记录等。

本章小结

本章重点对大学生的就业形势进行了分析，并对大学生的就业政策、大学生收集就业信息的渠道、分析和使用就业信息的方法进行了介绍。通过本章的学习，学生应该了解目前的就业形势，熟悉国家的就业政策，掌握就业工作程序；还应该学会通过多种渠道收集就业信息。应重点掌握就业信息整理、分析的方法，将适合自己的有效信息运用到求职择业中去。

复习思考题

1. 面对当前的就业形势，你做了哪些准备？
2. 高校就业管理部门的基本流程有哪些？
3. 大学生自身的择业程序有哪些？
4. 大学生收集就业信息的渠道有哪些？
5. 大学生就业信息分析的内容有哪些？

第三章 大学生就业权益保护

教学目标

学习本章之后，要求学生能够达成以下目标：

1. 了解大学生就业权益的内容、现状和面临的问题；
2. 能够识别并规避就业陷阱；
3. 掌握大学生维权的途径和方法；
4. 掌握就业协议签订流程和注意事项；
5. 掌握劳动合同的内容、签订、变更、终止与解除；
6. 了解就业协议与劳动合同的区别。

第一节 大学生就业权益

刚刚走出校园的大学生往往由于社会经验缺乏，法律意识淡薄而遭遇各种陷阱，使自己的权益受到侵害。因此，在校大学生既要了解自己将来在就业中的权利与义务，又要知道可以通过哪些途径来保护自己的权益。

大学生就业权益，是指高校大学生在劳动就业过程中依法享有的一系列权利和利益的总称。从本质上说，大学生就业权益属于劳动就业权的范畴，即为法律保障下的劳动者获得劳动就业机会并在劳动过程中得到基本保障的权利。由此可见，大学生就业权益是作为劳动者的大学生基于生存的需要而享有的基本权利，因而其也是人权的一项基本内容。

一、大学生就业权益

虽然高校毕业生就业制度改革逐步走向市场化、法制化，但在毕业生就业过程中仍然存在信息独占、不公平录用等侵犯毕业生权利的情况。毕业生在其整个就业过程中应注意增强法律意识，自觉遵守市场规则，并运用法律武器来保护自己的合法权益。

（一）获取信息权

就业信息是大学毕业生就业成功的前提和关键，只有在充分占有信息的基础上，才能结合自身情况选择适合自身发展的用人单位。获取信息权是指大学毕业生拥有及时全面地获取应该公开的各种就业信息的权利。它包括三个方面的含义：信息公开，任何团体、组织和个人都不得隐瞒、截留用人信息，要全部向毕业生公布；信息及时，应当将就业信息及时向毕业生公布，否则就业信息就会过时，失去了利用价值；信息全面，向毕业生公布的就业信息应当是全面完整的，部分的、残缺不全的信息，将影响毕业生对用人单位的全面了解和准确判断，从而影响其对职业的选择。

（二）接受就业指导权

就业指导工作对毕业生来说意义重大，它会直接影响毕业生的职业生涯规划、就业意识、就业方向及求职择业的技巧。接受来自国家、社会和学校的及时、有效的就业指导与服务，是毕业生的一项重要权益。学校在毕业生就业指导中占据重要位置，《中华人民共和国高等教育法》第五十九条规定："高等学校应当为毕业生、结业生提供就业指导和服务。"为做好毕业生就业指导工作，学校应当设立专门机构、开设专门课程、安排专门人员对毕业生进行全方位的就业指导与服务，向毕业生宣传国家关于毕业生就业的方针、政策，帮助毕业生做好职业规划，对毕业生进行择业技巧的指导，引导毕业生准确定位，合理择业。除了学校，毕业生还可以从社会上合法的就业指导机构获得帮助。

（三）被推荐权

学校在就业工作中的一个重要职责就是向用人单位推荐毕业生。历年工作经验证明，学校的推荐往往在很大程度上影响到用人单位对毕业生的取舍。毕业生享有被推荐权包含以下几方面内容。

1. 如实推荐

学校在对毕业生进行推荐时，应实事求是，根据毕业生本人的实际情况向用人单位进行介绍、推荐，不能故意贬低或随意捧高毕业生的在校表现。

2. 公正推荐

学校对毕业生进行推荐应做到公平、公正，应给每一位毕业生以就业推荐的机会，不能厚此薄彼。公正推荐是学校的基本责任，也是毕业生享有的最基本的权益。

3. 择优推荐

学校根据毕业生的在校表现，在公正、公开的基础上，还应择优推荐，用人单位录用毕业生也应坚持择优标准，真正体现优生优用、人尽其才，这样才能调动广大毕业生和在校生学习的积极性。毕业生在就业过程中只能凭自身综合素质的提高来取胜。

（四）平等就业权

用人单位招录毕业生，应坚持公开、公平、公正的原则，任何凭关系、走后门以及性别歧视等都是对毕业生平等待遇权的侵犯。《中华人民共和国劳动法》（以下简称《劳动法》）第十二条规定："劳动者就业，不因民族、种族、性别、宗教信仰不同而受歧视。"第十三条规定："妇女享有与男子平等的就业权利。在录用职工时，除国家规定的不适合妇女的工种或者岗位外，不得以性别为由拒绝录用妇女或者提高对妇女的录用标准。"

当前，毕业生的公平待遇权受到很大的冲击，也最为毕业生所担忧。由于各项配套措施滞后，完全开放公平的就业市场尚未真正形成，用人单位录用毕业生还不同程度存在不公平、不公正的现象，如女性就业难仍然是困扰女毕业生就业的一大问题。公平受录用权是毕业生最为迫切需要得到维护的权益。

（五）就业选择自主权

根据国家规定，毕业生在国家就业方针、政策指导下"双向选择，自主择业"，即毕业生可按照自己的意愿就业，有权决定自己是否就业，何时就业，何地就业，从事何种职业，学校、其他单位和个人均不能进行干涉。任何强加给毕业生的就业行为都是侵犯毕业生就业自主权的行为。

（六）择业知情权

毕业生在与用人单位签订就业协议以及劳动合同前，有权了解用人单位的主体资格、劳动岗位、劳动条件、劳动报酬以及规章制度等情况，用人单位应当如实说明和介绍，不能回避或故意隐瞒某些职业危害，也不能夸大单位规模和提供给毕业生的待遇。

（七）违约求偿权

用人单位、毕业生、学校的三方协议一经签订后，任何一方不得擅自毁约和违约，如果用人单位无故解除协议，或不按照协议内容履行，毕业生有权要求用人单位承担违约责任，包括支付违约金。在现实就业过程中，毕业生出于谋求更好的就业机会等原因，向用人单位主动提出解除协议的情况较多，毕业生大都承担了自己的违约责任。但用人单位一方出于单位改制、经营情况不好等原因，也有主动向毕业生提出解除协议的情况，甚至个别单位在招聘时提供了虚假信息，在毕业生到单位就业后不能履行对毕业生的承诺，对于这些情况毕业生有权向用人单位提出赔偿要求。

1. 解除协议权

当履行协议后毕业生的权益或人身自由、人身安全受到用人单位严重侵害时，毕业生可以主动提出解除协议。《劳动法》第三十二条规定："有下列情形之一的，劳动者可以随时通知用人单位解除劳动合同：在试用期内的；用人单位以暴力、威胁或者非法限制人身自由的手段强迫劳动的；用人单位未按照劳动合同约定支付劳动报酬或者提供劳动条件的。"

2. 申诉权

《劳动法》第七十七条规定："用人单位与劳动者发生劳动争议，当事人可以依法申请调解、仲裁、提起诉讼，也可以协商解决。"第七十九条规定："劳动争议发生后，当事人可以向本单位劳动争议调解委员会申请调解；调解不成，当事人一方要求仲裁的，可以向劳动争议仲裁委员会申请仲裁。当事人一方也可以直接向劳动争议仲裁委员会申请仲裁。对仲裁裁决不服的，可以向人民法院提起诉讼。"第八十三条规定："劳动争议当事人对仲裁裁决不服的，可以自收到仲裁裁决书之日起十五日内向人民法院提起诉讼。一方当事人在法定期限内不起诉又不履行仲裁裁决的，另一方当事人可以申请人民法院强制执行。"

3. 求偿权

求偿权，即向违约方要求承担违约责任、获得赔偿的权利。《中华人民共和国民法典》（以下简称《民法典》）第五百八十三条规定："当事人一方不履行合同义务或者履行合同义务不符合约定的，在履行义务或者采取补救措施后，对方还有其他损失的，应当赔偿损失。"第一百八十六条规定："因当事人一方的违约行为，侵害对方人身、财产权益的，受损害方有权选择请求其承担违约责任或者侵权责任。"

教学案例 3.1

大学生如何使用求偿权

2012年5月，河北某大学与某市某企业签订了实习协议，双方约定：该大学向这家企业提供实习学生58名，企业对实习学生进行实习教学，实习期限为2012年5月8日至11月7日。2012年5月郑某等3人被学校委派到该企业实习，从事技术员工作。7月1日，3位学生在学校正常领取了大学毕业证书。随后3人提出，他们已经属于毕业生，而不再是学校委派的实习生，企业应当给予他们正常劳动者的待遇，但此要求遭到企业拒绝。学校和企业都认为只有实习期满才能获得正式员工的待遇。9月24日，3位毕业生决定离开该企业，但该企业坚持不向3人发放9月份工资，双方为工资给付等问题产生了劳动争议。此后，3位毕业生向该市劳动争议仲裁委员会申请仲裁，该委员会认为此案不属于其受理范围，于10月23日发出不予受理通知书。10月26日，3人向该市人民法院提起诉讼。受理案件后，办案法官最终使双方达成调解协议。12月27日，郑海等3位毕业生拿到了应得的工资。

分析与点评：作为一位在校大学生，实习期是大学生学习工作能力和适应社会环境的关键时期。但是在这个关键时期内，很多大学生都受到不同程度的"侵权"，也有不少企业看中大学生这个实习期，把大学生当作廉价劳工，在实习期内以种种理由把大学生辞退。不过，因为很多大学生的法律意识不强，法律知识不够，经常不能主动维护自己的权利。根据《劳动法》，大学生在就业时作为一个普通劳动者，享有劳动者的基本权利，如平等就业和选择职业的权利、取得劳动报酬的权利、休息休假的权利、获得劳动安全卫生保护的权利、接受职业技能培训的权利、享受社会保险和福利的权利、提请劳动争议处理等权利。

（八）户口档案保存权

毕业生自毕业之日起两年择业期内如果没有联系到合适的工作单位，没有和用人单位签订就业协议，也没有因回生源地自主择业、出国等情况而办理人事代理手续，有权将档案和户口保存在学校，学校应当对毕业生的学籍档案和户口关系进行妥善保管，不能向毕业生收取费用。择业期满后，学校就不再承担此义务。

二、大学生就业过程中自身权益保护现状

（一）用人单位设置陷阱侵害大学生权益

由于大学生缺乏工作经历，社会经验较少，很多用人单位抓住大学生的这一弱点，在招聘时给予大学生优厚的薪金待遇承诺，但是，一旦签约之后，用人单位会通过各种形式来克扣大学生的薪资，致使大学生的权益遭到损害；另外，还有很多子虚乌有的用人单位或者中介公司以介绍工作等名义来骗取大学生的钱财，而很多大学生因为急于找工作，往往会上当受骗。

（二）诸多霸王条款剥夺大学生就业的自主意志

大学生在就业过程中，往往对用人单位处于一种敬畏的态度，这就使得用人单位在和大学生签订合同时处于主导地位，很多用人单位的合同订立往往使用早先拟定好的合同文本。大学生由于就业本身就非常困难，一旦得到就业机会，则很少详细地阅读合同的具体内容，这就给用人单位设置霸王条款增加了机会，而这些霸王条款的设置往往会对大学生以下的权益遭到损害：第一，用人单位回避提醒义务，使劳动者难以注意限制自身权利的条款；第二，用人单位免除自身责任；第三，用人单位注明劳动合同条款的最终解释权归自己所有，一旦发生争议，劳动者往往由于已经承认格式条款而处于不利地位。

（三）大学生遭起诉现象严重，平等就业机会丧失

1999 年开始，我国的高等教育开始扩招，毕业生的数量随之而来开始陡增，但是，社会上相应的劳动岗位却没有增加，这就使得劳动力供求关系的矛盾极为突出。而在毕业生中，很多大学生因为各种原因遭到各种歧视，并没有获得一个公平竞争和平等就业的机会，这不仅增加了大学生的就业难度，也是一种侵害大学生平等就业权利的行为。

三、大学生就业权益保护面临的问题

（一）大学生就业法律意识淡薄

大学生在实际生活中对法律知识的运用极少，对就业方面的法律知识更是知之甚少。由于不了解自己在就业方面享有哪些权益，许多大学生在大多数情况下并没有意识到自己的合法权益受到侵害，也有部分大学生即便知道了自己的合法权益受到侵害，却不知道通过何种合法途径来维护自己的合法权益。由此可见，大学生权益受到侵害的主观原因是大学生就业法律意识的淡薄。

（二）大学生就业形势严峻

高等教育随着高校扩招而进入大众化时期，毕业生数量的急剧增加使得就业压力日益增大，大学生就业形势也日益严峻，劳动力市场供过于求的现象促成了用人单位对大学生吹毛求疵的客观原因。

（三）用人单位缺乏社会责任感

在市场经济条件下，企业为了追求自身利益最大化而不断提高效益，部分用人单位把大学生作为廉价劳动力，不仅没有给大学生提供安全的工作环境，还想尽方法剥夺大学生应有的工资和福利待遇，丢失企业诚信，损害企业社会形象。

（四）权利救济不到位

我国大学生就业权益受损现象较为严重的一个主要原因即为权益保护方式滞后，对大学生就业权益的救济不到位。首先，大学生就业权益受损往往得不到有效救济，其主要是由于我国劳动争议的受案范围比较狭窄，仅仅局限于已经与用人单位签订劳动合同或者虽未签订合同但存在事实劳动关系的范围之内。因此，其劳动争议的受案范围排除了就业歧视、就业陷阱在内的就业争议。大学生就业权受损案件通常却都发生在就业前，即大学生尚未与用人单位正式签订劳动合同之时，这就使得大学生就业权益在受到损害的时候不能

通过最有效的途径找到救济方式。其次，在不能通过劳动争议解决大学生就业权益受损的前提下，我国现阶段又并没有相应的政府部门专门解决就业纠纷问题。现有的人力资源社会保障部门、工会、法院和劳动仲裁机构中都没有专门的解决就业纠纷的组织与机构，这也造成了我国目前大学生就业权益受损后找不到有效救济途径的后果。

（五）社会保障机制不健全

我国大学生就业权益保护在很大程度上过多地依赖法律手段，欠缺其他相应的配套保护机制。大学生就业权益的保护不仅仅是一个法律就业权益的保护，还需要全社会的关注，在法律保护的基础上，通过加大舆论引导、政府宣传、社会参与等各种各样的机制加以解决。例如就业歧视问题，用人单位出于某种歧视对大学生的排斥行为，其本质上是一种社会性偏见或者制度性偏见。

第二节　求职中常见的陷阱

毕业生在就业过程中，会面临各种竞争和挑战，同时由于就业形势严峻、就业困难，毕业生在就业过程中有可能遭遇到各种各样的求职陷阱。

一、虚假招聘陷阱

一些用人单位在招聘会上为了招到条件较好的毕业生，便夸大或隐瞒自己的真实情况。如：故意扩大用人单位规模和岗位数量，进行虚假宣传；把招聘职位写得冠冕堂皇，不是"经理"就是"总监"，实际上却是"办事员""业务员"。有一些用人单位为了做广告，造成轰动效应，虽然本来不想招人，却还是在媒体上发布招聘消息，甚至大张旗鼓地举办招聘会，把招聘当成了形象宣传。甚至有一些用人单位借招聘之名，获取毕业生的联系方式进行诈骗活动。

教学案例3.2

毕业生小张在人才招聘会上找工作时，一位中年男子出现在她面前，说他们单位正在招聘一批业务经理，请小张有空到他们单位去看一下，留给小张一份岗位要求及联系电话，同时主动向小张要简历及联系电话。不久后小张的家长接到电话称："我是您小孩的辅导员，您的孩子受伤住院了，需立刻给某某账号汇钱。"着急的家长一时联系不上孩子，也不敢耽误就把钱寄了出去，后来联系上小张才知道上当受骗。

分析与点评：小张遇到的这类招聘单位需要引起毕业生的注意和警惕，这些不法单位通过假招聘获取毕业生个人信息，并蓄意诈骗，毕业生不要毫无防备地就把自己的简历等材料交给这样的单位。同时，毕业生在投递简历后应把自己辅导员或同学的电话留给父母，并提醒父母，接到类似的电话一定搞清事实。另外，仅仅只有电话面试或者面试地点过于偏远、面试时间过晚以及面试场所过于简单，都有可能是虚假招聘，需要提高警惕。

二、收费陷阱

在就业市场中，一些用人单位利用毕业生求职心切的心理，巧立名目向毕业生收取各种不合理费用，如风险抵押金、违约金、培训费、服装费等。一些单位开出了一些诱人的条件，如留在某大中城市工作，或者能解决这些大中城市的户口问题等。在双方面试的过程中，单位又表示，为了增加双方的信任，毕业生在工作之前必须交纳一定的押金。等毕业生交完押金，工作一段时间后，单位的有关人员就表示，聘用之初说定的工作岗位要有些调整，可能需要将毕业生派到偏僻地区或冷僻部门，如果毕业生不愿意去，就以不服从单位安排为由不退其押金。

《中华人民共和国劳动合同法》（以下简称《劳动合同法》）第九条规定："用人单位招用劳动者，不得扣押劳动者的居民身份证和其他证件，不得要求劳动者提供担保或者以其他名义向劳动者收取财物。"

三、试用期陷阱

劳动合同的试用期，是指用人单位和劳动者为了相互了解而选择、约定的考察期。在这段时间里，用人单位考察劳动者的工作能力，劳动者也考察用人单位的情况，是双方互相试用的过程。但是，一部分用人单位却利用试用期大做文章，主要表现为：试用期过长或与签订的劳动合同期限不符；要求毕业生在试用期内承担违约责任；在试用期内无正当理由辞退毕业生；以见习期代替试用期；续签劳动合同时重复约定试用期；将试用期从劳动合同期限中剥离；仅仅订立一份试用期合同；试用期工资低于当地的最低工资；试用期内单位不缴纳社会保险费等。

由于试用期的工资、福利待遇和正式录用后差异较大，而招聘的费用又微乎其微，一些用人单位抓住毕业生急于找工作的心理，堂而皇之地打出试用期的牌子，通过这种无休止的"试用"来获得毕业生最廉价的劳动力。

教学案例3.3

小邹进入一家网站工作，试用期已超过大半年，尽管平时做的工作与正式员工无异，但公司每月只发给他1400多元工资。本以为转正后工资会有所提高，但小邹得知，他还要经过3个月试用期才能转正，而且转正后公司才为其办理社会保险。

分析与点评： 小邹的试用期已超过最长期限6个月，如果单位没有提出任何不能转正的理由，就明显违反试用期相关规定，小邹可向劳动保障监察部门举报投诉。

其实，劳动关系自用工之日起建立，在试用期间，用人单位和劳动者同样存在劳动关系，劳动者享受包括社会保险权在内的所有劳动权利，不能因为劳动者的试用期身份而加以限制或与其他劳动者区别对待。此外，社会保险是国家实施的一项强制性的制度，体现国家意志和社会利益，不能因用人单位和劳动者协商一致免缴社会保险，用人单位给劳动者办理商业保险也不能取代社会保险，用人单位不能免除社会保险义务。

为了防止用人单位滥用试用期制度，劳动者需要了解《劳动法》和《劳动合同法》关于试用期制度的规定，劳动合同期限三个月以上不满一年的，试用期不得超过一个月；劳动合同期限一年以上不满三年的，试用期不得超过两个月；三年以上固定期限和无固定期限的劳动合同，试用期不得超过六个月。另外，还应了解用人单位是否真有用人意向，试用时应及时和用人单位签订劳动合同，在试用期间要注意保留相关证据，一旦发现自己的权益受损，如用人单位不支付工资、劳动报酬过低、工伤拒赔、不缴社会保险费、违规延长试用期等，要及时向劳动监察部门举报或提起劳动仲裁和诉讼，以便维护自己的合法权益。

四、传销陷阱

所谓传销，本是指生产企业不通过店铺销售，而由传销员将本企业产品直接销售给消费者的经营方式，目前该经营方式受到国家的严令禁止。目前传销者首选对象常常是急于找工作挣钱的打工者，特别是刚刚毕业的大学生，先是以帮忙找工作为由，以高薪为诱饵，因人而异，投其所好，骗求职者去进行非法传销活动。求职者一旦进入陷阱，便限制其人身自由，被迫从事传销，要么交3000~4000元入门费，要么花3000~4000元购买传销产品作为入门条件。传销组织者还采取扣留身份证、控制通信工具、监视等手段不让受骗者离开，强迫他们联系亲友前来，或者寄钱寄物从中牟利。

五、就业协议陷阱

就业协议是明确毕业生、用人单位在毕业生就业择业过程中权利和义务的书面协议。就业协议一经签订，对双方都具有约束力。按照有关规定，就业协议不能代替劳动合同或聘用合同，这样就可能在毕业生和用人单位之间产生纠纷。常见的毕业生签订就业协议过程中遇到的陷阱主要包括：用人单位不与毕业生签订就业协议；用人单位不根据就业协议的约定与毕业生签订书面劳动合同；用人单位不将就业协议中的承诺写入劳动合同；用人单位与毕业生签订"霸王合同"。

就业协议是转递毕业生人事关系的依据，如果不签订该协议，毕业生的人事档案、户籍人事关系就无法转入工作单位及所在城市。这些关系的办理涉及毕业生切身利益，如办理社会保险、购买经济适用房、评审职称等，因此，单位不与毕业生签订就业协议，对毕业生的工作、生活、职业发展是不利的。毕业生应主动要求单位解决这些问题，并可通过当地的人才交流中心协助办理人事档案、户口等关系的接收。

六、智力陷阱

有些单位按程序假装对应聘毕业生进行面试，再进行笔试。在面试、笔试时，把本单位遇到的问题以考察的形式要求前来应聘者作答或设计，待毕业生利用专业优势完成其承担的项目后，再找出各种理由推辞，结果无一人被录用，用人单位却将应聘者的劳动果实据为己有，使毕业生陷入智力陷阱。

教学案例3.4

北京市某职业技术学院广告专业毕业生刘涛，半年前在招聘会上看中一家广告公司。这家广告公司要求应聘者每人写一份不同产品的广告策划文案，包括服装、饮料、小家电等。招聘负责人表示，公司将对所有上交的作品进行比较，最终选两个人。

刘涛领导的是一种功能饮料在北京市场推广的策划案，内容包括广告语、户外宣传画、电视广告创意及市场推广活动的详细计划。刘涛用了一周时间交了自己的策划方案，但至今招聘方都没有宣布招聘结果。刘涛表示："尽管怀疑人家骗取自己的点子，但如今工作不好找，要是策划案真被'白用'了，也只好自认倒霉。"

分析与点评：在不能判断用人单位真实意图，又想取得工作的情况下，需要对自己的劳动成果进行保护。

一是提交策划案等劳动成果时要准备两份，一份提交，一份自己留存，在留存份上要求用人单位签字确认，以便将来能够证明劳动成果内容。

二是提交策划案时附上《版权声明》，并要求用人单位签收。最好声明："任何收存和保管本策划案各种版本的单位和个人，未经作者同意，不得使用本策划案或者将本策划案转借他人，亦不得随意复制、抄录、拍照或以任何方式传播。否则，引起有碍作者著作权之问题，将可能承担法律责任。"

第三节　提高自我保护意识，学会运用法律武器维权

一、自我保护

大学毕业生就业权益保护的一个重要方面就是自我保护，主要体现在以下几个方面。

（一）增强自我保护的意识

首先，要端正求职心态，防止急躁情绪。激烈的就业竞争往往会使毕业生产生盲目、焦急和浮躁等不良心态，这就给了一些不法单位和机构以可乘之机，诱骗了不少毕业生。因此，毕业生要调整情绪，保持平稳心态，在求职前做好心理准备，防止因轻信而上当受骗。其次，对用人单位进行全面深入地了解，未雨绸缪。毕业生对用人单位有择业知情权，签约前，毕业生应通过多种途经多方了解用人单位的各方面情况，最好能够实地考察一下，以做到心中有数。最后，慎签就业协议和劳动合同，不可盲目草率。仔细阅读协议和合同的各项条款，明确双方的权利和义务，不留漏洞，以免日后产生纠纷。

（二）增强法律意识

毕业生要用法律手段维护自己的权益，就必须学习掌握与就业有关的法律法规，增强法律意识，当自己的权益遭受侵害时，能够积极运用法律的武器，力争自己的合法权益；尤其是在签订就协议、订立劳动合同和试用期这些用人单位容易钻空子的环节上，切记要

按法律程序进行。

（三）树立契约意识

毕业生与用人单位签订的就业协议是确立双方当事人之间劳动关系的一种契约，具有法律效力。毕业生在签约时要具备契约意识，一方面通过协议保护自己的合法权益；另一方面必须严格遵守就业协议，积极履行协议内容，未经对方同意是不得擅自毁约、违约的，否则就要承担法律责任。

（四）增强维权意识

毕业生不但要明确自己在就业过程中享有哪些权利，还要具有强烈的维权意识，当权益受侵犯时，要敢于拿起法律武器据理力争，而不是选择忍气吞声，不了了之。只有这样，才能真正使自己处在与用人单位平等的地位，自己的合法权益才能得到切实的保障。

 ## 二、维权求助的途径

毕业生在自己权益受到侵犯时，不要惊慌失措，更不要冲动蛮干，要懂得运用合法途径保护自己的权益

（一）依靠学校

求职当中毕业生遇到问题，权益遭受侵犯时，应首先到学校的毕业生就业主管部门寻求帮助，学校有责任和义务维护学生的利益。学校对学生的保护最为直接，学校可以制定各项措施来规范用人单位的招聘行为，还有权抵制用人单位在招聘活动中不公正甚至是违法的行为。就业协议需三方同意才生效，对不符合规定的就业协议，学校有权不同意。对于可以协商解决的问题，由学校与用人单位进行沟通，这将有助于问题的顺利解决。

（二）依靠国家行政机关

当毕业生权益受到侵犯时，毕业生可向各级行政主管部门举报、投诉，主要有毕业生就业主管部门、物价局所属的物价监察部门、技术监督局所属的技术监督部门、市场监督管理局等，这些部门会依法对侵犯毕业生合法权益的行为进行制止和处理。

（三）借助新闻媒体

毕业生可以借助报纸、电视、网络等新闻媒体的力量，对自己权益受侵行为进行披露、报道，能够引起社会的关注和相关部门的重视，充分发挥新闻媒体的舆论监督作用，从而促进问题快速、有效解决。

（四）寻求法律援助

法律援助是指由政府设立的法律援助机构组织法律援助人员，为经济困难或特殊案件的人员给予减免收费提供法律服务的一项法律保障制度。法律援助是一项扶助贫弱、保障社会弱势群体合法权益的社会公益事业，毕业生遇到就业问题时也可以到当地的法律援助中心寻求法律帮助，主要形式有：刑事辩护和刑事代理；民事、行政诉讼代理；非诉讼法律事务代理；公证证明；法律咨询、代拟法律文书；其他形式的法律服务等。

（五）依靠司法机关

我国的《民法典》《民事诉讼法》《劳动法》《行政诉讼法》《刑事诉讼法》《治安管理处罚条例》等法律法规明确规定，被害人有权对侵犯其人身、财产权利的犯罪事实或犯罪嫌疑人，向公安机关、人民检察院或人民法院报案或提起诉讼。毕业生可在切身利益受到侵犯时，依靠司法机关保护自己的合法权益。

三、权益保护的措施

（一）学好法律，培养意识

市场经济虽是依靠市场这只无形的手实现人才资源的合理配置，但它同时又是法治经济，依法办事也是市场经济必须遵循的原则。因此，在求职过程中，毕业生应当事先了解国家、省、市劳动用工的法律法规，明确自身的合法权益。同时，在遇到自身合法权益被侵犯时能够运用相关法律法规保护自己，逐步养成用法律法规保护自身就业权益的意识。

（二）学会应对，谨慎签约

毕业生要学会应对可能遭受的歧视，谨慎签约，积极履约。毕业生同企业签约时，一定要重视协议的具体内容，明确它的权利与义务，同时在签约前为自己争取到更多的利益。签约成功后，必须把协议当法律条文来对待，努力遵守合同，认真履行就业协议内容，尽量不因自身原因而产生违约纠纷。

（三）执着应对，依法自卫

当毕业生意识到自己的合法就业权益受到了侵害时，一定要拿起法律武器，一定要学会用法律手段来保护自己，依法解决问题。不要自轻自贱，不要轻言放弃，也许，坚持一下，你的正义就迎来了曙光。毕业生只有养成了强烈的维权意识，才能够平等地与用人单位对话，才能切实保障自己的合法权益。

（四）搜集证据，依法维权

在依法维权的过程中，毕业生要有意识地要求对方出示或者提供相关的文件资料，避免自己的权益因不知情而受到伤害。如去一家小型企业应聘，你可以要求公司出示营业执照，要对方出示表明身份的证件等；当自己的权益受到挑战时，不要惊慌，要从容镇定收集和保存现有的证据，只有证据在手，才能在将来的仲裁或诉讼中实现维权诉求。

（五）权益指导，一路护航

权益保障指导服务需进一步加强。高校就业指导中心应以《劳动合同法》等法律法规为基础，及时了解用人单位的招聘计划和毕业生的职业意向，有效协调二者的关系。具体措施为：一是通过开展诚信就业主题教育活动，引导毕业生在就业过程中，准确把握自身的职业意向以及就业市场和行业发展趋势，充分了解用人单位的相关情况，不盲目签约，不随意签约；二是加强各院系就业工作队伍法律知识、就业权益、就业政策、就业流程及手续的讲解，进一步提高毕业生的法律意识，提升他们自身的就业权益保护能力。

第四节　就业协议签订流程和注意事项

一、《就业协议书》的定义及意义

（一）定义

《就业协议书》是全国普通高校国家计划内全日制毕业本科生、研究生找到工作后，根据学校要求，与用人单位签订的协议或与用人单位和学校所签订的三方协议。《就业协议书》涉及的主体主要有三方，即毕业生、用人单位和学校。

对于学校在《就业协议书》中的地位，主要有两种模式。第一种做法是"上海模式"，学校不是就业协议的一方当事人，不再直接参与《就业协议书》的签订。也就是说用人单位和毕业生是就业协议的当事人，学校仅仅作为鉴证登记方对就业协议进行鉴证。第二种模式则将学校直接作为合同第三方当事人，例如《山东省普通高等学校毕业生就业协议书》中合同主体为毕业生（甲方）、用人单位（乙方）、学校（丙方）。

（二）《就业协议书》的重要意义

《就业协议书》是毕业生和用人单位在正式确立劳动人事关系前，经双向选择，在规定期限内就确立就业关系、明确双方权利和义务的书面协议，是用人单位确认毕业生相关信息真实可靠以及接收毕业生的重要凭据，是高校进行毕业生就业管理、编制就业方案以及毕业生办理就业落户手续等有关事项的重要依据。

《就业协议书》由国家教育部统一制表。作为学校列入派遣计划依据的《就业协议书》，由学校发给，毕业生签字，用人单位盖章，毕业生本人保存一份，毕业时作为就业派遣、签发报到证的依据，作为办理报到、接转行政和户口关系的依据。

二、教育部关于《就业协议书》的要求

（1）毕业生与用人单位达成一致意见后，均须签订《就业协议书》。

（2）《就业协议书》由教育部高校学生司制定，学校招生就业工作处统一翻印，由各学院集体到招生就业工作处领取，或者由毕业生持本人学生证到学校招生就业工作处领取。每位毕业生只有一套《就业协议书》，每套一式四份，省毕业生就业主管部门一份、毕业学校一份、用人单位一份、毕业生一份。

（3）任何单位或个人均不得复印、复制、翻印《就业协议书》；在签订《就业协议书》时，如果《就业协议书》因破损等情况而不能使用时，可持原件到学校招生就业工作处申请更换；不得挪用、转借、涂改，否则视为无效。

（4）毕业生在《就业协议书》上签署个人意见之后，用人单位或学校两方之中只要有一方在协议书上签字，毕业生即不得单方面终止协议的签订工作。毕业生违约时，必须先办理与原签约单位的解约手续，然后将原协议书交还招生就业工作处，并换取新的《就业

协议书》。

（5）毕业生如果不慎将《就业协议书》遗失，学校原则上不再补发，到毕业派遣时，毕业生回生源地参加二次分配。若因特殊情况需要补发时，毕业生必须以书面形式提出申请，由所在学院主管毕业生就业工作的负责人签署意见，经招生就业工作处调查并研究之后酌情处理。同时具备以下条件时，招生就业工作处方予受理：

①经核查，《就业协议书》确实属于遗失者；

②招生就业工作处收到毕业生的申请书两个星期以上；

③毕业生须交纳相当于违约金数额的费用。

（6）凡是通过地方或部委毕业生就业工作主管部门与用人单位签订《就业协议书》的毕业生，签约时可使用他们提供的毕业生就业协议书，但是毕业生回校后，必须与学校补签《就业协议书》。毕业生如果另有选择，则必须与原签约单位解除所签订的协议。

三、《就业协议书》的填写要求

（1）签订《就业协议书》时，毕业生必须将《就业协议书》中"毕业生情况及应聘意见"栏所有项目填写完整，特别是毕业生签名和签约日期。

（2）"用人单位情况及接收意见"栏信息尽量填写完整，"单位联系人"及"联系电话"为必填项。

（3）"用人单位意见""用人单位上级主管部门意见"和"用人单位所在地毕业生就业主管部门意见"栏均为签章栏，"用人单位意见"栏由用人单位盖章，"用人单位上级主管部门意见"栏由用人单位上级主管部门或人才交流服务中心盖章，"用人单位所在地毕业生就业主管部门意见"栏由就业单位所在地人力资源和社会保障局或教育局盖章。

（4）人力资源社会保障局或教育局盖章的《就业协议书》可以按协议派遣，签发报到证；人力资源社会保障局或教育局未盖章的《就业协议书》，毕业生需确认当地是否可以给毕业生落户口，可以落户口的按协议签发报到证，不能落户口的不能按协议签发报到证，该《就业协议书》只作为毕业生已就业的证明。

（5）《就业协议书》上人力资源社会保障局或教育局未盖章的，毕业生要求按协议签发报到证，学校原则上同意。由于特殊原因签发的，办理报到落户手续时出现问题，由毕业生自行协调解决，学校不负责。

四、《就业协议书》的签订程序和注意事项

（一）签订程序

毕业生与用人单位达成一致后，签约程序是：

（1）毕业生认真如实填写基本情况及应聘意见，并签名；

（2）用人单位、主管部门及人事调配部门签署意见；

（3）用人单位将档案详细转递地址填好；

（4）各院系签意见；

（5）学校就业指导中心签意见；

（6）就业指导中心鉴证。

需要说明的是：按程序最后到学校签章，由学校作最后把关，更有利于维护毕业生合法利益。有些毕业生图方便，要求学校先签章，再交用人单位，容易写上有损毕业生权益的条款，产生不利后果。学校把关，意义还在于确认签约手续是否完备，否则由于手续不齐等原因，导致报方案时通不过，或派走后到用人单位无法报到，会加大毕业生心理负担。

（二）注意事项

1. 查明用人单位主体资格是否合格

协议双方的资格是否合格是协议书是否具有法律效力的前提（这里主要是指用人单位的资格）。用人单位，不管是机关、事业单位还是企业（不包括私营企业），必须要有进人的自主权利。如果其本身不具备进人的权利，则必须经其具有进人权利的上级主管部门批准同意。因此，毕业生签约前，一定要先审查用人单位的主体资格。

2. 有关协议条款明确合法

《就业协议书》的内容是整个协议的关键部分，毕业生一定要认真审查。

（1）审查协议内容是否合法，是否符合国家相关法律和政策。

（2）审查和仔细推敲双方权利和义务是否合理。

（3）要审查清楚除协议本身外是否有附件即补充协议，并审查清楚其内容。

按照《劳动法》《民法典》及相关法律的规定，《就业协议书》内容至少应具备以下条款才能具有法律效力：服务期、工作岗位、工资报酬、福利待遇、协议变更和终止条款、违约责任等。

3. 五大风险须规避

大学毕业生签订协议过程中可能会面临五大风险，须规避：

（1）就业协议的期限。就业协议约定的服务期限将成为双方的劳动合同期限。由于毕业生是初次就业，缺乏明确的职业规划，不宜将第一次期限约定得非常长，以便在不合适的时候及时做出调整。

（2）改派成本。就业协议强调的是"三方合约"，毕业生一旦违约必须承担违约责任，在征得用人单位同意并交纳违约金后才可重新签约。由于就业协议每个毕业生仅有一份，所以毕业生违约时，必须办理完毕与原签约单位的解约手续（有原签约单位的书面退函，交纳完毕违约金），然后将原协议书交还学校就业工作处，并换取新的协议书。

（3）就业协议的违约金。违约金虽然是对双方的一个保障，但也是一把双刃剑。一方面，双方的承诺需要通过违约金来保障，尤其对于企业来说，由于毕业生往往是先就业再择业，一遇到更好的工作就不惜毁约，极大地增加了企业的招聘成本。另一方面，也有一些单位利用毕业生急于就业的心理，漫天要价，趁机牟利。所以，毕业生在签订就业协议时要慎重考虑，量力而行，对于那些对违约金约定数额较高的企业，毕业生应该考量自己可能承受的风险及承受能力，而不要"病急乱投医"。

（4）工作内容。毕业生能否在实际的工作中实现自己的价值是非常重要的，甚至超出了劳动报酬的重要性，因此对于日后的工作岗位以及工作内容等要有明确的约定。

（5）劳动报酬。劳动报酬是劳动合同的必备条款，也是毕业生作为劳动者最大的权益，因此对于劳动报酬应当约定明确。

4. 签订就业协议的程序

毕业生和用人单位在签约时要注意完整地履行手续。

（1）毕业生要签名并写清签字时间。

（2）用人单位及其上级主管部门必须加盖单位公章并注明时间，不能用个人签字代替单位公章。

（3）毕业生和用人单位签字后须将协议书交给学校毕业生分配主管部门履行相关手续，以便及时制订就业计划和顺利派遣。

（4）写明违约责任。违约责任是指协议当事人因过错而不履行或不完全履行协议规定的义务应承担的法律责任，它是保证协议履行的有效手段。鉴于实践中毕业生及用人单位违约率有所增加的状况，协议书中的违约条款就显得更为重要。因此，在协议内容中，应详细表述当事人双方的违约情形及违约后应负的责任，同时还应写明当事人违约后通过何种方式、途径来承担责任。这样既有利于当事人双方履行协议，也有利于以后违约纠纷的解决。

毕业生到用人单位报到后，双方必须在 1 个月内订立劳动合同，并办理录用手续。2008 年上海市的《就业协议书》就有这样一条保障毕业生利益的规定。这一规定也正呼应了《劳动合同法》的相关条例："用人单位自用工之日起超过 1 个月但不满 1 年未与劳动者订立书面劳动合同的，应当向劳动者每月支付 2 倍的工资。"不少毕业生对此表示欢迎，"以前曾经听说报到后单位很久都不给签合同的事情，我们今年就不用担心了。"同济大学大四毕业生小张告诉记者，自己拿到协议书就看到了这一新条款，感觉心里踏实了不少。

毕业生求职时"骑驴找马"，绝对并非个别现象，因此，如果在签订就业协议后再找到更好的发展机会的话，毕业生往往不惜以违反就业协议进而支付违约金为代价，解除就业协议。不少用人企业为了留住毕业生，往往规定很高的违约金，甚至出现高达上万元甚至几万元的违约金。对毕业生违约金金额的建议上限为不高于毕业生第一年的月收入。规定违约金上限不仅将毕业生的违约风险降低到合理范围内，同时也可使用人单位在签订《就业协议书》时更加负责地填写"工资"一栏。往常不少用人单位在《就业协议书》的"工资"一栏内随便填写一个数字，或者含糊写上"按国家规定"。当违约金与工资的数额挂钩之后，用人单位便不得不重视"工资"这一栏并认真填写，以免发生违约时不能明确违约金数额的问题。

在毕业生求职的过程中，除了关注就业协议签订的风险，毕业生还应该注意哪些问题呢？以下建议或许值得考虑：不要轻易交保、不要虚假陈述、不要期望一劳永逸。

 ### 五、《就业协议书》的解除

《就业协议书》的解除分为单方解除和三方解除。

单方解除，包括单方擅自解除和单方依法或依协议解除。单方擅自解除协议，属违约行为，解约方应向对方承担违约责任；单方依法或依协议解除，是指一方解除就业协议有法律上或协议上的依据，如学生未取得毕业资格，用人单位有权单方解除就业协议，毕业生升学后，可解除就业协议，或依协议规定，毕业生未通过用人单位所在地组织的公务员考试，用人单位有权解除协议，此类单方解除，解除方无须向对方承担法律责任。

三方解除是指毕业生、用人单位、学校三方经协商一致，取消已经订立的协议，使协议不再发生法律效力。此类解除因是三方当事人真实意思表示达成的一致意见，三方均不承担法律责任，三方解除应在就业计划上报主管部门之前进行，如就业派遣计划下达后三方解除，还须经主管部门批准办理调整改派。

教学案例3.5

　　小张是某高校毕业生，与一家自己比较满意的公司签订了高校毕业生就业协议。协议签订以后小张就没有再找别的工作，开始撰写毕业论文并做一些其他的毕业准备工作。小张得到签约单位的通知，说由于该公司经营策略上的变化，原本计划招收的20名应届毕业生现缩招为5名。该公司打算与小王解除就业协议，并提出愿意按照三方协议的约定承担违约责任。小张认为自己因为和该单位签订了三方协议，失去了很多其他的就业机会，现在该公司给一笔违约金就可以和自己解除协议，自己再找工作时间上很仓促。请问小张可不可以通过诉讼或其他方式强制该单位履行三方协议？

　　分析与点评：该案例中由于就业协议属于涉及人身性质的合同，根据法律规定不得强制当事人履行。因此小张不可以强制该单位履行三方协议，但可以根据协议约定要求用人单位承担违约责任。

教学案例3.6

　　大学生张某是外地在沪就读的大学生，成绩优异，被上海一家房产公司相中并签订了就业协议，约定：企业为其办理大学生毕业入沪手续，张某必须工作两年，违约金5000元。报到后，张某很快在公司的帮助下办妥了户籍手续。待到公司要求签订劳动合同时，张某却不愿意签订为期两年的劳动合同，而只愿意签订一年，以至于协商不成，张某一怒之下辞职离开了公司。公司随即将张某诉至法院，法院在审理后认为张某不遵守就业协议的约定，无理拒绝签订劳动合同，构成违约行为，应当承担违约责任。

　　分析与点评：用人单位的要求应被支持。根据就业协议，公司已经按照约定履行了提供工作岗位、办理户籍的义务。而双方依法建立劳动关系需要签订书面劳动合同，公司有权要求张某签订书面劳动合同，并且书面劳动合同的内容并未超出双方在就业协议中的约定，是有约定依据的。但张某拒签，其行为客观上造成了双方无法签订劳动合同，使得劳动关系处于非法状态，并且其离职行为也违反了协议约定，应支付违约金。

教学案例3.7

　　小冯毕业前与一家单位的市场部签了就业协议，并在7月份毕业后来到这家单位上班。但是工作了不久他就感觉自己的身体状况很难适应单位高强度的工作方式，而且现有工作也不适合其今后的发展定位，于是在8月底向单位提交了解除协议申请，虽然单位答应了他的离职要求，却以违约为由，要求其必须缴纳5000元的违约金。

　　小冯很委屈，身体不好无法胜任工作是客观原因，再说现在还处于试用期，没有签订劳动合同，凭什么说自己违约？自己在公司已经工作了一个多月，一分钱的工资都没有拿到，反而还要交5000元？由于小冯不肯交违约金，单位就拒绝帮助其办理离职手续，双方的僵持让小冯感觉损失很大。

分析与点评：单位要求不应得到支持。如前所述，就业协议是小冯与公司签订的约定将来建立劳动关系的民事合同。7月份毕业后小冯已按照约定与单位建立了劳动关系，原就业协议已经履行完毕，双方的劳动关系受劳动法律法规调整。如果小冯仍处于试用期内，依据劳动法规定，小冯随时可以解除劳动关系；若双方没有签订劳动合同，那么属事实劳动关系，小冯可以随时解除劳动关系而无须支付违约金。如果在报到后，毕业生因为发生疾病不能坚持正常工作的，用人单位则应该按照在职人员的有关规定处理，即使处于试用期，单位也不能将其随意辞退。

六、违约责任与毕业生违约的后果

《就业协议书》一经毕业生、用人单位、学校签名即具有法律效力，任何一方不得擅自解除，否则违约方应向权利受损方支付协议条款所规定的违约金。从实际情况来看，就业违约多为毕业生违约。

（一）毕业生违约的后果

毕业生违约，除本人应承担违约责任、支付违约金外，往往还会造成其他不良的后果，主要表现在：

（1）用人单位通过花费大量人力、物力、财力，参加人才交流会等，做了大量工作，并考虑了录用人员的工作安排，毕业生一旦违约，用人单位的一切工作将付诸东流，还要重新招聘人员，工作被动。

（2）用人单位往往将毕业生违约当成学校管理不严的后果，毕业生违约后会影响学校和用人单位的长期合作关系。由于对学校有怀疑，以后可能不会再到学校挑选毕业生。现在买方市场竞争激烈，没有需求，也就没有毕业生的就业。

（3）对其他毕业生有影响。一个单位，你不去，别人可以去，用人单位不录用你，完全可录用别人，录用你，就不能录用其他毕业生。如果日后违约，当初想去的毕业生也不一定能补缺，造成信息浪费。毕业生应是讲诚信、讲法制的践行者，因此在签约过程中要做到慎重选择，认真履约。

（二）对违约毕业生的处理规定

学校强调毕业生要讲诚信、讲法治、认真履约。毕业生一旦违约必须承担违约责任，在征得用人单位同意并交纳违约金后才可重新签约。

教学案例 3.8

慎签《就业协议书》

毕业生琳琳，寒假期间在某地就业市场与某企业签订《就业协议书》，当地人事部门也盖章进行鉴证，随后将协议书寄到学校，学校毕业办盖章同意。后来琳琳又参加某银行组织的面试，该银行表示同意接收。她向学校毕业办索要就业协议，毕业办的老师解释，因她已和某企业签协议，如要再和银行签协议，则应先承担违约责任。琳琳表示很不理解。

分析与点评：本案例就是对《就业协议书》的法律性质缺少真正的了解，因此不明确自己对所签协议的用人单位负有何种责任的情形。这种情形的发生在应届大学毕业生求职中屡见不鲜，的确，《就业协议书》和《劳动合同》并不是完全相同的。

教学案例3.9

签订就业协议后又考取了研究生的违约问题

有一个大学生王某在2009年年初的时候，和一个单位曾经签署过就业协议，那个时候他不知道自己能考上研究生。过了春节以后，他考上研究生了。现在他面对的一个问题就是，如果他去读研究生的话，算不算违约？如果要是算违约的话，他应该承担什么样的责任？

分析与点评：就业协议签署完毕即产生法律效力，对各方主体均有约束力，任何一方违约都要承担违约责任。对于有可能考取研究生的学生，在签署就业协议的时候可以这么做：在与用人单位签订就业协议的备注栏中加上"如本人考取研究生，凭录取通知书该协议效力终止，不承担违约责任"。这种约定可从根本上避免因违约而产生经济损失或者其他争议。

第五节　劳动合同的签订

对于初涉职场的大学生来说，从业之前还有一个关键环节马虎不得，就是与用人单位签订劳动合同，它是劳动者合法权益的有力保障之一。劳动合同是劳动者与用工单位之间确立劳动关系，明确双方权利和义务的协议。

 一、劳动合同法

（一）《劳动合同法》概述

《劳动合同法》于2007年6月29日第十届全国人民代表大会常务委员会第二十八次会议通过，自2008年1月1日起施行，根据2012年12月28日第十一届全国人民代表大会常务委员会第三十次会议《关于修改〈中华人民共和国劳动合同法〉的决定》修正。《劳动合同法》从劳动合同的订立、履行、变更、解除到终止，明确了劳动合同双方当事人的权利和义务，重在对劳动者合法权益的保护，被誉为劳动者的保护伞，为构建与发展和谐稳定的劳动关系提供法律保障。作为我国劳动保障法制建设进程中的一个重要里程碑，《劳动合同法》的颁布实施有着深远的意义。《劳动法》与《劳动合同法》都是为了保护合法的劳动关系和双方的合法利益而制定的法律，《劳动合同法》是《劳动法》的特别法，在关于劳动合同的问题上，优先适用《劳动合同法》。《劳动合同法》突出了以下内容：一是立法宗旨非常明确，就是为了保护劳动者的合法权益，强化劳动关系，构建和发展和谐稳定的劳动关系；二是解决目前比较突出的用人单位与劳动者不订立劳动合同的问题；三是解决合同短期化问题。

（二）劳动合同的定义及特点

1. 劳动合同定义

根据《劳动法》第十六条的规定，所谓劳动合同，是劳动者与用人单位确立劳动关系、明确双方权利和义务的协议。

2. 劳动合同的特点

（1）国家干预下的当事人意思自治。劳动合同是在国家干预下的当事人意思自治，而民事合同是没有国家干预的，体现的是当事人意思自治。也就是说，当两个人在签订民事合同的时候，只要合同的内容不侵犯国家利益、公共利益，也不侵害第三者的利益，基本上不受国家的干预。但是劳动合同却不同，尽管用人单位和劳动者之间约定的是他们双方之间的事，有时他们也不可以随便任意约定合同内容。比如说，用人单位在与劳动者约定工资条款的时候，就不可以把工资约定在当地政府规定的最低工资以下；在约定时间条款的时候，对于标准工时制的劳动者，用人单位不可以与劳动者协商约定让其每天工作时间超过八小时。八小时之内可以允许当事人随便约定，但八小时以上就不可以。

（2）合同双方当事人强弱对比悬殊。在民事合同中，当事人之间一般没有强弱之分，而劳动合同的双方当事人之间强弱对比则比较悬殊。在劳动合同当事人中，一方当事人是非常弱小的个体，即劳动者；而另一方则是无论从资本实力还是其他方面来看都较强大的组织，即用人单位。针对这一特点，《劳动合同法》应是一部着重保护劳动者权益的"倾斜法"，因为在劳资双方不对等的条件下只有倾斜于弱势群体才能达到公平。

（3）劳动合同具有人身性。用人单位与劳动者建立劳动合同关系，目的是使用劳动力。马克思曾经说过："我们把劳动力或劳动能力，理解为人的身体即活的人体中存在的，每当人生产某种使用价值时就运用的体力和智力的总和。"因此可以说，劳动力蕴涵在劳动者的肌肉和大脑里，与劳动者人身密不可分。这样一来，劳动合同的履行，对于劳动者来说，就具有了所谓的人身性。

教学案例 3.10

柳某是某国有企业的职工，与该企业签有无固定期限劳动合同。几年前，由于行业不景气，企业生产任务不重，柳某作为销售部的司机像其他工人一样，没有多少活儿，经常是早上来厂里转一圈就走，有时甚至根本不来。企业领导考虑到厂里的事又不多，工人的收入较低，于是对此现象听之任之，未进行严格管理。

去年下半年，企业效益开始好转，生产逐步走上了正轨。为了严格执行劳动纪律，企业向所有职工发出通知："以前由于管理不严，一些职工有违反企业考勤和管理规定的行为，我们对此既往不咎。但从今以后，我们要严格考勤纪律，要求每个职工都必须按时上下班。如有违者，将按有关规定处理，绝不手软。"

柳某接到通知后的第一个星期，每天还能坚持出勤，并完成企业交给的送货任务，即驾车将产品送到客户手里。但一周后，他的懒惰性又上来了，时常让有驾照的弟弟驾车替他为客户送货，而他自己却有时闲逛，有时在另一家企业兼职做推销产品的工作，以从中获得兼职收入。后来，柳某请他人代自己上班的情况被企业发现了。企业经过调查，获得了柳某在一个月内让其弟替班送货10天的证据。按照该企业关于考勤制度的规定，柳某的行为应按旷工处理。最后，根据该企业规章制度第六章第二条的规定"犯有下列严重违纪行为之一的，予以解除劳动合同：……2. 旷工累计三天以上；……5. 擅自从事第二职业或为其他企业从事兼职工作的"做出了解除柳某劳动合同的决定。

柳某对企业解除劳动合同的决定十分不满，两天后就向劳动争议仲裁委员会提出了仲裁申请，要求撤销企业以严重违纪为理由做出的解除劳动合同的决定，并支付解除劳动合同的经济补偿金8000元（相当于柳某四个月的工资），同时另支付违约金10万元。柳某的请求能够得到仲裁机构的支持吗？

分析与点评：当然不能。理由如下：

劳动合同是一种具有身份性质的合同，劳动者以外的其他人不能代劳动者完成劳动任务。劳动力是存在于劳动者肌体内的，劳动力的存在和支出与劳动者的人身不可分离。劳动关系的人身性决定了劳动合同的专属性，即劳动者未经用人单位同意不得由第三人代其向用人单位履行劳动义务。劳动是劳动者谋生的手段。劳动者以让渡劳动力使用权来获取生活资料，用人单位通过向劳动者支付工资等来使用劳动力。在此基础上形成的社会关系表现为一种财产关系。但是在处理劳动法律关系中的财产关系时，不能完全适用民法关于调整平等主体间财产关系的原则，而要考虑其人身性。劳动合同的人身性是指，作为劳动合同关系一方当事人的劳动者在与用人单位建立劳动关系后，必须亲自履行劳动义务，不可以将自己的劳动义务通过授权委托的形式让其他人代为履行。在本案中，劳动合同的当事人是柳某和其所在的企业。劳动合同关系只能发生在柳某和其所在的企业之间。《劳动法》第三条中规定的"劳动者应当完成劳动任务"，是指劳动者应当亲自完成劳动任务，而不是由其他人代为完成。

本案中，柳某无视其应遵守的劳动纪律和应亲自履行的劳动义务，擅自让自己的弟弟替自己完成送货的劳动义务。虽然每次当班都因请弟弟替班而未影响工作，但是劳动关系是一种特定主体之间的关系，在实现劳动的过程中，相关的权利与义务只能由特定主体——劳动者本人亲自承担。柳某没有亲自履行劳动合同义务，违反了劳动合同的基本原则，属于违约行为。同时，柳某利用其弟代为工作期间到其他单位兼职从事第二职业的行为，也严重违反了其所在单位的规章制度。

《劳动法》第二十五条规定：劳动者有下列情形之一的，用人单位可以解除劳动合同：

（一）在试用期间被证明不符合录用条件的；

（二）严重违反劳动纪律或者用人单位规章制度的；

（三）严重失职，营私舞弊，对用人单位利益造成重大损害的；

（四）被依法追究刑事责任的。

既然柳某的行为构成该企业规章制度中所列明的严重违纪行为，那么，该企业完全可以依据上述《劳动法》第二十五条规定，解除柳某的劳动合同。同时按照《劳动法》的有关规定，这种解除劳动合同的行为是不需要向柳某支付任何经济补偿金的。另外，由于企业做出的与柳某解除劳动合同决定完全是合法有效的，因此更谈不上支付柳某违约金的问题。

（4）劳动合同同时具有平等性和隶属性。劳动合同关系的平等性主要表现为双方权利义务的表面上的对等。在市场经济条件下，这主要体现在以下两个方面：

①管理方和劳动者双方都是劳动力市场的主体，双方都要遵循平等自愿协商的原则订立劳动合同，缔结劳动关系。任何一方在单方决定与对方解除劳动关系时，都要遵循一定的法律规定。

②双方各自遵守自己的权利与义务，发生争议时法律地位平等。劳动合同关系具有人身让渡的特征。劳动者同用人单位签订劳动合同，缔结劳动关系之后，就有义务在工作场所接受用人单位的管理和监督，按照用人单位所规定的纪律或要求付出劳动。《劳动合同法》第四条规定，"用人单位应当依法建立和完善劳动规章制度"；《劳动法》第三条规定，"劳动者应当遵守劳动纪律和职业道德"。换句话说，对于企业依法制定的规章制度和劳动纪律，劳动者都应当遵守和执行。这就形成了所谓的隶属性，也就是不平等性。

二、签订劳动合同应遵循的原则

劳动合同一般有三种形式：有固定期限的劳动合同、无固定期限的劳动合同、以完成一定的工作为期限的劳动合同。不管订立哪种劳动合同，都应遵循以下原则：

1. 平等自愿的原则

平等，是指订立劳动合同的双方当事人具有相同的法律地位。这一原则赋予了双方当事人公平地表达各自意愿的机会。

自愿，是指劳动合同的订立完全是出自双方当事人自己的真实意愿，是在充分表达各自意见的基础上，经过平等协商而达成的协议。

2. 协商一致的原则

协商一致，是指劳动合同的内容，必须由当事人双方在法律、行政法规允许的范围内共同协商讨论，取得完全一致后确定。

协商一致的原则，这是维护双方当事人合法权益的基础。

3. 不得违反法律、行政法规的原则

这是订立劳动合同的合法原则。这条原则是劳动合同有效并受国家法律保护的前提条件，它的基本内涵有3点。

（1）订立劳动合同的主体必须合法。所谓主体合法，是指双方当事人必须具备订立劳动合同的主体资格，必须有被批准的经营范围和履行能力以及承担经济责任能力。劳动者必须具备法定的劳动者年龄，具备劳动权利能力和劳动行为能力。任何一方如果不具备订立劳动合同的主体资格，所订立的劳动合同就属于违法合同。

（2）订立的劳动合同内容必须合法。所谓内容合法，是指双方当事人在劳动权利与义务条款必须符合法律、行政法规和政策的规定。

（3）订立劳动合同的程序与形式必须合法。程序合法，是指劳动合同的订立必须按照法律、行政法规所规定的步骤和方式进行，一般要经过要约和承诺两个步骤，具体方式是先起草劳动合同书草案，然后由当事人平等协商，协商一致后签约。形式合法，是指劳动合同必须以法律，行政法规规定的形式签订，即"劳动合同应当以书面形式订立"。

教学案例 3.11

求职不容欺诈

2016年12月，某大学毕业生王某由于多门功课不及格，不能顺利拿到毕业证和学位证书，于是通过非法渠道购买了伪造的大学本科文凭。在通过一系列的笔试、面试后，王某被一家公司录用，双方签订了两年的劳动合同，约定了试用期为2个月。

在合同履行2个月后，公司为王某调取档案办理保险时，发现王某的证明系伪造，遂通知王某立即解除劳动合同，王某不服，向当地劳动争议仲裁委员会提出申诉，要求确定劳动合同有效，并要求公司支付解除合同的经济补偿金。当地劳动仲裁委员会裁决中申述人王某的申诉请求不予支持，双方签订的劳动合同无效，并且，王某要求公司补偿的要求无法律依据，故也不能得到支持。

分析与点评：王某为了追求自己的利益，违背诚实信用原则，侵犯了公司合法权益，其行为构成了欺诈，因此王某与该企业订立的劳动合同属于无效合同。

三、劳动合同的基本内容

劳动合同的内容，可以分为法定条款和协商条款两部分，前者是指劳动合同必须具备的由法律法规直接规定的内容；后者是指不需由法律法规直接规定，而是由双方当事人自愿协商规定的合同内容。

根据《劳动法》的规定，劳动合同的必备条款有：

（1）劳动合同的期限。应届毕业生所遇到的劳动合同绝大多数是有固定期限的，所以一定要注意劳动合同中对期限的约定，以及关于期限违约责任的约定。

（2）工作内容。工作内容即用人单位安排劳动者从事什么工作，是劳动合同中确定的劳动者应当履行的劳动义务的主要内容，包括劳动者从事劳动的岗位、工作性质、工作范围以及劳动生产任务所要达到的效果、质量指标等。

（3）劳动保护和劳动条件。用人单位对劳动者的工作必须提供合适的生产、工作条件和劳动安全卫生保护措施，包括劳动场所和设备、劳动安全卫生设施、劳动防护用品等。

（4）劳动报酬。劳动报酬主要表现为用人单位根据劳动者劳动岗位、技能及工作数量、质量，以货币形式支付给劳动者的工资。劳动合同中关于劳动报酬的约定应该包括工资的数额、支付日期、支付地点以及其他社会保险（养老、失业、医疗、工伤、生育等）待遇。

（5）劳动纪律。劳动纪律指劳动者在劳动过程中必须遵守的劳动规则，包括国家法律、行政法规以及用人单位内部的厂规、厂纪、对劳动者的个人纪律要求等。

（6）劳动合同的终止条件。劳动合同的终止条件一般是指劳动者和用人单位在国家法律、行政法规规定的劳动合同终止的条件以外，协商确定的劳动合同终止的条件，即劳动合同终止的事实理由。

（7）违反劳动合同的责任。在劳动合同履行过程中，当事人一方故意或过失违反劳动合同，致使劳动合同不能正常履行，给对方造成经济损失时应承担的法律后果。

四、劳动合同的订立、变更、终止与解除

（一）订立

1. 知情权

劳动合同的订立是指劳动合同双方经过相互选择，确定劳动合同当事人，并就劳动合同的条款进行充分协商，达成一致，从而明确双方权利、义务和责任的法律行为。为了使劳动合同当事人在缔结劳动合同时，能够对对方有一个比较全面的了解，避免或减少今后劳动争议的发生，当事人在缔约过程中均应享有知情权，并对对方进行充分了解。

劳动者作为弱者，与用人单位相比，本身就有着相对的弱势，再加上目前我国的劳动力市场是个买方市场，即劳动力的供给远远大于需求，这样就使劳动者的弱势特征更加明显。比如，劳动者在求职时，为了得到一份工作来挣钱维持自己的生计，一方面要同众多其他求职者竞争，另一方面对用人单位提出的对自己不利的要求还得委曲求全。这种情况长期存在的话，就会使用人单位滋生出一种对求职者居高临下的心态，不能平等地对待求职者。通常情况下，求职者在用人单位的追问下，把自己全部情况如实说出后，用人单位也应把自己的情况详细地告诉求职者；但实际情况并非如此，用人单位的情况、信息对求职者的透明度往往是极低的，有时甚至会拒绝告诉求职者，更有甚者，有些单位还故意发布虚假信息，非法欺骗或非法聘用求职者。

教学案例 3.12

小刚今年大学毕业，正赶上就业形势异常严峻的时候。他好不容易获得了一个面试的机会，于是准备妥当后，来参加面试。面试的过程很紧张，面试官问了他很多问题，小刚都一一作答了，他看面试官好像很满意。等到面试官问完所有的问题后，小刚也想了解一下这家公司的情况，比如公司的业务情况、办公条件等。可是他一张嘴，面试官就一副不耐烦的样子，冷冷地对小刚说："我没有时间回答你的问题，你要是不想来我们公司，就请另谋高就，要是想在我们公司干，就回家等通知。你后边还有 20 多个人等着面试呢，我今天上午必须面试完，怎么可能有时间回答你的问题。"小刚只好知趣地告辞了。

分析与点评：《劳动合同法》中进一步明确和强化了劳动者在订立劳动合同方面的知情权，即该法第八条规定，用人单位招用劳动者时，应当如实告知劳动者工作内容、工作条件、工作地点、职业危害、安全生产状况、劳动报酬，以及劳动者要求了解的其他情况。

综上所述，保证劳动者在就业时，充分地了解用人单位的情况，保证劳动者在与用人单位签订劳动合同时，真正享受平等、自愿、协商一致的待遇，这对劳动者和用人单位今后履行劳动合同，建立稳定和谐的劳动关系是十分必要的。

用人单位在让求职者享受知情权时应注意下列问题：

（1）知情权行使的时间是在缔约过程之中；

（2）知情权的范围是与缔结劳动合同有关的信息，用人单位的商业秘密则不属于知情权的范围；

（3）用人单位对其提供的信息，应负有保证信息真实性的义务。

（二）用人单位不得扣押劳动者的居民身份证

教学案例 3.13

中南大学毕业的林同学和 5 名同学到长沙爱森特贸易有限公司应聘业务员的岗位。公司承诺给他们丰厚的薪水：每月 2000 元底薪加提成。他们没有社会经验，进入公司时也未查看公司的有关证件就开始参加公司举办的业务培训班。公司的业务培训非常严格。业务培训三天后，工作人员就要扣留他们的手机、身份证、学位证和毕业证的原件。由于缺乏社会经验，他们没有多想就将证件交给了公司。

接着公司硬性要求他们不准和陌生人说话，不准和外界联系，也不准与同事进行交流，并逐渐开始限制他们的人身自由，不准他们外出。而公司经理给出的理由竟是为了他们的人身安全。他觉得事有蹊跷，于是趁工作人员不备从公司跑了出来，但其证件和行李还留在了公司。

跑出公司后，他试图和另 5 个同学取得联系，但他们的手机还一直处于关机状态。他非常担心另 5 名同学被公司扣押，因为公司像人间蒸发一样没有任何消息，经理的手机号码也换了。

分析与点评：公司提出要扣留身份证、学位证、毕业证等原件时，大学生要向公司指出这种做法违反了法律的规定。身份证除了公安机关，任何单位和个人都没有权利扣留，任何单位和个人扣留都是违法的。

而根据用人单位的需要，应聘者可以向用人单位提供相关证件的复印件，由用人单位有关责任人确认身份证复印件和原件相符就可以了。大学生在找工作时一定要保持清醒的头脑，一定要有法律意识，不要让一些违规的用人单位钻了法律的空子。

《劳动合同法》第九条明确规定："用人单位招用劳动者，不得扣押劳动者的居民身份证和其他证件，不得要求劳动者提供担保或者以其他名义向劳动者收取财物。"

（三）变更

劳动合同的变更，是指双方当事人对尚未履行或尚未完全履行的合同，依照法律规定的条件和程序，对原劳动合同进行修改或增删的法律行为。劳动合同变更应遵循平等自愿、协商一致的原则，不得违反法律法规的规定。任何一方不得擅自变更劳动合同，否则要承担相应的法律责任。劳动合同的变更一般是协议变更，双方当事人就变更的内容及条件进行协商，达成一致意见，应签订书面协议。我国《劳动法》规定，提出变更劳动合同的一方，给对方造成经济损失的，应当承担赔偿责任。

（四）解除

劳动合同的解除，是指劳动合同当事人在劳动合同期限届满之前依法提前终止劳动合同关系的法律行为。劳动合同的解除可分为协商解除、用人单位单方面解除、劳动者单方面解除以及自行解除等。

根据《劳动合同法》的规定，劳动合同解除分为以下几种：

1. 意定解除

只要用人单位与劳动者解除劳动合同的意见表示一致，解除条件即达成。

2. 劳动者提前通知单方解除

为了保障劳动者全面自由发展的权利，我国《劳动法》和《劳动合同法》均规定了劳动者的辞职权，即劳动者单方无条件提出辞职的权利，但为了达到用人单位与劳动者的利益平衡，法律规定，此种劳动合同解除条件只有在劳动者履行一定法定程序（应提前30日书面通知）后才能生效。

3. 劳动者随时单方解除

此种劳动合同的解除是指在用人单位存在严重违反劳动合同的行为或者劳动者的人身受到威胁、迫害的情形下，劳动者有随时通知解除劳动合同的权利。主要包括以下情形：未按照劳动合同约定提供劳动保护或者劳动条件的；未及时足额支付劳动报酬的；未依法为劳动者缴纳社会保险费的；用人单位的规章制度违反法律法规的规定，损害劳动者权益的；以欺诈、胁迫的手段或者乘人之危，使对方在违背真实意思的情况下订立或者变更劳动合同，致使劳动合同无效的；法律、行政法规规定劳动者可以解除劳动合同的其他情形。而且在用人单位以暴力、威胁或者非法限制人身自由的手段强迫劳动者劳动，或者用人单位违章指挥、强令冒险作业危及劳动者人身安全情形的，劳动者可以立即解除劳动合同，不需事先告知用人单位。

4. 用人单位单方随时通知解除

此种劳动解除的解除主要是指在劳动者存在严重违法用人单位规章制度，或存在其他严重损害用人单位合同利益的情形下，用人单位有权单方随时通知劳动者解除劳动合同主要包括以下情形：在试用期间被证明不符合录用条件的；严重违反用人单位的规章制度的；严重失职，营私舞弊，给用人单位造成重大损害的；劳动者同时与其他用人单位建立劳动关系，对完成本单位的工作任务造成严重影响，或者经用人单位提出，拒不改正的；以欺诈、胁迫的手段或者乘人之危，使对方在违背真实意思的情况下订立或者变更劳动合同，致使劳动合同无效的；被依法追究刑事责任的。

5. 用人单位提前30日通知解除

此种劳动合同的解除主要是指存在非因用人单位与劳动者的主观原因，致使劳动合同无法继续履行的，用人单位提前30日通知劳动者或支付劳动者一个月工资的代通知金。解除劳动合同的情形主要包括：劳动者患病或者非因工负伤，在规定的医疗期满后不能从事原工作，也不能从事由用人单位另行安排的工作的；劳动者不能胜任工作，经过培训或者调整工作岗位，仍不能胜任工作的；劳动合同订立时所依据的客观情况发生重大变化，致使劳动合同无法履行，经用人单位与劳动者协商，未能就变更劳动合同内容达成协议的。

此外，用人单位在出现经营困难等情形，需要裁减人员，解除与劳动者劳动关系用人单位也需要提前30日通知全体劳动者或工会。

（五）终止

劳动合同的终止，是指符合法律规定或当事人约定的情形的劳动合同的效力即行终止。我国《劳动法》规定："劳动合同期满或者当事人约定的劳动合同终止条件出现，劳动合同即行终止。"

根据《劳动合同法》规定，有下列情形之一的，劳动合同终止：劳动合同期满的；劳动者开始依法享受基本养老保险待遇的；劳动者死亡，或者被人民法院宣告死亡或者宣告失踪的；用人单位被依法宣告破产的；用人单位被吊销营业执照、责令关闭、撤销或者用人单位决定提前解散的；法律、行政法规规定的其他情形。

求职者在签订合同时应注意以下事项：

（1）为了保障个人的利益，求职者在正式进入用人单位工作时，一定要与用人单位签订正式的劳动合同，以便明确双方的权利和义务关系。

（2）建议求职者在正式签订劳动合同时，要查阅对比相关的劳动合同范本，以保障自己的合法权益。一份正式的合同应该条款齐全，签订时应仔细审看合同条款是否齐全，如名称、地点、时间、劳动规则、具体工作内容和标准、劳动报酬、合同期限、违约责任、解决争议方式、签名盖章等。如无异议，再当面同单位负责人签字盖章，以防某些单位负责人利用签字时间不同而在合同上动手脚。

（3）求职者一定要先确认自己签订的劳动合同是否具有法律约束力，包括：用人单位必须具有法人资格，私营企业必须符合法定条件；双方签订的劳动合同内容（权利与义务）必须符合法律、法规和劳动政策，不得从事非法工作；签订劳动合同的程序、形式必须合法。

（4）求职者在签订合同之前，应学习和了解一些劳动法律和法规方面的知识，例如合同双方当事人的权利义务，劳动合同的订立、履行、变更、终止和解除，劳动保护和保险，法律责任等知识，这样一旦日后用人单位违反合同规定，求职者就可以利用法律武器来捍卫自己的权益。

（5）求职者还应该了解一下其他的细节问题，例如当合同涉及数字时，一定要用大写数字，以使单位无隙可乘；另外要注意合同生效的必要条件和附加条件（如鉴证、登记）；合同至少一式两份，双方各执一份，妥善保管；双方在签订时如有纠纷，应通过合法方式解决。

五、就业协议与劳动合同的区别

就业协议与劳动合同均为用人单位录用毕业生时所订立的书面协议，在就业过程中，有些毕业生有时将两者等同，有时又将两者割裂开来，因而有必要对就业协议与劳动合同进行分析比较。

教学案例 3.14

签订《就业协议书》后是否可以不签《劳动合同》

王某是广州市某大学2015届的本科毕业生。2015年6月6日，王某、广州市某科技有限公司和学校三方签订了《全国普通高等学校毕业生就业协议书》。在此之前，该科技公司为王某办妥了人事等相关手续，代王某缴了人事代理服务费和流动服务费合计2520元。2015年7月1日，王某到该公司上班，负责软件开发，双方约定王某试用期月薪2000元，试用期3个月。但王某刚工作了一个月，就于7月31日提出辞职。该公司拒绝发给王某工资并且申请劳动仲裁，认为王某在试用期内解除《劳动合同》，给其造成的损失理应给予赔偿及支付约定的违约金。法院没有支持。

律师事务所王斌律师解析此案：此案例说的重点是，王某到该公司后曾与公司负责人提出签订《劳动合同》，但公司却以试用期内不与员工签订合同为由拒绝了，他觉得在该公司工作的合法权益得不到保障。工作一个月后，他发觉自己与该公司文化格格不入，提出辞职。在单位招聘中，部分单位认为签订了《就业协议书》可以不签《劳动合同》，或者已签订《就业协议书》拒绝签订《劳动合同》，这都是不合法的。

分析与点评：在学生毕业离校前，学校将根据《就业协议书》的内容开具毕业生就业报到证，同时转递学生档案。在毕业生到用人单位报到后，三方协议即告终止。《就业协议书》不是《劳动合同》，毕业生报到后，应当要求用人单位签订《劳动合同》，明确约定试用期、工作时间、工作地点、工资待遇、休息休假等，超过一个月未签订《劳动合同》的，用人单位应当支付双倍工资，不能以签订过《就业协议书》为由拒绝支付。

（一）法律适用不同及争议处理方式不同

《就业协议书》是毕业生在校时，由学校参与鉴证，与用人单位协商签订的，是编制毕业生就业计划方案和毕业生派遣的依据。劳动合同是毕业生到单位报到后，与用人单位确立劳动关系、明确双方权利和义务的协议。

《就业协议书》要解决的核心问题是毕业生正式毕业后到单位报到，单位在毕业生报到上班时无条件录用的问题。同时，单位应当提供《就业协议书》中约定的劳动报酬、工作岗位等内容。《就业协议书》属于普通的民事协议，因而受《民法典》的调整。而劳动合同则受《劳动法》的调整。

因此，《就业协议书》签订后，学生和用人单位在就业过程中的争议，一般由高校毕业生就业办公室协调，当事人也可以向人民法院起诉。而履行劳动合同所产生的争议，则需要先进行仲裁，对仲裁不服的，才可以向人民法院起诉。

（二）条款不同

根据《劳动合同法》的规定，劳动合同的必备条款主要有：

（1）用人单位的名称、住所和法定代表人或者主要负责人；

（2）劳动者的姓名、住址和居民身份证或者其他有效身份证件号码；

（3）劳动合同期限；

（4）工作内容和工作地点；

（5）工作时间和休息休假；

（6）劳动报酬；

（7）社会保险；

（8）劳动保护、劳动条件和职业危害防护；

（9）法律、法规规定应当纳入劳动合同的其他事项。

《就业协议书》中有关双方权利义务的内容很多与劳动合同一致，但也有不同。比如上海市在《上海普通高等学校学生就业工作管理办法》用专章规定了《就业协议书》，并规定《就业协议书》一般应包括以下条款：

（1）服务期；

（2）工作岗位和工作内容；

（3）劳动保护和工作条件；

（4）工资报酬和福利待遇；

（5）就业协议终止的条件；

（6）违反就业协议的责任。

（三）就业协议与劳动合同的效力衔接问题

在大学生毕业之前不具有签订劳动合同的主体资格，签订就业协议的身份是一个普通的民事主体。随着大学生的毕业，可以取得签订劳动合同的主体资格，因此，在大学生报到入职，用人单位接收后，就业协议实际上便已失效，双方应当签订《劳动合同》，并依照《劳动合同》的约定履行。

教学案例 3.15

小张在大四时到一家广告公司实习。由于实习表现突出，小张与该公司达成就业意向，并签订了《就业协议书》。双方约定，服务期为3年，如果小张提前解约必须赔偿公司1万元。至于协议中的待遇、福利等条款暂为空白。公司人事部门让他先签名，具体条款过几天再补上。小张觉得自己是经熟人介绍来的，不好意思提待遇的事。"找个工作不容易，不敢要求太多。反正别人有啥咱有啥呗，差不了事儿。"小张便在协议上签上了自己的名字。

正式上班后，公司与他签订了劳动合同，合同的有效期仅1年，而且也没有提前解除合同的赔偿条款。由于待遇与其他员工相差较大，小张在工作第二年便向公司提出辞职。公司提出，必须按就业协议的规定赔偿1万元。小张不服，准备通过法律手段维权。那么小张是否需要向公司赔偿这1万元费用呢？

分析与点评： 本案中，在小张毕业后到广告公司入职时，双方早先签订的《就业协议书》实际上会自行失效。因此，公司要求小张支付就业协议中约定的费用是没有法律依据的，不能得到支持。

《就业协议书》与《劳动合同》是用人单位录用毕业生时所订立的书面协议，但两者分处两个相互联系的不同阶段，表现在：

《劳动合同》是毕业生与用人单位明确劳动关系中权利义务关系的协议，学校不是劳动合同的主体，也不是劳动合同的鉴证方。《劳动合同》是上岗毕业生从事何种岗位、享受何种待遇等权利和义务的依据。

一般来说《就业协议书》签订在前，《劳动合同》订立在后，如果毕业生与用人单位就工资待遇、住房等有事先约定，亦可在《就业协议书》备注条款中予以注明，日后订立《劳动合同》时应对此内容予以认可。

本章小结

大学生的就业权益问题主要包括求职过程中常见的侵权、违法行为，就业协议书的签订流程和注意事项，大学生签订劳动合同应注意的问题，社会保险的有关知识。设立本章的目的是让大学生认识就业权益，学会保护自己。通过对本章的学习学生对即将到来的就业中可能涉及的问题如何从法律上去思考有一个概括的了解，从而提高学生的就业权益保护的法律意识。

复习思考题

1. 常见的就业侵权、违法行为有哪些？
2. 大学生维权的途径和方法有哪些？
3. 就业协议书的签订流程和注意事项有哪些？
4. 大学生签订劳动合同应注意哪些问题？

素养篇

養生篇

第四章　树立正确的择业观

教学目标

学习本章之后，要求学生能够达成以下目标：

1. 了解大学生就业过程中常出现的状况，并能客观地予以分析和判断；
2. 理性地看待毕业生"就业难"的问题，并能树立信心，正确对待；
3. 形成正确的择业观；
4. 理性进行职业选择。

导入案例

进入职场的姿态

本恩原来在一家研究所工作。该研究所由于经营不善将其解聘。面对失业，他给一家大公司写信求职："我有加州理工大学物理学博士学位，我的研究成果被广泛应用到宇宙飞船、人造卫星和航天飞机上。"信很快被退了回来：请另谋高就。本恩没有灰心，接着写了第二封信："如果你们需要，我将竭诚为贵公司服务。"这封求职信也被退了回来：本公司暂不缺人，以后需要时我们会及时与你联系。接着本恩写了第三封求职信："如果研究工作不缺人的话，我可以干冲洗汽车、打扫卫生之类的活儿。我会用搞科学研究的那种严谨态度和一丝不苟的作风去干好它们。"这封信发出去第5天，他就接到该公司的电话："请你速来报到。"到职后，果然如他自己所承诺的那样，上任后冲洗汽车、打扫卫生非常认真，赢得了上上下下的好评。这时公司根据他的特长和学历，调他到研究机构工作。在新的岗位上他如鱼得水，很快拿出了几项成果，为公司赢得了巨额利润。

思考与讨论：你认为本恩成功就业的因素有哪些？他的三封求职信反映出他的哪些变化？

第一节　影响择业的相关因素分析

一、外部环境因素

外部环境因素是指对大学生择业产生影响的外部因素，包括社会环境和社会心理环境两部分。

（一）社会环境

社会环境是由政策环境、经济状况、产业结构等所形成的就业社会氛围。

1. 政策环境

大学生就业政策是国家为实现一定时期的路线、方针而制定的高层次人力资源配置的行动准则，体现了一定时期社会发展的需要，具有一定的导向性、调控性和约束性，是大学生就业过程中应遵循的基本规范。我国大学生就业制度经历了一个不断发展和改革的过程。其间，有关政策也作了相应的调整。

在统包统配的就业制度条件下，人才资源分配的方式同其他经济资源配置的方式一样，都遵循着一元化的计划模式。毕业生虽然在国家下达的分配计划内有一定选择个人意愿的权利，但最终必须服从国家、学校制定的调配方案。在这样的政策条件下，毕业生是依附性就业。就政策特点来说，它的调控性和约束性极强，其导向性主要是通过思想政治教育和学生自觉服从社会需要的主导就业观来实现的。在今天看来，这样的政策一定程度上忽视了学生个人的择业意愿，且易导致人才资源配置失当。但是，在当时的历史条件下，有其存在的合理性，是与当时的经济体制相配套的，也曾经为社会经济的发展起过重要的作用。

当前，在社会主义市场经济条件下，高等教育适应市场经济发展的契合点，首先表现在毕业生就业这一环节上。现在正在运行的毕业生就业制度是在国家就业方针、政策指导下，毕业生和用人单位双向选择的制度。

虽然毕业生有自主择业的权利，但不是说就业政策就失去了导向、调控、约束的功能。用人单位也有自主用工的充分权利。因此毕业生自主择业不是毕业生的一厢情愿或随心所欲而是双方的互相选择。双向选择是选择与被选择的关系，是主客体的辩证统一。选择的双方不是谁必须服从谁的问题，而是双方在相互满足对方需要的基础上而达成的一种契约关系。既然是契约关系，就摆脱不了政策的导向、调控和约束。譬如用人单位的劳动用工政策、吸引人才的政策、发达地区和中心城市的进人控制政策等，都将对毕业生择业产生重要的制约作用。

除此之外，还有人才流动、工资制度、公务员制度等的调整，都会对大学生就业产生直接或间接的影响。

2. 经济环境

一个国家、一个地区在一定时期内的经济发展状况，直接制约着人们的劳动就业状况，自然不可避免地影响着大学生的职业选择。

（1）从整个国家的范围来看，经济的发展和科学技术的进步，劳动生产率的提高，职业演化速度的加快，就业岗位的增加，都将为大学生提供广阔的就业平台；相反，则会造成大学生就业的困难。

（2）产业结构的调整和发展必然促使某些行业发生变化，影响大学生的职业选择。一方面，由于第一、第二产业比重的下降，第三产业比重的增加，促使从业人员的分布格局发生变化，形成劳动力的流动；另一方面，由于市场经济的作用，一些行业、职业之间的收入差距逐渐拉大，各类职业的经济收入和社会地位也发生了变化。原来社会地位高的，其经济收入不一定高；相反，现在经济收入较高的，其社会地位不一定高。这些变化自然影响着大学生的职业选择。

（3）国家区域性经济发展的不平衡，往往使经济发展速度快的地区成为大学生择业的热点，而相对贫困的区域则成了就业的"低洼地带"。

3. 重视人才和对人才要求不断提高的环境

伴随着知识经济时代的到来，重视人才资源、货币资本和物质资本已成为社会各界的共识，学习型社会、学习型组织的氛围正在形成。一方面，各地纷纷出台了各种各样的引进人才政策，构筑人才高地，为大学生就业与创业创造了良好的社会环境；另一方面，各地也纷纷提高了引进人才和吸引毕业生的层次和质量要求，譬如外语等级、计算机等级等要求。

（二）社会心理环境

社会心理是指一定时期内，人们普遍流行的精神状态，包括人们的需求、愿望、情感、情绪、习惯、道德风尚、审美情趣等，反映在人们的意识之中，左右着人们的行为选择。影响大学生就业的社会心理环境主要有传统的就业习惯思维和现代流行的就业意识等。影响大学生就业的社会心理环境因素是多方面的，其中社会时尚，老师、家长和亲友的意见，传统的性别观念等更不容忽视。

1. 社会时尚

社会时尚就是在社会中流行一时的风气或风尚。它是一种非常规的集体行为模式。社会时尚的影响在人们生活中是十分普遍的。它既可以发生在如服饰等日常生活之中，也可以发生在娱乐、语言表达等人们的社会活动之中，更可以发生在政治、道德、宗教、教育等社会意识形态之中。由于时尚具有的时髦性、时热性、时狂性的特点，因此时尚对人们的行为取向、职业选择影响非常大，譬如前几年出现的大学生择业中的大城市热、三资企业热、"孔雀东南飞"，以及当前的考公务员热、考研热等。时尚又与社会舆论紧密地联系在一起，时尚能形成较为集中的舆论和热门话题，反过来，舆论或热门话题又促进或阻碍社会时尚，引导时尚运动。健康的时尚，会激发人们的责任感和使命感，形成正向行为导向；非健康或带有偏见的时尚，则会造成人们思想意识的狭隘和行为取向的偏差。大学生择业过程中就十分容易形成诸如从众、攀比、自卑等心理倾向，从而导致盲目的行为。

2. 家长和亲友的意见

由于我国传统观念的影响，子女与家长之间依赖与被依赖、控制与被控制性比较强。在大学生择业问题上，有的家长怕子女缺乏经验，生活阅历浅，所以控制子女的择业行为，过多干涉子女择业选择；有的学生缺乏自主勇气，依赖于家长的经验，选择什么样的就业岗位由家长做主；有的家长则是支持和鼓励子女主动择业，自己做主，并提供参考意见。这几种影响方式对大学生择业所产生的结果是截然不同的。尤其是那些年龄较小、依赖性比较强的大学生受家长影响程度更强。也有的学生会通过有较大影响的亲友帮助决策，根据其认同与否来决定自己的择业去向。

3. 老师的意见和看法

在过去的计划经济条件下，学生的就业去向是在辅导员、班主任和其他教师的共同参与下决定的。老师的意见和看法在学生就业问题上起着十分重要的主导作用。当前，尽管这种情况已经不复存在，但老师的意见和看法仍然会对学生就业起到重要的影响。譬如教师对某种专业、某项工作的认同与否，教师平时的思想教育与就业指导等都将直接或间接地影响学生的择业行为。然而，任何教师的意见和看法都或多或少地带有个人的主观色彩，所以，不同择业观的教师对学生就业的影响结果的差距是很大的。

除此之外，还有传统的性别观念等也会给学生就业带来许多影响。有些女生就会产生对于某些岗位不如男生有优势的思维定式；有些用人单位从本部门的利益出发，不愿意接收女毕业生。尽管因为男女性别差异必然导致劳动能力和工作时间等方面的差异，但应当说，除了某些特殊的职业岗位，女生仍然具有广阔的职业领域，不必人为地给自己太大的心理压力。

总之，尽管在择业问题上每个人都将受到社会因素的影响，但都应确立起主体意识，养成科学的思维方式，对自身的条件和社会需要做出正确判断，摆脱对家长的依赖，更要克服人云亦云的心态，树立自主、自立、自强的就业观念，增强自信心，努力提高自身素质，主动迎接挑战。

阅读资料 4.1

李开复：我很惊讶大学生找工作得问家长

今年 9 月，刚刚辞去谷歌全球副总裁、大中华区总裁的李开复博士，又创立了旨在培育创新人才和新一代高科技企业的创业平台——创新工场。几个月来，李开复奔赴全国各地，四处招贤纳才。在三四十名得到面试通知的大学生中，一些人的求职理由让他感到非常惊讶。"我父母觉得我跟着李开复干就对了！""我父母觉得我应该去家跨国公司工作。""我父母希望我待在上海。""来应聘到底是你的决定还是你父母的决定？"听完这些大学生的回答，李开复感觉很无奈，便跟他们说："我来发一封 E-mail 跟你的父母沟通一下吧。""对不起，我的父母不会用 E-mail。"不会用 E-mail 的父母，居然告诉孩子应该去哪一个互联网公司工作，这不是很奇怪的事吗？11 月 14 日，在第二届新东方家庭教育高峰论坛上，李开复跟大家分享了他最近的一些经历，并郑重地告诉在座的家长，在严管压力下长大的孩子，虽然听话，但最后可能会失去管理自己的能力，甚至没法独立。他建议，在家庭教育中，家长对孩子要多信任、多放权、少严管、少施压。在当今时代，家长可能不懂下一代，不清楚孩子自己希望成为一个什么样的人。此外，如果家长帮孩子做了太多的决定，会让孩子形成一种心理：反正有父母帮我做决定，这不是我的责任。当他有一天需要面对独立，他的路会走得非常艰难。"我常常在大学演讲时听到学生举手问，你总告诉我们要追随我心，可我不知道我心是什么。你总告诉我们要学自己有兴趣的东西，但是我不知道自己的兴趣是什么。"李开复认为，过于严格的管教，已经使得一些从小生长在被动环境里的孩子，被培养成机器。他们听不到自己的声音，找不到自己的兴趣，不知道自己将成为什么样的人。李开复也承认，在实施家庭教育的过程中，每个人都会犯错，都会有管得太多的时候，但关键是要让孩子知道，最终的决定权掌握在他们自己手中。

二、大学生自身的内部因素

大学生自身的内部因素对大学生的择业也有重要影响。个人成长环境与个体素质状况的不同，也会导致不同的人有不同的择业观。

（一）个人成长环境

个人成长环境主要是指所受教育的环境，其领域是十分广泛的。事实上，社会上的一切教育活动都会给受教育者产生某种积极或消极的影响。一切教育形式所产生的结果，大都能反映在学生的素质以及他们的择业意识、择业行为上。这里，我们着重探讨家庭教育、大学前教育、大学教育等几个方面的影响。

1. 家庭教育

家庭是社会的细胞。父母是儿童的第一任教师。父母的教育方式及家庭气氛对儿童的成长起着重要的作用。美国临床心理学家安妮·罗欧从 1951 年开始采用谈话、测验和了解个人生活史等方法来研究杰出的物理学家、生物学家和社会科学家的个人发展史及其人格特征，发现他们早期所受的不同抚养方式影响着其追求的职业类型以及在所选择的领域中可能达到的水平。罗欧把家庭抚养方式分为三种类型，即情感关注型、回避型和接受型。情感关注型的抚养方式又分为溺爱型和严格型两种。溺爱型父母对子女娇养，他们充分满足儿童的生理需要，鼓励其依赖和限制其探索行为；把子女看作或设想为"天才"的严格型家长，对子女要求严格，通常按完美的计划对其进行严格训练。回避型的抚养方式又分为拒绝型和疏忽型。拒绝型的父母对子女的生理需要是关心的，但对其内在的情感要求不能满足；疏忽型的父母在一定的限度内忽视子女生理的要求。接受型的抚养方式又分为随意接受型和抚爱接受型。随意接受型的父母对子女需要的接受具有随意的性质，抚爱接受型的父母不干涉而且促进儿童的才能和独立性的发展。在职业选择上，在情感关注型家庭中成长的人，自我意识不强，经常会意识到别人的态度和意见，这类人往往需要定向于人的工作。在回避型家庭中成长的人，可能形成一种对别人强烈的防御意识，他们可能不愿与人打交道，往往需要定向于物的工作。在接受型家庭中成长的人，可能定向于人，也可能定向于物。罗欧的观点虽然是以杰出人才为研究对象而提出的，具有不完整性，但仍有一定的代表性。家庭的教育方式对子女性格、爱好、兴趣等的培养和熏陶，直接影响到其职业能力的发展。

2. 大学前教育

大学前的学校教育主要有幼儿园、小学、初中、高中等几个阶段。大学以前的教育是基础教育，亦是基本素质教育。但在我国由于高考指挥棒的作用，在一定程度上，教师把基础教育变成了一种应试教育，紧紧围绕考试来设置教学内容和进行教学活动，学生也以应试的学习方式来接受教育，造成了学生知识结构不合理，学习的主动性不够，养成了一种依附性的学习习惯，这直接影响到后期的发展。在我国还有一种情况，就是农村和城市的差别较大。由于多数农村的教学条件较差以及环境的影响，农村学生的知识面、思想观念、思维方式以及对事业的期望同城市的学生相比具有一定的差别。对于大学前教育所形成的差异性，在大学阶段，不同的人会有不同的改变。

3. 大学教育

大学教育是按照专业门类来培养学生适应职业需要的基本素质和能力的过程。这一过程是通过基础课、专业基础课的教学或其他教育活动，使学生从某一专业的逻辑起点达到能够解决该专业一定问题的理论和技术水平，从而形成适应某种职业需要的专业特长。也就是说，大学生所受的专业教育直接制约着其职业适应的范围。如果大学生所学的专业面较窄，其职业适应的范围就小；反之，职业适应的范围相对宽广。因此，近年来，各高校不断地根据社会职业的需要来设置专业或对业已形成的专业结构进行调整，扩大学生的就业范围，增强适应能力，并针对学生知识面较窄、知识结构不合理、动手能力不强、组织管理能力不高等问题，努力通过改革教育模式和教学内容来培养专才与通才相结合、文理交叉、工管相兼的复合型人才。为此，相应地建立起一套行之有效的机制，如主辅修制、双学位制等。这些都为有效扩大学生的专业面、提高学生的综合素质创造了有利条件。随着高校招生和毕业生就业制度改革的深入和学分制的施行，满足学生专业志愿和扩大其职业适应领域等方面的情况会得到更好的改变。

社会教育及自我教育也会对大学生择业产生一定的影响。我们应该认识到，大学生所受的不同层面的教育和大学期间不同阶段的教育（如专业教育、思想教育、就业指导等）具有互补性。前一阶段所受教育的欠缺，可能在后一阶段得到补充；各种教育内容的相互交叉和渗透，可以促进整体素质的提高。因此，大学生应自觉认识自己成长的家庭环境与受教育的条件对其个性形成的影响，并通过主观的努力，改变对自己不利的因素，全面提高自身素质，为求职择业创造更加有利的条件。

（二）个体素质状况

当今世界科学技术飞速发展，社会生产发生翻天覆地的变化。与此同时，各类现代职业对从业者文化素质和合理的知识结构的要求也愈来愈高。就知识结构而言，不仅对知识技能共性的要求愈来愈多，而且对从业者知识和技能的适应性要求也愈来愈高。

1. 不同类型的职业对大学生知识结构的共性要求

（1）宽厚扎实的基础知识。基础知识是知识大树的躯干，是知识结构的根基。大学生无论选择何种职业，也不管要向哪个专业方向上发展，都少不了宽厚的扎实的基础知识。就像万丈高楼平地起，全靠基础来支撑。特别是随着科技和经济的高速发展，社会中的产业、行业、职业结构调整的速度必然加快，大学生在择业、就业上已不必非要从一而终，职业岗位随时变动的状况不可避免。要适应这种变化，必须靠扎实宽厚的基础知识。温州大学原名誉校长、著名数学家苏步青院士曾讲过一段极为深刻的话："现在的学生一进大学即分系、分专业，由于急于求成、急于专业化，学生仅学到本专业的一些基础知识，只能单打一，造成将来毕业后适应性很差，只会守住自己的'小摊子'，换一个方向（更不要说换专业）就晕头转向，不知所措，这怎么能适应四化建设的需要呢？大学教育的根本点，是要扩大学生的知识面。把基础知识面拓得尽可能宽一点，这样学生就有了后劲。"苏步青院士的这段话是很有见地的。

（2）广博精深的专业知识。大学生是将要从事专业性较强工作的高级专门人才。专业知识是知识结构的核心部分，也是科技人才知识结构的特色所在。无专业特色，也就不能称为科技人才。所谓广博精深，是指大学生对自己所要从事专业的知识和技术具有一定深度的掌握、一定范围的了解，有质和量的双重要求，并且对概念体系、理论体系、研究方法、学科历史和现状、国内外最新信息等都要所了解和把握。同时，对其专业临近领域的知识也要有所了解和熟悉，并善于将其所专的领域与其他相关知识领域紧密联系起来。专博相济、专深博广，已成为当前对人才素质的重要要求。高校通过"双学位班""第二学位""主辅修制"等培养的复合型大学生正成为社会所急需的人才。

（3）大容量的新知识储备。现代各类职业都要求从业者的知识"程度高、内容新、实用强"。"程度高"是指知识层次高，知识面广；"内容新"是指从业者的知识结构中应以反映当今科学技术发展状况的新知识、新信息为主；"实用强"是指从业者的知识在生产、工作中有很强的实用价值。反映上述要求的一个很明显的例子是，目前用人单位普遍要求毕业生具有高学历，能够熟练地运用一门外语和使用计算机。此外，毕业生如能掌握一技之长，诸如书法、绘画、驾驶、公关等也将增加其求职的成功率。

2. 不同类型的职业对大学生知识结构的特殊要求

（1）管理类职业的要求。管理类职业主要包括国民经济管理、企业管理、金融管理、财政管理、外贸管理、行政管理等社会工作。选择此类职业为自己目标的大学生，在其文化素质上除了具备上述那些共性的要求，根据管理职业的实际需要和管理科学的发展规律，还必须很好地掌握党的方针政策，掌握基本的法律知识。在其知识结构中，管理理论和知识要求占较大的比例。除此之外，还应了解税务、工商、外贸的管理知识。在知识结构上一般要求具有"网络型"的结构。

（2）工程类职业的要求。工程类职业的范围包括各行业中从事工程技术应用工作的职位。它要求大学生牢固掌握所学的专业知识，具有较高的现代专业理论水平，在实际工作中能熟练地掌握并运用应用技术知识，同时要具有一定的管理知识。

（3）科研类职业的要求。该类职业主要指基础理论研究、信息情报研究、学科应用技术研究等职业。该类职业要求大学生具有丰富、坚实的专业基础知识，掌握严谨的科学研究方法并能将其运用于实际研究中，掌握大量本专业的当代研究的前沿信息，熟练掌握本专业的各种实验方法和调查方法并能将其运用于实际工作中。在知识结构上一般要求具有"宝塔型"的结构。

（4）教育类职业的要求。教育类职业的范围包括大学教师、中学教师以及各类职业教育教师、培训教师等。这类职业的特殊性决定了大学生要具备以下条件：掌握辩证唯物主义和历史唯物主义的基础理论和深厚扎实的专业知识，熟悉本专业最新研究成果及其发展趋势，了解与本专业相近的新兴边缘学科或交叉学科的情况，具有较高的文化素养，达到真正的"博学"。此外，还要掌握教育科学的相关知识（包括教育学、心理学、教育心理、教材教法等）。该类职业要求就业的知识结构为"网络型"。

以上仅仅介绍了四种类型职业对大学生文化素质的特殊要求，其他类职业也有着各自不同的特殊要求。大学生应当根据社会需要，结合个人专长，充分了解各种职业对从业者知识结构的特殊要求，在就业前和就业后注意确立和调整自己的知识结构，并使之日趋合理，日益完善，为成才奠定坚实的基础。此外，动手能力、解决实际问题能力等也越来越受到重视。

教学案例4.1

王某的选择

王某，1994年毕业于某大学外语专业。她学习成绩优异，各方面素质良好，大学期间通过了专业英语八级考试，但性格相对内向，不善言谈交际。毕业之后，在父母和亲友的劝说下，她放弃了原本想担任一名外语翻译人员的愿望，而去某市重点中学做了一名外语教师。尽管，作为重点中学的外语老师，深受周围同学的羡慕，也为父母增添了许多光彩，但不善言谈的她并没有从优越的岗位上获得事业的幸福和满足感。2000年，她毅然辞去了教师职业，走出国门，成了一名优秀的翻译工作者。

第二节　确立正确的择业观念

一、正确择业观念的含义

择业，即职业选择，是劳动者在社会众多职业类别中挑选自己想从事的职业的行为，也是劳动者根据自身兴趣爱好、知识技能及理想目标等选择适合自己的职业的过程，更是劳动者走向社会、步入工作岗位的一个必经阶段。择业观，顾名思义就是劳动者关于职业选择的观念和看法，在本质上是劳动者人生观、价值观、世界观在职业选择这个实践层面上的具体化。

大学生择业是大学生个人根据自己的意愿和社会的需要，选择自己所从事的工作的过程。而关于大学生择业观的界定，要坚持"以人为本"的原则，突出大学生的主体性，从"是什么、为什么、怎么办"的思维方式出发，强调职业选择行为，即大学生关于什么是择业、为什么要择业、选择什么样的职业以及怎样选择职业等择业问题的看法，以及指导大学生做出相应的职业选择行为、影响大学生职业选择结果的观念。

正确的择业观是将个人的职业追求与当前的就业形势以及经济社会发展需求有效地结合起来的择业观。一方面，正确的择业观可以帮助大学生成功就业，指导大学生开创自己的事业，开启自己的职业生涯；另一方面，正确的择业观符合人力资源市场的发展要求，符合经济社会的发展需求，实现了社会资源的优化配置，促进了社会的和谐健康发展。正确的择业观将个人需求和社会需求有机结合到一起，实现了两者的契合。

正确择业观的内涵主要包括两个方面：一是正确的职业理想标准；二是科学合理地实现职业理想的途径。从世界观、人生观和价值观的角度，大学生必须树立正确的职业理想，培养符合主流价值导向的职业理想标准。只有职业发展方向正确了，大学生才能在就业过程中不断地提升自己、发展自己，为国家和社会做出贡献。

（一）树立正确的择业观标准

我们判断择业观的正确与否，总是有着一系列的价值标准，在这个过程中包含着一系列的选择和取舍。但无论大学生具体的就业理想怎样，都必须树立国家与社会的需要为第一需要的观念，要树立"报效祖国，责无旁贷，从基层做起，在奉献中实现自身价值"的观念。这并不是教条，任何与时代发展和社会需要相违背的择业观，最终都会被时代和历史所淘汰。大学生只有服从于经济社会发展需求这个大局，才能更好地在社会上立足，才能更好地实现自身的职业生涯目标，实现自我价值。因此必须处理好两个方面的关系：第一，树立符合社会需求的职业理想标准；第二，树立正确的自我实现观。

马克思在《青年在选择职业时的考虑》一书中指出："我们的使命不是要求得到一个

最足以炫耀的职业，而是一种使我们长期从事而始终不会感到厌倦，始终不会松懈，始终不会情绪低落的职业。"我们生活在这个社会中，方方面面都受到社会的影响，"在选择职业时，我们应该遵循的主要指针是人类的幸福和我们自身的完美。不应该认为，这两种利益是作对的，互相冲突的"。也就是说，大学生必须按照社会发展需求，按照主流价值观的要求来树立自己的职业理想，来判断自己的择业观是否科学合理。

正确的职业理想标准体现为两个层次：

（1）职业理想的最高追求是造福全人类。社会性是人的基本属性，为全人类造福，为国家、社会做贡献都是由人的社会性决定的。"职业的形成与发展是人类社会发展的缩影，职业本身就是为协调社会生活、为发展社会而存在的，它的本质是从属于社会的，而不是从属个人的。"虽然在很长的一段时间内，造福全人类的最高职业理想还很难实现，但这并不动摇造福全人类作为人类最高职业理想的地位，不管路途如何漫长，这都是人类发展的终极目标。

（2）实现大学生与职业岗位的合理匹配。人是就业的主体，职业是就业的客体，主体和客体的特点不同、出发点不同，只有理顺主体和客体，即大学生与职业岗位之间的关系，才能实现大学生资源与就业岗位之间的优化配置。人的生理、心理特点不同，适应的职业范围也不同；职业本身的特点，对人的要求也存在客观差别。从人与职业两个方面来说，人们选择了能发挥自己特长的职业，其潜能就会得到最大限度的发挥，在同样的劳动时间内比其不适应的职业效率高、贡献大；职业与适应其特殊需要的人相匹配，就能发挥出应有的社会功能。由于受各种主客观因素的影响，大学生个人的期望往往与自身的特点不相适应，这需要大学生必须重新地认识自我，根据自己的特点，建立适合自身优势且能够胜任的职业和岗位。

（二）在实践中修正、实现自己的职业理想

树立正确的职业理想评价标准和职业理想，只是择业观确立的第一步。我们的择业观，最终是要落实到实践的工作中去，职业理想只有通过职业实践才能实现。根据马克思主义哲学的观点，人的认识是在"实践—认识—再实践—再认识"的反复循环过程中形成的，也只有在这个循环中，大学生的职业理想和择业观念才会不断地得到修正、完善和升华。

确立了正确的职业理想，我们就必须将理想落实到实践中去，从一点一滴做起。无论是"先就业、后择业""到基层去锻炼"，还是"自主创业"，第一步都是将自己投入工作实践中去，在工作实践中找出自身工作存在的缺陷和不足，发现自己的就业爱好和兴趣点，找到自己的就业优势和劣势，针对自己的发展要求规划自己的职业生涯，最终实现职业理想。脱离了实践，一切的观点理论都是无用的。

把握住了正确的职业理想标准和科学合理地实现职业理想的途径，也就把握住了正确择业观的内涵，抓住了工作的主线。只有把握住了这两点，才能把握住正确择业观的关键，才能推动大学生就业问题的解决，保证整个社会的和谐健康发展。

二、确立正确的择业观念的意义

（一）树立正确的择业观，是解决新形势下一系列就业难题的关键

进入 21 世纪以来，随着我国高校大规模的扩招，高等教育大众化所带来的就业压力已

经初步显现，大学生出现了就业难问题，并且此问题越来越严重。2020 年因新冠肺炎疫情的爆发，经济受到影响下行，很多企业被迫压缩人力资源支出，招聘需求下降，社会失业人口上升。据统计，2020 年 5 月，全国城镇调查失业率为 5.9%，其中 16 ~ 24 岁人口、25 ~ 59 岁人口调查失业率分别为 13.8%、5.5%，分别比 3 月份高 0.5、0.1 个百分点，社会就业压力大。新冠肺炎疫情对 2020 年中国就业市场的影响很大。春季因新冠肺炎疫情的扩散，不许人员聚集，所以春季没有举行线下招聘会。2020 年总体招聘需求下降 34%，应届毕业生招聘需求下降 44%，小微企业招聘需求下降 52%。

BOSS 直聘等其他招聘平台发布的数据显示：2020 年高校应届毕业生新增岗位同比降幅达 49%，而 100 人以下的小微企业对应届毕业生的需求同比降幅更达到了 60% 以上。更可怕的是，在这次疫情潮被迫失业的大军也加入了与 874 万应届毕业生一起抢工作的大战中。在经济发展低迷和疫情的双重夹击下，就业市场对应届生的需求急剧下降。企业对应届生需求的降低对 2020 年高校应届生就业产生了"致命"影响，成为 2020 年高校应届毕业生就业形势异常严峻的直接原因。对于没有工作经验或一些非名校毕业的大学生来说，当他们面临这些前所未有的竞争和挑战时，树立正确的择业观是解决这些问题的关键。

（二）树立正确的择业观，对构建社会主义和谐社会具有重要意义

相对来说，大学生是一个综合素质较高的群体，大学生作为国家的未来，对于我国经济社会发展具有重要的作用。倘若大学生就业问题解决不好，就不利于社会的和谐稳定与发展。正确的择业观是在综合考虑家庭、学校、企业、政府与个人关系的基础上形成的，大学生的就业问题，关系着社会中的个人、家庭、学校、企业、政府等各方面的内容，大学生树立了正确的就业观，也就协调好了个人、家庭、学校和政府等所有要素之间的关系，处理好这几者之间的关系，有利于和谐社会的构建。

三、大学生择业观念上存在的几个误区及其原因

（一）大学生择业观念上存在的心理误区

心理误区是指人在心理上，特别是认识和人格上陷入无出路而又不能自拔，且本人对此又缺乏意识的状态。研究结果显示，大学生在求职择业中常见的心理误区有以下 8 个。

1. 选择的自由度越大越好

一部分学生认为，既然现在是社会主义市场经济了，就业政策就应该是完全的市场政策，供需双方完全可以自由交易、自由成交。自由度越大，毕业生与用人单位"双向选择"的空间就越大。"我愿选择哪里就选择哪里""哪里选择我，我都可以去"。他们抱怨改革的步子太慢，埋怨"一定范围内的双向选择"实际是给人限定了框框，他们期望一种无拘无束的选择空间。他们并不知道，就业制度的改革是要和劳动人事制度、招生制度和户籍制度的改革配套进行的，是需要逐步推进和实施的，是需要经过一个历史过程的。

2. 我不能比别人差

大学生参加大规模的招聘会经验不足，造成他们在这种场合中衡量得失，尤其是评价自己的价值能否得到承认的最常见办法是互相攀比，比谁去的单位效益好、知名度高等。

他们在心理上总抱有一个念头就是"我不能比别人差""我不能不如人"，尤其是学习稍好一点的学生更是如此。于是在选择中，攀比忌妒、强求心理平衡，总是把比别人强作为标准，"这山望着那山高，这花看着那花俏"。结果，导致不从实际出发，延误了良好的时机。

3. 过去我事事顺利，择业也依然会顺利

现在的大学生一般都是在顺境中成长起来的，他们从校门到校门，没有经受过大的坎坷和复杂的经历，更没有经受过真正的挫折。因此，一些大学生就认为，既然自己过去事事顺利，这次择业依然应当顺利。他们盲目乐观，过于自信，不做认真的心理准备，结果往往是在择业中碰壁，自此意志消沉，一蹶不振。

4. 大多数人钟情的一定是好工作

对于选择工作单位，一部分大学生自己毫无主见，总是随波逐流，看大多数人选择哪里，自己就选择哪里，大多数人往哪里挤，自己也往哪里挤。他们认为，大多数人钟情的，一定是好工作，大多数人选择的，一定没错。结果，人云我云，不加思索，盲目跟着大多数人走，忽视了自己的特长，丧失了最能发挥自己特长的机会。

5. 要去就去沿海城市或大城市

一部分大学生面对择业认为，要去就去沿海城市或大城市。在他们看来，在沿海城市可以挣到大钱，到大城市会有更多的发展机会。他们宁肯到沿海城市或大城市改行，也不愿在当地或到边远地区干自己的专业，宁要大城市一张床，不要边远地区一套房。他们选择的目标不是深（圳）、珠（海）、广（州）、（海）口，就是天（津）、南（京）、（上）海、北（京），他们很少考虑自己事业的发展和能力的发挥，更少考虑国家的需要。

6. 选择单位就看实惠不实惠

由于受市场经济大潮的影响，一部分大学生择业时只顾眼前利益，过分注重经济效益，讲究实惠，忽视个人的发展。在与用人单位洽谈时，有些毕业生首先问及的是单位的效益如何，待遇怎样，住房能否落实，奖金是否高，而对自己的发展前景不加考虑，对用人单位的培训条件，继续教育计划极少问津。有的大学生认为"前途、前途、有钱就图""对不对口无所谓，只要能挣大钱"，因此在择业中急功近利，这让用人单位很反感，使得一些大学生虽各方面条件不错，却被用人单位拒之门外。

7. 求职的竞争就是关系的竞争

有些大学生认为，择业的竞争不是求职者素质的竞争，而是关系的竞争，看谁的关系硬，看谁的关系起作用。于是，这些大学生不把立足点放在自身努力上，而是投机钻营、找关系、托门子、递条子，甚至不惜代价，重礼相送，用庸俗化的态度对待择业，自己反对不正之风，又用不正之风的一些手法对待择业，使公正、公平、公开的竞争原则受到了损害。

毕业生就业制度的改革，正在为广大学生择业提供公开、平等的竞争环境。这使大学生在择业上有了更大的自由度和更多的选择机会，他们已经认识到在社会主义市场经济条件下，竞争意识已渗透到社会生活的各个方面，没有竞争意识是不行的。他们也同样认识到，人生如果不通过竞争，就不可能成就事业。但也有一些大学生感到不适应，缺乏竞争的勇气，长期形成的"等""靠""要"的依赖心理一时还难清除。面对竞争，他们顾虑重重，还有的认为社会上存在不正之风，竞争不是公正、平等的，自己肯定难以成功等。一些大学生在择业过程中遇到困难，就一蹶不振、压力重重，失去了竞争的勇气。

8. 首次就业事关一生命运

有些大学生受传统择业观的影响把首次就业看得过重。在他们看来，选择一个单位就预示着自己"嫁"给了这个单位。"嫁鸡随鸡，嫁狗随狗"，自己将在这个单位厮守终身，单位好了，自己就好，单位不行了，自己就跟着倒霉。因此，他们觉得首次就业关系一生命运。他们看不到人才流动制度改革的悄然兴起，看不到新的择业观正在进入人们的头脑，看不到越来越多的人正是通过流动才寻找到最能发挥自己才能的岗位的。

（二）择业误区产生的原因

面对日益激烈的就业市场，毕业生在择业过程中难免会走入这样那样的误区。根据调查分析，我们认为大学生产生这些择业误区的原因主要有以下几个方面：

1. 不能正视社会现实，缺乏社会适应能力

（1）不能正视社会现实。随着高校毕业生就业制度改革的不断深入，"统包统分"的就业模式已被打破，取而代之的是在国家分配方针、政策、原则的指导下，大学生自主选择职业，用人单位择优录取的毕业就业制度。这种制度给大学生提供了充分的选择职业的权利。但是市场竞争的加剧、国企的不景气、机关精简亮起红灯、下岗职工剧增、遭遇人才高消费和大学生招生规模的激剧扩大等却导致了大学生就业形势更加严峻。同时，由于我国目前生产力水平还比较落后，社会为大学生提供的工作岗位也不可能使所有人满意，尤其是社会上还存在着一些不公平、不合理甚至是腐败、丑恶的现象，使得充满理想抱负和追求的大学生感到失落、无助、困惑甚至不满等。学校教育与社会现象产生的巨大反差，影响着大学生的情绪和心理，这就更加需要大学生了解社会，正视社会现象。作为即将走上社会的大学毕业生，应了解国家关于就业方面的方针、政策，了解社会需求信息，了解用人单位对大学毕业生的要求，在政策范围内根据个人的意愿选择职业。

总之，用人单位对毕业生的要求越来越"苛刻"，对毕业生个人素质的要求也越来越高。因此，大学生要正确认识社会，了解就业形势，现实地设定自己的社会位置，排除各种干扰，从实际出发，争取早日就业成才。

（2）不能适应社会。对大学生来说，适应社会就是不悲观，不彷徨，积极培养自己的竞争意识，树立正确的择业观念，充分运用自己所学的知识，发挥个人优势，并根据社会需要，调整自己的择业期望值，优化心理素质，不断增强社会适应能力。

正确的择业观是适应社会的核心内容，只有观念正确，适应社会才能成为可能。树立正确的择业观念应符合"发挥自身优势，服从社会需要，有利发展成才"的原则，即：择业要有利于发挥自身的素质优势；应把社会需要作为出发点和归宿，以社会对个人的要求为准绳，去认识和解决择业，进而决定自己的职业岗位；不要被社会时尚、经济利益、从众心理等因素干扰，树立以事业为重的思想，分析利弊，分清主次，合理取舍，选择的职业要有利于自己发展成才。

2. 不能客观地分析自我，自我认识不足

有无良好的自我概念，这是一个人的心理健康的基础，也是健康择业心理的核心。良好的自我认识，是指人们应该对自己有一个全面恰当的认识，即了解自己的理想、自己的价值，同时也了解自己的特质，即个人的气质类型、兴趣爱好、能力倾向等。拥有良好的自我概念，就可以在选择职业时，选择那些符合自己的价值观需要，与自己的个性品质及能力相适应的工作，从而在工作中更有效地发挥个人潜能，实现自我价值。

作为大学生，特别是即将毕业的大学生，其自我认识与中学生相比是丰富而深刻的。他们相对能从更广更深的角度去认识、评价自己，但他们尚未成熟，自我认识往往要高于或低于实际的自我或别人的评价。这种自我认识的偏差，在择业时常会导致期望值过高或自信缺失、自卑畏缩，最终影响择业的顺利成功。因此，对于即将走上工作岗位的大学生，对自己要有一个正确的认识，要了解自身的气质、性格、兴趣、能力等特征。只有对自己有一个实事求是、恰如其分的评价，才能在择业的过程中，将良好的主观愿望与客观的实际情况结合起来，获得最后的成功。

3. 职业信息缺乏，造成择业心理错位

从本质上说，大学生在择业中出现的许多不适应现象、不健康心理都与择业观不正确有关。而观念不正确则通常是由信息不畅造成的，特别是职业信息的缺乏。对职业信息的不了解，使大学毕业生很难恰当地找到自己的职业定位，有的只好盲目地追求当下时髦的职业，从而造成许多不必要的心理困惑和迷惘。目前，高校的就业指导工作还相当薄弱，还不能给大学生提供系统的职业信息。学生无法根据琐碎的材料判断出由于行业结构、职业结构、劳动力结构的变化所带来的人才市场对人才的基本要求的变化。学生因此无法确定自己的努力方向，求职前不知具体的学习目标。因此，不充分的准备会使学生在双向选择中处于劣势，处于被动地位，因而感到迷惘，没有信心。

4. 决策技能不足，应对能力不够

决策反映了我们的自我概念。决策的做出是基于组成自我概念的信仰、态度和价值观。而信仰、态度、价值观的形成又受我们在家庭、学校、社会中所接受的信息和行为的影响。另外，做决策的态度和效率还取决于我们对自己获取成功的技巧和能力的自信度。由于毕业生对自我了解不够，对相关信息掌握不多，因此对职业决策没有充分的自信心，不知道自己适合什么或者不知道自己能干好什么职业。做决策的焦虑，大部分来自对选择的"不确定"和对选择项目的"难取舍"。对于未来诸多变量的难以掌握，以及"鱼和熊掌难以兼得"的困扰，使决策的历程充满了压力感与无助感。一部分毕业生由于缺乏社会经验，心理上还没有完全成熟，经济上还不能完全独立，社会角色和社会地位还没能确立，导致他们在面对复杂的环境时常常心中无数，不知所措，在择业决策上，独立性不够，难以摆脱依赖心理，不能积极主动地通过自我努力来取得择业的成功。选择职业本身就是一项工作，特别是在实施时，往往容易因为缺乏必要的应对措施或应对能力，而造成择业的失败，这会给择业者带来挫败感。如对于被称为求职应聘敲门砖的——个人简历，由于其中的自荐方式不当，材料不充分，或无针对性，不能恰当地、实事求是地表达、介绍自己，没有显示出自己的魅力，从而痛失良机。因此加强对毕业生的应聘技巧和能力的训练、培养势在必行。另外，面试技巧欠缺，也是产生毕业生择业时紧张害怕的一个重要原因。

求职择业是一场激烈的竞争，大学生只有树立良好的择业心态，正确认识自己，以积极主动的状态参与竞争，才能在竞争中充分展示自己，获得成功的机会。

教学案例4.2

小李，2005年毕业于某校市场营销专业。他家境十分优越，父亲的自办企业年产值在1亿元以上。他在校期间月消费2000余元，有自备车。毕业之后其父曾要求他到自己的企业工作，但有一个条件是必须从一线的工人做起。小李深感不解，没做两天就恼气离开了

该厂。辞职之后，小李曾找到过3份工作，但月薪均在1000余元，还不够他一周的花费，而且工作非常劳累。据了解，小李至今仍处于无业的流浪阶段。

四、确立正确的择业观的方法

（一）积极调适，发挥大学生就业的主观能动性

虽然客观因素对大学生择业观的引导和培育起着至关重要的作用，但大学生自身的自我教育和调适是解决主要矛盾及问题的关键。从外部教育转化为内部意识，内因作用发挥得越充分主观努力越积极，大学生就业取得的教育效果越佳。大学生必须善于自我调适、自我学习，在面对困难和挫折时，可以保持一种积极健康的心态，以达到顺利就业的目的。大学生要从以下几个方面去努力：

1. 树立良好的择业观念

择业观正确与否对于大学生能否顺利就业影响极大。马克思对青年择业的至理名言给大学生择业指明了方向："我们选择职业时应循的主要指针是人类的幸福和我们自身的完善"，"人们只有为同时代人的完善，为他们的幸福而工作，才能使得自己走向完善"。因此，大学生在城市就业日趋饱和的形势下，要敢于到农村和边远的地区就业，去锻炼自己，提升自己的能力。其次，大学生必须兼顾自己的特长与长远发展，不能仅仅局限于自己的专业领域，而应该尽可能地丰富和完善自己的知识和能力，使自己能够很好地适应不断发展变化的时代要求。再次，一定要坚决摒弃各种错误的择业观念，摒弃"一成不变""铁饭碗"的观念，先就业，后择业，最后敢于创业。在职业发展过程中不断地丰富、完善自己，不断进取。

2. 做好职业生涯规划

所谓职业生涯规划是个人的一种主动行为，它是指一个人对其各阶段所从事的工作、职务或职业道路进行的设计和规划。职业生涯规划可以帮助大学生设计好漫漫人生路。制定科学合理的职业生涯规划，有利于大学生实现个体与职业的匹配，实现个体价值的最大化。大学生要从以下几个步骤着手，进行职业生涯规划：进行自我评估和环境分析，认清自己；设定职业生涯目标，根据自己的职业生涯目标制订行动计划，然后根据行动的结果不断地反思和修订自己的职业生涯规划。如此循环，最终实现自己的职业理想。

3. 不断提高自己的就业能力和就业心理素质

大学生应该根据人才市场需求的变化，不断调整自己的思想素质和知识结构。从分析就业形势和就业政策入手，认清人才市场的需求并积极参与到社会实践中去，不断培养自己方方面面的素质和能力，提升自己的就业能力，把就业的主动权牢牢地把握在自己的手中。大学生要不断地参加社会实践，自觉培养坚忍不拔的意志品质和艰苦奋斗的精神，提高承受和应对就业挫折的能力，以科学的态度对待各种心理问题。认清自我，客观定位；正视现实，勇于竞争，积极主动，充分准备；坦然自信，着眼未来，不断提高自己的就业心理素质。

4. 培养诚实守信的职业道德素质

所谓职业道德，是指行业范围内的特殊道德要求，是指同人们的职业活动紧密联系的并具有自身职业特征的道德准则和道德规范的总和。大学生在校时，就应该树立诚信的道

德意识，只有这样，才能在未来的市场经济大潮中经受住考验。

总而言之，大学生应主动认识环境，客观地评价自己并积极进行自我调适。在就业过程中，大学生应当充分认识自我调适的作用，提高自我调适的自觉性，立足于通过自身的努力使自己保持一种良好的心态，以利于合理择业、顺利就业和健康成长。

（二）锻炼良好的意志，努力克服就业中的困难

意志是人出自一定的动机，自觉确定目的并支配和调节自己的行动，克服困难达到目的的心理过程。意志是人成才的重要心理条件，也是就业中必须具备的心理素质，顽强的意志是通向成功大门的钥匙。在毕业生就业的过程中，不论是主观还是客观上都会遇到各种意想不到的矛盾和困难，如果没有坚强的意志，就会产生心理压力，造成灰心丧气、彷徨摇摆、优柔寡断的情况出现，结果是丧失机遇，半途而废。大学生培养自己的意志，要学会在活动中清楚地认识自己的行为目的和社会意义，自觉克服困难，排除干扰，勇往直前。学会在活动中适时果断地下决心，提高事物的判断性和敏感性；学会在意志行动中，正确支配和控制自己的行为和情绪，面对多种动机时，能够分清轻重缓急、主要矛盾和次要矛盾，主动排除干扰，保证达到预期目的；要在行动中不怕任何困难，培养不达目的决不罢休的意志品质。

五、树立正确的择业观

传统的择业观念认为，就业的标志是劳动者必须在某一固定的岗位上工作，就业的概念是刚性而狭义的。而新时期的择业观则认为，如果一个人能在发挥自己能力与才干，同时又能在服务于社会的岗位（这一岗位可以是固定的，也可以是非固定的）上工作，就是就业，就业的概念是远而广泛的，具有很大的可变性、可塑性和流动性。由于职业的变迁、产业结构的调整以及就业市场的变化，大学毕业生必须认清形势，顺应潮流，转变观念，树立科学正确的择业观念，以求得更好的发展。

（一）勇敢面对竞争的观念

社会主义市场经济最显著的特点之一是竞争。没有竞争，整个市场就失去了活力，经济也就不能很好地发展，社会也就难以前进。竞争可以发扬人们自立、自强、自主的精神，调动人的内在潜能，增强工作和社会实施的能力，因此，竞争意识是现代人必备的素质之一。大学生就业市场同样存在着激烈的竞争。首先，体现公平，有利于选择人才；其次，提供实力较量，有利于人尽其才，优胜劣汰。同时克服了旧体制的弊端，使得毕业生在就业中由被动变为主动，调动了个人通过竞争，寻求理想职业的积极性。面对就业竞争的形势，大学生应当摆脱被动依赖、消极等待的状况，敢于竞争，树立"爱拼才会赢"的观念，做好多方面的竞争准备。

1. 树立强烈的竞争意识

全国每年都有上百万的大学毕业生在短短几个月的时间内集中实现就业，这对每一个毕业生来说都存在着一定的压力。如果没有强烈的竞争意识，不能把外在的压力转化为内在的动力，没有主动竞争的思想准备和积极参与应聘的行为，显然是难以顺利就业的。人才市场上的供求关系总会存在这样或那样的一些不平衡之处，同一种职业往往有较多的大

学生期望获得，大学生要想实现自己的期望目标唯有通过竞争。

2. 培养雄厚的竞争实力

大学生要想在就业竞争中获得成功，仅有竞争意识是远远不够的，还必须具备雄厚的竞争实力。竞争实力是综合素质的体现，包括思想品德素质、专业素质、文化素质、身心素质等。竞争实力是在大学生活的过程中逐渐培养和塑造而形成的。在公开、公正、公平的竞争原则下，竞争实力就是个人实现择业理想的资本。

3. 坚持正确的竞争原则

就业竞争是现实的，有时也是无情的，但竞争应当遵循符合道德规范的正确原则。竞争应坚持公开、公正、公平的原则，而不是尔虞我诈、相互诋毁、弄虚作假、瞒天过海。大学生在就业竞争面前，要保持自己的人格尊严，诚实守信，凭自身的竞争实力并运用恰当的竞争技巧去赢得用人单位的青睐。

4. 保持良好的竞争心态

有竞争就有风险。参与竞争就难免要经受挫折。对于处于就业竞争中的大学生来说，尤其要注意提高遭受挫折后的心理承受能力，把挫折看成锻炼意志、增强能力的好机会。要保持良好的竞争心态，主动摆脱受到挫折后的颓丧情绪，认真分析失败的原因，调整自己的心态和择业目标，鼓足勇气，争取新的机会。决不能因受到挫折而灰心丧气，一蹶不振。

（二）正确对待待业的观念

随着毕业生就业制度的改革，部分毕业生不能及时落实就业单位，出现短期待业的现象，这是不可避免的。

少数毕业生的短期待业，首先是选择性待业，出现这种现象的主要原因有：

（1）少数毕业生就业期望值居高不下，在择业时，不但要求工作单位地区好，而且效益也要好，导致一些所谓好单位和好地区人满为患；一些条件相对较差的单位和地区，虽求才若渴却少人问津。期望过高就使得有些毕业生错失良机，造成待业。

（2）有些毕业生对自己要求不严，学习态度不端正，学习动力不足，认为学好学坏一个样，不珍惜在校的学习机会，导致学业不佳，甚至不能毕业。这类大学生毕业后在竞争中必遭淘汰。

（3）有些毕业生各方面都比较优秀，但缺乏一定的就业技巧和能力，不能及时主动推销自己，导致暂时失去机会。如某校某专业应届的一名尖子毕业生，经校方多次推荐仍不能落实单位，原因就在于她本人只会被动接受推荐，不懂得如何适当推销自己。

（4）原来接收毕业生的主渠道国有企业的吸纳能力明显减弱，而部分毕业生的就业观念还没有及时转变，仍抱定只有去国有企事业单位才算就业的观点，这必然会使得就业的路越走越窄。

其次是结构性待业，出现这种现象的主要原因有：

（1）人才需求高层次化。即社会对毕业生的需求层次提高，质量要求提高，需要数量减少，但是毕业生人数逐年增加。许多用人单位只愿接收研究生、本科生，对专科生需求不多，于是导致专科生就业相对较为困难。

（2）部分专业设置不科学，专业口径过窄。有的专业方向单一，与当前社会要求一专多能的复合型人才不符。如果大学生本人不主动完善自己的知识体系，培养自己的综合素质，也将造成就业困难。

（3）学校招生与毕业生就业未能很好地结合起来，造成学科之间、专业之间发展不平衡。部分专业如文史哲、地质等的供应量明显高于需求量，因而造成这些专业毕业生的就业困难。针对上述情况，一方面需要高校主动适应社会的需要，调整培养层次，改善专业结构，提高培养质量；另一方面也需要社会用人单位按照科学合理的人才结构配置来决定需求层次，尽量避免不顾实际需要而对人才层次盲目攀高的倾向。与此同时，需要大学生在观念上必须适应新的情况并做出相应的调整。

双向选择的就业模式增加了毕业生和用人单位的选择自主权，同时也难免出现毕业生想去的单位进不去，用人单位想要的毕业生要不来的现象。因此，每年全国数百万毕业生中有少数毕业生一时落实不到岗位是很正常的现象。不管是何种原因造成的暂时性待业，我们都应该正确对待。

（三）树立合法有序的职业流动观念

打破一步到位，一次定终身的旧的择业观。中国人向来视稳定为生活的重要条件。在计划经济条件下，一次就业定终身的观念，经过历史的积淀便形成了具有普遍性的就业心理。而现代社会为人们提供了独立发展的空间，市场优化配置资源的方式是合理流动，人力资源同样也要流动。社会不再有从一而终的职业，而是要通过公开、公平的竞争，不断优化人力资源的配置，同时在经济运行过程中，兼并、联合、重组、破产、分流等现象会时有发生，所以大多数人乞求的一次就业定终身不现实。毕业生不必急于在短时间内找一个固定的"铁饭碗"，要学会在人才流动中寻求生存发展。人事代理制度的不断完善，为毕业生的流动就业创造了条件。近年来，一部分毕业生，特别是部分专科毕业生，不再强求找一个固定的就业单位，而是毕业时将户口迁回生源地，把档案托管在工作地人才交流中心，哪里找到岗位就在哪里就业。因此，大学生要树立不断进取的职业流动观念，并学会在流动中发现机会、抓住机会、把握机会。

（四）树立自主创业和终身学习的观念

自主创业是指毕业生不参加传统意义上的就业，通过采取单干、合伙等方式创办公司和其他事业单位，从事技术开发、科技服务以及其他经营活动来创造就业岗位，并依法获得劳动报酬的就业方式。自主创业给最具创造力和活力的大学生提供了就业和深造以外的"创新之路"。诚然，自主创业具有一定的风险，但是，随着我国政治、经济、文化和高等教育制度的不断改革，自主创业将是一个必然趋势。国家提倡发展私营经济，鼓励自主创业，而作为先进生产力的代表之一的大学毕业生更是应该成为自主创业、努力创造就业岗位的领头羊。

大学生无论是自主创业还是求职择业，在以后的职业生涯中都必须牢固地确立终身学习的观念。这是因为：随着知识经济和信息化社会的到来，大学毕业生必须不断学习新知识才能适应社会发展的需要，否则只会被社会无情地淘汰。大学毕业之后的延伸学习和重新学习，与学校教育相比，对于选择及重新选择职业岗位和取得职业成就无疑具有同样重要甚至更为重要的意义。

（五）树立到基层、农村就业的观念

农村是广阔的天地。我国农村人口占全国人口的70%以上，中国的现代化建设离不开

农村的现代化，"科教兴国"的战略，不能不包括"科教兴农"。改革开放以来，我国农村的社会、经济、文化发生了翻天覆地的变化，创造了大量的就业机会，这就迫切需要大量优秀毕业生投身于农村的广阔天地，传播星火科技，带领农民致富，发展农村经济。同时，农村的广阔天地也为大学生施展才华、实现理想创造了条件。如果毕业生只是留在城市就业，那么，就业的路子就会越走越窄。从现实的发展上看，中国的高等教育已趋于大众化，既不能只靠城市生源，也不能使学生仅在城市就业。农村的经济与社会发展，也需要并能容纳更多的大学毕业生就业。具有创业精神和创业技能的大学毕业生到农村求职，更有可能成为新的工作岗位的创造者。2006 年，中央做出了建设社会主义新农村的决策，提出了许多鼓励大学毕业生下基层，到农村、到艰苦地方就业的优惠政策。当前，不少省市提出的"村村有大学生"计划就是一个很好的例子，为大学毕业生拓宽就业面提供了政策支持。曾被评为全国十大杰出青年的北京大学经济学毕业生吴奇修大学毕业后不留北京、不留机关，而是回到生源地工作，后来又回到村里当了村党支部书记，带领农民积极致富，使该村总产值年年创出新高，不仅实现了自己的人生价值，而且带领一个村的农民都富裕起来。因此，一定要转变就业中盲目攀比的观念，切不可忘记自己的实际情况，去追求"三高六点"式的职业（三高即起点高、薪水高、职位高；六点即名声好一点、牌子响一点、效益高一点、工作轻一点、离家近一点、纪律松一点），而应根据自己的爱好、特长，选择较适合自己的职业，从最基本的一步一步做起。

（六）树立发挥专业所长，兼备综合素质的观念

专业对口，当然更容易发挥专业所长。在大学生就业市场里，常能看到不少毕业生为了各种各样的原因盲目放弃专业，比如"只要能留在大城市，让我干什么都行"，或是盲目追求热门职业而忽视专业特点。在一家公司办公室做文秘工作的小何感慨地说："想当初为了留城放弃了自己喜欢的专业，现在真是后悔莫及。想要转回原来的专业，谈何容易啊！"他告诫师弟、师妹们，在就业选择岗位时，一定要慎重考虑。现代科技发展使知识更新周期大大缩短，在某些专业，如果改行一两年后想回流再重操本业是相当困难的。专业知识是一个人知识结构的主干，是知识体系的主体，而专长则是知识的适应性及所具专长的扩展面。因此，毕业生择业时首先要考虑所学的专业，根据专业特点谋求职业，以做到专业特点与职业要求相匹配，发挥专业优势。想放弃专业的毕业生应该权衡利弊。目光短浅，只顾眼前而不考虑自己的专业特长和自己对专业的爱好的行为是不可取的。事实上，大学教育只是一种基础教育，大学生能掌握的只是专业的基础性内容，不扩充自己的知识面，不注重培养自己的能力是难以成功就业的。

但是，由于受"统包统分"就业模式和思想的影响，不少用人单位、毕业生、政府和高校仍信奉专业对口的原则，结果导致高校专业设置越来越多，划分越来越细，许多毕业生专业口径狭窄，不能适应工作的需要和社会的发展。现在，越来越多的人认识到一味强调专业对口并不现实，高校也在逐步减少专业设置和拓宽专业面。但许多毕业生还是死守专业对口这一信条，使得自己在激烈的市场竞争中失去很多良机。事实上，有些用人单位更加注重毕业生的综合素质和能力，他们坚持这样的理念，只要给每位毕业生以同等的机会，他们都会尽力做到最好。事实证明这是科学、明智的用人之举。现在有越来越多的用人单位不是一味注重毕业生的专业是否对口。毕业生应该善于把握这种机会。当然，发挥专业所长，也有策略的问题。如某重点大学计算机专业硕士毕业生小王，毕业以后，没有

直接去城市从事如日中天的计算机行业。他看好装修行业，于是找了几个志同道合的人创办起一个小的装修公司。公司经营得法，效益良好。赚了钱以后，他又开了一家计算机公司从事软件开发。两家公司经营状况都不错。在实践中，他发觉自己在经济管理方面的不足，又萌发继续充电的念头，考回母校攻读经济管理专业博士。

机遇总是青睐有准备的头脑，最好的职业并非总是由最佳的人选取得，却总是由准备得最充分的人获得。毋庸讳言，大学毕业生就业形势越来越严峻已成为全社会普遍关注的热门话题，过去那种"皇帝的女儿不愁嫁，一次就业定终身"的局面已成历史。有人据此认为：中国的人力资源过剩，大学生毕业找不到令人满意的工作。我们认为：大学毕业生就业难，固然有经济体制、经济结构和经济发展水平等的影响，但毕业生自身错误的择业观念的从中作祟也是不可忽视的因素。大学毕业生要在变革迅猛、竞争激烈的当代社会中找到合适的位置，充分发挥自己的聪明才智，最重要的是要做好充分的思想准备，克服就业中的攀比心理、不平衡心理、自卑心理、依附心理，优化知识结构，提高能力素质。转变择业观念，树立有较强适应性的择业观，并以此为基础，才能坚定为中华民族的伟大复兴艰苦创业的信念。唯有如此，大学毕业生在走向社会时，面对的无论是社会巨变的惊涛骇浪，还是优胜劣汰的激流险滩，都能够搏击自如、游刃有余。

阅读资料4.2

"95后"大学生流行"慢就业"：
我们不"啃老"，只是"错峰求职"

8月的招聘市场，如同全国大多数城市的天气一样火热。虽然离毕业季已经过去近两个月，许多求职者已经拿到了自己心仪岗位的录取通知，但在招聘会上，仍然有不少毕业生穿梭在公司的展位之间……

和忙于投简历、面试的毕业生不同，有这样一群"待机族"，毕业之后，他们给自己几个月到一年不等的时间，选择游学、做义工、实习，或者为自己的未来做规划。

这样的做法被称为"慢就业"。记者采访发现，当"90后"甚至是"95后"高校毕业生成为求职季的主力军时，这样的"慢就业"概念正在逐渐被接受和实践，"慢就业"成为一种新的"冷思考"。然而，在部分被动"慢就业"的高校毕业生中，对自身职业定位有偏差、所学专业与职场需求不匹配、被网络虚假信息蒙蔽而做出错误求职选择等多重隐忧也不容忽视。

一、毕业人数今年增30万：找工作不难，难的是找到好工作

来自中央财经大学的2017届毕业生黄晓倩花了3个月最终找到了理想的工作。回忆起自己的求职经历，黄晓倩说："刚毕业的'求职黄金季'竞争很激烈，对好的职位大家都蜂拥而上。"

"对于毕业生来说，找到一份工作并不算难，难的是找到好工作。"黄晓倩说。最终，她选择回到家乡成都就业，也是因为考虑到北京生存压力大，就业压力大，家乡成都最近几年发展很不错，对于年轻人来说很有吸引力。

像黄晓倩这样的重点大学毕业生，在求职过程中面临激烈的职场竞争已经不足为奇。

据教育部数据预估，2017年，全国普通高校有795万人毕业，比去年增加约30万人。我国已连续三年实现毕业生、就业创业人数"双增长"。

投入职场的毕业生不但面临申请职位时的竞争，毕业之后选择创业的毕业生也面临着不小的压力和风险。由麦可思研究院发布的《2017年中国大学生就业报告》显示，毕业半年后自主创业的2013届本科毕业生三年后的今天有46.2%继续自主创业，毕业半年后自主创业的2013届高职高专毕业生中有46.8%的人三年后还在继续自主创业。三年内有超过一半创业者退出，对于毕业生来说，创业的风险也不容小视。

面对如此竞争，有一群人则"逆流而上"，他们选择不就业也不求学，让自己的职业生涯暂时处于"待机"状态。一项针对2016届大学毕业生的调查显示，处于"未就业"状态的本科毕业生中，有1.6%选择"不求学不求职"，处于"未就业"状态的高职高专毕业生，也有3.1%选择成为"待机族"。

二、拒绝"啃老""颓废"："慢就业"折射多样化就业心态

记者多方采访了解到，"慢就业"正在年轻人中成为一种趋势。造成这种趋势的原因是，社会发展、人均收入的不断提高，部分家庭的父母选择不给孩子施加就业压力，社会上"毕业马上就业"的观念也在逐渐改变。这给"慢就业"提供了土壤。

西安文理学院教授魏奇也是一名"90后"大学生的家长。他认为，"慢就业"不等同于"啃老""颓废"，而是表达了现在年轻人更加理性选择职业、渴望全面了解社会的意愿。"年轻一代毕业生中的不少人已经不再把毕业挣钱作为自己的'终极目标'，他们的眼光更加长远，选择利用毕业后的几个月到一年广泛地接触社会。他们对社会的思考和人生的规划都更加清晰。"魏奇说。

浙江理工大学讲师闫肃告诉记者，年轻人之所以给社会造成"慢就业"的印象，是因为很多在老一辈人眼里算不上"正式"的工作，事实上却为年轻人就业提供了新渠道。开淘宝店铺、做代购、当主播……这样没有固定收入的职位，正在受到越来越多年轻人的青睐。这些工作能够让一些学生自食其力，但是给人造成的主观印象就是学生没有就业。

"创业大潮兴起，很多学生从读书时就开始凭借着自己的一技之长在网络上开展个人业务、接单子，比如商业插画师、私人摄影师等非常独立又自由的职业，一些学生能够以此为生，所以毕业后并不急于去找一份固定的工作。"闫肃说，"自由职业的特征非常符合一些'90后'大学生的性格特征和主观爱好，自由，没有固定的工作时间和办公地点，灵活性非常高。"

北京大学法学院教授王磊表示，"慢就业"大多适用于家庭比较富裕的学生，他们没有什么家庭负担，希望能够尝试更多可能性，拥有更丰富的阅历。但是王磊也表示，"慢就业"不宜时间过长。未经选择地去参加一些社会活动，可能为自己的简历带来"反效果"。

河南科技学院经济与管理学院副教授张永生说，自己所教的学生中间，这种"慢就业"的趋势正在扩大。"影响就业决策的因素中，薪酬水平、发展机会、个人追求、职业规划对于现在的毕业生来说同等重要，需要谨慎思考和判断。社会环境能够包容部分学生'不着急上班'的行为，是社会进步和包容度提高的表现。"

王志芳几年前创建了自己的创业公司"暖物志"。总结自己的职业经历，她也认为"慢就业"是社会进步的体现。"国外学生毕业之后都会有'间隔年'的习惯，花时间旅游、投入社区工作、实习，也是明确自己未来方向的过程。"

"我曾在大公司工作多年，又出来创业，这段经历让我感觉，大学生活与社会生活其实差距很大，职场生活和自己的预期也有巨大反差。这个时候没有一个'缓冲期'去认真思考与分析自己的职业规划，就会带来职业发展不符合预期的'落差感'。"王志芳说，"在学校时，其实很多时候，我并不知道自己将来要做什么，当年的决定完全是'随大流'的选择。如果从一开始有几个月时间思考，我认为会更好。"

三、定位偏差、专业脱节、上当受骗：被动"慢就业"存多重隐忧

记者采访发现，高校毕业生选择"慢就业"的原因多种多样。除希望自己能有至少数个月时间充实自己、规划未来之外，还有部分毕业生由于计划在未来参加公务员考试、出国读书而暂缓就业。值得注意的是，还有一部分毕业生的"慢就业"行为则是"不得已而为之"。

今年，闫肃参与了学校部分大学生就业和档案派遣工作，他发现，有人暂缓就业或者选择不就业，是因为参加公务员考试或出国深造的需要。"但是也有不少同学无法就业，是因为对就业困难预判不足，或对自身职业定位有偏差造成的。"

造成部分学生暂缓就业的还有专业之间的"冷热不均"。《2017年中国大学生就业报告》显示，就全国总体而言，以本科毕业生为例，软件工程、网络工程、通信工程已经连续三年成为广受招聘市场欢迎的专业，而音乐表演、美术学等专业则同样连续三年成为"失业量较大，就业率、薪资和就业满意度综合较低"的"红牌专业"。

"'慢就业'的背后我们应该看到的问题是，有些专业设置和如今的职场需求不匹配，许多专业设置陈旧，不利于毕业生的长期发展。"魏奇说，"除了需要社会对'慢就业'更多宽容，许多学校也应该及时评估专业、更新教学内容、重视专业技能培养和能力塑造，减少被动的'慢就业'发生。"

还有部分高校毕业生因为被网络虚假信息蒙蔽、做出错误求职选择而被迫"慢就业"。记者采访发现，国内招聘市场乱象丛生，有部分学生反映，大量的诈骗公司在网站、手机应用软件上招聘应届毕业生。大学生的社会经验较少，马上得到工作的心情急迫，非常容易因为上当受骗而延缓就业进程。

"慢就业"的隐忧不仅仅体现在以上几个方面，长期的"慢就业"还可能养成求职惰性。生活在浙江的吴悠称自己是最早的一批"90后"，在她眼里，"慢就业"已经不是什么新鲜事。"我毕业的时候已经开始出现这种现象。"吴悠说，"但是不着急就业不应该等同于不就业。"

"如今身边发展得比较好的同学，多数不是选择毕业就'待定'的同学，而是那些在毕业前已经做好规划，并且立刻付诸行动的人。"吴悠说，"未来的道路一定是在实践中走出来的。"

（资料来源：经济参考报）

第三节　大学生职业选择的准则

大学毕业生满怀憧憬，希望在较短的时间就能找到适合自己、服务社会的理想工作。

这就要求大学生要了解社会现状，尊重客观规律，择业前要对自身素质进行一次彻底的了解和评价，对自己的专业特长、兴趣爱好、为人处世的能力以及个人的理想志愿等做一次全面充分的分析，对自己将来的事业发展有一个确切的定位；同时，也要根据社会对人才的基本要求塑造自己。这样，才能使自己在人才市场中有的放矢，在竞争中处于不败之地。

大学毕业生的职业选择只是职业发展计划中的第一步，走好第一步固然重要，但未来的路还很长，也许还会面临更多的选择。正如管理大师彼得·德鲁克所说："对你而言，你所做的工作选择是正确的概率大约是百万分之一。如果你认为你的第一个选择是正确的话，那么就表明你是十分懒惰的。"因此，一个人必须通过大量地、不断地搜寻和转变，才可能发现一条从心理上和经济上都令其满意的职业发展道路。

一、影响大学生职业选择的因素分析

职业选择是为了最大限度地发挥个人才能，对个人价值的实现和促进社会的进步都有好处。然而就个人而言，缺乏正确的择业观念则容易步入择业的误区。因此，大学毕业生要客观地认识社会的现实情况，正确认识影响职业选择的因素。影响大学毕业生职业选择的因素，主要包括以下内容。

（一）自我评价的影响

影响大学生选择的首要因素就是自我认识与评价，而这种评价是基于自身价值观、个人偏好、理想、能力等各个主观因素的影响。价值观是人们认识和评价客观事物和现象对自身或社会的重要性时所持有的内部标准，它对于大学生的职业选择起着指导和决定性的作用。在众多对大学毕业生所做的求职调研中，毕业生的普遍关注点在于能否实现自我价值、全面提升个人素质，其次才是工作环境、工资等客观方面的因素。因此，进行职业选择，首先要进行客观、标准的自我评价。

（二）政策因素的影响

不同时期的就业政策，体现着不同时期社会的需要，是人才资源配置的具体准则，也是毕业生就业过程中所遵循的基本规范。我国毕业生就业制度的改革，总的来说基本经历了"统包统分"和"双向选择、自主择业"两个阶段。自主择业从本质上说仍然是双向选择的体现，而不是择业者的一厢情愿或随心所欲。比如，地区和城市的人才政策、用人单位的人才制度等都将对毕业生择业产生重要的制约作用。

（三）经济因素的影响

首先，区域性经济发展不平衡，经济发展速度快的地区往往会成为大学生择业的热点。另外，从职业的特点来说，经济的发展促进了社会职业门类的增加和分化，职业的专业性越来越强。同时，职业开始向多元化方向发展，职业不再有相对固定的范围。

（四）教育因素的影响

社会上一切的教育活动都会对职业选择产生某种积极的或消极的影响，这些教育因素包括家庭教育、大学前教育和大学教育等；另外社会教育和自我教育也会对大学生择业决策造成影响。我们应当认识到大学生所受到的不同阶段的教育具有互补性，各种教育内容的相互交叉和渗透，可以促进大学生整体素质的提高。因此，大学生应当自觉认识自己成长的环境与受教育的条件对个性形成的影响，并通过主观努力，改变自身不利因素，全面提高素质，为就业创造更加有利的条件。

（五）社会评价的影响

人作为社会的一部分，不可避免地要受到社会的影响。父母的期望、生活环境、社会舆论对职业的评价等观念都在潜移默化地影响着准备就业的大学生。有人说，选择职业即选择生活方式，所以，大学生在进行职业选择的过程中，会把自己理想的生活方式作为重要的衡量标准，如在大城市求职的大学生远多于中小城市，再如近几年公务员受到了大学生的普遍追捧。

二、职业选择的策略

大学生的职业选择是一个个人和用人单位的双向选择过程，个人和用人单位为选择对方的主体，同时又是被对方选择的客体。在这样的双向选择过程中，大学生更需要重视职业选择的策略。

（一）合理地进行自我评价与定位是职业选择前的必修课

职业选择，不只是单纯找一个单位了事，选择职业的过程本身就是一个发现自己、认识自己的过程。大学毕业生在整个就业过程开始之前，对自己的大学生活做一个总结，认清自己的优点、缺点是很有必要的。大学生活是自身与环境相互作用的结果，就业活动对大多数毕业生来说都是第一回，因为缺少经验，可能不时地被周围的环境所左右而忘掉自己的特性和初衷，所以在就业活动中，一定要经常注意不要忘记自己是什么人，想干什么，能干什么。

（二）全面理解职业内涵是正确选择的前提

世上职业千千万，到底哪种是最适合自己的？很多大学生只是对于某种职业有个一知半解或者感性的认识，就贸然做出了选择，等到真正投身其中的时候，才发现与想象相去甚远，悔之晚矣。因此，在做选择前必须先选择出几种准备或期望从事的工作，从工作内容、工作方式、工作角色和工作要求四个方面，看看自己对想干的工作能理解多少，如果有许多内容自己都不甚了解，那就应该回过头去对工作内容进行深入的探究，免得将来走弯路。通过对工作的分析，来进行自身与职业的合理匹配。

（三）权衡比较，选择最佳

大学生在选择职业时，需要从两方面的比较中来确定自己的位置：第一，将职业与自身进行比较，即将职业对人的要求具体化，将个人的素质与职业的要求进行比较，把那些与个人条件相符合的职业作为选择目标。第二，在选出的多种职业目标中进行比较。目标确定后，根据搜集的信息，在所选职业目标中适当比较，选择适合自己的职业，使自己能更快胜任。

（四）正确对待所学专业

毕业生从事的职业，其工作性质与所学专业最好有密切的联系，可以是本专业范围内的工作，也可以是相近专业的工作。学以致用，可以充分发挥自己的专业特长，使自己在工作中如鱼得水，脱颖而出，取得事业上的成功，同时也避免了人才浪费。但是同时要注意到，在市场经济条件下，所有的职业对人的要求大都会不断发生变化，刚走上工作岗位时，所学的专业知识还有用，而过了几年后，原来所学的专业知识就陈旧了，必须不断补充新的职业知识才能适应职业的需要。那些在事业上取得成功的人，工作的领域并不局限于他们大学时期所学的专业。

 ### 三、职业选择的准则

职业选择的准则即择业原则，是指一个人在认识和选择职业时必须遵循的要求。择业原则对择业实践具有指导意义，用适当的择业准则去指导择业实践，有助于个人找到自己的职业岗位。在此，我们根据职业选择要受到社会因素、职业评价、自我评价等因素制约的规律，提出以下职业选择的准则，以指导择业实践。

（一）服从社会需要的原则

服从社会需要就是指大学生在选择职业时，应该把社会需要作为出发点和归宿，以社会对人的要求为标准，去认识和解决择业问题。

社会是由人构成的，社会需要本质上就是人的需要，因此社会需要必须通过人的活动才能满足。社会需要的丰富性决定劳动分工的必然性，从而构成社会职业的多样性，人们正是通过不同的职业活动既满足社会需要，也满足自己的需要，而且在满足的过程中又形成新的社会需要和新的社会职业。与此同时，社会生产的协作性又构成社会职业的整体性，就是说每一项职业活动的成就，都渗透着其他职业活动的贡献，社会的每一步发展都是各种职业共同作用的结果。因此，大学生在择业时，务必要使自己的选择符合社会的需要，因为只有这样的岗位才有充分实现的可能性。

（二）树立高尚的职业理想

马克思1835年在特利尔中学毕业时写的一篇关于职业理想的文章——《青年在选择职业时的考虑》中，提出了一些对今天的大学生选择职业仍有深刻启迪的看法。他在谈到选择职业时指出："如果我们的生活条件容许我们选择任何一种职业，那么我们就可以选择一种使我们最有尊严的职业；选择一种建立在我们深信其正确的思想上的职业；选择一种能给我们提供广阔场所来为人类进行活动、接近共同目标（对于这个目标来说，一切职业只不过是手段）即完美境地的职业。"在马克思看来，"我们的使命绝不是求得一个最足以炫耀的职业"，"我们应该遵循的主要指针是人类的幸福和我们自身的完善"。

当前，有些大学生过分注重自我发展，目光短浅，片面追求自身发展而忽略了国家的需要，难成大器。这些大学生以实现自我价值为动力，而轻社会需求，暴露出大学生缺乏应有的社会责任感，只考虑个人利益而忽略国家的利益，这必会导致个人与社会的矛盾，使个人与社会脱离，犹如无水而渔，毫无收获。因此，大学生应该首先考虑到社会需要这个大前提，将实现自身价值与服从社会需要相结合，树立高尚的职业理想，才会有更大的发展空间和更多的取得事业成功的机会。

阅读资料4.3

扎根基层，绽放最美芳华
——"最美基层高校毕业生"群像

毕业于名牌高校，奉献在田野山林；远离了都市繁华，驻守在边疆海岛——有这样一群"80后"，他们将个人理想融入祖国发展命运中，把鸿鹄之志化作扎根基层的实际行动，用青春和热血绽放着属于自己的时代芳华。

2019年，中宣部、人力资源和社会保障部部署开展"最美基层高校毕业生"学习宣传活动，评选出10个"最美基层高校毕业生"及29个提名奖。每一个"最美基层高校毕业生"背后，都有一段催人奋进的故事。让我们走近他们，聆听这些"最美"音符奏出的动人旋律。

一、理想主义与现实路径的完美融合

2005年，当别人家的孩子大多寄望于高考跃"农门"时，杨媚不顾父母反对报考了四川农业大学。2011年7月，杨媚作为一名大学生村官来到边远的重庆市荣昌区吴家镇双流村。8年来，她坚守"让乡亲们富起来"的初心和梦想，扎根农村，发展产业，带领群众增收致富，在田野间书写着自己的青春梦想。

为改变全村传统种植模式和菜农陈旧思想观念，杨媚在村里实施土地流转，建设蔬菜大棚8个，为农户作示范种植。她起早摸黑，穿梭在田间地头、行走在农家院落，传播先进种植技术，带领全村100余户村民建立大棚蔬菜600余亩，年增收500余万元。2014年，杨媚带领菜农组建农民专业合作社，统购物资、统一技术、统一包装、统一销售，每年为菜农节约成本、增加收入近30万元。2017年，杨媚利用荣昌区发展村级集体建设试点项目资金，建立村集体经济发展3个服务平台，实现集体经济盈利近20万元。

从放弃都市优渥工作待遇、扎根宁夏利通区基层乡镇的那一天起，北京大学硕士毕业的宗立冬就用实际行动践行着自己的理想和信念。为促进农民增收，他创新思路谋发展，先后实施中回医药研创基地等20余个重点项目，开展农村集体产权制度改革试点工作，盘活村集体资产，新建日光温室17.5亩、大跨度拱棚177.5亩、移动拱棚30亩；为了补上民生短板，他积极争取修建文化休闲广场，实施道路硬化绿化亮化项目，推动老旧小区改造，组织实施妇女儿童关爱项目和大型帮扶助学慈善项目，协调解决历年累积案件和纠纷。

二、学以致用与建功立业的使命担当

2008年，王辉从山东中医药高等专科学校中医专业毕业，通过"三支一扶"计划招募来到渤海海峡中央离陆地40余公里的小钦岛卫生院工作，成为一名驻岛"支医"志愿者，也是全卫生院唯一的医生。

"岛上检查仪器少，看病全靠经验，对于我一个刚毕业的大学生来说，尤为困难。"回忆起那时，王辉坦言，许许多多无法预料的工作和生活上的问题接踵而至，让她有些力不从心，甚至有了"打道回府"的念头。可当她看到村民们求助的目光，想起"健康所系，生命相托"这句誓言赋予的神圣感与责任感，她就会重新燃起希望。

　　11年来，只要病人需要，王辉24小时"随叫随到"，把人生最美好的青春岁月都留在了这个面积仅1.14平方公里的海岛，成为海岛居民健康的"守护神"。如今，王辉早已把这里当成第二故乡，把岛上的900多名海岛人当成了自己的家人。

　　同样不负期待的还有投身乡村教育的李晶。"老师是最有文化、最值得尊敬的人。"小时候父亲的话一直在李晶的耳边回响。从此，当一名老师成了她心中的梦想。

　　2009年，来自吉林长春的李晶从湖北文理学院毕业后，来到师资贫乏、条件艰苦的湖北山区小学任教，一待就是10个年头。10年来，她在去家访的山路上摔过跤，在与家长的沟通中遭受过冷遇，在寒冬里为贫困的孩子买过鞋袜，为家境困难的学生拉过赞助……在艰苦的环境下，为了不让山区孩子输在起跑线上，李晶一个人担负起4个年级3门课程的教学任务。

　　远离城市的繁华喧嚣，对风华正茂的大学生而言是一条艰难抉择的路，但在李晶看来，乡村教育的沃土，孕育着她和山里孩子们美好的未来与希望。

三、青春报国与锻炼成才的广阔天地

　　从白衣飘飘的"象牙塔"到基层锻造的"大熔炉"，从"天之骄子"到"泥腿干部"……一个个怀揣理想的年轻人，在乡村振兴的大舞台上演绎着全新的角色：党务工作者、森林守护者、致富带头人……他们在改变乡村，也改变着自己。

　　从黑龙江洛古河村村民眼中的"文闺女"，到"全国先进基层党组织"北极镇党委班子成员中年龄最小的"小竹子"，三年多的基层实践，文竹从一名大学生村官成长为优秀的基层党务工作者。创新党员学习方式、组建文艺宣传队、开展"党建进景区"活动……文竹用青春和热情传递着驻守北疆的赤子情怀。

　　　　　　　　　　　　　（资料来源：http://www.yxrd.org/toutiao/36909.html）

（三）扬长避短，发挥优势

　　在选择职业时，要清楚地知道自己的长处是什么、短处是什么。一般来讲，当职业与个人的理想、爱好、个性特点、专业特长最接近时，个人的主观能动性容易被激发出来。因此，在选择职业时如果充分考虑到自己的专长、综合素质等因素，走上工作岗位后，才有可能热爱自己的工作，才能把工作当作一件愉快的事情去做，才能卓有成效地开创未来。其次，毕业生在自荐和应聘过程中，要充分展示自己的特长，如学习成绩、获奖记录、实习和实践经历以及社会工作能力等，还要知己知彼，通过与竞争对手的比较，对自己的优势和不足有一个比较客观的认识。无论应聘何种职位，都要考虑自己所学专业知识是否适合该职位，在竞争时是否有一定优势；同时还要看自己是否具备相应的性格特点以及是否与该职位所要求的气质倾向一致。如果舍己之长，盲目应聘与自己所学专业毫不相干，或与个人的兴趣爱好和性格特征不相一致的职位，则成功的可能性较小。

（四）目标明确，及时调整

　　职业选择绝不是一蹴而就的事，由于社会的不断发展变化，个体社会角色的调整，职业发展是有其不同阶段性的。因此，职业生涯的发展是一个长期、可变的过程，需要定期衡量自己发展的实际结果与预期目标之间的差距，并辨别差距产生的原因是来自目标制定的不科学还是实践上的不足。与此同时，还要放宽眼界，了解目标职业的发展近况及未来，及时调整自己的规划。很多人都是经过了相当一段时间的尝试和寻找，才能了解自己到底

适合哪个领域、哪个层面的工作，这段时间可能要长达十几年。但是，只要坚持不懈地进行自我分析以及对于职业目标的评估，就会纠正目标中的偏差，增强实现目标的信心，最终走向成功。

（五）审时度势，进退相兼

就业的最低目标是找到一个能接收自己的单位；较高目标是工作单位适合自己的长远发展，自己的自身条件也适合单位需求。如果毕业生在应聘的用人单位不能最大限度地发挥自己的作用，那么，即使单位条件再好，也不能说是成功的就业。要确保成功就业，首先需要根据自身的条件确定一个适当的择业目标，并置于优先考虑的范围；其次，还应考虑应聘首选目标成功的概率，并预先准备相应对策，一旦首选目标单位应聘失败，必须及时做出调整，降低某一方面的标准，重新应聘适合自己并最有可能成功就业的目标单位，直到成功。

本章小结

本章重点对大学生择业观的确立进行了介绍。通过介绍影响大学生择业的因素、大学生择业认知的心理特征、大学生择业观念存在的误区与原因、树立正确择业观的内容与方法，使学生能够树立正确的择业观并对自己有正确的自我认知与评价。要对自己的专业特长，兴趣爱好、为人处世的能力以及个人的理想志愿等做一次全面充分的分析，对自己将来的事业发展有一个确切的定位；同时，也要根据社会对人才的基本要求塑造自己。

复习思考题

1. 为了提升你的就业竞争力，你将如何投身大学的学习？
2. 你将确立怎样的择业观？
3. 你将如何进行职业选择？

第五章　就业心理准备

教学目标

学习本章之后，要求学生能够达成以下目标：

1. 做好就业心理准备，树立求职信心；
2. 掌握常用的心理调适方法，积极面对求职择业的挑战；
3. 学会求职心态调整的方法，成功就业。

导入案例

自卑的他选择逃避

李某是某高校本科毕业生，性格内向不自信。当同学们都在为找工作而四处参加招聘会，忙着投简历时，他却连简历都没有制作。当父母和同学们都劝他赶紧找工作时，他却认为自己各方面条件都不优越，用人单位不会录用他。其实，他并不是像自己说的那样一无是处。他英语通过了国家六级，计算机过了国家二级，成绩属于中上等水平，做事情认真负责。他之所以不去找工作，是因为他看不到自己的优点，对自己没有信心，害怕在求职择业过程中遭到打击。

第一节　培养健康的择业心理

大学生择业要知己知彼。知彼就是要了解择业的社会环境和工作单位，正确认识面临的就业形势，了解社会需要什么样的大学毕业生。知己就是实事求是地评价自己，对自己有正确的认识。要客观、正确地认识自己德智体等各个方面的情况，自己的长处和短处，自己的性格、兴趣、特长，要明确自己想做什么和能做什么，社会又允许做什么，只有这样才能保持良好的择业心态。

一、择业心理调适的必要性

如果将三碗水在火上烧热，并且在第一个碗里放入些胡萝卜，第二个碗里放入些鸡蛋，第三个碗里放入些已经磨成粉末的咖啡豆，然后煮15分钟，那么会有什么结果呢？

结果就是胡萝卜本来是硬的但现在变软了，鸡蛋内部本来是软的但现在变硬了，咖啡豆的粉末不见了但是水变了颜色并且有了香醇的味道。

看到这里作为毕业生的你想到了什么？

可能想到的就是自己。

有的人就像是胡萝卜，原本有一颗健康强壮的心，可是遇到困难和压力之后，就变得软弱、自卑；有的人就像是鸡蛋，原本是内心柔软善良的，可遇到困难和压力之后，就变得坚硬、冷漠、麻木；有的人就像是咖啡豆磨成的粉末，在面对自己遇到的困难和压力时，不会退缩，而是会以一种积极的心态去应对，将自己完全融入环境中，非但没有被环境改变，反而把环境改变了。

为什么会这样呢？

这是因为他们面对困难与压力时所持有的心态不一样。就像成功学大师拿破仑·希尔所说的那样，"人与人之间只有很小的差异，但是这种很小的差异却可以造成巨大的差异。"很小的差异即积极的心态或消极的心态，巨大的差异就是成功或失败。可见一个人的心理对他的影响是巨大的，积极正确的心理会将人们引向成功，消极错误的心理则会导致失败。

那么，对于即将离开大学校园走入职场的毕业生来说，面对自己的求职之路，又该是什么样的呢？是胡萝卜、鸡蛋，还是咖啡豆磨成的粉末？毕业生应该以一种什么样的心理状态去应对即将到来的困难呢？有压力时毕业生又应该如何摆正自己的心态呢？面对求职，毕业生的心理准备好了吗？

近年来，随着社会变革的加剧，我国大学生就业形势日益严峻，就业难成为大学生不得不面对的一个现实。大学生在就业过程中承担的心理压力也因此呈现逐年增大的趋势，一部分心理调节能力较差的大学生出现了不同程度的心理问题，甚至出现了极端事件，比如 2009 年河北某高校一名大四女生不堪忍受就业压力，自杀身亡，留下近 10 万字日记。就业时期是大学生人生发展中的重大转折时期，是大学生从在校生向社会人过渡的重要阶段。在毕业前这个特殊时期，大学生面临人生的重大抉择，需要面对的事情比较多，导致就业过程中的心理问题成为大学毕业生中最常见的问题。

二、求职前的心理准备

随着教育体制改革的不断深入，我国高等教育已从原有的"精英式"教育向"大众化""平民化"教育转变。在这一过程中，市场化就业是市场经济发展的必然要求和客观规律。因此，大学毕业生在求职之前必须要正确地评价自我，摆正所处的社会位置，合理设定就业期望值，理智设计职业发展，保持平和心态。毕业生就业要迎合市场需求，满足用人单位需要，注重自己未来能在这个职业中学到什么，明确自己将来到底从事什么职业。

市场化的就业体系充满竞争，而毕业生择业的过程，又是一个复杂的心理变化过程，毕业生在前进的过程中将会受到很大阻力。面对着繁杂多变、眼花缭乱的社会，面对着强手如林的职场，面对着残酷严峻的就业竞争，毕业生的心理上会产生巨大的落差和压力。因此，要想获得就业的成功，必须要做好充分的心理准备。

（一）认识自己，准确定位

1. 认识自己的方式

（1）自我分析，认识自己。通过回顾自己的学习、生活经历，对自己的能力、兴趣等有比较清楚的认识，明确自己的优势和劣势。

（2）听取熟人的建议认识自己。家人和朋友是比较了解你的人，可以帮助你看到自我分析所不能达到的方面和深度。有时候家长和朋友的意见是很有价值的，不要随便忽视他们的作用。

（3）借助专门测评机构的测试认识自己。很多学校就业指导部门都提供专门化的心理测试工具和相应的模型，因此，可以借助专业的测试模型来作比较全面、科学的定位。某些专门的测试机构与用人单位有经常性的联系，可以为大学生提供一些用人单位的招聘策略和招聘信息，帮助大学生成功地实现求职。

2. 个人需要了解的内容

（1）个人的能力与特长。在求职之前，要对自己的能力水平和能力结构作准确而适当的定位，要能清楚认识自己具备哪方面的能力。

（2）人格（个性）。判断自己是属于冲动型还是沉思型，自己是外向的还是内向的；是感觉型还是直觉型，是思维型还是情感型，是判断型还是知觉型。这些准备工作有助于大学生在茫茫"职海"中为自己找到一个求职的方向。

（3）兴趣与爱好。分析自己是喜欢理论研究还是喜欢实际工作，是喜欢与人交往还是喜欢与机器打交道。

（4）自我职业价值观。自我思考，是到偏远地方开发市场有价值，还是到大城市守住一片市场有价值，是做教师的贡献大还是做企业管理人员贡献大。这些将有助于大学生树立正确的人生价值观。

（5）教育水平、经历、相貌、健康等。毕业于什么学校，有多少实践经验，学历如何，身体素质是否适合自己向往已久的职业，这些都是用人单位所看重的因素。因此，做好此项工作能够有助于毕业生提高就业机会。

（二）明确用人单位的核心需要

不同工种对从业者有不同的特定的核心能力要求，所以用人单位会对毕业生进行全方位考查，对毕业生的综合素质提出了更高的要求，单纯的学历已经不足以吸引企业的目光。比如：企业开始注重求职者的人品，希望自己未来的员工能够踏实肯干；要求求职者具有较好的自理能力，对陌生环境有较强的适应性；不仅可以独立完成工作，还要擅长和团队一起完成各种任务等。这些都应该是企业对高校毕业生重点考查的内容。

（三）科学的心理调节

毕业生在面对竞争激烈的就业形势时，应学会自我心理调节，以便帮助自己克服在就业过程中遇到的困难、挫折和心理冲突等。科学的心理调节能够有效地进行自我调控，化解抑郁，排除心理障碍，增强抗挫折、抗压力的能力。因此，及时调节自己的心理状态，能够保障心理健康，帮助顺利就业。以下介绍一些常用的心理调适方法：

1. 自我反省

在面对就业过程中的困境时，首先要保持冷静的头脑，然后再做深入的思考，做到正确认识自我、评价自我。职业的选择，除了参考当年整体就业市场的形势，更应当明确自己的兴趣、爱好、性格、气质、能力以及自己的优劣势等内在因素。

在对自己有了充分的认识后，把主观愿望和客观条件结合起来，进行自我定位，使自己在就业过程中始终处于主动的位置。在自我反省时，可以从以下几个方面考虑：待聘的工作职位是否适合自己；如何给职业定位；对这个职位是否有兴趣；参加竞争的优势和劣势是什么。

2. 正确看待社会现象

正确看待社会现象是大学生就业必备的健康心理。人不可能脱离现实而独立存在，因此，在求职过程中要以积极的心态看待社会，学会融入整个社会。有一些大学生的心态是消极的，主要表现在脱离社会、逃避现实等。随着国家劳动制度的不断改革深化，社会越来越尊重知识、尊重人才，有关部门将尽可能为大学生求职择业提供较好的、公平竞争的环境，这也将扩大大学生选择职业的机会，无疑将有利于大学生自身的发展和成才。但我们也要看到，由于目前我国的就业形势仍然存在供大于求的矛盾，加之教育结构不合理，社会为大学生提供的工作岗位不可能使人人满意。所以要从实际出发，更新择业观念，面对人才市场，必须勇于竞争，以便被社会承认和接受。

3. 勇于挑战自我

在求职过程中，有的大学生顾虑重重，往往对自己的能力缺乏信心，认为自己无处施展才华，不敢主动与用人单位联系，不敢独立进行求职活动，甚至错失良机。其实不然，每一个领域对社会的发展都起着至关重要的作用，即便不能在自己所学领域发挥才能，也可以投身其他行业。作为年轻人，不应该因为所学专业而不自信，进而为自己找各种退缩的理由。因此，毕业生在求职道路上，要勇于挑战自我，不断尝试，积累经验是求职成功的开端。

4. 保持理性观念

时刻保持理性观念，并设法将自己非理性观念转化为理性观念，即最大限度地减少非理性观念给我们的情绪带来的不良影响。现实中，经常会碰到这样一类大学生：认为大学生应该从事很体面的管理工作，到生产第一线是很掉价的事，更觉得从事生产一线的工作枉费了多年的大学学习。正是由于这些观念的羁绊，导致了这类大学生在面对就业时产生不良情绪。如果能纠正这类想法，适时调整认知结构，不良情绪就容易克服。

5. 坦然面对挫折

就业市场机会是有限的，众多大学毕业生必然会产生竞争，但用人单位最终只能选择少数能胜任工作的大学生。因此，在求职过程中，大学生肯定会遭遇被拒绝的尴尬，即便是各方面都很优秀的大学生，也可能遭遇拒绝。所以，大学生应当树立通达乐观的得失观，用积极的态度、百分百的努力准备每一次应聘。同时也要意识到，即便遭遇求职失败，也只是塞翁失马，千万不要灰心丧气，要善于总结经验，扬长避短。

6. 寻求专业的心理咨询

在就业过程中，大学生可能会因各种原因而产生不良心理。在这种情况下，建议学校专门开设心理咨询门诊，以方便大学生得到及时的心理援助。实践证明，心理咨询师通过采用一定的心理咨询与治疗方法，能够有效地矫正大学生的不良心理。

（四）未雨绸缪早规划

大学毕业生一般都面临着工作、考研、出国这三种选择，自己要做何种选择，必须早做准备，否则就会手忙脚乱。部分大学毕业生由于所学专业的特殊性，在几次招聘会上碰了壁，觉得还是继续读书好，便准备考研。但此时，由于复习比较仓促，成绩往往不理想。看到一些经济实力好的同学准备出国，又动心效仿，但留学必须通过的一些考试又没有参加，于是又后悔了。转而又想找工作，却发觉此时已经失去了不少就业机会。

面对三种选择，建议大学生在读大三时，及早为自己的前途做好规划，同时进行必要的"心理充电"，以良好的心态参与到就业竞争中去。当举棋不定时，可以向学校老师求助，请老师对自己进行逐条分析和心理辅导，明确自己的位置和追求，同时对自己的职业方向做出准确定位。

（五）善用社会资源

求职是个人奋斗的过程，更是一个不停尝试和探索的过程。除了自己事先设定的目标，大学生不妨尝试一下与自己目标相近的职业，有时也会有意外的收获。求职也需要大学生调动自己所有可以利用的社会资源，比如说可以请家里的亲朋好友帮助自己提供就业信息，请他们推荐用人单位；或者可以联系以往的师兄、师姐，他们也有过同样的求职经历，能够理解大学生求职过程中遇到的困难与迷茫，能够给予一定的心理帮助和抚慰。此外，还可以请他们推荐用人单位，从而增加就业口径，提高就业概率。

阅读资料5.1

暂时不能就业者应有的心理准备

一、要有正确的自我评价

"尺有所短，寸有所长。"每个人都有自己的优点，也都有自己的缺点，所以每个毕业生对自己都应有客观和正确的认识，对自己的专业、工作能力、爱好特长、优势劣势有一个完整的把握。暂时的不成功，或暂时不能找到令自己满意的工作，并不代表求职无望。要注意克服缺点，发扬优点，准确定位，同时对单位及就业市场要有所了解，俗话说，"知己知彼，百战不殆。"

二、保持平常心态，适时缓解心理压力

无论从事什么样的职业都不可能一帆风顺，遭遇挫折是在所难免的。对于刚进入招聘市场的大学毕业生更是如此。为此，在就业前就应该做好充分的经受挫折的心理准备。无论遇到怎样的挫折和失败，首先都应该保持冷静，坦然面对；然后认真寻找原因，合理归因，千万不要悲观失望、自暴自弃或怨天尤人。应该以积极的态度和稳妥的办法对求职的方法加以改进，并总结经验，虚心请教，必要的时候可以求助于有经验的前辈或专业人员。这样才能尽快调整状态，抖擞精神，更好地展示自我，接受单位的面试与考核。

三、脚踏实地与志存高远

有一些毕业生为自己的人生设计好了宏伟蓝图：3年内做到部门经理，5年内挖掘到自

己事业的第一桶金，7年内拥有自己名下的企业等。有这样的理想固然好，但在设定理想的时候，一定要与事实相联系，充分考虑到现实的情况及市场规则。大学生就业应在立足现实的基础上"志当存高远"，切忌"盲目追寻理想"。由于毕业生在面对市场选择时，缺乏经验与社会阅历，因此要带着从零开始、脚踏实地的精神，坚实迈出个人事业的第一步。

 ## 三、大学生择业时应具备的心理素质

（一）择业心理素质的含义

1. 心理素质

心理素质是指个体通过教育和活动形成的对个体活动产生影响的较稳定的心理品质。它是人类在长期社会生活中形成的心理活动在个体身上的积淀，是一个人在思想和行为上表现出来的比较稳定的心理倾向、特征和能动性。

2. 择业心理素质

择业心理素质是指对大学生就业有重要影响的心理能力、活动水平及人格特点，它涉及的内容非常广泛，主要包括业务能力、职业成熟度、就业人格特点三个部分。择业心理素质是大学生在大学四年的就业准备及其他活动如学习、社会实践影响下形成的比较稳定的择业心理特点，是大学生顺利就业、应对就业挫折、实现职业适应与成功、形成各种就业心态的心理基础。

（二）择业应具备的心理素质

大学毕业生在择业过程中，会遇到自荐、笔试、面试等一系列的考验，会遇到专业与爱好、专业与效益、专业与地域、地域与家庭之间的种种矛盾，还会遇到无数次的挫折和失败，能否顺利地接受这些考验，能否果断地处理这些矛盾，能否正确对待就业过程中的挫折和失败，良好的择业心理素质起着非常重要的作用。一个具有良好心理素质的人在求职的过程中能充分发挥自己的聪明才智，挖掘自身的潜力，综合自己的优势，扬长避短，不懈努力，从而找到最能施展自己才华，实现人生抱负的舞台。那么大学生应具备哪些择业心理素质呢？

1. 自我肯定意识强，自信心强

自信心是一种自我肯定、自我信任，相信自己的力量能够实现一定目标的心理。具备自信心是大学毕业生择业成功的重要因素，也是大学生重要的择业心理素质之一。

具备自信心的大学毕业生，在求职中能表现出坚定的态度和从容不迫的风度，由此赢得用人单位的赏识和信任。大学毕业生有了自信心才能进行正确的自我评价，才能充分认识自身存在的价值，对自己的性格、兴趣、能力、出色的成绩及各方面的长处给予肯定的自我评价，对自己无法补救的缺陷也能正确对待。能充分相信自己的各方面能力，择业时很投入，不怀疑自己的能力，正确地认识和估量环境以及所遇到的困难，并以最旺盛、最活跃的精神状态去克服困难，以足够的耐受力面对挫折，以足够的勇气迎接挑战。有自信的大学毕业生能够对职业的要求有明确的概念，求职时懂得怎样扬长避短，会千方百计地采用最有效的捷径追求目标，即使遇到暂时的挫折，也对自己的前途充满

自信。

2. 优良的竞争意识

心理学认为，竞争是指人与人、群体与群体对于一个共同目标的争夺，是竞争主体通过较量而获取需要的对象的过程。人们时常把当今时代称为竞争的时代。竞争无处不在，大到国与国之间的对抗，小到人与人之间的竞争。为了获得自己理想的职业，大学生在大学期间就要努力培养自己的竞争能力，而这恰恰取决于竞争意识的确立。具有优良竞争意识的大学生，他们往往不畏强手，能够发挥潜能，顽强竞争，希望战胜其他竞争对手，胜过他人，实现自我价值。要想在求职与择业中获得成功，大学生应做到以下两点。

（1）敢于竞争。当今时代，竞争机制已经渗入社会的各个领域和人生的整个过程。学习生活一开始，同学之间便开始了学习成绩的竞争，人人都希望得到好成绩，升入好的中学和大学。在大学阶段，竞争更为激烈，评三好学生、优秀毕业生，评奖学金，推荐研究生等，无一不和竞争联系在一起。但是大学生自身的竞争意识在过去并没有得到真正的强化，有的大学生面对竞争的挑战显得手足无措。当今竞争激烈的时代对大学生强化竞争意识提出了迫切要求，也提供了客观环境。迎接新的挑战，强化竞争意识是大学生在择业中必备的心理素质之一。

强化择业的竞争意识，一是要在正确自我评价的基础上，充分相信自己的实力，敢于通过竞争去达到理想的目标；二是必须在心理上强化自身的竞争意识，自觉地正视社会现实，转变观念，做好参与竞争的心理准备。

（2）善于竞争。要想在就业中取得成功，仅仅敢于竞争还不够，还必须善于竞争。善于竞争体现在具备良好的心理素质、实力和竞技状态。如果一个人自始至终都以良好的情绪对待学习、工作和生活，那他就有可能在竞争中获胜。

在求职与择业竞争中，应注意期望值是否恰当。期望值是个人愿望与社会需求的比值，期望过高会使心理压力加大，注意力难以集中，造成焦虑，影响正常水平的发挥。

在求职面试时情绪一定要轻松自如。在面试时，要克服情绪上的焦虑；还要做到仪表端庄，举止得体，给人留下良好的第一印象；锻炼出较好的口才，交流时口齿伶俐、表述清晰；合理利用有关规则等。

3. 良好的挫折承受能力

所谓挫折承受能力，是指个体在遭遇挫折情境时，能否经得起打击和压力，有无摆脱和排解困境而使自己避免心理行为失常的一种耐受能力。在当前的就业大环境下，就业压力较大，大学毕业生在求职过程中遇到挫折是难免的，关键是如何看待它。如果能以积极的态度和适宜的疗法去对待挫折，把挫折当作磨砺成长的磨石，就能获得对挫折的良好适应，激发自己的潜能，仔细寻找失利的原因，调整好目标，脚踏实地前进，争取新的机会，从求职失败的阴影中汲取经验教训，最终战胜失败；如果抗挫折的能力较差，就会在求职择业的过程中因遭受失败而丧失信心，使挫折成为成功的绊脚石。因此良好的挫折承受能力是大学生成功择业的重要心理素质。

双向选择的本质意义是一种激励手段，对优胜者是这样，对失败者也是如此。它对失败者并不是淘汰和鄙视，相反，是促使失败者振作起来，彻底摆脱"等、靠、要"的就业心态，使他们加快自立自强的转化，成为新时代的开拓者。

女大学生在求职择业时可能会比男大学生受到的挫折更多一些，这是现在一种普遍的社会现象。从某种意义上说，女大学生要顺利地择业，从根本上说，在于发现自身的优势，并以其优势参加竞争。

4. 对环境的主动适应能力

主动适应能力是指个体为满足生存需要而积极与环境发生调节作用的能力。主动适应能力是心理素质的核心内容之一，同时也是未来社会对人才素质的基本要求之一，是大学毕业生择业必备的素质。而市场经济时代，大学毕业生求职择业必须接受市场的筛选、竞争的考验，因此，大学毕业生必须主动适应市场的需要，否则会被无情地淘汰。另外，社会是复杂多变的，对于刚刚步入社会的大学生来讲，难免会有些不适应，大学毕业生只有具备了较强的适应能力，才能尽快适应环境，获得更充分的生存和发展条件，成为社会所需要的合格人才。

5. 理性的择业心理状态

当代大学生的择业心理从总体上讲趋于理性。大学生能够面对现实，接受现实，主动地适应环境的变化，对突发事件能够较好接受而不逃避现实，对生活、学习和工作中的困难能够做到妥善处理，对挫折、失败有足够的勇气和信心；不仅能接受自我、悦纳自我，也能接受他人、悦纳他人，充分认识、肯定别人存在的重要性，乐于与人交往，具有同情、友善、信任、尊重等积极的态度；情绪稳定，热爱生活，乐于工作，既能尽情享受生活的乐趣，又能积极进取，不断开拓自己的生活空间，充分发挥自己的聪明才智，体验成功的喜悦，使积极的情绪多于消极的情绪；能够放下"天之骄子"的架子，抛弃"皇帝女儿不愁嫁"的传统观念。

面对就业择业，大学生的心理是复杂而多变的。具备积极的理性的择业心理，可使大学生在面对考验和矛盾时，做到镇静自如、乐观向上、勇于创新、果断决策，从而保持一种稳定而积极的心态，达到如愿就业的目的。

第二节 大学生择业常见的心理问题及其调适方法

一、大学生择业常见的心理问题

（一）理想与现实的差距导致的矛盾心理

大学毕业生往往对未来抱有较高的期望值，希望找到一份条件优越、福利待遇好、能充分发挥个人才能的工作，但实际择业过程中这种期望值却很难全部满足。不少毕业生不得不面临着诸如是坚守还是放弃自己喜爱的专业，到基层单位去求发展还是在国家机关、事业单位求稳定等职业选择的冲突。理想与现实的差距使他们内心矛盾重重，有的为情况复杂、无从选择而困惑烦恼，有的为利弊相当、举棋不定而焦虑不安，有的为失去某些选择机会而追悔莫及，有的为找不到理想的职业岗位而惶恐不已，等等。

教学案例 5.1

吊在半空只有啃老

张文是个本科生，严格说起来，是个与研究生只有一步之遥的本科生。考研的时候，专业成绩不错，外语只差1分，本来可以列为第三类，可是在二选一的时候，由于发挥欠佳，而错过了机会。于是，张文下决心考公务员，但是，谈何容易？连考三年，第一年、第二年，明明感到成绩不错，就是没有上线，第三年倒是获得了面试机会，但也不过是多当了一回分母。最终，公务员的梦还是没有实现。可他还是不甘心，不肯脚踏实地去找工作。他认为打工就是地狱，公务员才是天堂，既然与天堂只差一步，那就不能心甘情愿进入地狱。就这样，将自己吊在半空中，不上不下，天堂不知何年有望，啃老倒是已成现实。

分析与点评： 把事情理想化，求高薪资是年轻人择业的盲点。年轻人还是要以提高自身素质为前提，不要盲目追求利益。理想也需要有能力才能实现。对于大学生来说，尚未开始工作，工作能力还是相对有限的，因此首先应该为自己定下目标，该往什么方向发展，选择什么样的工作，也就是首先要实现个人的价值和目标。刚毕业的大学生不应该把金钱多少当作衡量一个工作的首要标准，而应该把能否更快地提升自身素质，丰富自己的工作经验作为衡量工作好坏的标准。等有了一定的工作经验后再打破金钱与理想的平衡也不迟。

（二）自我认知偏差产生的自卑与自负心理

过分的自卑与自负是大学生较为常见的人格缺陷，也是一种心理障碍。在就业中的表现是对自己缺乏客观的评价，同时对职业缺乏深入的了解和认识。在就业中自卑与自负常存在相互交织的现象，两者有时会相互转化。

自卑的大学生不敢正视现实，对自己的长处估计不够，怀疑自己的能力，对自己缺乏自信心，不善于发现适合自己的职业岗位。他们往往在职业选择中态度消极，不敢参与竞争，以致错失良机。表现为面对用人单位缩手缩脚，过于拘谨，语无伦次，生怕一句话说错，一个问题答不好而影响就业；认为自己缺少竞争实力，从而在对自己的抱怨、贬低中失去了求职的勇气，丧失就业机会。

一些大学生在求职比较顺利时则容易自负，认为自己已经满腹经纶、学富五车，任何工作都可以得心应手，在求职中自觉高人一等、自命不凡。这样的人一旦出现求职失败则容易自卑、自责而一蹶不振。也有的大学生自认为是名牌大学学生，或者所学的是紧俏专业，"皇帝女儿不愁嫁"，自己理所当然地应该能够得到一个理想的职业，给自己设定了过高的就业期望，结果同样是因为不能顺利就业而陷入自卑的泥淖。

教学案例 5.2

期望值过高

来自株洲攸县会计学院的大学生小王，直到毕业时还未落实工作单位。刚好浏阳有一家制药厂要他，专业对口，但不在长沙地区，然而他本人的择业意向却是：单位地点必须在长沙市，至于是长沙市的什么单位、具体做什么工作都无关紧要，除此以外，什么单位都不考虑。在这种心态下，结果自然难以如愿。

分析与点评： 小王的思想在当前毕业生的择业过程中具有一定的代表性。不少毕业生过于向往经济发达地区，尤其是沿海地区的中心城市，最低的期望也是在省会中心城市。他们只注重大城市经济文化发达、工作环境优越的一面，而忽视了人才济济造成人才相对过剩的一面，择业期望值居高不下，甚至还有逐年上升的趋势，从而导致主观愿望与现实需求之间的巨大落差。

（三）择业竞争压力增大引发的焦虑和恐惧心理

焦虑是由于心理冲突或个人遭受挫折以及可能要遭受挫折而产生的一种紧张、恐惧的情绪状态。双向选择为毕业生择业提供了公开、平等的竞争环境的同时，也使得一些性格较内向、不善交际和言辞、学习成绩平平的大学生忧心忡忡、自惭形秽，产生强烈的自卑感，从而引发择业中的恐惧。焦虑心理主要表现在以下几个方面：第一，缺乏对纷繁复杂的现实社会的理性认识，产生步入社会前的心理恐惧；第二，缺乏充分的就业准备，对就业、考研、考公务员的选择犹豫不决，产生顾此失彼的彷徨心理；第三，缺乏正确的择业方向和择业方法，始终不能顺利就业，因择业受挫产生就业恐慌；第四，恋爱分合，职业取舍，由于"鱼"和"熊掌"不能兼得而产生离别伤感，进而对未来的生活充满恐惧。过度的焦虑会对大学生择业就业产生消极影响，它不仅会抑制大学生的正常思维，而且使大学生的注意力难以集中，记忆力明显减退，从而影响大学生正常的学习和生活。

教学案例 5.3

女大学生半年内应聘 52 次未果　3 次试图自杀

济南某高校大四学生蓉蓉是个漂亮的女孩，是校学生会副主席、学校广播站的播音员。可谁也没想到，这么一个优秀的一个大学生，半年内应聘 52 次未果，在就业的压力下患上了精神分裂症，3 次试图自杀，目前正在济南市精神卫生中心接受治疗。因求职未果而试图自杀的现象虽属个例，但大学生的就业焦虑问题不容忽视。

分析与点评： 大学生在就业过程中产生一些焦虑、抑郁的情绪是正常的。轻度的焦虑有一定的积极作用，可以激发大学生的潜能，使其产生紧迫感，从而更努力地寻找就业机会。可是一旦焦虑过度，上升到"焦虑症"，就应该及时给予关注和心理干预，以免病情加重，导致过度失望带来郁闷和焦虑，产生过激行为。

教学案例 5.4

心急吃不到热豆腐

某校信息学院信息管理专业某女生是 2008 届毕业生。在校期间，她常常泡在自习室和图书馆，极少参加班级活动和社团活动。她的主要目标是考研，但是由于心态不够成熟，在2008年1月的研究生考试中没有考上。在2008年实习期间，她把希望和目标又寄托在2009年1月份的研究生入学考试上，于是在学校附近租了一个房子继续考研。由于是半学习状态，在2009年1月份的研究生考试中她又失利了。

在2009年5月份该生选择了找工作。由于没有任何工作经验，同时已经不是应届毕业生，工作就更难找了。她在深圳一家流水线工厂找到了工作。工作两个月后，由于工作辛苦，她辞职了。她想报考注册会计师，但是在2009年8月份后又因为没有信心而放弃了考注册会计师的想法。于是她又开始找工作，在网上不断地投简历。由于没有记录自己所投的单位的相关信息，当有单位打电话过来时，她还要根据电话号码上网查看是哪家企业、应聘的是什么职位。就这样忙乎了一个星期，几乎每天要跑两个单位参加面试。一个星期后没有回音，她以为没有希望了，就回到了湖南老家。当有单位想给其打电话通知她面试通过时，已经无法联系到她了。

分析与点评：该生性格太急，而且心态不稳。大学期间就忽略了综合素质的培养，由于害怕找不到工作而把希望寄托在考研上面。考研究生并不适合所有学生，有的时候考研只是一个不去找工作、不去面对现实的借口。另外该生在找工作时病急乱投医，什么都投。在选择工作时一定要选择和自己能力相符合的工作岗位，岗位不要跨度太大。另外也要选择自己愿意去尝试的工作，否则会出现面试不断但是却没有满意的结果的现象。

（四）缺乏自主性和独立意识的依赖心理

择业依赖心理是指在择业中缺乏独立意识和自主承担责任的意识。一些大学毕业生在择业过程中缺乏主动性，存在明显的依赖心理。形成择业依赖心理现象主要是由于个人独立决策能力不强，缺乏进取精神而造成的。有些毕业生把就业的希望完全寄托在他人身上，往往表现为不主动出击，消极逃避就业市场，抱着"等""靠""要"的依赖思想。总想依赖家人通融社会关系，等待学校和老师给自己推荐，等待用人单位上门，等待父母亲友为自己找工作；总以为毕业就可以就业，把自荐材料发出去就可以万事大吉，坐以待"毕"，总抱着"车到山前必有路""天上也会掉馅饼"心态，试图坐等就业，殊不知机会是等不来、靠不到的。当周围的同学一个个落实单位，而自己却没有着落时，他们便开始怨天尤人，埋怨学校没有名气，埋怨父母没有本事，埋怨自己生不逢时，以致陷入焦虑、紧张、烦躁不安之中。

（五）缺少主见、随大流的盲从心理

从众心理是指个人由于受到来自某个团体的心理压力，而在知觉、判断、行为方面做出与众人趋于一致的行为。大学生择业从众心理现象的形成主要是由于缺乏择业主动性，对自己缺乏清醒的认识，不了解自己的兴趣、特长和能力，对自身所学专业的社会需求前景不明了，缺少自我选择和独立决断的能力。在招聘现场不难看到：在热门招聘单位的摊位前人头攒动，毕业生趋之若鹜，以至于有的招聘单位接收求职材料应接不暇。"知人者智、知己者明"，毕业生应根据自身条件摆正位置，找准坐标，盲目从众随大流将使自己错过许多本应属于自己的求职机会。

教学案例5.5

人云亦云反耽误自己

小张毕业于某大学计算机系。毕业时，几位与他关系好的同学根据自己所学专业，决定到商业企业去工作。于是，他们纷纷行动，很快与几家公司签了约。小张深知自己的性格不适于从事商业气息太浓的工作，但几个朋友都去了，他想，自己不去不是显得太懦弱了吗？于是，他也和一家中型商场签了约，同时拒绝了一份比较适合自己的计算机专业老师的工作。工作没几个月，他便觉得自己实在无法融入单位的那种商业氛围之中，而且自己的优势得不到充分发挥，因而他感到压抑，情绪低落。最后，他还是决定去找所学校当老师。

分析与点评：小张在择业过程中之所以遭遇挫折，关键是因为他存在严重的从众心理。从众心理是指个人由于受到来自某个团体的心理压力，而在知觉、判断、行为方面做出与众人趋于一致的行为。当一个人的行为动机是"别人都这么做，所以我也得这么做"的时候，他的行为就是从众行为。为了避免产生从众心理，大学生首先要培养自己的独立思考能力；其次，在生活中要不断完善自己的个性，增强自信心；最后，要充分认识自己，根据自己的情况寻找适合自己的工作。

（六）挫折与失败心理

挫折心理是指人在从事有目的的活动遇到障碍时，所表现出来的情绪反应。当一个人产生心理挫折后，就有可能陷入苦闷、失望、悔恨、愤怒等多种复杂的情绪体验之中。大学生往往都有"十年寒窗苦，一举成名时"的自我满足心理，因此择业的期望值也相当高。在就业地域的趋向、就业单位的选择和就业岗位的意向等方面有许多不切实际的自我设计。而这些就业目标的选择，往往都是出于功利心理、求"稳"心理和从众心理等的需要，并没有充分考虑自身条件与社会的实际需求，违背了职业生涯规划中关于"人职匹配"的理论基础，容易出现"高不成、低不就"的现象，并产生偏执、幻想、自卑、虚伪等心理问题，必然是事与愿违，最终不能顺利就业。当代大学毕业生生活经历较简单，未曾经历过多少波折，心理承受能力和自我调节能力较差，情绪波动性大，情感较为脆弱，缺乏应对挫折的心理准备，一次次就业失败的心理暗示必然会导致就业挫折心理的产生，进而使大学生择业行为发生偏差。

（七）功利心理

功利心理是由大学毕业生在就业中普遍存在的追求实惠、急功近利的心态造成的。功利心理主要表现在三个方面：一是在职业定位上，一些大学毕业生在选择职业时，只注意考虑自己的专业特长及学业成绩，一心寻找与自己专业对口，能够施展自己才华的单位。相当多的大学毕业生把就业目光投到相对稳定、待遇优厚的行业，而不考虑自己的主客观条件，以自我为中心，不考虑国家和社会的需要。二是在就业地点的选择上，大部分毕业生只想进大城市、大机关，削尖脑袋往中心城市挤，非常希望到挣钱多、福利待遇好的单位工作。三是特别注重经济利益。经济利益是大学毕业生选择职业时不容忽视的一个因素，在就业因素的考虑中，高工资是当代大学毕业生就业时考虑的重要因素。

（八）盲目的攀比心理

攀比心理是指大学毕业生在就业过程中不顾自己的实际情况，盲目与他人攀比的心理。青年学生血气方刚，喜欢争强好胜，虚荣心相对较强，容易引发攀比心理，攀比心理是大学生中存在的最为普遍的求职心理，这也是社会现象在他们身上的反映。每个人都希望自己的工作无论是薪水还是福利都能比其他人的好，这样的想法是可以理解的；但是这对大学生潜在的危害是：由于这种定位不是切实的自我定位，会让人产生较高的自我期望，从而忽视自身特点，对自我缺乏客观正确的分析，不能从自身实际出发，不考虑所选单位是否适合自己，不屑到基层去工作，总想找到一份超过别人的十全十美的工作。在这种心理的作用下，要么出现期望和能力的矛盾，引起用人单位的排斥，要么出现同学之间的攀比和竞争，对职业产生急功近利的思想，这是不利于择业和职业发展的。攀比心理经常会使不少毕业生在就业过程中四处碰壁，迟迟无法签约。

（九）害怕竞争的心理

这是人们在从事有目的的活动遇到障碍时所表现出来的情绪反应。职业选择自由度越大，选择行为的责任越重，择业心理压力也就越大。一些大学生对就业竞争感到恐惧，对工作缺乏信心，既希望走向社会，谋到理想职业，又担心被用人单位拒在门外，害怕竞争失败，害怕自己在择业上的失误会造成终身遗憾，有一种就业恐惧感，对走上社会心中无底，从而陷入苦闷、焦虑、失望、悔恨、愤怒等多种复杂情绪的体验中。其主要表现为：当所学专业与社会要求不尽吻合时，感到无所适从或悔恨；当发现自己的能力不适应社会要求时，感到焦虑或失望；当看到就业中的不合理现象时，非常气愤或苦闷，于是追悔或逃避，对择业失去信心和勇气，不敢应聘。

（十）求稳、求闲、怕吃苦的心理

受中国传统观念的影响，大学毕业生的求稳心理十分普遍。一些大学生把目光聚焦在"吃皇粮"的部门和单位，或者锁定在一些工资、福利、保险有保障、风险小、没有后顾之忧的单位。对职业的选择崇尚"三高"标准，即起点高、薪水高、职位高，过分强调用人单位的工资福利待遇、工作环境，缺乏同甘共苦的精神，对自己能为企业付出多少考虑较少。不少毕业生不愿到经济欠发达的地区和基层单位去建功立业，不愿到艰苦行业工作，不愿到生产一线工作，有些甚至宁可改行、待业也不愿到基层单位承担艰苦的工作，使求职择业难度更大。

 二、积极进行自我心理调适

面对激烈的就业竞争，从以下几方面积极地进行自我心理调适，可以帮助大学生解除心理紧张，促进心理平衡，保持好的心态。

（一）认识和评价自我

进行自我心理调适，首先要正确认识和评价自我，这是进行自我心理调适的基础，因为只有正确地认识和评价自我才能找到自我调适的立足点。认识和评价自我的方法主要有以下三种。

1. 自我反省

自我反省也叫自我静思，就是面对各种矛盾和冲突，首先能冷静地、理智地思考自我、认识自我、评价自我，找到自我的确切位置。面对择业，大学生除了要客观地分析就业环境，最主要的是要正确地认识自我和评价自我，应当明确自己的爱好特点是什么，自己的性格气质是什么，自己最适合干什么工作，自己的优势和劣势是什么，自己的择业发展方向是什么等。只有通过理智、冷静的自我思考，才能对自己有一个客观的评价，使自己在就业过程中处于积极主动的地位。

2. 社会比较

人不可能脱离社会而存在，要正确地认识和评价自我，离不开社会。大学生要正确地认识和评价自我，首先要将自己与社会上其他人作比较，特别是要通过与自己条件、地位类似的人比较来认识自己，而不是孤立地认识自己；其次，要通过社会上其他人对自己的态度来认识自己，通过对自己参加社会活动结果的分析来评价和认识自己，即通过在客观上寻找评价的参照尺度来认识自己。如果一个人对自己的评价与他所进行的各种比较基本一致，那就基本可以认为他的自我认识发展得比较好，比较客观；如果不一致，差距太大甚至相反，那就表明他的自我认识发展不好，不够客观，缺乏自知之明。

3. 心理测验

心理测验是心理测量的一种工具和手段。心理测验的方法很多，主要包括智力测验、人格测验和能力测验等，有关的心理学著作中都有详细的介绍，大学生可以根据自己的需要选择使用。要注意的问题是，一定要选择心理学专家编制的标准化的测量表，最好能在专家指导下使用。

（二）心理调适的方法

心理调适是实现心理健康的手段。为了在激烈的就业竞争中维护心理健康，大学生应该了解并掌握心理调适的途径和方法，不断调整自身的心理状态，积极适应社会的变化，勇敢地迎接就业的挑战。

1. 自我转化

有些时候，不良情绪是不易控制的，这时，可以采取自我转化的方法，把自己的情感和精力转移到其他活动中去。如学习一种新知识、新技能，参加自己感兴趣的活动，利用假期去旅游等，使自己不沉浸在不良情绪中，以保持心理平衡。

2. 自我适度宣泄

因挫折造成焦虑和紧张时，消除不良情绪的最简单方法莫过于宣泄。切忌把不良情绪强压于心底，忧虑隐藏得越久，受到的伤害就越大。较妥善的办法是向朋友等自己信任的人倾诉，一吐为快，甚至可以痛哭一场，把痛苦全部宣泄出来；也可以去打球、爬山、参加大运动量的活动，宣泄情绪。但是宣泄一定要注意场合、身份、气氛，注意适度，应是无破坏性的。

3. 自我安慰

人不可能事事皆顺心，处处是英雄。就业中遇到困难和挫折，如果自己已尽力仍无法改变时，要说服自己作适当让步，不必苛求，找一个自己可以接受的理由让自己保持内心的平静，承认并接受现实，以保持心理平衡。

4. 松弛练习

松弛练习也叫放松练习，是一种通过练习学会在心理上和躯体上放松的方法。放松训练可帮助人们减轻或消除各种不良的身心反应，如焦虑、恐惧、紧张、心理冲突、入睡困难、血压增高、头痛等症状，且见效迅速。大学生在就业时如遇类似心理反应，可在有关人员指导下尝试进行放松练习。

5. 情绪理性化

人有理性和非理性两种观念，在这些观念指引下的认识方式会影响人的情绪。人的不良情绪产生的根源是人的非理性观念，反之亦然。要消除人的不良情绪，就要设法将人的非理性观念转化为理性观念。例如有的大学生在择业中受了挫折便消沉苦闷或怨天尤人，其原因在于他原本认为"大学生就业应当是顺利的""我很优秀，就业应该很理想"等。正是这些观念作怪，才导致或加剧了他的不良情绪；如果将这些想法加以纠正，不良情绪一定能得到克服。大学生在运用理性情绪化方法时，应首先分析自己有哪些消极情绪，从中分析、综合、抽象、概括出相应的非理性观念，并对其质疑；同时对比两种观念状态下个人的内心感受，鼓励自己向理性观念方面转化，从而有助于排除不良情绪。

第三节　求职心态的调整

一、消除紧张，耐受挫折

当前，大学生就业面临着严峻的形势，这就不可避免地给大学生带来紧张和压力，为了更好地求职择业，大学生要克服紧张的心理，设法把自己从紧张的情绪中解脱出来。

（一）建立自信

自信，是求职成功的心理基础，自信程度对推荐自我的影响要远远超过其他影响因素。缺乏自信，常常是性格软弱和事业不成功的主要原因，也是推荐自我的最大心理障碍。

一般来说，缺乏自信的人多是性格内向，勤于反思而又敏感多疑的人。他们自尊心很强，但不懂得如何积极地获取自尊，为了追求一种不使自尊心受到伤害的安全感，为了不在别人面前暴露自己的弱点，不敢坦率地介绍自己，不敢大胆地推荐自己，实际上这正是低估自己的表现。而被别人轻视，也常常是由于自己的自卑和退避造成的。在求职过程中，有的大学生希望给对方留下好的印象，但又总是怀疑自己的能力，不相信自己能够做到，所以，只要置身于陌生人面前，便会产生不知所措的惊慌。在当今竞争激烈的人才市场上，自信、敢于竞争者就能够掌握求职成功的主动权；缺乏自信，唯唯诺诺的人，定会成为竞争中的失败者。建立自信心的前提是要看到自己的优势，要认识到别人也不一定什么都好，自己也不是什么都不如人。首先，不要把招聘者看得过于神秘。从心理学上讲，求职者在面试时心理上处于劣势，往往把招聘者看得过高，好像他们能洞悉自己内心的一切。其实，并不是每个招聘者都学识渊博、难以对付，他们也都是普普通通的人，了解了这一点也就不会有畏惧感了。其次，不要总想着自己的缺点。每个人都有自己的缺点和不足，也有自己的优点和特长。多想想自己的优点和特长，即使有缺点，对这一工作来说也可能是优点。通过这样的暗示作用，可以增加自信，消除紧张。可以肯定地说，坚定、自信是求职成功的基础。

（二）消除紧张

许多求职者失败，并不是因为他们缺乏适应工作的能力，而是因为过度紧张，使招聘者对其稳定性发生怀疑而造成的。因为通过面试不仅了解求职者的知识和人品，更重要的是通过相互交谈来测试求职者的应变能力和处世能力。如果过度紧张，甚至怯场，那么，求职者的能力、才华就无法展现，失去求职的机会也在所难免。

那么，怎样才能克服紧张情绪呢？

1. 不要把面试看得过于重要

如果总是担心面试失败而失去工作机会，就会加重心理负担，增加紧张感。面试时应采取超然的态度，记住这样一句话：即使面试失败了，也没有失去什么，却得到了面试的经验，还有更好的机会在等待，胜败乃兵家常事。

2. 掌握说话节奏

控制说话速度也有利于减少紧张。在紧张的情况下，说话速度会越来越快，进而使思维混乱，讲话的内容也会条理不清，甚至张口结舌，对方难以听懂你要表达的真正含义，同时，还会给人以慌张或有气无力的感觉。这时，放慢说话速度有助于稳定情绪和理顺思路，从而保证口齿清楚、思路清晰、有条不紊。当然，放慢速度要适当，不要故意把话音拖长。

3. 承认紧张

如果紧张难以消除，可以坦率地告诉招聘者："对不起，我有点紧张。"对方会理解的，甚至还会安慰你，帮助你放松。对求职者自己来说，承认紧张，心情就会慢慢安定下来，紧张情绪就会逐步消失，而且面试的气氛也会融洽起来。承认紧张，对推荐自己并没有什么消极影响，反而会表现你的诚实、坦率和求职的诚意。

有时采用破釜沉舟、背水一战的态度面试，也能消除紧张。有一位女性大学毕业生有过这样的经历：在一次毕业生与招聘单位见面会上，由于害怕失败而造成的紧张使她连续被六家单位拒绝，当见面会快结束时，她心急如焚，抱着"豁出去"的想法，找了个招聘单位发泄自己的"愤怒"。出乎意料，这家单位看中了她，当即决定录用，原因是她这种背水一战的态度，使她变得轻松、豁达、无忧无虑了。

（三）克服羞怯

羞怯是许多人都有过的一种普遍的情绪体验，主要是指由于性格内向或挫折引起过多地约束自己的言行，以致无法真实表现自己情感的一种心理障碍。羞怯感强的人，在招聘者面前会感到有一种无形的压力，不敢迎视对方的目光，缺乏表现自己的信心和勇气。面试时常出现脸红、冒汗、张口结舌、语无伦次等现象，对自己的神态举止和言谈过分敏感，生怕自己在别人面前失态出丑。越是害怕和检点自己的言谈举止，就越无法恰当地控制自己的失态行为，反而会异常紧张，不自然的表情和行为通过反馈更进一步增加了紧张心理，形成恶性循环。那么怎样才能克服羞怯心理呢？增强自信心是最有效的途径之一，除此之外，还要注意以下几点。

1. 不要过多地计较他人的评论

羞怯感强的人，最怕得到否定的评价，结果越害怕越不敢表现自己，越不敢与人交往，恶性循环使他在羞怯的旋涡中越陷越深。其实，被人评论是正常的事，应把它作为改善自己的动力，而不应把它当成精神负担。

2. 扩大自己的知识面

只有具备丰富的知识，才能在各种面试活动中，不会因知识过分狭窄而受窘。这里所说的知识，不仅包括专业知识和其他科学文化知识，也包括面试的基本礼节和推荐自我的基本技巧。你可以从有关求职的书刊上获得这些知识，也可以从周围的同学、朋友身上获得。

3. 学会控制自己

常用的方法是自我暗示法。每当面试自感有可能紧张、羞怯时，就提醒自己镇定下来，什么都不去想，把招聘者当作自己的熟人和朋友一样，"羞怯心理"就会减少大半。心理学的研究表明，一个非常怕羞的人，当他在陌生场合讲出第一句勇敢的言语后，随之而来的将不再是新的羞怯，而可能是顺理成章的演说。

4. 争取锻炼的机会

开始可以从容易的事做起，如先在熟人的范围里练习面试，锻炼自己的表达能力，运用和熟悉推荐自我的技巧，培养对"羞怯"的心理抵抗力；然后遵守循序渐进的原则，扩大范围、增加难度。我们建议，要尽可能地参加各种类型的"人才交流会"和"毕业生供需见面会"，把它们看成锻炼自己的机会。在有意识地克服羞怯心理的过程中，对每一个机会，都必须做好充分的准备，以获得好的效果。

（四）不怕挫折

挫折是指个人在从事有目的的活动过程中，遇到的干扰和障碍，致使动机不能实现时的情绪状态。生活中的挫折是造就强者的必由之路，挫折是锻炼意志、增强能力的好机会。崇高的职业理想与现实总会有差距，失败者常叹求职择业真难。现实确实如此，就业竞争非常激烈，尤其是理想或热门的职业。但大学生应当了解，职业理想的追求与实现，并不一定取决于职业本身。在中外众多伟大的科学家的成长过程中，我们常常可以看到他们当初职业的起点并非那么"理想"。富兰克林曾经是个钉书工人，华罗庚初中毕业后便帮助家里料理小杂货铺，也曾在母校干过杂务。可见，较低的职业起点，并不贬低职业理想的价值，现实的生活之路，也正是大多数科学家的职业理想迸发、形成的环境。大学生在择业时，应该保持健康、稳定的心理，采取积极的态度，遇到挫折时，不要消极退缩。当然，从根本上说，一个人战胜挫折的能力绝不是一时的努力能培养出来的，它有赖于大学生平日不断地增强自身修养，学会科学地认识、分析事物，特别是主动经受一些磨难，增加一些挫折经历。

二、调整心态，成功求职

就业是大学生人生的重大转折，面对严峻的就业形势，大学生应客观地认识社会、认识自己，调整好自己的择业心态，做好充分的就业心理准备，积极地迎接竞争挑战。

（一）正视现实

正视现实是大学生就业必备的健康心态之一。正视现实包括两方面的内容，即正视社会和正视自身。

1. 正视社会

现实是客观的，既有有利于自己的一面，也有不利于自己的一面。随着社会的发展和国家人事制度的改革，大学生就业会面对越来越有利的环境，这将为大学生施展自己的才能提供广阔的天地，有利于大学生的发展与成才。但目前我国就业形势比较严峻，人才供需状况不平衡，边远地区、艰苦行业、基层和第一线急需人才。另外，我国的毕业生就业市场还不规范，尚需进一步完善；同时，用人单位对大学毕业生的要求也越来越严格。这些都是客观现实。大学生应该面对这些现实，一切从实际出发，处理好理想与现实的关系，那种脱离社会、脱离现实、好高骛远、凭空臆想的做法都是不正确的，同时，逃避社会、回避现实的想法更是不可取的。

2. 正视自身

常言道：知人为聪，知己为明；知人不易，知己更难。一个不能正确认识自己的人，就不能把主观愿望和客观条件有机地结合起来，从而选择切合实际的目标。正视自身，首先要对自己有充分的认识，如价值取向、专业学习状况、各种能力、身心素质等。对自己有充分的认识，有助于明确自身定位，从容应对挫折和挑战。

（二）善于化解求职的心理压力

面对求职时的心理压力，大学生要学会善于化解。

1. 善于调整求职心态

大学生对就业要有正确的认识。就业是人生的一件大事，但又是一件十分平常的具有多种选择的事情，不要把它看得举足轻重。对就业要有一颗平常心，找到满意的工作不要沾沾自喜，暂时找不到工作，也不要悲观失望，而要运用智慧积极寻求，耐心等待，对就业保持信心、耐心和恒心。

2. 注意自我减压

对于求职择业的大学生来说，被自己心仪的用人单位拒绝，个人的情绪可能会受影响，产生挫折感和失落感，这是非常正常的现象。对此大学生要用积极的心态，认真地思考、分析求职失败的原因，找出自己存在的不足，总结经验教训，改变求职的策略，为下次求职成功奠定基础。

（三）调整就业期望值

面对严峻的就业形势，大学生要从以下方面合理调整自己的就业期望值。

1. 不要盲目与人攀比

有比较才会有差距，有差距就会有压力，有压力就会有动力，有动力才会进步。但盲目比较就是嫉妒，会陷入误区，成了在别人的拥有里寻找痛苦。在就业过程中，由于许多复杂的主客观因素的存在，人与人之间有许多情况是不可比也无法去比的，比来比去，除了增加个人的烦恼，对求职没有任何帮助，也没有任何实际意义。

2. 要适时调整自己求职的期望值

对于求职者来说，求职的期望值越高，一旦遭遇失败，失落感就会越强烈，心里承受的压力就会越大。大学生在就业时，要处理好就业理想与就业现实的关系，认清就业的形势，正确地评价自己，不要定位过高。这样在求职时，就不会好高骛远，不会人为提高就业的难度，而是会降低就业的压力。

本章小结

　　本章重点对大学毕业生求职前的心理准备、求职过程中常见的心理问题及调适方法进行了介绍。通过本章的学习，学生应该了解求职过程中常见的心理问题，并比对自身，找到自身存在的问题；学会利用本章提到的心理调适方法，对自身的求职心理问题进行自我调适，培养健康的就业心理。

复习思考题

1. 健康的就业心理有哪些内容？
2. 大学生求职过程中常见的心理问题有哪些？
3. 如何进行心理调适？
4. 大学生在就业过程中出现各种心理问题的原因是什么？如何来克服它们？

第六章　职业适应与发展

教学目标

学习本章后，要求学生能够达成以下目标：

1. 了解影响职业发展的因素，做好从学生到职业人的转变的心理和素养准备；
2. 了解企业面试与用人的衡量标准，掌握基于能力素质的从职要求；
3. 掌握可持续学习能力的培养方法；
4. 学会有效地管理自己的职业生涯，实现人职匹配。

导入案例

目标与职业

1953 年，耶鲁大学对毕业生进行了一次有关人生目标的调查。当被问及是否有清楚明确的目标以及如何达成的书面计划时，只有3%的学生选择了肯定回答。20 年后，通过跟踪调查发现，那3%有清晰目标和书面计划的学生在财务状况上远远高于其他97%的学生。

凡事预则立，不预则废。中国人民大学大学生就业问题研究所的一份调查报告显示：是否有较好的职业设计是影响大学生就业的最大问题。某公司人力资源主管在谈及毕业生就业时说：首先，大学生要有归零的心态，不论你在学校里读了多少书，考试考了多少分，对于一份新工作而言，你的发言权几乎是零。说白了，企业不养闲人，新来的人要尽可能缩短对工作本身的适应过程。其次，提高对行业的认可度。在目前就业拥挤的大环境下，很多应届生为找工作而找工作。毕业了，搞不清自己想干什么，适合干什么，也不好意思再向父母伸手，于是为了就业而就业。最后，要做好个人职业生涯规划。即使对某一行业认可度高，想长期从事某一方面的工作，但对个人的发展没有目标，没有规划，走到哪儿算哪儿，这样的毕业生我们也不认同。

第一节　从大学生到职业人的转变

大学毕业生告别校园，开始迈向社会，这无疑是其人生的一大转折。接下来面临的问题是如何尽快适应这一转折，完成由学生角色到职业角色的转换。这一转换在人的一生中占有十分重要的位置，角色转换的成功与否直接影响着事业的成败。

一、认识职业角色与学生角色

所谓角色，是指一定社会身份所要求的一般行为方式及其相应的内在心理状态。社会对于一个人的要求、期望直接决定于他在社会结构中所处的位置和所担负的社会角色。一个人的态度、行为如果偏离了对他的角色期望，就可能会引起周围人的异议或反对。角色义务、角色权利和角色规范，构成了社会角色的三大要素。社会角色的功能是一定的角色通过履行角色义务来实现的。为了履行角色义务，角色扮演必须有一定的权利，按社会规定的行为规范来行动。人们总是同时担任着各种不同的角色，在一个人的角色中又有主次之分。

随着人的社会任务或职业生涯的不断变化，角色也随之变化，从一个角色进入另一个角色，这个过程称为角色转换。角色转换的变化从根本上说是社会权利和义务的变化。大学生就业后的社会角色转换不是瞬间发生和完成的，而是要有一个过程。大学生初到一个新的工作岗位，对周围一切还比较陌生，只有在熟悉本单位工作制度，了解本职工作业务程序，建立了新的和谐的人际关系之后，才能积极主动地开展工作，完成就业后的角色转换。学生角色与职业角色的根本不同在于以下三点：

1. 社会责任不同

学生角色的责任是接受教育、储备知识、锻炼能力，力求全面发展；而职业角色的责任是以特定的身份履行自己的职责，依靠自己的本领或技能去工作。两种责任的履行所产生的后果也是有区别的：学生角色责任履行得如何，主要关系到个人知识掌握的多少和能力培养的程度；而职业责任履行得如何则影响较大。

2. 角色规范不同

社会赋予角色的规范，就是社会提供的角色行为模式。学生的规范多是从培养、教育角度出发，促使其以后能顺利成长为合格人才；社会赋予职业角色的规范则更为严格、具体，违背了就要承担一定的责任。

3. 角色权利不同

学生角色的权利主要是依法接受教育，接受经济生活的保证和资助；职业角色则是依法行使职权，开展工作，并在履行义务的同时取得报酬。

总之，学生角色与职业角色的不同点在于：一个是受教育，掌握本领，接受经济供给和资助，逐步完善自己；一个是用自己掌握的本领，通过具体工作独立为社会做出贡献，具有一定的权利和义务，并要为自己的行为承担责任。

教学案例6.1

大学毕业生的错误心态

一个刚大学毕业的学生，由于经验不足，能力欠缺，在工作中出现了失误，受到上级的严厉批评，他很不开心，没心思工作。有人问他："你为什么不开心？"他说："经理骂我了。"又问："你是不是工作没做好？"答："即便工作没做好，他也不应该对我这样态度恶劣。我长这么大，我爸、我妈都没对我大声喊过！"，问："那你希望怎么样？"答："我希望我下次再犯错时，他的态度能好点儿！"

这位大学生说的话意味着：我出错是难免的，我以后还会出错，我再出错时，要改的是经理，不是我，他应该提高管理艺术。

试问：如果这位大学生有这样的想法，下次再做同样的工作、重复同样的错误，上级对他的态度会好一些，还是会更严厉一些呢？为什么？

分析与点评：作为职场人，在犯错误时正确的说法应该是："我今天工作出错了，上级严厉地批评了我，我很不开心。下次我一定把事情做好，以后不再被批评。"

二、大学生角色转换的常见问题

大学毕业生从学生角色到职业角色的转换，是一种社会必然。只有正确认识和对待这种转变，才能很快地融入社会。但是有些学生由于受各种主观因素的影响，还不能科学地、正确地认识这种角色转换。归纳起来主要有以下几种表现：

（1）依恋性。刚走上工作岗位的大学生，在角色转换过程中怀旧情结浓厚，常常会自觉不自觉地将自己置于学生角色的位置，以学生角色来要求自己和对待工作，处理人与人之间的关系，以学生的眼光观察事物和处理问题。

（2）畏缩性。有的学生面对陌生环境，没有老师的指导，不知工作应从何入手，畏首畏尾，怕担责任，缺乏年轻人的朝气和锐气，缺乏创新意识。

（3）自傲性。一些毕业生自以为接受了正规的高等教育，学到了不少知识，已经是一个有能力的人了，因此，轻视实践，放不下架子，不愿从基层工作干起，好高骛远，期望值过高。

（4）浮躁性。一些毕业生在角色转换过程中表现出工作不踏实、不稳定，缺乏敬业精神。

教学案例 6.2

一个美女校花的失败

有一个医学院的校花，长期担任班长、团支部书记，学习成绩优秀。毕业后到市重点医院做内科医生，受到领导的关注，同事的青睐，上门求医的患者更是对她毕恭毕敬。然而，这位美女医生却厌烦了在诊室工作。当看到医药代表工作时间自由，工作方法灵活，挣钱更多，她决定下海。当了一段时间医药代表后的某一天，一回到医药公司办公室，她就开始伏桌哭泣。经理关切地问："怎么了？"她非常委屈地说："那些药剂科的人，他们，他们，他们竟然……"经理开始担心，着急地问："他们怎么样了？是不是欺负你了？"美女泪流满面，非常痛心地说："他们竟然不理我！"经理舒了一口气，想引导她战胜困难："他们不理你，你打算怎么办？"美女坚定地说："他们不理我，我就再也不理他们！"经理心里凉了："你不再理他们了，可这药谁卖呢？要不你还是别难为自己了，回到医院当医生吧！"美女号啕大哭，经理吓了一跳，关切地问："还有谁惹你生气了？"美女凤目圆睁：

"你！"经理不解："我劝你别干了，是为你好呀。"美女愤怒地说："要是不干，也得我先说！凭什么你先说出来？"经理连忙说："好，好，我收回刚才的话，请你先说。"美女大声说："我不干了，我立刻辞职！"经理点头表示同意，心里说："你快走吧，我的姑奶奶！"

（资料来源：《心灵成长》）

分析与点评：美女医生没有意识到自己集喜欢、怜爱、恭维于一身，是因为自己是父母疼爱的女儿、是社会重视的大学生、是常人喜欢的漂亮女人、是患者求助的医生。而从医生到药品推销员，是职业上的转变，从人求于我到我求于人，从坐在屋里等客户到登门拜访客户，工作性质完全不同，最需要提升的是情绪智力和商务谈判技能。这位美女在参加工作以及职业改变之后，心灵并没有成长，还是一个小孩子的心态，抱怨别人、抱怨环境，如果不及时调整心态，将会在职业、婚姻上受到更大挫折。

心灵成长的标志是不再抱怨环境、抱怨父母、抱怨领导、抱怨同事、抱怨客户，也不抱怨自己，对自己的职业生涯、情感生涯和健康生涯负起责任，为自己、为家庭、为企业、为社会创造物质财富和精神财富。

从学生到职业人是一种社会角色的重要转变。进入社会以后，必须迅速培养"给"的心态。做了20多年社会财富和家庭财富的消费者、享用者，要尽快成为社会财富的创造者和供给者。

一个人从三岁上幼儿园，到六七岁上小学，直到二十一二岁大学毕业、参加工作，将近20年的学生身份形成了"要"的心态，向父母要、向老师要、向学校要、向社会要，一切都是"要"，想"要"一切。学习生涯一路走来，到大学毕业时已是全家人的骄傲，社会的骄子。但大学毕业证书并不等于职业能力证书，20年来所学到的知识并不能直接变成创造财富的能力。实际上，大学毕业证书只等于社会大学的入门证。

当把这种"要"的心态带到求职之时，就会要工作、要职位、要环境、要轻松的事、要各种福利待遇，要不到就宁可先不工作，继续由父母供养。有的人因为要不到而逃避就去考研，继续保持"要"的心态，加强"要"的资本。

20世纪90年代后出生的人，大多数是独生子女，即便不是独生子女，也很少有人经历过生活的磨炼。社会为他们创造了优越的条件，家庭几乎倾尽所能，供其上学，使其成为家庭宠爱和照顾的中心。在家里，大多情况下家人会照顾其情绪。

在大学里，大学生是社会的骄子，是全社会培养的对象，享受着各种免费或优惠的待遇。所有的学习都是按照教学大纲安排的，而教学大纲又是学校和老师拟定的，你不需要操心，只需要按时上课、完成作业、考好成绩，每年还可以享受两次长长的假期。自己的考试成绩优秀就可能获得奖学金，考不好也不会给班级和学校造成经济损失，还会有补考的机会。如果和同学不能相处融洽，仍然可以当一个不合群的"小鸭"，保持自己的个性，孤芳自赏。虽然老师是尊敬和崇拜的对象，但是如果不喜欢一个老师，可以不去听他的课，可以期盼着下学期换一个老师，如果迟到、旷课只是耽误你自己的学习。

然而进入职场后，不仅没人在意你的情绪，还要求你必须拿出良好的工作结果，你必须成为创造价值的贡献者，你只有在为单位做出贡献，单位觉得你是值得培养的人后，才会把你当作培养对象。你必须创造价值才能获得报酬，而且必须创造超额价值，才能获得奖金。你的上级也许不是你尊敬和崇拜的对象，但你必须服从他的领导和管理。你必须适应上级的管理风格，学习上级的优点，因为上级是没有任期期限的。如果你迟到、旷工，耽误的是整个团队的业绩。如果你不能和同事搞好关系，有一天被组织认为不能进行团队合作时，就必然成为出局的人。如果做不好工作，有可能会造成重大损失，甚至没有挽回的机会。

学生时代因为父母的付出，你可以从家里"要到"；因为老师的付出，你可以从学校里"要到"；因为社会的付出、国家的付出，你可在社会中"要到"。

但如果要转变成职业人，你必须先"给"，否则你什么也"要"不到，将"要"的心态变成"给"的心态，是成为职业人的关键，因此，从学生转变为职业人的核心是从"要"到"给"。

三、如何实现角色转换，适应社会

所谓适应社会，就是使自己与社会融为一体，被社会所接纳，成为其中和谐的一员。这样才能心情愉悦，从而为社会做出应有的贡献。而只有对社会做出贡献的人才能被社会认可，被社会肯定，也才能实现个人的理想与目标。学生角色向职业角色的转换，是一个相对漫长的过程，所谓"冰冻三尺，非一日之寒"，因此，毕业生应有充分的思想准备。在行动中，需要以积极的态度、坚持不懈的努力来实现职业角色。

对大学生自身来说，如何完成角色转变呢？

（一）积极主动地适应新环境

大学生毕业后走上新的工作岗位，面临的首要问题是：一个新鲜和陌生的工作环境，一个新的集体和团队，陌生的面孔环绕着你，你要和许多从未打过交道的同事相处共事，不知道所遇到的上司属于哪一类型，不知道同事是否欢迎自己，因不知道对新工作是否有能力做好而感到不安，不熟悉公司规章制度等。这些问题导致毕业生对工作、生活、环境的不适应。面对这些问题，积极的态度应是：主动适应。

（二）培养独立意识

毕业生刚刚离开学校、离开老师、离开同学，在心理上往往会产生一些不安情绪，因此，对毕业生来说，培养独立意识很重要。只有具有独立、主动的意识，才能独当一面，发挥自己的聪明才智，创造出最好的业绩，为今后的事业打下坚实的基础。学生角色向职业角色转换虽然表面上只是名词的不同，近在咫尺，但实际上却是一个艰苦的过程，需要坚持不懈的努力。大学毕业生只有在新的环境中不断完善自己，用实际行动去努力承担并胜任这个职业角色，才能顺利度过适应期，完成角色转换，实现自己的人生理想。

（三）第一件事要做好

第一件事是完善职业人格、实现事业成功的基础。要想以积极的态度快速地适应工作环境，就必须以积极的态度把交给你的第一件事做好。领导往往会从你所做的第一件事来判断你的各方面能力，包括工作态度与品质，并以此作为今后任用你的依据。第一件事诸如第一次发言、第一次出差、第一次起草工作总结或计划等，都要认真准备，精心完成。再如，领导要求你组织一次会议，从落实会议地点、下发会议通知、准备会议材料，到接待、报到、安排食宿等，每一个环节都要落实到位。其中有些可能不熟悉，那就应该挑最棘手的几个问题进行请教。这既不会被看成能力差，又可以确保工作不出差错，也显示出对老员工的尊重。领导能够从中看出你的各方面能力与素质，对你产生良好的印象。

（四）学会沟通与尊重

在工作中要学会尊重他人，尊重同事，包括一些地位相对较低的人。别忘了见面打个招呼，离开道声"再见"。尤其要尊重你的领导，多请示、多请教，学会沟通与汇报，及时反馈工作的进展情况，充分领会领导意图。在领会领导意图时，要记准、记全领导说的话，领会领导的语言暗示和肢体语言；请示汇报、反映情况时要真实准确，及时适时，简洁高效，注意沟通的方式。

 ## 四、职业角色的心理适应

论资历，刚毕业的大学生是不折不扣的职场"菜鸟"，业务涉及不深，人脉一穷二白，在工作中经常碰壁，心烦意乱。作为职场新人，如何才能摆脱窘境，绕开职场中的绊脚石，从"菜鸟"进化为成熟的职场生力军呢？

（一）心理断乳跨过转型障碍

面对从学生到社会人的角色转换，职场新人多半存在着依赖心理，不够自信。"客户问我什么问题我都不敢回答，每次都在电话打到一半时征询领导的意见。"广告公司职员王黎说，"离开领导自己简直寸步难行。"在银行系统工作的郑绮则认为单位比自己想象中的复杂得多，业务与人际关系让她疲于应付，因此她很怀念大学生活，经常与大学同学聚会聊天。

心理学家认为，现在的大学毕业生多为"90后"。这一代人从小备受父母的庇护，缺乏独立处理问题的经验。当就业把他们推向社会时，初期他们会感到惶恐不安，难以进入角色。要从心理上断乳，首先应当多从前辈身上偷师，学习他们处理问题的方式，尽快掌握业务技能，丰富自己的专业内涵，如此才能越发自信。其次要暗示自己，遇到难题不要发怵，犯了错误也不要慌张，这是每个人从稚嫩到成熟的必经之路。再次要进行职业规划，制定自己的职业发展轨迹。此外，面对复杂的人际关系，尽量不要牵扯其中，不要参与是非，学会适度保护自己。

（二）甘当配角厚积方能薄发

每个人都有自己的职业理想和抱负，但期望一开始就脱颖而出，非但不实际，反而会增加适应期困难。初入职场，要有表现自己的勇气，也要有甘当配角的气度。能当主角唱大戏纵然很好，但缺乏经验的新人在羽翼未丰之时，虚心做配角则十分重要。

"当初怀着满腔激情进公司，没想到现在还没做过一个大项目。"这类抱怨在任职时间不长的新人中常有耳闻。专家表示，新人往往对工作抱有很高的期望值，不满足业务"打杂"，心气太高。其实，主动为上司或其他同事做些辅助性工作，也是观摩和学习。日复一日，耳濡目染，新人的经验值就会不断提高。眼高手低会导致志大才疏，要举轻若重、一丝不苟地做好每一件"小事"，为以后做"大事"积累资源。

"90后"自我意识强，容易浮躁。有的新人不甘当配角，是因为缺乏合作意识。专家提醒，一定要培养自己的团队精神，主动与同事交流和沟通，这样双方都能更快地彼此熟悉和了解，也有利于新人更快融入环境。

（三）自我管理给自己上根弦

职场新人的迷茫，部分是由于缺乏自我管理，工作生活无章法。上海六联电子的股东曹亚联认为，没有上司会喜欢懒散的年轻人，态度积极热忱、生活平实自律、工作严谨踏实的新人最有上升空间。

资深人力资源给职场新人一些建议："对自己进行时间管理，对于每日要做的事项分门别类做时间计划，对当日日程心中有数，上班早来十分钟，不要随便请假，经常保持办公桌整洁，把电脑书、业务书和文件夹整齐地摆放在桌上，样样东西都井井有条。"勤微笑，鼓舞团体工作士气，没有人会喜欢"牢骚族"与"抱怨族"，遇到学习、培训的机会要主动争取，多接受各种训练，提高自己的工作能力，遇到工作问题要勤思考。在向上司征询难题时，最好也提供多种解决方式让其决策，不要把万事都推给上司，这样会给人造成"工作能力差"的印象。

教学案例 6.3

大学生自由散漫过了头

进了生平第一家公司，小陆心态不错。对一些制作PPT、打印之类的基础性工作，他毫无怨言，很快也开始跟着主管做公司里一些具体的咨询项目。尽管总体工作表现不错，但是，小陆却经常因为一些他自认为"小节的问题"被主管批评。主管对他的评价是"大病没有，小病不断"。每天上班总是险些迟到，开会最后一个来，第一个走；办公室里他的桌子总是最乱最脏；不管是给客户还是给主管打电话，第一声总是"喂"。尽管小陆自己觉得男生大大咧咧是很正常的事情，主管却对这些"小节"很较真儿，不仅因为开会迟到扣了他当月的奖金，有一次竟然还叫清洁阿姨把小陆桌上的杂物统统当作垃圾扔掉。

某些刚毕业进公司的新人工作习惯确实挺差，常常需要领导管到非常具体的事情，包括每天办公桌的整理、上厕所的文明礼貌等。在有些公司，前三年对工作能力的要求并不高，主要是看个人的责任心怎么样，包括一些个人习惯问题。例如，会计师的工作很多时候要跟客户打交道，新人出去代表公司形象，在客户那里做审计，客户提供了一张办公桌给你，如果你没整理好就下班，这就破坏了公司的形象。所以，新人进公司不能再像在家里或者学校里那样自由散漫，必须学会基本的职场礼仪。

第二节 基于能力素质的从职要求

一、企业面试与用人衡量标准

（一）企业招聘的三个核心衡量要素

（1）能力素质。该求职者是否具备工作所需的基本能力素质和职业素养？诸如智能水平、与人相处的能力、工作的热情等。着重考查该求职者怎样表现自己。

（2）专业技能。该求职者是否具备工作所需的专业技能？诸如财务管理中财务分析的能力、成本管理的能力；人力资源管理中人力资源规划的能力、管理培训的能力；电脑系统管理中电脑维修的能力、系统维护的能力；市场营销管理中管理代理商的能力、市场反应的能力等。着重考查对于该职位而言什么样的技能是必需的。

（3）经验。该求职者是否具有与职位相关的工作经验？例如，是否在同类产品市场中有过市场营销的经验，是否熟悉某项业务流程的运作，能否以最快的速度投入工作中去，并且能够带来新的想法和思路。这是考查该求职者可供参考的记录。

在招聘的三个核心衡量要素中，能力素质是本课程阐述的重点，因为专业技能和工作经验在一段时间之内是稳定的，而能力素质才表现一个人的发展潜力。

（二）判断个人潜力的标准——能力素质

在招聘中将能力素质作为其判断个人潜力的标准。那么什么是能力素质呢？能力素质是指一个组织为了实现其战略目标、获得成功，而对组织内个体所需具备的职业素养、能力和知识的综合要求。

（1）知识：是指员工为了顺利完成自己的工作所需要知道的信息，如专业知识、技术知识或商业知识等，它包括员工通过学习和以往的经验所掌握的事实、信息和对事物的看法。

（2）能力：是指员工为了实现工作目标、有效地利用自己掌握的知识而需要的能力，通过反复地训练和不断地累积经验，员工可以逐渐掌握必要的能力。

（3）职业素养：是指组织在员工个人素质方面的要求，如诚实、正直、良好的工作态度等。

无论是职业素养、能力还是知识，它们都是通过一定的行为表现来显现的，但是它们与行为表现的关系有所不同。职业素养是一种较深层次的能力素质要求，它渗透在人们的日常行为中，影响人们对事物的判断和行动的方式；而知识和能力则会直接地在人们的日常行为中表现出来。

 ## 二、能力素质具体要求

（一）创新思维能力与素养要求

1. 分析与结构化思维能力素质

（1）分析能力：

①能力素质要求。面对复杂困难的环境能够做出准确客观的评估。

②具备此能力所表现的行为。分析问题的时候能参照来自不同渠道的数据和资源，避免片面的看法；对任何事情都懂得分析什么是表面现象，什么是影响其本质的关键因素；在面对巨大压力的情况下（争吵、重要事务发生误差）仍然能够避免过于情绪化地解决问题，仍然能够冷静地做出决定；分析任何回答都会先寻找证据，然后在此基础之上给出结论。

③不充分具备此能力所表现的行为。分析问题不能找到很多的信息来源，容易受到表面现象的影响而草率地做出决定；在面对压力的时候，可能情绪化地处理问题，或任由感

情妨碍自己做出合理的经营决策；可能采用非常系统化的方式解决问题，但是会迷失在大堆的数据中，无法寻找数据规律并得出本质性的决定，做出一些模糊的、界定不明晰的决定。

④在这个方面可能问及的问题（面试官一般将这些问题结合求职者个人情况进行提问，并在求职者回答的基础上进行深度探讨，直到充分了解求职者的相关行为表现为止）。面试官有可能问："请给出一个事例，表明你在面对非常复杂的情况时，是如何分析和评估的；当你面对一个有着矛盾冲突的问题时，你会怎么做？请列举在工作或学习中面对一种微妙而又困难的局面时，你能够成功地保持客观的分析能力的一个例子。"要求求职者一定要提前准备好这方面能力的培养以及准备好如何应答考核。

教学案例 6.4

基于分析能力的问答实录

面试官：在简历中你介绍说你曾经是一家大型饮料公司的市场策划，负责过新品上市的计划，我想了解一下你是如何考虑制订这项计划的？

求职者：当时我把新品上市推广分为市场拉动和销售推动两部分。市场拉动主要是线上和线下两部分的营销，我针对不同的途径制订了相应的营销计划。线上的营销主要是在电视、报纸等媒体上登广告，目的是让消费者了解到有这样一个新品，对它产生兴趣，激发他们的好奇心。线下的营销主要采用在若干大型商场和卖场上进行路演活动的形式，使产品能与消费者直接面对面。而在销售推动上，我主要协调和配合销售部进行新品买进和加强陈列的工作。

面试官：在新品上市的过程中难免会有压力，你是怎样规避自己的高度压力的？

求职者：新品上市计划的实施本身就是多个部门、多个环节相互合作的工作，各个工作环节紧密相连，任何一个环节出现失误、任何一个部门拖延工作，都会导致整个计划的失败。我认为在这个实施过程中最易出现的问题是市场拉动和销售推动的时间不同步。例如，已经在进行广告投放的产品还没有出现在市场上进行销售，导致广告效应大幅度下降；或是产品已经大量投放市场进行销售，但广告投放没有配套，产品销售情况不佳，影响市场对于该项产品后期走势的信心。以上两种情况都会使计划的效果大打折扣，市场推动或销售推动都没有产生效益，给我的工作带来很大的压力。为了避免这种情况，我主要采取三种措施：第一点是确定各项工作的最后期限，确保各部门能按时完成，同时又在时间上留有余地；第二点是确保各项目工作人员之间的反复的有效沟通，因为项目组的成员来自各个部门，配合上会产生些问题，只有在反复的有效沟通之后才能避免一些不必要的矛盾发生；第三点就是在实施过程中一旦出现问题，首先考虑如何解决问题而不是追究到底是谁的责任。当然这不是说谁出现失误无所谓，只是在当时情况下，解决问题永远比追究责任来得重要，责任的问题可以在以后的工作回顾中讨论。我认为做到这三点，我就尽量规避了自己的高度压力。

分析与点评：该求职者对于这段工作经历描述得十分详细、全面，思路清晰，显示出其很好的分析能力，易感染面试官。我们能够从求职者的回答中总结出求职者对于新品上市计划非常清晰，从市场拉动和销售推动两个方面，同时在具体策略上还阐述了线上营销利用媒体广告，线下营销利用卖场路演，销售推动将采用新品买进和货物陈列等方式方法，体现了专业素养以及分析问题的能力。当面试官追问到压力问题时，该求职者准确地抓住了压力的来源，找出了最易出现的问题和影响其本质的关键因素，并提出了避免问题发生的三项措施，表明了自己的观点。例如：当出现问题时，首先考虑如何解决问题而不是追究到底是谁的责任，表现出他在面对巨大压力的情况下仍然能够避免过于情绪化地解决问题、冷静地做出决定的能力。

（2）结构化思维能力：

①能力素质。给予问题的解决方案、表达对于问题的看法都能够运用非常结构化的、有逻辑的思维方式。

②具备此能力所表现的行为。善于把握事物的全局，从一个大的方向把握问题；能够将问题进行结构化处理，分出清晰的条理，以便抓住事物的本质；能够对解决方案进行逻辑化的处理，运用具有条理性、推理性的思维解决问题。

③不充分具备此能力所表现的行为。关注于事物的一个狭隘的方面，没有全局的思考观念；遇到问题采用没有条理的方式，仅凭感觉进行没有章法的分析，对于问题的本质原因缺乏逆行逻辑推理的能力。

④在这个方面可能问及的问题。面试官一般会提问："某快速消费品公司最近遇到了利润下降的问题，请你分析一下可能的原因；某公司希望投资中国，并希望五年可以回本，请你做一个可行性分析。"

教学案例6.5

结构化思维问答实录

案例1

面试官：某快速消费品公司最近遇到了利润下降的问题，请你分析一下可能的原因。

求职者：出现利润下降问题，可能的原因无非两方面，收入即销售额减少，或成本上升。如果是收入减少，那就要分析市场总量的变化。市场总量变大或不变而收入减少，说明这家公司产品的相对竞争力下降，被其他同类产品挤掉了市场份额。如果市场总量变小，则需要进一步比较该公司相对市场份额的变动，这至少说明这类商品的整个市场都不景气，可以采用一些营销手段拉动市场。而如果是成本上升的原因，就要对此进行调查，看是什么导致了成本上升，上升的又是哪些支出。

分析与点评：该求职者思路清晰，准确抓住了利润下降的本质原因，运用分析、推理能力，根据不同情况找出相应的原因并提出一些切实可行的解决方案。这样的回答使面试官清楚地了解到该求职者的结构化思维能力和分析能力，给人留下深刻的印象。

案例2

面试官：你的简历当中介绍，你曾经成功地策划了一次图书售卖和促销活动，可以为我介绍一下吗？

求职者：这是由我本人发起的一项图书售卖和促销活动。当时我意识到在校园中有着很高的图书需求量，但是学生的购买力却又相对比较低，因此我通过相关渠道批发了一些相对低价的图书，在校园当中进行宣传并通过各种方式进行销售。最终我虽然没有获得许多的利润，但是通过这次活动大大提高了自己解决问题的能力，并培养了一种商业意识。

面试官：在这个过程中你遇到的最大的困难和挑战是什么？

求职者：是如何建立一个渠道使书籍从我的手中到其他同学的手中。开始的时候我采用了一种非常传统的方式，也就是上门推销，然而在学校里由于各式各样的推销太过频繁，因此常常是我连话都没有说完，就已经被拒之门外。被自己的同学这样拒绝我也感到万分沮丧。当时我分析了一下，除了上门推销，还可以开发两种渠道：一种是通过海报宣传拉动市场的需求；另一种是发展一些身边的朋友代理销售，因为他们又可以接触一些我所不认识的同学，这样一来书籍销售的范围就扩大了许多。

面试官：如果让你重新操作一次这项计划，你会在哪些方面改进？

求职者：我会再进一步降低我购买书籍的成本，并且尽可能获得退货的保证。也就是说，一方面提高利润空间，这样可以更有力地驱动二级销售人员的热情；另一方面降低营运风险，确保书籍在没有损坏的情况下能够退货，给自己的经营带来更高的可变度。

分析与点评：该求职者能将问题进行结构化处理，首先全局考虑了校园图书市场的情况，又考虑了其他与购买行为相关的因素，面对问题时运用条理性和逻辑性思维找出解决问题的关键，表现了他对整个图书售卖活动的全局把握。

该求职者通过这样一段经历的描述，表现出了一种很强的商业意识和经营管理能力，特别是当面试官问及如果重新操作一次会做哪些改进的时候，该求职者从提高利润空间和降低经营风险两方面入手提出改进方案，表现出了很强的分析能力。

2. 清晰的目的性与市场敏感度素质

（1）清晰的目的性：

①能力素质。了解事物的全局，清晰地洞察什么事情需要做，以及怎样完成。

②具备此能力所表现的行为。能够清晰界定什么事情具有优先级，需要怎样完成；将更多的精力放在重要的事情上面；按事情的轻重缓急来安排事务，不因为"紧急性"而忽视"重要性"；能够把握事物的全局性，从而明确目标；清楚掌握为实现目标所需完成的任务；建议一个解决方案之前考虑过所有可能的方案。

③不充分具备此能力所表现的行为。希望可以将更多的精力放在重要的事情上面，但是经常失败；经常受紧急的事情影响，而没能很好地关注重要的事情；处理事务时，对于如何进行下一步工作没有明确的计划；抛出了大量的问题，但是没有自己的答案；制订的计划太复杂，不尝试将其简化。

④在这个方面可能问及的问题。面试官一般会提问："请给出一个你曾成功地解决的非常复杂的工作事件，并明确你是如何确定哪些工作需要完成的；什么时候你处理过一个项目，而在最终期限前你无法完成？请给出一个你必须在同一时间完成很多项任务的事例。"

教学案例 6.6

清晰目的性的问答实录

案例 1

面试官：你对于自己在未来 3 到 5 年内的职业发展是如何规划的？

求职者：我现在是电子方面的技术人员，我希望通过 3 到 5 年的锻炼和积累能成为企业的中层技术管理人员。

面试官：那你决定怎样达到你这个 3 到 5 年的职业发展目标呢？

求职者：我会从三个方面来快速提升自己的能力，以求达成我的职业发展目标。

第一，我会通过参与培训课程结合自学，来加强专业技术能力。因为要成为中层技术管理人员，必须掌握最新的技术和操作能力，这就需要我不断学习新的专业技术知识。

第二，在企业重要的项目上加强自身的参与，全面了解项目流程和分工，在实际工作中不断积累经验。我想新的工作会给予自己一些这样的参与机会。

第三，我会从理论和实践两方面来提高管理方面的技能。因为作为一名中层管理人员，领导力、沟通力等都是必须具备的能力素质，否则也会无法开展工作。所以我希望在以后的项目中也有带领团队的机会，在具体工作中逐步提高自己的能力。

分析与点评：该求职者在回答自己的职业规划时，思路清晰，能明确自己为实现职业发展目标必须完成的任务（快速提升三方面能力），并说明了自己如何完成，表现了他是一个有清晰的目的性的人。

案例 2

面试官：你在简历中提到你担任过校辩论社的社长，同时也是班级团支部书记，并有广泛的兴趣爱好，那你平时是如何平衡学习、工作和活动的呢？

求职者：在大学里学习、社会实践和工作都是很重要的。我认为大一是学习的关键时期，打基础很重要，所以在大一，我只参加了我很喜欢的辩论社，把较多的时间花在学习上。从大二开始，我当选了班级的团支部书记，也成为辩论社的社长，这时我会在平时将较多的时间用在社会实践工作上，但原则是不影响到上课时间，保证课堂时间的效率。而到了临近考试时期，我会停止社会活动和实践，专心投入复习中去。我认为作为一名领导者，不必事事亲为，所以平时我会有意培养别人的工作能力，授权给别人，而自己在工作最后进行把关，这样就不会占用很多时间，也不会消耗过多的精力。

分析与点评：该求职者能准确把握事情的轻重缓急，并按其紧急性和重要性安排学习和工作。该求职者的回答思路清晰，作为社团领导者通过授权等形式减少自己的工作量，既锻炼了别人的工作能力，也充分利用了自己的时间，平衡了学习和工作之间的关系。

（2）市场敏感度：

①能力素质。预测、理解并致力于消费者和客户不断变化的需求；了解外部世界其他业务组织的发展。

②具备此能力所表现的行为。在自身所处理的事务中，能够描述外部客户、消费者不断变化的需求；能够分析、感受、把握商业世界的变化趋势；能够站在市场的前沿、站在消费者的角度看问题；对于自身产品、组织、个人的竞争优势有着清晰的认识，同时对竞争者的有利之处有着正确的判断。

③不充分具备此能力所表现的行为。不能够了解外部客户、消费者的需要，无法使自身的服务和产品满足客户的需求；忽视了外界发展的需要；不能够认清自身所具有的优势；对竞争者没有清晰的认识。

④在这个方面可能问及的问题。面试官一般会提问："请给出一个你满足消费者或客户需求变化的例子。你是否曾经将一些想法或实践方法从外部的世界中带入你的工作或学习中？"

教学案例6.7

基于市场敏感度问答实录

面试官：很多咨询顾问对于一个客户给出的问题解决方案都会很类似，你认为你区别于其他咨询顾问的特点是什么？

求职者：我认为我同其他咨询顾问的最大区别是我能够尽可能地站在客户的角度，考虑客户对解决方案的吸收理解程度和这个方案的可行性。

面试官：能否具体谈谈你是如何为客户考虑的？

求职者：在进行咨询项目时，提供给客户的解决方案可能只是一个结果，客户往往不能理解我们如何得出这样的解决方案。我会为客户解释我们的信息来源、评价标准以及为什么执行这样的方案是能够得到最佳效果的，让客户充分了解我们为他提供的是最理想的解决方案。同时我们也会让他们的员工了解解决方案产生的过程，并在培训时指导他们解决这类问题的技能，使得他们在以后遇到相同问题时可以迅速独立地解决。

面试官：能否举一个具体的例子？

求职者：例如，在"××公司绩效考评方案改进"项目中，我们首先为该公司员工进行绩效考评概念与原则的培训，让该公司相关管理人员充分了解绩效管理的方法。在此基础上，我们根据该公司的现状设计了具有实施意义的方案，并帮助客户进行有效沟通。在项目实施过程中，我们也提供了大量项目实施问题的方案，例如考核标准的制定、考核周期的管理等。

分析与点评：该求职者在回答时强调了自己为客户着想的意识，并对个人服务的竞争优势有着清晰的认识，这是十分可贵的。该求职者从两方面来回答面试官的追问，描述详细，最重要的是他在回答中提到对客户及企业员工的疑问进行解答，对相关人员的解决问题技能进行培训，为企业的长远目标服务，这是真正为客户考虑的重要体现。

3. 创造力与解决问题的能力

（1）创造力：

①能力素质。表现出思维的灵活性，创造新颖的理念，并能使之转化为切实可行的

计划。

②具备此能力所表现的行为。有理智的好奇心；对于解决一个问题常常有着很多的想法和建议；对于他人的想法抱有很大的热情；能够不断挑战自身的想法和做法；打破思维定式，为老问题寻找新的解决办法。

③不充分具备此能力所表现的行为。故步自封；提出不适合经营需要的理念；过于技术化、职业化，不能创造新的理念。

④在这个方面可能问及的问题。面试官一般会提问："请给出一个你用创造性的方案解决企业问题的例子；请描述一下你最近的创新或新开发的产品；你是否可以举例说明一下你提供给其他同事的处理问题的不同的方式方法或看待问题的不同角度？"

教学案例6.8

创造力问答实录

案例1

面试官：我从你的简历中看到，你曾经担任过校学生会文艺部部长，你认为担任这项职务最大的挑战是什么？

求职者：我认为担任文艺部部长对我最大的挑战是要不断地产生新的创意。无论是活动的内容还是形式，都需要不断地创新，有新的点子，这样才能吸引更多的同学来参与。

面试官：你能否和我分享一下你最成功的一次创新的活动吗？

求职者：我负责的最成功的一次创新活动是去年的新年晚会。之前每年学生会也都会举行新年晚会，但形式单一，无非就是每个学院出一个或几个节目，在新年晚会时统一演出。这样的形式很传统，去观看的同学也不多，同学们的反应不热烈。所以我广泛地听取了同学的意见，同老师讨论了各种方案的可行性，最后决定打破传统模式，以游园会的形式来庆祝新年。每个社团和班级都可以通过合理的程序获得开设项目的许可，各个学院还都搭建了自己的舞台来表演自己的节目。这次活动获得了巨大的成功，同学们最大限度地参与到活动中，反响十分热烈，并且游园会也取代了晚会演出成为固定的新年庆祝活动的形式。

分析与点评：该求职者思路清晰，对于自己工作的难点有准确的认识和把握。当面对问题和传统操作方式时，勇于挑战，打破思维定式，为老问题找新的解决方法。这样的回答让面试官充分认识到他是一个思维灵活、有创造力的人。在将自己的创意变成现实的过程中，该求职者充分听取别人的意见，并同老师讨论了方案的可行性，这是十分可贵的。真正的创造力应注重可操作性，令想法能够转换成现实。

案例2

面试官：你能否给出一个最近你运用创造性方案解决企业问题的例子吗？

求职者：现代企业越来越重视员工培训，但是企业培训课程一向是采用大家在一起由培训讲师为大家上课的形式，所以往往是理论内容偏多而缺乏实际操作演练和案例分析讨论。当时我担任公司的培训协调人，在几次培训过程中发现，有很多理论部分的学习安排完全没有必要，学员完全有自学能力，且偏重理论的培训并不能在事后起到很好的效果，在这方面学员的抱怨也很多。所以我在收集前几次的反馈、听取学员们的意见之后，同负责培训的机构协商，决定采用一种新的授课方式。我请他们在培训前一星期，把学习资料发放到学员手中，让学员们自学。培训课上讲师只用 1/4 的时间来提炼理论精华，帮助学员们理解，其余 3/4 的课堂时间用来进行实际操作演练和案例分析讨论。这样的形式收到了很好的效果，学员们都表示在培训课程中学到了更多的有用知识。

分析与点评：该求职者遇到的问题可能是所有培训相关人员都曾经遇到过的问题，但是他不仅敏锐地发现了问题，更在面对这个老问题时运用创造性的思维想出了新的解决方法，而不是忽视问题，这是十分重要的能力素质。该求职者给出的案例翔实，并在最后强调了他的创新方式带来了很好的效果，这样说不仅增加了可信度，更给面试官留下了深刻的印象。

（2）解决问题的能力：

①能力素质。积极寻找方法解决遇到的困难，提出具有建设性的建议，而不是抱有消极的态度并抱怨任务无法达成。

②具备此能力所表现的行为。遇到问题积极寻找方法，而不是搪塞找借口或不停地抱怨；总是积极寻找更优的方法，提出具有建设性的建议；懂得从不同的角度思考问题，而不是止步不前；在处理危机时保持冷静，并能够转危为机。

③不充分具备此能力所表现的行为。遇到问题就找借口或对问题进行回避；总是停留在固有的解决问题的方式中，没有进步；遇到危机感到恐慌，不停抱怨；思考问题片面，没有全局观。

④在这个方面可能问及的问题。面试官一般会提问："请给出一个你运用合理方法解决棘手业务问题的例子；请描述一个你遇到的无法解决的问题，并描述一下你是采用何种态度面对此问题的。"

教学案例6.9

解决问题能力问答实录

案例1

面试官：当你遇到一些难以抉择的问题时，你有什么有效的分析解决问题的方法吗？请给我们举个例子。

求职者：有一次，我们要举办一个露天的大型公关活动。由于要考虑到天气因素，所以要对这次活动的可行性进行分析。我就用"决策树"的方法来进行分析。如果我们取消计划的话，则损失 1000 元。如果我们继续执行的话，我们就面临两种情况：一种是天气晴朗，根据估算这种可能性为 70%，那么我们可以获利 10000 元；还有一种是天气阴雨，据估算这种可能性是 30%，那么我们就损失 15000 元。如此一来这个"决策树"的价值就是 2500 元。而我也知道这个计划如果继续执行下去的话是可以获利的。

分析与点评：该求职者表现了自己能够运用标准化的解决方案，具有清晰的逻辑分析能力。在面试现场，求职者可以使用白板把思路画下来，这样可以给面试官留下非常深刻的印象。

案例2

面试官：你有没有在工作中遇到过你无论如何都难以解决的问题？你的态度如何？

求职者：工作中难免会有些问题难以被彻底地解决，在这样的情况下，我会思考这样几个问题：我是否已经尽了全力，是否还有什么方法或什么人能够帮助我解决问题？我是否已经全面地思考过问题的方方面面，还是钻在死胡同里出不来？我是否能够在目前情况下改善问题，哪怕只是较小程度的改善？有时一些小小的改善积累起来可能最终就能够解决问题。我认为遇到问题的态度切忌慌乱，往往欲速则不达，因此要冷静下来思考。另外就是切忌不停地抱怨，我遇到过很多人因为不停地抱怨不但给人留下了负面印象，甚至因为消极的态度错过了解决问题的最后机会。

分析与点评：该求职者首先表现了他不会轻易放弃解决问题的态度，懂得从各个角度去思考问题，并且会努力到最后一刻。在表述自己遇到问题的态度方面，该求职者也表现得非常完美，冷静、不抱怨并积极处理问题是所有面试官都会欣赏的态度。

（二）行为能力与素养要求

1. 领导力与决策力

（1）领导力：

①能力素质。激励他人达到更高的绩效标准；能够组织各类项目、活动的完成。

②具备此能力所表现的行为。给予团队成员清晰的发展前景和发展目标；明确个人与团队的角色分工与职业权限，避免混乱的工作局面；设定富有挑战性的目标，并取得他人对此的认同；承认个人绩效并给予反馈；给予合适的人选充分的权限，使其最大限度地发挥潜能。

③不充分具备此能力所表现的行为。不能为个人和团队设定标准和目标；制造和加剧冲突；不能体察团队的需要；没有明确团队的分工；无法完成项目的组织和有效的工作安排。

④在这个方面可能涉及的问题。面试官一般会提问："请给出一个显示你的领导能力的例子；什么情况下你会不得不出面对职责进行进一步的界定或解决团队的问题，以保持绩效水平？你怎样运用目标和目的来驱使团队达到卓越的绩效？"

教学案例 6.10

领导力问答实录

案例1

面试官：你认为作为一个领导最主要是要做到哪几点？

求职者：我认为一个好的领导必须做到三点。

第一点是要明确告诉下属应该做些什么以及怎么做。领导如果不能让下属明确哪些是他们必须做的，哪些是应该做而现在没有做的，会造成工作局面的混乱。同样，不在一开始告诉他们怎么做，他们在这项工作上就会达不到你的要求，下属也永远学不会自己独立工作。

第二点是明确分工，给予适当的权限。领导必须明确个人分工和职责，最大限度地利用下属的力量。明白每个下属的长处和短处，给予合理安排，使每个下属的潜能得到最大的发挥。

第三点就是对下属的工作无论好坏都要及时给予反馈。要让他们第一时间知道什么是正确的，应该继续下去；什么是错误的，应该立即停止并及时纠正。

分析与点评：该求职者的领导概念清晰，思路有条理。在回答中抓住了领导力的具体行为表现并加以分析，这样的回答让面试官觉得该求职者是一个思路清晰、具有领导力的人。

案例 2

面试官：我在你的简历上看到，你曾经带领团队 150% 地完成了团队的销售指标，我能否分享一下你的成功经验？

求职者：我认为这是我和我的团队成员共同努力的结果。我首先让团队成员知道必须完成的销售指标是计划销售指标的 150%，使下属们在心理上不会产生惰性，他们会为了 150% 这个数字而努力。

其次，对于存在困难的成员我会给予手把手的指导。让每个人都全力以赴，都能克服困难，达到高效率。

最后就是在整个销售过程中开展了 2~3 次全员总结会，在会上所有成员畅所欲言，同所有人一起分享成功与失败的经验，让成功的经验激励其他人，让销售额暂时落后的成员相信自己有办法领先，失败的经验则可以使其他团队成员避免重蹈覆辙，从而带动所有成员共同来完成团队的目标。

分析与点评：该求职者因为给予其团队成员明确的愿景和目标，并通过不断地帮助下属来完成更高的绩效标准，最终 150% 地完成了团队目标，这是对他的领导能力很好的体现。在回答中，该求职者思路清晰，抓住了能顺利完成目标的要点并逐一说明，且突出了每个团队成员在其过程中的重要性，给面试官留下了谦虚、谨慎的印象。

（2）决策力：

①能力素质。给予充分论据、合理逻辑，并充分了解他人想法后进行理性决策。

②具备此能力所表现的行为。获得充分的依据，具有清晰的逻辑；充分了解相关人员的观点和论据再做出决策；能够提出关键问题，抓住事物的本质；面对两难选择时仍然能够做出必要的决策，并避免优柔寡断。

③不充分具备此能力所表现的行为。决策时完全凭感觉，缺乏数据和信息的支持；完全无视他人的想法，一意孤行；总是对大大小小的问题一把抓，缺乏对关键问题的把握；面对两难选择不断犹豫回避做决定。

④在这个方面可能问及的问题。面试官一般会提问："请告诉我当你面临两难选择时你如何进行决策？请描述你进行决策的流程。"

教学案例 6.11

决策力问答实录

案例1

面试官：当你需要作出重大决策时，你会做哪些事情？

求职者：我会先掌握有关这个决策的所有数据和信息，并听取相关人员的建议，基于充分的准备之后再做决定。如果这个决策所牵扯的面确实很广，我可能还会做一些样本测试来规避风险，如果通过测试确实认为没有问题，再开始大规模的实施。完全正确且无风险的决策可能很难做到，但是我总会在力所能及的范围内尽量充分地准备，尽量透彻地思考，并尽量规避风险。

分析与点评：该求职者表现出了他面对重大决策时非常冷静和成熟的一面，并且充分意识到如何规避风险的问题，给面试官一种处世成熟、思考全面的印象。

案例2

面试官：如果你面临一个两难的决策，我们假定两种选择的利弊完全相当，你会怎样决定？

求职者：首先，如果这是一个必须进行的决策，那么无论如何我都会做出一个选择，而不会逃避。而我选择的依据是：如果利弊完全相当，我会看一下哪一个决策更符合当前的利益，更具有可执行性，能够获得更多人的支持，因为只有这样，才有机会将这个决策的利益发挥到更大，弊端压缩得更小。

分析与点评：并非所有的决定都有标准正确的答案，但如果决定是必须做出的，不逃避是首要的。在这一点上该求职者表现出了勇于面对问题的态度。虽然决策本身无法区分利弊，但该求职者还是拿出了自己的选择依据，这一点非常令人欣赏。

2. 团队合作与沟通影响力

（1）团队合作：

①能力素质。作为团队的一员，采取合作的态度进行工作，关注团队的整体目标，而非个人利益。

②具备此能力所表现的行为。作为团队一员，愿意并富有建设性地参与工作；表现出对团队的认同，支持团队决策，公开坦诚地与团队共享信息；为了团队的利益；能够调整自己的位置，重视他人的看法、专长和所提供的信息。

③不充分具备此能力所表现的行为。做他们想做的而与团队决策无关的事情，牺牲团队其他成员以谋求自身发展，不接受他人的观点、想法隐瞒关键信息，暗中破坏团队的工作进程。

④在这个方面可能问及的问题。面试官一般会提问："在与你最为亲密的同事相处时，为了确保团队目标能够完成，你在其中扮演什么角色？请给出一个你在一个非常有效的团队工作的例子？什么时候你的目标和你的团队的目标不是很吻合？"

教学案例 6.12

团队合作问答实录

案例 1

面试官：你认为在以前的工作团队中，你担任的是什么角色？

求职者：我在过去的工作团队中主要担任的是智多星的角色，为其他成员献计献策。我是一个有创造力的人，能从不同角度来看问题，经常可以给别人新想法，产生新的解决方案。而在项目中我也经常充当临时协调人，以项目领导的身份来协调工作。

面试官：你认为如何才能有效进行团队合作呢？

求职者：我想最重要的是每个成员都必须关注团队整体目标，而不是个人利益。团队的整体目标关系到团队中每个人，所以基于完成共同目标的意愿，大家能开诚布公地分享经验，有效沟通，贡献所长，才能有效地进行合作。

分析与点评：该求职者在团队担任的是智多星的角色，这类角色要求对他人的想法也抱有很大的热情，并能对一个问题拥有不同的解决方案。他能够从自己在团队中的角色出发，强调自己是为团队中其他成员贡献新的想法，突出了其团队合作的能力和在团队中的作用。在对第二个问题的回答中，该求职者从团队合作的前提即团队共同目标入手，表现了自己对有效团队合作的认识。

案例 2

面试官：在你的简历中提到你曾经担任过学生会主席，有没有发生过在一个活动上大家意见不统一这类的情况呢？

求职者：这类情况当然发生过，但是最后大家都能够基于为了活动办得更好这个出发点，通过有效的沟通解决问题。

面试官：能具体谈谈是如何解决的吗？

求职者：当然可以。当时为了校园文化节的宣传，学生会内部产生了两种意见：一种认为应该延续过去的方式，在校内挂些横幅就可以了；另一种则认为应该扩大影响，可以派发一些传单、入场券等吸引同学。双方进行了激烈的争论，前者认为扩大影响的做法浪费人力物力，后者则认为老的宣传方式缺乏吸引力。当时我首先仔细聆听了双方的观点和理由，并做出我的判断。然后在会议上我肯定了他们的共同目标都是为了校园文化节能办得越来越好，再拿出前几年的一些宣传数据及事后的效果分析，对所有成员陈述了我的分析和观点，强调了事情的紧迫性，并宣布了我的决定。因为资金有限，我们采用横幅、宣传广告张贴与入场券派发结合的做法，而放弃宣传单的分发。基于共同的目标和事实数据，他们都同意了我的决定。

分析与点评：该求职者的描述详细，增加了事例的真实性。他作为团队的领导，在处理团队内部的分歧时表现出了很强的团队合作能力、领导能力和沟通能力。该求职者能够基于事实和数据讲话，既不独断专行，也不做和事佬，充分表现了其处理问题的成熟性。

（2）沟通影响力：

①能力素质。有效的沟通，为自己的观点寻求支持；在同事、顾客和客户间建立有效的关系。

②具备此能力所表现的行为。以合理的论据、数据和明白无误的沟通来影响他人；针对不同的听众对象，调整沟通的方式和方法；努力与他人建立融洽关系，取得他人的支持和认同；能够站在不同的立场思考问题，运用换位思考获得双赢的结果。

③不充分具备此能力所表现的行为。提出的想法或项目经常得不到支持，不重视别人可能做出的贡献；只有一种说话方式，无论针对什么样的沟通对象；沟通问题仅考虑到自己怎样获得胜利，无法采用双赢的思考方式。

④在这个方面可能问及的问题。面试官一般会提问："请给出一个你培训和指导他人的例子；你具有哪些辅导或给予他人反馈的经验？你为下属创造过什么样的学习或发展机会？"

教学案例 6.13

沟通影响力问答实录

案例 1

面试官：你认为怎样的沟通才是有效的沟通？

求职者：我认为有效的沟通必须具备以下三点。

第一点是要有理有据。也就是说在和别人沟通之前要收集合理的事实和数据来支持自己，并且要进行合理的准确的沟通，态度不能咄咄逼人。

第二点是要因人而异。每个人的性格脾气都不同，要根据他们的特点来采取不同的沟通手段和方式方法。只有一种沟通方式是远远不够的。

第三点就是要学会换位思考。人常常会站在自己的立场上去看问题，只考虑自己的利益和损失而忽视了别人的感受。我们需要学会一种站在别人的立场上看问题的态度，以期达到双赢的效果。

分析与点评：该求职者思路清晰、有逻辑性，从沟通能力三个方面的表现中抓住了本质的要点，全面表现了自己是一个了解沟通内涵并且会沟通的人。这样能够非常有效地让面试官了解求职者在沟通方面的能力。

案例 2

面试官：假设你是一名客户服务人员，接到一名顾客的投诉电话，他 12 天前购买的产品突然无法运作了，要求更换。但是根据企业规定，产品只有在购买日起 10 天内才给提供调换，这时你会如何处理？

求职者：首先我会站在他的角度看待整件事情，对他的情况表示关心、同情和体谅，为我们此后的沟通建立一个良好、融洽的氛围。然后我会告诉他公司的规定，请他也体谅我，使他明白我不能因为他而破坏公司的规定。但是为了能更好地提供我们的服务，我可以免费为他调换产品出现问题的零件。最后，对这位客户进行服务跟踪，定期关心产品的情况，为他提供及时的人性化服务。

分析与点评：这是一道角色扮演类的题目，该求职者能利用换位思考，从客户的立场出发看待问题，而不是一开始就撇清责任，从而获得融洽的沟通氛围，这是十分难能可贵的。有好的氛围，才能保证有效沟通的进行。企业的规章制度是员工必须维护的，该求职者在维护原则的基础上做了变通，既维护了公司利益也维护了客户利益，达到了双赢，强有力地反映了该求职者的沟通能力和客户服务能力。

3. 高效工作与客户服务能力

（1）高效工作：

①能力素质。能够进行科学的管理，养成高效的工作习惯。

②具备此能力所表现的行为。如果决定进行某项工作，就不再拖延，并确保预期的效果；一件事可以在1小时内完成，就不会拖延到2小时；具有管理项目的能力，确保项目工作目标明确、职责清晰、工作量安排合理；为达到工作高效的目的，尽可能周详地思考，尽量避免人员闲置或人手短缺现象。

③不充分具备此能力所表现的行为。只要还有时间，便不愿意马上投入工作，喜欢拖延工作的完成直至最后期限；管理项目非常混乱，没有高效管理的意识。

④在这个方面可能问及的问题。面试官一般会提问："如果完成某件事情预计有三天的时间，而其实只需要一天就能完成，你会如何处理？请给出一个你管理项目的例子。"

教学案例 6.14

高效工作能力问答实录

面试官：你是如何保证自己稳定地处于一种高效的工作状态的？

求职者：首先我加强了自己的时间观念。今日事今日毕，如果是一小时的工作量，我绝对不会用两小时来完成，这样就大大减少了工作时间的浪费。其次我制定了每天、每月甚至一年的工作计划，对时间和工作量进行合理的安排，确保我的目标明确，职责清晰，并对计划内的工作早做安排。一旦开始在计划内的工作项目，绝不拖延，在时间和质量上绝不含糊。最后为了达到高效工作的目的，我会尽可能考虑周详，预料到更多的可能发生的状况，避免人力和物质资源上的短缺现象，保证工作不因外界因素而耽搁。

分析与点评：该求职者从自身的经验出发，总结了保持高效率工作的要点，逻辑性强，表达清晰，能很好地感染面试官。

（2）客户服务能力：

①能力素质。全心全意服务于客户，为其解决问题并提供超值服务。

②具备此能力所表现的行为。清晰了解客户的需求，并主动为客户提供服务及其他有用信息；迅速及时地解决客户的问题，不推卸责任，不拖延，即使不是自己的过错造成的问题，也能立即采取行动解决问题，而不是先追究责任；能就如何提高客户满意度提出可行性建议，发掘超出客户期望的服务机会。

③不充分具备此能力所表现的行为。漠视客户的需求，或者必须客户反复要求才愿意提供帮助；拖延客户所面对的问题，或者因为并非自己的过错而推卸责任，不首先帮助客户解决问题，只求完成客户服务的基本工作；没有让自己的服务超出客户期望的意愿和建议。

④在这个方面可能问及的问题。面试官一般会提问："请给出一个你主动了解客户需求，从而提供服务并获得认可的例子；请给出一个你虽然遇到困难但仍然有效率地为客户解决问题的事例。"

教学案例 6.15

客户服务能力问答实录

案例 1

面试官：作为一名咨询顾问，你通过什么方法促使客户购买你的咨询服务呢？

求职者：我认为最主要的是要了解客户的需求，无论是成功的、获得高额利润的企业还是存在销售压力的企业，客户都有不断提升企业竞争力的需求。只有明确了这种需求，并根据企业实际情况做出合理分析，设计实际的解决方案，客户才会购买我的咨询服务。

面试官：那你又是如何确保客户满意度的呢？

求职者：首先是与客户有充分沟通，只有在充分了解客户企业信息的情况下，才能保证解决方案可行。我相信只有切实可行的解决方案才能使客户觉得满意，认为他买的咨询服务是有价值的。其次是提供超出客户期望的服务，要比应该做到的做得更好更多，让客户觉得物超所值。这样可以使客户对你的服务认可，当下次需要购买同类服务时首先会想到你并最终选择你。

分析与点评：该求职者在回答中，清楚地反映了一名咨询顾问所必须具备的客户服务能力。他能把客户的需求放在重要位置，快速解决客户的问题和疑问，并愿意为客户最后的满意度提供超值的服务，达到并超出了客户期望的标准，这是十分难得的客户服务意识和能力。

案例 2

面试官：作为一个门店经理，你认为什么是真正好的客户服务方式？你如何确保客户服务的质量？

求职者：首先，我认为营业员不应该在没有向客户介绍清楚产品特性的情况下，促使顾客做出错误的购买决定。如果门店、企业需要获得长远的发展，是需要一个稳定的客户群体的。而稳定的客户群体来自完美的服务。所以我要求营业员必须向顾客清晰、准确地介绍产品，避免客户错误购买。

其次，我绝对禁止营业员在面对顾客时推脱责任。例如，顾客由于不了解情况，错误地购买了某项产品，因此质疑，而其他营业员就立即表示并非自己经手此项业务，从而推脱相关责任。对于这样的服务态度我坚决反对，因为顾客面对的是一个整体，是整个门店、整个企业，而不是一个营业员。每个营业员都有义务去为这位顾客解决问题，否则损害的是整个门店的形象。

我想能够站在顾客的角度，为顾客着想，及时、准确地提供服务，甚至能让顾客感到超值，这才是真正好的服务方式，也只有这样才能确保对客户服务的质量。

分析与点评：该求职者针对门店的客户服务方式给出了自己的观点，强调了客户所认识到的是整个门店而不是单一的某个人，每个员工都有为客户服务以此来维护门店利益的义务。同时，该求职者也明确给出了维护服务质量的要点，让面试官觉得他是一个很能抓住重点，对客户服务非常重视的人。在面对顾客的质疑时，该求职者以解决顾客问题为先，而不支持先追究责任的做法，这是十分成熟的处理危机问题的方法，目的性明确。

（三）自我修养能力要求

1. 学习、计划与自我管理能力

（1）学习能力：

①能力素质。长期持续地、积极地从自己和他人的成败经验中学习。

②具备此能力所表现的行为。把过去相关经验中得来的教训应用于新的环境，行动中提高自我的绩效；即使得到批评性的反馈，也真诚地坦诚接受关于发展需求方面的建议。

③不充分具备此能力所表现的行为。重复自己和他人的错误，对于失败总是责怪他人或环境，总是为错误寻找借口。

④在这个方面可能问及的问题。面试官一般会提问："请给出一个最近你从别人的错误中有所学习的例子；请给出一个最近你从事的项目或任务的例子，在该项目或任务中（最起码在刚开始）的表现不尽如人意；你认为你最需要专业发展的方面是什么？"

教学案例 6.16

计划学习能力问答实录

案例 1

面试官：请给出一个你从工作的失败中得到的教训。

求职者：我所得到的一个教训就是要合理分配自己的精力，在自己不能完成时决不勉强答应接受工作。我在××公司工作的第一年，有一段时间我同时参与3个项目，在一开始我也觉得可能自己的精力不够，但是3个项目都很重要，我可以学到不同的东西，也都难以拒绝，所以我考虑之后还是把3个项目都接下来了。但在项目执行过程中，我常常忙不过来，到最后无论是在项目质量或时间期限上都有些含糊，完成得没有预想的那么好。从这件事上，我学到在以后的工作中对自己的时间和精力要有正确的安排，当不能兼顾的时候，要明白什么具有优先级。甚至在一开始，当自己觉得不能合理分配足够的时间和精力在某项工作上时，我完全可以向别人说不，而不是一口答应，以至于最后不能按时、保质、保量地完成，这样做是没有意义的。

分析与点评：该求职者的回答最佳之处在于表明了失败之后对于经验教训的总结和吸收能力，并表明自己将在以后的工作中进行改进，避免再犯过去的错误，说明他是一个善于总结经验、善于学习的人。该求职者的回答对当时情况描述详细，但并没有令面试官感

觉该求职者就所应聘的职位而言有任何的技能差距，反而强调了自己学习经验的目的，淡化了失败的印象，是十分巧妙的。

案例 2

面试官：你的简历当中提及你曾经在某人力资源咨询公司实习，你觉得在这次实习经历中你主要学到了什么？

求职者：我所负责的主要工作内容是薪酬数据的输入和统计以及整理。

我认为在这段实习经历中我主要学到的是市场薪酬调查的流程和方式方法，了解到如何进行岗位评估，如何通过大量的数据得出有意义的结论，被调查的公司如何利用薪酬调查报告来调整该公司的薪酬收入水平。

而我最主要提高的能力则是细心和持久的关注力。因为在整个过程当中，我所面对的是大量相似的数据，稍有错误就可能导致结果上面的偏差，同时巨大的工作量和非常紧迫的时间期限迫使我始终保持高度的关注力。这就是我在这个过程中学到的基本能力，虽然这些能力可能听上去有些琐碎，但是相信对我未来的工作会有很大的帮助。

分析与点评：该求职者的这段实习内容本身是比较琐碎的，但是从琐碎的内容中求职者挖掘到了非常闪光的学习点，证明了自己的学习能力和工作能力。

（2）计划与自我管理能力：

①能力素质。有效管理个人工作时间，有效规划工作所需资源。

②具备此能力所表现的行为。计划并管理自己的日常工作，能对自己的工作按重要性和时间紧急性进行排序，确保工作效率；按照要求在既定时间内完成工作，并对工作的质量、成本和所带来的风险负责；了解工作所需的资源情况及其对成本的影响，并能够有效规划资源；能够有效解决工作中的问题，及时向上级汇报或向下属传达。

③不充分具备此能力所表现的行为。面对较为繁杂的工作，无效地管理自己的时间；或没有按事情的轻重缓急处理事务，难以在既定时间内保质、保量且保证成本、避免风险地完成任务；没能有效规划工作所需的资源；对于工作中产生的问题，总是茫然地要求他人给予解决而无法自己寻找解决方案。

④在这个方面可能问及的问题。面试官一般会提问："请给出一个你同时面临几项工作，但经过合理规划最终有效完成的事例。你在工作中拥有哪些资源？你怎样来合理规划利用这些资源？"

教学案例 6.17

计划与自我管理能力问答实录

面试官：你通常是如何有效规划你的工作资源的？

求职者：对于物质类的工作资源，我首先会了解它的数目和在不同的工作阶段的分配情况。对其使用情况做出明确的规划，最大限度地发挥资源的作用。同时我会从成本角度出发，合理利用资源，杜绝资源和资金的浪费。

而对于时间、人员等资源，我会在最初就明确工作进度和计划，合理安排，严格按照计划来进行工作，杜绝因时间和人员配备上的问题而造成工作的延误。我认为只有有效地规划我的工作资源，才能使自己的工作更有条理，实现自我管理。

分析与点评：该求职者从合理规划工作资源入手，把工作资源分成了物质和时间、人员两部分，分别具体描述，使面试官相信该求职者是一名懂得规划自己工作和资源的员工。

2. 职业化与开拓变革能力

（1）职业化能力：

①能力素质。能够为客户提供最为专业化的服务、并确保我们的任务能够按照我们的承诺完成。

②具备此能力所表现的行为。任何时候保持一个职业化的形象，了解自身的形象代表公司的名誉只从事符合法律和职业道德的业务实践，不以任何原因牺牲以上标准对于客户、同事均给予尊重，愿意了解他们的想法，保持独立的思考，不为获得客户好感而放弃个人观点。

③不充分具备此能力所表现的行为。遇到困难或压力，忘记自身应该保持的职业化形象，情绪化地解决问题。受某些利益的驱使，放弃应该遵守的法规和职业道德，不愿意了解他人的想法，武断地做出不客观的判断无法维持独立思考，个人观点非常容易受到他人影响而改变。

④在这个方面可能问及的问题。面试官一般会提问："请给出一个与客户发生冲突的例子，你是如何处理的？请给出一个你认为你的客户或同事的想法不值一提的例子；在什么情况下，你会愿意改变你的想法？"

教学案例 6.18

职业化能力问答实录

面试官：你认为一个成熟的、职业化的工作人士应该具备哪些条件呢？

求职者：我认为他首先是一个十分注重职业道德和操守的人。因为我认为职业道德和操守对于一个企业员工来说是基础，是所有工作能力和经验为企业所用的前提。他应该只在符合法律和职业道德的范围内从事工作，不会因为任何原因和诱惑而放弃一名员工起码的诚信和职业道德。

其次他应该是一个尊重他人而不专断的人。无论是对于客户还是同事均给予尊重，在工作上愿意了解他们的想法，及时与他们沟通。因为成熟的、职业化的行为是建立在互相尊重有效沟通的基础上。

最后我认为一个成熟的、职业化的人还必须是拥有个人原则和观点的人。人云亦云是一种不成熟的表现，职业化的人应该保持独立的思考，不会为获得客户好感而放弃个人观点和原则。

分析与点评：该求职者的回答脉络清晰，明确阐述了自己的观点，让面试官觉得他是一个对职业化概念非常清晰，同时也是非常成熟的职业化人士。

（2）开拓变革能力：

①能力素质。勇于接受挑战、超越自我，改进现有工作方法。

②具备此能力所表现的行为。乐于接受有一定难度的任务，对富有挑战性的工作感到兴奋；主动要求新的任务和工作，为自己设定具有挑战性的目标，并采取具体行动去实现该目标；对工作流程、工作方法或规章制度提出改善建议或采取行动以提高工作效率，能主动地对组织的产品与服务提出改进建议；支持他人的创新行为，积极参与营造组织内开拓创新的良好氛围。

③不充分具备此能力所表现的行为。有意无意地规避有难度的工作；只求完成现有的工作和任务，对于新的任务和工作说"不"；无意于改进任何现有的工作流程和方法，并且抵触这些改进措施的推行；无意于参与或支持任何人的创新行为，认为组织没有必要倡导这种行为。

④在这个方面可能问及的问题。面试官一般会提问："请给出一个你面对非常具有挑战性的目标，但是仍然通过个人努力最终达成的例子；请给出一个你改进现有工作方法或流程的事例。"

教学案例 6.19

开拓变革能力问答实录

面试官：你的简历当中提及你曾经组织过一次"跨国公司在华发展情况"分析，请你谈谈具体的情况好吗？

求职者：这是由我们导师发起的一次暑期社会实践活动。我们希望对跨国公司在华发展的业务前景、发展阻力、人才政策有所了解和分析。我们全班共有35人分为四个小组参与了这个项目，我是其中一个小组的负责人。我们小组主要负责的行业领域是金融保险业，我们实地采访了花旗银行、荷兰银行、友邦保险等知名外资金融机构。最后我们递交了关于这一行业的发展分析报告，并得到了导师的好评。

面试官：你在这次活动中遇到的最大的困难和挑战是什么？你是否觉得难度太大而无法克服困难？

求职者：我所遇到的最大的困难和挑战是如何以一种较职业的形象去面对那些公司中的被采访者。因为当时我们只是一群大学二年级的学生，与企业接触的机会十分有限，然而我们面对的却是知名跨国企业的中层经理人。如何表现出比较专业的形象，如何在尽可能短的时间里面了解更多的信息对于我们而言都是比较困难的。因此，通常我们会在采访之前做比较多的准备，将对方企业的基本情况先做一个比较透彻的了解，避免在采访之中对非常基本的信息也缺乏了解，并且这样也可以和被采访人产生更多的共鸣。

我本身是一个非常乐于接受挑战，能够迎难而上的人，越是有难度的工作我会越兴奋，所以在这次实践活动中遇到的所有困难我都会觉得是一个机会，是实现自我、超越自我的机会。所以我不会觉得有什么困难无法克服，我只会想更多更好的方法去解决和克服困难。当最终成功时，我觉得非常有成就感。

分析与点评：该求职者对于第二个问题回答得十分出色。不仅给出了具体的困难和挑战及其克服的方法，还在面试官面前充分表现了自己是一个敢于接受挑战、超越自我的人，突出了他是一个有解决问题能力和意愿的人。该求职者整体思路清晰，对于这次社团活动的描述能够清晰地给出原因、过程和结果，使被描述的事件脉络非常清楚。

3. 组织意识与诚信正直

（1）组织意识：

①能力素质。在组织中找到正式与非正式的影响方式，获得工作并完成任务。

②具备此能力所表现的行为。了解组织结构，并懂得如何在错综复杂的组织关系中明确工作流程；懂得运用个人影响力在组织中找到相应关系获得工作上的支持；了解谁是促进工作目标达成的关键人物，获得他们对自己工作的支持；了解组织文化和企业氛围，在此情况下推进变革。

③不充分具备此能力所表现的行为。只懂得按照固有的流程做事，而不懂得遵从组织文化和结构的变化；忽视项目实施的关键人，不能得到他们的支持；只懂得闷头做自己那部分事情，只懂得在组织中拉关系，但不能够完成组织所赋予的工作目标；对组织关系、结构和流程缺乏概念。

④在这个方面可能问及的问题。面试官一般会提问："请给出一个你通过正式或非正式的影响方式来完成任务的事例；你目前在处理什么项目？项目过程中涉及的人际关系复杂吗？谁是项目关键人？你了解你们公司的企业文化吗？你觉得哪些类型的事情很难在企业中推行？"

教学案例 6.20

组织意识问答实录

案例 1

面试官：你认为在知识型企业中，如何才能发挥个人领导力？

求职者：我认为知识型企业的特点就是每个员工都是精英，都有自己的想法，很难通过一个简单的命令就调动所有人的积极性，因此要让大家明白这个命令背后的原因。在知识型企业中，需要发挥的不是个人权威，而是个人影响力。只有处理好这种关系，把握好这种文化氛围，才能够推进事务顺利地进行。

分析与点评：该求职者能够站在组织的高度对知识型企业有独到的分析，并且表现出他懂得在不同的组织氛围中调整工作方式和领导方式。这种能力非常有利于新人在企业中快速适应并得以表现，因此非常受到面试官的认同。

案例 2

面试官：从组织的层面来看，你如何促进一个项目的有效实施？

求职者：从组织层面来看，要促进一个项目的有效实施，需要明确这个项目需要哪些部门的哪些人参与和支持，哪些人的反对可能影响项目的进行，谁是这个项目最关键的汇报对象；项目中的哪些环节可能并不适合基于目前的企业氛围去实行；最终评判项目成功与否的标准是什么，谁来判断，我如何能够获得这个人的指导和认同。

分析与点评：该求职者思考的角度非常全面，包括了推进一个项目所涉及的组织中的方方面面，这就能够避免很多项目在机构复杂的大企业无法推行的问题。因此机构复杂的大企业尤其欣赏在组织问题上具有敏感度的员工。

（2）诚信正直：

①能力素质。以企业的道德规范正直处世，遵守各种规章制度，并抵制不道德的行为。

②具备此能力所表现的行为。遵守职业规范，明确自己的职业行为标准与处事原则，制止不道德的商业行为；在需要时，客观提供基于事件本质的正确信息，不夸大或缩小事实，不散布未经正式渠道证实的信息；在职业交流中，以诚实的态度对待他人，尽可能客观、全面地让对方充分了解全部信息；即使在面临风险或压力的情况下，仍然坚持以企业的利益为先。

③不充分具备此能力所表现的行为。漠视甚至参与身边不符合职业道德的行为，违反职业规范；迫于压力，按他人意愿改变自己的个人观点；不客观地提供事件的本质信息，从个人利益出发，夸大或缩小事实，散布未经正式渠道证实的信息；在工作事务上，出发点并非企业利益而是个人利益。

④在这个方面可能问及的问题。面试官一般会提问："请给出一个你站出来坚持你认为正确的事情的例子；你是怎样理解职业道德标准的？你是否在某种情况下有理由挑战你的老板，甚至老板的老板？"

教学案例 6.21

诚信正直问答实录

面试官：假设你发现你的上司的一个工作举措是有违公司规章制度的，你会怎么处理？

求职者：首先我会与我的这位上司进行简单的直接沟通，用一种比较好的委婉的方式提出我对他这项举措的困惑，向他确认是不是由于我自己有什么认识上或经验上的不足，而导致我对这项举措认识上有偏差。当我确定这并不是一个误会，不是我认识上的偏差时，我会明确指出他的做法与公司的规章制度是有冲突的，并给出自己的建议。如果上司坚持违背企业原则，违反企业的规章制度，我会进一步与更高层领导沟通。

面试官：你不会担心你的上司会因为这件事而对你有看法吗？

求职者：我认为自己这样并没有做错。这是一个员工诚信的问题，我作为企业的一员就有必要坚持维护企业的利益和规章制度。在这样的情况下，我应该坚持正确的事而非看似正确的人，否则就是有违我的职业道德。

分析与点评：该求职者面对这样的情况时，表现出了良好的诚信品质，时刻把企业利益放在首位，尽职尽责。在面对权威时，坚持正确的事而非正确的人，这一点非常重要。该求职者的回答使面试官感到他是一个坚持职业道德、能真正维护企业利益的人，而这类人往往是最受企业青睐的。在对上司的举措质疑的时候，该求职者采用了婉转地与上司直接沟通的办法是十分值得提倡的。因为在不完全了解事实，也没有与上司沟通的基础上，完全有可能产生误会，而沟通可以避免这样的误会。

第三节 如何提升职业素养

为了使大学学习与职业发展更好地衔接，大学生在大学学习期间应该以职业发展为目标制订合理的专业学习计划，注重能力的提升和身心素养的自我培养。

一、制订合理的专业学习计划

通常个人的专业学习计划应当包括以下3方面的内容：

1. 明确的专业学习目标

这是学生通过专业学习所要达到的预期结果，包括在专业基本理论、基本知识和基本技能方面要达到的水平，在专业能力方面和实际应用方面要达到的目标等。

2. 进程表

进程表即学习时间和学习进度安排表，它包括三个层次。一是总体学习时间和学习进度安排表，即大学四年对专业学习进程的安排。一般地，大学专业学习进程指导原则是第一年打基础，即学习从事多种职业能力通用的课程和继续学习必需的课程。二是学期进程表。通常把一个学期的全部时间分成三个部分：学习时间、复习时间、考试时间，分别在三个时间段内制定不同的学习进程表。三是课程进度表，是学生在每门课程中投入的时间和精力的体现。

3. 完成计划的方法和措施

完成计划的方法和措施主要指学习方式。学习方式的选择需要考虑许多因素：学习基础、学习能力、学习习惯、学科性质、学校能够提供的支持服务、学生能够保证的学习时间等，还要遵循学生心理活动特点和学习规律以及个人的生理规律等。

二、科学合理的专业学习安排

科学合理的专业学习安排需满足以下条件：

1. 全面合理

计划中除了有专业学习时间，还应有学习其他知识的时间和进行社会工作、为集体服务的时间，保证休息、娱乐、睡眠的时间。

2. 长时间短安排

在一个较长的时间内，究竟干些什么，应当有个大致计划。比如，一个学期、一个学年应当有个长计划。

3. 重点突出

学习时间是有限的，而学习的内容是无限的，所以必须有重点，要保证重点，兼顾一般。

4. 脚踏实地

这主要包括四个方面：一是知识能力。哪个阶段，在计划中要接受消化多少知识，要培养哪些能力。二是指常规学习时间与自由学习时间各有多少。三是"债务"。对自己在学习上的"欠债"情况做到心中有数。四是教学进度。掌握教师教学进度，就可以妥善安排时间，不至于使自己的计划受到"冲击"。

5. 适时调整

每一个计划执行结束或执行到一个阶段，就应当检查一下效果如何。如果效果不好，就要找找原因，进行必要的调整。检查的内容应包括：计划中规定的任务是否完成，是否按计划去做了，学习效果如何，没有完成计划的原因是什么。检查后，再修订专业学习计划，改变不科学、不合理的地方。

6. 一定的灵活性

计划变成现实，还需要经过一段时间，在这个过程中会遇到许多新问题、新情况，所以计划不要太满、太死、太紧。要留出机动时间，使计划有一定机动性、灵活性。

 ## 三、能力的自我培养

大学生在大学期间就应当基本具备工作岗位所要求的能力。要具备这些能力就应当注重能力的自我培养。大学生自我培养能力的途径主要有以下几个方面：

1. 积累知识

知识是能力的基础，勤奋是成功的钥匙。离开知识的积累，能力就成了"无源之水"，而知识的积累要靠勤奋的学习来实现。大学生在校期间，既要掌握已学书本上的知识和技能，也要掌握学习的方法，学会学习，养成自学的习惯，树立终身学习的意识。

2. 勤于实践

实践是培养和提高能力的重要途径，是检验学生是否学到知识的标准。因此大学生在校期间，既要主动积极参加各种校园文化活动，又要勇于参与一些社会实践活动；既要认真参加社会调查活动，又要热心各种公益活动；既要积极参与校内外相结合的科学研究、科技协作、科技服务活动，参加以校内建设或社会生产建设为主要内容的生产劳动，又要热忱参加教育实习活动，参加学校举办的各种类型的学习班、讲学班，担任家庭教师等。

3. 发展兴趣

兴趣包括直接兴趣和间接兴趣。直接兴趣是事物本身引起的兴趣；间接兴趣是对能给个体带来愉快或益处的活动结果发生的兴趣，人的意志在其中起着积极的促进作用。大学生应该重点培养对学习的间接兴趣，以提高自身能力为目标鼓励自己学习。

4. 超越自我

作为一名大学生，应当注重发展自己的优势能力，并将其不断进行拓展，这是实现自身可持续发展的需要。

 ## 四、身心素质培养

身体素质和心理素质合称为身心素质。身心素质对大学生成才有着重大影响，因此不断提升身心素质是非常重要的。大学生心理素质提升的主要途径有：

1. 科学用脑、勤于用脑

大脑用得越勤快，脑功能越发达。研究发现，人的最佳用脑时间存在着很大的差异性，就一天而言，有早晨学习效率最高的百灵鸟型，有黑夜学习效率最高的猫头鹰型，也有最佳学习时间不明显的混合型。科学用脑需要做到以下几点：

（1）劳逸结合。从事脑力劳动的时候，大脑皮层兴奋区的代谢过程会逐步加强，血流量和耗氧量也会增加，从而使大脑的工作能力逐步提高。如果长时间用大脑，消耗的过程逐步超过恢复过程，就会产生疲劳。疲劳如果持续下去，不仅会使学习和工作效率降低，还会引起神经衰弱等疾病。

（2）多种活动交替进行。人的脑细胞有专门的分工，各司其职。经常轮换脑细胞的兴奋与抑制，可以减轻疲劳，提高效率。

（3）培养良好的生活习惯。节奏性是人脑的基本规律之一，大脑皮层的兴奋与抑制有节奏地交替进行，大脑才能发挥较大效能。要使大脑兴奋与抑制有节奏，就要养成良好的生活习惯。

2. 正确认识并评价自己

良好的自我意识要求做到自知、自爱，其具体内涵是自尊、自信、自强、自制。自信、自强的人对自己的动机、目的有明确的了解，对自己的能力能做出比较客观的评价。许多疾病都与情绪有关，长期的思虑忧郁、过度的气愤、苦闷，都可能导致疾病的发生。希望有健康的身心，就必须经常保持乐观的情绪，在学习、生活和工作中有效地驾驭自己的情绪，自觉地控制和调节情绪。

3. 提高克服挫折的能力

要正视挫折，战胜或适应挫折。遇到挫折要冷静地分析原因，找出问题的症结，充分发挥主观能动性，想办法战胜它。如果主客观差距太大，虽然经过努力，但也无法战胜，就接受它、适应它，或者另辟蹊径，以便再战。

五、可持续学习能力的培养

（一）可持续学习能力

学习是人类生存的需要，也是人类谋求发展的保证。就学习本身而言，学习是一个接受知识、增长学识、提高能力的活动过程，是人类不断认识自然、认识社会，掌握和提高改造自然、改造社会的本领和能力的活动过程，是一个由浅入深、不断积累、不断超越的过程。可持续学习是指在不断变化的社会环境下，结合自身的成长进步需要，不断自主进行学习的活动。可持续学习能力，指的是对不断变化的世界进行及时反应的能力，是对新知识的及时吸收、分析和加工的能力以及对知识的迅速更新能力。可持续学习能力是贯穿于人生各个历程，涵盖个人发展各个方面的一种积极、主动、自觉的自我完善的能力。当今社会，科学技术高速发展，新知识、新技术、新学科不断涌现，因此可持续学习能力的培养至关重要。大学生必须不断拓宽自己的视野，接受新的信息，不断更新知识、观念、方法，调整知识结构。

（二）如何提高可持续学习能力

对于每个人来讲，学习都应该是终身的、无止境的。大学生应从以下几个方面努力提高自己的可持续学习能力。

1. 树立终身学习的意识

学习动机是学习行为的内在驱动力。人类已进入知识经济时代，终身持续不断地学习，将成为一种重要的生存方式和生活方式。当今时代，就业结构已发生显著变化，职业和岗位的变动也愈加频繁，因此，大学生应主动树立终身学习的意识。

终身学习，是指人终生通过学习活动以求得意识和行为的变化。这种变化一般是持续不断的，伴随而来的是质与量的升华和增长，旨在提高人的文化教养、社会经验和职业能力。在科学技术迅猛发展，新知识进一步急速膨胀的今天，大学生必须提高可持续学习的能力。据统计，近 30 年来，人类获得的知识比过去 2000 年的总和还要多。现代社会中的人试图通过一次性学校教育而一劳永逸的想法是不现实的。当今社会是学习型社会，"一次性教育"已无法适应当今社会的发展，大学毕业不是学习的终止，而是一个新的开端，尤其是步入职场进行全面学习的开端。大学生要牢固树立不断自我学习、自我教育，更新自己知识结构的终身学习意识。

2. 养成自主学习的习惯

可持续学习的价值就在于培养终身自主学习的习惯，使得人生的各个阶段都能获得相应的学习机会，不断提升自身能力和素质，应对知识经济和信息时代的挑战，实现高质量就业。

自主学习的内涵包括三个方面：一是自己是学习的主人；二是主动地参与教学过程；三是自觉地组织学习。自主性学习的关键在于自觉的能动性和自我负责的态度。自主学习要有主动的精神，大学生应该认识到自己就是学习的主人。每一个人都有自己的兴趣爱好、性格气质等，这是任何一个教学计划和教师都无法包办代替的；每一个人的学习都是按照自己的特点在头脑中进行的活动，这也是任何人都无法干预的，能代替、能干预的唯有自己。因此，大学生应主动地参与学习，有主见地参与学习，并在学习的过程中形成自己的见解，开发自己的智力，锻炼自己的能力。著名数学家华罗庚曾说过："一个青年即使读到了大学毕业，甚至出过洋、拜过名师、得到博士学位，如果他们没有学会自主学习、自己钻研，则一定还是在老师划定的圈子里团团转，不能扩大知识领域，更不用说科学研究上有所发明创造了。相反，一个青年即使他没有大学毕业或中专毕业，但是如果他有了自主学习的习惯，他将来在工作上的成就就不会比大学毕业的差。"自主学习能力是个性的重要体现，能够给人才发展以更大的空间，更广阔的选择，能够使人的潜力与创造性得到充分的发挥。因此，大学生应自觉地培养自主学习能力，积极有效地学习。

3. 培养创造性学习的能力

我们不仅要能像海绵似的吸收知识、书橱似的占有知识、蜘蛛式似的构建知识，更要能像蜜蜂似的酿造知识，产生新的知识。学习的过程就是发挥主观能动性，积极进行变通性、发散性、创造性思维，将书本知识有机地融入自己的思维体系和生活实践中的过程。它的目的不在于学习，而在于创造。在学习过程中，要能够提出自己的概念、观点和构思。因此，大学生应打破常规，突破原有的思维习惯和研究界限，想前人未想，见前人未见，创前人未创。在学习中能够带着问题去思考、研究，并运用创造性思维发现其中的不足之处甚至是错误之处，从而提出自己的新见解、新构思。俄国作家列夫·托尔斯泰曾经说过："如果学生在学校里学习的结果是自己什么也不会创造，那他的一生将永远是模仿和抄袭。"大学生的任务是学习，而学习的目的是创造，因此，在大学期间，大学生应当把学习和创造结合起来，自觉地进行创造性学习的演习和训练，为终身学习打下坚实的基础。

总之，可持续学习能力是一种持续的、主动的自我完善的学习能力。除了上面所讲的三个方面，大学生还要培养独立学习的能力，不断扩展学习的领域，提高学习效率，并在学习和工作的实践中体验可持续学习对自身可持续发展的重大意义，以便成为一名全面发展的优秀职业人。

本章小结

本章主要学习了从大学生到职业人的转变，通过学习，学生能够认识到职业角色与学生角色的不同，学会如何实现角色转换，适应社会。鉴于此，本章重点讲述了基于能力素质的从职具体要求，主要包括创新思维能力与素养要求、行为能力与素养要求以及自我修养能力要求三个层次九大方面的职业能力，并从用人需求与面试角度出发，用大量的案例剖析了职业能力与岗位匹配的实践意义，最后还从学习能力提升角度讲授了如何提升职业素养，使学生成为一名全面发展的优秀职业人。

复习思考题

1. 请你利用适当的案例来分析如何实现从大学生到职业人的转变。
2. 你还能列举出哪些基于能力素质的从职的具体要求？并用具体案例进行解释。
3. 你认为该如何提升自己的学习能力与职业素养？

技 巧 篇

第七章　工作分析与求职材料的准备

教学目标

学习本章之后，要求学生能够达成以下目标：

1. 了解什么是工作分析以及工作分析与职业胜任的关系；
2. 学会制订求职计划，掌握参加招聘会的技巧与注意事项；
3. 掌握自荐信的书写方法，重点掌握简历的书写要点与技巧；
4. 通过实际案例学会如何修改自己的简历。

导入案例

王刚的个人"简"历

王刚同学毕业于黑龙江哈尔滨某高校，性格比较豪爽，4 年的大学生活亦比较充实，标准的东北大汉。由于即将离开生活了 4 年的大学校园，每天都忙于与同学道别等活动，没好好制作个人简历。校园招聘会上人山人海，每个用人单位的摊位前都挤满了学生。他用一张 A4 纸随意写下了个人情况（姓名、毕业学校、专业、联系方式）后投递了个人"简"历。

分析与点评： 对应届大学毕业生来讲，个人简历一般需陈述自己的个人信息、自我评价、文化教育背景、工作经历、在校所接受培训等，并在简历的右上角贴上一张 1 寸近期免冠彩色照片。简历用一张 A4 纸打印最佳。一般在简历上还有些附页，如学生在校成绩单（需要有学校的红色大印）和学校的推荐信，以及获奖奖项情况表。学校出具的学生在校学习成绩单原件要妥善保管，在正式面试时，用人单位人力资源部会要求你出示原件。投递简历时可用复印件。为了找到满意的工作，准备一份完整的简历（包括个人简历、学习成绩单、学校推荐信）是必要的。

第一节　工作分析与职业胜任

一、确定职业生涯目标

确定职业生涯目标是所有求职活动的第一个环节，没有生涯目标，求职工作就好比在大海里行船失去了方向。职业生涯目标是一切求职过程的先导和指挥棒。

在校园招聘中我们提交的简历里有一个职业目标，这个目标即为职业生涯目标。职业生涯目标是简历投递者的工作发展方向以及事业追求目标。职业生涯目标的确定让不少大学毕业生绞尽脑汁：生涯目标写得太宏伟，怕被人力资源定论为不脚踏实地；生涯目标写得太简单，又怕被人说胸无大志。因此，毕业生应该学会科学制定自己的职业生涯目标。

（一）职业生涯目标的含义

职业生涯目标是指个人在选定的职业领域内未来某一时点上所要达到的具体目标。

职业生涯目标一般都是在进行个人评估、组织评估和环境评估的基础上，由组织里的部门负责人或人力资源部负责人与员工个人共同商量设定。注意生涯目标要具体明确、高低适度、留有余地，并与组织目标相一致。

职业生涯目标包括人生目标、长期目标、中期目标与短期目标，它们分别与人生规划、长期规划、中期规划和短期规划相对应。一般，我们首先要根据个人的专业、性格、气质和价值观以及社会的发展趋势确定自己的人生目标和长期目标，然后再把人生目标和长期目标进行分化，根据个人的经历和所处的组织环境制定相应的中期目标和短期目标。

（1）人生规划：整个职业生涯的规划，时间长至40年左右，主要设定整个人生的发展目标，如规划成为一个有数亿资产的公司董事。

（2）长期规划：5~10年的规划，主要设定较长远的目标，如规划30岁时成为一家中型公司的部门经理，40岁时成为一家大型公司副总经理，等等。

（3）中期规划：一般为2~5年内的目标与任务，如规划到不同业务部门做经理，规划从大型公司部门经理到小公司做总经理，等等。

（4）短期规划：2年以内的规划，如2年内掌握哪些业务知识等。

在确定以上各种类型的职业生涯目标后，就要制定相应的行动方案来实现它们，把目标转化成具体的方案和措施。这一过程中比较重要的行动方案有职业生涯发展路线的选择，职业的选择和相应的教育和培训计划的制订。

（二）确定职业生涯目标的过程

1. 确定发展职业

有些人在制定目标的时候可能会确定为经理、主任这些宽泛的职位，这很容易引起面试官的反感，因为它给人的感觉太过宽泛。所以制定职业目标时应该针对自己的条件以及兴趣，选择一个最适合自己发展的职业，然后填写相关的发展目标，并把职业目标落实到某个具体的工作中去，例如从事IT行业就写项目部经理，从事服务性行业就写客服部经理等。

2. 制定短期目标

短期目标可以是一个月、一个季度的目标，也可以是一年的目标。既然是短期，时间就不能制定得很长。具体的内容可以根据自身情况进行制定。发展目标应该是递进式，一步步的。例如一个新进公司的PHP程序员，其短期目标为一个月的时间成为正式员工，一个季度的时间成为核心成员，一年的时间成为项目小组的组长。

3. 制定长期目标

长期目标就是短期目标的进阶版，它的制定需要靠每个短期目标的支持。还拿一个

PHP 程序员为例，长期目标可以是成为公司的项目部经理，也可以是独立开公司，但是前提条件是短期目标必须完成。只有短期目标完成之后才能实现长期的目标。短期目标的存在就是为长期目标而服务的。

4. 分析自我知识的储备和职业技能

这是我们树立目标之后首先要想到的。没有付诸行动的目标都是空想，但是在行动之前我们仍然要知道该往哪里使劲。为了梦想和目标应该要在每一天付出行动，不然就如一纸白文。例如你想成为项目部经理，不但自身专业知识要过硬，身为领导还必须有团队凝聚力，这样才能成为一个合格的经理。

5. 知识能力提升设计

如果想要提升专业知识，可以向行业内的其他精英学习，也可以报个专业的学习班进行深造；可以通过多参加一些业内精英人士常去的聚会，和他们多多地进行交流，提升自身水平，与优秀的人接触，可以接触到很多没有接触过的领域；可以通过多参加一些实践活动来增加自己的阅历并开阔自己的眼界；同时要给自己充电，在这个知识更新迅速的时代，只有不停地学习才能不被淘汰。

二、科学实际的工作分析

（一）工作分析的含义

工作分析是指通过系统性的方法，对工作（岗位）本身以及任职者所需的知识、技能、条件进行分析，以获得工作描述和工作规范的过程。

企业通过工作分析，可以使各个岗位的工作职责清晰化，也可以在对人员进行招聘和任用时，非常清楚具备什么样素质的人能够胜任工作。对于求职者来说，也要学会工作分析的方法以及利用工作分析的成果。通过分析工作描述和工作规范，能够使自己了解某一岗位需要的条件，自己是否具备这些条件，以及自己的努力方向等。

进行工作分析，就是要确定每一项工作的 6W1H：用谁做（Who）、做什么（What）、何时做（When）、在哪里做（Where）、如何做（How）、为什么（Why）、为谁做（Whom）。

（二）工作分析的作用

工作分析是现代人力资源管理工作的基础性工作，在人力资源管理的各个职能方面都发挥着重大的作用。

1. 资格定位

只有通过工作分析，才能知道待招聘的岗位需要履行哪些职责和完成哪些特定的工作任务，以及胜任该岗位的人应具备哪些基本要求。对于用人单位和求职者来说，有了工作分析的结果，招聘工作才能有的放矢。用人单位知道了应招什么样的人才能胜任工作，避免了盲目地去招聘。另外，根据工作分析的结果，可以帮助用人单位选择使用合适的测评与选拔的手段和方法。

根据以上的理论与实践，我们可以从另外一个角度来分析工作分析的作用，也就是求职者可以利用工作分析的结果，分析用人单位需要什么样的人。这将有助于求职者衡量自己的能力及素质，并以此判断自己是否具备应聘的资格，也有助于求职者了解面试官的主要倾向，从而做好充分的准备，应对接下来的层层测试，进而取得成功。

2. 培训定位

企业根据工作分析所得出的各个岗位的工作职责和任务以及完成这些职责所需的知识技能，能够更有效地制定培训目标，进行培训课程设计。求职者可以根据工作分析的结果衡量自己的差距，并通过有的放矢地参与各种培训来提高自己的能力，使自己达到岗位的要求，增加求职成功的概率。

3. 薪酬定位

薪酬管理中一个重要的原则就是根据岗位的不同而给予不同的报酬。不同的岗位在组织中的价值大小不同，而工作分析则提供了衡量各个岗位职级大小的因素，例如，岗位所承担的责任、岗位对知识和技能的要求、岗位所面临的工作环境等。通常求职者特别关注的是自己的薪酬会是多少，其实，通过工作分析，就能够了解到自己所在行业领域的岗位各个职级的社会平均薪酬是多少，据此可以进行求职决策。

4. 劳动安全与健康

在工作分析中，要对工作环境的各种因素进行分析，这样可以帮助企业了解影响劳动安全的主要因素，以便采取有效的预防和处理措施，提高劳动的安全性，保护员工的健康。很多职业，例如矿工、化工企业的工人，都需要在危险的环境中工作；通过工作分析，就可以知道哪些危险是可以避免的，哪些工作环节上容易出现事故，从而提前防范，这将有利于保证员工的健康。对于求职者来说，可以通过工作分析提前了解某岗位的工作环境和劳动强度，避免出现求职成功上岗后，不适应工作环境而频繁离职的情况发生。

（三）工作分析的方法

工作分析的方法主要是指在工作分析中，收集与岗位有关的信息的方法。常用的方法包括：

1. 访谈法

访谈法是指分析人通过与任职者相关的人员（如同事、上司等）面对面交流的方式获取与岗位有关的信息。访谈法可以分为个人访谈和群体访谈。个人访谈是指工作分析人员在同一时间内对一个任职者或与任职者相关的人员进行访谈。而群体访谈则是在同一时间内对一组人员进行访谈，例如，与从事相同岗位工作的人通过座谈的方式了解信息。

2. 观察法

观察法是指分析人通过在现场观察任职者如何工作从而获取工作信息的方法。观察法特别适用于从事操作性、技术性工作的岗位。在进行现场观察时，可以辅助使用摄像设备，同时使用一些设计好的表格进行记录。对于大学生来说，可以在实习和见习期间利用观察法对自己期望的工作岗位来进行分析和了解。

3. 问卷法

问卷法主要是让任职者或任职者的上级主管人员通过书面的形式提供与工作相关的信息。这种方法主要适用于要求文化程度较高、有较好文字表达能力的岗位。在问卷中可以让任职者或任职者的上级主管人员填写下列内容：

（1）主要的职责和工作任务。例如，哪些是任职者每天都要做的事情，哪些是每周必做的事情，哪些是不定期要做的事情等。

（2）工作联系。例如，任职者在工作中需要与哪些内部和外部人员联系，因为何事发生联系，联系的频繁程度如何。

（3）工作权限。即任职者可以对哪些事情做出决定。

（4）工作环境。描述任职者所处工作环境的一些特点。

（5）任职资格。对任职者的教育程度、工作经验、知识技能的一些要求。

问卷法是一种效率较高的方法，能够在短时间内收集大量的信息。但是，通过这种方法收集的信息往往比较粗略，还需要进一步深入调查了解。

4. 工作日志法

工作日志法主要是让任职者记录下一段时间（例如一周）内所发生的工作事件。一般的操作方法是提供给任职者一些表格，请他们在工作的过程中随时记录下每项工作活动的内容和起止时间。要求任职者对工作内容的记录比较具体，以使得没有亲自观察过任职者工作过程的人能够比较清晰地想象出任职者的工作活动。工作日志法可以比较全面地了解任职者一段时间内的工作，但是这种方法的不足之处就是不能反映出在记录工作日志期间内没有发生的工作活动。因此，工作日志法还需要与其他方法结合使用。

（四）工作范围的内容

一般来说，工作范围主要包括以下内容：

（1）教育背景。主要包括教育程度和所学专业。例如，大学本科学历、计算机专业。有时，教育背景中也包括是否参加过某些专门培训或者获得某种专业资格证书等。例如，从事职业指导的人员要求获得人力资源社会保障部颁发的职业指导资格证书。

（2）工作经验。主要是指过去是否具有从事某种职业的经验以及从业的时间。例如，从事职业指导工作两年以上。

（3）知识技能。主要是指从事该岗位工作所需的专业知识和专业技能。例如，精通 Unix 系统的操作、管理与维护，精通 Netscape Webserver 的配置与调试，了解至少一种大型数据库的操作。

（4）个性特征。个性特征所包含的内容相当广泛，一般来说只需指出该岗位任职者所需的最为重要的个性特征。例如，善于与人沟通，工作仔细，有耐心等。

（5）身体要求。有些工作要求任职者具备特定的身体条件。例如，视力、身高等。

（6）其他特殊要求。主要是针对某个岗位特殊的工作特点提出的要求。例如，能适应作息不规律、经常出差的工作。

 ## 三、自我分析与职业胜任的匹配

（一）职业胜任的含义

职业胜任是指在职业活动中，个人能力、人格等品质特征能够满足职业要求的状态。符合这种要求，才有可能在职业活动中获得优秀的工作绩效。不同的职业，对于个人的要求也是不同的。每个人都具有不同的特质，只有在适合自己的职业中，才能最大限度发挥自己的作用。

做到职业胜任，关键在于人职匹配。将人和相应的职位进行最佳的组合，才能达到最好的效果。实现人和职业的最佳匹配，需要我们对人和职业进行相关分析。随着社会发展，职业分工进一步细化，已经进入了精细分类的时代。对于人，我们也有相应的评定方法与标准，这就是胜任特征的评价。

胜任特征（Competence）一词本意是指一种能力，是一种足以胜任或非常合格的状态或性质；有时也指特长，特别是某一方面的特殊技巧、知识或能力。

1973年，美国著名心理学家麦克米兰（其主要研究方向是胜任特征，著有《胜任特征测量优于智力测量》一文）首次提出胜任特征这一概念。他将胜任特征定义为：能够区分在特定的工作岗位和组织环境中绩效水平的个人特征。也就是说，这是一种能将某一工作中表现优秀与表现一般的人区分开来的个人特征。

一般来说，我们可以将胜任特征分为两个部分：表面的部分和深层次的部分。我们可以将胜任特征比作在水中漂浮的冰山。暴露在水面的部分，也就是我们可以直接了解到的部分，包括知识、技能、社会角色、自我认识等；潜藏在水下的部分，如动机，是我们没有办法直接了解的。在水面上的部分，可能比较容易测量，但是这还不能完全决定人在工作中是否具有优秀的表现；而动机在很多时候会左右最后的绩效水平。

职业胜任对于职业指导有着重要的意义。分析不同职业所需要的胜任特征，可以对就业和职业选择进行针对性的指导，特别是为人员鉴别提供了理论上的依据。

（二）知识、技能和经验与职业活动的匹配

1. 知识与职业活动的匹配

知识是人们在各种社会实践活动中所获得的认识和经验的总和，它涉及一个人对客观世界的总体认识与了解。知识就是指人们对各类事实、理论、系统、惯例、概念、规则以及其他一些工作有关信息的了解。知识对职业活动的影响有以下几个方面：

（1）不同的职业对于知识的要求是不同的。人们所从事的工作是不同的，因此，所需要的对于工作相应知识的了解和掌握在数量与质量上也是千差万别的。所有的职业都需要具备相关的知识。出租车司机要具备汽车驾驶和维修的基本知识；机械加工工人需要相应的机械设备的使用知识，还要具备一定的识读设计图样的知识。要完成一个职位所赋予的相应的工作任务，就必须掌握生产活动中所涉及的相关知识，这些知识囊括了很多方面的内容，如岗位作业的程序，涉及人对机械、人对人、人对事物的种种相关关系和正确处理的方式方法。

（2）知识是工作者素质能力的基础。事实上所有的工作者，无时无刻不被知识驱动着。具有好的信息、方式、方法和思路等知识是每一个工作者的期盼。实际上，观察一下个体的工作活动就不难发现：工作活动就是组织中工作者对工作（内容）在发生作用。而工作者是否能作用，作用有多大效率，作用有多好的效果，这些都取决于组织中工作者的工作能力，也就是职业胜任。工作能力就是认识、理解、判断、设计、行动。而其中，认识、理解、判断、设计，是素质能力，行动，则是素质发挥能力。工作者的素质能力的全部基础是知识，所以个体获取知识的本质是使工作者具有或者增加知识，从而具有或增强素质能力。

（3）通过与工作紧密结合来获取知识。"书到用时方恨少"，对于个体来说，知识是无穷尽的。没有一个人可以具备所有的知识。所以，首先我们要能够对知识体系进行分类，区分出什么知识是工作所必需的，什么知识是进一步提高工作水平所需要的，从而有目标、

分批次地对知识进行储备。要想有效地获取相应知识，就必须与工作紧密结合。另外，要从实际工作对知识或知识环境的需求出发去寻找相应的知识内容。其次，要使知识获取的方式多样化。随着互联网的进一步发展，网络为个体提供了非常广泛的知识平台。几乎所有的知识可以在互联网中索取，花费的时间与精力相对而言又是最少的。

（4）知识管理成为一种新的管理基础保障手段。目前的国际管理界，已经提出了一些有关职业知识管理的概念。在新的知识经济时代，最大的特征就是以知识成为无限的、最重要的资源（土地、矿藏）为依托的经济规律。而在这个时代展开竞争的最主要方式就是拥有知识、应用知识、创新知识，而这一切都将以知识管理为基础保障手段。

2. 技能与职业活动的匹配

技能与职业活动的匹配主要有以下几点：

（1）不同的职业、不同的工作岗位，对于技能的要求是不同的。例如，国家公务员应该具备的是从事行政职位应该具备的一般能力，如判断推理能力、常识判断能力、言语理解与表达能力、资料分析能力等。同时，还要求其对一定的行政理论、办公规则、工作惯例、时事有透彻的了解。值得注意的是，这里所要求的技能，主要表现为将知识经验转化为工作能力的程度，以及运用知识经验的熟练程度和准确程度。

（2）技能很大程度上受到后天的学习与实践因素的影响。技能水平的优劣主要受两个方面的影响：首先是遗传因素的影响；其次是后天的学习与实践因素的影响。在这两者中，前者是基础，而后者起决定性作用。遗传因素可以看作智力，它是从事各种心智活动所需要的一种共同能力，是一种最基本的认知能力，影响到一个人从事一切活动的效率，但通常都是间接的。有着相同智力水平的人，其技能水平可能会存在很大程度上的不同，这主要在于后天的学习与实践因素的影响不同。

技能主要是通过学习而逐步掌握的。例如，操作技能水平的几个主要的测量维度是操作精度、动作协调程度、熟练程度，这些维度都需要通过不断的实践才会有所提高。技能的稳定性是相对的，它不像智力水平那样几乎很难改变。一个人的技能的积累很难影响到他的智力水平，却会影响到他的能力倾向。专业知识技能可以通过强化训练而在短期内提高，但是也会由于遗忘而丧失。

（3）不同的技能水平，对于工作绩效会有不同程度上的影响。一定的技能水平是人们从事某种职业活动必须具备的，是影响职业活动效率的主要特征之一。人的工作技能是由多种技能叠加和复合形成的，它是人们从事某项职业必须具备的多种能力的综合，是选择职业的基本参照，也是就业的基本条件，是胜任职业岗位工作的基本要求，亦是个人立足社会、获取生活来源、取得社会认可及谋求自我发展的根本。

技能水平的高低会直接影响到工作绩效的水平。首先，技能水平越高，在做同样的工作中所花费的时间就越少，绩效就越高；其次，技能水平越高，所完成的工作任务质量越高；再次，技能水平高可以尽量避免在工作中出现问题。

知识是人们在改造自然、改造社会的社会实践活动中得到的各种经验，而技能却是人们掌握的操作系统和人们能否完成各项任务的有效条件。

3. 经验与职业活动的匹配

很多研究表明，工作时间和工作成绩有着很高的相关性。工作时间越长，积累的工作经验越丰富，工作的绩效就会越好。

　　经验与职业活动的匹配主要包括四个方面：一是可以决定个体操作的熟练程度；二是可以减少个体对同一操作的工作时间，增加工作效率；三是可以降低个体在工作中出现错误的概率；四是可以使个体更好地处理工作中突然出现的问题。

　　经验与知识、技能的相关性在于，经验也是主要靠后天的学习与积累而获得的，它有以下几个特点：

　　（1）相对广泛性。经验可以直接影响到一个人在某一职业领域中多种甚至全部活动的效率。在所有的领域都存在着经验之说。

　　（2）相对稳定性。经验是指经过适当训练或被置于适当的环境下完成某项任务的可能性，是一种已经具备的现实条件。经验是一种已有的水平和现实，是通过大量的实践活动而得到的。

　　（3）潜在性。经验是无法从表面直接测量的，我们能够了解的，仅仅是工作时间这一项指标。它可以表现为一种成功的可能性。

第二节　求职计划与参加招聘会

 ### 一、制订求职计划表

　　古语云：谋定而动。谋，就是做计划，也就是做任何事情之前，都要先计划清楚。求职计划表就是根据求职必备条件以及个人就业资源的分析结果，列出个人的求职日程以及求职途径表。

（一）成功就业条件分析

　　在第一节工作分析的基础上，我们来进行成功就业条件分析。可以借助成功就业条件分析表这一工具来进行全面的思考，如表7-1所示。

表7-1　成功就业条件分析表

序号	必备条件	要素	分析内容
1	目标和策略	目标定位	
		策略	
2	途径和方法	求职途径	
		实施方法	
3	个人条件	人格和能力	
		经验	
		学历	
		社会关系	
		其他	

续表

序号	必备条件	要素	分析内容
4	就业环境的掌握	本地区就业信息掌握	
		其他地区就业信息掌握	

1. 目标和策略

目标定位的规则是要有明确的初、中、高目标层次，至少要在岗位或专业要求、薪酬、工作环境、个人发展等方面有定性和定量的要求。例如，选择的是初级目标是适合所学专业、薪酬1000元、工作环境为室内作业、对个人应有发展的可能等。

制定策略的规则是要有实现目标的基本原则；要有实现目标的实践要求；要有实现目标的基本手段。例如，选择实现目标的基本原则是分步实施；对实现目标的时间要求是3个月先找到一个工作，3年内达到相对稳定；选择实现目标的基本手段是到外地就业，靠个人努力等。

2. 途径和方法

要求要有至少3种明确的求职途径，例如选择电话求职、上门拜访、网上求职等3种求职途径；要求针对至少3种求职途径提出具体的实施方法，例如对所选的求职途径在准备、步骤、规则、技巧等方面提出具体的设计。

3. 个人条件

人格和能力要素要求具有能够满足用人单位需要的职业人格和能力，例如具有高度的工作责任感、一定的英语水平等；经验要素要求具有能够满足用人单位需要的职业经验，例如具有3年相关职业经验；学历要素要求具有能够满足用人单位需要的学历，例如技术学校毕业；社会关系要求具有能够帮助自己就业的社会关系，例如家庭可以帮助提供就业信息；其他的要素可以包括求职能力、外貌、言语等有助于求职的条件，例如有较强的自我展示能力。

4. 就业环境的掌握

首先，要对本地区总体就业情况和求职意向所涉及的岗位信息有所了解，例如知道本地区计算机程序员属于供大于求的状态然而网络管理员有空岗；其次，要对其他某地区总体就业情况和求职意向所涉及的岗位信息有所了解，例如知道北京和广州都缺少技术人才。

（二）个人就业资源分析表

个人就业资源分析表与成功就业条件分析表是一一对应的，成功就业分析是分析岗位的具体要求，个人就业资源分析是分析个人具备岗位要求的程度与匹配度。通过个人就业资源分析表可以知道自己与成功就业是否存在差距，究竟存在哪些差距，以便能够及时地进行完善和改进。分析表的具体形式、规则和要求与表7-1相同。

（三）个人求职计划的制订

根据上述的分析确定具体的目标定位和基本策略，并制订具体的实施面试计划的时间及次数、求职的途径与基本步骤。个人求职计划表如表7-2所示。

表7-2　个人求职计划表

目标定位					
基本策略					
短期目标					
第一周计划安排					计划面试次数
第二周计划安排					
第三周计划安排					
第四周计划安排					
第五周计划安排					
第六周计划安排					
第七周计划安排					
第八周计划安排					
第九周计划安排					
第十周计划安排					
第十一周计划安排					
第十二周计划安排					
求职途径	途径1	途径2	途径3	途径4	备注
基本步骤					
必要准备					

（四）制订求职计划的注意事项

（1）对个人就业资源的分析必须实事求是，避免在制定求职目标时出现偏差。

（2）求职目标的制定要切实可行，不要好高骛远。

（3）撰写求职计划可参考教材中相关规则。建议规定时间不超过3天。

（4）求职计划必须是经得起实践检验的。

（5）一旦你已经限定了自己的求职选择，就制订一个可行的计划，规定将采取的策略和步骤以及应该完成的时间，计划每一天你将做的事。如果把自己的求职看作一项新工作，把它当作每天的例行公事，它就更容易完成。

二、参加招聘会的准备

参加人才招聘会是目前人才交流的最普遍的一种途径。在毕业生求职调查中，关于最有效的求职方式，招聘会排列第二位。毕业生就业过程中，参加招聘会的目的是：推销自己，赢得面试。为了有效、有益地参加招聘会，应注意以下几个问题。

（一）事先准备

（1）通过网络或报纸了解参加招聘会的企业及其岗位要求，挑选自己比较满意和适合的岗位记录在本子上。如果是报纸信息，可能只能看到企业与岗位名，而看不到具体的岗位描述信息。

（2）根据需要，准备对口的简历。一份简历打天下不是明智的选择。每一份工作的性质决定了它的岗位要求不一样：有的偏向市场销售与管理能力，有的侧重技术能力；有的侧向软件领域的技术经验，有的侧向于硬件开发经验。如果简历中规中矩，就不能突出重点，没有吸引力。所以，我们可以根据自己的职业规划和岗位需求，制作 2 ~ 3 份针对不同方向的简历，然后打印出来，贴上照片，每份简历复印 5 ~ 30 份不等。

（3）思考需要沟通的问题，并记录。

（4）思考自己的薪水期望、工作地点、特别要求（如安置家人）等并将其记录在本子上，并提醒自己记得咨询用人单位的福利食宿情况，并将其一并记下。如果在招聘现场因为紧张而遗忘，查看记录即可。

（5）准备各类证书。参加招聘会要携带多份设计好的求职简历，多份身份证、毕业证、学位证、获奖证书的复印件；应准备笔、记事本等；穿着打扮要求得体干练、素雅大方；言谈举止要求保持良好的精神状态，文明礼貌、谈吐自然；最后要谨记维权防骗。

（6）查找公交路线并记录。查好到招聘会现场的公交路线和时间，并记录在本子上或者用手机拍照。

（7）准备一套得体的衣服。

（8）其他准备。比如准备一个透明的信封状的文件夹，这样在现场取简历会方便很多。将简历、证件与复印件、照片、笔以及记录心仪用人单位的本子一起放进文件夹。将手机充好电，准备充分的现金。

（二）招聘会现场注意事项

（1）招聘会一般是在上午，进入会场的时间不宜太晚。早点进入会场，可以有充足的时间收集信息，了解行情，掌握到会单位的情况。

（2）索取现场地图或用人单位列表报纸。通常招聘会现场外面会有人发送现场地图或用人单位列表报纸，索取后将心仪用人单位的位置标出。

（3）根据地图或列表指引，找到心仪用人单位。

（4）交谈不必太早。进入会场后，最好是先尽快地浏览一遍，根据自己的求职意向，确定几个重点，再去交谈。

（5）充分利用大会的会刊。从上面查找自己的专业和感兴趣的用人单位，然后直接去其所在场馆，这样能够提高应聘效率。仔细查看岗位要求，如果合适，投递对应的简历，与面试官交流。如果希望加深面试官对自己的印象，可在简历上贴一张彩色照片。

（6）在招聘会中，要有观、听、问、递、记的过程。

观：走马观花先浏览一遍，然后按照自己的求职意向，锁定几个目标，并确定主次。

听：在锁定目标的展位前，作为旁观者，听用人单位的介绍，听前来求职者对用人单位的询问，探听用人单位的口碑；应注意听招聘者向其他求职者的介绍是否与你了解到的情况一致，听一听其他求职者的议论，再听取一下别人的建议和意见。

问：选择你最感兴趣的用人单位，最先和他们谈，要主动提问题。咨询用人单位的所有制性质、用工形式、企业发展情况、应聘岗位的人员结构、应聘岗位的任务责任、培训情况以及其他相关信息。至于薪水、福利等问题，要在面试以后，用人单位对你有明确定位时方可提出。

递：决定应聘时，双手递交自己的求职简历，以显示应聘这个岗位的诚意。

记：记录自己投递求职简历的用人单位名称、应聘岗位、地址、联系方式、联系人，以及怎么得到面试通知（时间、地点）等。

（7）面试时要沉着，展示自己最棒的一面。面试技巧可参考第八章。如果太紧张，不知道说什么，可以参考简历。重视举止形象。毕业生要掌握必要的礼仪和谈话技巧，并要适当地包装自己。

（8）向招聘者咨询关心的问题。如有遗忘，可查看记录本。记录招聘者对单位与工作的一些描述。

（9）善咨询、问明白。应仔细询问用人单位的详细情况，包括单位的上级主管部门、所有制性质、法人、招聘的内容和目的、用工形式、工作时间、月薪支付等，做到心中有数。

（10）在心仪的用人单位面试完以后，按顺序在场内走一遍，并向有兴趣的用人单位投递对口简历、面试。记录用人单位名称、岗位以及招聘者对单位与工作的描绘。

（11）参会时不要带过多的证件原件。因为会场参加应聘的人很多，用人单位通常没有时间当场核验证件原件。

（12）注意时间的把握。一定要保证有充分的时间走完整个招聘现场。

（13）多小心、防受骗。近年来，骗子利用招聘会行骗的事时有发生，其手法往往并不高明，但总能得手，主要是因为不少求职者缺乏必要的自我保护意识。不要向用人单位抵押各种证件、交纳任何费用等。

（14）不让朋友，尤其家长陪同，以免给用人单位留下"缺乏独立性"的不良印象。

（15）留下必需的资料。大部分用人单位不会当场拍板，散会后两三天内要及时与用人单位联系，不能被动等待。另外，签约一定要慎重。

（三）事后注意事项

（1）保持手机开机。

（2）回顾自己在现场的表现，写下自己可能被录用以及期望被录用的用人单位名称。

（3）面试结果会在当天下午或事后一周内给出。要及时电话询问投递简历的用人单位，了解自己的求职结果。如果半个月内都没有消息，就不是好消息。如果用人单位只是为了储备应届毕业生的简历，则不一定给出具体的结果。

（4）面试的结果可能是参加复试，也可能是被录用。接到录用通知的时候，要留一周至一个月的时间等待其他机会，比较决定。具体看与录用企业沟通的结果。如果企业急着用人，那只能作取舍了。

（5）在接到录用通知前，甚至在正式上班前，都不要停止寻找工作。

（6）招聘会后，如果没有复试机会，也不要气馁。总结经验，收集就业信息，等待机会，以利再战。

第三节　自荐材料的准备

 一、求职材料概述

（一）准备求职材料的意义

从双向选择的过程可以看出，用人单位在初步决定对求职者的取舍时，很大程度上是根据求职者的求职材料决定的，因为用人单位对众多求职者尚不了解，可供参考的只有求职者的求职材料。求职材料可以说是自我推荐的工具，是求职的入场券。因此，毕业生在获得就业信息，做好充分的心理准备后，就应当着手准备求职所需要的各种材料。

（二）求职材料包括的内容

一般来说，求职时所准备的材料有以下几类：求职信、个人简历、推荐表、成绩表（成绩表反映学生在校期间各门学科的成绩和重修情况，不能弄虚作假。成绩单要加盖学校公章）、各类证书和获奖证明。

其中各类证书包括：

（1）毕业证书、学位证书、各类学历证书和结业证书；

（2）三好学生、优秀学生干部、优秀团员、优秀毕业生等荣誉证书；

（3）英语四级、六级证书，计算机等级证书，各类奖学金等级证书；

（4）社会实践、征文比赛、文艺演出、体育运动会、社团活动等获奖荣誉证书；

（5）在正式出版物上发表过的文学作品、科研论文、美术设计作品、音像制品、摄影作品及各类小制作、小发明、小创作的图像资料。

（三）准备求职材料的原则

1. 内容翔实、格式规范

求职材料是对自己大学生活的一个全面总结，既要全面反映自身的基本情况，又要反映自己的特长、爱好；不仅要突出自己的优点、成绩，也要说明自身存在的不足；不仅要说明自己对用人单位提供的职位感兴趣的原因，还要表达自己努力工作的决心。内容应全面，言简意赅，重点突出，切忌长篇累牍，废话连篇。尤其必须注意的是内容翔实，履历诚信，切忌为了赢得用人单位的好感而弄虚作假，这样只会弄巧成拙。另外，简历、自荐信等都有各自相应的格式，应该规范。

2. 富有个性、针对性强

由于不同的用人单位对求职者的要求不尽相同，求职材料的准备也应根据不同的单位有所差异。比如你想去应聘沿海地区"三资"企业的职位，最好要准备中英文对照的材料。求职材料最好在体现个性和创意的同时，尽量贴近应聘职位的要求。

3. 设计美观、杜绝错误

准备求职材料的目的之一就是吸引用人单位，引起对方的兴趣。因此，整份材料无论是手写或是电脑打印都要整洁美观，让人看上去觉得舒服。使用优质的纸张，可以花一些时间进行排版设计，最重要的一点是杜绝错误，无论是语法错误、错别字、标点符号或是印刷错误，都要尽量避免。

另外，整理求职材料时还应注意：由于材料的种类较多，因此，在整理时必须分门别类，做到井然有序，条目明确、清晰；一般都要求有一份材料清单，以使人一目了然；切忌纸张大小不一，各种材料的纸张规格不同，大小不一，会给人以凌乱的感觉，应放大或缩小，复印成相同尺寸的材料后进行装订，达到整齐划一的效果；打印排版的时候，注意间隔字体的常规性，同时注意语法、标点和措辞。

（四）求职材料的作用

1. 自我评估，做出择业取向

在编写求职材料的过程中，毕业生逐渐清楚了自己的实际情况，能对自身的情况做出全面的分析和评价，明确自己的专长和爱好，把职业的要求和自己的个性特征、实际情况结合起来，理性思考，做出明智的择业取向。

2. 宣传接洽，通往成功就业的阶梯

通过求职材料，用人单位不仅可以了解毕业生的个人简历，而且可以了解毕业生的知识能力以及特长、爱好。

3. 重要依据

求职材料是用人单位面试的出发点及面试后做出取舍的主要依据。

（五）求职材料的整理与包装

1. 求职材料的整理

求职材料的整理包括以下5个阶段：

（1）搜索材料。俗话说"巧妇难为无米之炊"，搜集个人自荐原始材料是一项基础性的工作。搜集材料的原则就是为就业服务，以择业目标为中心，按需搜集。即围绕就业目标所需的专业特长、知识结构和能力等进行，注意专业特点、个人能力与行业特点的统一。

（2）分类整理。搜集的原始材料很多，在分类整理过程中一般按以下五个方面进行专题细分：个人简历性材料，专业学习材料，特长爱好材料，社会实践材料，奖励评论性材料。

（3）编辑审查。分类整理之后要进行编辑审查，即对分类的材料进行汇总编辑，检查一下材料是否有明显遗漏，不能出现材料残缺。同时材料含糊甚至与实际情况有出入的，一定要删除或修补，还要对材料上是否有错别字等细节进行校对。

（4）汇总分析。经过分类整理和编辑审查后，首先要将同类型的材料集中起来；然后对材料的使用价值进行自我分析评估；最后把材料以其价值评分，分清主次，一一罗列出来，以便于编写使用。

（5）合理编辑。在编辑求职材料的过程中，要针对所应聘目标的具体情况合理取舍，有机组合，充分体现自己的优势与特长。

2. 求职材料的包装

当把求职材料的主体部分在原始材料基础上，根据不同的应聘目标编写完之后，就要进行包装这道工序了，即完成封面（主题）设计和求职材料的装订工作。

封面的设计是丰富的，但基本原则是美观、大方、醒目、整洁。封面设计要有一个主

题（标题），一个好的主题，往往能够一下子把用人单位抓住，促使招聘者想进一步了解材料的具体内容。封面的设计风格与求职材料内部主题内容风格要一致，具有统一性、整体性。同时，封面设计中最好体现出择业者的姓名、专业、年级、学校等最基础的信息。求职材料最好采用 A4 标准纸打印，不要用繁体字（有特殊要求除外），装帧不要太华丽，保持整洁明快是最重要的。

 二、中英文求职信的撰写与技巧

求职信是求职者写给用人单位的信函，是拉近与单位距离，取得单位好感的媒介，它可以表达许多在简历中无法表达的内容，起到毛遂自荐的作用。写求职信是目前毕业生求职择业的一种比较常用的也非常重要的手段。

（一）求职信的格式

一般来说，求职信属于书信的范畴，所以，格式应当符合书信的基本要求，主要包括称呼、正文、结尾、署名、日期和附件等6个方面内容。

1. 称呼

根据用人单位的性质不同，求职信接收人的称呼也应不同。如果是写给国家机关、事业单位的人事领导，用"尊敬的××处长（科长等）"；如果求职的是"三资"企业，则用"尊敬的××董事长（总经理）先生"；如果是写给其他类企业厂长的，则可以用"尊敬的××厂长（或经理）"；如果是写给大学校长或人事处的求职信，则用"尊敬的××教授（或校长、老师等）"。当然，有些求职信也可以不写姓名，如"尊敬的负责同志"等。对收信人的名字要写准确，要注意求职信是发给单位的某个人，而不是某个单位，这样你的信才可能有具体的人进行处理。

2. 正文

正文是求职信的中心部分，其形式多种多样。正文中所要表达的意思应该包括以下内容：

（1）个人基本情况和求职信息来源。首先，要在正文中简明扼要地介绍自己。对于应届毕业生而言，在信件开头说明自己的学校、学历、专业等基本信息即可。其次，最好写出信息的来源渠道。如果你心仪的单位并没有公开招聘人才，你也可以写一封自荐信去"投石问路"。

（2）说明应聘岗位和能胜任本岗位工作的各种能力。这是求职信的核心部分，主要是向对方表明自己有本专业知识和工作经验，有本专业技能和成就，有与本工作要求相符的特长、兴趣、性格和有关能力。总之，要让对方感到你能胜任这个工作。

（3）暗示自己的潜力。比如，向对方介绍自己曾经做过的各种社会工作，所取得的成绩，这样预示着你有潜在的管理和组织才能，有发展和培养的前途。

3. 结尾

在结尾部分应表达出希望到该单位工作，请求给予面试机会的意思，并认真地写明自己的详细联系方式。同时还要简短地表示敬意、祝愿等，如"祝贵公司兴旺发达""顺祝安康""深表敬意"等，也可以用"此致敬礼"之类的通用词。

4. 署名和日期

求职信的落款应署名并注明日期。署名要与信首的称呼相呼应。一般都在署名前加上一些"您诚恳的××""您信赖的××""您忠实的××"之类的词语，也可以写成"您的学生××"，还可以什么都不写，直接签上自己的姓名。

日期一般写在署名右下方，最好用阿拉伯数字写，并写上年、月、日。

5. 附件

求职信一般都要求同时附一些有效的证件，如外语等级证书、计算机等级证书、获奖证书的复印件以及简历、近期照片等。最好附有目录，这样既方便用人单位的审核，同时也会给对方留下一个"有条不紊、很有责任、办事周到"，的好印象。

（二）求职信的内容

求职信的内容主要包括以下四个方面：说明本人基本情况和求职信息的来源；说明应聘岗位和胜任岗位所需的各种能力；介绍自己的潜力；表示希望得到答复及面试的机会。求职信开始之前，首先要用"您好"之类的问候语，如果知道信件最终将送到谁的手里，信的开头可直接尊称，视对方身份而定，如"尊敬的×××先生（或女士）"。例如：

×××公司人力资源部×××先生：

您好！

从学校公布的招聘信息中获悉，贵公司需招聘一位营销人员，为此，我特向你们申请这一职位。

第二自然段，应阐明你对单位或职位感兴趣的原因，以及你的有价值的背景情况和满足招聘要求的能力。这一段落是核心部分，通常用一段或两段来写。这些内容要有说服力，要能说明你怎样适合这个职位，更重要的是表明你能给单位什么，如果单位录用你，你能为单位做出什么贡献。这部分的写作与个人简历是相辅相成的，要说明你的个人能力，但又不能把简历内容写进去，只选最能代表自己长处、业绩和技能的项目写进去，同时注意不要单纯地写自己的长处和技能，而是要着重说明这些长处和技能能给单位带来什么益处。例如：

我勤奋努力，有较强的组织能力，并且善于与各种各样的人打交道，能协调处理好人际关系，并且我非常愿意把我在工作中已有的实践经验和我的责任心和热情贡献给贵公司。

最后一段，要写出你对用人单位的希望，委婉地提出面试的请求，因此在这一段里最好向招聘者说明何时、何地、怎样与你联系，当然联系办法越简单越好。

例如：

关于我的个人简历一并附上，如您能在百忙之中回复我，给我机会，我将不胜荣幸，若需联系请打电话：（029）853×××××，感谢您阅读我的求职材料。

结尾通常是标准式的，不能一味地阿谀奉承，但可以写得灵活一点，如"致以友好的问候"，也可以采用"此致敬礼"。最后的署名要亲自签名，不要忘了写上日期。附件也不应遗漏，在求职信的左下角写上附件，注明求职者提供的材料名称。

求职信的格式内容如下所示：

称呼（尊敬的）

问候（您好！）

正文

第一段：在此应写明写此信的理由、应聘职位以及从何得知招聘信息等。

第二段至第三段：叙述你的应聘动机和自己认为适合该职位的理由。如果有与应聘职位相关的技能经历，应加以说明。这里不要详述一些经历，只需提及，并说明详见简历即可。

结尾段落：感谢招聘者阅读此信，表示希望接受面试，并表明希望由对方安排面试的日期、地点等。

结尾（此致敬礼）

署名（签名）

日期（时间）

附件（目录）

（三）求职信的写作技巧

1. 态度真诚、摆正位置

美国总统肯尼迪曾经说过："各位美国人，你们国家并不向你们索取什么，但请你们扪心自问，你们能为自己的国家做些什么。"写求职信时，要写什么内容，请想想这句名言，首先应该想公司要我来干什么。或者换句话，不应该写自己需要什么，获得该职位对自己有什么好处，而应该写自己能为公司做些什么。有了这样的态度，才能摆正位置。另外在写求职信时，要诚恳礼貌，切记自吹自擂，炫耀浮夸；虚弱怯懦、缺乏自信也是不可取的。

2. 整体美观、言简意赅

求职信文字的整洁美观很容易引起用人单位对求职者的好感，相反如果字迹潦草，龙飞凤舞，则会给用人单位留下不好的印象。现在有很大一部分毕业生的求职信都用计算机打印出来，但如果你的毛笔或钢笔字写得很好，建议你用笔工工整整地书写，这样能给人以亲切之感，同时也向用人单位展示了你的特长。不管手写还是打印，都应注意言简意赅。一般而言，求职信以一张 A4 纸张为宜。如果确实内容多，则不宜超过两页，或者作为附件或者留在面谈时再说。求职信当然不能太短，太短则显得没诚意，说不清问题，自然难以引起注意；太长不但会浪费招聘者时间，也会引起反感。所以，在写求职信时应先打草稿，反复推敲意思是否清楚，用词是否得当，内容是否简练完美等。

3. 富于个性、有的放矢

求职信的重要目的是吸引对方，引起对方的注意。求职者在开头应尽量避免许多客套话、空话，要以一句简朴的"您好"直接切入主题。如"从《光明日报》中得到贵单位招聘人才的信息"，这也能使招聘者感到单位名声在外，广告费没白花，无形中增加了好感。要不就用一两句赋予心意的话吸引招聘者。比如一位在外地求学的毕业生给家乡所在的单位写求职信时用"请接受一名家乡籍在外求学的学子对您的问候！"一下子就拉近了与用人单位的距离。求职信的核心部分是自己胜任工作的条件，这并非多多益善，而是要有针对性、有的放矢。所以，在动笔之前要着眼于现实，对用人单位情况要有所了解，在事实和成绩的基础上恰如其分、有针对性地介绍和突出自己的特长。

4. 求职信与用人单位要能够一一对应

目前有许多毕业生一稿多投，本来想"普遍撒网，重点打捞"，结果却石沉大海，了无音信。因此，建议多准备几份不同的简历，根据不同单位选择不同的简历。如对于"三资"企业，最好中英文简历都有，可自荐并能显示你的外语水平；在内容上，如应聘的是科研人员，则大写自己生性活泼、爱动爱跳这些与专业职位不相干的特长不但不能起到好的作用，反而会适得其反；如果要从事营销或管理工作，则最好要突出在校的实践活动，突出组织、协调能力和自信心，这样才能投其所好，察其所需，供其所求，显现个性，赢得胜机。

5. 以情动人、以诚感人

语言有情，会更有助于交流思想、传递信息、感动对方，写求职信更要注意这一点。那么怎样做到以"情"动人呢？关键在于摸透对方的心理，然后根据你与对方的关系采取相应的对策。如果求职单位在你的家乡，可以充分表达为建设家乡而贡献自己聪明才智的志向；如果求职单位在贫困地区，就要充分表达为改变贫困地区面貌而奋斗的决心；如果求职单位是教学单位，则就要充分表达献身教育事业的理想。总之，要设法引起对方的共鸣，或者得到对方的赞许，这样，就有可能收到意想不到的效果。在注重以"情"动人的同时，还要以"诚"感人，以"诚"取信。即要态度诚恳、诚实、言出肺腑；内容实事求是，言而可信，优点突出，缺点不隐瞒；恭敬而不拍马，自信而不自大；只有"诚"才能取信于人，得到用人单位的重视。

教学案例7.1

求职信

尊敬的领导：

您好！首先向您致以最诚挚的问候！感谢您在百忙之中阅读我的求职信，以下是我的自我介绍。

我是×××大学环境与能源工程学院热能与动力工程专业2010年应届本科优秀毕业生。在此即将毕业之际，满怀着对前途的信心，对事业的渴求，对理想的抱负，我一直关注贵公司的发展，终于从网上得知贵公司在2010年有应届毕业生招聘工作计划。

我真心希望能成为贵公司的一员，从而发挥特长，与同事们携手共进，为贵公司的发展奉献自己的光和热，尽职尽责，实现共同的辉煌！我出生于平凡的农村多子女家庭，很小的时候就能够自立，有着农村人的朴实与勤俭，能吃苦，有着自立、上进、善于思考的能力。我性格开朗热情，能够很好地处理人际关系，可以更好更快地适应新的环境。在集体的天地中，我能够充分发挥自己的才能。我是一个责任心强的人，同时又有很多的半工半读的经验。在校期间，我曾开过出租车，锻炼自己对社会的适应能力及吃苦耐劳的能力；每个假期在不同的公司实习，积累工作经验。我将用自己的智慧和汗水以真诚的行动回报社会对我的栽培，及贵公司对我的信任。

我对热能与动力工程相关专业有着浓厚的兴趣，因此在校期间，我充分利用学校优越的学习条件和浓郁的学习氛围，认真地学习了热能与动力工程专业，全面地了解了锅炉、热轮机、空调与制冷技术、内燃机等方面的知识，并取得了优异的专业课成绩。此刻，我已具备了热能与动力工程专业应有的技能，希望能够有机会到贵公司基层进修、学习，从事电站锅炉运行、汽轮机运行、设备管理、设备改造维护与设计等相关工作。

同时，我对计算机和英语学习有着特别浓厚的兴趣，在课余时间自学了大量的计算机和专业英语方面的知识，获得了CCT全国高等学校计算机考试证书（已通过机试且成绩优秀）和国家计算机信息处理技术证书，参加了全国英语四级考试，达到了英语四级水平，并能熟练查阅英文工具书和熟练使用计算机以及很好地应用网络资源。基于对贵公司的向往和对自身情况的综合考虑，我希望能为贵公司尽职尽力，若能得到贵公司的录用，我将深感荣幸。静候您的佳音。

随信附上个人求职简历，期待与您的面谈！

此致

敬礼

××××大学毕业生×××

××××年××月××日

（四）求职信的制作要点

在介绍如何写一封好的求职信之前，我们先来看一封求职信，这就是典型的"无效"的求职信。

亲爱的××公司领导、各部门负责人：你们好！

当你们拆开这封信时正是秋高气爽的金秋十月，一个收获的季节，带着16年寒窗苦读所积累起来的人文史地政经、科学知识，我步入了寻找人生新起点的又一个艰苦阶段。求职对于我来说，既是对多年学习成果的一次大盘点，又是展现抱负、实现理想的大好机会。当我听说贵公司正在招聘人才时，毫不犹豫地决定要来一展身手。通过对贵公司的了解，我看到了许多今后可以帮助我成长的闪光点。贵公司是证券行业的知名企业，具有相当高的知名度和影响力，我希望有机会进入贵公司，从而得到正规培训，提高各项工作技能，为我今后的人生画下浓墨重彩的一笔。

我们学校有悠久的历史和优良的传统，并且素以治学严谨、育人有方而著称；我所学习的专业更是热门中的热门。在这样的学习环境下，无论是在知识能力，还是在个人素质修养方面，我都受益颇多，四年来，在个人努力及各方严格教益下，我具备了扎实的专业基础知识，系统地掌握了有关专业理论；熟悉日常工作流程；英语水平比较高；能熟练操作计算机，并具有多个微软认证证书，还可以设计制作网页、动画，我设计的主页色彩鲜明、格调高雅、功能强大，如果你们能聘用我的话，我可以在业余时间帮助公司改良现在的网页，使官摆脱死板、灰暗、单调的现状。同时，我利用课余时间广泛地涉猎了大量书籍，不但充实了自己，也培养了自己多方面的技能。更重要的是，严谨的学风和端正的学习态度塑造了我朴实、稳重、创新的性格特点。

（点评：到这里为止，还没有交代清楚自己的学校、专业是什么。）

此外，我还积极地参加各种社会活动，抓住每一个机会，锻炼自己。大学四年，我深深地感受到，与优秀学生共事，使我在竞争中获益；向实际困难挑战，让我在挫折中成长。祖辈们教我勤奋、尽责、善良、正直；华夏大学培养了我实事求是、开拓进取的作风。我热爱贵单位所从事的事业，殷切地期望能够在您的领导下，为这一光荣的事业添砖加瓦，并且在实践中不断学习、进步。收笔之际，郑重地提一个小小的要求：无论你们是否选择我，尊敬的领导和各部门负责人，希望你们能够接受我诚恳的谢意！

祝愿今后合作愉快！

×××××学院李××

2018 年 11 月 8 日

这是一封日常典型的应届生求职信，特点就是热情洋溢，但是不着边际，说了很多与求职无关的空话，凸显不出自己的特色和应聘资质，连基本信息都没说清楚。面对这样的求职信，人力资源是不会详细看的，更不会从字里行间来捕捉你的优势特色等。

求职信修改后：

尊敬的招聘经理：您好！

我是×××××学院经济系的一名应届本科毕业生。我于11月1日参加了贵公司在我校举办的校园招聘会，得知研究部正在招聘分析员，我希望应聘贵公司"研究部分析员"一职。

（点评：简明扼要地说明了来历、应聘的职位。）

我在兼职、实习期间一直关注中国金融市场的动态，对于新兴证券公司尤为关注，贵公司在成立之时，我正在环邦信息咨询公司担任实习翻译，有幸采编过有关贵公司组建的背景新闻，贵公司领导团队由一批具有创新意识和进取精神的高素质人才组成，将很有发展前途。最近又欣闻王鑫这位研究分析明星被聘为贵公司研究部首席分析师，这样的工作团队正是我一直向往的。以下是我个人能力与工作教育背景的综合简介。

（点评：告诉人力资源自己对公司的了解，表达应聘的诚意与强烈愿望。）

良好教育背景：将于2019年7月获得对外贸易学院经济学专业学士学位。

金融行业工作经验：在迅联金融培训公司任兼职分析员及环邦信息咨询公司担任兼职翻译的工作中对金融、电子、通信等行业有较深理解。

较强的沟通能力：在摄影协会及爱心社的社会工作中较多地进行对外沟通及对内管理工作。

扎实的个人技能：在兼职工作中经常使用英语，并用Excel及PowerPoint进行大量文案工作。

（点评：以分栏的形式清晰明了地列出自己与职位相关的优势，直接、易读。）

我希望凭借我所具有的相关工作经验和专业知识技能，以及自身的刻苦、进取精神，能为公司研究团队尽快提供扎实的基础分析工作，为公司的研究业务能更好地为机构客户服务而贡献力量。

尊敬的招聘经理，我非常希望能够得到贵公司的面试机会，供你们考察我在各方面的能力是否适合研究部分析员一职。我的联系方式如下，感谢你们拨冗阅读我的求职材料。

李××

2018年×月×日

李××

×××××××××学院经济学专业2015级

地址：×××××××路×××××××号××楼×××室

电邮：×××××××

电话：（0412）××××××× （晚上8：00—11：00）

手机：138-0888-8888（全天）

（点评：把自己的地址和联系方式清晰全面地罗列，方便人力资源联系自己。）

通过以上的案例，我们不难发现，好的求职信一般要注意以下4个方面。

1. 开头简洁直接

写求职信的一个重要原则就是把最重要的信息放在开头。开头最好开门见山，直接交代清楚你是谁，你要应聘什么职位，以及你为什么来应聘，如表7-3所示。

表7-3 求职信开头写法

内容	要点	举例
个人信息	最重要的个人信息与招聘职位有关的信息	● 我是×××大学大四的学生，在6月毕业，专业是生物。 ● 我刚完成我第×年的本科学业（硕士学业），想在贵公司找一个×个月的实习
写信意图	信息来源与谋求的职位	● 我在×××设计学校的职业发展部办公室看到你们招聘一个纺织设计员的广告。 ● 在（时代）杂志上我读到了你们东扩的计划，很感兴趣，想加入你们的企业中

在写这一部分时，切忌千篇一律。很多人力资源会抱怨，收到的众多求职信中甚至连开头都一样，如"尊敬的先生/女士：您好，我在论坛上看到贵公司的招聘信息，十分感兴趣……套用模板的痕迹太重，缺乏对公司的了解与应聘诚意。所以，建议没有很多实习经历的应届毕业生，不妨在第一段花点心思精心构思一下。

2. 展现你对公司的了解

要想自己的求职信脱颖而出，不妨在求职信里写一些自己对公司的"情结"。

写这一部分的原因是要让人力资源知道，你不仅了解公司而且你非常愿意在此工作。

不妨从以下几点着手：

（1）简述接触公司产品或服务的体会；

（2）列举一个有关公司较新的重大发展；

（3）谈谈对公司的独特见解；

（4）简述公司的名声、公司文化、销售成绩、管理宗旨，等等。

如果你能从以上某一点展开，符合切身情况地谈谈，定能吸引人力资源。但是要切忌"为写而写"。从网络上下载企业简介放进求职信中，不仅不能引起人力资源的好感，还会弄巧成拙，提前出局了。这部分应视个人情况而定，如果写不出特色，就不如不写。

3. 你的应聘优势（卖点加版式）

这一部分应该是求职信的重点和中心。你要在短短的篇幅内展现你应聘该职位的优势、你独特的资质，说服人力资源给你一个面试的机会。你要用最简洁明了的语言告诉人力资源"为什么要聘用你"的理由。这里包含两个要点：卖点与版式。

（1）卖点。广告的卖点是用潜在顾客的需求来吸引他们，而求职信的卖点也应如此，要针对招聘职位的要求提炼自己的优势。即每一条信息都要针对应聘职位，展现你的胜任能力。向人力资源传递这样个一信息："我是可以进入面试的人选！"要确保你所写的每一项优势都对你的求职有益。

你能展现的卖点可以是毕业院校、对口专业，你对应聘行业的深入了解，你与该行业（或职位）相关的兼职或实习经历，你在工作中做出的成绩、创造的价值等。这些都是体现你工作能力、业务技能的有力证明。

在这一部分切忌重复罗列简历信息，比较好的做法是围绕简历中的某一两点进行发挥。比如突出你在学业、工作中的重大成就，以证明你具备扎实的知识基础、过硬的业务能力，使招聘人员相信你足以胜任这项工作。

在开头部分，你可以这样写："我的专业是政治科学，在美国国会实习过，我获得过以下的成就，具有以下的技能。""我是一个对新闻工作很有热情的人，在最近一次实习中，我先后采访了×名外国企业家，报道、专题撰写能力都有很好的锻炼……"然后将自己的优势——罗列。

（2）版式。建议写这部分内容要像做广告那样结构清晰，突出重点，这样不仅能帮助自己突出优势，也能帮助人力资源快速掌握你的基本信息。

切忌大段的描述，这样会使人力资源没有心情阅读下去，对你的求职非常不利。

4. 结尾简单真诚

在应届生的求职信中结尾部分往往都是一些许诺式的豪言壮语，"如果您聘用了我，我会怎样怎样"，其实这些都没有必要，不妨简简单单地表达真诚的愿望。

如，"衷心希望能有机会和您面谈。""感谢您的阅读，衷心期待您的回复。同时祝您在繁忙的招聘季节里身体健康。"

另外，最好在结尾处再次写清联络方式，这样有助于人力资源轻而易举地找到你的联系方式。同时这样的"细致周到"也一定会给他留下良好的印象。

（五）中文求职信的制作及范例

1. 书面纸质求职信

如前所述，书面纸质求职信一般在招聘会、宣讲会现场投递给人力资源，或者邮寄简历时采用。书面纸质求职信应注意以下4点：

（1）使用A4纯白色信纸，给人整齐舒服的感觉。信纸信封不要折皱或有污渍，不要有其他公司或酒店的标记或名称。

（2）注意字体的运用。一般情况下用五号字体，1.5倍行距。表现"亮点"的词句，可以用加黑加粗的字体显示。对特别的段落，采取两端各缩进两字的方法处理，更能吸引招聘人员的目光。

（3）篇幅控制在一页，核心内容占据A4纸的50%~60%。

（4）在介绍自己优势时要分层次，每一点自成段，每一段尽量不要超过5行。

教学案例7.2

始终严守时刻，体谅他人

2008年9月23日

招商银行上海分行

人力资源部

招聘经理

尊敬的招聘经理：

您好！我是上海财经大学2015级人力资源管理专业本科生王东东，将于2019年毕业。我于9月17日在学校就业指导中心得知贵公司正在招聘柜员岗实习生，我希望应聘贵公司"柜员岗实习生"一职。个人能力与工作教育背景综合简介如下：

● 良好教育背景：将于2019年6月获得上海财经大学管理学学士学位。

● 咨询、认证行业工作经验：2016年1月至2017年8月分别任上海腾飞国际认证有限公司培训助理、上海诚信咨询有限公司电话访问员、上海威信咨询有限公司兼职市场调查员，加强了对企业培训及咨询职务的认识和理解。

● 销售行业工作经验：2016年10月至2018年4月在上海的国美电器金立手机业务部担任销售代表工作，通过该工作增强了商品销售的意识，增加了市场视角的敏锐性，锻炼并提高了市场沟通与划分客户类型及信息收集分析能力。

● 较好的沟通能力：在心理组及纪检部的社会工作中较多地进行对外沟通及内部管理工作。

● 扎实的个人技能：在实习、兼职中用Excel及PowerPoint进行大量的文案工作。我希望以自己所具有的相关工作经验和专业知识技能、积极进取的工作精神、刻苦务实的做事态度以及不断汲取新知识的能力，与贵公司其他员工一起共同合作，能为招行贡献自己的一份力量。贵公司有着较好的企业文化氛围，我非常希望能够得到贵公司的面试机会，以考察我在各方面的能力是否适合"柜员岗实习生"一职。

感谢您拨冗阅读我的求职材料。祝贵公司事业蒸蒸日上！祝您工作顺心、身体安康、生活幸福！顺颂商祺！

随函呈附：中文简历一份。

王东东

2018.09.23

2. 电子版求职信（E-mail正文中的求职信）

现在越来越多的企业倾向于网上招聘，采用电子邮件的形式接收简历。网上投递意味着招聘人员的阅读速度更快、效率更高。因此在简历前，若能附上简明扼要的求职信，强化优势，是值得推荐的做法。其写法要点与书面纸质求职信类似，但需要强调两点：

（1）电子邮件正文中的求职信篇幅不宜过长，求职信过长会使其效度大大降低。哈佛人力资源研究所的调查显示，如果一份求职信的内容超过400字，其效度只有25%，即给阅读者只能留下1/4的印象。

（2）不要"海投"。要把握好与招聘人员的交流机会。我们来看下面一篇求职信，它就是典型的"海投"产物，这样的求职信给人力资源留下的只能是反感。

教学案例7.3

尊敬的先生/女士：

您好！首先，非常感谢您能在百忙当中抽空阅读我的求职材料。

（点评：一定记住了，我们不是"抽空"在阅读你的简历，公司给我们工资，我们阅读你的简历就是我们的职责之一，用"抽空"当然不妥，这本就是我们应尽的职责。）

　　我是辽宁（某学院）2019届（某专业）毕业生，得悉贵单位正在招聘人（点评：我们当然是在招人，而且还希望招到"人才"，可这句话怎么读心里都怎么不舒服，难道我们除招聘人以外，还在招聘其他物种?!），出于对贵单位工作的喜爱（点评：你都没上岗，你怎么知道你喜爱我们公司的这份工作，你是有意在奉承了吧!?）和事业发展前景的自信（点评：这句话很不通顺吧，根本找不着主语，什么是对事业发展前景的自信?），我真诚地向您自我推荐，希望能加盟贵单位，为贵单位的事业添砖加瓦。在此，附上个人简历一份，望您能阅读。

　　此致

敬礼

求职人：李辉

2018年12月14日

　　以上是一位人力资源的点评，虽然有故意挑剔的成分在内，不过，我们可以由此看出大学生在写求职信时存在的诸多弊端，除了"海投"痕迹严重，还反映出个人写作能力的欠缺。

　　很多应届生在初次求职时一方面想尽力展示自己的成熟老练，但是又总是显出"学生腔"，诸如"久闻贵单位""给我一个机会，还您一个惊喜"的语句在大学生的求职信中比比皆是，这些明显带有学生味的语言往往会遭到人力资源的否定。

　　求职信修改后如下：

　　尊敬的先生/女士：

　　您好！首先，非常感谢您能在百忙当中查阅我的求职材料。

　　我是辽宁（某学院）2019届（某专业）毕业生，得悉贵公司正在招聘财务会计人员；出于对财务会计工作的喜爱，同时考虑到自身条件与贵公司财务会计岗位较匹配，我慎重地向您投递了这份简历，真诚希望能有机会参与公司的面试向您展示我的个人能力，如有幸能加入贵公司，我必将为贵公司的发展做出自己最大的贡献。

　　个人详细简历请见附件。

　　此致

敬礼

求职人：李辉

2018年12月14日

　　经过这位人力资源的简单修改，这封求职信就"靠谱"很多。通过这份求职信，我们多少可以感受到求职者的诚意与希望得到该职位的心情。其实电子邮件上的求职信与书面纸质求职信是一样的，要突出自己的特色，讲与职位相关的话。

（六）英文求职信的制作及范例

　　英语求职信的写作要点与中文的类似，不同的是要特别注意版式和语法。因为英语求职信不仅承担求职信的任务，更是英语能力的证明，应注意以下3点：尽量使用短句，不要试图用过于复杂的句子来让人印象深刻，这只会让人力资源有疲劳和困惑的感觉；反复检查，避免语法与拼写错误；自信表达，多使用行为动词。如用developed，managed和facilitated来描述你的工作职责；在列举完自己的应聘优势后，不妨自信地加一句"I strongly believe I possess the right combination, skills and experience you are looking for" 或 "I am confident that these combined experiences make me an ideal candidate for this position".

1. 词句表达

在写求职信时要使用一些有表现力的词语和一些 Key Words（关键词）。表 7 - 4 和表 7 - 5 是高盛公司人力资源提供的求职信 Powerful Words 和 Powerful Phrases 列表。

表 7 - 4　**Powerful Words**

ambition	appreciate	approval	aspire	attain
capable	courage	definite	desirable	effective
enhance	enthusiasm	excellence	genuine	helpful
humour	imagination	improvement	integrity	initiative
intelligence	judgement	notable	opportunity	perseverance
practical	prestige	progress	prominent	resilient
salient	responsible	success	superior	thorough
established	formulated	initiated	implemented	managed

表 7 - 5　**Powerful Phrases**

Extensive and diverse experience in...	promoted to
expertise and demonstrated skills in...	succeeded in
knowledge of/experience in	assigned to
worked closely with	in charge of
constant interaction with	familiar with
proven track record in	instrumental to...

2. 常用语句分类全解

以下提供了一些英语求职信中开头结尾的常用表达，帮助大家掌握外国人"客套话"的写法。在使用这些语句时要注意不能生搬硬套，最好结合自己的情况作适当删改，以避免千篇一律的尴尬。

（1）开头通用模式：

①My interest in the position of (job) has prompted me to forward my resume for your review and consideration.

②The (job) position advertised in the (media) on May 13 intrigues me. I believe you will find me well - qualified.

③Your June 20 advertisement in (media) calls for an (job) with a background rich in a variety of (requirements) skills, such as mine.

④I am writing to inquire opportunities for (job) in your organization.

⑤Are you currently seeking a security specialist (job) to maintain or upgrade the security (duty) of your organization? If so, I would like to apply for the position.

（2）开头个性化模式：

①My desire to locate a responsible position in plant management has prompted me to forward the attached for your consideration.

②My interest in joining any Corporation as a licensed electrician had prompted me to forward my resume for your review.

③Having majored in mathematics at ××× University, where I also worked as a Research assistant. I am confident that I would make a successful addition to your Economics Research Department.

④at the suggestion of （somebody）, I am enclosing my resume for your consideration pertaining to consulting or related assignments with any Corporation. （有人推荐的情况下使用）

⑤I am forwarding my resume in regards to the opening we discussed in your Marketing Department.

⑥I want a job. Not any job with any company, but a particular job with your company. Here are my reasons：Your organization is more than just a company. It is an institution in the minds of the Chinese public.

（3）结尾通用模式

①I should appreciate the privilege of an interview. I may be reached by letter at the address given above or by telephone at （phone number）.

②I feel that a personal meeting would give us the opportunity to discuss your shout – and long – term objectives and my ability to direct your organization towards successfully achieving those goals.

③I should be glad to have a personal interview, and can furnish references if desired.

④Thank you for your consideration.

⑤I welcome the opportunity to meet with you to further discuss my qualifications and your needs. Thank you for your time and consideration.

⑥I have enclosed a resume as well as a brief sample of my writing for your review. I look forward to meeting with you to discuss further how I could contribute to your organization.

⑦Thank you for your attention to this matter. I lood forward to speaking with you.

⑧The enclosed resume describes my qualifications for the position advertised. I would welcome the opportunity to personally discuss my qualifications with you at your convenience.

⑨I would welcome the opportunity for a personal interview with you at your convenience.

⑩I feel confident that given the opportunity, I can make an immediate contribution to any Corporation. I would appreciate the opportunity to meet with you to discuss your requirements. I will call your Office on Friday to schedule an appointment. Thank you for your consideration.

⑪I can be reached at the telephone number listed above. I would appreciate any leads you could give me. again, I very much enjoyed our conversation.

3. 英文求职信标准格式（如表 7 - 6 所示）

表 7 - 6 英文求职信标准格式

英文信必要部分	说明
信头（Heading）	发信人地址、电话、E - mail 等联系方式
信内地址（Inside address）	收信人姓名、头衔、公司名称、地址
称呼（Salutation）	信内地址下面，空两行
正文（Body of Letter）	
结束语（Complimentary Close）	正文下面两行，从信纸中间写起
签名（Signature）	
附件（Enclosure）	附件简历或证明材料

教学案例 7.4

以下是两则英语求职信范文，请特别注意英语求职信的写作格式。

◆ 英语求职信范例（一）

Zhang dong，Dave

No. 2005 PoBox，Tongji University

Shanghai，200092

+86（21）6598 - × × ×

130 - 4563 - × × ×

Oct，6th，2003

To × × × × × × × ×

Dear × × Campus Recruiters，

Your campus advertisement for × × × × × on your website is of great interest to me. With a sound educational background demonstate and a keen desire to be part of a professional firm，I'm submitting my resume and wish to apply for the position referred above.

In addition to my academic excellence，my various aptitudes displayed in extra curriculum activities combined with fluent English ability as well as proficient computer skills prepare me a qualified candidate. I hold the belief that I will make positive contribution to your company.

You require	I offer
• Fresh graduate with degree preferred in Business administration	• Bachelor in Business administration with competitive academic performance
• outstanding leadership skills with good track record of extracurriculum activities.	• Internship experience in different industries as well as association leader
• Excellent analytical skills and team spirit	• Succeed in bringing order out of chaos and cooperate with team colleagues

- Coordinate wide range cross – department associates with different background and opinion
- Familiarize analytical software in two – weeks and complete presentation within tight agenda as a newcomer

- Quick learner, energetic, willing to work under pressure and tough environment
- Fluent oral and written English. skilled PC operator, CET – 4 excellent, CET – 6 passed, CET – SET, Microsoft Win10 Proficient User Certificate

Thank you for your time and consideration and I anticipate the opportunity to meet with you to further discuss my qualification and your needs.

With enthusiastically personal regards.

Cordially,

Zhang dong

◆ 英语求职信范例（二）

Kelly Wu

Room 504 lnelligence Building

Hongqiao Road # 33. ShangHai, China, 200030

+86 – 21 – 8000000

happy@ 163. com

Ms. Beverly M. Radon

May 5th, 2009

Director of Marketing and Sales

Bardon Corporation

Suite 330, Winton Towers

133 East 22nd Street

Chicago, IL 19835

Dear Ms. Radon,

I am very interested in talking with you about employment as a Sales Representative Trainee with Bardon Corporation, and hope you will give my candidacy strong consideration. I feel I have the necessary skills and interest to be an excellent contributor to your organization, and would like the opportunity to demonstrate this through a personal interview with your recruiter during Bardon Corporation's forthcoming recruiting schedule at Syracuse My resume is enclosed for your reference.

Although short on experience, Ms. Radon, I am full of effort and enthusasm. I am an outgoing, friendly individual who would enjoy building strong interpersonal relationships with valued customers. My strong service orientation and bias for action would serve your company well in responding to the needs and concerns of your clients. My drive, determination and leadership abilities are well evidenced by the following accomplishments:

——Grade Point average of 3. 7/4. 0

——Fraternity President, Senior Year

Fraternity Vice President, Junior Year

Pledge Chairman, Sophomore Year

——Captain, Varsity Crew Team, Senior Year

Member, Varsity Crew Team, 3 Years

Co-captain, Varsity Swim Team, Junior Year

Member, Varsity Swim Team, 4 Years

1 would like the chance to put my energy, drive and enthusiasm to work for a company such as yours. May I have the opportunity to further discuss your requirements during a personal meeting with your representative on September 22nd?

Sincerely,

Kelly Wu

三、中文简历制作攻略

在求职过程中，为自己制作一份合适的求职简历非常重要。制作的简历要求条理清晰，能给人留下深刻的印象。比较有效的求职简历是：将自己的自身状况、学历情况、培训（工作）经历、考取的职业证书、专业特长、获得的奖励、求职意向、联系方式浓缩到一页 A4 幅面纸上；要求实事求是、语言精练、主题明确。

（一）简历的概念和类型

1. 概念

简历，顾名思义，就是对个人学历、经历、特长、爱好及其他有关情况所作的简明扼要的书面介绍。简历是个人形象，包括能力的书面表达。对于求职者而言，是必不可少的一种应聘材料。个人简历是自己生活、学习、工作、经历、成绩的概括集锦。制作个人简历的真正目的是让用人单位全面了解自己，从而为自己创造面试的机会，最终达到就业目的。个人简历一般作为自荐信的附件，呈送给用人单位。

2. 类型

如果能根据不同的时间、场合，使用合适类型的简历，将有助于大学毕业生的求职。下面介绍几种类型的个人简历。

（1）时间型简历。它强调的是求职者的工作经历。大多数应届毕业生都没有参加过工作，更谈不上工作经历了，所以，这种类型的简历不适合毕业生使用。

（2）功能型简历。它强调的是求职者的能力和特长，不注重工作经历，因此对毕业生来说是比较理想的简历类型。

（3）专业型简历。它强调的是求职者的专业水平、技术技能，也比较适用于毕业生，尤其是对于那些对技术水平和专业能力要求比较高的职位，这种简历最为合适。

（4）业绩型简历。它强调的是求职者在以前的工作中取得的成就、业绩。对于没有工作经历的应届毕业生来说，这种类型不适合。

（5）创意型简历。这种类型的简历强调的是标新立异，目的是表现求职者的创造力和想象力。这种类型的简历不是每个人都适用，它通常适合于广告策划、文案、美术设计、从事方向性研究的研发工程师等职位。

（二）简历的内容

简历是大学生争取面试机会的一张"门票"，是用人单位了解求职者的重要媒介，是求职者推销自己的有效工具。

个人简历可以是提纲式简历、表格式简历，也可以是其他形式。简历中应当写的基本内容包括以下几个方面。

1. 个人基本信息

个人基本信息中一般要写明姓名、性别、出生日期、学历、就读学校、专业、通信地址、邮政编码、联系电话、电子邮箱等。

2. 求职意向

求职意向也可以说是职业目标，即具体说明针对某一职业的概括性的目标，如机械制造、通信研发、软件程序设计、会计、审计、管理等工作。这是简历中必不可少的内容。很多毕业生在制作简历的时候没有注明自己的求职意向，导致无数的简历石沉大海。用人单位一般在招聘多个岗位的时候，会将收到的简历按照求职意向进行分类。所以，如果简历没有注明求职意向，很可能就被搁置了。

3. 教育背景

对于大学生而言，由于缺乏工作经验，教育背景就成了必须写明的部分，而且应该排在第一的位置。有的大学毕业生经常把工作经验放在教育背景的前面，这样做的结果可能是使用人单位把你当成已经工作过的人看待，从而失去竞争优势。

教育背景中一般应包括以下内容：

（1）受教育情况。正规教育一般只写在大学期间的就可以了。如果觉得以前就读的中学是所名校，而且自己的表现很出色，对自己的应聘有帮助，那从高中写起也可以，但不用写太多。

（2）主修课程。要针对应聘岗位的需要列出用人单位可能感兴趣的体现多样化的课程，包括必修、选修、自修和参加培训的课程。要将课程分类排序，可按照公共基础课、专业基础课、专业技术课、社会人文类课程或选修、辅修、自修课等进行分类。按类别集群排列，使人一目了然。

（3）其他。可以将大学期间获得的有意义的奖励列出。对于成绩一项，是可有可无的，除非你的成绩非常好，否则没有必要列在简历中。

4. 实习与社会实践经历

（1）学校实习经历。如果在学校学生会、团委担任过职务，那么这段经历一定要写上，因为应届毕业生大都没有太多的社会工作机会，所以有过这种经历就很重要。此外，参加过学校的各种社团、协会的经历都可以作为工作经历。写这部分时有以下几点注意事项：

①写明自己的具体职位。

②写明自己做过的事情，自己在这件事情上担任什么样的角色，最后的结果怎样。比如你可以说自己曾经组织了校运动会，有多少人参加，比以往有什么改进，取得了什么成就，提高了哪些能力。这些都是用人单位比较关注的信息。

（2）公司实习经历。如果有在公司实习的经历，要写得详细具体，具体到你做过什么工作。但是要挑其中与职位相对应的写，不相关的不要写。很多大学生不知道应该怎样描述工作经历，在这里，建议采用以下几种原则和方法：

①工作成就数字化、具体化。比如对于工作内容，说"基本上完成"，就不如说"工作完成了90％"或者具体完成到了哪一步。

②不拘泥于时间顺序，可以先写最有成就的，这样可以让人力资源在短时间内发现你的亮点。

③凡是列入公司实习经历的工作，都应该交代清楚你所在的部门和所担任的工作，如××公司市场部兼职市场调查员。

④不要随意缩写公司的名称。

（3）培训经历。如果在求职之前参加过很多培训，而且这些培训对要应聘的职位来说很重要，那么在应聘的时候，就一定要写出这段经历。如果接受的是公司的培训，那么就把培训经历放在实习公司的下面，作为公司的一种奖励来展示。一般外企很重视大学生不断学习的能力，因此，接受过的培训经历是一个很大的亮点。如果到外企应聘，而自己又有培训经历的话，一定要写上。

5. 个人能力

（1）英语能力。要在简历中列出最能反映英语水平，尤其是口语水平的成绩或者证书。不仅要列出大学英语四、六级成绩，如果有额外的英语成绩证明，比如校英语演讲一等奖等也要列在简历中。很多大学生在简历中提及"第二外语"，其实除非第二外语与要应聘的职位非常相关，否则没有必要列在简历上。

（2）计算机能力。在描述计算机能力时不要只说"熟悉""了解"等词语，最好写明白自己对哪些软件能够熟练使用。现在由于 Office 软件的应用越来越普遍，所以 Excel 和 PowerPoint 是公司内外交流中最需要掌握的两种软件，而 Word 就不用写了。

（3）其他能力。如果是工作经验比较少的求职者，那么所掌握的一些技能和关键技术就成了有力的能力证明。所以，一定要把自己学到的一些关键技术写在简历上。

（4）爱好与特长。通常情况下，爱好与特长本身的说服力很弱，完全没有必要写。但是如果爱好和特长中，有与应聘职位相关的，那就写两项到三项即可。不具体的爱好不需要写，如体育、音乐等爱好太宽泛，除非在这方面特别突出优秀，否则就不用写在简历中。

（三）简历写作的原则和描述方式

优秀简历各有千秋，要想赢得人力资源的青睐，在简历制作时应遵循真实、独特、相关及简洁四大原则。真实是诚信的体现、简历的基础；独特是简历与众不同、脱颖而出的关键；相关是信息准确匹配与传递的保障；简洁是简历发挥有效性的基础。

这四大原则结合关键词说话、行为词说话、数字说话、结果说话等四大描述方式，才能赢得人力资源的青睐，顺利通过简历筛选，如图 7-1 所示。

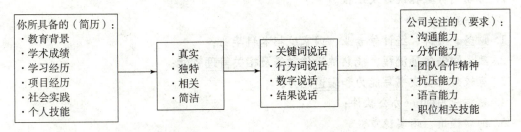

图 7-1 简历写作原则与描述方式

实际上，这四大原则及四大描述方式是相辅相成的。独特的经历必须基于真实的基础，简历要做到简洁就必然要求简历内容要与应聘的职位、公司相关；行为词本身就属于简历关键词中的一类，用结果来表示过去的成就，而数字是最能体现结果的描述方式。

1. 关键词说话

人力资源平均浏览一份简历的时间不超过 30 秒，在这么短的时间内，人力资源主要是通过查看简历中的关键词来进行判断，关键词的作用尤其在网上招聘的简历中更为明显。如果你是应聘互联网行业相关的职位，人力资源可能会对简历中的"网站""流量""××××××.com"（网址域名）等关键词比较敏感，如果你应聘财务类职位，人力资源可能会对简历中的"会计""财务管理""财务软件"等关键词比较敏感……所以在写简历前，你应该针对应聘的职位、公司甚至行业，想一想需要在简历中加上哪些关键词，这些关键词可以分别对应到你的简历的哪部分内容，以什么样的描述方式来呈现。

从内容来看，简历中的关键词可分为两个方面：

（1）相关的技能及素质能力；

（2）相关的教育培训及实习、工作经验。

从普遍性和特殊性的角度来看，简历中的关键词也可分为两个方面：

（1）一般性关键词。这类关键词表示的技能或者素质通常为大多数工作所需要的，例如团队合作能力、策划能力、计算机能力（例如"Excel 等软件的使用"等词）、英语能力（英语四级、六级）、沟通能力等。

（2）职位相关性关键词。不同职位对于求职者的相关技能和素质的要求会有差异，一般与职位的工作内容和工作性质相关。

如何才能获取、正确判断简历中该用什么关键词呢？用人单位的招聘信息中对于职位的职责描述及应聘要求就是最好的分析关键词的来源，学会解读招聘信息中出现的字面信息及隐藏在字面信息背后的关键词，然后结合自己的经历，在简历中的对应部分呈现这些关键词。

教学案例 7.5

以下是一则招聘财务助理的招聘信息（重要关键词以粗体＋下划线＋背景的方式突出）：

职位：财务助理

工作职责：

1. 合同应收账款建档、追踪、统计、汇总上报及管理；

2. 协助财务数据统计及汇报。

职位要求：

1. 财务、会计、统计等专业，国家统招本科毕业；

2. 熟悉财务各项流程，能熟练操作财务及相关管理软件；

3. 有较好的英文书写能力和表达能力；

4. 熟练应用Office办公软件；

5. 细心谨慎，踏实稳重；

6. 必须具备良好的职业道德；

7. 有相关实习经历优先考虑。

分析与点评：在这则招聘信息中，很显然"财务"这个词最为重要。无论是专业要求，还是技能要求，都体现了与职位"财务助理"相关的特性。除了信息中比较明显的关键词，我们要学会分析、转化在信息背后隐藏的关键词。例如：在这则招聘信息中，职位相关性的关键词还隐藏在"财务各项流程""财务相关管理软件"的背后。在一个公司中，"财务各项流程"可能包括的内容很多，诸如报税报销、成本核算等，"财务及相关软件"背后的关键词就可以包含"金蝶""用友"等财务管理软件或者"ERP"等。

一般性的关键词，诸如英文书写及表达、Office 办公软件则是比较普遍的要求。如果在你应聘的职位中没有详细的职位职责及职位要求的说明，那么建议你通过查找其他公同类似职位的招聘信息说明来进行分析。在将关键词整理出来之后，就需要结合自身的背景和经历，在简历中突显相关的关键词。对于与职位相关的关键词，可以在教育背景、实习经历、培训经历及职业技能中来体现。英文书写及表达能力可以通过英语证书或者其他英语考试来体现，而办公室办公软件则可以在计算机技能中体现。

教学案例 7.6

以下是一位财务管理专业本科生针对该职位在简历中的教育背景、实习经历、培训经历及个人技能部分的描述范例：

教育背景

2006.9—2010.7 江西财经大学 财务管理专业 本科

实习经历

江西××号包装贸易有限公司 财务部 财务助理 南昌 2008.07—2008.08

- 负责公司大客户的收发货统计对账工作，主要客户包括富士康、富士施乐、理光公司等，工作准确率达 98%；
- 审核订单、生产送货、确认等工作流程的准确性，并做月度 KPI 统计报告；
- 做记账凭证、登账试算平衡，并用 Excel 编制会计报表。

培训经历

用友软件培训 江西财经大学 南昌 2009.03—2009.06

- 掌握用友软件中的总账系统、UFO 报表系统、现金流量表系统、应收款与应付款管理系统、固定资产管理系统、薪资管理系统、存货核算系统等功能的应用；
- 培训结业成绩在 32 人的培训班中排名第 4。

英语及 IT 技能

英语：通过英语六级考试，雅思考试成绩 7 分，能用英语流利交流；

- 计算机：熟练运用 Office 软件，尤其精通 Excel 操作，使用 Excel 编制过会计报表。

2. 行为词说话

在描述过去经历的时候，无论是实习兼职经历还是社会实践经历，都需要把自己做的事情用清楚详细的、表示动作的词语（即行为词）叙述出来，形式上一般建议采用行为词开头的短句群。同样一段实习经历，是否掌握行为词的描述方法，其经历描述的效果大相径庭。

教学案例7.7

例如：某同学的一段校园销售代理的实习经历如下（修改前）：

实习经历

2008.07—2008.08　深圳××号有限公司　业务销售代表　西安

● 负责其电子产品 MP3 在校内的推广与销售；

● 一个月间帮助公司实现销售额达 5000 元，个人获净利润 1000 元。

分析与点评：在这段校园销售代表经历的描述中，虽然采用了"负责""推广"及"销售"的关键词，但是这样的关键词还是比较笼统，不够具体，并不能体现其实际所做的工作。是否有做过相关的校园用户调研及分析？制定了什么样的销售策略？采用了什么样的方式推广？是否有售后服务内容？这些都是人力资源想要了解的，但是简历中没有回答这些问题，应该从回答这些问题的角度来完善工作内容，增加相应的行为词描述。

此外，在业绩描述中，"帮助"一词是个败笔，一是没有体现出自己所做的工作内容，二是夸大了自己的作用。

以下是修改后的描述：

实习经历

2008.7～2008.8　深圳××有限公司　业务销售代表　西安

● 负责其电子产品 MP3 在校园内的市场推广与销售工作；

● 调研学生用户需求，分析学生用户电子类产品消费行为习惯；

● 拜访 3 个不同学生住宿区的 300 多间学生寝室近 2000 名学生用户，上门宣传、推销MP3 产品；

● 一个月内完成 MP3 销售额达 5000 多元，个人获净利润 1000 多元。

分析与点评：修改后的经历描述中所增加的行为词"调研""分析""拜访""宣传""推销"就更加全面地反映了其实际的销售工作内容，比修改之前的就更加具体、更加专业。

行为词实际上就是关键词当中的一类动词。所以其行为词的分析及获取方法与关键词类似。以下是部分常见的行为词：

（1）表示个人成就的：简化、实现、执行、提升、创造、完成、改造、改进、激励、扩大。

（2）表示指导、教授他人的：建议、阐明、指导、传授、辅导、教导、协作。

（3）表示行政管理能力的：引导、详细、制订、分配、建立、呈递、供应、支持。

（4）表示领导能力的：主持、发起、指派、制订、处理、决定、指挥、分配、监督。

（5）表示人际沟通能力的：说服、沟通、报告、拜访、建议。

（6）表示组织、计划能力的：计划、组织、分配、参加、指导、管理。

（7）表示创新、创造能力的：建立、设计、发明、发起。

（8）表示研究、逻辑分析能力的：评估、调查、核实、检查、研究、搜索、观察。

（9）表示金融、财经知识的：审计、筹资、支付、平衡、做预算、计算、分析、评价、估计。

（10）表示技术能力的：维护、重建、测试、诊断、应用、使适应、修理。

3. 数字说话

写简历时一定要善于挖掘自己所有经历中能够用数字说话的部分，因为相对大段的文字描述，简历的数字更能够突显个人亮点，吸引人力资源的眼球。如前所述，无论是教育经历、实习经历还是社会实践经历用数字是最能说明成果、业绩的，最能令人信服。

所以，如果你的经历中有可以用数字来表示的部分，一定要用数字的形式来表达。你可以用百分数的数据来说明你的学术成绩优异，例如"年级前5%"，也可以用具体的实数来表示为某个组织或机构（如实习的公司、学校的学生会或者社团）工作所做的贡献，例如"拉到赞助1200元"等。凡是能够用数字体现你的成就、亮点的部分，一定要大胆地使用数字来表达。

4. 结果说话

如前所述，如果你的简历只是泛泛而谈你做过什么，从这些经历中锻炼了什么，那么你的简历顶多就算及格。而要想达到优秀简历的水平，你必须在简历中学会用客观的结果说话。结果，一般指业绩、成绩等。

我们不仅要在简历中告诉人力资源我们做过什么，而且通过描述我们做得怎么样，来向人力资源证明我们具备相关的素质、能力、经验。一般说来用结果说话的简历更能得到人力资源的青睐。所以，我们在写简历的时候，要贯彻"结果说话"的思想，尽可能多地通过客观的成绩、业绩、成就来向人力资源传递这样个信号——我们是能够胜任所应聘的职位的。

5. 真实性原则

有些大学生为了能够让简历看上去富有"含金量"，在简历中编造实习经历、社会实践经历、获奖经历或者相关技能等，甚至伪造相关证书。这种造假方式也许能侥幸通过简历筛选，但是在用人单位组织的后续面试、入职背景调查、相关证书核实等多种手段下，一定会原形毕露。

所有公司的人力资源都对造假简历深恶痛绝。简历是否真实反映了求职者的情况，体现的是其人品和基本的诚信。所以，在写简历的时候，我们应本着真实的原则来写简历，这样才可能走到最后。

6. 独特性原则

做简历前我们应该思考这样一个问题：我的经历中有哪些是大多数人不可能有的？之所以要思考这样一个问题，是因为我们都知道，在现在如此激烈的求职环境中人力资源收到的简历可能个个优秀，不是这样的奖励，就是那样丰富的实践经历，虽然我们也可能具备相同的奖励或者实践经历，但是这并不能保证我们的简历就能胜人一筹。

人力资源也会对简历中比较特殊的、与众不同的经历特别关注，因为这些特殊的经历比数字或者其他的平淡描述更有打动人的力量。

一般说来，具备以下经历的大学生，可以根据应聘职位公司的性质，在简历中适当地突出强调，从而获得人力资源的关注：

（1）有跨国公司实习经历；

（2）北京奥运会志愿者经历；

（3）市级以上（含）商业竞赛获奖；

（4）海外交换生经历；

（5）学生会或社团领导经历；

（6）创业经历。

以上所罗列的只是一部分比较独特的经历，但是实际上每个人都有各自独特的经历，这有待大家自己挖掘。例如，有的同学在大学担任过校足球队的队长，这样的经历也是可以在简历中特别强调的。

这里特别值得一提的是创业经历。虽然创业的精神值得敬佩，但是大部分企业都不喜欢有创业精神的员工。然而，曾经有过创业经历的学生所具备的领导力、解决问题的能力是一些企业，尤其是全球500强企业所青睐的。所以，如果你是应聘外企，而且在学校曾经有过创业经历，无论是网上开店，还是在学校创办过报纸，都可以适当地将这段创业经历以创业者的身份来描述，从而做到与众不同，突显自己的领导力和决断力；但是，如果你应聘的是一些民营中小企业，那么建议从实践经历的角度来描述，把人力资源的焦点转移到相关的实践经历、工作实习经历上，而不是创业上，避免给人力资源一种入职后很可能会不安心工作的感觉。如果通过简历筛选进入面试，人力资源问到关于创业的问题，你都要给出合情合理的回答，让人力资源相信你将来会是个"安分守己"的好员工。

7. 相关性原则

我们已经反复强调了，简历一定要根据应聘的职位来定制，而不能用一份简历打天下。之前提到的无论是"关键词说话"，还是工作实习经历中的描述一定要与职位相关，都是在反复强调这样一个原则：简历的每部分内容都需要尽可能与应聘的职位相关。

相关性原则要求我们能够在众多社会实践经历、实习工作经历中挑出与职位最相关的经历，要求我们能够在专业不对口的情况下，突出相关的实践经历、培训经历或者辅修课程等等。

如何在简历中贯彻相关性原则？一般包含两个层面：

（1）根据简历中各大要素与职位的相关性程度进行顺序调整或者取舍。在简历的各大要素中，个人信息与求职意向一般放在最前面，但其他要素可以根据其突出的程度、与申请的职位的重要性来进行排序。例如：对于申请财务咨询职位的学生来说，如果你熟练掌握各种财务软件或者获得国际注册会计师（ACCA）、注册会计师资格，那么你可以将专业技能要素放在其他要素前面，从而突出你相对其他求职者的核心竞争力；如果你有丰富的财务类实习经历，且相对其他简历要素来说，实习经历更为突出，那么你应该将实习经历要素放在其他要素前，从而强调你的优势。

（2）根据每个简历要素中的内容与职位的相关性程度进行顺序调整或者取舍。简历中同要素项目下的不同内容，也需要根据与职位相关程度来进行顺序调整或者取舍。例如，如果你应聘市场营销的职位，那么你应当将你的家教经历、兼职英语教师经历从实习经历描述中剔除，更多地强调你的培训课程推广经历、手机销售代表等与职位相关的经历。

这两种方法实际上都是在将与职位最相关的内容调整到简历靠前的位置。按习惯来说，简历靠前的 2/3 部分为人力资源重点浏览的部分，所以，尽可能将自己简历中与职位最相关的信息放在前 2/3 部分，这无疑将减少人力资源搜索简历关键信息的时间，从而增大简历通过筛选的概率。

8. 简洁性原则

简历重在"简"，并不是越长的简历就能说明经历越丰富、能力越强。人力资源面对的是成百上千的简历，没有时间来看冗长啰唆的简历。之前提到的四种描述方式及相关性原则，都是为简历内容达到"简洁"而服务的，应该在简历写作时注意以上原则和描述方式的相互贯通，并注意使用正确、清晰的简历规格及版式，做到简历的"外表"简洁，从而使简历最终达到"内涵丰富"和"外表简洁"的最佳状态，让人力资源对你的优势一目了然。

（四）简历修改样例

为了方便大学生掌握写简历的技巧，在此举一例（该例只涉及简历中的部分内容），把它修改前、修改后的变化展示给大家。可以通过比较其增删、遣词及格式变化，体会写好个人简历的要义。

1. 修改前的简历样例

个人简历

基本情况

姓　　名：张 xx		性　　别：男	
学　　历：大学本科		专　　业：汽车与内燃机	
政治面貌：团员		户　　口：北京	
出生日期：1979 年 5 月		民　　族：汉	
地　　址：北京市朝阳区亚乐园 100 号		邮　　编：100124	
电子邮件：xx@ biut. edu. cn		电　　话：67590000	

求职意向

工作性质：全职　　　　　　　　　　希望行业：化工/能源交通/运输信息化技术/互联网
　　　　　　　　　　　　　　　　　　　　　　　金融/银行/保险

目标职能：销售工作　　　　　　　　期望工资：面议汽车
　　　　　　IT 行业

社会实践及工作经验

1. 1997/12—2000/07　担任学生会体育部部长。
2. 1998/07—1998/11　参与我校机电学院某教授课件的开发工作。同期参与北京重型机械厂数据库的建立工作。
3. 2001/03—2001/05　为北汽集团设计云豹系列配件图。
4. 2001/05—2001/10　在亚运村汽车销售市场做销售助理。
5. 2001/10—2002/01　在北京市汽修六厂实习。

证书及培训经历

微软认证系统工程师：MCSE、MCP、MCDBA

大学英语四、六级

英语的听说读写可以熟练运用

汽车驾驶执照（B）

德语 600 小时，一般性交流

2. 修改后的简历样例

个人简历

基本情况

姓　　名：张 xx	性　　别：男
毕业院校：北京工业大学	学　　历：大学本科
专　　业：汽车与内燃机	政治面貌：团员
出生日期：1979 年 5 月	户　　口：北京
地　　址：北京市朝阳区亚乐园 100 号	邮　　编：100124
电子邮件：xx@ biut. edu. cn	电　　话：010 –67590000

求职意向

希望在能源、汽车、信息技术、金融等领域从事销售及技术工作。工资面议。希望有养老、医疗、失业保险和住房公积金。

社会实践及工作经验

1. 1997/12—2000/07　担任学生会体育部部长。发起并建立了北京市由企业和大学联合组织的星美俱乐部，涉及十所重点大学，组织了多场足球、篮球比赛，并带领本校校队于 1998 年夺得北京高校足球联赛冠军，北京电视台曾予报道。

2. 1998/07—1998/11　参与我校机电学院某教授设计课件（动画）的开发工作，该软件已经使用并得到师生好评。同期参与北京重型机械厂数据库的建立工作，该系统运行良好。

3. 2001/03—2001/05　为北汽集团设计云豹系列配件图（采用计算机制图）。

4. 2001/05—2001/10　在亚运村汽车销售市场做销售助理，业绩颇佳。

5. 2001/06—2001/07　为本校汽车专业张老师翻译技术性论文约 4 万字。

6. 2001/10—2002/01　在北京市汽修六厂实习，协助完成 ISO 9000 体系认证的全部文档撰写工作，并参加了车辆维修实习。

外语水平、培训认证及相关能力

通过大学英语四、六级考试，具有熟练的听说读写能力。德语经过 600 小时培训，可进行一般性交流。

通过微软系统工程师认证：MCSE、MCP、MCDBA；独立完成了小型局域网的安装、调试和管理。

汽车驾驶执照（B）。

3. 改动情况

（1）深入挖掘自身的"宝藏"，增加具体事实，凸显能力。

①体育部长的经历增加了组织足球联赛的事实，展示了其领导、组织、协调能力；

②计算机能力充实了原来忽略的内容，写得更具体，如做数据库、机械制图、电子课件制作、网络管理；

③外语水平的描述增加了翻译4万字资料；

④个人基本情况添加了"毕业院校"。

（2）格式变化：

①原简历中的求职意向套用社会网站的格式，不适合大学毕业生，改动后的格式更简约、易懂；

②英语和德语水平作了合并，压缩了条目，但包含的能力没减，文字显得更简练、干脆。

（六）人力资源如何看简历

每个人力资源都有对简历的认识和看法，但是从工作任务来看，人力资源在对待简历上有一些共同的地方。

1. 人力资源看中什么

相对职能部门，人力资源是外行，因此他们更多的是从企业的角度出发，查看求职者的个人素质是否与企业文化一致；他们同时还会站在职场发展的角度，查看求职者的基本能力和发展潜力。这两点也是求职者要在简历中重点予以体现和证明的。

2. 人力资源习惯什么

面对大量简历的时候，5秒内在简历上如果还找不到和职位相关的信息，人力资源往往就不会再看下去，如果15秒还没有看到求职者胜任或适合岗位的优势信息，往往也不会再继续看下去。人的习惯都是自上而下、自左而右地看东西，但对于需要快速浏览简历的人力资源来说，他们一般看的却是简历的中上部。也就是说，在一页简历的中上部的信息一定要和应聘职位相关，并且能反映个人对于应聘职位的最大优势。

3. 人力资源要找什么

人力资源看简历时首先是看求职者是否具有胜任该职位的能力与素质。知识、证书、技能与能力、经验等都是证明求职者能胜任这个职位的依据。其次，人力资源会判断求职者是否适合他们公司。这就要看求职者的自身素质，求职者需要用实例来证明自己诚信、认真等品格。

（七）如何在简历中弥补劣势

俗话说：人无完人。对于应届生来说，缺乏相关工作经验便是求职的一个主要劣势。对于一些大学生来说还存在着一些我们俗称"硬伤"的劣势。例如学习成绩不够好、缺少公司实习经历、应聘的职位与专业不相关、缺少英语证书、学校没有名气，等等。那么在这样的不利条件下，我们该如何来调整自己的简历，让人力资源看到我们的优点呢？实际上，我们可以借用中国传统拳法——太极拳里的一个招式"借力打力"来"修饰"我们的简历，以在保持简历真实性的基础上，最大限度地展示我们的优势，淡化我们的劣势。以下详细分析如何规避各种劣势。

1. 学习成绩不好

首先明确一点，大多数用人单位在招聘应届生的时候，学习成绩固然是一个很重要的考核指标，但不是决定性的，因为多数用人单位更看重的是应届生的综合素质及能力。学习成绩好只能说明求职者在学习课堂知识方面有独特的方法，并不能说明其他能力也很优秀，高分低能的大有人在。

学习成绩的"好"与"不好"实际上是一个相对的概念，因为不同的行业、不同的公司对于成绩的要求也是不一样的。如果是应聘 Google、玛氏、波士顿咨询公司等这样的知名外企，在学习成绩方面是一定要突出的；而如果是制造业内的公司，则对成绩的要求相对没有那么高。另外，一些专业性较强的公司，例如 IT 类公司，更看重相关课程的成绩，而不是总的成绩。

如果你的学习成绩一般，建议可以从以下两个方面来准备简历：

（1）突出相关的、高分的课程。建议将"相关的""相对高分的"课程写到简历里面去，而将"不相关的""相对低分的"课程从简历中删除。例如，某会计学专业本科生应聘财务会计类职位，其总成绩并不突出，因此在教育背景中选择列出相关的高分，如下：

教育背景：

2011.09—2015.07　　××××大学商学院会计学本科

主修课程：

基础会计（95/100）、财务会计（92/100）、会计实务（90/100）

（2）突出实习兼职、社团或学生会经历。如果学习成绩不是很好，那么建议突出相关的实践活动。因为"理论"与"实践"通常不可能总是"两全其美"的。而通过实践经历来证明综合素质，大多数情况下比突出成绩更有效。

2. 缺少公司实习经历

对缺少公司实习经历，或者缺少与应聘职位或行业相关的实习经验的大学生来说应该从以下方面来弥补劣势：

（1）突出社团、学生会等的实践活动。可以将在学校参加的社会实践活动作为工作经历、实习经历来描述。因为如果在学校担任过社团、学生会等的干部，有独立或带领团队合作安排社团活动的经历的话，从某种程度上来说，同样代表了具备沟通能力、团队合作能力等企业看中的能力。不过特别值得一提的是，并不是每项社团经历对求职者都有帮助，也不是每一次的校内活动都有正面的意义，建议大家在处理这个部分的时候根据应聘的职位和公司慎重地进行选择和调整。

例如：某同学只有学校的社会实践经历，没有公司的实习经历，应聘的是市场营销职位，其简历中的社会实践描述如下：

社会实践：

2013.06—2014.09　　××××大学外语学院学生会　　主席

负责学生会统筹管理工作，招纳新会员；

策划并组织"与未来有约"校园职业规划系列活动；

邀请了创智赢家精英会、CASI、三菱、住友、创价咨询、向阳职业规划、知名国际会议口译译员等10家公司走入校园，有700多名学生参与到活动中；

负责学生会与联想集团合作举办全国大学生英语演讲比赛。

2012.09—2013.06　×××大学外联部部长

带领外联部 6 名成员，通过电话、上门走访企业等方式为学生活动争取企业赞助；

成功邀请易网咨询公司、梅特林口译公司、数码广场等公司赞助团学活动；

任职期间累计争取到的企业赞助金额达到 50000 多元。

2011.09—2012.09　×××大学社团联合会宣传部部长

负责大型活动在校园的前期宣传；

制作海报、传单、横幅，并通过校园网和论坛的线上宣传方式，为各类社团活动进行宣传，扩大各类活动的校园影响力；

策划、组织各类社团活动的新闻稿撰写；

为毕业生晚会、迎新晚会等大型校园活动进行场地和舞美设计。

（2）强调个人技能、培训经历、快速学习能力。求职者应该强调自己已经掌握的知识、工具，或参加的培训经历，并以真实、详细的例子来证明自己具有极强的学习能力，能够有效地弥补自身所欠缺的工作、实习经验。例如，可以将论文中应用的研究方法、使用的软件等作为个人技能及经验的证明，如果有与应聘职位相关的培训经历，更要强调显示。例如某同学应聘财务助理，职位说明中要求求职者能熟练操作财务管理软件，该同学的大学课程中有学习用友软件的课程，他就将此课程作为培训经历来重点描述，向人力资源强调自己的个人技能及快速学习能力。

（3）勤能补"拙"，可以在简历的工作技能部分强调"勤奋苦干"，同时，也可以表达不怕工作条件艰苦的意愿。例如，"愿意在周末和晚上加班"或"能够接受出差或外派"，也许这样就能获取工作的机会。

3. 应聘的职位与专业不相关

也许求职者是一个物理专业的学生，但是计算机编程能力很强，大学在读期间做了很多与编程相关的项目或者实习；也许学的是信息管理与信息系统专业，但是却自学了财务管理的课程……实际上，现在越来越多的应届生所找的工作与自己所读的专业并不相关，因为越来越多的企业开始放宽对专业的限制，甚至不限专业，但是一般 IT 行业技术类的岗位还是要求专业对口。如果是跨专业求职，那么简历中该如何写？建议大家从以下方面来考虑：

（1）突出双学位/辅修专业/选修课程虽然有些职业对专业性要求不强，但如果大学生具有一定的相关专业背景，自然在求职中能更胜一筹。现在很多大学都开设了辅修专业课程，这对跨专业应聘的学生是很有帮助的。所以，准备跨专业求职的大学生，有必要尽早规划就业去向，在专业课以外选修或辅修相关的课程。

（2）突出外语能力、个人技能。在跨专业求职中，工作能力是最重要的考量，外语能力、计算机能力、与职位相关的专业技能、沟通表达能力、团队合作精神等都是简历中应该突出的亮点。

（3）突出实习、社会实践经历。如果能够及早洞察自己未来求职要面临跨专业的问题，那么平时就应该多参与相关的实习及社会实践，用实践经历来说话。

4. 缺少英语证书

大多数企业招聘应届生时，对于英语的要求至少为通过英语四级，有些企业要求甚至更高一些，要求通过英语六级。对于外企来说，英语是工作环境中可能经常要用到的语言，所以如果是应聘外企，相关的英语证书是必需的。但如果只有一张四级证书，而实际的英语口语水平还不错，这个时候就可以借实习经验让人力资源推断出自己的英语能力。比如，想说自己英语口语能力强，可以在实习经历里面的某项中加一句"工作语言为英语"。

如果四级还未通过，那么就应该抓紧时间复习，争取早日通过。但是在此之前也不应沮丧，而应该比别人更加积极地去寻找就业机会，因为还是有很多用人单位的职位对于英语水平的要求并不严格，他们更关注的是求职者实际处理问题的能力及动手的能力。

5. 学校没有名气

如果求职者是毕业于"非 985""非 211"的普通高校，那么在简历中可以强调参加的校内、校外的实践活动及实习经历，或者参加过的这样那样的培训经历，或者拥有的技能、证书等，不要因为就读的是普通学校就自卑或怀疑自己，而要找准自己的职业定位，积极去争取属于自己的职位。

在每年招聘应届生的用人单位中，倾向招聘名校毕业生的用人单位只占少数，大多数用人单位看重的是求职者个人的综合素质及能力。因为就算名校毕业的也有庸才，非名校毕业的也有精英。所以在求职战场中，你不能输在自信心上。

教学案例 7.9

今天校园招聘会上的面试，我给排队的每个学生的时间不超过 5 分钟。

有一个学生，本来我觉得不错，她只用一页的简历，就表达了她的优势和特点。当我决定录用她的时候，习惯地浏览了下她的简历，却发现看不到她学校的名字。我问她："为什么没写学校名？"这个学生支支吾吾地回答："因为……我的学校不怎么样……"即便如此，我还是问了她的学校，然后拿起笔，在她的简历中帮她写下她的学校的名字，然后在她眼前竖起简历："有没有写错？"她回答："没有。"

我今天对所有留下的简历，只是做一个动作（在认为特别适合的简历上打钩）。这是我唯一在上面写字的简历，我不知道她明不明白，我是在告诉她什么。她的做法令我对她的印象大打折扣。

不要不敢说出和写下你毕业的学校，无论它是如何得差，毕竟你是从那里走出来的。因为我绝对不会要这样的人：看到他父母的时候，因为他们的背景不好而不敢认他们；或者有一天离开我的公司，到一个更大的公司面试的时候，不好意思说自己是来自一个不是500 强的公司。对公司来说，你的价值和价值观，决定了一切。英雄莫问出处，如果你是一个狗熊，哪怕你是从天堂走出来的，也还是狗熊。

四、英文简历制作攻略

（一）英文简历规格和版式

简历就相当于是求职者的"一张脸"，人力资源对你的第一印象和最初评判，都取决于这"一张脸"。因此，除了精彩的简历内容，也要特别注意版式细节上问题，力求使人力资源看到第一眼就留下"专业""认真"的良好印象。具体来说，求职者要特别注意表 7-7中所示的内容。

表7-7　英文简历版式

要点	注意事项
字体	• Times New Roman, Palatino, Arial 或 Verdana 都可以； • 简历中字体不宜超过两种
字号	• 用10号（小五）字号比较妥当； • 如果内容偏少，也可以适当加大字号
页边距	• 上下一样，2～3厘米； • 左右一样，1.2～2.5厘米
行距	• 不宜过小，要以"方便阅读"为原则
格式	• 整份简历的格式要保持一致（缩进、大写、字体和间距）； • 一定要使用标号"＊"，点句格式； • 最左边的布莱尔点到左页边的距离保持3.8～5厘米
篇幅	• 尽量控制在一页； • 要有留白，空白处与纸张的比例保持1:4比较理想； • 如果实在无法控制在一页，就要保证第二页内容充满2/3以上
纸张	• 有质感的纸（至少80克）； • 颜色：白色、米色或鹅黄色； • 要单面打印； • 大小：A4； • 建议使用激光打印

当然，这份表格中所列的是一些最基本的注意事项。具体的排版和美化方式，希望求职者多借鉴本书中列举的英文简历范例，取长补短。

（二）英文简历范例

以下是一份英文简历范例，属于典型的时序型简历，其教育背景、实习经历及社会实践经历都采用时间倒序，其对应的中文简历参见本书中文简历的制作内容。

RONG HUANG（黄蓉）

Room ××, Building Na. ××, ×× Road, HaiDian District, Beijing（100000）

（86－10） －653××××86－138 ×××× ××××

bbs@ yingiesheng. com

JOB OBJECTIVE   HSBC Management Trainee

EDUCATION

Master of Economics, Central University of Finance and Economics

2005. 09—2008. 03

Beijing, China

Majored in Economics, ranking 3/30

2001. 09—2005. 07   Bachelor of Economics, University of International Business and Economics Beijing, China

Majored in International Trade and Economics, ranking 11/120

CAREER RELATED EXPERIENCE

× × subbranch of Shanghai branch of ICBC   Financial Representatives   2007. 04—2007. 09

- Take ownership for first point of contact resolutions for existing or potential new customers
- Provided non – cash business，e. g. account suspending/activation
- Built and enhanced customer relationships by offering/referring specialized banking products and services
- Exceeded various goals including productivity，referral and customer satisfaction

Central University of Finance and Economics Teaching Assistant 2006. 01 – 2007. 12

- Explained complex concepts to students，held conferences and evaluated students' competence
- Improved the ability of teamwork and interpersonal skills

× × × advertising Inc. Public Relation Manager   2005. 01—2005. 08

- Established and managed a team of 10 people
- Successfully staged 3 public relation campaigns
- achieved 125% increase in profit of Public Relation Division
- Greatly extended market presence of the company

Bank of China，ShangHai Intern   2004. 06—2004. 09

- Provided consultancy services in loan application to institutional clients
- analyzed financial position，operation and credit standing of corporate clients Involved in the verification of commercial loan applications by 5 major international trade companies
- Developed techniques of financial analysis，and strengthened business sense

PROJECT EXPERIENCE

Guanglong Development Bank "Empirical analysis of Rural Financial Market in China" 2008

- Reviewed over 1000 literature in both English and Chinese
- Built a database，conducted quantitative modeling research，and composed a thesis

LANGUAGE & SKIIS

- Professional Skills：Completed level I exam in the Chartered Financial analyst（CFA）program
- English：CET – 6 Pass，CET – 4 Excellent，TOEFL 653

Excellent written and spoken English，and basic French

IT Skills：Frequent user of Word，Excel，PowerPoint，FrontPage. Stata and SQL Server

（三）英文简历各要素详解

1. 个人信息

个人信息部分包括姓名、地址、联系方式、电话、电子邮箱等。一般采用居中的方式，其他的则居左就可以了，如之前的英文范例所示。

（1）姓名。名字的写法要符合英文的表达习惯。很多求职者在写姓名时就错误百出，搞不清楚到底应该大写还是小写，要不要有连接符，等等。表7－8是单名和双名的写法。

表7-8　英文姓名的写法

序号	单名写法		双名写法	
1	Yang LI		Xiaofeng Liang	√
2	YANG LI	√	Xiao－Feng Liang	
3	Yang Li		Xiao－feng Liang	
4	Yang Li（李阳）	√	Xiao Feng Liang	
5	Li，Yang			
6	Li Yang			
7	LI Yang			

这些名字都有可接受的理由，但是我们认为打钩的名字显得更好。

单名"李阳"，这样写"Yang Li（李阳）"就很方便招聘人员，不会因为搞不清楚声调而尴尬了。但标准外资公司流行的写法是第二种"YANG LI"，这也是大家约定俗成的简历中名字的写法。

双名"梁晓峰"，用第一种"Xiaofeng Liang"最为简单方便。如果在简历抬头需要大写时，可写成"XIAOFENG LIANG"，大家看就知道你姓什么，要不然，大家有可能会误认为你是姓肖。

很多求职者喜欢给自己取一个英文名字，这样交流起来更加亲切方便。这样的做法本来无可厚非，但是，由于对西方文化的了解程度不够，因此在取英文名时往往会有这样那样的错误。表7-9中是一些常见错误。

表7-9　常见英文名字错误

问题	反例	点评
英文名太常见	Jane，Henry，Mary，John	这就像外国人起了"王小刚""张小平"的名字一样，给人牵强附会的感觉。虽然起名字并无一定之规，但给人的感觉很重要
不懂文化差异	Cat，Kitty	由于文化差异，有些名字引申义不雅，如 Cat 宜改为 Cathy，Kitty 宜改为 Kate
英文名与姓谐音	肖珊－Shawn Xiao 钟奇－Jone Zhong 周迅－Joe Zhou 安芯－anne an	有些人由于姓被人叫得多，便取个与姓谐音的英文名。但这样的英文名单独叫尚可，全称时就不太自然了，因此要避免
不懂语法用错词性	Lucky	名字一般用名词，不用形容词。有些人不懂这一规律，用形容词起名，如 Lucky，其实这不是英文名
用错性别	Andy，Daniel	偶尔还有人弄错了性别，如：Andy，Daniel 都是男性名字

英语姓名的一般结构为：教名＋自取名＋姓。如 William Jefferson Clinton。但在很多场合中间名往往略去不写，如 George Bush。对于中国人来说，英文名和姓之间可以加上中文

名，也可以不加，或者用拼音的第一个字母简称。如"John Q. Han（韩强）""DAVID YANG LI（李阳）"另外，在取英文名时有两个方面要注意：一是避免"香港姓"。有一部分求职者喜欢使用粤语拼音写自己的姓氏，如李写成 Lee，王写成 Wong。但是，这种拼法并不被国际承认，所以不建议使用汉语排音以外的写法。二是避免外国姓。有些中国人很随意地取一个外国人的姓，如"Susan Smith"，这也是不恰当的做法，这会让别人误认为你是外国人，或你父亲（丈夫）是外国人。除非你符合这几种情况，不然不要使用外国姓。

名字用英文很常见，也很方便；但是要注意，如果名字拼音的第一个字母是 Q、X 和 R，外国人很难发出正确的读音。英文名应该是"reader friendly"，如"John Han"（韩强），这样外国人叫起来就很方便。

下面是几种取英文名的方法：

①方法 1：与中文名发音一致（如表 7 – 10 所示）。

表 7 – 10　英文名与中文名发音一致

郑丽丽 Lily Zheng	杨俊 June Yang	孔令娜 Lena Kong
张艾丽 Ally Zhang	张波 Bob Zhang	吕萌 Moon Lu
许开云 Caron Xu	江丽霞 Lisa Jiang	王姬 Jill Wang
蒋大为 David Jiang	张爱玲 Irene Zhang	李斌 Ben Li

②方法 2：与中文名局部发音一致（如表 7 – 11 所示）。

表 7 – 11　英文名与中文名局部发音一致

李连杰 Jet Li	谢霆锋 Tim Xie	侯俊贤 James Hou
许环山 Sam Xu	朱晓琳 Lynn Zhu	王冬梅 May Wang
吴家珍 Jane Wu	吴珊 Sandy Wu	关荷 Helen Guan

③方法 3：与中文名发音尽量接近或相关（如表 7 – 12 所示）。

表 7 – 12　英文名与中文名发音尽量接近或相关

陈方宁 Fanny Chen	李秀云 Sharon Li	王素华 Susan Wang
周建设 Jason Zhou	罗凯琳 Catherine Luo	董岱 Diane Dong
崔文生 Vincent Cui	李翠 Tracy Li	黄宏涛 Hunter Huang
沈茂萍 Maple Shen	刘丽芳 Fountain Liu	

④方法 4：意译（如表 7 – 13 所示）。

表 7 – 13　英文名是中文名的意译

王星 Stellar Wang	李冰 Ice Li	元彪 Tiger Yuan
齐天 Sky Qi	白云 Cloud Bai	刘长河 River Liu
陈苹 Apple Chen		

但有一点要注意，在取完英文名后要尽快适应这个名字，以免面试官叫你时，你反应不过来。还有，要告诉家里人你的英文名字，这样在接到面试电话时也避免尴尬。

（2）地址。地址是个人信息中的必要信息。在书写英文地址时，要注意以下几点：

①英文地址是"从小到大"的书写格式，与中文相反；

②不要使用缩写词，要把所有部分都拼写完整；

③城市和省之间要用逗号分开；

④城市、省和邮编要放在一行写。

表 7-14 是一些地址的中英文转换。

表 7-14　地址中英文转换

××室/房	RM. ××	××村（乡）	×× Village
××号	No. ××	××号宿舍	×× Dormitory
××楼/层	××/F	××小区	××Residential Quater
甲/乙/丙/	A/B/C/	××巷/弄	×× Lane
××单元	Unit ××	××号楼/幢	×Build
××公司	×Com. / ×× Corp.	××厂	×× Factory
××酒楼/酒店	×× Hotel	××路	×× Road
××花园	×× Garden	××街	×× Street
××县	×× County	××镇	×× Town
××市	××/ ×× City	××区	×× District
××信箱	Mailbox××	××省	×× Prov.

教学案例 7.10

◆ 宝山区示范新村 37 号 403 室

Room 403，No. 37，Shifan Residential Quarter，Baoshan District

◆ 虹口区西康南路 125 弄 34 号 201 室

Room 201，No. 34，Lane 125，Xikang Road（South），Hongkou District

◆ 河南省南阳市中州路 42 号

No. 42，Zhongzhou Road，Nanyang City，Henan Prov.

◆ 湖北省荆州市红苑大酒店

Hongyuan Hotel，Jingzhou City，Hubei Prov.

◆ 河南南阳市八一路 272 号特钢公司

Special Steel Corp. ，No. 272，Bayi Road，Nanyang City，Henan Prov.

◆ 中山市东区亨达花园 7 栋 702 室

Room 702，7th Building，Hengda Garden，East District，Zhongshan City

◆ 福建省厦门市莲花五村龙昌里 34 号 601 室

Room 601，No. 34 Long Chang Li，5th Lian Hua Village，Xiamen，Fujian

◆ 厦门公交总公司承诺办

Cheng Nu，Ban，Gong Jiao Zong Gong Si，Xiamen，Fujan

◆ 山东省青岛市开平路53号国棉四厂二宿舍1号楼2单元204户甲

No. 204，Entrance A，Unit 2 of Building No. 1，2nd Dormitory of the No. 4 State owned Textile Factory，No. 53，Kaiping Road，Qingdao，Shandong

（3）电话。电话部分和中文简历一样，建议采用英文写作的规定格式。具体如下：

①固定电话：区号＋连接符。

a. 勿忘地区号，如（86 – 21）；

b. 11位数号码：中间用"–"连接，如0412 – 2961466；

c. 区号后的括号和号码间加空格，如（86 – 21）0412 – 2961466。

这样，认读拨打起来比较容易，否则，第一次打可能会看错位。

②手机号码：3 – 4 – 4原则。

写手机号码时，建议采用"3 – 4 – 4原则"，即"138 – 0123 – 4567"。也可采用"4 – 3 – 4"或"4 – 4 – 3"等。只是地域不同，习惯不同。

（4）E – mail。E – mail的书写与中文简历一致，主要有以下几个要点：

①选择比较稳定的邮箱系统，如139 Gmail、Yahoo等。

②邮箱名要职业化，建议采用与名字相关的用户名，如中文名字拼音、英文名＋姓氏、中文拼音＋数字等。

③仔细核对拼写与标点，一个小错误就可能导致你失去机会。

与中文简历不同的地方是，在英文简历中，一定不要提及性别、年龄、身高、体重、党员和种族等有关个人隐私的信息，因为国外是非常讲究人权的。为了避免年龄歧视、性别歧视、种族歧视等情况，英文简历的一大要点就是不可以提及私隐信息。

2. 求职意向

求职意向宜简单、明确，字数控制在一行，忌长篇大论＋自我评价。

求职意向到底写还是不写，一直是个备受争议的问题。其实写和不写各有利弊，其中的原因已经在中文简历部分有详细说明。这里，我们只是建议两种写法，以求更符合外国人直接明确的作风。

（1）直截了当式。在简历正文的第一行，直接写上你应聘的职位名称。这种写法可以方便人力资源查看简历，同时也表明你明确的求职目标。

①A position in Corporate accounting（公司会计部门的职位）；

②An analyst in Consultants（咨询分析师的职位）；

③Sales & Marketing（市场营销职位）。

（2）突出优势。这种写法更倾向于求职意向，具体来说就是写上2~3项优势，也可以放在简历的最后部分作为Summary的一部分。

通用模板：

第一种：An xxx position in an orgnization where yyy and zzz would be needed；

第二种：An xxx position in an organization seeking yyy and zzz。

说明：xxx是所应聘的职位名称，yyy和zzz则是该职位所需的技能。

更多求职意向范例：

◆ An entry – level position in the hospitality industry where a background in advertising and public relations would be needed.

◆ A position teaching English as a second language where a special ability to motivate and communicate effectively with students would be needed.

◆ Vice president of marketing in an organization where a strong track record of expanding market share and internet savvy is needed.

◆ Senior staff position with a bank that offers the opportunity to use my expertise in commercial real estate lending and strategic management.

◆ Dive master in an organization where an extensive knowledge of Caribbean sea life and a record of leaving customers feeling they have had a once in a lifetime experience is needed.

3. 教育背景

英文简历中教育背景信息对应以下几点：

（1）College or university and its location（学校及所在地）；

（2）Date of degree/expected completion date（学位获得时间或将要毕业时间）；

（3）Major（major field or minors）［专业（主修与辅修）］；

（4）Relevant courses（相关课程）；

（5）GPA or Major GPA（平均成绩或相关课程成绩）；

（6）Rank（排名情况）；

（7）Other professional training（其他职业培训）。

其中时间段、学校、学院或专业学历等是必有信息，其余信息是可选的。

下面来看两个简历的教育背景的写作实例：

Education

2006. 9 – Present   Master of Science，McGill University   Montreal，Canada

Majored in Economics，GPA：3. 6/4. 0，ranking 3/30

2002. 9 – 2006. 6   Bachelor of Economics

ShangHai University of Finance & Economics   Shanghai，China

Majored in International Economy & Trade

Education

Beijing Language and Culture Univ. ，Dept. of Finance   2005—2009

- Bachelor of science in Finance，Excepted   July 2009. Beijing

- Teaching language：English   GPA：3. 6/4

LuoNan High School   2002—2005

- President of the School Student Council Rank：2/213   Nanjing

4. 工作/实习经历

英文简历中，实习经历、专业相关经历部分是重头戏，这也是人力资源最感兴趣的部分，因此对于工作经验少的应届毕业生，这部分需要特别用心地雕琢一番。在描述工作经历方面，以下部分是必要的：Name of the organization（公司名称）；Name of the Dept. （部门）；Start date End date（时间段）；Description of Company（公司简介）；Position（职位）；

Duty and Responsibility（职责）；Result and achievement（工作绩效）；Qualities/Skills gained from the work（从工作中所得）。

教学案例 7.11

EXPERIENCE

2008. 10—Present	China Galaxy Securities Co. , Ltd.	Beijing
	Intern, Department of Investment Banking	

- The Top Security Company in China
- Theonly Undergraduate Student among 17 Interns
- assisted in Market analysis of Bank of China IPO Project and covered the Up–to–date Information of 64 Compenies
  Investigated the domestic bond market, and translated the bond insurance proposal for asian Development Bank

EXPERIENCE

2008. 9—Present	IBM Company	Shanghai
	Blue Pathway Intership Program, Sales Intern	

- analyzed customers' needs sorted them into different groups and make sales plan
- Built relationship with 83 customers with 20 IT service opportunities identified and flowed
- Participated in the Cisco Ma Potential Customer Buying Behavior Survey

从以上两则案例中，我们不仅可以看到英文简历的标准写法及必备要素，同时也可以探寻出好简历暗含的要点即"PAR"法则、数字、行为词和关键词。

（1）公司名称。公司名称必须大写和加粗。若全称太复杂，可以适当缩减一下，如 ARRAIL CHAINSHINE INVESTMENT COMPANY LIMITED 也可以写成 ARRAIL CHAINSHINE，这样显得简单明了，人力资源一看就知道指的是哪家公司。另外有些家喻户晓的公司，可以使用简称，如 IBM，ICBC，HSBC，P&G 等，没必要把全称写出来。如果你把宝洁公司的全称 Procter and Gamble 写出来，效果肯定不及 P&G 来得直接显眼。

（2）地名和时间段。这部分写法和格式与教育背景部分一样，这里就不再赘述。

（3）部门。从公司名称之后的第二行开始写，职务与部门都应该加粗，每个词的首字母要大写，如 Manager，Finance Department 等。如果想介绍公司情况，那么职务与部门应写在公司简介之后。

（4）职位。很多应届生的求职简历上，职位处都清一色地写"Intern"或者"Associate"，这样笼统的称谓非常不利于人力资源了解你的工作职责。因此，在职位处，建议求职者不妨"定义"一个职位名称以高度概括自己的工作核心，如"Sales Trainee""Web Server Assistant""Receptionist""Research Assistant"等。这样做有两个好处：一是可以帮助你摆脱千篇一律的"实习生"标牌；二是也可以方便人力资源快速捕捉"关键词"，对你的工作内容快速建立印象（产生联想）。在"定义"职位的时候，尽量以符合客观事实为标准，切忌"夸大"和"造词"，定义职位的初衷是应对实习生没有具体职位这一现象，切不可滥用"Director""Manager"等头衔。

（5）公司简介。人力资源很可能对求职者实习的公司不熟悉甚至不知道，尤其是小公司和刚成立不久的公司。所以，在写实习经历时，最好简单地介绍一下公司情况，如主营业务、公司规模、排名、资产上市公司，等等，简介长度以一至两行为宜，可以单列一行，也可以在公司名后用括号标注。

（6）工作内容。工作内容部分是工作经历的核心，也是整份简历的重中之重。但是由于求职者不懂得如何正确恰当地提炼和表述，使得很多"金子"埋没于"沙砾"之中。很多求职者写简历时会走两个极端：一是过于简单，只有哪年哪月在哪工作，蜻蜓点水，具体内容一点都没有；二是过于复杂，大段描写，洋洋洒洒写了半页纸，却让人摸不着头脑。

来看以下一则案例。

教学案例 7.12

EXPERIENCE

National Benefit Consulting Firm New York，NY   October 2008—Present
Health Benefit analyst National Health Practice

I'm the project manager of company – wide eProcurement initiative. I'm in charge of producing the 2008 Health Cost Trend and State Heath Plan Surveys，including analyze complex technical data with respect 10 health benefit plans and pricing programs and formulate budget projections and renewal analyses，benefit plan pricing.

分析与点评：格式凌乱，不易于阅读；内容堆砌、缺乏重点和层次。这样的简历，人力资源是不会有耐心仔细阅读的。

正确的方法应该是：

①使用标记。一份有效的简历首先是要易于阅读，让人一目了然。因此，我们强调使用"点句"格式，以避免用大段文字来描述。点句的长度以一行为宜，最多不要超过两行；句数以到五句为佳，最多不超过八句。

②优化顺序。对于在同一家公司里的实习经历，不需要刻意按照时间顺序来写，而应该以"重要优先"为原则进行排序。具体来说，就是在写成就时先写最重要的成就，在写职责时先写最高的职位。关键是要使人力资源在短短几秒钟之内就看到你最大的优势，了解你的"最大卖点"。据调查研究，人力资源通常只重点看前三句，八句之后的内容一般不会看。

③表述要点：

a. 以动词开头。以动词开始是英文简历与中文简历最大的区别。切忌使用"我"开头，因为你的名字已经出现在标题处了，人力资源知道简历写的是你。因此任何第一人称的代词都要划掉，简单地以动词开头即可。动词使用时要注意时态，描述目前的工作用一般现在时，描述以前的工作用过去时。

我们来看一下经过修改的简历：

EXPERIENCE

National Benefit Consulting Firm　　　　New York，NY　　　　October 2008—Present
Health Benefit analyst – National Health Practice

- analyze complex technical provisions of health benefit plans. Conduct renewal analysis
- Prepare bid specifications and compare pricing and plan features of proposals
- Project manager for team that implemented company – wide eProcurement system under budget
- Compiled statistics and analyzed data to produce the firm's major annual reports：2008 Health Cost Trend and State Health Plan Surveys

　　分析与点评：修改后的简历，使用了点句形式，清晰明了，方便阅读；进行了顺序上的优化，将重要内容提前，突出重点。

　　b. 使用行为词。应届毕业生在第一次写英文简历时往往缺乏经验，一篇简历里充斥了十几个"do""take""make"，这不仅造成了词语的单调重复而且缺乏表现力，因为这些"大词"用途太广泛，也过于口语化，在描述工作时就显得平淡，不利于表现求职者的能力与在工作中的杰出表现。举个例子：表示"我做了一份调查报告"，使用"conducted research on sth"就比使用 make 更有表现力。所以，我们建议求职者使用一些"行为词"来润色自己的工作经历，所谓行为词，是一些可以表示沟通、劝服和调动他人采取行动的实意动词。

　　c. 表述具体。在描述工作经历时，切忌一句话"点到为止"，这样非常不利于展现工作能力。正确的做法是，使用"PAR"法则，即"Problem – Action – Result"（问题/背景—行动—成效），用这样的模式，就可以恰到好处地把握"工作经历"的要点，避免描述过多和过少的现象。

　　除此之外，为了能更好地体现求职者的优势，建议使用以下三种方法来"具体化"工作经历。

　　方法一：量化你的绩效——使用数字。

　　数字可以帮助人力资源找到视觉重点；数字比文字更有说服力；数字显得精确具体，有力有效地突出优势。因此，我们强烈建议求职者在描述工作经历的时候使用数字，如 Money，People，Time，Percentage。

　　方法二：突出你的贡献。

　　在运用"PAR"法则描写"成效"部分时，要注意突出你的贡献。结果怎样，才是你最有说服力的要点。要在简历中清楚地告诉人力资源，由于你的努力为公司赢得了怎样的业绩，解决了怎样的难题等等。

　　方法三：结合专业术语。

　　结合专业术语也是一种非常讨巧的写法。以"专业术语"为中心展开，一方面可以恰当地具体描述自己的工作内容，另一方面也可以增加实习内容的"含金量"。

　　d. 使用技巧：嵌套关键词。现在越来越多公司使用网上招聘的方式，他们收集简历之后会直接交给计算机系统进行筛选。这种简历筛选的方法，通常是配备一定的关键词，如学校名、专业名、500 强企业名和某些特定的专业名词。因此，求职者的简历中与筛选系统"相匹配"的关键词越多，排名就越靠前，也就会优先被人力资源查阅。

　　求职者要明白一点，没有普遍适用的关键词列表，因为在关键词的设定上，每家公司都会根据自己的喜好和具体职位来选择。那么求职者如何找到所应聘职位的关键词呢？有一个实用的方法：可以通过网上的招聘启事和公司的网站搜集到你所需要的关键词。如果你回复一个招聘启事，就可以直接引用广告汇总的关键词语到英文简历和求职信中，这是最有效的方法。

　　e. 其他注意事项。不要写出工作职责、职位描述等；删掉 a，the，an 等冠词，使句子更简练、紧凑；减少使用 I，me，also，feel，because 之类的词语；避免使用助动词（am，is，are，was，were），这些词会削弱你陈述的可信度，最好使用行为词等实意动词来表达；不要使用 many，a lot of，some，several 等模糊词汇，使用具体数字。

5. 奖励

　　（1）列举展现你应聘优势的奖项，并加上数字描述。

　　（2）不要将所有奖项一次罗列。

　　随便翻翻应届生的简历，奖励部分几乎填得满满的，什么奖学金、优秀学生、优秀干部，比比皆是。对于这一长串奖项，人力资源只会一扫而过，发现不了求职者的优势。因此，我们建议求职者在列举奖励的时候，尽量选择有含金量的奖励，侧重于奖励的级别与特殊性，并且给每一个奖励后面添加简要的数字说明。我们来看下面这则案例。

教学案例 7.13

HONORS

Scholarships：

　　2005—2006 First prize Scholarship

　　2006—2007 First prize Scholarship

　　2007—2008 First prize Scholarship

Awards：

　　2006—2007 Outstanding Student in academy，Morality and Health

　　（the "Three Goods Student"）of Shanghai University

　　2007—2008 Outstanding Student in academy，Morality and Health

　　（the "Three Goods Student"）of Shanghai University

　　分析与点评：这是很典型的奖励堆砌，占用了简历中宝贵的篇幅，列举的却分别都是同一个奖项。对于这个奖项，人力资源肯定知之甚少，他无法从这一长串奖项中切实了解到你的优秀程度到底是怎样。我们来看一下能修改后的奖励栏。

SCHOLARSHIPS & HONORS

2005，2006，2007	First prize Scholarship
	（Awarded to Top 1% students）
2006，2007	Outstanding Student in academy，Morality at Shanghai Univ.
	（Awarded to Top 2% students）

　　分析与点评：修改后的表述不仅简洁、清晰，而且还用具体的百分比数字描述奖项的含金量。这样做，既可以用数字捕获人力资源的视觉重点，同时，也方便人力资源进行相向比较。

除了奖学金、三好学生等常规奖项，如果有带特色的，能反映综合能力的奖项，或者非常稀有、含金量很高的奖项，就一定要"置顶"显示。另外，根据"职位相关原则"，一些能反映职位要求的"小奖项"也不妨列举一下，如外企看重的团队合作，如果你参加过体育运动如接力跑、足球赛等获奖的记录，就可以简单写上一笔。

如果你的奖励少于三个，觉得不足以支撑大局的话，可以考虑把奖励部分写在教育背景里面，或者与社会活动部分并在一起，合并列为奖励/活动。

6. 技能

技能部分主要包括英语、计算机和专业。写法上包含两部分，证书罗列和对技能掌握程度的自我评价。在应届生的简历中往往是现出两种极端：一是证书很多，另一种是几乎没有拿得出手的证书，但是又想表现自己的技能。

（1）英语。对于国内英语的四、六级考试（CET - 4、CET - 6），除非分数很高，不然不建议标上成绩，仅使用 Excellent，Passed，Good 等词描述即可；专业英语如专四、专八（TEM - 4、TEM - 8）也是同样的道理。对于国外认证的 GRE，GMAT，TOEIC，TOEFL，BEC 等考试，则必须注明成绩或等级，以真实表现英语掌握程度，如果某个单项（听力、口试、阅读、写作等）表现良好，也不妨同时注明成绩。

如果求职者拥有第二外语（如日语、德语、法语等）的认证，则要一并列出，不要怕含金量不够，懂第二门外语本来就是一种优势。但是，在描写时应尽量避免使用缩写或者在证书后面简单解释一句。

在对技能评价时除了对证书通过情况进行评价，用 Excellent，Pass，Qualified 或 Junior，Senior 等词，也可以对实际掌握情况进行概括，如"Fluent in both spoken and written English"等。对于外语的掌握程度主要有这几个层次，"Native speaker of""Fluent in"和"a good command of"等，求职者可视具体情况而定。

（2）计算机。对于非计算机专业的求职者，计算机技术主要指对软件的使用，如 Office 组件等。可以这样描述："Proficient at Office software as Word，Excel，PowerPoint."或者"Skilled in use of..." "master the use of MS Office..."等。

对于计算机专业的求职者，则要重点列出所取得的计算资格认证，如微软认证、思科认证、Java 认证等，都是含金量很高的证书。当然，也可以写在专业技能中。另外，如果即将拿到某个特定的证书或鉴定，它又与目标职位密切相关，也可以用这种方式列出：CISCO（expected Certificate March 2021）。

第四节　中英文简历范例及诊改点评

本节我们给出一则简历两次修改前后的对比、点评，旨在给同学们一个简历写作上的思路引导及参考。每个人的经历和背景都是不同的，应结合自己的实际情况，按照之前提供的简历写作原则和方法来灵活修改自己的简历。好的简历不是将优秀的简历模板抄过来，而是借鉴优秀简历的写作方法和思路。只有掌握了正确的方法和思路，才能够找到不断改进的方向。

一、中文简历修改案例

我们以一个非常典型的失败简历作为简历修改点评案例。这份简历几乎涵盖了所有中文简历制作中的错误。这是一个师范类院校非师范专业大三的同学制作的简历。她是在参看了师兄师姐留下的简历模板后制作出的，事先并没有仔细研究简历的制作方法。经过应届生求职网的简历专家点评指导后，她对简历进行了两次修改。第二次修改后的简历基本达到了合格简历的水平。在这里将她两次修改的简历版本及专家对应的点评、修改意见都列出来，希望大家能通过这样的方式，掌握之前介绍的简历制作要点及简历写作原则，并学会自己动手修改自己的简历。

【修改前】

（页眉）学校 logo	只为成功找方法，不为失败找借口

个人简历

姓名：王雪梅	**性别**：女	
出生年月：1987 年 2 月	**民族**：汉族	
毕业学校：××师范大学	**学历**：本科	照片
英语水平：CET－6	**身份证号**：210302198702×××××	
主修：汉语言文学（文科基地）	**政治面貌**：党员	

第二专业：金融

联系电话：13012345678　　　　　**电子邮箱**：an××××@163.com

博客地址：http://××××××.com/12345678

求职意向：语文教师、新闻记者、报社杂志社编辑、行政管理、银行、保险、证券、基金管理公司、企业财务部门、金融监管机构以及新闻媒介

教育/经历

2003 年 9 月—2006 年 6 月	江苏省×××中学
2006 年 9 月至今	×××大学　主修汉语言文学
2007 年 9 月至今	×××大学　辅修金融

计算机语言能力

计算机等级考试　一级合格　　　　普通话水平测试　二级甲等

大学英语六级，具备良好的听说能力和熟练的读写能力　汉语、英语口语能做到有序的成段表达

工作经历、社会实践

上海市东方语林之家（2008 年 7—12 月）

担任职位：兼职对外汉语教师

工作情况：7—12 月担任了两位来自韩国的成人的汉语教学工作。一位来自韩国三星公司的先生汉语程度较好。我主要负责通过讲授中国传统文化训练他的汉语读音、扩充他的词汇量、增加他对汉文化的理解。通过 6 个月的学习，他顺利通过了 HSK9 级考试。另一位先生属于初级汉语水平。我主要给他讲授基本的中文对话，让他学习简单的词汇、发音以及相关语法。通过 6 个月的学习，他顺利通过了 HSK3

级考试，基本掌握了中文的日常交流用语。我在该机构工作期间，工作认真，态度谦和，获得了老师和学生的一致好评。

收获：通过这几年的教学经历，我学到了对外汉语的教学方法，增加了对外汉语教学经历，积累了对外汉语的教学经验，并学会了在授课时用简单易懂的术语解释复杂的中文意思。讲课时，语速要尽量放慢，吐字要清晰，以确保学生能够听清所说的每一个字和词。课前认真钻研教材，备好每一堂课。在教授语言的过程中，我总是对学生尽心尽责，很有耐心。另外我还摸索到一些实用的教学方法。对于一些难理解的字词，我总是通过各种手段进行解释，比如说用简单的中文、英文、肢体语言等，甚至还会通过我先造句给出一种特定的语境，让学生在语境中体会字词的意思。

杭州日报社（2007年暑假）

担任职位：实习记者

工作情况：1. 阅读新闻类专业书籍，学习基本新闻知识和技能诀窍。
2. 积极参加各类新闻采访和报道。
(1) 参加杭州日报社举办的"心＋心"造纸企业捐助寒门学子活动；
(2) 对交警部门整治"两车行动"进行实地新闻采访、记录；
(3) 自主采访老年协会太极柔力球球队；
(4) 跟随采访企业"道路交通安全"培训班；
(5) 采访城市平民修鞋匠。
3. 自主稿件撰写。

收获：1. 参与采访的新闻稿刊登于8月15日和8月22日的《杭州日报》。
2. 锻炼了我的意志。
3. 明白了做一名优秀的新闻工作者首先要具有扎实的基本功和敏锐的嗅觉。不仅要有从社会中发现新闻的能力，而且要有透过现象看本质的挖掘力，使新闻拥有新角度、高深度。我在本次实习中接触到不同的社会群体，有企业家、寒门学子、交通警察、普通市民、修鞋匠……锻炼了人际交往能力。

××××大学学生会（2007—2008）

担任职位：组织部副部长

工作情况：在担任组织部副部长期间除协助部门做好日常工作之外还开展了主题团日活动，丰富了团员文化生活。本学年，在团委老师的指导帮助下，我们开展了"青春之歌主题团日活动"。迄今为止，共举办了三期。新一届团委学生会成立以后，吸收了大批的新生，这为我们的团学工作注入了新鲜的血液，但是众多新成员的加入，使我们面临着艰巨的引导任务。同时，众多主要团学干部也需要尽快适应角色。为此，我们举办了几期团学干部培训班活动，邀请从事团学工作多年的资深老师有针对性地为我们讲解团学工作的要点，并播放相关的视频资料，收到了良好的效果。为了真正起到组织的监督作用，我们为每位学生干部制定了干部测评表，主要从年度目标制定、年度自我测评、团委老师测评、学校测评等方面，帮助学生干部全面地了解资深特点，提高工作能力。同时，为了检验上学期的工作情况，我们还针对07学年下半年进行了测评，帮助大家总结过去半年的经验和收获。

收获：通过活动，提高了同学的参与积极性，增加了本人的组织、协调、合作能力。同时也增强了部门成员之间的凝聚力。

荣誉及个人特长

2006—2007学年　获××××大学"二等"奖学金
2007—2008学年　获××××大学"三等"奖学金
书法（2008年××××大学举行的书法比赛中获得唯一的"一等奖"）
电子琴（专业六级）

自我评价

我在校期间学习认真，做事认真，办事计划性强，具有团队合作及创新精神，责任心和集体荣誉感极强，能吃苦耐劳，思想积极，虚心好学，自信乐观，大方直爽，为人随和，待人真诚，懂得换位思考，对于环境有很好的适应能力，对待同学能做到一视同仁。

【专家点评及修改意见】

（一）简历版式方面

简历篇幅为两页，而实际上简历内容只需一页即可。应将简历内容进行压缩，并将版式调整成一页。记住，简历要"简"，一页式简历为最优简历篇幅。

页眉处添加的学校 Logo 及"只为成功找方法，不为失败找借口"的励志名言多余，占用了简历上部的黄金空间位置，华而不实。学校 Logo 及励志名言并不能说明任何问题，人力资源更关注的是简历所呈现的"事实"。寻人启事式的个人信息，不够简洁，显得极不专业。

（二）简历内容方面

这份简历无论是在描述方式上，还是与求职意向的相关程度上，内容的安排都存在很多问题。以下逐点进行分析：

1. 个人信息

"个人简历"四个大字不需要再写。人力资源看到这样的文档自然知道是简历，这样的方式只会让人力资源觉得你在怀疑他的智商。这样的做法就仿佛在一个人的脑门上写上三个大字"我是人"一样。

出生年月、民族、身份证号等信息不需要写，如果招聘要求中指明要提供的再写；政治面貌不需要写，如果是应聘高校、公务员、事业单位岗位的可以写。

毕业学校、专业、辅修专业在教育背景中提及即可，不需要在个人信息中再重复。关于个人照片的问题，如果形象不错的话，建议可以贴照片，否则不需要贴照片。如果贴照片的话，建议使用标准的证件照。

博客地址不需要加，人力资源没有时间来看博客里面描述的鸡毛蒜皮的小事。此外，如果你在博客发泄不满情绪的文章被人力资源看到的话，也许会被认为缺乏职业素养。

2. 求职意向

此处犯了填写求职意向的大忌：目标不明确，不是针对特定职位、特定公司或特定行业来写的。建议根据自己的职业发展意向及相关的职位来修改求职意向。从简历的实习经历内容及教育背景来看，这样背景的简历应聘教师、编辑、记者类的职位比较有优势，建议在求职意向中直接列出这类职位的名称。

3. 教育背景

教育背景的写法没有按照时间倒叙的方式，并且还将高中的教育经历罗列出来，没有必要。由于主修专业（汉语言文学）与辅修专业（金融）的专业性质差别比较大，是否需要在教育背景中罗列辅修专业应该根据求职意向来决定。如果应聘银行、证券、基金行业的职位，辅修专业应该加上，并可适当加上所学的辅修金融专业的具体课程及相应成绩，但不可列太多，选最相关的课程即可。

4. 实习经历及社会实践

简历中有在企业的实习经历，因此建议将学校的社会实践经历单独提出来作为实践经历大项来写。现有的实习经历和社会实践经历描述虽然使用了"PAR 法则"（P：Problem，A：Action，R：Result）来描述工作能力，但是没有遵循"关键词说话""行为词说话"原则，在描述收获方面没有遵循用"结果说话"的原则。

在描述工作内容方面，采用了大段、流水账式的描述，不能有效突出自己的工作职责、所做的工作及所取得的成绩，人力资源不可能有时间来仔细阅读，并从中提取最相关的信息，因此应该采用逐项逐行描述的方式，便于人力资源以最快速度看到实习工作的亮点。该简历每段工作经历之后的收获描述空洞而缺乏客观结果、成绩的支撑。

对社会实践中的学生会组织部副部长经历的描述，也犯了相同的毛病，应该参照实习经历的修改方式和注意事项进行修改。

5. 荣誉及个人特长

建议将奖学金和书法比赛获奖的内容单独作为所获奖励模块来描述，并应该对奖学金的含金量进行简要描述。同时，应聘教师类、文职类职位可以加粗字体来突出书法比赛。而电子琴的技能描述可以放到技能特长部分，与英语、计算机技能一起描述。

以下是该同学根据上述建议修改的第一遍简历，主要应聘教师类职位。

【第一遍修改后的简历】

王雪梅

联系电话：13012345678　邮箱：an××××@163.com
联系地址：上海市×××大学××校区×号楼×××室
求职目标：××中学语文教师

照片

教育背景

2006.9—2010.6	××××大学	汉语言文学（文科基地）	本科
2007.9—2010.6	××××大学	金融	本科（第二专业）

实习经历

2008.7—2008.12　上海市东方语林汉语之家　实习对外汉语教师

- 担任针对韩国成人的汉语教学工作。根据学生的不同汉语水平制订教学计划，对汉语水平程度较高者讲授中国传统文化知识，训练读音、扩充词汇、增进对汉文化理解；对程度较低者训练基本中文对话，学习词汇、发音、语法。
- 指导的两位学生分别通过了 HSK9 级（原来 HSK6 级）和 HSK3 级（原无汉语基础）的考试。

2007.7—2007.8　杭州日报社　实习记者

- 积极参加各类新闻采访和报道：①杭州日报"心＋心"造纸企业捐助寒门学子活动；②交警部门整治"两车行动"实地新闻采访、记录；③自主采访老年协会太极柔力球球队；④跟踪采访报道企业"交通安全"培训班；⑤采访城市平民修鞋匠。通过接触来自不同行业的 20 多个对象，锻炼人际交往能力。
- 自主稿件撰写，采访的新闻稿刊登于 2007 年 8 月 15 日和 8 月 22 日的《杭州日报》

实践活动

2007.9—2008.6　××××大学学生会　组织部副部长

- 协助部门做好日常工作，开展学校主题团日活动，组织主题团日活动评比。丰富同学们的大学团日活动，增进同学们的集体荣誉感和自豪感。增强本人组织、协调、合作能力。
- 开办团学干部培训班，加强对干部队伍的培训和监督，邀请团学工作资深老师开设讲座，制定干部考评表，帮助干部提高工作能力，取得良好效果。

2007.7—2007.8	2007 年世界特殊奥林匹克运动会　志愿者

- 在豫园进行印有 Q 版姚明、刘翔形象 T 恤义卖，使用双语。
- 为期一周的义卖中，小组卖出 86 件，个人成绩 29 件（销售量第一）。
- 10 月 1 日当天参加开幕式背景墙表演。

2006.9—2009.6	×××大学汉语言文学基地班　学习委员

- 协助班长协调班委工作，组织策划 3 次班级大型活动：苏州春游、奉贤海湾烧烤、西安洛阳郑州古都寻访。

获奖情况

2006—2007 学年	×××大学"二等"奖学金（获奖比例 6%，专业第 2 名）
2007—2008 学年	×××大学"三等"奖学金（获奖比例 30%，专业第 9 名）
2008.12 个人技能	×××**大学书法比赛　一等奖（1 名，参赛选手共 250 人）**

- CET－6 PASS（大学二年级）具备良好的听说读写能力
- 文笔优秀，曾在《新民晚报》发表文章
- 普通话水平测试二级甲等
- 计算机一级
- 毛笔、钢笔书法均专业六级（最高九级）
- 电子琴（专业六级）

【专家点评及修改意见】

第一遍修改后的简历相对修改前，无论是在版式上还是内容上，都有了较大的改进，但是在一些细节处理上还需要再改进。建议从以下方面对简历进行再次修改：

1. 职位信息分析

首先，建议仔细研究语文教师类职位的招聘信息说明，提取重点和相关信息，研究简历关键词，并分析自身条件与职位要求的匹配度。以下是两则语文教师的招聘信息说明（将关键词以下划线的方式标出）。

> 某高中语文教师招聘信息：
>
> 职位要求：要求国内大学的综合排名 20% 内的应届本科毕业生或研究生。曾担任学生干部、有较强组织管理协调能力或教育教学科研能力，文字功底深厚的优先聘用。
>
> 待遇：××生源（应届毕业生）或××户籍（往届毕业生）的学生可以参加××市教育局考核，经考核合格同意录用的，列入公办编制，享受公办教师应有的全部待遇（五险一金等）。
>
> 某教育信息咨询公司招聘初中语文教师信息：
>
> 工作职责：
>
> （1）为学员提供专业的高质量教学服务；
>
> （2）帮助学员提高学习兴趣，养成好的学习方法及习惯；
>
> （3）为学生查缺补漏，帮助学员尽快提高成绩；
>
> （4）不断提高教研水平，紧密结合学生教学进度。

招聘要求：

（1）有责任心，这是最重要的，希望新老师能够满怀热情地投入这份工作中来；

（2）语言表达能力优秀，思维灵活，富有亲和力；

（3）师范专业本科毕业，非师范类毕业生优秀者也可；

（4）热爱教师工作，有一线教师工作经验者优先，特别优秀的大学应届毕业生也可；

（5）对所授课程有深入研究，在教学上有自己的特色；

（6）有教师资格证书和一定的教学经验，有很强的业务能力，熟悉本市中考和中学各年级教学；

（7）敬业爱岗，有很强的进取精神，能在学科组中互相促进。

通过上述两则语文教师的招聘信息，我们来综合分析语文教师的招聘要求及求职者王雪梅的个人优势和不足之处，从而为简历的深入修改提供参考依据。招聘要求与王雪梅个人背景的对照如表7-15所示。

表7-15   招聘要求与王雪梅个人背景的对照

项目	招聘要求	王雪梅个人背景
教育背景	综合排名20%内	√排名前20%以内，符合要求
	本科或研究生	√本科学历，符合最低要求
专业技能	教育科学科研能力	√虽然没有研究生具备的教育理论及科研水平，但是在东方语林汉语之家积累的对外汉语教学经历，可以弥补这方面的不足
	文字功底深厚	在杭州日报社的实习经历可以有力地证明符合要求
相关证书	教师资格证（非必须项）	√已参加教师资格考试，作为应届生，毕业后即可拿到教师资格证书，符合要求； √普通话水平测试：二级甲等
综合素质	曾担任学生干部	√担任过校学生会组织部副部长、班级学习委员，符合要求
	组织管理协调能力	√担任学生会组织部副部长的工作经历可以很好地证明组织管理协调能力
	有责任心，思维灵活，有亲和力	√实习经历及社会实践经历可以很好地证明具有责任心、亲和力并且思维灵活
	语言表达能力优秀	√世界特殊奥林匹克运动会志愿者的双语做销售的经历可转换为语言表达能力优秀的证明
其他条件	具有本地户籍的本科生，可列入公办编制	×非本地生源，硬伤，简历中尽量避免，不在个人信息中显示户籍信息

从上述招聘要求的背景对照表中，可以很清楚地看到在简历中该突出哪些优势。建议大学生在实际投递简历之前，针对职位要求来列出这样一个对比清单，分析自己的优劣势，从而在修改简历的时候能做到有的放矢。

2. 个人信息

个人信息部分可以再精简一些，"联系电话""邮箱""联系地址"等字样可以去掉，因为这些信息明眼人一看就知道是联系方式，不需要提示。

3. 教育背景

根据对照表所示的招聘信息中对教育背景的要求，建议突出主修专业优势及成绩。由于在××××大学辅修的金融专业与应聘的职位不相关，建议从简历中删除。如果是应聘金融类职位，可以围绕辅修的金融专业做文章，但是在应聘语文教师这个职位时，更应该强调主修的汉语言文学专业。

同时，建议在教育背景中将在《杭州日报》《新民晚报》发表文章的成就事实进行精炼概括，并在教育背景中强调所获的书法大奖一等奖，将其从底部的获奖情况中提到上面来，可以综合显示自己的文字功底。

4. 实习经历

在上海市东方语林汉语之家的实习能够证明其教学实践能力，应该重点介绍。建议将"东方语林汉语之家"的公司名称修改为"东方语林汉语学习中心"，以显得更加正式、专业。在教学方法的介绍上，建议将目前的长句改为短句的形式，突出动词，并将实际教学中所采用的方法（例如肢体语言解释等）以简要的方式描述出来，从而凸显自己的教学科研和实践能力。

应将杭州日报社的实习经历中参与报道的事件进行压缩概括，而更应该突出自己在采访报道这些事件过程中所做的工作。可以通过引入与新闻报道工作相关的动词、关键词来充分表达自己的文字功底，并尽可能用数字表示自己的业绩。

5. 实践经历

三段实践经历应强调参与的组织机构、所扮演的角色，参与的时间不是最重要的。所以建议在描述这段实践经历的时候，将对应的时间调整到每行的最后显示。

在描述担任组织部副部长的工作经历的时候，缺乏实意动词的支撑，没有体现出自己所做的具体工作内容，同时也缺乏相应的业绩体现。

对志愿者的经历描述应强调与人沟通的能力，尤其是双语沟通的能力，目前的描述过于强调业绩，缺少对工作方法的描述。建议从销售方法上适当进行描述，然后顺利引出业绩，这样可以从侧面客观证明自己的语言表达能力。

学习委员的经历描述也过于简单，而且给人的感觉是处于配角的角色，缺乏主观的能动描述。

6. 获奖情况

建议将书法大赛的奖励放在第一行加粗显示，突出与其他人的不同之处。

7. 个人技能

英语、计算机基本上是大学毕业生必备的能力，简历中建议分项表明，更加清晰明确。同时，计算机能力用"计算机一级"来体现未必明智，作为文科生来说，不如转换为对 Office 办公应用软件的熟练掌握更有吸引力。

以下是该同学根据上述建议第二遍修改后的简历。

【第二遍修改后的简历】

王雪梅

（86）13012345678   an××××@163.com
上海市××××大学××校区×号楼×××室

照片

求职意向　　××中学语文教师

教育背景

| 2006.9—2010.6 | ××××大学　　汉语言文学（文科基地）　　本科　班级排名：前20% |

曾在《杭州日报》《新民晚报》上发表多篇文章（可附作品）；
获××××大学书法大赛一等奖（仅**1人**，参赛选手共250人）。

实习经历

2008.7—2008.12　　**上海市东方语林汉语学习中心　对外汉语教师**　　　　　上海

- 负责教授该中心2名韩国学员的汉语；
- 编制教学计划，针对不同汉语水平的学员，研究出中英互补、语境设定、肢体语言相结合的独特汉语教学方法；
- 指导的2名韩国学员分别通过了HSK9级和HSK3级的考试

2007.7—2007.8　　**杭州日报社　实习记者**　　　　　杭州

- 负责《杭州日报》民生版面新闻的选题策划、采访、组稿、编辑及撰写；
- 通过电话、上门拜访等多种沟通方式，采访不同职业阶层的新闻人物；
- 采访过包括企业家、在读大学生、交通警察、普通市民、修鞋匠等20多个新闻人物，并汇编相关采访稿；
- 独立采编、发表的新闻稿共计6篇，累计达8000多字（可附作品）。

社会实践

2007.9—2008.6　　**××××大学学生会　组织部副部长**　　　　　上海

- 负责组织、执行学校的各类主题活动；
- 策划开展大学团日活动，丰富学生课余生活；
- 开办团队干部培训班，组织团学讲座，参与的学生人数超过600人；
- 制定学生会干部考评表，并负责学生会干部工作的绩效考评。

2007.7—2007.8　　**2007年世界特殊奥林匹克运动会　志愿者**　　　　　上海

- 使用中、英两种语言，向游客销售印有Q版姚明、刘翔形象的T恤；
- 一周内个人累计销售29件T恤，所在销售小组累计售出86件，个人销售量位列所在销售小组第1名。

2006.9—2009.6　　**××××大学汉语言文学基地班　学习委员**　　　　　上海

- 成功策划、组织3次班级所有同学参与的大型户外活动。

获奖情况

××××大学书法比赛　一等奖（1 名，参赛选手共 250 人）

2008. 12

××××大学"二等"奖学金（获奖比例 6%，专业第 2 名）

2006—2007 学年

××××大学"三等"奖学金（获奖比例 30%，专业第 9 名）

2007—2008 学年

个人技能

- 普通话水平测试　二级甲等；
- 已参加教师资格考试，将于 2010 年 6 月获教师资格证；
- 英语：CET－6，具备良好的听说读写能力，能用英语自由交流；
- 计算机：熟练运用 Word、Excel 等 Office 办公软件；
- 毛笔、钢笔书法均专业六级（最高九级）；
- 电子琴（专业六级）。

很显然，第二次修改后的简历，相对第一次修改过的简历，版式更加清晰，内容更加精炼，针对性更强。

二、英文简历范例及点评

（一）营销类职位英文简历

SHANSHAN WANG（王珊珊）

Room×××，Building 5，Long××，×× Road，Putu，District，Shanghai 200000

Mobile phone：134－0000－0000　E－mail；info@ yingjiesheng. com

JOB OBJECTIVE：associate Sales Rep.

EDUCATION		
2005. 09—present	Shanghai University	Shanghai
	B. S in automation GPA：3. 6/4. 0	
	Double Degree in Itermational Economy and Trade	
	Main courses：Marketing 3. 9/4. 0，Financial Management 3. 7/4. 0	
	International Trade 3. 7/4. 0	
2002. 09 – 2005. 06	High School affiliated to Shanghai Jiao Tong University	Shanghai

EXPERIENCE

2008. 11—present　Shanghai Li Shen Scientific Instrument Co.，Ltd.

assistant of Sales and Customer Service Department

- Use software to manage products in and out of stock between headquarters

and P. O. S
- Update real – time client information
- Manage and analyze the sales data
- Keep records of sales contracts and other important documents
- Deal with complaints from clients and supplier so such as faulty goods and shortage of goods

2007. 06—2007. 09　　StarBucks Coffee Company　　part time　　ShangHai
- one of the famous coffee chain shop companies, leading retailer, roaster and brand of specialty coffee in the world
- Took charge of daily cash flow and expenditure of the restaurant
- Won "The best Waitress Prize" for good service and fluent English
- Acquired the whole operation process of the restaurant
- Obtained the ability of communicate with various kind of pople

EXTRA CURRICULAR ACTIVITIES

Community activities：
- 2 – year experience as a chairman of a building in Shanghai University
- Planed and organized over 20 activities participated by more than 100 students

Part time jobs：
- Done a part time job as a tutor for more than 600 hours

SCHOOLARSHIPS & AWARDS

2006　　State Encourage Scholarship　　（awarded to Top 1% students）

2007，2008　　Second – class Scholarship of Shanghai University

（awarded to Top 2% students）

2007　　Excellent Student of Shanghai University

（awarded to Top 5% students）

SKILLS

English：　　Passed CET – 6　　Excellent

Have a good command of both spoken and written English

IT：　　Skilled in use of Word, Excel, PowerPoint, ect.

　　【专家点评意见】这篇简历格式清晰易读，要点突出。它弱化了自己的主专业——机械，适时地突出了辅修专业与相关课程学习；在实习经历方面，避而不谈专业实习经历，把重点放在与销售相关的工作经历描述上。

　　（二）会计类职位英文简历

SHUAI LI（李帅）

Room ×××, Building 1, ××Road, Xuhui District, Shanghai 200000

Mobile phone：138 – 0000 – 0000

Email：info@ yingjiesheng. com

JOB OBJECTIVE：accountant

EDUCATION

2005—present   TongJi University School of Management   Shanghai

- Bachelor of Science in Tourism Hotel Management
- GPA：3.3/4.0   Rank：5/60
- awarded Honeywell Scholarship in 2008（only 10 people among 30000）
- awarded State Scholarship from 2006—2008

EXPERIENCE

ACC Consulting Company   Research assistant   Shanghai

- ACC is a global management consulting company
- Conducted a systematic research on economic situation of 12 residential areas
- Gathered and analyzed data of the 5000 interviewers by SPSS
- Coordinated the work between different teams
- Attained the ability to cooperate with people effectively and communication skills

Apr，2008—May，2008   2008 Global Management Challenge   Team Leader   Shanghai

- A business game held by Fudan University & JiaoTong University
- Ranked 2th in 25 teams from Universities in Shanghai
- Made decisions about marketing，production and finance with teammates
- Created our own Decision Support System in Excel
- Strengthened the ability of cash flow management and working under big pressure

ENGLISH & IT SKIILS

English：
- TOFEL：642   TWE：6/6
- CEL－6：Passed   CET－4：Excellent
- Fluent in Speaking and Writing

IT：
- Proficient at Microsoft Office and Minitab

【专家点评意见】这份简历内容上详略得当，格式上也比较灵活，很好地利用了简历前"1/2 黄金区域"，把自己最有优势的地方都集中在简历的上半部分。他把获奖记录直接写在 EDUCATION 里也是可取的做法，只要是能反映自己最大优势的内容，都可以提到前面，不必拘泥于固定格式。

（三）技术类职位英文简历

DAVID WANG（王大伟）

Room ×××，Building 8，×× Road，Jingan District，Shanghai 200000

Mobile phone：137－0000－0000

Email：info@ yingjiesheng. com

Job Objective

Soft Ware Engineer

Education

2005. 9—present   Shanghai JiaoTong University   Shanghai

- BS degree in Computer Science and Technology   GPA：3. 3/4. 0
- Current project：MMO game server design, using Java &. IBM Db2, on IBM AIX system in IBM Tech. Center SJTU

Professional Experience

2008. 7—2008. 11   XYZ Consulting Inc.   Web Server assistant

- Top 10 consulting company in America
- English is the working language
- assisted to set up the website with CIO
- Solved 1 main technical problem：Make a PHP script able to log into another server using cookies
- Created suitable solution for customers of consulting company
- Reply understood the operation of the company and customer's demand

2008. 3—2008. 6   www. YingJieSheng. com   Web Server Assistant

- The biggest web site for Campus Recruiting
- Planned and wrote lots of documents and manuals for members to detail instructions of rule or activity
- Read English technical manuals and supporting materials to design and maintain HTML web pages PHP script and security problems
- Analyzed customers' demand and schemed plans and activities.
- Communicated and cooperated with other site

Extra Curricular Experience

2006. 9—2007. 12   Outdoor Club of SJTU   President

- Leaded 20 core cadres and planned a number of successful outdoor activities.
- Expanded membership from the original 50 to 200.
- Represented SJTU to participate in outdoor Survive Practice Program
- Walked through mountains for 80 kilometers in 5 days ahead of target, CCTV - 5 reported.

IT SKILLS

- IBM Certified Database Associate Db2 University Dutabase V8. 1 Family
- IBM pService AIX System administration reserver Certified Specialist
- Master user of MS Word, Excel, PowerPoint Macromedia DWMX, Flash MX and adobe PS

ENGLISH

- CET – 6 Passed
- A good command of both spoken and written English. especially in computer – related topics

【专家点评意见】这是一份应聘技术类职位的简历，虽然他没有很优秀的成绩，没有奖学金等荣誉，但是他突出了自己的实践水平和技术方面的能力，对具有类似情况的求职者有很好的借鉴作用。

第五节　求职材料的投递

 一、投递前的检查与评估

在网上经常能看到有些同学抱怨："为什么我投出去那么多简历，但一直没有面试机会？"事后才发现原来简历上留下的电话号码错了。类似于这样的低级、致命的错误应该在简历做好之后、投递简历之前就检查出来、彻底排除掉的。所以，在简历做好之后，我们先不要急于投递出去，而是先好好检查几遍，如果条件允许，再请别人帮忙检查评估。这实际上就是简历不断修改、不断改进的过程，这个过程对于提高求职成功率是相当重要的。

建议通过以下方式来对自己的简历进行检查和评估：

（1）检查简历中的联系方式是否有错误，如手机号码、电子邮箱等。如果是到异地求职的同学，在换了新手机号之后，一定要记得把简历中的手机号码更新。注意更新自己的联系方式，保证联系电话和手机的畅通，让自己处在随时启动的状态，这样你会比其他人得到更多的机会。

（2）对于英文简历，利用软件中的"拼写和语法自动检查"功能查找和修改拼写和语法上的错误。

（3）将简历打印出来，检查打印出来的简历效果，包括版式、字体、字号大小、页边距等，仔细浏览一遍简历，再次检查简历上的相关信息是否有错误，看看从版式上是否能给人一种清晰工整、重点突出的感觉。

（4）不妨对着自己的简历，将相关的信息大声地读出来。一是可以熟悉自己简历中的每个环节，二是可以检查语句表达是否连贯通顺、上下文衔接是否顺畅、用词是否简练等，然后可以针对简历，自己模拟面试官，就简历上的信息进行自我提问、自我回答。

（5）将自己的简历传给同学师兄师姐、专业人士或者上传至网上，听取别人对你的简历的意见和建议，听取别人意见时特别注意以下方面的信息：

①你刻意在简历中突出，而别人没有意识到的信息。例如：你对某段社会实践经历进行了刻意突出，但是别人未能察觉到你这段经历的重要性、与职位的相关性或者这段经历凸显的素质能力，这样你就需要反省自己的文字语句描述是否准确。

②别人看不明白，需要你进一步解释的信息。例如：别人从简历中对你的某次实习经历或者项目经历的工作内容或工作业绩不甚明了，需要你进一步描述，这时你就应该检查这段经历的描述在哪里还不够完善。

③对于简历的版式的意见。

④对于简历中语法、拼写的不同看法。

如果条件允许，建议可以与别人进行针对简历的模拟面试，即模拟真实面试的场景，就简历上的信息进行提问、回答。这样不仅可以有效地检查出简历内容、表述方面的问题，而且有助于应对后续的面试。

 ## 二、投递渠道概述

（一）简历投递渠道概述

作为用人单位来说，接收简历的渠道是多样的，包括网申（网上申请）、电子邮箱接收简历、邮寄接收简历、宣讲会或招聘会现场接收简历等。

每种方式各有利弊：电子邮件、邮寄简历虽然在简历筛选功能方面不能自动筛选，人力资源在浏览简历时会增加工作量，但是无须构建复杂的网申系统，成本低，在招聘人数和招聘规模不是很大的情况下，采用这样的方式比较"经济实惠"；网申系统简历筛选、给求职者发通知、安排笔试面试等方面比较方便，在处理大量求职者简历的情况时（通常为上千份简历）网申系统的优势就非常明显了，但是构建网申系统需要额外支出成本，而且在网络访问高峰时，对于求职者来说，可能会出现填写的简历数据丢失或者登录不上网申系统的情况。同时也应注意到，有些企业仍然采用现场接收简历的方式，包括在宣讲会、招聘会现场直接接收简历。

（二）电子邮件投递简历

电子邮件是目前绝大多数企业采用的简历接收方式。采用电子邮件投递简历时，我们应注意以下7点事项：电子邮箱的选择；电子邮件投递简历的语言选择；邮件标题的设置；邮件正文内容——求职信；正文发送简历或附件发送简历的选择；正文发送简历时的注意事项；附件发送简历时的注意事项。

1. 电子邮箱的选择

在给用人单位用电子邮件发送简历的时候，要用自己的私人公共邮箱，切勿用学校教育网的信箱，以免邮箱的不稳定造成不能及时投递简历以及错过笔试、面试通知等情况。应选择稳定性、可靠性高的公共邮箱。

邮箱的 ID 要显得专业、成熟并且职业化。在邮箱 ID 的设置上，一般可以采用英文名＋中文姓氏、中文拼音＋数字（注册日期生日等数字）等形式，其原则是不要看上去很"傻"，如 superman，littlegirl 等之类，最好是让对方看到邮箱就能马上知道你是谁。

设置签名档，建议包含个人姓名、学校及联系方式，格式统一。

2. 电子邮件投递简历的语言选择

简历及求职信的语言选择在于中英文简历显示的先后顺序问题，即中英文简历都要有，但是先后显示顺序视具体情况而定，建议参考以下原则：

（1）如果招聘信息中明确注明了接收简历的语言，则严格按照招聘信息中的要求来选择投递简历的语言。

（2）如果招聘信息中没有注明简历语言，则在简历正文中附上中文的求职信，然后是中文简历在前、英文简历在后。

（3）如果是附件投递简历，则将中英文简历合并到一个文档中，第一页为中文简历，第二页为英文简历，不需要做成两个附件文档，否则人力资源得分两次下载。

3. 邮件标题的设置

关于邮件的标题问题，如果用人单位在职位信息中已经声明了用哪种格式为主题，尽量照着做，因为这是初步筛选的标准。

不要认为人力资源一天收到的简历只有几份或几十份，事实上是有几百份甚至几千份应聘不同职位的信件。如果你的标题只写了"应聘""求职"或者"简历"等，这样你自己也可以想象一下你的简历被关注的程度。

所以至少要写上你应聘的职位，而且最好在标题中写上自己的名字，这样便于人力资源审核你的简历。

还有一点：标题要用中文写，除非应聘时要求用英文。每天人力资源不仅会收到大量的简历，还会收到大量的垃圾邮件，这些邮件大多是英文标题的，所以如果你用英文做标题很可能就被当成垃圾邮件删除了。如果想证明自己英文水平好的话在简历中发挥就好了，不用在题目上做文章。还有，不要用一些奇怪的符号，比如"～～～""&""#""＊＊＊＊"等，原因也是一样，都容易被看成垃圾邮件而遭遇删除的厄运。

4. 邮件正文内容——求职信

无论是用正文发送简历还是附件发送简历，建议在正文中贴上简短的求职信。一定不能在邮件正文中留空或者只是注明"附件是我的简历"等，尤其是在附件发送简历时，这样做的目的就是在人力资源下载附件简历前将自己的最大优势呈现出来。

5. 正文发送简历或附件发送简历的选择

关于电子邮件发送简历时是采用正文发送还是附件发送的问题，建议大家视具体情况灵活处理。在此之前，应了解正文发送简历和附件发送简历各自适用的背景和优缺点。

（1）正文发送简历。很多用人单位的 E - mail 邮箱容量比较小，而且为了防止电脑病毒传播，很多用人单位的邮件系统是不允许邮件中带附件的。在这种情况下，带附件的邮件要么是被直接删除，要么就是附件被删除。正是基于这个原因，很多用人单位的人力资源在接收简历的时候，要么选择163、搜狐、雅虎等公共邮箱，要么使用不能接收附件的公司邮箱。如果是不能接收附件的公司邮箱，就需要求职者将简历以 E - mail 正文的形式发送。

正文发送简历的优缺点如表 7 - 16 所示。

表7-16　正文发送简历的优缺点

优点	缺点
• 无须下载附件，人力资源打开邮件正文即可看到简历内容； • 纯文本格式，容易查看，不会因为电脑没安装某种软件而打不开文档简历文件（如 Doc，PDF，Excel 等格式）	• 正文中简历格式由于各种原因（如邮件编码、邮件发送及转发）而容易混乱，难以保障； • 正文中贴照片比较困难、麻烦

（2）附件发送简历。附件形式发送简历可以完全保证简历格式，方便人力资源下载简历打印。但是多数外企邮箱大小容量有限制，且对附件严格限制。附件发送简历的优缺点如表7-17所示。

表7-17　附件发送简历的优缺点

优点	缺点
• 完全保证简历格式，方便人力资源下载简历打印； • 简历中的照片不受影响	• 附件容易被公司邮箱系统拒收、删除； • 附件较大时，可能会因为不稳定因素而导致邮件发送失败

（3）在 E-mail 投递简历的时候，如何选择简历投递方式呢？建议参照以下原则：

①首先查看招聘信息中对简历投递的要求，是否注明了是采用正文发送简历还是附件发送简历，严格按照招聘信息中的要求来投递简历。

②如果招聘信息中没有注明是采用正文还是附件，那么首先查看接收简历的电子邮箱类型，是公司系统邮箱，还是163、Gmail、雅虎等公共邮箱（例如，×××@ge.com 或者 ×××@kpmg.com.cn 等以公司网站为邮箱@后缀名的即为公司系统邮箱）。如果是公司系统邮箱，则采用邮件正文发送简历；如果是163、Gmail 等公共邮箱，建议采用附件发送简历。

6. 正文发送简历时的注意事项

正文发送简历一般可以通过两种方式：

（1）使用 Foxmail、Gmail 等邮件客户端软件编辑邮件并发送，这种方式并不需要打开网页登录邮箱，只需要在邮件客户端软件中设置好对应的电子邮件就可以发送、接收邮件。

（2）打开电子邮箱网页，输入邮箱用户名和密码登录后，在网页中来编辑邮件并发送。

（3）特别提醒一点，无论是采用什么方式来发送邮件正文简历，建议先注册几个公共邮箱账号，将正文简历发给自己，自己先实际检查、预览邮件中的简历格式，看看是否有格式错乱或者简历内容错误的地方，及时调整，调整好之后再给用人单位发送邮件正文简历。

7. 附件发送简历时的注意事项

采用附件发送简历时应注意以下事项：

（1）采用附件发送简历的同时要在正文中附求职信，一定不能在邮件正文中留空或者只是注明"附件是我的简历"等，一定要在正文中写上求职信。

（2）附件的名称要起好，便于人力资源直接下载保存。切勿用"我的简历""简历3"等字眼，试想，如果人人都以这样的形式命名而人力资源直接下载保存了，那么这么多的简历如何区分呢？附件的名称最好为"应聘的职位＋自己的姓名"，方便人力资源直接下载保存，而后又能方便地查阅到你的简历。如果公司还要求发送其他作品、证明之类的附件，那么这些附件的名称也一定要起好，最好是"作品名称＋姓名"，这样也能显示出你的专业性。

（3）附件简历的文件格式问题。建议使用 Office 的 Word 制作简历，如招聘信息中没有特别注明，建议不要转成 PDF 格式，也不要使用其他非字格式的简历。因为不是每个公司人力资源的电脑都安装能打开 PDF 格式文件的软件。在用 Word 制作简历并保存时，也要注意保存的 Word 版本格式。如果采用最新版的 Word 软件制作简历，在保存文件时，一定要保存为 Word 软件低版本的格式，使得低版本的 Word 软件能够正常打开简历。因为多数公司人力资源使用的电脑 Word 软件未必是最新版本，如果简历保存的是 Word 高版本格式，则低版本的软件是无法正常打开的。同时，也不要将简历压缩成 ".rar" ".zip" 等压缩文件格式，因为也不是每个公司人力资源电脑都装有解压缩的工具。

（4）附件的大小问题。以附件发送简历，只需要发送简历即可，无须发送成绩单、证书等其他材料，除非招聘信息中明确注明要提供这些材料。附件文件不要过于庞大，尽量越小越好，因为不是每个公司的网络连接外网都很快。

（三）招聘会、宣讲会现场递交材料

招聘会、宣讲会现场递交简历是一种最为直接的简历投递方式。

1. 参加招聘会

（1）参加招聘会前，建议先了解参加招聘会的用人单位名单以及相应的职位，选择适合自己的毕业生专场或与专业相关的专场招聘会。

（2）针对不同的行业不同的用人单位准备不同版本的简历，并且要准备充足数量的简历。

（3）准备一个记事本和笔，便于记录简历投递情况。

（4）喧闹的招聘会场，熙熙攘攘的求职者，对此场面要有心理准备，切忌手足无措。查看会场平面图，圈出你要应聘的用人单位。

（5）衣着打扮齐整，用文件夹代替手提包。不要把外套搭在胳膊上，以便腾出手来与招聘人员握手。

（6）不要一到招聘会现场就开始奔波于各个招聘展台前，留下一堆求职材料，然后转身就走。最好先到招聘单位的展台前，看看招聘介绍材料，与招聘人员诚恳地交谈，问一些得体的问题，简单地介绍一下自己。当招聘人员表露出一定的兴趣时，你可以适时地留下你的简历。有时口头的交流比文字更有效更有说服力。

（7）由于招聘会上与招聘人员的谈话都相当于面试，所以无论从态度、着装还是言谈举止，都要以面试的标准来要求。有经验的招聘人员在招聘会现场交谈之后，会目送那些他感兴趣的人，以进一步观察这些求职者的真实面貌。

2. 参加宣讲会

多数用人单位的校园招聘宣讲会现场并不接收简历，而少数用人单位的宣讲会现场不仅接收简历，还可能在宣讲会结束之后举行笔试、简短的面试。在参加宣讲会投递简历时应注意以下事项：

（1）在宣讲会上，用人单位招聘人员一般会进行单位的介绍、招聘要求及招聘程序的

说明，现场回答求职者提出的问题。对于参加宣讲会的求职者来说，应认真听并主动提问，这个过程是一个知彼的过程。在现场如果能够提出一些质量较高的问题，给招聘人员留下深刻印象的话，那么也能提高求职成功的概率。

（2）对于现场接收简历的用人单位宣讲会（一般在宣讲会宣传广告上会注明，如果未注明，则多数情况为现场不接收简历），参加之前准备好针对该用人单位及特定职位的简历。

（3）有的用人单位会在宣讲会之后进行笔试，那么应在此之前准备好相应的笔试文具、计算器等，并做好相关的复习准备。

（4）如果宣讲会后用人单位接收简历并进行面试的话，那么建议着正装出席，以参加面试的心态来参加宣讲会，并提前做好相关的面试准备。

（四）邮寄求职材料

目前，仍然有些用人单位将邮寄简历作为简历接收方式的一种补充，而有的用人单位则只接收邮寄的纸质简历，例如一些知名的咨询公司、银行等。作为求职者，在向用人单位邮寄申请材料时，应注意以下几点：

（1）注意招聘信息中对于求职者邮寄申请材料的内容要求。很多用人单位在采用邮寄方式接收简历的时候，不仅要求求职者邮寄简历，可能还需要邮寄英语证书、成绩单、就业推荐表等其他文件；有的用人单位甚至需要求职者下载特定的申请表，填写好申请表之后打印出来邮寄，从而代替求职者自制的简历。所以，一定要明确用人单位需要哪些材料，严格按照相关的要求来邮寄。

以下是某银行对邮寄材料的要求：

● 报名截止时间：2019年2月10日（以邮戳为准）。

● 请应聘者将打印出来的纸质简历表格粘贴小尺寸彩色证件照后，连同就业推荐表、学校确认的历年成绩单及相关证书等复印件和近期6寸生活照1张同寄至：××号银行××号分行人事处。信封右上方请注明"应届生应聘"字样。

以下是某外国咨询公司对邮寄申请材料的要求：

Application deadline：5 pm，Friday，March 6，2009

Your application should include：

● Cover letter（English）

● Resume（both English and Chinese）

● Copy of your current transcripts

对于招聘信息中没有特别说明邮寄内容的，建议按照表7-18的内容及顺序来邮寄申请材料。

表7-18　邮寄申请材料内容

企业类型	邮寄申请材料
外企	英文简历、英文求职信、中文简历、英语证书复印件、成绩单复印件
非外企	中文简历、中文求职信、英文简历、英语证书复印件、计算机证书复印件、成绩单复印件、所获奖励复印件

在将上述申请材料放到信封里时，注意相关材料的放置顺序。

（2）采用邮寄简历的方式一般都有截止日期的说明，如上述两则例子。虽然有的用人单位注明截止日期以邮戳为准，但建议大家尽早投递，千万不要等到截止日才投递。

（3）如果经济情况允许，建议使用快递的方式。一是可以凸显你的职业精神，二是可以使得人力资源亲自签收，确保准确、及时送达。

（4）尽量使用大号的牛皮纸信封包装，不要折叠简历。信封上的字迹要工整、简洁。同时在信封上注明"申请×××职位"或者"应届生应聘"的字样。

（5）如果信封内申请材料比较多，建议列一个申请材料目录清单。这样做的好处，一是可以提醒自己是否遗漏相关的材料，二是可以让人力资源看到申请材料时一目了然，便于查找。

（6）邮寄简历之后记得做好记录，包括邮寄简历的日期、应聘的用人单位名称及职位等，便于后续跟踪求职进程。

（五）网申

对于求职者来说，通过网申的方式来申请职位，淘汰率是比较高的。即使是这样，事先了解网申系统的原理以及网申时的注意事项，也有助于求职者提高网申通过率。网申即求职者通过招聘方指定的招聘网站或者官方网站来投递简历，招聘方通过设定特定的在线问题、筛选标准来进行简历筛选。

网申系统一般采用互联网媒介，其优势在于：通过互联网的信息共享便捷性，可接受来自世界各地的成千上万求职者同时在线应聘，其标准化的在线问题、灵活设置的筛选条件，最大限度地消除了人为因素等造成的简历筛选误差；自动统计在线应聘简历的相关数据，包括地域、高校、专业、年龄、性别等，使得招聘方更方便地追踪招聘效果及建立公司人才信息库。网申系统目前也有很多缺陷，例如同时在线提交简历人数过多时，系统无法快速响应；系统自动筛选简历机制不能完全准确地判断有效简历等。即使存在如此多的问题，也无法阻挡招聘方采用网申系统作为简历收集筛选的方式，尤其是在校园招聘领域。由于校园招聘不同于社会招聘，招聘周期比较集中、应聘人数多、单位的校园招聘个性化需求多，这都使得网申系统在初期的招聘环节中扮演者重要的角色。

如今的网申内容名目繁多，过程烦琐，往往让求职者叫苦不迭。网申最初的形式其实就是填写简历，包括个人联系方式、教育经历、工作经历等，根据目标职位或者单位投递简历。随后又出现了填写开放式问题作为网申的一个内容，现在有些单位的网申还包含了在线测评等内容（例如宝洁公司的网申系统）。网申内容的演变是围绕着招聘方来的，当应聘的简历数量远远超过招聘方人力资源人工挑选的能力范围时，借助设计合理的网申明细及标准以及各种各样的测评体系筛选简历，就成了网申内容演变的一个必然趋势。

1. 网申系统分类

对于一个企业来说，如果采用网申的形式来接收简历，那么一般可以通过两种方式来构建网申系统：一是第三方招聘网站提供的网申系统；二是自主研发搭建网申系统。

（1）使用第三方招聘网站提供的网申系统。在国内外校园招聘领域中，有很多专业招聘网站为企业提供网申系统，例如国内的前程无忧（51job）、中华英才网（ChinaHR）、智联招聘（Zhaopin）、应届生求职网（YingJieSheng）等，国外的TAleo、Gtios等。这类第三方招聘网站开发的网申系统经过多家企业的使用，从软件的功能到硬件的稳定性等各个方面都相对成熟。

相对国外的网申系统来说，国内专业招聘网站网申系统的服务器基本上架设在国内，而且通常都会考虑其对教育网的接入问题，这大大改善了校园招聘主要申请对象——大学生的网络申请接入速度。而国外的网申系统由于架设在国外，有时候对教育网的支持较差，造成网申速度慢。

一般采用国外网申系统作为校园招聘简历收集、筛选手段的企业多为跨国公司，全球使用统一的招聘系统，例如壳牌、宝洁、摩根大通、阿海珐等。国外网申系统对中文支持较差，一般申请表都采用英文，也要求英文回答。这对求职者的英文要求较为严格。在国外网申系统上申请时，建议同时打开金山词霸等翻译软件，这样可以快速查找不认识的英文单词。国外网申系统的筛选机制从理论上来说与国内网申系统采用的机制大致相同，一般采用公司独立二级域名，而且要求求职者在同一网申系统申请不同公司时要重新注册新账号。例如，在网申系统上申请花旗和奥纬咨询时，就需要分别在花旗网申页面和奥纬咨询网申页面注册账号。提交申请表之后，需要分别登录花旗的网申地址和奥纬咨询的网申地址查看各自的申请状态。这种情况就要求求职者及时记录好不同网申地址的登录用户名和密码。建议在国外网申系统申请职位前，建立一个网申记录文档，包括申请的公司名称、职位、申请时间、网申地址、登录用户名、密码等，以便及时跟踪应聘结果。

（2）企业自主研发、搭建网申系统。现在越来越多的企业开始自主研发招聘系统，包括网申系统。企业采用自主研发的招聘及网申系统，可以提升企业形象，建立完备的人才储备系统，可以对网申过程中出现的问题做及时的反馈，并加以修正，可以避免使用第三方网申系统造成的一些沟通环节的问题以及多家企业同时使用同一网申系统服务器而造成的网申访问速度较慢问题。公司自主开发维护网申系统也存在一些问题，例如程序开发、系统维护成本、没有专业化的技术团队支持等。

2. 网申填写明细及应对策略

一般来说，网申填写的内容与普通简历的内容大致相同，但是有些企业的网申明细会再增加一些公开提问（开放性问题，包括个人开放性问题或者小组开放性问题）或者诸如性格测试、能力测试的网上测试题目，要求求职者在填写个人信息资料后，再同时完成这些开放性问题或测试题目的回答。有的企业会要求求职者在提交网申信息的同时，再提交附件的简历（如 Word、txt 等格式的简历）。

根据网申填写流程及内容的复杂程度，可以将网申系统大致分为三个等级，如表 7－19 所示。

表 7－19　网申系统等级

网申等级	网申内容明细
初级	填写信息包括： ● 个人基本信息（包括姓名、联系方式等）、教育背景、工作实习经历、奖励/活动、技能爱好等； ● 不要求上传附件简历、求职信

续表

网申等级	网申内容明细
中级	填写信息包括： ● 个人基本信息（包括姓名、联系方式等）、教育背景、工作实习经历、奖励/活动、技能爱好等； ● 回答个人开放性问题； ● 要求上传附件简历、求职信
高级	填写信息包括： ● 个人基本信息（包括姓名、联系方式等）、教育背景、工作实习经历、奖励/活动、技能爱好等； ● 回答个人开放性问题，同时还要组队回答小组开放性问题； ● 在线回答性格测试或者能力测试； ● 要求上传附件简历求职信

教学案例 7.14

某石油公司校园招聘网申明细如表 7 - 20 所示。

表 7 - 20　某石油公司校园招聘网申明细

序号	网申明细大类	具体内容	备注
1	个人信息	姓名、性别、出生日期、婚姻状况、证件号码、政治面貌、教育背景、毕业时间、何时可以上班、是否有亲友受雇于本公司、该亲友的部门和姓名、生源户口所在城市、目前所在城市、期望工作城市、加入公司后是否愿意到其他城市工作、申请者类别、从哪里知道招聘信息的、期望月薪（元）、个人评价、电子邮箱、第一联系方式、第二联系方式、第三联系方式、通信地址、邮编	必填项
2	学历、学校	从最高学历开始填写，包括：开始日期、结束日期、学校、专业类别、专业、学历、学位、班级排名、主修课程	必填项
3	奖励/活动	校内奖学金、校外奖学金、其他奖励、校内担任职务、校内活动、社会活动	
4	技能爱好	英语等级考试、托福、GRE、GMAT、英语口语水平、其他外语、其他外语水平、计算机语言、资质证书、其他技能、个人爱好	必填项
5	项目经验	开始日期、结束日期、项目名称、职责描述、项目简述	
6	工作经验	开始日期、结束日期，工作单位、公司性质、公司规模、职务、工作类型、月薪（元）、离职原因、工作职责	

续表

序号	网申明细大类	具体内容	备注
7	家庭成员	姓名、关系、单位、职业、联系方式	
8	信用证明	姓名、关系、单位、联系方式	必填项
9	开放性问题	三道开放性问题（具体见本表后）	必填项
10	上传附件	上传简历和照片	简历最大1M，只能为 Word 或文本文件，照片最大500 KB，只能为".jpeg"".jpg"".bmp"或".gif"类型

其中，三道开放性问题为：

◆ Please use this space to tell us more about yourself, for example what your excellences and weaknesses are（everybody has weaknesses, so don't be nervous about that.）

◆ Please tell us one thing in the past six months which really makes you excited.

◆ We are looking for evidence of making, raising or saving money, and maximizing the results you get from resources that were available to you. Using no more than 300 Words describe the situation or problem and your role in it. Detail what you did and the knowledge you applied. Finally state what impact your actions had on the situation and what was achieved.

3. 关于填写网申明细的注意事项

（1）网申明细中，一般分为必填项和可选项。即使是可选项，也建议全部填满。虽然会比较麻烦，但是填写尽可能多的信息将大大增加简历被检索的概率。

因为有的网申系统会自动判断简历填写的完整度，如果简历完整度只有60%，那很有可能就排在那些简历完整度为100%的简历之后。填写尽可能多的信息，也就意味着能够包含更多的网申关键词，通过在网申信息中设置合理的关键词，可以大大增加通过人力资源筛选的概率。

（2）在填写手机、电子邮箱等联系方式时，一定要保证准确性，以便企业能够及时联系到你。

（3）慎重选择应聘职位。多数企业的网申允许求职者选择多个职位，但切勿因此盲目选择所有的职位，特别是工作性质和工作内容相差比较大的职位。例如：同时选择人力资源和高分子材料工程师两个职位，除非你确实有充分的理由让人力资源相信你同时具备这两个职位要求的素质和能力，否则会被视为盲目投递。

（4）合理使用关键词。不同于纸质简历或者 E-mail 邮寄简历，人力资源在筛选网申简历时，极可能使用诸如"学生会""领导""SPSS"等代表能力、素质、技能的关键词。在填写网申明细的时候，我们就需要结合自己的经历，合理分配这些关键词。另外，有些企业的网申明细对于字数会有限制，所以采用关键词的一个好处，就是能够用更加简明有效的表述方式来描述相关经历。无论是在填写个人评价、实践活动、项目经验、个人技能、实习经历等个人信息，还是回答开放性问题，我们都应根据每部分的内容，结合自身的实际情况，使用简练的关键词作为网申信息的主线。

我们可能无法预知人力资源会使用什么关键词来进行筛选，但是我们可以通过阅读招聘职位说明（职务说明）来预估人力资源可能会看重的关键词。

（5）在填写工作实习经历、项目经验的时候，注意填写相应的公司名称、职位头衔。很多同学有相关的实习经历，但是在填写职位名称的时候，往往填"实习生"这样笼统的职位，明显不利于关键词搜索。正确的做法是：我们应根据具体的工作、实习内容及其对应的部门性质，在真实的基础上，为我们的实习职位"定义"一个有具体意义的职位名称，例如"销售代表""业务助理""财务助理""客户服务代表""技术支持工程师"等。在定义职位名称时，切忌夸大职位头衔。记住，作为学生应该有对应的实习职位等级，不可滥用"经理""总监"等头衔。

（6）填写网申明细的语言选择。对于填写网申明细时是采用中文还是英文的语言问题，建议首先查看相应的帮助说明。如果企业对于网申语言有明确要求，应该严格按照相关的要求来。但如果没有明确的要求，建议按照网申界面提示、问题的语言来进行相关选择。即如果网申界面提示和问题都是采用中文，那么就使用中文来填写；如果是英文语言提示，则建议采用英文填写。

（7）在遇到新的网申系统时，建议大家首先浏览其网申明细分类菜单，查看哪些是必填项，哪些是选填项，但是在填写网申明细的时候，无论是必填项还是选填项建议都填满。查看必填项和选填项有助于帮助大家了解招聘方招聘需求。以微软的网申系统为例：进入微软网申系统之后，观察其左侧菜单"填写简历"项，其子菜单顺序为：基本信息→项目经验→工作经验→教育背景→奖励/活动→技能爱好→上传简历→预览简历。可以看到，这样的菜单安排也体现出其考查求职者时看重的方面，项目经验、工作经验对它来说确实是一个很重要的指标。提醒大家注意网申系统的菜单安排、必填项的设置，这样当你有幸通过网申简历筛选时，进入面试阶段你可以预先判断招聘企业要考查你的重点，大多数企业第一轮面试是围绕简历来考查的。

4. 回答开放性问题的建议

（1）在开始申请前建议先到相关网站上查看是否有相关的网申流程及开放性问题介绍。很多论坛的网友会在第一时间申请之后，将相关的网申流程及开放性问题粘在论坛上，这样你可以先借鉴别人的经验，提前准备好相关开放性问题的答案，做到心中有数。

（2）在提前准备开放性问题答案的时候，建议先在字软件中填写，然后再粘贴到网页上。这样做的好处，一是可以防止网速慢造成的网页提交数据丢失，二是在 Word 软件中可以自动显示错误，提醒你改正，尤其是那些不太容易察觉的比如英文拼写之类的小错误。

（3）大多数企业网申的开放性问题大同小异，所以每次网申填写的开放性问题答案一定要注意存档保存，方便以后的申请。

（4）回答问题的答案中一定不要出现些低级错误，如拼写错误、语法错误等。由于可能采用粘贴的形式，那么一定要注意内容是否有进行相应的替换。例如，某同学申请美的集团，在网申中回答"简要说明你应聘美的集团的原因"的开放性问题时，他是这么回答的："多元化的经营策略使企业有着良好的发展前景；企业有着良好的激励机制，节奏紧凑，效率高；海信集团有着良好的公众形象。"很显然，这位同学将复制过来的答案，忘记了进行相应的替换，试想人力资源看到这样的回答，很难相信你是带着诚意来申请的。同时还要注意格式的变化，有些特殊字符在文本框中不能正常显示，需要替换为"＊"号和"＃"号等分类符。

5. 在线测试（性格测试及能力测试）

采用单一的网申系统，包括开放式问题，可能已经在某些情况下不能满足企业的招聘需求，因此其他的考评手段就被应用到网申系统中，包括性格测试、职业能力测试或者英语能力、数理能力测试。

（1）宝洁公司2009校园招聘网申过程分为三个步骤：

①填写简历信息。

②回答在线评估（在线测评）问题。

宝洁的在线测评题叫Success Drivers Assessment（即成功驱动力管理人员评估）。该在线评估题共有67道题目。

在回答宝洁公司的在线测评题前，建议好好阅读宝洁公司的相关资料，包括企业文化等。因为在67道题目中，有些题目和答案是需要求职者对宝洁公司的文化有足够的了解。英语好的同学建议看英文原题，虽然也有对应的中文版本，但毕竟是从英文翻译过来的版本，有些句子和词组都显得很僵化。

③完成15道图形推理题，每题2分30秒的时间限制。

图形推理题，就是根据一组图形的变化规律，从备选项中找到空缺处的图形填入。

（2）完成在线测试的建议：

①如果在线测试采用的是性格测试，一定要注意回答前后问题的一致性。因为太多数这类性格测试问卷的问题前后是有关联性的，如果你的回答有前后矛盾的地方，则很可能被淘汰。

②有些外企的在线测试是在国外的网站上进行的，而这类网站对于教育网的接入速度并不理想。所以你如果使用的是学校教育网的话，建议选择网速较快的时间段，或者使用代理上网，或者到网吧上网完成在线测试。

③在线测试的题目一般会很多，一定要做到最后有"提交"的按钮页面，提交数据，才能完成整个测试。不要在中途提前关闭网页窗口。由于在线测试的时间会比较长，建议听一些轻音乐，旁边放一杯茶，这样可以缓解一下网申过程中的紧张情绪，提高答题效率。当然这也因人而异。

6. 网申简历筛选规则

对于求职者来说，都很关注网申系统的筛选标准，这个类似黑匣子的筛选标准在网上有着各种各样的说法。实际上，无论是什么样的网申系统，国内的还是国外的，第三方招聘网站还是企业官方网站，网申简历的筛选标准永远都是由招聘企业来制定的。

每个企业的人才挑选标准都不一样，没有所谓的统一标准。每个企业的标准都属于各自的"商业机密"，是不可能公布于众的。这里我们只是从普遍意义上向大家介绍网申简历筛选规则，旨在让大家对于招聘企业筛选网申简历的行为有一个基本的了解。在填写真实信息的前提下，尽可能将自己最全面、最完整的优势展现给人力资源，而不是投机取巧，通过填写虚假信息来蒙混过关。因为无论什么样的企业，对求职者的诚信要求都是第一位的。作为求职者，切勿抱着弄虚作假、投机取巧的心态，要知道在有经验的人力资源面前，你的弄虚作假的材料是很容易被识破的。

（1）我们要明白一点，在校园招聘的网申中，任何一个需要填写的明细项目都可能是企业筛选的一个方面：

①学校。有些企业会对求职者就读的学校有要求，如"211""985"等高校；有的企业甚至是定向面向排名前几的大学招聘，例如部分投资银行、咨询公司。当然也不是说企业就一定只面向中国最好的大学招聘，有的企业、有的岗位也有自己的学校偏好，是以学校优势、专业优势来考虑的，也有的企业因为之前招进去的学生表现良好，从而形成了一个"历史"。

②学历。一般来说，企业如果对学历有要求，会在招聘职位中进行说明，例如大专以上学历、本科以上学历或者硕士以上学历。但如果出现一个职位有不同学历的学生申请的话，那么对学历的要求也是一个考核方面。不同的职位对于学历的要求是不尽相同的，对于企业来说，本科生能做的职位，如果招硕士、博士来做就可能显得"浪费"，企业也会担心这个岗位人员的稳定性。所以说，并不是说学历越高就越有优势，还是要看具体的职位内容的。

③专业。如果所学专业与职位要求对口，则增加了通过的砝码。对于一些无专业限制的职位或者招聘企业来说，专业因素并不是最主要的考核因素，例如四大会计师事务所、咨询公司及部分知名外企。但一般来说，经管类、理工科类专业的相对选择范围比较广。

④英语。对于大多数企业来说，硬性指标基础要求必定为英语四级，而多数外企则会要求至少英语六级。若有托福等国外考试高分成绩则可加分，能体现出口语能力则是非常抢眼的。

⑤GPA。有些公司对于求职者的学习成绩是非常看重的，有的公司甚至会要求GPA达到年级前5%。一般来说GPA在前30%是为大多数知名企业所接受的。

⑥实习经历。如果求职者的实习经历中，有在500强企业或非常知名的与职位相关的行业优秀公司实习经历的话，也是一个可以加分的重要选项。如果实习的时间比较长，如半年以上的话，人力资源一般会认为这样的求职者比较稳定，而且真正了解并学习到公司的一些工作流程、方法及行业信息，通过网申筛选的概率也大大增加。

⑦社会实践。如果在学校有诸如学生会干部、社团会长的经历，并有实质工作业绩，从中能体现出领导能力、团队精神、沟通能力等，那么也是一个加分项。

（2）我们要了解的是，企业在制定筛选规则的时候，存在两种可能的筛选方式。

第一种方式：所有筛选项作为硬性标准，求职者必须满足所有的标准才能通过网申筛选。例如，有的公司会要求求职者必须同时达到以下全部要求：

①"211"重点高校；

②专业为机械、汽车类专业；

③GPA在年级前20%；

④英语六级以上或新六级制分数在560分以上。

第二种方式：为网申明细的每个项目设定权重及最大值，通过人工判定，得出每个求职者在相应评分规则下的综合评分，最后根据所得分值的高低来进行筛选。

例如，表7-21是某公司的校园招聘网申评分规则。

表7－21　某公司网申简历评分规则

网络筛选模板	最佳	好	其次	最高分数
专业	完全匹配专业	相关专业	不相关专业	30
建议分值	30	10	直接淘汰	
毕业院校	重点目标院校	重点院校	普通院校	15
建议分值	15	10	5	
英语等级考试	CET－6/TEM－8			20
建议分值	优秀（××/××分以上）	CET－6/TEM－8 通过（××/×× 分以上），CET－4 通过（××/×× 分以上）	CET－4/TEM－4 优秀（××/××× 分以上）	
奖学金及奖励	获得奖学金或公认荣誉三次以上（含三次）	获得奖学金或公认荣誉三次以下	未获得奖学金或公认荣誉	10
建议分值	10	5	0	
……	……	……	……	……

　　其他项目包括实习经历、学生会干部、项目经验等，都有相应的分数。最后，根据计算出的总分来决定简历是否通过筛选。

7. 网申心态及网申之后

　　网申本身就是回应率比较低的一种简历投递方式，千万不要因为做了几次网申没有回应就灰心丧气。申过后没有回应是一回事，不去做网申那是另外一回事，千万不要因为网申回应率低就放弃网申，那样无形中你将错过很多机会。每次网申之后都要做好记录，包括新出现的开放性问题、申请时间、申请公司、申请网址、申请职位、登录的用户名和密码等，不断总结网申经验，这样方便日后查看申请结果，也可以帮助自己不断提高网申效率，提高网申命中率。

三、求职材料投递记录

　　对于大多数应届生来说，找工作投简历就是一个"海投"的过程。每天网申、E－mail投递简历、邮寄简历的数量会非常多，如果没有一个良好的记录这些已申请职位或公司的习惯的话，仅靠大脑记忆是根本记不全的，那么在接到公司笔试、面试通知的时候，就有可能想不起来应聘什么职位，甚至连公司名称都想不起来，如果连所应聘的公司名称和职位名称都想不起来的话，在电话面试或者面对面面试的时候会给人力资源留下不好的印象。采用网申的知名公司比较多，如果不记录网申注册时填写的用户名和密码、网申地址的话，那么有可能回头再来查看网申状态的时候，因找不到申请地址、用户名或密码不对而无法登录。鉴于此，建议把投递简历、网申过程中的一些关键信息做一个求职记录，如表7－22所示（以下为举例，建议用Excel来制作）。

表7－22　简历投递记录表

序号	公司名称	职位名称	申请时间	申请方式	申请地址	用户名	密码	笔试	面试
1	神龙汽车	研发岗	20××年9月12日	网申	51job	51job Apply	123456	9月20日已参加	未开始
2	OOCL东方海外	人力资源	20××年10月10日	E－mail	×××@oocl.com			未收到	未收到
3	国家××局	行政岗	20××年11月1日	邮寄	北京×××区××路×××号，邮编100000			11月10日参加笔试	11月15日参加第一轮面试
4	……	……	……	……	……	……	……	……	……

表7－22为抛砖引玉，每个人可根据自己的实际情况，制定符合自身情况的求职记录表。例如，可以制作求职进度表，进度表的内容可以包括编号、行业、重要性、公司名称、申请方式、申请职位、所处阶段、截止日期、申请日期、距离今天、距离截止日期、备注等。

本章小结

本章重点对大学毕业生求职过程中的工作分析以及准备的求职材料进行了介绍。通过本章的学习，学生应该了解到应聘之前的工作分析以及岗位要求分析是至关重要的，应该学会寻找自身条件与岗位需求的契合点，还应该学会制订求职计划表，掌握参加招聘会的注意事项和相关技巧。另外在求职前最重要的准备就是求职材料，通过学习，学生应该掌握撰写求职材料的方法，重点掌握简历的制作技巧以及修改技能。

复习思考题

1. 什么是工作分析？如何找到岗位与自己条件的契合点？
2. 制订求职计划的作用有哪些？如何制订求职计划？
3. 参加招聘会应该掌握的基本技巧有哪些？
4. 求职信应该如何撰写？有哪些需要注意的地方？
5. 如何制作一份精美的简历？

第八章　面试与笔试技巧

教学目标

学习本章之后，要求学生能够达成以下目标：

1. 认识礼仪在求职及职业发展过程中的作用；
2. 了解面试过程中的基本礼仪；
3. 了解用人单位招聘程序及用人标准；
4. 掌握笔试的基本技巧以及注意事项；
5. 掌握面试的基本技巧以及注意事项。

导入案例

注意面试过程的礼仪

张华同学在校学习机械设计与制造专业，大学本科，性格活泼开朗，家境优越，在校偏爱文化课，对专业课程的学习仅是刚刚通过，比较喜欢参加一些体育运动和校园文化活动，善于言谈，每次与同学交谈，自己讲话的时间要占交谈时间的 80%，穿衣服喜欢花花绿绿。

分析与点评：衣着以整洁为标准，不需穿些奇装异服或浓妆艳抹及戴过多首饰，当然艺术院校学生另当别论。谈话尽量保持正常沟通。

林玉杰同学很谨慎地将个人简历递至招聘者手中，简历的封面是用相纸打印出来的，有一幅个人艺术照端坐正中。因为面试现场人很多，她一直在与其他同学不停地交流着，谈班里某同学刚才在找工作时受挫了，某单位负责招聘的人长得有缺陷，等等。招聘者均听在了心里，于是抬头问："林同学，能否介绍一下你在学校的成绩？"林玉杰两分钟未回答出这个问题。

分析与点评：在面试过程中，交谈时不宜东张西望，或做些小动作（如两手不停抖动、身子不停摇晃等）。

因此，在面试之前要先做模拟训练，如可找同学或老师进行模拟面试。通过设计几个问题的情景模拟面试，一定会受益匪浅。

第一节　面试过程中的基本礼仪

 一、礼仪与口才在面试中的重要性

礼仪是个人素质的一种外在表现形式，是面试制胜的法宝；而谦虚、诚恳、自然、亲和、自信的口才会让你在面试时对答如流、妙语连珠，自然会受到用人单位的欢迎。因此二者在面试中缺一不可，都占有举足轻重的地位，都客观反映了一个人的文化素质和内涵修养，是取得面试成功不可或缺的要素。

（一）第一印象在面试中的重要性

"你永远不会有第二次机会树立第一印象。"调查显示，在招聘面试时，面试官会根据见面时最初几秒或几分钟对求职者的印象和观感迅速做出判断，并形成一种特殊的、持久的心理定式和情绪定式，这种心理定式和情绪定式就称为第一印象。

著名的心理学家鲁钦斯研究发现，交往中的个体只要在最初的 0.25 秒给对方留下深刻的良好的印象，就一定会吸引对方的注意力，把握沟通方向。普林斯顿大学心理学系助理教授托多拉夫经过现场试验后也发现，人类在看到一张陌生的面孔时，用不着与对方进行任何的语言沟通，也不用对方做出什么表情或动作，大脑就会在极短的时间内对陌生人诸多方面的能力、素质、品行做出判断。

同样，第一印象也在无形中左右着面试官的判断。心理学家认为，第一印象与求职者的外表、肢体语言及谈话有关。

教学案例8.1

张倩应聘一家大型公司的销售员，她毕业于国内某名牌大学的热门专业，成绩优良，在众多应聘者中脱颖而出，入列预选名单，公司通知她去面试。当天，她穿着鲜艳的短上衣、破旧的低腰裤，戴着具有热带风情的大耳环，一进门就让考官一愣。考官轻描淡写地问她是哪个地方的人，结果她因为太紧张，张了几次口竟然没说出话来，后来考官随便问了几个问题就结束了面试，结果当然是她被淘汰出局。

分析与点评：从这个事例中可见，在求职中，仪表、举止、口才等素质十分重要，一个衣冠不整、举止失当、口才不佳的人很容易给人留下不佳的第一印象，令人联想到其工作也可能是马马虎虎，面对客户易举止失措、结结巴巴，难以胜任工作。

由此可见，第一印象的好坏，往往决定着面试的成功与失败。而第一印象是一种直感。求职者的服饰、语气、声音、视线、举止等都是留给别人的第一印象的构成要素。以服饰装扮为例，它对第一印象的好坏具有非常重要的意义。大体来说，面试时的着装应与企业性质、文化相吻合，与职位相匹配，即使无法达到这样的要求，也要保证服饰得体、大方、简洁，这会给人留下一种干练踏实的感觉；举止，或坐、或站、或点头、或微笑，都要尽量表现自然，给人留下一个自信从容的好印象。

下面给求职者提出几点具体的建议，可能对提升面试时的第一印象有所帮助。

1. 面试时的着装

面试时着装最好要有针对性，比如应聘金融行业，宜穿深色套装体现出专业态度；若是应聘公关行业，在着装上则可以适当体现出自己对时尚的敏感度。还有，求职者要注意鞋子、指甲是否干净等细节，这样可显得非常整洁，而整洁容易留下严谨、自爱、有修养的第一印象，尽管这种印象并不准确，可对求职者的自我推销总是很有益处的。

2. 面试时的举止

为了建立良好的第一印象，求职者坐的时候两脚要尽量着地，坐和站的时候不要手臂交叉，还要注意与面试官的眼神接触，并最好在恰当之际，展现一个真诚、富有亲和力的微笑，这样可能获得热情、善良、友好、诚挚的印象。

3. 面试时的语言表达

在面试中，求职者对自己经历及能力的表述应该简明扼要，适可而止。在与面试官的问答中，切忌迫不及待地抢话或争辩。另外可在交谈时适当点头、保持沉默或改变语调，以把握谈话气氛，并可增加自己的可信度和亲和力。

总之，第一印象一旦形成，便很难改变，因此求职者要尽量发挥自己的聪明才智，争取在面试官的心中留下良好的第一印象。

（二）礼仪在面试中的重要性

礼仪素养，指的是一个人在展现自我、待人接物等方面的能力和素质，是一个人走向社会的名片，也是一个人能够取得事业成功的桥梁。它是一种相对稳定的心理品质，是知识积淀和内化的结果，具有理性的特征；同时，它又是潜在的，是通过人的仪表言行等外在形态表现出来、得以体现的，相对持久地影响和左右着人对待外界和自身的态度。可以说，人的礼仪素养表现为人对社会、对他人、对自身的态度。

教学案例8.2

小彬毕业于航空学院，第一眼看到她，并没有让人觉得她有着令人惊艳的美丽，但是当你与她聊天时，一看到她那甜美动人的微笑，就会感到开心无比，不经意间会感觉到有一股暖意融入心中。

小彬现在已经成为一名合格的空姐。当人们让她谈谈面试成功的心得时，她总是开朗地说："当初我们那一组面试的人当中，我并不算是最漂亮的。可在面试结束后，主考老师却对我说，是我笑容里的真诚打动了他。真的，微笑是很重要的。微笑是一种令人感觉愉快的面部表情，它可以缩短人与人之间的心理距离，为深入沟通与交往创造温馨和谐的气氛。"

分析与点评：从小彬的身上我们可以看到，她的微笑不仅体现了自己发自内心的爱，而且起到润滑剂的作用，拉近了求职者和面试官之间的距离，让面试官从微笑这个最简单的礼仪中读到了她身上具备的素质，那就是乐观自信、真诚友善，而这恰恰就是空中小姐这个职业最可贵的素质。小彬有理由使面试官相信，她会将同样完美的微笑带给每位乘客。这就是她能从众多求职者中脱颖而出，面试成功的根本原因。

除微笑以外，面试中的礼仪素养还包含了很多方面。比如，为了避免迟到，最好提前

10～15 分钟到达面试地点，这是面试礼仪的最起码的要求；而进入面试单位时则要表现得不卑不亢，用"您好""谢谢"等文明礼貌用语表现自己的素养；面试开始时更要表现得彬彬有礼，在言谈举止的各个方面流露出对面试官的尊重，但也要注意避免过分殷勤或过分谦让，以免适得其反，对面试成功造成不利影响；而在面试结束后，无论是否被顺利录取，求职者都应保持风度，真诚地向面试官致谢。为了加深面试官的印象，增加求职成功的可能性，还可以在面试后的两三天内，给面试官写封信表示感谢，这也许将为求职者赢得一个本来已经失去的机会。

（三）面试中自信的重要性

一个即将毕业的大学生问一个就业指导老师："面试的时候需要带哪些详细的材料？"指导老师语重心长地对他说："只要带上你的自信就行了。"这个指导老师说的不错，只有自信才能说明一切，因为一个人的自信是建立在对自己的能力、品质、素质的自我肯定上的。拥有自信，才能够娴熟地运用自己所具备的知识，才能在未来的工作中克服困难，勇于攀登。从面试官的角度来说，那些自信心很强的人往往能够从众多求职者中脱颖而出，因为在他们的眼中，自信是个人求职过程中不可或缺的、最重要的筹码。为此，在与面试官接触的短短的时间内，求职者应当尽可能地从自己的形象中展现出足够的自信。

教学案例 8.3

黎阳在大学时是个品学兼优的好学生，凭着自己的刻苦努力，取得了国际注册内部审计师（CIA）证书。导师为他设计的职业规划是进入国际知名的会计师事务所，而他也不负众望，顺利通过了层层筛选，如愿进入一家著名会计师事务所的最后一轮面试。主持这轮面试的是该事务所的合伙人——一位优秀的业内人士，也是黎阳心中的偶像，这让黎阳感到特别紧张，生怕在这位合伙人面前"露怯"。这种紧张情绪一直影响着他，让他在面试中表现得十分不自信，以至于居然叫错了那位合伙人的名字；而且在用英文回答问题时，他总要把一个英文单词重复数遍，唯恐对方听不清楚，直至合伙人不耐烦地亲自打断并说明他已经明白了黎阳的意思，黎阳这才明白该适可而止。他努力调整情绪，想让自己平静下来，可情况却越来越糟，临走时他还将挎包忘在了合伙人的办公室里。最终，黎阳沮丧地得知：这家事务所已经将他拒之门外。

分析与点评：黎阳并不缺乏专业知识，那么是什么原因造成了面试失败呢？那就是缺乏自信，以至于让他在最后关头跌倒在了自己最想去的公司大门前。由此可见，塑造一个自信的形象对于面试成功是何等的重要。

事实上，在面试过程中，招聘单位对求职者的自信是非常在意的。所以，在面试时，求职者一定要想方设法树立起自己自信的良好形象，这可从以下 3 个方面加以注意。

1. 从衣着体现自信

尽管衣着不能决定一个人的形象，可衣着的确能够影响自己在他人眼中的形象。那些衣着大方整洁、搭配合理、风度翩翩的求职者会让面试官觉得眼前一亮。充满自信的外在形象会悄然传达出求职者独特的魅力与内涵，体现出求职者对生活的积极态度。

2. 从举止体现自信

求职者自信的微笑、与别人直视的坦诚的双眼等都是增加自信的举止元素。另外，一些在面试中获得成功的求职者还很注意修饰自己的步态和体态，以体现自己强烈的自信心。他们的脚步充满活力，体态富有精神，无论何时都挺胸抬头，给面试官留下了热情向上的好印象。

3. 从言语体现自信

自信的求职者并不会因为要接受面试官的询问而心生畏惧，他们能够用清晰的音调，简洁有力的语句陈述自己具备的优势，并向面试官清楚地描绘出自己渴望达到的目标。这会体现出一种独特的个人魅力，即使连最苛刻的面试官也会被这份难得的自信所打动。

（四）口才是面试的关键

如果说形象礼仪是面试的第一张名片，那么口才就是第二张名片，它是求职者对自身诸种能力、素质的综合发挥，当然也包括对自身知识积累的综合调动。谦虚、诚恳、自然、亲和、自信的口才会让求职者受到面试官的青睐，从而获得面试的成功。而求职面试时，如何做到口吐莲花，如何在较短的时间内成功地推荐自己，让用人单位赏识自己，其关键因素就在于求职者的说话才能。

教学案例8.4

著名科学家法拉第的一段经历

法拉第在进入英国皇家学院工作之前，曾和介绍人戴维爵士有过一次这样的谈话。

戴维说："很抱歉，我们的谈话随时可能被打断。但值得庆幸的是，此时此刻仪器没有爆炸。法拉第先生，信和笔记我都看过了。可是，你在信中好像并没有说明你是哪所大学的。"

法拉第坦诚地说："我没有上过大学，先生。"

戴维应道："噢，但你做的笔记证明你显然对这一切都很理解，那又怎么解释呢？"

"我尽可能去学习一切知识，还在自己房间里建了一个小实验室。"法拉第回答。

戴维又说："年轻人，我很感动。不过，可能因为你没有在实验室干过，所以才愿意到这儿来的吧。科学太艰苦，要付出极大的劳动，却只能得到微薄的报酬。"

法拉第回答："只要能做这份工作，对我来说本身就是一种报酬啊。"

戴维哈哈大笑，接着说："你再看我脸上的伤疤，这是氢和氮实验引起的一次爆炸留下的。我想，你装订的那些书籍总不曾将你砸伤，或是让你出血吧。"

法拉第说："是的，不曾有过。但每当我翻开装订的科学书籍，它的目录常常会使我眼花缭乱、神魂颠倒。"

面对戴维所强调出来的从事科学工作的艰辛，法拉第巧妙地抓住了对话的时机，在自己的话语中将对知识的强烈渴望和对科学的热烈追求表达得完美流畅，从而使他这样一个低学历者成为戴维爵士的助手，更为他今后能在科学事业中大显身手奠定了基础。

分析与点评：从上面这则故事中可以发现，倘若法拉第没有一定的谈吐智慧和良好的口才能力，那么他就失去了施展自己科学才能的平台。众所周知，法拉第创造了科学上的奇迹，他发现了电磁感应现象，总结出电磁感应定律并发明了第一台电动机和发电机，极大地促进了生产力的发展。法拉第的成功告诉求职者，从某种意义来说，口才也是一种力量，一种无形的生产力。

文凭是用笔杆子考来的，工作是用嘴皮子答来的，口才在求职面试过程中的重要性不容小觑。从大学毕业生的就业求职，到公务员的竞争面试上岗，从人才的跳槽流动，处处都要运用到口才……每个人在找工作的过程中必须经过面试，而"面试就是口才的较量"。可以说，能获得大学文凭者都可以称得上是人才，而这些所谓的人才找不到工作的现象却比比皆是，多如牛毛。一般而言，从小学到大学大家都在用笔答题，而面试考场除了考查一个人的知识结构，还希望从求职者的言谈口气中读出个人的性格、气质和潜力。所以，面对这个知识迅猛更新，人才要求越来越多样化的时代，光有知识和文凭的人并不能称得上真正的人才，只有"口才＋知识＝真人才"。

因此，每位求职者，无论自觉也好，不自觉也好，主动也好，被动也好，都必须正视这样一个现实：必须尽快使自己具有较强的口才能力，迅速提高自身的竞争力，才能在求职过程以及今后的工作、生活中脱颖而出，成为一个强者、一个成功者、一个胜利者。

二、面试礼仪要领

面试，在很多情况下是与面试官最直接的"短兵相接"，在这个过程中，求职者的一举一动、一言一行，都会让面试官尽收眼底。如果能够表现出良好的面试礼仪，将为求职者赢得不少加分。而面试礼仪又是由众多小环节构成的，每一个环节都是求职者不可忽略的，否则在任何一个小环节上出现纰漏，都会导致被淘汰出局的命运。因此求职者一定要从各个方面着力打造自己的面试礼仪。

（一）进场礼仪

常言道，人生就如一出戏，而在戏台上，一个好的主角往往在登台的那一刻就彰显出了他的艺术才华。看过戏剧的人们都有这样的常识，当一个较为有名的角色随着锣鸣、鼓点的节奏快要从帷幕后出来之时，人们往往禁不住提前拍掌叫好。因为观众从他登台的步伐、眼神和表情就可提前领略到他的演艺水准。而对于求职者来说，如果能够在面试之前将进场礼仪烂熟于心，就会像戏中的名角一样在"登台"之前就显露出了自己的职业水准和素养，从而在面试伊始便能取得面试官的好感。

那么，求职者在面试前应当注意哪些面试礼仪呢？

1. 进场礼仪一：恪守时间观念

进场礼仪最简单也最重要的一条就是守时，这也是很多求职者容易出现的问题之一。一般来说，求职者提前 10～15 分钟到达面试地点效果最佳，可以利用这段时间熟悉一下面试环境，稳定一下心神。当然也不必来得过早，如果提前半小时以上到达可能会被视为没有时间观念。但在面试时迟到或匆匆忙忙赶到却是一定要避免的，那会被面试官视为缺乏自我管理和约束能力，即缺乏职业能力。而且大公司的面试往往一次要安排很多人，迟到了几分钟，就很可能永远与这家公司失之交臂了。所以求职者最好能够在接到面试通知后就先了解一下前往用人单位的交通路线，如果路程较远，就要早点出发，另外还要考虑到路上堵车的情形，以合理安排时间，避免迟到。

需要提醒的一点是，求职者不要对面试官的姗姗来迟耿耿于怀。实际上，面试官是允许迟到的，因为这有可能是一种对求职者风度、反应力的考验。所以如果面试官在行为举止上出现一些不妥之处，求职者应尽量表现得大度开朗一些，切勿将不满情绪流于言表，面露愠色，这会让面试官产生很不好的第一印象，甚至导致面试失败。

2. 进场礼仪二：留下最好的第一形象

求职者进入面试场所后，在见到面试官之前，就要注意自己的言行举止，以力求给相关工作人员留下一个最美好的第一印象，这既能为面试成功加分，也有助于为将来就职时打造和谐的人际关系。因此，求职者到了办公区，不要四处张望，同时要把口香糖和香烟都收起来，千万不要嚼着口香糖或抽着香烟进入办公区，那样一定会引起工作人员的强烈反感。

如果面试单位设有前台，求职者可以大方礼貌地与前台工作人员打招呼，然后开门见山地说明来意，并报上自己的姓名，再经工作人员指点到指定区域落座，等候面试。若面试单位未设前台，求职者则可以就近找工作人员求助。不论该工作人员提供了何种帮助，求职者都应当表示感谢。

另外，在等候面试的期间，求职者不要向工作人员询问单位情况或索要材料，更不要对单位加以品评，也不要驻足观看工作人员的工作，以免引起他们的反感。求职者在等待时不要来回走动显得浮躁不安，也不要与别的求职者聊天，如果恰好在等候时遇到朋友或熟人，更不要旁若无人地大声说话或笑闹。事实上，为了避免等待造成的尴尬，求职者可以在随身包内准备一本比较有品位的杂志或书籍，以便在等候面试时阅读，在阅读的同时求职者还要注意保持安静及正确的坐姿。

3. 进场礼仪三：礼貌地进入面试考场

在进入面试考场时，求职者一定要表现出足够的礼貌，首先应轻叩房门二三下，待得到面试官的应允后才可进入（若有工作人员引导则不必如此）。如果没人应答，可以等1～2分钟后再叩门，但千万不能直接推门而入，那会让面试官感到很不舒服。

走进面试考场后，求职者要背对面试官，将房门轻轻关上，这个小小的礼仪细节经常被求职者忽视，但考场能很有效地提升求职者在面试官心目中的好感度。

在面对面试官时，求职者应礼貌地微笑，同时说声"打扰了"，然后向面试官表明自己是前来面试的某某，同时可以很自然地环视一下整个房间，确定面试考场的基本布局（包括自己的座椅位置）。这期间求职者的举止应是彬彬有礼而大方得体的，不要过分殷勤、拘谨或过分谦让。在得到面试官的回应后，求职者可以从容地走向面试官。这时要特别注意自己的步态，要想显出朝气蓬勃、矫健有力，就应该以大腿为主动力点，用双胯向上提的力量带动双腿，抬头挺胸，伸直全身，同时目光保持与面试官的视线接触，不要看着天花板或盯着自己的脚尖，也不要摇头晃脑、东张西望，更不要垂着肩、驼着背，以免给面试官造成悲观消极的印象。

一般面试考场都会放置有椅子、沙发等，这时求职者可以按照面试官的指示径直走到椅子或沙发前坐下即可。

（二）握手礼仪

握手作为面试礼仪中的重头戏，有着举"手"轻重的地位。面试时，握手是很重要的一种身体语言。坚定自信的握手能给面试官带来好感，因为握手的过程在某种程度上显示了一个人的专业、自信、魄力和见识。在很多情形下，尤其是在商业经济日趋全球化的今天，握手更成为一种非常重要的礼节。

美国爱荷华州立大学一位心理学教授的一项最新研究显示：在面试中，紧紧的、有力的握手，对赢得一份好工作会起到至关重要的作用。研究者发现，那些被"握手的面试官"给予高分的求职者，同样也是雇主最终认可的人。为什么握手会这么重要呢？

那是因为，在面试的最初几分钟里，有经验的面试官可以对求职者的个性有个简单的了解。因此讲究握手礼仪，使握手达到一种良好的效果，就应当是求职者关心的问题。具体来说，在与面试官握手时，求职者应当注意以下几个方面：

1. 握手的方法

在面试时，求职者要注意的最重要的一点是：即使自己与面试官再熟悉，也不要轻易伸出双手来握，用单手握手才是礼节。而且准备与面试官握手时，求职者应走上前去，在距离面试官约一步远的地方，上身稍向前倾，两足立正，然后伸出右手，右臂与身体略呈五六十度。掌心微向上，四指并拢，拇指张开，与面试官的手合在一起，再用大拇指夹住面试官的手背，形成握手的姿势。握手的力气不宜过大，时间一般以三秒为宜。握手时，求职者应该面带微笑，双目注视面试官，同时头部略低一下，以示恭敬。

2. 握手的时机

一般说来握手是"先下手为强"，女士、年长者和职位高者应该先伸手。但在中国，有些女士不懂这些礼仪，看到对方很不顺眼就故意矜持地拒不伸手，这是很不礼貌的表现，女性求职者在面试时应尽量避免。那么，当男士如果碰到年轻的女性面试官，该怎么办呢？在这种情况下，双方应该同时伸手。如果对方不主动伸手，男性求职者也可以主动出击，这样对方出于礼尚往来的考虑，也会伸出手回应。

求职者对于握手的时机还要把握好一个"寸劲儿"，要注意别过早伸手或者在不恰当的时候伸手。比如面试官正在埋头填写上一个求职者的评语时，求职者就不能伸出手准备握手，或者求职者与面试官双方相隔很远，求职者就像国家领导人等待外国使节递交国书似的虚手以待，显然都不合时宜。因此，求职者平时有必要多加练习，以掌握好伸手时机。为此，求职者不妨多参加招聘会，多与招聘企业的人员做握手练习，在失败和不恰当的握手中体会如何握手才是最得体、恰如其分的。

3. 握手的摇摆幅度

男女授受不亲的时代已经过去，那些仍然矜持得"笑不露齿"的女性在握手时通常都是轻拂而过，如鹅毛般轻盈，但这不是求职面试礼仪所倡导的。虽然不必提肩垫脚以表示你使出吃奶的劲儿在握手，但是无论男女，在握手时都应该本着"坚定有力"的宗旨，用心去和对方握手。这样方显自信、诚恳的本色。

另外，在面试中不要"老乡见老乡，两眼泪汪汪"，即使求职者与面试官相熟，求职者也不要拉住对方的手像火车车轮般来回摇动，这种握手方式虽然诚恳，而且能表达求职者的热情和激动，但并不是专业的握手方式。所以即使在这种情况下，求职者也应"有礼有节""有幅有度"地握手。

4. 握手完毕后的礼仪

握完手后求职者要马上返回原来的位置，不要等到面试官指示之后，再照此去做。接下来面试官一般会请求职者坐下，此时求职者也不要扭扭捏捏，再三推辞，只要说声"谢谢"，坐下就可以了。但若面试官没有邀请，则不要自行坐下，而可以礼貌地征求面试官的同意后再坐下。

（三）站坐礼仪

"站有站相，坐有坐相"是对一个人行为举止最基本的要求。在陌生的面试官面前，坐、立、行等动作姿势正确雅观，不仅能表现出求职者的成熟庄重，而且也可以给面试官以有教养、有知识、有礼貌的印象。在面试中，正确的站姿是：站得端正、稳重、自然、亲切，做到上身正直，头正目平，面带微笑，微收下颌，肩平挺胸，直腰收腹，两臂自然下垂，手指自然弯曲，掌心向内轻触裤缝，两腿相靠直立，两脚靠拢，脚尖呈"V"字形。女性求职者两脚可并拢。

需要注意的是，站立时，如有全身不够端正、双脚叉开过大、双脚随意乱动、无精打采、自由散漫的姿势，都会被看作不雅或失礼。

面试时的坐姿包括就座的姿势和坐定的姿势。求职者入座时要轻，来到座位面前转身，轻稳地坐下，不应发出嘈杂的声音。女士应用手把裙子向前拢一下。坐下后，上身保持挺直，头部端正，目光平视前方或交谈的面试官。坐稳后，身子一般只占座位的2/3，上身挺直，这样会显得精神抖擞。同时两手掌心向下，叠放在两腿之上，两腿自然弯曲，小腿与地面基本垂直，两脚平落地面，两膝间的距离，男士以松开一拳或两拳为宜，女士两膝两脚并拢为好。

无论采用哪一种坐姿，求职者都要自然放松，面带微笑。面试过程中，不可仰头靠在座位背上或低着头注视地面；身体不可前倾后仰，或歪向一侧；双手不应有多余的动作，以免给面试官留下轻浮傲慢、有失庄重的印象；双腿不宜敞开过大，也不要把小腿搁在大腿上，更不要把两腿直伸开去，或反复不断地抖动。这些都是缺乏教养和傲慢的表现。

在入座后，求职者应当避免些不必要的小动作，例如晃腿、跺脚、搓手，或者伸懒腰、打哈欠（在公共场合下，这些举动不是表明自己疲倦了，而是表明自己不耐烦了——这是对面试官的极大的不尊重，会让面试官反感）。因此在面试中，求职者要有意识地控制平常生活中的这些不雅动作和不良习惯。

总之，站姿和坐姿是面试过程中的压轴礼仪，面试的结果是皆大欢喜还是冷冷收场，往往就是由求职者的站姿、坐姿所决定的。因此，无论求职者平时如何向往自由，如何无拘无束，如何对繁文缛节不屑一顾，在这个关键时候还是需要步步为营，费点心思去做好准备。下面是关于站姿和坐姿的面试礼仪示范辅导。

1. 面试礼仪示范辅导之一：站姿

（1）男士：

①双眼平视前方，下颌微微内收，颈部挺直。

②双肩自然放松端平且收腹挺胸，但不显僵硬。

③双臂自然下垂，处于身体两侧，右手轻握左手的腕部，左手握拳，放在小腹前，或者置于身后。

④脚跟并拢，脚呈"V"字形分开，两脚尖间距约一个拳头的宽度；或双脚平行分开，与肩同宽。

（2）女士：

①头部抬起，面部朝向正前方，双眼平视，下颌微微内收，颈部挺直。

②双肩自然放松端平且收腹挺胸，但不显僵硬。

③双臂自然下垂，处于身体两侧，将双手自然叠放于小腹前，右手叠加在左手上。

④两腿并拢，两脚呈"丁"字形（或并立）站立。

2. 面试礼仪示范辅导之二：坐姿

（1）男士：

①头部挺直，双目平视，下颌内收。

②身体端正，两肩放松，勿倚靠座椅的背部。

③挺胸收腹，上身微微前倾。

④采用中坐姿势：坐时占椅面2/3左右的面积。

⑤手的姿势：自然放在双膝上或椅子扶手上。

⑥腿的姿势：双腿可并拢，也可分开，但分开间距不得超过肩宽。

（2）女士：

①头部挺直，双目平视，下颌内收。

②身体端正，两肩放松，勿倚靠座椅的背部。

③挺胸收腹，上身微微前倾。

④采用中坐姿势：坐时占椅面2/3左右的面积。

⑤手的姿势：自然放在双膝上或椅子扶手上。

⑥腿的姿势：双腿靠紧并垂直于地面，也可将双腿稍稍斜侧调整姿势。

（四）介绍礼仪

一般而言，在大多数的面试考场中，面试官的第一个句话便是"请先介绍一下你自己"。这看似简单的一句话，实际上给了求职者一个自我表现的机会，然而这却难倒了众多的求职者。事实上，求职者的自我介绍比简历、自荐信、名片之类的东西更重要，它可以帮助求职者"先声夺人"，很快给面试官留下良好的印象。

求职者应当把握自我介绍这个面试的重要环节，如果能够利用好自我介绍这一环节，就能突出优势和特长，展现自己的综合素质，给面试官留下一个很好的印象，也能帮助自己走好获得工作机会的第一步。反之，如果在这一环节中表现不佳，放弃或者没有利用好这一环节，那么整个面试就会十分艰难。因此，在自我介绍的过程中，求职者要把握以下几点基本原则：

1. 自我介绍前先问好、致谢

在对面试官做自我介绍前，求职者可以先问好，并致谢，这样能够表现出自己良好的个人修养，也能赢得面试官的好感。所以求职者千万不要一开口就直接说"我叫某某"，这样虽然很正常，却显得不够礼貌，也不够自然，很难让面试官感到满意。

2. 自我介绍时要清楚地说出自己的名字

一般说来，名字就是一个人的招牌。在面试时，求职者不仅要把自己的名字告诉面试官，而且应设法让面试官记住，因此求职者一定要特别注意把自己的名字说清楚，切忌喃喃自语，吐字不清，使面试官听不清楚。面试官听不清楚求职者在说什么，自然也就记不住求职者的名字，甚至会认为求职者有些阴沉、消极。因此，自己的名字，一定要一个字一个字清楚地说出来。

另外，求职者不仅应在自我介绍的最初通报姓名，最好在告别时，再向面试官告知一遍自己的名字。这样一来，不仅能够加深面试官的印象，也会让面试官被求职者的积极态度所打动。

3. 自我介绍中可以适时赞美

求职者在向面试官问好、致谢后，可以真诚、自然、具体地赞美用人单位，这样能够满足面试官的自尊心，带给面试官一种愉快的感受，让面试在融洽的气氛中展开。不过求职者要注意，想要赞美用人单位一定不能说虚伪的客套话，而应发自内心地指出用人单位在管理方面有哪些地方非常规范、工作人员的什么举止表现出非常敬业等等，只有这样真诚而具体的赞美，才会脱离"拍马屁"的嫌疑，让面试官乐于接受。

4. 自我介绍要生动

求职者做自我介绍时要尽量让自己的语言生动一些，幽默一些，如果能博得面试官会心一笑，面试的成功率自然会大大提高。至于如何生动地介绍自己则有很多方法，比如求职者可以用一段个性、趣味十足的语言来介绍自己的姓名，像一位名叫郝麦的求职者在自我介绍时说道："我叫郝麦，郝海东的郝，麦子的麦。我希望我加入贵公司之后，能让公司的产品更好卖。"这样的自我介绍，将给面试官留下很深的印象，也会让面试官在情感的天平上为求职者加上一个砝码。另外，求职者也可以用讲故事的办法介绍自己，而这类故事通常是求职者过去的亲身经历，例如一些业绩故事、管理故事、品德故事等，这些故事不但能够引起面试官的兴趣，调节面试的气氛，也可以让面试官从中窥见求职者身上的一些优良品质，对面试成功很有帮助。

需要提醒的是，求职者所讲的故事一定要与自己准备应聘的职位有所联系，决不能天马行空，想到什么讲什么，更不能编造故事，那样只会适得其反，让面试官失去听下去的耐心。

5. 自我介绍要有说服力

求职者在提升自我介绍生动性的基础上，还要注意介绍的语言要有说服力，不要说一些空话、大话，如"我的身体健康""我擅长销售"等等，这些说法都是空洞而缺乏说服力的，根本无法打动面试官。为此，求职者不妨换种表述方式，如"我每天坚持晨跑3000米，身体素质一直很好""我擅长销售，一天最多销售过60台电视机"等，这些有说服力的数字与证据会加深面试官的记忆，也让面试官感觉非常可信。

6. 自我介绍要有针对性

自我介绍的目的是得到用人单位的认可，因此一定要根据用人单位的需求，投其所好地介绍自己的情况，使他们发现求职者正是他们正在积极寻找的人才。所以，面试之前求职者一定要做好调查，要找出用人单位的需求，发现他们正在寻找哪类人才，以及他们寻找这类人才的原因和目的。例如，某企业招聘一名行政人员，招聘的原因可能是需要一个能对会议进行有效管理的工作人员，以减少会议管理的失误，提高效率，降低成本。了解了这些信息后，求职者就可以在面试时介绍自己在大学里组织活动的经验和体会，以这种方式切入，自然会让面试官眼前一亮。

7. 自我介绍要有亲切感

自我介绍时面对的毕竟是初次见面的面试官和工作人员，为了得到他们的认同感，就一定要让自己的介绍充满亲切感，从而拉近心与心的距离。为此，求职者的自我陈述中不能只有"我"，也要尽量少出现"你们""你""贵公司"等强化距离感的词语，而要多用

"我们""我们公司""我们的品牌""各位同事"等缩短距离的、很自然亲切的词语。

8. 自我介绍要表现出自信

求职者的自我介绍也是一种自我肯定的过程，因此在介绍时要表现出足够的自信。虽然要诚实地承认自己的某些不足，但不要过分妄自菲薄，以至于自我介绍毫无亮点，无法引起面试官的丝毫兴趣，那面试的结果就可想而知了。

另外，求职者也要注意不要走上另一个极端，即在自我介绍时夸夸其谈，自我吹捧，更不要编造事实作为自己求职天平上的砝码。这不但会导致求职失败，更可能引起面试官的反感，并对求职者的人品质疑，那样就得不偿失了。

因此，求职者正确的做法是在自我介绍中自信地描述出自己的特长和优势，让用人单位发现自己的优点。

总之，自我介绍相当于一个几分钟的广告宣传片，不能吸引和打动顾客的广告片是失败的广告片，不能打动和吸引面试官的自我介绍更是失败的自我介绍。所以，求职者的自我介绍要围绕自己的各方面素质、能力、品德等巧妙展开，同时要表现得个性化一些、生动化一些，让面试在愉快融洽的气氛中进行。

（五）聆听礼仪

在面试官看来，少说多听是一个优秀员工的基本素养，因为唯有少言才能多动脑子，多想办法解决问题并踏踏实实地做事。聆听绝对不是一个消极的被动接受的过程，而是充满了积极的思考，只有如此，才能及时、合理地组织好语言，做出主动的、令面试官满意的答复。这里就涉及一个聆听什么、怎样聆听的问题了。

1. 在聆听过程中始终集中精神

不会听，也就无法回答好面试官的问题。好的交谈是建立在"聆听"基础上的，因此求职者在聆听过程中要始终集中精神，听清面试官的每一句话。要记住面试官讲话的内容重点，并了解面试官的希望所在，而不要仅仅注重面试官的长相和语调。即使个别面试官谈话确实无聊、乏味，求职者也要转变自己的想法，告诫自己认真听对方的谈话或多或少地可以使自己受益，并且在聆听面试官谈话时要自然流露出敬意，这才是一个有教养、懂礼仪的人的表现。

2. 在聆听时收集面试官提供的信息

这一点对于求职者面试成功来说非常重要。在面试官的话语里，总是存在着可供求职者利用的有价值的信息，而求职者在聆听中收集到这些信息，就可以在此基础上考虑应该如何对其做出回应，这样才能做到开口有的放矢，句句"击中"面试官的心。而且求职者还要具备足够的敏感性，善于理解面试官的"弦外之音"，即善于从面试官的话语中找出其没能表达出来的潜在意思。

3. 向面试官做出适当的回应

求职者要让面试官知道自己在专心聆听，就需要不时地做出一些回应。其实这些回应可以非常简单，比如，在面试官话语停顿时加上"是的""没错""我也是这么想"等语句，另外也可以用点头、会意地微笑、提出相关的问题等作为回应。不过需要注意把握回应的时机，切勿让回应不合时宜地打断面试官，引起他们的反感。另外，求职者在聆听时要始终保持耐心，不能表示出心不在焉或不耐烦的神情，更不要因面试官的叙述平淡而流露出烦躁或不满意的神情。

4. 提出适当的问题

求职者在聆听面试官讲话的过程中如果有不得要领的感觉，不要不好意思表达，这时不妨用婉转诚恳的语言提出不明确的部分，请面试官做进一步的解释，这样既能弄清问题的要点和实质，又能让面试官在心理上觉得求职者听得很专心，对他的话很重视。但求职者要注意所提问题应有一定的实质性，要确认提问内容，切忌答非所问，并要认真琢磨面试官讲话的重点，必要时，还可以进行复述，如"我同意您刚才所提的……"以这种方式重复对方强调的问题，往往会促进情感的融通。此外，求职者在提问时应注意不要随意打断面试官的话语，东问一句西问一句，那只会让面试官兴致大减，不愿再继续交谈下去。

总的来说，在面试中，一个善于聆听的求职者会做到以下几点：

（1）记住面试官的名字，并保持足够的尊重。

（2）在面试官说话时，用目光注视面试官，并保持微笑，恰当地频频点头。

（3）身体微微倾向面试官，表示对面试官的重视。

（4）了解面试官谈话的主要内容。

（5）适当地做出一些反应，如点头、会意地微笑、提出相关的问题等。

（6）不离开面试官所讲的话题，巧妙地通过应答，把面试官讲话的内容引向所需的方向和层次。

求职者不妨用以上几点要求自己，以掌握聆听的技巧。在面试过程中，求职者便可善用聆听的技巧，在正确地、全面地掌握面试官所表达的信息时，主动地传递出面试官所需要的信息，这样可以更好地展示出自己的能力和魅力，以提高面试成功的机会。

（六）手势礼仪

手势礼仪就是非语言交流的一个重要内容。它是指用手和手臂表示出的各种动作姿势，因为它可以发出某些情感和体态信号，故而对面试成败起着非常关键的作用，有时求职者的一个手势甚至会影响到面试的整体评分。举例来说，在面试的过程中，如果求职者开始的手势比较多，但随着谈话的深入求职者的手势反而减少了，有经验的面试官就会意识到求职者可能已经在说谎了，因为在说谎时，求职者会把注意力集中在自己讲话的内容上，手势动作变得不再是自发而出而是刻意做出的时候，这些手势动作就会明显减少。有的时候，求职者内心深处因为害怕自己的谎言被揭穿，会表现得紧张、焦躁不安，害怕挥动双手会把自己的秘密泄露出去，就可能不自觉地把手藏起来，放到口袋里或背到身后掩饰心神不定的心理状态，或者双手互相紧握着，或者一只手握住另一只手的腕部以上的部位，握的部位不同，心情紧张的程度也不同，一般来说，握的部位越接近另一只手臂的肘部，紧张程度也就越高。

由此可见，求职者的手势已经在不知不觉中将自己内心深处的隐秘毫无保留地透露给了老练的面试官。而上述这些暗示"说谎"的手势也会影响面试官对求职者的评价，也许求职者只是因为过于紧张而不慎做出了类似的手势，却可能让本来属于自己的理想工作就这样失去了。因此求职者有必要了解一些基本的手势礼仪，避免给面试官带来错误的印象。

1. 求职者在面试中应当避免使用的手势

（1）不要把手插在口袋里。这种手势会让面试官觉得求职者在故作神秘，想把自己深藏起来，不想让人掌握自己的个性与弱点。

（2）不要把手交叉放在胸前。这个手势会让面试官觉得求职者性格比较自负自大，自视甚高，目空一切。而且双臂交叉的姿势也有种防卫的、拒绝的、抗议的意义，提示矛盾、多种情况交互影响或紧张等心理因素的存在。面试官看到求职者的这种手势，就会猜测求职者是否正在说谎而且很害怕自己的谎言会被拆穿，因此应避免在面试中使用这样的手势。

（3）不要在交谈时挥动双手。在与面试官交谈时，求职者不要拼命地挥动双手，这会让面试官觉得求职者过于情绪化，而且挥动双手也有失求职者的风度。

（4）不要折指关节。求职者如果在面试中经常地折自己的指关节，发出嘎巴的脆响声，既显得很不礼貌，也会表现出自己情绪不稳，处于焦虑之中。

（5）不要咬手指。咬手指的求职者会让面试官觉得非常幼稚，认为这样的求职者经常心不在焉，思想总沉浸在梦想的世界里，很难把工作做好。

2. 求职者应当注意的面试官的手势

求职者在面试时也可以通过面试官的手势猜度其内心活动，并随机调整自己的应对策略。

（1）表示关注的手势。在与面试官交谈的过程中，如果求职者的话让面试官感到有兴趣，他们就会不知不觉地做出表示关注的手势：双手交合放在嘴前，或把手指搁在耳下；或把双手交叉，身体前倾。这对于求职者来说无疑是个很好的鼓励，求职者不妨在这个话题上多谈一些。

（2）表示开放的手势。这种手势表示面试官愿意与求职者接近并建立联系。这种手势的做法是：手心向上，两手向前伸出，手与腹部等高。这个手势说明求职者的表现已经引起了面试官的好感，求职者不妨乘胜追击，尽量多地表现自己的优势，以获得面试的成功。

（3）表示失去兴趣的手势。在面试过程中，求职者如果一味自顾自滔滔不绝地发表"宏论"，就容易让面试官失去兴趣，这时面试官可能会用手捂着嘴打哈欠或嘴张开用手指拍拍嘴唇，这些手势都可能暗示着面试官觉得求职者的话语枯燥无味。注意到这一点之后，求职者应当自觉地中止话题，以免加深面试官的反感。

（七）面部礼仪

面试是面对面的情感交流，面部表情是一个人的情感的"晴雨表"，人的内心世界的复杂活动，都通过面部表情不断变化表现出来，而且比语言表达得更丰富、更深刻。比如面部表情的适当微笑，就显现出一个人的乐观、豁达、自信。所以在面试过程中，求职者不仅要把握好自己的面部表情的细节，还要善于观察面试官的面部表情，以洞察他的情绪变化，并做出合宜的应对策略。

具体来看，求职者应当注意的面部礼仪有以下两方面：

1. 微笑的礼仪

微笑是一种无声的语言，是求职者自我推荐的润滑剂，也是求职者能力和品行的最好体现，它能使面试官感到求职者很亲切、可以信任。面对陌生的面试官，微笑也可以缩短双方距离，创造良好的面谈气氛。因此求职者一定要面带微笑参加面试。而且微笑应当贯穿面试的全过程，在跟面试官见面时要带着微笑，在跟面试官交谈时要面带微笑，在跟面试官打招呼时要点头微笑，在跟面试官握手告别时同样需要微笑。总之，求职者绝不能吝啬自己的微笑。不过求职者要注意，微笑必须真诚、自然，因为只有真诚、自然的微笑，才能使面试官感到友善、亲切和融洽。另外，求职者的微笑要适度、得体。适度就是要笑得有分寸、不出声，含而不露，不能哈哈大笑，捧腹大笑；得体就是要恰到好处，当笑则笑，不当笑则不笑，否则，会适得其反，给面试官留下不好的印象。

当然，求职者在面试过程中，难免会有些紧张，很难做出自然的微笑，那么在面试前，求职者就应调整自己的情绪，设法改变自己的心境，想想快乐的过去、成功的瞬间，让自己露出由衷的笑容。

2. 注视的礼仪

在面试过程中，求职者要注意与面试官多做眼神的交流。眼睛可以与有声语言相协调，表达万千变化的思想感情。不过，求职者要注意一定的注视礼仪，避免引起面试官的反感。如正视表示庄重，斜视表示轻蔑，仰视表示思索，俯视表示羞涩等。而在面试中，聚精会神地注视面试官，表示对其谈话内容有浓厚兴趣。另外，为了避免过多地注视而令面试官不安，可适度运用"散点柔视"，把目光放在面试官脸部两眼至额头中部的上三角区。

具体来看，求职者要掌握的注视礼仪的要求有以下几方面：

（1）注视面试官时目光要自然、柔和。求职者要注意，不要死盯着面试官的眼睛，否则会使面试官感到极不自在；眼神也不要在某一局部区域内上下翻飞，否则会使面试官感到莫名其妙；也不要东张西望、左顾右盼，视线频频乱转，那样会显得心不在焉，还会让面试官怀疑求职者是否正在说谎；更不要高高昂起头，两眼望天，那样会显得非常傲慢，是失礼和缺乏教养的表现。

（2）在面试中，求职者可以使用的注视方法有两种：

①凝视。求职者可以集中目光注视面试官，但目光限制于前额到双眼，这样会使面试官感觉求职者很诚恳、认真。

②环视。如果求职者面对的不只是一位面试官，那么眼睛可以经常地有目的地向四周扫一下，好处是能引起所有面试官的注意，不觉得求职者只是在和某个人交流。而且求职者可以根据环视所收到的信息随时调整说话的节奏、内容、语调，把说话的主动权控制住。环视的具体方法是：以正视主考官为主，并适时地把视线从左至右，又从右至左（甚至从前至后，又从后至前）地移动，达到与所有面试官同时交流的效果，避免冷落某一位面试官，这样就能获得他们的一致好感。

（3）注视面试官时要注意眨眼的次数。一般情况下，求职者每分钟眨眼 6~8 次为正常。若眨眼次数过多，就可能表示求职者在怀疑面试官所说内容的真实性，而眨眼时间超过一秒钟就成了闭眼，表示求职者对面试官的话厌恶、不感兴趣，这些都是要避免的。

（4）在交谈过程中要学会巧妙地与面试官对视。求职者在面试中若与面试官目光相遇，则不应慌忙移开，而应当顺其自然地对视 1~3 秒钟，然后才缓缓移开，这样会显得心地坦荡，容易取得面试官的信任；如果一遇到面试官的目光就躲闪，就很容易引起面试官的猜疑，或被认为是胆怯的表现。

（5）求职者还要注意仔细观察面试官的面部表情。求职者可以根据面试官的表情变化来及时调整自己的面试内容。比如在交谈时，面试官的目光自下而上注视求职者，一般有"询问"的意味，表示"我愿意听你讲下一句"；如果面试官的目光自上而下注视求职者，一般表示"我在注意听你讲话"；如果面试官的头部微微倾斜，目光注视求职者，一般表示"哦，原来是这样"；如果面试官的眼睛光彩熠熠，则一般表示他对求职者的话语充满兴趣。假如面试官每隔几秒就偷看一下手表，则表示催促、不耐烦的意思，是希望求职者快点结束谈话的暗示，此时求职者应立即中止谈论，采用提问形式，让面试官讲解，或采取转换话题的办法；如果面试官的眼神、目光有很明显的疲劳厌倦情绪时，求职者应起身告退，再约面谈时间。

总之，求职者在面试过程中不但要巧妙运用面部礼仪，还要善于观察，仔细"阅读"面试官的面部表情，洞悉他的内心情感，迎合他的情绪变化，顺应他的感情迁移，避免引起他的反感，以便给他留下轻松愉快的印象。

（八）动作礼仪：面试中应避免的负面动作

毋庸置疑，对于求职者来说，面试这一过程有着巨大的身心压力。当前，用人单位对求职者的各方面要求都高了许多，求职者的面试机会不断减少，面试的成功率也在急速下滑，特别是对于那些刚刚步入社会的大学生而言，找工作的压力更大。在这一形势下，求职者能否入职，全看这面试中的"临门一脚"。因此，想要在面试中成为胜利者的话，唯有做好万全的准备，才可获得入职的门票。

可是在现实中，许多求职者由于紧张或者自己平时的一些习惯，在面试官面前往往会做出一些下意识的小动作，这些负面小动作往往会影响面试官对求职者的评判。

教学案例8.5

谈娜的求职经历

谈娜在求职前已经听说现在工作难找，招聘信息虽然看上去铺天盖地，可好岗位对于她这样缺乏实践经验的应届毕业生来说却是大海捞针，所以谈娜一开始就把目标定得较低，打算应聘一个文秘类的岗位，她认为自己是本科学历，又有一些相关实习经验，面试应该是十拿九稳的事情，也就没把别的竞争者放在心上。

面试当天，谈娜把自己的简历熟悉了一遍，也没怎么准备就来到了该公司。到了现场，谈娜发现已经有几个求职者在等候了，而且那几位求职者看样子都经过一番细心打扮，一个个嘴里念念有词，看上去非常认真。相比他们，谈娜明显有些准备不足，她感到有些紧张。

终于轮到谈娜面试了，她走进那间办公室，看见两位表情严肃的面试官，用审视的目光打量着她。谈娜不由得更紧张了，头不由自主地低了下去，事先准备的说辞全忘了，脑子里一片空白。这时候比较年长的面试官让谈娜做一番自我介绍，而她几乎是将自己的简历生硬地背诵了一遍，语调就像一根直线，声音虚飘无力。在做自我介绍的时候，谈娜的手指还习惯性地去拨弄自己的一头长发，让两位面试官看得直皱眉头。好不容易介绍完毕，谈娜还没松口气，另一个面试官又提出了问题："你觉得自己应聘这个岗位的优势在哪里？"其实之前谈娜也做过这方面的准备，对于自己的特长、经验等也把握得很清楚，可偏偏一紧张，平时的那些小动作全出来了，一会儿摸摸头发、一会儿挖挖耳朵，碰碰鼻……都不知道手该往哪儿摆。两位面试官显然也有些不耐烦了，随便问了两个问题就叫谈娜出去了……

分析与点评：不难想象，挖耳朵、擦眼屎、剔牙缝、擦鼻子、打喷嚏或用力清喉咙等行为会给面试官留下多么恶劣的印象。也正是由于这些负面动作，让求职者谈娜失去了一个难得的机会。这个例子带给求职者的警示就是：在面试时一定要努力避免这些令人难堪的、难登大雅之堂的小动作。

其实，只要求职者意识到这些小动作会误了自己的大事，想避免这些小毛病是完全可以做到的。下面是一些求职者在面试过程最容易出现的小动作，在面试的过程中应尽力避免出现。

1. 扮鬼脸

有些求职者总爱在脸上表露出对面试官说话的反应，或惊喜，或遗憾，或愤怒，或担忧，表达这些情绪时，他们总是歪嘴、眨眼、皱眉、瞪眼、耸鼻子，这就是扮鬼脸。这种鬼脸在平时的人际交往中或许有好的效果，但在面试时却有害无益，会让面试官觉得非常不雅，因此应加以克服。

2. 跷二郎腿

跷二郎腿是一种很不端庄的坐姿，如果求职者平时有这种坏习惯，在面试中就要有意识地克服，最好双脚平放，采取最基本的坐姿。

3. 拉裙子

部分女性求职者在面试时总觉得自己穿着的裙子太短，坐下时生怕"走光"，从而不断地拉裙摆，这样容易让面试官觉得求职者的个性太过于浮躁。因此，为避免这种窘境的产生，女性求职者在面试前不要穿过短的裙子。

4. 拨弄头发

留着长发的求职者，与面试官交谈时，常常会不自觉地拨弄头发，这在面试官看来，是一种不尊重人的表现。因此，为避免这种习惯影响到面试的结果，求职者最好将长发扎起来，或理个有层次、清爽、整齐的发型。

5. 夸张的肢体动作

面试时，太过于活泼、夸张的动作，易招致不稳重的印象。因此，求职者在面试中要尽量避免肢体动作过多、幅度过大。

6. 手提服饰袋

面试时，随手提个服饰袋，容易让面试官留下不够尊重或太轻浮的印象。因此除非不得已，否则求职者可将服饰袋先行存放好，再参加面试。

7. 不停地看手表

在和别人交谈的过程中，不停地看时间，会让人有一种压迫感产生。在面试考场上这一动作一方面会让面试官觉得反感，另一方面，自己也会因怕时间不够用而草率地回答问题以致影响面试结果。因此，在面试时，求职者如果戴着手表，一定不要不停地看时间。

8. 咬嘴唇

在面试过程中，经常会有一些求职者不自觉地咬嘴唇，这动作传递给面试官的信息是求职者不够自信，或过于紧张，这对面试成功没有什么帮助。

9. 吐舌头

有的求职者在回答完问题后，会不自觉地吐一下舌头，这一动作在面试官看来是极不成熟的表现，也是不够自信的表现。

10. 晃动双腿

这个动作在面试过程中也经常会有。有的求职者一坐下便开始晃动双腿，还有的求职者在回答问题时会不自觉地晃动双腿。不管是由于紧张还是其他原因，在面试考场上，这个动作只会让面试官产生反感，因此一定要避免。

11. 挠头

有的求职者在回答不出面试官提出的问题时，往往会做这一动作。这一方面会让考官觉得求职者不够冷静，另一方面会影响求职者的整体形象和礼仪，在面试考场上应避免。

12. 鞠躬时双手前后摆动

鞠躬本可以表示对面试官的尊敬，但有的求职者在鞠躬时，双手会不自觉地前后摆动，虽然幅度不大，但在面试官看来，会觉得求职者是个过于随便、不够沉稳的人。因此，鞠躬的动作一定要做到位，做规范，以免产生适得其反的效果。

以上这些小动作是在面试中比较典型，而且确实存在的，希望能给即将参加面试的求职者一点借鉴，在真正面试的时候，能够避免发生这些负面小动作。

为了尽量克服这些小动作，在面试之前，求职者可以让家人或朋友扮演面试官，指出求职者有哪些影响面试的小动作。求职者也可以自己对着镜子练习，看还有哪些需要改掉的小毛病。如果坏习惯在短时间内难以改变，而面试又不能耽误，那么求职者可以将双手交叠在膝上，用拇指指甲抚弄着另一只手的掌心，这样双手就会被服帖地管制住。总之，细节决定成败，相信求职者在改掉一些毛病之后，将会取得面试的成功。

（九）告退礼仪

在做每件事情时，开头固然重要，但一个好的结尾也是不容忽视的，如果结尾做不好，很有可能将本应尽善尽美的事情搞砸，以至于重新返工。可是对面试而言，绝没有"重新返工"的概念，求职成功与否全集中在这一个过程之中。如果求职者在面试中一路顺畅，面试官对求职者的各方面也都很满意，但在结束的那一刻求职者却没有做到位，那么求职者的形象在面试官眼中必将大打折扣。

教学案例 8.6

张扬是一位刚刚毕业的硕士研究生，由于自己平时刻苦努力，学识水平和技能的掌握程度在同专业同学中遥遥领先。年初，经过激烈的竞争他过五关斩六将，一路杀来，终于"杀"到了深圳一家著名的高新技术公司的最后一轮面试。经过一番锋芒毕露的自我介绍后，面试官为之动容心中暗喜，"真是一位难得的奇才啊！"之后，面试官的一系列考查项目，张扬都从容应对，对答如流，面试官微微点了下头表示满意，几乎已经把张扬当成了最合格的人选。然而，让面试官始料未及的是，张扬竟然在面试完毕抛下了一句生硬的"谢谢"，连手也没有握，就匆匆离去。事后，这位面试官据着张扬的简历，脸露难色，苦笑着摇摇头说道："虽然长于学术却短于礼仪，怎么能够胜任工作呢？"

分析与点评：案例中的张扬可谓"很有个性"，但落了个"一着不慎，满盘皆输"的下场。从张扬身上，也可以得到这样的启示：有个性、有锋芒确实是好事，对一般的面试官而言也会获得青睐和欣赏，但有个性并不意味着可以不顾基本的礼节。一个连基本礼节都不懂的求职者是让面试官无法容忍的，而且也无法想象将来还要与之合作、开展工作。

一般来说，求职者在面试开始及面试过程中都很重视礼节问题，也会有意识地把礼节做到位，可是在面试结束时，却会忽略这点，留下虎头蛇尾的遗憾。事实上，面试结束时的告退礼节也是用人单位考查录用的重要砝码，求职者同样需要加以重视。

1. 告退的时机

告退礼仪的重点在于，首先不要在面试官结束谈话前表现出浮躁不安、急欲离去的样子。有些面试官以起身表示面谈的结束，有些面试官则会用"同你谈话我感到很愉快"或"感谢你前来面谈"这样的辞令来结束谈话，对此求职者应十分敏锐，不失时机地起身告辞。以下这些小技巧有助于求职者抓住告退的时机：

（1）如果求职者正在与面试官热烈讨论某一问题，切忌突然将对话结束，这是一种失礼的表现。在讨论中如果一时出现僵持的局面，求职者应设法把话题改变，一旦气氛缓和就应赶紧收场。另外，当求职者发现谈话的内容已渐冷场时，就应马上道别，否则会给面试官留下言语无味的印象。

（2）求职者要小心留意面试官的暗示。如果面试官对谈话失去兴趣时，可能会利用"身体语言"做出希望结束谈话的暗示，比如，有意地看看手表，或频繁地改变坐姿，或游目四望、显得心神不安。遇到这些情况，求职者最好知趣地结束谈话。

（3）求职者在准备结束谈话之前，先预定一段短时间，以便从容地停止。切勿突然结束，匆匆忙忙地离开，否则会给面试官留下粗鲁无礼的印象。

2. 告退时的表现

（1）笑容是结束谈话的最佳句号，因此求职者在告辞时一定要注意为面试官留下一个美好的笑容，而这个最后的印象，往往也是最深的印象，可以长期留在面试官的脑海之中。

（2）在面试结束时，求职者不妨巧妙引用一些名人格言、富有哲理的话，或者美好祝愿的话，往往也会产生很好的效果。但要注意不要过于刻意，否则难免适得其反，让面试官听得皱眉头。

3. 告退后的善后工作

很多求职者在面试过程中毫无漏洞，却容易忽略了面试过后的善后工作。其实面试结束并不意味着求职过程就完了，也不意味着求职者就可以袖手以待聘用通知的到来，有些事还得做，而且必须做到位，而这其中最重要的应属向面试官致谢的工作。

为了加深面试官对自己的印象，增加求职成功的可能性，面试后两天内，求职者最好给面试官打个电话或写封信表示谢意。这个小细节是十分重要的，因为这不仅是礼貌之举，也会使面试官在做决定之时对求职者有印象，说不定还会使面试官改变初衷，愿意再给求职者一个机会。不过求职者要注意，无论是感谢电话还是感谢信都要简短，电话最好不要超过5分钟，感谢信则最好不超过一页。感谢信的开头应提及自己的姓名及简单情况，然后提及面试时间，并对面试官表示感谢；感谢信的中间部分要重申自己对该公司、该职位的兴趣，增加一些对求职成功有用的事实内容，尽量修正自己可能留给面试官的不良印象；感谢信的结尾可以表示对自己的素质能符合公司要求的信心，同时可以主动提供更多的材料，或表示能有机会为公司的发展壮大做出贡献。

求职者也可以用电子邮件的形式向用人单位发出感谢信，但一定要注意有关使用电子邮件的礼仪，别让电子邮件惹出笑话。比如电子邮件的标题要提纲挈领，切忌使用意思含混、过于口语化的标题；在电子邮件的添加主题栏里则可以用短短的几个字概括出整个邮件的内容，这样能够让面试官一目了然；电子邮件的正文开头要有问候语，结尾要有祝福语，或使用"此致敬礼"这样的格式，并注明求职者自己的姓名、通信地址、联系电话；

如果是用英文撰写的电子邮件，求职者还要避免全文使用英文大写字母，这样会让邮件看起来太过强势，使面试官觉得很不舒服。

另外需要提醒求职者的是，向面试官致谢不是要打探面试结果。在一般情况下，从面试当天到确定是否录用，还要经过用人单位人力资源部门的讨论、研究等过程，一般可能需要 3~5 天时间。因此求职者在这段时间内一定要耐心等候消息，不要过早打听面试结果，以免引起用人单位人力资源的反感，导致求职失败。

教学案例8.7

求职者刘黎跳槽后，投了几十份简历，才得到了一次难得的面试机会，应聘一家人力资源咨询公司的数据分析员。他来到这家公司，经历了一次特殊的面试，首先是与面试官的交流、问答，接下来还要按照面试官的要求完成一份能力测评答卷。面试结束后，面试官对刘黎各方面素质较为认可，让他回去等待通知，公司会在一周之内给他答复。三天过去了，刘黎越等越不耐烦，心情急切的他打电话给该公司说："公司录不录取我没关系，但能不能把测评结果给我？"接电话的工作人员愣了一下，和蔼地告诉他："测评结果只是公司用来选拔人才用的，不会交还给个人。"听到这个回答，刘黎不由气恼地说："这不是折腾人吗，也不知道能不能录取，就害我花了两个小时做答卷！"

放下电话后，工作人员将刘黎的不满反映给上级，很自然地，刘黎的名字被从录取名单上剔除了。

分析与点评：在案例中，这位求职者过于急切地打听面试结果，并且公然宣称"录不录取我没关系"，显示了他对公司的不在乎；更为严重的问题是，他对公司正常的面试模式做出了很不礼貌的评价和质疑，结果功亏一篑，失去了本该属于自己的机遇。由此也可以看出，面试后的一举一动、一言一行，都代表了一个人的礼仪素养，求职者切勿只在面试的时候注重礼仪的包装，而是要让礼仪的要求成为自身素质的一部分，使得自己真正成为面试官眼中最优秀的求职者。

第二节　面试的技巧

一、面试的几种类型、技巧与流程

（一）面试类型及应对技巧

随着人才流动的加快、测评手段的发展，面试的类型也越来越丰富，在此为求职者整理了目前最为常见的几种面试类型及其相应的特点。

1. 行为面试

行为面试是外企招聘时最常用的面试方式，通过一系列基于具体行为的问题，来考查求职者特定方面的素质及能力。用类似"这件事情发生在什么时候？您当时是怎样思考的？为此您采取了什么措施来解决这个问题？"等问题，来考查求职者在过去某种特定事件中的具体表现。随后，面试官会用素质模型对求职者在过往表现出的素质进行评价，并以此推测其在今后工作中的行为表现。

采用行为面试有利于控制面试的场面和进度，对多个求职者进行比较。如果单就求职者求职材料进行提问，而没有固定的提问套路的话，可能面试官想到哪里问哪里，求职者也可能会泛泛而读，造成面试官对于求职者信息了解不全面；对于多个求职者之间的考核对比，通过让求职者回答一套共同的行为面试问题，面试官很容易对比每个人的成就大小。

（1）行为面试考查要点及典型问题分解。行为面试常见的考查要点以及具备这些特征的行为表现要素包括：

①领导能力。给予团队成员清晰的发展愿景和发展目标，明确个人与团队的角色分工与职责权限，避免混乱的工作局面；设定富有挑战性的目标，并取得他人对此的认同；承认个人绩效并给予反馈；给予合适的人充分的权限，使其最大可能地发挥潜能。

不恰当的行为：不能体察团体的需要，没有明确团队的分工，无法完成项目的组织和进行有效的工作安排，制造和加剧冲突。

常见问题：请举例说明你领导一个团队完成了一个项目，并且获得了成功。

②团队合作能力。作为团队的一员，愿意并富有建设性地参与工作，表现出对团队的认同，支持团队决策；公开坦诚地与团队共享信息；为了团队的利益，能够调整自己的位置。重视他人的看法、专长；所提供的信息避免自我中心式的语句表达。

常见问题：请你举一个例子说明在完成一项重要任务时，你是怎样和他人进行有效合作的。

③解决问题能力。面对突发问题或者难以解决的问题，是否能界定问题的根源，制定应对策略。任何企业招聘人才都是为了要解决企业某些方面的问题，因此求职者的解决问题的能力也是考查的重点。

常见问题：请举例子说明你是如何解决一个棘手问题的。

④结构化思维能力。善于把握事物的全局，从一个大的方向把握问题；能够将问题进行结构化的处理，分出清晰的条理，并抓住事情的本质；能够对解决方案进行逻辑化的处理，运用具有条理性、推理性的思维解决问题。

常见问题：请你描述一种情形，在这种情形中你必须去寻找相关的信息发现关键的问题，并且自己决定依照一些步骤来获得期望的结果。

⑤分析能力。在面对问题时懂得分析什么是表象，什么是影响其本质的关键因素，能够找到很多信息来源。并参照来自不同渠道的数据和资源，避免片面的看法；分析任何问题都会先寻找证据，然后在此基础上给予结论；在面对巨大的压力时，仍然能避免过于情绪化，可以冷静地进行解决。

常见问题：请你举一个具体的例子，说明你是怎样对你所处的环境进行一个评估，并且能将注意力集中于最重要的事情上，以便获得你所期望的结果的。

⑥学习能力。长期持续地、积极地从自己和他人的成败经验中学习，把过去相关经验中得来的教训应用于新的环境；从行动中提高自我的绩效；即使得到批评性的反馈，也真诚对待，坦诚接受关于发展需求方面的建议。

常见问题：请你举一个具体的例子，说明你是怎样学习一门技术，并且将它用于实际工作中的。

⑦创新能力。有理智的好奇心；对于解决一个问题常常有着很多的想法和建议；对于他人想法抱有很大的热情；能够不断挑战自身的想法和做法；打破思维定式，为老问题寻找新的解决方法。

常见问题：请举例说明你的一个创意对于一件事情的成功起了决定性作用。

⑧沟通影响能力。以合理的论据、数据和明白无误的沟通来影响他人；针对不同的听众对象，调整沟通的方式方法；努力与他人建立融洽关系，取得他人的支持和认同；能够站在不同的立场思考问题，运用换位思考获得双赢结果。

常见问题：请举个例子证明你有说服别人的能力。

（2）行为面试应答技巧："What + STAR + Key Words"法则。

对于行为面试问题，推荐采用"What + STAR + Key Words 法则"来应答。我们以一个真实的行为面试问题及范例解答来详细陈述这个法则在行为面试中的应用，并给出不同回答方式的优劣点评。

问题：到目前为止，令你印象最为深刻的一件由你来负责的事情是什么？

①What：首先用一句话简明扼要地回答面试官的这个问题。

推荐回答：我印象最深刻的一件事情，是大三的时候我组织班级参加学校戏剧文化节活动的事情，这个活动完成得很险，所以我印象深刻。

点评：向面试官讲明 What 后，最后扣住"印象深刻"这个关键词再进行强调，加深面试官的印象。

②STAR：用 STAR 法则对具体经历进行详细描述。

S 代表情景 Situation：发生的时间、地点、项目和涉及的人员；

T 代表任务 Task：要完成的任务或遇到的问题；

A 代表行动 Action：自己采取了哪些步骤或行动；

R 代表结果 Result：最终得出了什么样的结果。

教学案例 8.8

某同学利用 STAR 法则来回答前述问题

Situation：

戏剧文化节是我们学校的一个传统活动，以班级为单位，每个班级代表一个国家的戏剧风格，通过排演这个国家的经典代表剧目来展示这个国家的戏剧艺术。我们班级代表的是英国，选择的剧目是莎翁的《哈姆雷特》。

Task：

我当时是班长，和其他两位班委分别负责服装、道具、剧目的彩排工作。

Action：

我所负责的服装工作进展很顺利，花一天时间去服装市场就基本上敲定了。

（**点评**：第一个行动是把自己分内事情做好。）

但是其他两组过了一个星期还没有眉目。我当时很着急，也很生气，觉得另两位班委责任心不够强，所以提出由我来统一负责服装、道具、彩排，一起抓。

（**点评**：第二个行动是要全面负责。）

结果我很快就意识到自己错怪了另外两位班委，找道具，找排练场地，找同学彩排，每一项任务都比找服装难！当时只有两个星期时间，准备靠我一个人负责不可能完成任务。所以，我立刻请两位班委吃饭、道歉，再次请他们和我一起负责。

（**点评**：第三个行动是道歉并弥补过错。）

Result：

最后我们班排练的剧目《哈姆雷特》如期参加了学校戏剧文化节，虽然只拿到了中游的名次，但总算是把任务完成了，没有出丑。

③Key Words：注意提取问题中的关键词，要在描述中紧扣这些 Key Words，因为 Key words 反映了面试官的考查意图。例如，在之前举的实例中，关键词有两个——"由你来负责的"和"印象最为深刻"，那么在回答时一定要进行分项描述，包括你为何发起该活动，如何负责，最后又如何组织团队一起完成，为何给你的印象最深刻，等等。

教学案例 8.9

继续之前问题的范例回答

Key Words：

我至今对这件事情印象还很深刻，因为这是我做班长期间做的最愚的一件事情。如果只靠我一个人负责，肯定完不成任务。从这件事情开始，我很少会轻率地责怪别人。想责怪别人，必须先换位做做他人的事情、体验一下他人的难处才有资格！

（**点评**：再次总结强调了"我负责的"及"为何印象深刻"这两个关键词。）

分析与点评：这个同学的回答清晰明了，同时体现出了自己的诸多优点，如责任心强，知错就改等。

（3）行为面试应答注意事项。在采用"What + STAR + Key Words"法则回答行为面试问题时，在用词表达等方面应注意以下问题：

①注意用词准确。避免使用以下词语，因为面试官会将这类词语描述视为造假的行为描述，没有说服力：

a. 理论性词语：应该、我会、我想、可能等；

b. 含糊的词语：经常、有时、常常等；

c. 角色不明的词语：我们、每个人、大家等。

d. 尽量避免用术语，选用易懂的语言。

②表述得当。要坚持用主语"我"。另外，注意描述的详略，要把侧重点放在描述你的行为 A 和最终结果 R 上。至于情景 S 可以适当简略一些。另外，要注意表述的结构清晰，最好严格遵循 STAR 法则，因为面试官会用笔记录你的答案，没有结构的话面试官会记不住。

③多使用数字。面试官在做面试记录时，一定会对数字产生兴趣，因为定量的东西更能说明问题，而且数字也比较容易记录。因此我们在准备事例时应尽量体现数字。

④控制时间。每个问题的回答最好控制在 2~3 分钟，只要答出要点就可以了。如果面试官继续追问细节，这个时候你再回答。面试过程讲究的是交互，一定要做到和面试官互动，就像抛绣球一样，你抛过来我接下，然后我再抛给你接。

教学案例 8.10

正反案例分析

问题：请描述一件让你感觉最失败的事情或者经历。

【典型反例】我觉得就目前来说，我最大的失败就是来这所学校学习，而且不得不服从专业分配，结果被调剂到自己并不喜欢的土木工程专业。

(点评：这个同学的回答包含了两个负面信息：首先，这个同学瞧不起自己的母校；其次，这个同学不喜欢自己的专业。这样的负面信息在面试中越多，面试官对你的印象就越负面。)

【回答范例】采用"What + STAR + Key Words 法则"来回答。

What：在大三暑假，我应聘联合利华暑期实习生失败了，而且是在第一轮小组面试中就被淘汰了。这对于在班级里向来以能言善辩著称的我来说，绝对是一个很大的失败（Key Words）

Situation：当时我们小组讨论的话题是牙膏销售，每个人代表一个城市。每个人能看到的材料就是自己所在城市的牙膏销售中出现的问题。当时整个小组讨论进行得很不顺利，因为我们小组的组长特别强势，他完全主导了整个讨论，而且实话实说，他确实是引导整个小组走错了方向。他一直在用 SWOT 方法（S - Strength，W - Weakness，O - Opportunity，T - Threat）引导大家进行分析讨论，但是实际上，整个小组领取到的材料已经就是 SWOT 当中的 T（Threat）了，牙膏在各个城市的销售已经遇到了威胁，我认为需要重点讨论的是具体的应对措施，而不是再重新分析一遍 SWOT。

Task：在小组讨论过程中，我一直在尝试扭转整个局面，把整个小组讨论引导到具体行动方案的制定上来。

Actions：我首先提醒组长他的思路不对，但是他还是坚持自己原先的思路，然后，我又尝试争取小组其他成员的支持，但是其他组员刚才已经跟着组长分析了半天，都不愿意或者不敢中途转换思路。

Result：最后小组讨论的结果很惨，我们组除了组长过关，其他人都没通过。过后我做了总结，我认为组长被选中，应该是由于他在小组讨论过程中表现出来的积极和踊跃，而相比之下，我没有能坚持自己的观点。

我之所以将这次小组面试的经历作为最大的失败经历（Key Word），并不是因为我没有能通过小组面试，而是因为自己在心态上的一种失败。在心态上，我没有完全投入小组讨论的解决问题实战中，而是过于注重个人留给面试官的印象，总是提醒自己不能太咄咄逼人，因为别人的经验里面提到面试官会枪打"出头鸟"！这样的心态导致我不能强势地坚持自己的观点，最终导致失败。从这个失败中我明白了一个道理：无论做什么事情都要首先从集体利益出发，总是要想办法为集体解决问题，先有集体的成功，才会有个人的成功。

为了集体的利益要在所不惜，而如果"私心"太重，反而会影响自己的表现。

（点评：后面的总结偏长，在实际面试中只需要一分钟就可以阐述完毕，而且这种情况很可能是在面试官引导之下逐步完成的。）

分析与点评：这个同学回答的精彩之处在于自我升华。他从一次普通的实习生申请面试失败之中领悟出一个做事的准则：有公心，无私心，自然会解决事情并赢得别人的尊重。

（4）如何准备行为面试问题。应届生在面试前该如何准备行为面试呢？建议按照以下步骤进行：

第一步：仔细阅读你所申请职位的要求；

第二步：通过各种渠道了解你申请的企业比较青睐怎样的人才，即人才标准；

第三步：针对应聘职位，列一份你个人和专业上相符的特点；

第四步：仔细思考你的哪些经历可以用来说明你的这些个人和专业优势；

第五步：用你以往的经历为你的个人优势和专业特长各组织2~3个小故事；

第六步：试着用 What + STAR + Key Words 法则来叙述这些故事；

第七步：最后，预测一些常见的行为面试问题，然后模拟面试情景回答一下，多练习，回答就会流畅了。

常见的行为面试问题有：

①你认为你目前已经取得的最大成功是什么？

②你认为自己在大学里取得了哪些收获？

③你经历过最有挫折感和失败感的事情是什么？

④令你最难忘的一段经历是什么？

教学案例8.11

宝洁经典的八大行为面试问题

（1）请你举个具体的例子，说明你给自己确定了一个很高的目标，然后达到这个目标。

（2）请举例说明你在一项团队活动中如何团结他人，并且起到领导者的作用，并带领团队最终获得所希望的结果。

（3）请你描述一种情形，在这种情形中你必须去寻找相关的信息，并且自己决定依照一些步骤来获得期望的结果。

（4）请你举一个例子，说明你是怎样通过事实来说服他人的。

（5）请你举一个例子，说明在完成一项重要任务时，你是怎样和他人进行有效合作的。

（6）请你举一个例子，说明你的一个有创意的建议曾经对一项计划的成功起到了重要的作用。

（7）请你举一个例子，说明你是怎样评估形势，将精力集中在最重要的事情上从而获得了你所期望的结果的。

（8）请你举一个例子，说明你是怎样获得一门技能并且将它用于实际工作中的。

2. 压力面试

压力面试是指有意制造紧张，以了解求职者将如何面对工作压力的一种面试形式。事实上，压力面试不是单独存在的一类面试，往往是穿插在面试过程中。面试官通过提出不礼貌、冒犯的问题，或者用怀疑、尖锐、挑衅的语气发问，使求职者感到不舒服，针对某一事项或问题做一连串的发问，直到求职者感到无法忍受。其目的是考查求职者对压力的承受能力、应变能力和人际关系处理能力等。

从本质上说压力面试是行为面试的一种，区别在于面试官会在面试中制造一种具有压力的紧张气氛。他们往往采用的方式包括：

一是打击求职者自信心。例如对求职者的回答表示不满意，希望得到更佳的答案，并且始终不给予正面的反馈。

二是对于求职者的回答步步紧逼，不断地追问。求职者回答中的任何细节都会被不断地追问，细节上有任何不相符之处都可能质疑。

三是提出出乎意料的问题，或者非常难以回答的问题，并用沉默的方式等待求职者给出回答。

其实，压力面试只是一种特殊的行为面试，求职者无须对此感到恐慌，所需要做的只是冷静、冷静、再冷静。无论对方提出的问题有多刁难，都要保持冷静地应答；如果遇到实在无法继续回答的情况，可以将皮球踢回给面试官，例如面带微笑的反问："我在这个方面确实并不清楚，非常希望能够得到您的指导。"

压力面试的考查要点包括求职者的心理承受能力、抗高压能力、应变能力、人际交往能力等等。求职者在应对压力面试时，首先要能识别面试官在进行的是压力测试，其次必须保持情绪稳定，用敏捷的思维和良好的控制力来化解面试官的压力拷问。

在压力面试中，面试官需要考查的是求职者面对压力的处理能力，而不仅是那些不合理问题的答案，因此，放松心态，做足准备面对即可。

（1）无处不在的压力面试。面试官在进行压力测试时，会故意制造一种高压力的紧张氛围，并设置种种语言陷阱和情景陷阱，使求职者在应激状态下显露出自己的本性，从而评价其综合能力和素质。压力面试几乎会出现在任何场合。面试官在面试过程中冷不防地就制造点高压，提几个刁钻的问题，或者摆出一种非常冷酷的状态。求职者在面对挑战和严酷形式时是否还能表现如一，就要看每个人的心理承受能力。下面列举几则压力面试的例子。

①面试问答案例：

某同学在小组面试的过程中发言次数有限，当面试官问她排名时，她将自身排到了最后一位。面试官问她："你都将自身排到最后一名了，你还会被录用吗？"她回答道："然而我想自己很诚……话还没有说完，就被面试官打断了："别转移话题，你就回答我，如果你是面试官你会录用自身吗？"该同学事后回忆，说有种喘不过气来的感觉。

②小组面试案例：

【案例1】

某同学在小组面试中遭遇的小组压力面试回忆：

"在小组讨论完毕后，面试官给我们抛出了岗试类型及应该被淘汰者名单，要求必须淘汰三名组员，如果不说，那么整个组将被一起淘汰。

"我觉得群面，就必须将自己的自信、逻辑思维等优点表现出来。面对这个难题，大部分组员都只是挑不得罪人的理由描述某人说话太少啦之类的，我就主动站起来告诉面试官：选A，因为组里有两个人都影响团结；选B，因为整个讨论过程中，他表现出来的思维不缜密，说出来的提议很偏激；选C，因为他不积极，发言少。这样，面试官就低头看了一下下我的简历。"

分析与点评：这位同学成功地应对了面试官抛出的小组压力测试，并把自己最好的一面展现了出来，且说得有理有据，让其他组员心服口服。

【案例2】

小组面试后，面试官问："如果你被刷了，你认为最大的原因是什么？"

求职者："正如我在自我介绍时提到的性格缺点是慢热那样，我是慢热型的人，等我把思路理清楚开始想一招致命的时候，别人已经结束了，有点太慢了。"

面试官："能不能理解成你反应迟钝？"

（**点评：**面试官巧妙设下圈套，求职者不能跟着他的思路走。）

求职者："不能，我虽然慢热，但是我认为我是在全面思考之后再做出反应，希望您能理解我这种做事做决策不莽撞的性格特质。"

分析与点评：应聘者巧妙地将面试官的问题引入自己如何适合这个岗位上，将劣势变成优势，非常聪明。

③角色扮演案例：

以下为某求职者在角色扮演类面试问题中遭遇的压力面试：

"面试官给出了一个情景，要我扮演维修人员去客户家里维修空调。整个过程中，客户（面试官扮演）对我百般刁难，但是我一直不放弃，做好自己的本职工作。"

（2）压力面试应对策略：

①化解招数之一：绕开陷阱。

【面试情景】

某咨询公司在招聘咨询顾问时，对已经经过几轮面试的求职者突然发难，面试官很严厉地说道："今天的面试，我对你的表现很不满意，你知道自己有哪些回答是不符合我们招聘需求的吗？"原本自信满满的求职者，听到完全否定的回答，一下子就愣了，努力回忆面试中的细节也没发现什么纰漏，于是犹豫了半天，不知如何作答。

在这类压力面试中，面试官的惯用招数就是对求职者的成绩和观点进行否定，然后观察应聘者在被否定的情况下，是否能表现出良好的处理能力。类似的质疑性问题有很多：

你认为你刚才的回答正确吗？我觉得似乎不太正确。你为什么那么肯定？

这就是你的简历吗？明显没有很好地准备和修改，错误百出。

我觉得你今天的穿着不适合我们公司的文化和要求。

你不是上海人吧？不会说上海话，你在上海怎么展开工作？

我对你今天的面试表现非常失望！

应对这类压力面试问题的关键：识破陷阱。

第一步：保持镇定。求职者不要被突如其来的质问给吓住，只要自己认真面对每个问题，且推理符合逻辑，回答能自圆其说，就应该对自己的判断和回答有信心，保持微笑和镇定。

第二步：耐心解释。求职者可以把面试官看作一位难缠的客户，在坚持自己见解的同时，对他的无理挑剔给予心平气和的解释，要显得有耐心和涵养，尽力表现出一个有职业素养的人应有的沉着和冷静，而不是激动失态地据理力争。

第三步：提出反问。除了解释，求职者也可以提出反问，比如"您觉得我的简历有什么需要改进的地方"或"您对我的面试表现失望，请问优秀的面试表现应该是怎样的"等等。

总之，心态平和、耐心细致、沉稳老练、信心十足、临危不乱是在压力面试时需要表现出来的性格特征。

②化解招数之二：奋战到底。

【面试情景】

你能谈谈你一些失败的学习、生活经历吗？

从这些经历中，你吸取了怎样的教训？

从经历看，你的性格比较抑郁悲观，不适合我们的工作。

你的着装颜色是深色系的，给人不太积极、不太阳光的感觉，你的话语中也透露着不自信。

你给自己本次面试打多少分？

与前一类压力面试问题不同，这种类型的压力面试是快速提出一系列问题，并且以求职者的回答作为下一个问题的把柄来施加压力，给求职者营造一种步步紧逼、喘不过气的感觉，以此来打击求职者的自信和反驳的勇气。也有面试官会特意制造严肃气氛来施加压力。比如六位面试官对一位求职者进行面试，面试官个个正襟危坐，表情严肃，提出的问题又十分尖酸刻薄，千方百计地让求职者尴尬，备感压力。

这种形式的压力面试往往是考查求职者的适应能力、忍耐能力、对领导的服从性、独立工作的能力、处理困难问题的能力、处理紧急事件的能力、职业态度及职业作风等等。在面对这类压力面试问题时，最好的应对方法就是坚持到底，用足够的耐心和信心，诚恳而认真地回答每个问题就可以了。

【压力面试实例】（应聘思科公司销售岗位）

面试官："你看上去不算聪明，你认为自己能被录取吗？"

应聘者："我坚信我会被录取。第一，我能够考进南开大学，能够面试到这一步，我对自己的能力是没有任何怀疑的；第二，作为一名销售人员，像我这样看上去比较面善、比较老实的人可能更容易博得客户的信任。"

3. 电话面试

多数企业在从简历中筛选出合适的申请人之后，在正式面对面的面试前，通常会采用打电话的方式进行首轮面试，从而事先了解申请人的实际情况。电话面试的时间一般控制在 10~30 分钟，其主要目的是核实求职者的相关背景、语言表达能力。一般通过常规问题的询问，或者让求职者做自我介绍，并根据简历对求职者的教育及工作经历进行核实，来判断求职者是否符合招聘职位所要求的素质能力，并根据电话面试的结果判断是否给予进一步面试的机会。

电话面试是远程面试形态中最为典型的一种，通常出现在异地面试以及面试的初期审核阶段。由于属于远程面试的状态，因此求职者只能通过声音来表现自己，此时需要掌握以下几个技巧：

（1）保持冷静，化解紧张。在接到面试电话时，你或许正在上课，或许正在地铁中，在这种没有任何准备的情况下，首先不能慌张，应尽快冷静下来，然后用非常积极友好的声音告诉面试官：

"××先生/小姐，非常感谢您打电话过来。如果您不介意的话，能否5分钟后再打给我。我这里手机信号不太好，我换个安静的地方。或者能否告诉我您电话，我5分钟之内给您回拨过去？"

一般情况下面试官都会同意过几分钟后再打过来，这样你就可以在较短的时间内做一些准备。如果你确实不太方便接电话，那一定要问清楚面试官的电话，以便稍后再回拨给面试官，确认电话面试事宜。在电话面试过程中，感到紧张是很自然的，但是要试着让自己慢慢放松。由于面试官在电话中只能通过声音来判断你的表达能力，所以一定要控制好自己的心理和情绪，这样在说话时才不会乱了方寸。

（2）注意语速，适时沟通。在电话面试中，声音很重要，不要过于平淡地、机械地背诵你已准备好的内容。在回答问题时语速不要太快，音量可以适当地放大，因为一般电话里面的声音是比较小的。发音吐字要清晰，表述要尽量简洁、直截了当。如果没有听清楚问题或者没有理解问题的话，那么正确的做法是有礼貌地请面试官复述一遍问题，不要不懂装懂，以免造成答非所问。

（3）在电话面试过程中记录下重要信息。如果条件允许，你应该在电话面试过程中准备好笔和纸，一边听面试官的说明和提问，一边记下重要的信息，包括公司名称、面试官的姓名、面试问题的要点以及进一步的面试安排等等。

（4）打电话的必要礼节。在整个电话面试过程中，要注意一些打电话的礼节，这些也可能是面试官考核的细节。接电话的时候应该先说"你好"，不能光是"喂"。在电话面试过程中，要对面试官表示出尊重以及对他工作的感谢。最后在结束电话面试前，一定要记得感谢面试官，以显示你的职业修养，同时也要确保面试官有你正确的联系方式，以便如果有进一步面试的机会能联系到你。

（5）把握向面试官提问的机会。面试官在电话面试的最后阶段，可能会给你提问的机会和时间，这个时候一定要把握好最后的自我展示机会。你可以事先准备一些内容有深度的问题，如果事先没有准备，那么你可以询问面试官什么时候能得到进一步的通知。

4. 小组面试

（1）小组面试分类：

①案例分析型：以小组为单位讨论实际的商业问题。案例分析可以很好地测试求职者的分析能力、推理能力、自信心、商业知识以及沟通能力等素质。

②问题解决型：以小组为单位共同解决一个模拟的难题。如：公司年底举行员工联欢会，你们是公司市场部小组组员，请开会讨论年底联欢会的各种安排，这类问题需要小组成员之间的密切配合。

③技能考查型：通常是在小组成员共同参与下考查求职者的演讲能力、分析能力和逻辑推理能力。这类小组面试可能会要求求职者饰演特定的情景剧，例如：求职者三人为一组，每人随机抽取一张纸条，每张纸条上对应一个名词，要求同组的三个组员根据抽到的名词表演一个情景剧，抽到的名词可能是"米老鼠""飞机""好朋友"等。这类小组面试

也可能会要求求职者在有限的时间内就某个陌生的主题准备短时间的演讲和辩论。

（2）小组面试观察求职者哪些行为表现。因小组面试是由一组人共同出战，因此不确定性较大，且淘汰率较高。通常情况下，面试官会在小组面试的过程中考查求职者的团队参与能力，其观察的行为表现包括：

①是否能够和团队成员形成有效沟通？如果不能敢于发表自己的意见，不能尊重他人的意见，自然无法获得面试官的认同。

②是否能够有建设性地表达自己的想法？案例分析本身也是面试官需要考量的，如果求职者思路混乱，未能有效地参与团队讨论也是必然要减分的。

③是否能够承担团队领导的职责？是否能够在团队中找到自己的角色？如果求职者能够在小组讨论中表现出合格的领导特质这固然好，但如果没有机会展现这一点也没有关系，最重要的是找到自己的角色，例如使自己成为专门寻找项目风险点，协调讨论中的争议问题，控制时间、财务或某个领域的专家或是专门出点子的智多星皆可。

④是否造成团队冲突？如何处理团队的冲突？在讨论中不可避免进行争论，甚至太过平淡毫无争论的小组会给面试官留下平庸的印象。但是争论必须是良性和冷静的，而不是制造冲突，进行无谓的争吵或过于激烈地固执于自己的想法。因此在小组讨论中，需要坚定地表达自己的想法，也要善于接纳他人的建议，在意见不同时必须冷静温和，遇到他人的冲突时要善于调解气氛，这样才能够给自己加分。

⑤是否能够与团队一起在规定时间内找出结论？如果一个团队无法在规定时间内得出有效的结论，一般会被视为整组表现不佳，那么就只有其中特别优秀的队员才会胜出，淘汰比例将会非常高。

（3）小组面试的评分方式及标准。小组面试一般会有2~3个面试官，根据面试官在整个面试过程中的考核项，可将小组面试的评分方式分为：各面试官对每个求职者的每一个考核项评分；不同的面试官对不同求职者的每一个考核项评分；每个面试官分别对每个求职者的某几个特定考核项评分。

小组面试评分的内容一般包括三个方面：

①语言方面的考核，通常包括应聘者的语言表达能力、辩论说服能力、组织协调能力、发言主动性、论点的正确性等。每个考核项的权重计分可能因公司不同职位不同而有所不同。

②非语言方面的考核，包括求职者的面部表情、身体姿势、语调、语速和手势等等。

③求职者个性特点的考核，通常包括自信心、进取心、责任心、情绪稳定性、反应灵活性等等。

在小组面试中，求职者的所有举动都在面试官的视线里，所有的细节都有可能决定求职者在小组面试中的成败。以下是某公司小组面试的评分表，主要包括考核项以及每项内容所占的权重，如表8-1所示。

表8-1 某公司小组面试评分表

序号	考核项	权重（满分100分）
1	组织协调能力	15
2	情绪稳定性	15

262

序号	考核项	权重（满分100分）
3	倾听与尊重	14
4	表达能力	11
5	逻辑分析能力	10
6	主动性	10
7	反应灵活性	9
8	自信心	8
9	说服能力	8

（4）小组面试的流程及应对策略：

①规则说明阶段。在正式开始小组面试前，面试官会首先交代整个小组面试的大致程序和规则，包括分组的方式、分组结果、面试过程中的注意事项等。在这个阶段，求职者要仔细聆听，并记录下相应的规则程序，防止在后续讨论过程中出现违反规则的情况。例如：一般情况下每个小组成员获得的材料是不同的，在规则上，不允许小组成员互相传阅材料；有的公司小组面试要求全程使用英文表达。如果在后续面试过程中违反了相应的规则，将使整个小组的成员处于极为被动的境地，给面试官留下不好的印象。

②自我介绍阶段。在规则说明之后就进入小组面试的第一环节：小组成员分别做自我介绍。这个环节属于热身阶段，其目的是给每个求职者自我展示的机会，更重要的是让大家通过自我介绍互相熟悉，为小组活动奠定基础。

在做自我介绍时不要紧张，声音要洪亮，以面试官及其他小组成员能听清楚为原则，表达要尽可能清晰流畅。同时还要牢记这是一个互动的过程，而不是机械背书式的自白，可以通过肢体语言面带微笑的表情以及自信的目光等来和面试官、小组成员进行交流，从而展示自己的独特和自信。在平时应多加强相关的练习。还有一点要特别注意，当小组其他成员在自我介绍时，应该仔细聆听以表示对他人的尊重，而不能在一旁心不在焉、窃窃私语或者摆弄其他物件。仔细聆听他人自我介绍的一个重要目的，就是通过别人的自我介绍预先判断小组其他成员的背景、性格特征以及优势等等，为自己在后续讨论环节中找准角色定位作铺垫；同时，仔细聆听他人的自我介绍，也有助于调整自己的自我介绍内容，通过观察别人在自我介绍时面试官的反应，可以大致判断面试官的好恶。

③审题思考阶段。在自我介绍之后，面试官将把小组面试的题目抛出来，如果有相关的材料，也会分发给小组的每一个成员。在获知题目和拿到材料之后，一般会有5分钟左右的审题、思考时间。在这短短的5分钟时间内，要完成题目材料阅读、信息萃取综合以及对题目大致的考核方向和范围作判断等一系列思维过程。对于题目以及相关材料信息的正确理解非常重要，这直接决定了在后续讨论中的思路及表达的观点是否正确，甚至整个小组对于题目的讨论及把握是否符合题目设计的意图等。

④观点陈述阶段。在审题思考阶段之后，小组面试一般将进入"观点陈述"环节，就是小组每个成员将自己对案例或问题的观点进行简要说明。这种设置的原因有两个：

一是案例的资料是分发给每个小组成员的，互相不可以传阅，要通过观点陈述分享，将每个成员获得的信息拼合在一起，这样既可以考查每个成员的信息理解及表达能力，又能考查其团队合作能力。

二是小组面试中可能会遇到一些排序题、讨论题或辩论题等，必须小组成员都发表观点，才可能继续进行之后的小组讨论。在这一环节中，不用特别紧张，发言的时候注意条理和逻辑顺序即可。

⑤小组讨论阶段。在观点陈述之后，将进入小组面试最关键的环节——小组讨论。对每个成员来说，在这个阶段将会涉及自己的角色分工以及与其他成员合作完成任务的问题。

a. 小组讨论过程中的角色分工。在多人协作共同完成一个任务的过程中，每个人都承担着为完成任务而需要自己做的一部分工作，也就有了对应的角色分工。举个例子：一支足球队中，守门员负责的是把守大门，不让对手进球；中后场球员负责的是控球、组织进攻及防守；前锋球员负责的是进攻，将足球送入对方球门。足球队中每个队员都有自己的任务，都扮演着特定的角色，其目的就是通过团队合作战胜对手。

在小组面试的讨论环节中，每个人也都应该找到适合自己的角色，贡献自己的力量。角色很重要，如果在小组面试中能选对属于自己的角色，并为整个小组贡献最大值，那么通过小组面试的概率就很大。通常在小组讨论环节中有以下角色分工，如表 8-2 所示。

表 8-2　小组讨论过程中的角色分工

角色定位	职责描述
领导者	思路引领、团队协调等
时间控制者	时间划分、管理时间推进讨论、协助领导者等
建议者	熟悉某个知识领域，有灵感，提出自己的建议和见解
记录员	记录所有成员的观点与发言，并整理给总结发言的小组成员
总结者	将小组讨论的结果向面试官陈述，或者代表小组做方案展示等

参与小组面试的每个成员都是平等的，需要通过自己的努力才能争取到小组公认的角色，并为小组的讨论结果贡献自己的力量。这些角色并不是在讨论前明确指派的，而是在完成任务的讨论过程中自然形成的。

b. 如何在小组讨论过程中选择自己的角色？在了解了小组讨论过程中的角色分工之后，我们该如何选择自己的角色呢？建议从以下两点考虑：

一是要权衡自己及小组其他成员的能力、性格和专业构成。小组的每个成员都有自己的性格，其能力、专业素质、背景经历等也不尽相同，如果你最初想要做领导者，但小组中有其他成员的能力更强，那么你可以选择其他辅助的角色。

二是要根据自己在日常学习、工作生活中的习惯及表现来合理选择角色。这个原则换句话说就是要做真实的自我。如果你的逻辑思维比较强，善于做推理演算的纸面工作，却不善于语言表达的话，那么你就不要做总结者的角色，可以做其他辅助的角色。如果你善于思路引导、活跃讨论气氛、有对大局观的把握，那么你可以考虑做领导者或者时间控制者。一定要根据自己的实际情况来综合选择角色。

c. 小组讨论过程中的基本礼仪及原则：

原则一：在小组讨论发言时，要面向小组成员，而不要看着面试官说话。因为讨论是在小组成员之间进行的，与面试官无关，小组其他成员才是讨论过程中最重要的人。

原则二：尊重小组其他成员的观点，友善待人，不恶语相向。相信每一个成员都想抓住机会多发言，以便"凸显"自己。但过分表现自己，对他人的观点无端攻击、加以指责、恶语相向，往往只会导致自己最早出局。没有一个公司会聘用一个不重视合作、没有团队意识的人。注意多用建议性批评，不用批评性建议。

原则三：不能将小组讨论弄成"一言堂"。不可滔滔不绝地垄断发言，也不能长期沉默，处处被动。每次发言都必须有条理、有根据。

原则四：所有的讨论都要基于材料，不能自己作假设。

⑥总结展示阶段。如前所述，小组面试的最后环节通常为小组作总结展示或者回答面试官提问。虽然在这个阶段通常由总结者来代表小组作展示或者回答提问，但是小组的其他成员也应该仔细聆听小组代表的陈述和面试官的提问，并随时记录下能够补充的观点和建议，并给予总结者必要的反馈和提示，例如在台下以适当的方式来提醒总结者陈述的时间进度。

对于总结者来说，在这个阶段除了在陈述、回答问题时思路要清晰，表达要准确，如果是演讲形式的总结，那么一些演讲的技巧也需要掌握：

a. 在演讲前应该感谢公司并介绍一下整个小组，然后简要复述题目；

b. 在演讲过程中，如果有黑板的话，可以将一些要表达的重点简明扼要地写在黑板上，便于面试官记录；

c. 在演讲结束前再次致谢，同时将题目简要地说明一下，介绍讨论的过程及最后的结果。

6. 结构性面试

结构性面试是一种标准化的面试方式。面试官会事先设计一份"标准化"的面试问答卷，包括面试过程中的所有问答内容和评分细节。在进行面试时，面试官会依照规定的流程及事先拟定好的面谈提纲对求职者逐项提问，对各要素的评判也按设定好的分值结构来界定。也就是说在结构性面试中，面试的程序、内容以及评分方式的标准化程度都很高，是一种结构严密、评分模式固定且层次性很强的面试形式。结构性面试测评要素一般包括以下三大类：一般能力、工作能力和个性特征。面试官会根据企业自身的特点来拟定面试具体要求、职位能力要求。

结构性面试要求面试官针对招聘的职位，精心设计一套可以探知求职者以往经历，并有逻辑性地考查求职者相应能力的问题。问题类型包括情景回忆式、假设性、个人偏好等。与行为面试相比，结构性面试具有以下特点：

（1）结构性面试是一套完整的面试问题，前后逻辑关系都已经确定下来，并对应相应的分值，通常面试不会对问题进行任何解释，只要求求职者一题接着一题地相应回答。

（2）结构性面试中面试官的个人好恶所占的比重较低，基本由面试题本身的结构决定，因此更多的是由这套面试题目来选择适合的人，却未必是最令面试官欣赏的人。

结构性面试的准备工作与行为面试相同，求职者根据面试题本身的设置有条理地回答。

7. 案例面试

案例面试基本是咨询类公司特有的面试方式，考查的是求职者解决商业问题的专业素养，属于咨询人员专业技能面试。而如今这种面试形式也被越来越多的其他行业企业所采用。在面试中用一些较简单的商业案例问题来考查求职者的应变能力、逻辑分析能力以及考虑问题的全面性等。

（1）案例的特征。

①互动性。案例面试一般都是一对一的。面试官会给求职者一个商务案例，让求职者当场进行分析，找到解决方法或者提出决策建议。可以说，案例面试就是模拟了一名咨询顾问现场工作的全部内容，面试官就好比见你的客户，你的任务是向面试官提问，以了解必要信息，最终完成这个案例分析。和其他面试不同，案例面试是一个互动的过程，并且是由求职者掌握主动权，进行提问和互动。

②重过程。案例分析的考查重点不在于你是否正确完成了这个案例的分析，而是你解决问题的过程。你提问的逻辑性、条理性，分析问题的思路，解决问题的方法以及创新能力等等，这些才是面试官需要着重考查的。一般而言，案例面试没有所谓的正确答案，因为解决问题的方法各不相同，所以得出的结论也千差万别。

（2）案例的形式。案例面试常常用于咨询行业，其采用的形式有两种：

①面试官给出一个案例，求职者在相应时间内阅读分析后，为面试官做一个演讲报告。

②面试官给予一个案例背景情况，但并没有细节部分，求职者需要在快速地分析之后，向面试官进行不断的提问来获取更多的案例信息，最终给出案例的分析报告。

后一种方式的挑战非常大，因为求职者需要找出一个分析案例背景情况的逻辑和推理过程，往往大量求职者根本无从下手。因此在这种情况下，建议求职者在得到题目后，不要急于向面试官发问，而是花几分钟将自己的思路整理一下，将需要了解的数据罗列清楚，并根据面试官的回答不断调整策略。

（3）案例面试常见问题分类。在咨询公司的实际案例面试中，除了商务案例，还会出现市场容量估算、智力题等问题。

①商务案例。案例面试中最常见的就是商务案例，其类型非常丰富，但概括起来，主要有两类：战略决策问题和运营管理问题。

战略决策问题，常见案例有市场进入、市场容量扩张、定价策略、新品引入和并购问题等。应对这类问题的案例面试时，最好先考虑外部因素，包括整个行业现状，竞争者和消费者的具体情况，再结合公司自身的能力和资源加以分析，给出决策建议。

运营管理问题，包括利润改善、扩大销售，降低成本、渠道设计等公司运营管理过程中会遇到的各种问题。这类案例的分析方法，主要还是立足于公司本身，从内部的生产流程组织框架、价值链开始考虑，再结合外部因素加以分析。

在商务案例分析中，面试官除了必要的案例背景介绍，不会提供其他具体信息，需要求职者通过提问来获取更多有用的信息。

②市场容量估算。市场容量估算要求求职者在没有任何信息的情况下，估算一个市场的大小，比如：上海太平洋百货一天的客流量是多少？上海大约有多少辆轿车？到2020年，会卖出多少手机？

面对这类问题，很多求职者会觉得束手无策、毫无头绪。其实市场容量估算问题都是建立在假设的基础上，如果能找到好的切入点，难题就会迎刃而解。市场容量估算问题也是咨询顾问的基本工作之一。

　　和商务案例面试的问题一样，市场容量估算问题的结果是其次的，答案的正确与否并不是重点，面试官要考查的还是求职者的解题思路，如何把一个大问题分解成小的问题来回答。当然，在准备市场容量估算问题时，常识性的数据还是必不可少的，比如中国的人口是14亿，其中城市人口8亿；中国年均GDP的增长率约为6%，人均GDP超过10000美元。这些都是做市场容量估算的依据。

　　③智力题。智力题就是俗称的"脑筋急转弯"或"IQ题"，问题往往很刁钻，也没有办法事先准备。经典的问题如："你有两只水桶，一只3升容量，一只5升容量，请问，你如何精确量出4升的水？""一天24小时内，时针和分针重叠多少次？"这类问题在案例面试中出现的概率不高，在解答时求职者也不需要和面试官互动提问。求职者首先需要保持镇静，冷静应对，然后抛开固有的思维定式，充分发挥创造力，在不断的思索中找出题目的陷阱，最终解答。

　　（4）案例面试的成功要素：

　　①框架：选择合适的分析框架，将问题逐步分解。

　　②定义关键点：利用框架进行分析，快速找出关键要素。

　　③互动：在分析过程中，通过互动方式，敏感且有效地获得关键信息。

　　④方案：给出切实可行、能自圆其说的方案。

　　（5）案例面试的必要技巧：

　　①倾听问题。善于倾听是咨询顾问最基本的一项技能，要弄清楚客户真正的要求是什么，有时候一个词就可以改变整个案例。

　　②做笔记。当面试官开始向求职者阐述这个案例的时候，一定要在纸上记录有关的信息，尤其是关键的背景资料和数据。求职者不可能让面试官把案例重复一遍，所以记笔记相当重要，"好记性不如烂笔头"，这样就算在案例面试时，由于紧张脑中一片空白，至少全部信息仍在你眼前。

　　建议求职者随身带好笔记本和笔，这样也会给面试官留下非常专业的印象。如果求职者准备作图回答的话，可以事先带上画纸和记号笔（这样也多少可以体现求职者的远见）。

　　③不要做任何假设。在做案例分析的时候，一定要遵守一个原则：不要做任何假设。即使求职者有相当丰富的经验，知道某类案例最可能的原因是什么，也要按逻辑步骤一步一步分析。绝对不要在面试官刚叙述完这个案例时，不通过分析就假设可能的根本问题。一定要记住：案例面试更重视过程，面试官不关心你是不是能以最快的速度给出答案，或者仅凭直觉就能解决问题，而是看重你用结构化的思路来分析问题的过程。

　　另一种情况是，在求职者面对案例毫无头绪的时候，也不能擅自假设某种因素。正确的方法是，提一些澄清性的问题，比如"产品是什么？""谁雇用我们？"等，这样的提问可以快速地从面试官处获得更多信息。

　　④学会求助。如果在案例分析的过程中，困在"死胡同"里了，也不用着急。这里教求职者一个小技巧，就是坦白向面试官承认，求职者可以这样说："似乎沿着这个方向分析，不会有太大收获了，所以我想后退一步，再重新思考。"求职者甚至可以向面试官求助："虽然我已经有了很多有用的信息，但我好像进入了一个死胡同。我是否可以与您商量一下，启发我另一个思考角度？"这样做，就比坐在那里闷头思考实际得多。

　　⑤保持眼神交流。在面试过程中一定要保持和面试官必要的目光接触，这是自信与专

业的表现，也是维系求职者和面试官之间的桥梁，有时候求职者也能从面试官的眼神中获取非常有用的提示。

⑥不要急于开口。面对一个案例，在面试官阐述完毕之后，先考虑一下，整理出一个思路，再开始进行分析。在整个过程当中，要思考清楚了再问，宁愿问的问题少，但是每个都很关键，也不要问一堆自己刚开口就后悔的问题。这也是冷静沉着的表现。

⑦学会开口要时间。当求职者需要时间整理思路的时候，也可以直接向面试官提出"我需要1分钟思考一下"等时间方面的要求，面试官基本上会欣然同意，说"开始吧"等。不过，思考的时间不宜过长，1分钟可以，5分钟就太多了，毕竟一个案例面试的时间也就15～20分钟。

⑧重视得到的信息。往往有些求职者在案例面试中过于专注在提出完美的问题上，却忽视了他们得到的新信息。有些面试官抱怨说，有些求职者似乎只是在顺着他们框架里的问题不断提问，而忽略了面试官给的反馈，那样也就失去了案例面试的意义。所以，必须重视所获得的信息，并及时对这些信息进行分析处理。

⑨注意态度。在整个案例面试过程中求职者要注意始终保持热情、积极和稳定沉着的态度，在面对面试官的故意刁难或强压问题时，可以用深呼吸来放松心情，千万不要流露出不耐烦或厌恶的表情。在客户面前能否表现得轻松自在，也是案例面试中面试官考查的方面。

（二）面试的流程

面试类型虽然多种多样，但面试流程是标准化的，通常包括以下流程：

1. 寒暄、问候

这是至关重要的开场白，决定了求职者给面试官留下的第一印象。求职者需要在面试前多了解这个企业，可以寒暄一下有关这个企业近期的成就或者随便侃两句天气状况，但切记寒暄不宜太长。

2. 公司简介

面试官通常会简单介绍一下公司的情况。

3. 被告知程序

一般情况下，面试官将会简单介绍面试的整体程序。

4. 过一遍简历

面试官会再次浏览简历，随时可能从中挑出一个感兴趣的地方进行提问，随着这个问题的展开，面试官开始逐步了解求职者并判断其能力。

5. 案例分析（可选）

在正式的案例面试中，会进行到这个部分。在行为面试中，也不排除面试官突然抛出一个案例来让求职者进行简单分析。

一般围绕一些敏感、重要或很棘手的问题，目的是要了解求职者对业务难题或一些重大问题的看法。这些问题通常业务性很强，回答的好与坏可以充分反映出求职者的专业水平、敏感度、逻辑思维性、分析问题的能力以及语言的组织能力。

6. 随便聊聊

当面试进行得差不多时，面试官通常会放下简历，开始和求职者随便聊聊天。可能会试探性地问一些敏感话题，也可能是常规性的询问求职者工资期望以及到职时间等。有时可能仅仅是沟通一些求职者的个人兴趣等，从而了解求职者是否和企业文化相融合。

7. 向面试官提问

一般面试都留有这个环节。通常情况下需要求职者事先有所准备，当然也完全可以临场发挥，但是一般出于礼貌尽量会问至少一个问题，但以不要超过两个问题为佳。

8. 寒暄、再见

寒暄开始，寒暄结束。最后可以向面试官表达一下感谢，也可以询问何时可以收到消息。

 ## 二、面试中的口才艺术

面试中如何从容应对面试官的提问，对于很多求职者来说都是一件困难的事。面对突如其来的问题，求职者常有防不胜防、措手不及之感。实际上，面试官的提问并没有这么可怕，关键是要善于认清提问的主要类型，再运用不同的策略，施展自己的口才艺术，将回答变成自我展现的又一个机会，用连珠妙语为自己赢得面试官的青睐。

（一）自我介绍

"谈谈你自己吧！"面试时，求职者被提问的第一个问题往往是这样的。许多"初来乍到"者会认为"我不是都已经写在简历中了吗？为什么还要再问"，因而面露不耐之色，有的甚至会以"这些我在简历中都已经写得很清楚了，就不介绍自己了"作为答复。然而，这样的回答是很不合适的，既会让面试官觉得不够尊重他，也会让求职者失去一个"自我推销"的大好时机。实际上，如果这道题目回答得很得体，会令面试官印象深刻，可能在接下来的几十分钟内便如顺水推舟般无往不利。但求职者如果对这个问题避而不答，则会给面试官留下不好的印象。因此，求职者一定要注意答好面试中的第一道难题。对于"介绍一下自己"这个问题，求职者一定要把握一条原则：展示自己最大的长处、特色，展示自己所具备的技能、知识。当然，求职者无须拉拉杂杂地再度像编年史般重复简历表上的细节；相反，求职者要在介绍自己的时候，很巧妙地在自己的特色与所应聘的工作之间找到着力点、相关性，并将其突出出来。下面是自我介绍中面试官经常会提到的一些问题，也可能是求职者主动介绍自己时通常会碰到的几个方面，并列出了回答这些问题的大致思路，希望会对求职者有所帮助或启示。

问题1：请你自我介绍一下。

思路：这个问题是面试的必考题目。介绍内容要与个人简历相一致；表述方式上尽量口语化；要切中要害，不谈无关、无用的内容；要注意条理清晰，层次分明。求取者事先最好以文字的形式写好背熟，就能从容应对了。

问题2：谈谈你的家庭情况。

思路：这个问题常被面试官用来了解求职者的性格、观念、心态等。对于这个问题，求职者可以简单地罗列一下自己的家庭人口，在表述中宜强调温馨和睦的家庭氛围，和父母对自己教育的重视，以及各位家庭成员相处的良好状况，并可举一些具体的事例，从侧面烘托家庭成员对自己工作的支持和自己对家庭的责任感，这样就会给面试官留下很好的印象。

问题3：你有什么业余爱好？

思路：这个问题也能在一定程度上反映求职者的性格、观念、心态，因此求职者在回答时最好不要说自己没有业余爱好，但也不要说自己有那些庸俗的、令人感觉不好的爱好。另外，求职者最好不要说自己的爱好仅限于读书、听音乐、上网等独处形式的活动，否则可能会令面试官怀疑求职者性格孤僻，不善于沟通和交流。所以求职者最好能用一些户外的业余爱好来"点缀"自己的形象。

问题4：你最崇拜谁？

思路：求职者最崇拜的人能在一定程度上反映求职者的性格、观念、心态，这是面试官问该问题的主要原因。所以求职者在回答时不宜说自己谁都不崇拜，更不宜说崇拜自己或崇拜一个虚幻的或者不知名的人，当然，也不宜说崇拜一个明显具有负面形象的人。比较理想的答案是所崇拜的人与自己所应聘的工作能"搭"上关系，而且求职者最好说出自己所崇拜的人具有哪些品质，哪些思想感染、鼓舞着自己，听起来就非常真实可信了。

问题5：你的座右铭是什么？

思路：座右铭能在一定程度上反映求职者的性格、观念、心态，求职者在回答时不宜说那些易引起不好联想的座右铭，也不宜说那些太抽象或太长的座右铭。求职者的座右铭最好能反映出自己某种优秀品质，比如"只为成功找方法，不为失败找借口"等都是不错的选择。

问题6：谈谈你的缺点。

思路：事实上，求职者真正的缺点是什么并不重要，面试官希望了解的是求职者是否对自己有一个正确的评价，对自己是否有足够的了解，心理是否足够成熟，以及是否有继续学习改进的愿望。当然，通常面试官不会把问题问得那么直接，而是通过让面试者举出具体事例的方式来回答，求职者难以临场编造一个具体的例子，因而答案更具真实性。但如果求职者诚实地交代了"我因为过于内向而放弃了销售机会"的故事，那同样等于放弃了这个新的工作机会。因此在回答这个问题时，求职者不宜说自己没有缺点，那会让面试官觉得求职者自视过高；但求职者也不宜把那些明显的优点说成缺点，更不宜说出严重影响所应聘工作的缺点或令人不放心、不舒服的缺点。求职者可以说出一些对于所应聘工作"无关紧要"的缺点，甚至是一些表面上看是缺点，从工作的角度看却是优点的缺点。比如说一个应届毕业生，就可以直接回答："我相信我有足够的理论知识和专业能力，但是我的工作和社会经验不足，人脉也有所欠缺……"这样的答案符合面试官对毕业生身份的定位，也符合实际情况，面试官便会觉得求职者为人谦虚诚实。而如果一个女性求职者应聘管理岗位，则可以回答："我最大的缺点可能就是不像女人，不够温柔……"总之，一切回答取决于求职者身处的实际状况和对自己的定位。

问题7：谈一谈你的一次失败经历。

思路：既然提问的是"失败经历"，说明面试官在意的并不是这个结果，他想了解的是事情的过程、求职者处理工作的方法以及求职者的学习能力。所以在回答这个问题时，求职者不宜说出自己没有失败的经历，但也不宜把那些明显的成功说成是失败，更不宜说出严重影响所应聘工作的失败经历。求职者所谈经历结果应是失败的，但要说明失败之前自己曾信心百倍，尽心尽力；并要说明仅仅是由于外在客观原因而导致失败，而且失败后自己很快振作起来，以更加饱满的热情面对以后的工作。求职者要尽量把细节描述得详细一些，以体现自己的专业程度，总结和反思能力。

问题8：你和上司因为工作有过分歧吗？最后的结果怎样？

思路："企业潜规则"是一个流行词，其中重要的一部分就是等级制度，企业是一座等级森严的堡垒，这是求职者应当意识到的。因此，求职者回答这个问题时不要表现得过于叛逆和个性，而应表示自己一定会选择适当的时机与上司沟通，其中"适当的时机"非常重要；另外要表示通常情况下自己最终一定服从上司的决定，但不要使用"你是上司你说了算"这种表达方式。此外，求职者千万不要提"打越级报告"的主意，因为这在任何企业都是禁忌。

（二）职业规划

在面试过程中，面试官总免不了要问："你未来5年或10年内的职业目标是什么？有没有具体的职业规划？你是如何规划的？"一般求职者在面试前对这个问题都有所准备，但很多人在临场时还是不知从何说起，因为他们根本就没有用心真正考虑过这些问题，只是想着能够在面试过程中应付过去。

事实上，职业是人生的一部分，人生包含了职业，职业又塑造了人生。求职者选择了职业，也就选择了自我的将来和将来的自我。如果说市场经济下的自由择业机制为求职者提供了良好的择业环境，那么利用好这个择业环境，正确地选择自己理想的职业，则有赖于每个求职者的自我把握。职业规划设计的目的绝不只是协助个人达到和实现个人目标，更重要的是帮助个人真正了解自己，并且进一步细致估量内外在环境的优势、限制，在"衡外情、量己力"的情形下设计出各自合理且可行的职业生涯规划发展方向。

所以，对求职者来说，不要为了应付问题而回答问题，而应该既对用人单位负责又对自己负责，要给面试官一个合理的理由，如求职者具备什么条件，目前在什么方面也有欠缺，通过完善的职业规划，有理由达成求职者的职业目标，让面试官感觉到求职者的目标不是空洞的，而是掷地有声的，可以实现的。

当然长远目标和短期计划需要配合，求职者可以说自己希望在更短的时间内成长为独当一面的员工，并设想一下自己能给用人单位带来什么样的收益，可结合应聘岗位的特点来描述。求职者也可以简单扼要地说说自己的打算，如通过业余时间学习和培训，通过在工作中学习、提升自我，并表达希望得到用人单位有关资源或上级的指点和帮助。

不过，求职者要注意千万不要说那些与用人单位企业文化不相吻合的东西，因此面试之前求职者需要对用人单位有详细的了解，知道他们需要什么样风格的员工。一般来说，企业文化比较稳健的用人单位，希望员工的职业规划能够立足现实，耐得住寂寞，具有长远考虑；企业文化主张挑战创新的用人单位，希望员工能够接受挑战，思想创新。

总之，回答职业规划既要考虑个人发展也要考虑与用人单位的匹配。以下给出几种答案供求职者参考：

（1）把自身的规划和用人单位的需要相结合。求职者首先要明确面试官为什么提出这个问题，为什么让自己谈职业规划，面试官的目的是什么？是通过这个问题来看自己是否具备某种能力，还是考查求职者的规划是否和用人单位有一个融入点，并结合这些因素去判断求职者能否胜任他们的工作？所以面对这个问题求职者一定要准备充分，不要高谈阔论自己将来要怎样怎样，这样会引起面试官的反感。建议话说得简洁一些，但是一定要明了。求职者可以组织好语言，把自身的优势和用人单位有效地结合起来，让用人单位知道求职者可以给他们带来帮助，这也是面试官想听到的。当然还有一点，求职者要表达出自己会在用人单位长久地干下去，因为目前企业流动性大，很多企业都很关心人才流失问题，求职者如果能透露自己的稳健打算，也更容易得到用人单位的信任，从而促使用人单位决定录用求职者。

（2）把自身的规划和应聘的职位相结合。一般面试中被问到职业规划的时候，求职者可以尽可能地与自己现在应聘的职位相联系，因为这样会给面试官一个感觉，就是求职者打算长期从事这个行业了，短期内应该不会换岗位。这也告诉面试官，求职者是一个脚踏实地的人，对面试成功常常很有帮助。

（3）把自身的规划阶段性细化。有些有经验的求职者常常会用这种方式回答职业规划的问题，他们常会把自己的职业规划分为未来五年内的三个阶段：其中进入用人单位的第一年是第一个阶段，在这个阶段求职者的主要目标是熟悉工作环境，同用人单位文化融为一体。同时求职者会熟悉行业背景，进而深入了解本行业，不断地发现自己需要学习改进的地方，以提升自己，进而为自己提出切合实际的目标，同时注意改善自己的人际关系。在用人单位工作的第二、第三年为第二个阶段，这个阶段求职者的主要目标是丰富自己的专业知识，根据自己的工作表现适时调整自己的规划，以成为本领域的专家。同时培养自己的人际关系，形成一定的人脉关系网，有助于事业的进一步开展。第四、第五年则是第三个阶段，这时求职者会调整自己的规划，进入一个新的层次，向更高点看齐。

对于这样具体而细化的职业规划，即使是再挑剔的面试官，也会在心中对求职者加以赞许。

（4）将职业规划融入个人的期望中。求职者可以用个人的一些期望表达自己对职业规划的构想。例如求职者期望在一个公司里长期稳定地发展，或求职者对该用人单位应聘的职位比较重视，愿意坚持发展；而且求职者期望在现有基础上不断提升自己的能力，为用人单位做出更大贡献得到认可。这样的答案也会让面试官看到求职者的诚意。

对于应届毕业生来说，可能一时很难做出让面试官满意的职业规划，因此可以在谈职业规划时，把重点放在试用期，表明自己希望在更短的时间内成长为一名合格的员工，或在一年内成为独当一面的员工，在两年内成为业务骨干，等等，并围绕着这个规划具体指出自己将会努力做到这一点，如通过业余时间学习，通过在工作中学习，表达希望得到公司有关资源或求助系统的指点和帮助。这样的职业规划听上去朴素求实，而没经验者却很难找到解决问题的突破口。

（三）相关经验

在面试过程中，求职者的经验有着极其重要的地位。那么，在实际经验不足的情况下，求职者该如何应对这个问题呢？

对于很多应届毕业生来说，在面试中听到"你有相关工作经验吗"这个问题时，常常只会摇头叹息，结果自然是被用人单位拒之门外。事实上，应届毕业生完全可以从自己在校内历练的经历中找到让面试官满意的亮点，像毕业生在学校担任学生干部的工作经验、社团工作经验以及寒暑假打工实践的经验等都是毕业生可以利用的"资源"。

下面是一位经济学应届毕业生在应聘一家知名出版社时对于"相关经验"问题的回答：

"2008年暑假期间，我在《春草》杂志情感版编辑部进行了为期一个月的社会实践。相对来说，这是一次专业不对口的社会实践，因为就编辑部的工作性质来说更适合中文专业的同学。但我从上中学时，就对编辑、出版怀有强烈的兴趣，为了能够得到这次实习机会，我找到杂志社的主编，向他表达了我的渴望，并得到了他的帮助。之后的一个月时间里，我跟随编辑部的老师们一起工作，提高了自己的文字功底、写作水平以及人际交往能力，对我来说真可谓受益匪浅。更重要的是，我在实践中了解了出版行业的许多知识，并参加了一些主要的编辑工作"。

很多刚毕业的大学生求职者有着这样的感慨，十多年来的学习生涯怎么连一份像样的工作也换不到呢？有的抱怨说自己过去没有努力考个顶尖学府；有的抱怨学校扩招导致人才太泛，竞争太激烈；有的抱怨现在的大学教育脱离实际应用，只教会学生一些肤浅的知识，却没有让他们学会一点生存技能……以上的原因可能同时兼有，但都不是最重要的。因为各行各业的成功者并不是靠学历，而是凭借自己的点滴积累换来的经验。对某项工作有经验者能够将任务信手拈来，轻易完成，因为他具备招聘岗位所需要的能力和技巧。例如这位应届毕业生通过叙述自己的实习经历，向面试官说明自己已经具备了应聘职位所需要的能力，虽然他所学的专业与应聘职位并不对口，也没有系统的工作经验，但这些都不会影响他在面试官心中的好感。

（四）求职动机

求职动机是指在一定需要的刺激下直接推动个体进行求职活动以达到求职目的的内部心理活动。个体的求职目的与拟任职位所能提供的条件相一致时，个体胜任该职位工作并稳定地从事该工作的可能性较大。这类问题的设计旨在让面试官有效了解求职者过去和现在对工作的态度，更换工作与求职的原因，对未来的追求与抱负，以及考虑本单位所提供的员工岗位或工作条件能否满足求职者的要求和期望等。求职者在回答这类问题时就不能漫无边际，而应该给予面试官明确的答案，以充分的事实论据和坚定自信的表达来满足考官对求职者的期望和要求。

具体来看，当面试官问及求职动机时，求职者回答问题口气要平和，说话要婉转；既要谈出用人单位的优势和吸引力，又不给人阿谀奉承之感；既要诚实地表明自己的需要，又要说明自己如何将自己的知识能力和用人单位的业务有效结合，还要说明自身的理想如何与用人单位的目标相调节。总之，倘若能对用人单位的有关情况做出简明扼要、恰如其分的评价，这样一定会给面试官留下好印象。

此外，在回答这类问题时，求职者应该避免抽象化，如强调职位能充分发挥自己的特长，实现自己的理想与抱负。这样的回答思路是合适的，但求职者应将其具体化，说明自己的什么特长能够与具体工作相结合，自己的理想与抱负是什么，为什么能通过这些工作实现。当然这需要求职者在面试前做大量的准备工作，否则若求职者连应聘单位与职位的一般性知识都不了解，是很难避免空谈求职动机的。

另外求职者应避免求职动机"庸俗化"。即求职者回答自己为什么应聘该职位时，没有体现自己应该有的水平，只是说什么工资待遇好、出国机会多等，这种回答一定会引起面试官的反感。

实际上，求职者的求职动机与应聘职位不一定完全匹配，但求职者却可以从中找到一种平衡，在回答中体现出自己的现实需要与工作岗位需要有可以结合的地方，体现出自我价值与岗位价值有互相一致的地方，再结合自己的实际经历来说明问题，就能赢得面试官的认可。在回答问题的过程中，则不必回避自己对物质利益的渴望，但要对其进行升华，要表现出自己强烈的责任心和事业进取心以及自强自立的精神，就有可能获得面试的成功。

（五）专业水平

求职者用专业水平说明自己的价值也是面试过程中不可或缺的重要问题之一。通过这些问题的考查，面试官可以大概了解到求职者是否具有应聘岗位所需要的专业知识与专业技能，从中还可看出求职者的爱好、兴趣与人生态度，对社会问题关注度以及知识面广度与人际关系的情况，由此可以得出知识、能力、素质的基本状况等。

问题1：你为何选择现在的专业？

思路：面试官提问的意图是想了解求职者是否是真心想学习现在的专业，是否是第一志愿没有录取成功，而不得已选择现在的专业。所以对于这样的提问求职者绝对不可以回答为：本想考经济学专业，结果没能如愿，最后选择了现在的专业。这样会对求职者产生负面的影响。求职者在回答这一问题时，要对自己的学校和所学的专业表现出一种热爱之情，并把自己选择这个专业的理由进行充分的回答。切忌随意菲薄母校和所学的专业，这是一种极不负责的态度，会引起面试官的反感，甚至让面试官怀疑求职者是否有真才实学。

问题2：你为什么不选择与所学专业对口的企业？

思路：面对这个问题，求职者可以从个人兴趣爱好、性格与职业匹配度、与新职业相关的学习经历或实习经验几方面阐述，给面试官留下"舍我其谁"的印象。比如一位计算机专业毕业的大学生打算应聘人力资源专员职位，就向面试官表明虽然所学专业与企业不对口，但个人外向的性格特征、善于沟通与交流的能力对于人力资源工作是非常适合的。同时，为了加强说服力，该大学生又向面试官指出自己在校期间有过很多相关实践经验，并做出了一些成绩，从而赢得了面试官的认可。事实上，对于用人单位来说，专业对口只意味着求职者掌握了一定的专业技能和知识，用人单位更看重的是求职者的综合素质，这也是求职者在回答这个问题时需要注意的关键点。

问题3：你为什么打算从事与实习经验不相关的职位？

思路：有些求职者在毕业后，到某些热门行业从事了一段时间的实习，却因为发展不理想转而吃"回头草"，结果在面试中就难免会遇到这样的问题。而在面试官提出这个问题时，通常意味着面试官对求职者并不友好，认为求职者的专业知识已经被荒废得差不多了。对此，求职者应该正视现实，并树立自信心，相信自己的能力，同时努力找到实习经验与现在应聘职位的相关性，这样回答就能让面试官基本满意。当然，为了提高面试通过率，求职者对所学专业"温故而知新"也是面试前必不可少的。

问题4：你有过打工经历吗？

思路：当面试官提出这个问题时，不要直接回答"我打过很多次工"，这样说的目的好像在炫耀自己打工的经验。事实上，对于这个问题，只有与众不同的回答才能给面试官留下深刻的印象。因此不要干巴巴地罗列自己的打工经验，而要拣一两件有趣的案例来重点说明。而且在讲打工的经历时，也不要单纯讲打工的经历，而应讲从打工中得到了什么，而求职者通过打工所掌握的技巧也是面试官最感兴趣的。求职者在回答中注意体现这一点，也许就能获得面试的成功。

（六）优点和缺点

在面试中，很多面试官都会向求职者提出这样的问题："你有什么缺点？你有哪些优点？"面对这类问题，求职者首先要认识到，面试官的目的是想看看求职者对自己的基本素质是否有一个全面而客观的认识。

为此，求职者在回答关于优缺点的问题时，应当注意以下几点：

1. 突出自己的优点

求职者一定要有足够的信心，看到自己身上的闪光点。在面试官问到优点时，不要有沉默、畏缩、窘促等不自信的心理状态和外在表现，结果可能使求职者失去就业的机会。同时求职者还要注意不要低估自己，应基于自身的客观情况，积极、客观地表露自己。不过求职者应当注意到自身具有的优点是多种多样的，而在向面试官描述自己的优点时一定要突出重点，强调与企业和职位相关的优点，否则求职者反复强调的优点其实很一般，就可能会适得其反了。

2. 谈优点时表现要尽量低调

求职者在谈论自己的优点时切忌趾高气扬、洋洋自得，应注意表情、神态、语调等尽量低调，表示自己并没有以这些优点为傲，而是希望继续进步、继续提高。而且谈论优点最好也不要超过三个，切勿絮絮不止，惹人讨厌。一般来讲，最适合在面试中谈到的优点有注重学习、办事认真、容易相处、敢拼敢闯、不轻易认输、以企业为家等，求职者从这些方面适当发挥即可。

3. 巧妙地显示自己的潜能

面试的时间通常很短，求职者不可能把自己的全部优点展示出来，因此还要抓住一切时机，巧妙地显示潜能。例如，应聘会计职位的求职者可以将正在参加计算机专业的业余学习的情况"漫不经心"地讲出来，这样可以使面试官认为求职者不仅能熟练掌握会计业务，而且有发展会计业务的潜力。当然，显示潜能要实事求是，简短、自然、巧妙，否则也会弄巧成拙，有卖弄之嫌。

4. 求职者要学会扬长避短

个人都有自己的特长和不足，无论是在性格上还是在专业上。可是有的求职者往往会不假思索，脱口说些类似于"我的缺点就是散漫，不愿受纪律的约束"等从事某项工作的致命缺点，结果可想而知。其实，遇到这种情况，求职者应该学会扬长避短，可以联系一些求职者的共同弱点（比如缺乏实践经验、社会阅历较浅等），再结合本专业的发展对自己知识结构、专业知识的挑战及个性中的缺憾（如过分追求完善，可能开拓精神不够；或过于追求工作效率，小心谨慎不足等），讲讲自己正在克服和能够改正的一些弱点，避免给面试官留下太多的负面印象。

5. 坦承缺点博得面试官认同

对于一些无法回避的缺点，求职者最好坦然地承认它，这样做的好处是能够获得面试官的感情认同。比如，面试官拿着求职者在校学习的成绩单这样问："你的成绩并不好，能解释下吗？"这时，求职者已经无法回避，不妨就很诚实地承认自己的缺点，可以这样回答："是这样的，当时我担任社团的负责人，投入社团活动上的精力太多，反而忽略了自己当学生的本分，导致一些科目的成绩很不理想，但社团也带给我不少的收获，可是我还是觉得很惭愧。"听到这样的回答，面试官会认为求职者所犯的错误并非主观情愿，也会认同求职者的处境，继而心存好感地继续听求职者说下去。

6. 明谈缺点实论优点

对于很多经验丰富的求职者来说，在谈论自己缺点的时候会采取一个巧妙的办法，即谈一些实际上可以算是优点的"缺点"。比如某位求职者在面试中这样描述自己的缺点："我在校担任班干部的时候为大家管理班费，同学们都说我管钱太死，我也知道花的不是自己的钱，却总是改不了。""管钱太死"这个缺点在面试官看来，却和"用钱有计划"画上了等号，而且从这个"缺点"中，还可以显示出求职者大公无私、诚实、严谨等良好品质，会让求职者受到面试官的青睐。当然，这种明谈缺点实论优点的办法也不可滥用，否则老练的面试官会觉得求职者"油腔滑调"，反而会出现适得其反的效果。

（七）适应能力

求职者面试成功，走上工作岗位后，将进入一种全新的环境，必然会感觉不如以前那样得心应手，这时需要采取一些措施来应对这种"水土不服"的现象。适应能力越强，融入新环境的速度也会越快。这种适应力也是用人单位希望在面试时从求职者身上发现的能力，每个面试官都希望得到那些能够随遇而安的员工，这样的员工往往很容易适应公司的变化，并会对变化做出积极的响应。此外，这样的员工在遇到矛盾和问题时，也能泰然处之。为此，面试官一般都会在面试时通过询问一些问题，了解求职者适应新环境的意愿及面对环境变化时的适应能力，而求职者应当通过自己的回答告诉面试官不需要为自己的适应力担心。

比如，一位没有多少工作经验的求职者在面对这个问题时这样回答："我知道，适应任何一项工作都需要时间，尤其是我，一个没有多少工作经验的人，想要在短时间内适应工作环境，并不是一件容易的事。不过我想我可以从领导的指示和要求入手，首先迅速了解自己的岗位性质和日常工作的具体内容，明白自己的职责范围；接下来我可以制订一份近期的工作计划并报领导批准，然后根据计划开展工作。另外，我会多和同事沟通，这样不仅可以学习同事的工作经验，还有利于自己快速融入新的工作团队。"

在上面的案例中，求职者由于对应聘职位缺乏足够的了解，没有直接说出自己开展工作的具体办法，而是用一种巧妙的方式向面试官暗示，自己会通过领导的指导和不断的学习来适应未来的工作环境，而且求职者的学习还包括向领导学习，向同事学习和自我学习，这种适应力和积极态度是面试官乐于看到的。

而一位已经有一定工作经验的求职者则可以这样回答："我作为一个外来管理人员，进入一个新的部门，刚开始一定会有不适应。但我认为这是很正常的，也是难免的，我相信通过良好合作精神以及事先周密而充分的准备，就能克服这种不适应感。因此在刚开始工作的一段时间内，我会努力熟悉公司文化，弄清部门里的工作程序，多向同事询问，包括部门内部和外部的同事，避免匆匆做出结论，我会努力建立与同事之间的信任关系，这主要靠多多地与同事沟通以及就当前工作交换意见来完成；另外，我会及时对工作现状进行总结，提出应对方案，并请相关领导审阅，以判断自己对部门现状的熟悉和掌握程度。"

在这个回答中，求职者着重向面试官报告自己作为外聘管理人员，在进入新的环境后，将如何顺利地切入工作，而这也是求职者良好适应力的一种体现。

另外，下面的问题也经常被面试官用于考核求职者这方面的能力，为了做出最令面试官满意的答复，求职者不妨在面试前对这几个方面的问题多加揣摩。

问题1：如果我录用你，你将怎样开展工作？

思路：对于这个问题，如果求职者对于应聘的职位缺乏足够的了解，最好不要直接说出自己开展工作的具体办法，而可以尝试采用迂回战术来回答。如："首先我会听取领导的指示和要求，然后就有关情况进行了解和熟悉，接下来制订一份近期的工作计划并报领导批准，最后根据计划开展工作。"

问题2：你希望与什么样的上级共事？

思路：这个问题常被面试官用于考查求职者的适应能力，对此，求职者不宜直说自己对上级的要求，而应迂回作答。如："希望我的上级能够在工作中对我多作指导，对我工作中的错误能够立即指出，使我可以顺利适应新的工作环境。"

问题3：在完成某项工作时，你认为上级要求的方式不是最好的，自己还有更好的方法，你会怎么做？

思路：这个问题常被面试官用于考查求职者克服分歧的能力，回答问题的原则是尽量表现自己对上级的尊重，避免正面冲突，并要表明自己在服从工作安排的同时，会在私下找机会以请教的口吻婉转地向上级表达自己的想法。

问题4：有些时候，我们得和我们不喜欢的人在一起共事，说说你怎样克服与同事之间性格方面的冲突？

思路：这个问题常被面试官用于考查求职者团队合作的能力，求职者可以表明自己不会把私人感情带入工作中，并会通过积极地沟通消除同事间的不和谐，使得大家为了一个同样的初衷——做好工作，继续合作。

问题5：对这项工作，你有哪些可预见的困难？

思路：对于这个问题，求职者不宜直接说出具体的困难，否则可能令面试官怀疑求职者的能力。求职者也可以尝试迂回战术，说出自己对困难所持有的态度——工作中出现一些困难是正常的，也是难免的，但是只要有坚韧不拔的毅力，良好的合作精神以及事前周密而充分的准备，任何困难都是可以克服的。

（八）薪水报酬

在求职面试时，多数求职者对用人单位提出的薪金要求或难以启齿，或支支吾吾，不知道该怎样开口才能和对方谈薪金。事实上，一个人的薪金是与其能力、作用、表现、贡献等息息相关的，在用人单位尚未了解求职者的上述情况时，开价过高，难以被用人单位接受，开价过低，吃亏的又是自己，因此除非用人单位已经十分明确表态要聘用求职者，否则求职者不要讨论薪金，更不能盲目地、主动地提出希望得到的薪金数目，而应当尽可能地从言谈中了解用人单位的薪金标准。在协调过程中，如果用人单位要求职者开价，则可以采取"薪幅度"的方式，给出自己能接受的薪金范围。但如果面试官一定要求职者说出个明确数目，则可反问他愿意付出多少，再衡量一下自己能否接受。当薪金福利谈妥后，最好要求用人单位写份协议或合同，因为有些用人单位面试之后，很可能会忘掉曾答应求职者的事。

另外，具体的薪金标准可以参考同行业的朋友，或请教人才市场的管理人员，请他们给予指导。只要不是太离谱，用人单位都会愿意和求职者协商解决这个问题。

以下介绍回答薪金问题的几个方案，希望对求职者能够有所帮助和启发。

1. 在面试前了解用人单位的薪金制度

如果求职者在与用人单位探讨薪金之前有了充分的准备，在面试中求职者就可能谈出自己满意的薪金。

教学案例 8.12

一家外资高新技术公司准备招聘一名技术开发人员，在面试时面试官直接对前来求职的小陈说："如果我们录取你，按照我们公司的薪金制度，基本工资每月只有 3500 元，有问题吗？"小陈笑了笑说："尽管这个薪金水平不算太低，但据我所知，贵公司对高级人才有另一套薪金架构——每月奖金最高大概在 500 元左右，每年还可以发 16 个月的工资，工作一年后工资翻番。我本人拥有研究生学历，又有三年的工作经验，完全符合高级人才的标准，我希望自己能享受这套特别的薪金制度，这样也能显示贵公司对人才的重视。"听到这里，面试官笑了笑说："看来你是有备而来啊，我们的薪金制度的确是这样，你也符合高级人才的标准，欢迎你加盟本公司。"

分析与点评：在上面的案例中，小陈谈薪之所以能够大获成功，一方面是因为他在面试之前已经了解了该公司的薪金制度，而对自身的情况，小陈也有一个清晰的认识，在此基础上与用人单位讨价还价就不会盲目，另一方面是因为用人单位也很欣赏小陈这样的有心人，录用他也就在情理之中了。

2. 含蓄地给出自己的薪金目标

在和用人单位探讨薪金问题的时候，如果要价过高，可能让用人单位反感，要价太低，自己又不甘心，因此求职者可以不做正面回答，而可以用一种含蓄的语言表达自己的薪金要求，这样做可以促使用人单位公开他们认为的合理水平，而且这个水平一般还会高于求职者预料的结果。

教学案例 8.13

小王的巧妙回答

某市一家著名的家具公司，打算招聘一名市场策划，前来应聘的人络绎不绝。在面试过程中，面试官都要问求职者一句："你希望的薪金是多少？"很多求职者都用不同的数据回答了面试官的这个问题。只有求职者小王回答道："我期望一个比较合理的薪金待遇，因为我认为自己的条件是符合并高于您的要求的。就学历而言，我拥有统招本科文凭，高于您要求的大专学历；就专业而言，我的专业是市场营销，与您要求相当对口，而且我在校学习期间成绩非常优秀，专业知识很扎实；就能力而言，我在大学时曾担任过学生会干部，组织能力和领导能力都还不错。我如果加入贵公司，一定会给您带来不错的效益，而我个人也期望得到相应的回报。因此我希望得到一个不低于该职位现有员工标准的待遇，不知道我的请求是否过分。"面试官听完这番话后，连连点头说："不过分，不过分，既然是人才，我们就应当提高待遇，您的要求我们可以满足。"

分析与点评：当面试官问求职者希望拿多少薪金的时候，就表明面试官已经有意录用，那么求职者离家门只差这最后的临门一脚，因此求职者一定要慎重回答，否则就可能前功尽弃。而小王的回答无疑是十分巧妙的，他不露声色地把话题由薪金的多少转移到展示自己的实力上，他客观而详尽地向面试官分析，展示了自己的学历、专业能力等优势，含蓄地表达了以自己的实力应当可以获得一个较高的薪金水平，而面试官在听完他头头是道的分析后，也觉得为他付出比较高的薪金是值得的。

3. 用概数而不是确数来描述自己的薪金要求

虽然含蓄表达是回答这类问题的一个不错的选择，但如果面试官一定要求求职者说出期望薪金的数额，则不妨用概数来回答，这样既可以表达自己大致的薪金要求，也不至于因要求太离谱而招致面试官的不满。

教学案例 8.14

明智的小杜

求职者小杜应聘北京一家公司的企业策划岗位，经过约半个多小时的面谈后，面试官微笑着问道：“你期望的月薪最低标准是多少？”

小杜想了想，回答道：“我希望贵公司能根据我的专业能力、工作经验、工作态度以及工作业绩来决定应付我的薪水。”

小杜本想用这个方法打个擦边球，避免直接说出自己期望薪金的数额，可是面试官却依依不饶，问他：“那从现在开始的两年时间内，你的薪金目标是每月多少钱？”

小杜只好回答：“我的学历和考试成绩，您都看过了，我对自己还是比较自信的，结合北京地区的工资水平，我希望我的月薪可以在 2000 元到 3000 元之间。”

面试官笑了笑表示，对于一个应届毕业生来说，这个薪金水平略有些高，但还可以商量，最终决定录用小杜。

分析与点评：小杜在回答面试官月薪标准这一问题的时候，用 2000 元到 3000 元这样一个较大的区间来回答无疑是比较明智的，月薪 2000 元基本是符合北京应届毕业生工资水平的，但 3000 元又表明了小杜对自己能力的自信，这个薪金区间让面试官觉得可以接受，还为自己留出了讨价还价的空间。可以设想一下，如果他直接提出 2000 元，与自己的心理价位相比有些偏低，有屈才之嫌，可如果直接提出 3000 元，又怕面试官觉得过高，所以小杜用巧妙的概数回答了问题，也达到了自己理想的薪金目标。这对求职者的启发就是，面试前可以首先了解一下该公司所在地区的大致薪金标准，然后在回答薪金问题时尽可能提供一个自己期望的薪金范围，而不是具体的薪金数，这更容易让面试官接受。

4. 不要突破用人单位的薪金底线

在面试商谈薪金的时候，求职者提出的薪金要求有可能已经突破了用人单位的底线，而用人单位对于求职者的实际能力却还不能确信，这时求职者就会陷入一个尴尬的境地，所以求职者最好还是面试前先对用人单位的薪金制度有个了解，以避免出现这样难堪的局面。如果求职者确实出现了这样的错误，则可以用迂回的语言缓和气氛，化解尴尬，然后在用人单位允许的范围内最大限度地提出薪金要求，这样既能被用人单位接受，也不会丧失工作机会。

教学案例 8.15

马小姐的缓兵之计

马小姐是一位出色的导游小姐，她打算换一份发展空间更大的工作。正好一家大型旅游会展公司准备招聘人才，马小姐便信心十足地来到了这家公司。在面试中，马小姐表现得非常出色。面试官问及她期望的薪金的时候，她开出了一个较高的薪金水平，由于和该公司提供的新员工的薪金差距较大，面试官当即明确地表示："你期望的薪金有点高，我们难以接受。"

眼看着自己喜欢的工作就要泡汤了，马小姐不由得十分紧张，于是她一方面稳住面试官，对他表示薪金不是最重要的，重要的还是自己希望能够在该公司充分和提高自己，另一方面又拿出自己以往的工作经历，并结合会展业的前景分析，让面试官听得连连点头。这个缓兵之计很好地缓和了面试气氛，经过公司内部的讨论，最终决定录用马小姐，并对马小姐的薪金要求予以接受，还签订了书面合同。

分析与点评：薪金标准受到明确拒绝后，马小姐使出一招缓兵之计，既不失风度，又得到了最理想的结果。不过好的薪金还是要靠实力才能获得。为了避免在面试时陷入薪金难题，求职者一定要多调查和多注意行业及职位资讯，使自己在面试前做到对职位的大致薪金水平有个了解，就不至于提出不切实际的要求，从而失去到手的工作。

（九）敏感问题

一般的用人单位在面试女性的时候，常会提出一些专门针对女性的问题，有时这些问题是非常敏感的，比如你是否近期准备生育等，可是女性求职者又不能回避这类问题，因为这些问题常常关系到求职是否成功。有些用人单位认为，了解女性求职者的一些隐私，一方面可以根据求职者的实际情况安排适合的岗位，另一方面，也可用敏感问题考查求职者的应变能力，考查求职者能否在不情愿的情况下顾全大局，既维护自己的利益，又让事情得到圆满解决。

但是对于女性求职者来说，如何回答这类敏感问题就成了一件令人头疼的事，求职者不知道怎么回答才能对用人单位的心思，因为不同的用人单位对这些问题的态度也是不一样的，有的希望求职者谈恋爱，有的则不愿意求职者交了异性朋友。关系自身隐私的事情被人一再追问也确实很不舒服，那么女性求职者应当如何既让用人单位满意又保护自己的隐私呢？相信下面的几种方法会给求女性求职者一些启发。

1. 曲解概念

如果女性求职者对对方提出的问题有明显的反感时，就可以以对方提及的某个概念为出发点，再有意地曲解发挥和尝试一番，从而将实质性的答案消融在一片云遮雾罩的诠释之中，既化解了对方对自己的隐私窥探，也不至于使对方太过失望。例如一名银行会计为了保密起见，不想让别人知道自己工作的具体部门，就在对方追问时含糊地回答："我在专门取钱的那个部门工作。"银行职能之一正是取钱，这位会计用诠释概念的方法来取代答题的内容，从而曲折而含蓄地回答了对方的问题，同时保护了自己的隐私。

2. 绕圈子

某位女性求职者在面试时被问及婚后是否计划在近期内生育的隐私问题，她这样回答道："我很重视自己的事业，因此我的决定以不影响我的工作和单位的利益为前提，会理智地处理好这个问题。""是"还是"否"，她实际上并没有给面试官确定的答案，她用的就是和对方绕圈子的技巧绕来绕去，最后对方什么信息也得不到，而且这样的回答乍听上去还非常合情合理，面试官也挑不出任何毛病。

3. 答非所问

有的时候，面试官可能并非故意想要挖掘女性求职者的隐私，只是不小心问错了不该问的问题，这时求职者不必恼怒，可以采取答非所问的办法来应对。面试官如果知趣的话，立刻会发现自己已经误触雷区，便不会再继续纠缠下去了。

4. 当面拒绝

有时候面试官打听女性求职者的隐私已经到了非常过分的地步，求职者就可以开门见山地指出面试官问话的不当，直言相告自己的不满，甚至当求职者认为自己在面试时被问及的问题有损个人尊严并造成严重损害的话，可以投诉报警，以保护自己的合法权益不受侵犯。

不过值得注意的是，有的行业在招聘员工时，有权了解一些可能被认为是隐私的情况，比如饮食行业须进行身体检查，了解求职者是否患乙肝，招聘模特儿则需要测量三围，等等。在特定行业中，一些隐私就不再是隐私，因此这类因素对是否能胜任职务起着关键作用，因此，招聘单位了解这些情况是在法律许可的范围内的。此外，如果面试官向女性求职者提出是否有男朋友这类问题，而他们觉得这些问题对求职者是否适合她所应聘的工作有一定参考作用，可被视作该公司的一个用人标准，不构成侮辱，这是求职者应当注意分辨的。因此，问题问到什么程度才达到侵犯隐私权的范围，这只能由求职者个人判断了。

下面这些问题是女性求职者可能会在面试中遇到的敏感问题，对其加以了解，有助于女性求职者巧妙应对，摆脱尴尬。

问题一：家庭和事业你觉得哪个更重要？

思路：对于这个问题，女性不必抱着工作至上的态度回答："我认为工作对于现代女性更为重要。"这个答案听上去有些违心，也无法让苛刻的面试官信服。事实上，家庭和事业之间并不存在冲突，一个真正成功的女性总是能够处理好这二者的关系，因此女性求职者不妨以真诚的语气回答："我觉得家庭和事业都很重要，家庭带给我的是温暖的情感和坚强的后盾，事业则让我永葆活力和上进心，而我的人生目标就是家庭和事业获得双赢。"这样的回答体现出了女性刚柔相济的特色，更容易赢得面试官的认同。

问题二：你该如何处理好上下级关系？

思路：一般在招聘女秘书时往往会问这样的问题。对此，女性求职者在回答中应当突出表明，会与上级保持应有的距离，在工作中公私分明，对上级不卑不亢，既不有意和上级套近乎，也不自视清高，不把上级放在眼里。这样的答案便可基本上让面试官感到满意。

问题三：如果你的客户要你陪他跳舞，你会怎么办？

思路：这是面试官用来测试女性求职者在压力下的反应能力的一个问题。因为这种情况在很多企业都可能出现，所以女性求职者在听到这个问题时也不必过于尴尬或紧张，不妨这样回答："正常情况下跳跳舞没有什么不可以，我相信在咱们这样的正规企业不会碰上那种不三不四的人，而且我也很乐意接受正直善良的客户邀请。"

问题四：如果公司安排你做倒茶、扫地、复印资料这样的琐事，你怎么看？

思路：对于这样的问题，女性求职者不要首先产生一种被歧视的感觉，事实上，初入职场，整天做琐事也是很正常的，女性要能根据现实调整自己的期望值。因此女性可以这样回答："我觉得在公司只有脚踏实地才能不断进步。如果最初公司安排我做琐事，我也没有怨言，但我会通过不断的学习来提高自己，每天都会有新的进步，我相信当我能够胜任一些重要的工作时，公司也不会浪费人才的。"

问题五：如果公司安排你出差，你会怎么想？

思路：一般来说，出差对于女性是比较辛苦的，不过女性也不要一口回绝，"我不喜欢出差。"而可以委婉地说："坦率地说，我不喜欢出差，但出差是工作上的需要，因此我不会拒绝。我不会在意出差的艰辛，反而会以此为荣，因为我喜欢这个工作，我想这一点更为重要。"

（十）刁难问题

教学案例 8.16

面对刁难要学会以退为进

在面试中屡战屡胜的夏叶有过一次这样的面试经历。当时因为他的学习成绩并不算顶尖，这一点便成了面试官发起攻击的要害，"你的成绩好像不太出众哦，你怎么证明自己的学习能力呢？"

夏叶不慌不忙地说："不是只有成绩才能反映人的学习能力的，其实我的专业课都相当不错，如果你有疑问，可以当场测试我的专业知识。"

夏叶巧妙地绕开了令人尴尬的问题，将面试官的注意力引导到他最拿手的专业知识上，赢得了面试官的认可。

分析与点评：对于案例中的这类问题，如果你顺着杆儿爬，回答说"那门功课太难了，所以……"可就大错特错了，因为面试官问这种问题，绝对不是想知道你为什么成绩不高，而是想考验你面对问题时所表现出的态度。而夏叶的处理办法就很成功，既不推卸责任也不一味自责，而是直面现实并巧妙地偷换概念，把成绩偷换为专业课成绩，轻松地跳出了面试官设下的陷阱。

很多企业在招聘时，尤其是那些高级管理人才的招聘，会热衷于采取夏叶遇到的这种刁难面试的做法。在这样的面试中，面试官在有意制造的紧张氛围中提出一连串问题，穷追不舍，直至求职者无法回答，以此观察求职者对压力的承受能力和应变能力。有些面试官甚至还会先提一个不甚友好的问题，或者劈头盖脸泼求职者一盆冷水，让求职者在委屈和积愤中露出本色，求职者的价值观、自我定位、需求、性格特质等往往就是在这样的情景下慢慢浮出水面，让面试官一目了然。

对于这类问题，求职者一定要保持良好的心态，要告诫自己，这只是一种另类的测试，并不是面试官想有意为难自己，因而避免与面试官产生冲突，并展示出成熟的态度和冷静处理问题的能力，从而在压力面试中胜出。

"你的纽扣掉了，一副吊儿郎当的样子，让我们怎么敢用你。"

"你的学历很高，而我们单位待遇不高，你为什么选择这里？"

"你是应届毕业生，缺乏经验，如何胜任这份工作？"

……

遇到以上这些刁难发问的情况，求职者不妨以退为进，先肯定对方，再作进一步的解释。比如第一个刁难问题，求职者可以这样回答："我的纽扣确实掉了，那是因为在赶来面试的公交车上，我扶一位准备摔倒的老人时，老人不小心扯下来的，然后我害怕面试迟到，所以没有回家换衣服，今后我会注意自身形象，如果有幸进入贵单位工作，我一定不会再穿这样容易掉扣子的衣服了。"

对第二个问题，求职者可以这样回答："我很喜欢这份工作，不在乎是否屈就，至于我的三张学历证书，您可以挑一个最合适的，其余的就请忘了它吧。"

而对于第三个问题，求职者则可以回答："作为应届毕业生，在工作经验方面的确会有所欠缺，因此我在读书期间一直利用各种机会在这个行业里做兼职，我也发现实际工作远比书本知识丰富复杂。但我有较强的责任心、适应能力和学习能力，而且比较勤奋，所以在兼职中均能圆满完成各项工作，从而获得的经验也令我受益匪浅，请贵公司放心，学校所学及兼职的工作经验使我一定能胜任这个职位。"

总之，面试官的刁难是考验求职者应变能力的一个重要方法。遇到面试官提出的各种的暗藏杀机的刁难问题时，求职者要学会巧妙地回答并配合面试官演好这出戏，让面试官发现自己是一个胸襟广阔、踏实诚恳、还不乏几分机智的人，那么他自然就会向自己抛出橄榄枝了。

需要提醒的是，面试官有时也会提出一些两难问题来刁难求职者，这类问题的特点就是无论求职者怎样回答，都不会让面试官满意。这时求职者就不要想着老老实实地找个正确答案，而是应当冷静地分析，面试官问这道题到底是想要考查自己的哪一方面，然后从这个角度出发去回答。例如，"你作为财务经理，如果总经理要求你一年之内逃税 100 万，你会怎么做？"这种问题面试官真正考查的不是求职者的业务能力，而是求职者的商业判断能力及商业道德方面的素养，因为在所有的国际化大企业中，遵纪守法都是员工行为的最基本要求。所以求职者可以这样回答："我想您的问题只能是一个如果，我确信像贵公司这样的大企业是不会干违法乱纪的事情的。当然，如果您非要要求我这么做的话，我也只有一种选择：辞职！"当面试官听到求职者的这个答复，一定会对求职者的正直、原则性大为赞许。

三、面试中的几个禁忌

（一）狂妄自大

2008 年夏，丽莎·海罗尔面试了一个应聘经理岗位的人。这个人简历上的工作成就给人留下深刻的印象，但在 60 分钟的面试过程中，这位毕业于"常春藤联盟"名校的求职者始终滔滔不绝，面试官根本没机会插嘴询问他到底是如何实现这些成就的。

"最后，他抽空喘了一口气，问我过了 90 天的试用期，他会有怎样的发展机会。"丽莎·海罗尔回忆道，"他的语气好像我们已经决定聘用他了一样，那种傲慢与自大简直惊呆了我，好像我们不聘用他我们就会破产一样。"求职者的这种张狂气势最终令他丢了工作机会。

面试官说，有些人在公司里太爱自吹自擂，反而阻塞了自己的升迁之路。人们可以把这种人叫作职场中的"美国偶像"追随者。正如电视选秀中的选手极力展现自己的歌唱天赋一样，职场中的"美国偶像"们往往都是说得好听，实际上并没有表现出多大能耐。

面试官表示，一些求职者竭力想给面试官留下好印象，这种自我吹嘘行为越来越多，而一些公司职员也千方百计地表现，希望保住自己的饭碗。"很多人都在拼命推销自己，"美国密歇根州罗切斯特市一家职业介绍公司的总裁马克·安哥特说："走投无路之下，很多求职者都自欺欺人，认为自己可以胜任那些并不符合自身条件的岗位。他们什么都想尝试，他们什么话都敢说，即使傻子都知道这些是谎话。"

正如"美国偶像"的落选者一样，这些并无他们所吹嘘的技能和知识的"职场秀客"经常难以接受别人的批评和拒绝。"有些人急了就破口大骂。"美国加州某市一家猎头公司的戴夫·德明克回忆道。这些竭尽辱骂之能事的人正是那些他拒绝向客户推荐的求职者。

即使在美国的经济衰退时期，有些求职者还是不愿委曲求全。一家公司的董事、总经理布莱恩·罗恩默斯说，几个以前在大银行当高管的人，最近就拒绝考虑在社区小银行和信用合作社任职。"他们不愿意接受这种工作，因为他们看不起这些小地方，他们会认为这是一份有失身份的工作，"罗恩默斯说，"这让我感到很惊讶，看来有些人还不了解当前的就业现状，他们还是一味地自以为是、一味地自大。"

狂妄自大，这是比迟到还要遭面试官厌恶的因素之一。无论求职者多优秀，都应该用尊重他人的方式表现自己。在面试过程中，求职者从未接触过这份工作，又根据什么说自己一定能胜任呢？又为何表现得狂妄自大呢？面试官永远青睐那些优秀但保持谦虚的求职者，这与逢迎无关，而是一种智慧。

（二）不懂装懂

佳明到某公司应聘楼面督导职位，并按要求填了登记表。在家等通知期间，佳明并未花力气了解这家公司。面试时，面试官李先生问佳明对公司了解多少，佳明凭印象说这家公司是外资企业，还十分肯定地说公司注册资金为 10 亿元。事实上，该公司是一家民营企业集团，注册资金也不是佳明说的那个数。佳明落聘了。

面试官李先生说，楼面督导是楼面的管理人员，要求求职者具有一定的原则性。佳明的问题在于不懂装懂，而且不够诚实，"这样的人很难坚持原则，如果在工作中也这样信口开河，说不定会闯出什么乱子。"

李先生说，面试时，面试官通常都会问求职者对招聘单位的了解情况。求职者在报名登记后，最好设法了解招聘单位和应聘岗位的相关情况，查看招聘单位网页、注意观察其宣传栏和橱窗等都是很好的途径。如果求职者在面试前不努力了解招聘单位，守株待兔坐等通知，在面试时就会很被动，这时，求职者若不懂装懂就会犯了面试大忌。

教学案例 8.17

坦承弱点 不利变有利

23 岁的鹏鹏就读于北京某大学信息与计算科学专业，大学里的学生会主席，国旗护卫队队长，参加过学校组织的社会实践团队销售，最终赢得团体销售业绩全校第二的好成绩。

针对他的专业，面试官问："原来一些软件公司研发设在国外，后来陆续把一些不太重要的流程放回到国内，你能不能随便说出一家？"

鹏鹏回答说："这个我真的不太了解，所以也不敢贸然回答您，对不起。"

面试官评价道："想做一个销售员，其实你刚才回答前半部分是很好的，非常诚实地告诉别人你不知道。但是一个优秀的销售还应该有后半句，就是'我回去问一下我的同学或者老师，下次见面再告诉您'。"

鹏鹏向面试官鞠躬说："谢谢您，我记住这个建议了。"

分析与点评：承认自己的无知，只表现一次无知；掩饰自己的无知，就会永远无知。鹏鹏很老到地掌握并运用了这一点：先坦承自己对这一问题的无知，然后及时表达歉意。抛开知识和学历，这种诚实首先赢得的是面试官对其人品的认可。求职者坦承弱点，能将不利转变为有利，其实是一种很聪明的先发制人的做法。

教学案例8.18

拙劣掩饰　适得其反

21岁的王梅是上海某大学会计专业的学生，根据自己的专业所学，她给自己定位的目标是到外企做会计，原因是喜欢外企的工作环境。她选择参加《职来职往》寻求工作。

星巴克的面试官提出一个问题："既然你的目标企业是外企，最近针对外企国家颁发了一个新的税务政策，你知道是什么吗？"

王梅略有迟疑地反问："出口退税？是出口退税吗？"

面试官摇了摇头回答她说："是外企和国内企业一样，也要缴纳城市维护建设税和教育费附加。"

为了避免王梅的尴尬，面试官说："我再问你一个问题，在外企中，会计行业四大最知名的企业是哪几家？"

王梅的回答是："这个问题我们老师讲过的，我突然想不起来了。"又有人问："那么你的外语水平怎么样？能不能简单地做个自我介绍？"

遗憾的是，她的英语磕磕绊绊到了让所有面试官全部灭灯的地步。

分析与点评：掩饰无知是拙劣之举。王梅的致命点不在于她的专业知识和英语水平的双重缺陷，而在于她略显拙劣的掩饰手段。上了大学，首先要把该学的东西学好。如果没有学好，又不幸被面试官切中盲点，请真诚回答："对不起，我真不知道。"

真诚很重要，不知道就是不知道。这种回答相当于给自己机会，掩饰导致的后果是把自己置于死地。不承认知识盲点，等于婉拒别人的指点。

回答问题的口气凸显王梅对自己的怀疑。首先王梅没有搞懂会计这个行业有多严谨，任何问题答案绝对不能含糊。"出口退税？是出口退税吗？"这类带问号的答案是所有行业面试时的忌讳，更不要说如此严谨、专业的会计行业。

知之为知之，不知为不知。面试就像推销，"商品就是自己，求职者在面试之前一定要做好充分准备，临场回答一定要实事求是，不懂不装懂，诚实永远都不会过时。

不懂装懂是自作聪明，懂装不懂却是智慧。

面试时候的知识盲点和不懂"又分成两种：一知半解和一窍不通。

当求职者知道一些问题的线索，但是并不肯定完全知道问题的答案时，不妨试着把所知道的线索整理一下，按照一个解题的思路说出来。

卡住的时候，面试官通常会给一些提示。这样在面试官的帮助下，有可能最终给出问题的答案。即使努力之后仍然没有找出答案，但是至少面试官在过程中可以发现求职者的思维很有逻辑性，态度很积极，相比简单地放弃说不知道，明显要有利得多。

求职者面对自己真的毫无头绪的问题时，应迅速地承认，同时解释自己为什么不知道：向面试官说明自己的专业背景、学习范围。同时也要表示自己对这方面的知识很有兴趣，已经做好了学习计划和准备。此时关键在于呈现求职者的态度——诚实、诚恳、积极。

在求职场上，一定要记住：知之为知之，不知为不知，这是"智夫"。作为求职者，要把自己调整为"职场战士"的状态，"战士"的价值由自己来体现，由别人来感觉。

（三）吹牛

从心理学上来说，吹牛与说大话是一种心理需求，它可以让人快速地得到他人的肯定与认同，同时也可以增强人们的自信心，缓解人们内心的焦虑。

喜欢吹牛的人，喜欢夸大自己的能力和身份，在心理上达到理想自我的境界，也是出于显示自我，获得别人关注的目的。

借助大话提高自信、降低内心的恐惧和焦虑的典型当属"二战"期间美国的麦克阿瑟将军。有一次，德国空军的一颗炸弹在他附近爆炸，警卫问为什么不赶快躲开，他说："希特勒永远做不出来能将麦克阿瑟炸掉的炸弹。"这种大话又被称为"正常的大话"，他能让人获得心里博弈优势，降低焦虑情绪。

但是如果吹牛过于离谱，那么就要警惕是否存在心理疾病，躁狂症与妄想会让人变得亢奋、不知疲倦、自我评价过高。这种不正常很容易识别，例如如果吹嘘得很离谱和完全不符合逻辑，就该去进行检查与诊断。

教学案例 8.19

夸大其词　令人反感

面试官坐在位置上翻阅简历。陈帅敲门，应声进门。

面试官微笑着说："请坐！"

陈帅挪了下凳子说："谢谢啊！"

面试官微笑着说道："欢迎你今天参加我们公司面试。这样吧，先做个自我介绍。"

陈帅唰地站起来，向面试官深深地鞠了一个躬后说道："我叫陈帅！我出生在一个普通家庭，父母健康，有爷爷奶奶，还有几个姑姑叔叔。据说，我出生时，天空的北方，出现祥云一片，渐渐由远至近，到我家房顶后，幻化成一个字：帅！所以我爸爸就给我取名为陈帅（陈帅下意识地甩了下头）。我今年22岁，我的生日是6月11日。对了，我是双子座的。我具有双子座的典型性格，比如察言观色是双子座人的看家本领，加上我口才好，我能很快掌握别人的心思，并说服对方。面试官，您是什么星座的啊？"

面试官问道："这个和面试有关吗？"

陈帅答道："当然，如果我应聘上了这个职位，以后咱们就是同事了，我了解了你是什么星座的，就知道该怎么和你相处了。"

面试官继续问道："除了了解星座，你还有其他什么优点吗？"

陈帅又甩了甩头，摆出一个帅帅的姿势说道："当然，我的优点如滔滔江水连绵不绝。"

面试官说："你的简历上说你担任过一个超级公会的会长，请详细描述一下这个公会吧。"

陈帅："我现在是魔兽世界卓越公会的会长，我们那个公会在服务器中排名数一数二。"

面试官耐着性子问："请问，你担任魔兽世界的公会会长，和你要应聘的这份工作有关系吗？"

陈帅得意地说："当然有关系，会长可不是一般人能够担当的！这需要极强的领导能力和组织能力，我相信有这样的经验，我一定可以把工作做好！一年内，我能帮公司实现利润翻番！"

面试官说道："这么厉害的人，我们可请不起啊！我看，你还是回你的魔法世界另谋高就吧。"面试官示意陈帅离开。陈帅一脸沮丧地离开面试考场。

分析与点评：在面试中，在一些无关紧要、无法求证的细节上可以稍微夸大，这是人之常情，可以理解，但通篇吹牛、造假就是十分忌讳的了。招聘单位凭什么相信一个满嘴谎话的求职者呢？这样的求职者又怎么能为招聘单位带来利益呢？

（四）套近乎

有的求职者由于受到"乡情""校友情"思想的影响，在面试过程中，与面试官套近乎，以为对接下来的面试会有所帮助。其实，这是一种非常错误的想法，在面试中，求职者永远都不要想着与面试官套近乎。

有这样一段对话：

"听口音，经理您是湖北人吧？"

"嗯，是的。"

"哎呀，太巧了，我也是湖北人呢，我们可是老乡啊！"

"嗯。"

"那以后可要多关照一下了。"

以上的对话，很明显看出了求职者在与面试官在套近乎。也许求职者会很幸运，碰到一个经理会因为是他的老乡而聘请他到公司上班，但是这样的情况微乎其微。很多那些善于交际的毕业生，喜欢在面试时与面试官套近乎，然而，面试官一般非常反感这样的行为。面试官招聘员工，他们的决定往往影响到招聘单位的利益。如果招聘的是人才，那就毋庸置疑；如果面试官因为人情关系而招聘进来的是庸才，则会对面试官产生不好的影响。

教学案例 8.20

乱套近乎　错失良机

小陈今年刚毕业，前不久收到一个面试邀请。了解到现在"一职难求"，他精心准备简历，多方了解应聘单位，做了许多准备工作。

但真正到了面试现场，小陈还是有点紧张，但在看到面试官之后小陈的紧张完全消失了——面试官是小陈的师兄。

小陈："师兄，原来你也在这家单位啊？"

面试官尴尬地笑了笑："是啊。"

小陈："师兄，混得不错啊，都来面试新人了，一定要照顾照顾学弟啊。"

面试官："好说，好说。"

借着小陈说话的空隙，面试官离开了房间。很快，另外一位面试官进入了房间，继续小陈的面试。这位面试官明显是戴着"有色眼镜"来的，处处针对小陈。

分析与点评：其实小陈的能力完全符合招聘单位的要求，但不分场合地套近乎，让他彻底失去了这次工作机会。

对于求职者来说，如果自己确实是一个人才，可以用一句话带过和面试官之间的关系，或者是老乡，或者是校友，不需要一直强调，这样或许能够增加面试官的印象，而不会招致反感。如果求职者一直套近乎，不仅会让面试官产生反感，还会被认为善于钻营、风气不正。

在面试的过程中，求职者没必要与面试官套近乎，有时候反而会因为套近乎失去工作的机会。如今，面试官越来越重视求职者的工作能力和综合素质，因而，求职者还是应向面试官"秀"出自己真正的能力。真正有能力的人才，是没必要利用"老乡""校友"来与面试官拉近距离的。

（五）与面试官争论

求职者与面试官进行争论是极其不理智的行为。在面试中，面试官怀有优势心理和"伯乐心理"，他们会对求职者的回答进行求证，或者根据自己的经验对求职者的回答给出建议，这些建议大部分都是正确的，但有些求职者理解偏颇或者才高气傲，在面试中难免与面试官争论，甚至争吵。

有的求职者，尤其是应届毕业生，在回答面试问题时，特别喜欢用"沟通能力强、勤奋"之类的虚话，但是有的面试官比较"较真儿"，马上来一句"请举一个例子证明一下"，求职者就哑口无言了；有些应聘者会认为面试官刻意难为自己，给自己"穿小鞋"，于是与面试官进行争论。求职者在面试时，一定要避免这种情况发生，学会用数据和事实来说话。如果说自己做销售是强项，就告诉面试官一个月销售了多少；如果说自己谈判能力强，不如举个例子来证明自己是如何搞定一个"钉子客户的"。现在的面试方法很多，最流行和最有效的莫过于基于素质模型的行为面试法，在这种情况下，求职者的空话很难具有说服力，而有些求职者在被"揭穿"后马上与面试官争论，这更是不理智的。

很多优秀的人才非常傲气，容易和面试官从探讨问题到争论。其实在任何情况下都没有必要去争论，因为面试是为了展现自己的能力谋取职位的，不是来一争高下的。

（六）其他面试小瑕疵

在面试中，还有一些不太明显的小瑕疵，也会影响面试的顺利进行以及取得面试的成功。

1. 不善于打破沉默

面试开始时，求职者不善"破冰"，而等待面试官打开话匣子；面试中，求职者又出于种种顾虑，不愿主动说话，结果使面试出现冷场，即便能勉强打破沉默，语音、语调亦极其生硬，使场面更显尴尬。实际上，无论是面试前或面试中，求职者主动致意与交谈，都会留给面试官热情和善于与人交谈的良好印象。

2. 不能用实例使人信服

求职者大谈个人成就、特长、技能时，聪明的面试官一旦反问"能举一两个例子吗"，求职者便无言应对，而面试官恰恰认为"事实胜于雄辩"。在面试中，求职者要想以其所谓的沟通能力、解决问题的能力、团队合作能力、领导能力等取信于人，唯有举例。

3. 不知道如何收场

很多求职者在面试结束时，因成功的兴奋，或因失败的沮丧，会语无伦次。其实，面试结束时，作为求职者，不妨表达对应聘职位的理解，充满热情地告诉面试官自己对此职位感兴趣，并询问下一步是什么，面带微笑和面试官握手，并谢谢面试官的接待及对自己的考虑。

4. 缺乏积极态势

面试官常常会提出或触及一些让求职者难为情的事情，很多人对此面红耳赤，或者躲躲闪闪，或撒谎敷衍而不诚实地回答、不正面地解释。比方说面试官问为什么五年中换了三次工作，有人可能就会大谈工作如何困难，上级不支持等，而不是告诉面试官虽然工作很艰难，自己却因此学到了很多，也成熟了很多。

5. 丧失风度

有些求职者在面试时各方面表现良好，可一旦被问及现在所在单位或以前单位时，就会愤怒地抨击其老板或者单位，甚至大肆谩骂。在众多国际化的大企业中，或者在具备专业素养的面试官面前，这种行为是非常忌讳的。

6. 不善于提问

有些求职者在不该提问时提问，如在面试中打断面试官谈话而提问；也有些求职者面试前对提问没有足够准备，轮到有机会提问时不知说什么好。而事实上，一个好的提问，胜过简历中的无数笔墨，会让面试官刮目相看。

7. 对个人职业发展计划模糊

对个人职业发展计划，很多人只有目标，没有思路。比如当问及"你未来五年事业发展计划如何"时，很多人都会回答说："我希望五年之内做到全国销售总监一职。"如果面试官接着问"为什么"，求职者常常会觉得莫名其妙。其实，任何一个具体的职业发展目标都离不开对个人目前技能的评估以及为胜任职业目标所需拟订的粗线条的技能发展计划。

8. 假扮完美

面试官常常会问："您性格上有什么弱点？您在事业上受过挫折吗？"有人会毫不犹豫地回答："没有。"其实这种回答常是对自己不负责任的。没有人没有弱点，没有人没有受过挫折，只有充分地认识到自己的弱点，也只有正确地认识自己所受的挫折，才能造就真正成熟的人格。

9. 请君入瓮

面试官有时会考查求职者的商业判断能力及商业道德方面的素养。比如，面试官在介绍招聘单位诚实守信的企业文化之后可能会问："您作为财务经理，如果我（总经理）要求您一年之内逃税××万元，那您会怎样做？"如果求职者当场抓耳挠腮地思考逃税计谋，或文思泉涌，立即列举出一大堆方案，都证明上了他们的圈套。实际上，遵纪守法是对员工的最基本要求，也是一个公民的责任和义务。

第三节　笔试的技巧

笔试是招聘时常用的一种考查办法，也是考查求职者学识水平的重要工具。用人单位以书面形式对求职者进行全面的考查，是用人单位了解求职者真正潜力的办法，也是对求职者所掌握的基本知识、专业知识、文化素养和心理健康等综合素质进行考查和评估的方法。笔试是用人单位提供给求职者进行公开竞争的平台，也最适合应聘人数较多、需要考查的知识面较广的情况。

一、笔试的类型及特点

应届毕业生由于缺乏实践经验，专业能力更多地由学位证书和培训证书来体现，但是证书相同，能力却不同，所以用人单位在招聘时除了看专业，更看中毕业生的综合素质，因为综合素质真正决定了一个人的专业能力和职业发展潜力。例如，一个人如果思维缺乏逻辑性，不懂得如何发现和处理问题，缺乏学习能力，那么他即使靠死记硬背获得了专业证书，实际的专业能力也是比较低的。即便这个人是个偏才，但是他如果不懂得如何与同事合作，不能进行正常沟通表达，那么他的职业发展空间也一定会受到限制。

大公司和小公司的笔试内容的侧重点是有很大区别的。一般小公司注重实用性，考的内容比较细，目的就是"拿来就用"。大公司则强调基础和潜力，所以考的内容比较泛，多数是智力测验，类似于 IQ 测试。有些单位在了解毕业生学习成绩的基础上，更侧重于对毕业生综合知识面、反应速度、解决问题的能力与技巧等的考核，此外还会测试情感、性格倾向等。例如，摩托罗拉曾经的笔试内容是非技术的，包括很多英文阅读和智力测验，这类笔试对于求职者的专业背景的要求相对宽松，考查内容相当广泛，除了常见的英文阅读和写作能力、逻辑思维能力、数理分析能力，有些时候还会涉及时事政治、生活常识、情景演绎，甚至智商测试等。

（一）专业水平考试

专业水平考试主要是检验求职者担任某一职务时是否能达到所要求的专业知识水平和相关的实际能力。关于求职者的文化知识和专业知识水平，有些单位不仅要了解求职者的学习成绩，还要了解求职者应用知识的能力或侧重于某些方面的知识能力，比如进行与单位生产技术相关的专业知识、技能考试。这类笔试主要针对应聘研发型和技术类职位的求职者，其特点是对于相关专业知识的掌握要求比较高，题目主要涉及关于工作需要的技术性问题，专业性比较强。如外贸企业对求职者要考外语，科研机构招聘人员要考动手能力，公检法机关录用干部要考法律知识，等等。所以，要成功应对这类考试，需要坚实的专业基础。

一般大型公司，如 IBM、微软、Oracle 等在招聘时都会进行这样的笔试。例如微软工程院在某年安排的笔试，都是关于 C、C＋＋语言的题目，对求职者的编程能力要求非常高，最后经过笔试筛选，淘汰了 90％的候选者。由此可见笔试对技术性职位的重要性。

（二）文化素质考试

文化素质考试是为了检验求职者的实际文化素质，由用人单位给出范围或特定要求，让求职者通过作文来考查其知识、思维、文字表达能力的一种笔试方式。考试的题目以话题类居多，如：要求文科学生运用某一理论原理或某一历史知识，分析某一问题；要求理工科学生运用某一专业知识，解决某一实际问题等。

（三）技能测试

技能测试是为了检验求职者的实际工作能力或专业技术能力，这种考试往往针对特定的工作岗位来设计。比如用人单位要招聘一名秘书，为了考查求职者是否具有这方面的技能，会通过下面的题目类型来测试：阅读一篇文章，写读后感；自编一份请示和会议通知；听取5个人的发言，写一份评议报告；某公司计划在5月赴日本考察，写出需做哪些准备工作。

（四）论文笔试

论文笔试是检验求职者分析、综合、比较、归纳、推理等思维能力的方法，其形式为论述题或自由论答型试题。该笔试的最大长处，是有利于考查求职者的思考能力，从而能够考查求职者思想认识的深刻程度。这种笔试往往会导致种种不同的答案，易于发现人才，远比简单的测验题更能判断一个人的水平。论文笔试要求求职者讨论问题要深刻、有见地。

（五）心理测试

心理测试是用事先编制好的心理素质标准化量表或问卷考查求职者，要求求职者在一定时间内完成，用人单位根据完成的数量和质量来判断求职者的心理状况或个性差异的方法。一些特殊的用人单位常常以此来测试求职者的态度、兴趣、动机、智力、个性等。

（六）国家公务员录用考试

所谓国家公务员，是指依法履行公职，纳入国家行政编制，由国家财政负担工资福利的工作人员。

2006年，国家公务员法实施后，除行政机关外，中国共产党机关、人大机关、政协机关、审判机关、检察机关、民主党派机关的工作人员也纳入公务员队伍。

对于想进入上述机关单位的求职者，按组织、实施考试的主体的不同，要分别参加每年一度的中央国家机关国家公务员录用考试（属于职位考试）和由各省、市人力资源社会保障厅（局）组织的地方公务员录用考试（有的地方属于职位考试，有的地方属于资格考试）。

公务员考试是考查求职者平时的各种知识的积累以及其自身的综合素质，其中主要考查求职者的知识水平、应试水平、写作能力和思维能力等。考试的内容主要包括知识测试、智能测试和技能测试等。

二、笔试的准备

笔试从某种角度来说，能更深入地检验求职者的综合素质，求职者平时的知识积累程度，对知识是否真正理解和掌握等等，通过笔试能得到较好的体现。用人单位的出题方式远比学校灵活多样，更侧重于能力，而不是单纯的知识。因此，在笔试之前，毕业生应对它进行深入的了解，做到知己知彼，不打无准备之仗。

笔试主要是用以考查求职者特定的知识、专业技术或求职者对文字的运用能力，其中对文字的运用能力通常需要重点考查。因此，毕业生参加笔试要做好以下准备：

（一）保持良好的身心状态

求职过程中的笔试毕竟不同于学校平时的考试，临考前要注意以下几点：

（1）要适当减轻思想负担，不可给自己施加过大的压力，否则适得其反。

（2）笔试的前一天要注意休息，保证充足的睡眠，避免考试时精神不振，影响正常思维。

（3）要适当参加一些文体活动，从而使高度紧张的大脑得到放松休息，以充沛的精力去参加考试。

（二）了解笔试类型，做到有的放矢

不同的笔试类型，有不同的考试内容，毕业生在考前应作详细的了解，针对不同情况做出相应的准备。比如公务员考试就有明确的考试范围，并有指定的参考书，考生复习相对有针对性。而一些用人单位的笔试则相对灵活，范围也比较大，没有明确相关的参考书。毕业生可围绕用人单位划定的大致范围翻阅一些有关的图书资料。笔试成绩与毕业生平时的努力也有很大的关系，如果毕业生兴趣广泛，平时注意吸收各种信息，考试时就能驾轻就熟，得心应手。

（三）笔试的知识准备

1. 学以致用、理论联系实际

现在的笔试越来越强调用学过的知识来解决实际问题，具有很强的实用性。换句话说，现在的笔试主要是考查求职者对知识的运用能力。因此，在复习过程中必须始终突出一个"用"字，即通过各种实践，把学得的知识运用到工作实际中去解决各种实际问题。

2. 提纲挈领、系统掌握

在知识与能力这两者中，知识无疑是基础，没有扎实的基础知识，也就无从谈起能力的培养和提高。掌握知识的有效方法就是把零散的知识系统化。但是笔试往往范围大、内容广，存在着一定的随意性和盲目性，因此，凡是与求职有关的一些知识，如文史知识、科技知识、经济知识、法律知识和一般的电脑知识，均要进行系统的复习。

3. 多读多练、提高阅读能力

提高阅读能力对扩展知识面和回答笔试的各类问题很有益处。要提高阅读能力，就得坚持进行阅读实践。知识的获得，主要依靠阅读；能力的提高，则必须通过实践。复习时经常做一些阅读训练，有助于阅读能力的提高。在做阅读训练时，一定要做到"眼到"，和"心到"，特别是"心到"，即对每个问题都进行仔细揣摩、认真思考、分析比较、总结归纳，努力提高自己的阅读能力。

4. 敏锐思考、提高快速答题能力

为了适应笔试中的题量，还应该尽快培养自己快速阅读、快速思维和快速答题的能力，因为现代阅读观念不只着眼于信息的获取，而且还特别重视速度。所以在准备笔试的时候一定要提高做题速度。

三、笔试的技巧和应该注意的问题

笔试的首要内容是基础知识和专业技能，其次是与专业知识有关及与用人单位有关的某些知识和技能。在参加笔试时要掌握以下技巧和方法：

（一）克服自卑

笔试怯场，大多是由于缺乏自信心所致。客观冷静地对自己进行正确评估，有助于克服自卑心理，增强信心。应聘笔试同高考不同，高考是"一锤定音"，而求职应聘笔试则有多次机会。

（二）科学答卷

拿到试卷后，首先应通览一遍，了解题目的多少和难易程度，以便掌握答题速度。然后按先易后难的原则排出答题顺序，先做相对简单的题，后做难题，这样就不会因为先做难题浪费太多的时间，而没有时间做简单的题。遇到较大的综合题或论述题，则应先列出提纲，再逐条撰写。最后，要尽量挤出时间对容易出错的地方进行检查，特别注意不要漏题，更不能跑题或出现错别字、语法不通、词不达意等错误。另外，应当注意的是，卷面字迹要清晰，书写过于潦草或字迹难于辨认也会影响考试成绩。

（三）有备无患

提前熟悉考场环境，有利于消除应试的紧张心理。除携带必备的证件外，一些考试必备的文具（签字笔、橡皮等）也要准备齐全。考试前要有良好的睡眠，以保证考试时有充沛的精力和良好的竞技状态。

（四）听从安排

应当在监考人员的安排下就座，而不要选择座位，更不要抢座位。如果因特殊情况，座位确实有碍自己考试需要调整时，一定要有礼貌地向监考人员讲清楚并求得其谅解，若实在不能调换，也应理解其工作上的难处。

（五）遵守考试规则和考场纪律

仔细阅读了解试卷说明，不要仓促作答，不要跑题、漏题或文不对题；更不能不顾考场纪律，把参考资料随意带进考场，擅自翻阅字典、使用电子词典等。

（六）写好姓名

做题前一定要先将自己的姓名等被要求填写的个人情况写清楚，以免百密一疏，白白地做了一回"无名英雄"。

（七）卷面整洁

答卷时应注意卷面整洁、字迹清晰、行距有序、段落齐整、版面适度（即从对方阅卷装订方便出发，试卷上下左右边缘应该留出些空隙而不要"顶天立地"），因为求职过程中的笔试不同于在校时的考试，"醉翁之意不在酒"，有时用人单位并不特别在意求职者考分的稍许高低，而是从中观察求职者是否具有认真的态度、细致的作风，从而决定录用意向。

（八）光明磊落

防止一些可能被视作舞弊的行为或干扰考试的现象出现，诸如瞄别人的试卷、藏匿被考试单位禁止的参考材料，与旁人嘀咕，等等。另外，独自口中念念有词，把试卷来回翻得哗哗作响，用笔击打桌面，唉声叹气，抓耳挠腮，经常移动身体或椅子显出烦躁不安等举动，是不会为自己带来任何好处的。

（九）手机等通信工具关机

毕业生参加笔试，一定要注意手机等通信工具的处理，按照监考人员的要求，关掉手机放在包里或直接交给监考人员保管，否则手机等通信工具响起来时，你会不自觉地去看，就有作弊的嫌疑，或给用人单位留下了一个不严谨的印象，将直接影响到毕业生笔试的成绩。

（十）没有必要提前离场

许多毕业生在大学养成了考试时候提前交卷的习惯，在应聘笔试中这样做并不是明智之举。笔试提前离场并不能说明你的实力，毕竟考试的结果是最终成绩，而不只是速度。有时用人单位会认为求职者在笔试中提前离场的行为表明了其对此次笔试的不重视。因此，毕业生即使提前把题答完也没必要提前离开，剩下的时间可以进行检查，这样一来可以提高成绩，二来可以给用人单位留下一个认真、务实、严谨的好印象。

参加完笔试，不论个人感觉如何，都应继续关注后续的招聘进程，提前做好进入下一轮竞争的准备。万一失败，则需分析原因，总结经验教训。

教学案例 8.21

做好准备顺利应试

某高校毕业生小张在简历投递出去苦苦等待了一周后，终于接到了电话，通知他参加笔试。为了应对这次考试，小张做了充分准备，提前搜集资料，并进行针对性的练习。笔试试题发下来，内容是两个案例，每个案例又分两部分，每部分有 5 题，总共 20 道选择题。每个部分都有背景介绍和大概的分析思路，题目类型主要有逻辑题、图表题、分析题等。为了防止应聘者乱猜答案，笔试设定了规则：不答不计分，答错倒扣分。小张胸有成竹地做完题，看还剩 5 分钟，就提前交卷了。最后，小张顺利通过了这次笔试。

分析与点评：经常阅读与专业有关的报刊与书籍，就会对这个领域比较熟悉，在笔试时读材料的速度就会比没有相关知识的人快得多。而且笔试时要认真审题，充分运用题目中提供的数据。

 四、笔试题目举例

（一）智力题

在程序员笔试面试中，除了技术方面的问题，有时候还会有些智力题，这些题目偏重于数学和逻辑，与计算机没有直接关系。有些用人单位认为此类问题很愚蠢，但有不少用人单位喜欢用智力题考查求职者的实际工作能力。还有一些用人单位，听说微软等行业巨头使用这类题目，于是也向求职者提出这类问题。

智力题的目的是考查求职者解决问题的能力，不经过一番思考是得不到答案的。比如：

你从山脚坐缆车上山，当你到达山顶时，从你身边经过的缆车车厢有多少？

大多数人会立刻回答是所有车厢的一半，这个答案很明显，也有一定的道理：上山和下山的车厢各有一半，只有下山的车厢从你身边经过。

可是这个答案是错的。因为两旁边的车厢都在移动，所以从你身边经过的车厢应是所有其他车厢。

当遇到只可能有两种答案（比如是和否）的题目时，你最先想到的答案很可能是错的，否则题目就太简单了，用人单位也不会用这个题来考你了。

智力题的另一个特点：虽然不容易解答，但答案本身往往并不复杂，很少会用到特别复杂的知识，如果你在解题的时候连微积分都用上了，很可能是想偏了。

这些问题之所以难以回答，是因为大都利用了人们的一些心理误区。比如：

怎样才能在一个正方形的箱子底部尽可能多地摆放一些橘子？

大部分人会立刻做出一些假设：橘子是圆的，橘子要保持完整，……；然后抽象化，"这是在一个二维平面上的问题，可以用一个圆和一个正方形来代表橘子和箱子"；最后得出结论——把橘子规则地摆成蜂窝状。

实际上，把橘子有规律地摆放这一点很难办到，如果是一个无限大的平面，这是可以的。在很多时候，最佳解决方案是"把大多数橘子按照一定规律摆放，再把剩下的一些小橘子见缝插针地摆放"。

如果看起来符合逻辑的解决方案是错误的，那就是可能做出了错误的假设。在遇到这种情况的时候，应该对有关假设进行分类并逐条分析，把错误的假设找出来。

教学案例 8.22

例题1：开锁

在一条长长的走廊上依次排列着100把锁着的锁。第一遍，把这100把锁全部打开。第二遍，把所有序号是2的倍数的锁再锁上。第三遍，依次走到序号是3的倍数的锁前面，如果它是打开的，就把它锁上，如果它是锁上的，就把它打开（切换锁的状态），当进行到第100遍的时候，你将只能切换第100把锁的状态。问：在如此这般进行了100遍切换后，有多少锁是打开的？

例题2：

1～20的两个数，把和告诉A，积告诉B，A说不知道是多少，B也说不知道，这时A说我知道了，B接着说我也知道了，问这两个数是多少？

答案：2和3。

例题3：过桥

有A、B、C、D四个人，要在夜里过一座桥。他们通过这座桥分别需要耗时1、2、5、10分钟，只有一只手电，并且同时最多只能两个人一起过桥。请问：如何安排，能够在17

分钟内这四个人都过桥？

答案：A & B——>2 mins；

1mins <——A；

C & D——>10 mins；

2 mins <——B；

A & B——>2 mins；

一共 2 + 1 + 10 + 2 + 2 = 17 mins。

例题 4：

爸爸、妈妈、妹妹、小强，至少两个人同一生肖的概率是多少？

答案：$1 - (12 \times 11 \times 10 \times 9)/(12 \times 12 \times 12 \times 12) = 1 - 55/96 = 41/96$。

例题 5：

某人去玩具店买小熊，单价30元。付给玩具店老板100元，玩具店老板没零钱，去水果店换了100元零钱回来找给那人70元。那人走后，水果店老板找到玩具店老板，说刚才的100元是假币，玩具店老板赔偿了水果店老板100元。

问：玩具店老板损失了多少钱？

答案：70 + 小熊的进价。

例题 5：三个开关

走廊的另一头有一个房间，房间里有三盏关着的白炽灯。你站在走廊的这一头，身边的墙上有三个开关，每个开关控制着走廊另一头的一盏白炽灯。从你站的位置看不到灯光。现在，请设法把开关与灯的对应关系找出来（只允许进入有灯的房间一次）

例题 6：导火索

有两条导火索和一个打火机，点燃后，两条导火索从一端燃烧到另一端的时间都是1小时，但它们的燃烧速度不恒定，彼此也毫无相似之处。换句话说，导火索任意一段的长度与它的燃烧时间没有任何关系。现在请利用这两条导火索和那个打火机精确测出45分钟。

例题 7：躲火车

两位少年从隧道的一端向另一端行走。当他们走过隧道的三分之二的时候，发现隧道外面驶来一辆火车，火车很快就要进入隧道了。两位少年分头向隧道的两端跑去，两位少年的速度都是每小时10公里，两位少年都在千钧一发之际出了隧道。假设火车速度恒定，并且两位少年都能在瞬间达到最大速度，问：火车的速度是多少。

（二）心理测试题

如今，无论是上太空的航天员、竞争局级职位的领导干部、应聘大企业的高级管理人员，还是持枪警察、第一次找工作的大学毕业生，除了要经过专业知识考查，还会遇到心理测评。但是，相对于国外大企业挑选雇员时对心理测评的普遍运用，国内很多企业仍停留在"熟人介绍"或"领导觉得顺眼就行"的阶段。如何正确看待和科学使用心理测评，是现在很多领导者、人力资源和普通人需要学习的。

教学案例8.23

心理测评·现场——海岛求生　选十样东西

5名候选人组成一个团队，他们被告知：假设他们乘坐的飞机失事了，他们即将漂流到一个小海岛上并度过相当长一段时间。上岛前他们可以选择带走打火机、淡水、绳子、汽油、刀子等10样东西，但是他们需要在半小时内讨论确定这10件物品对于他们度过这段荒岛生活的重要性，并作出最终排序。

就在团队中的5人热烈讨论时，考官开始观察每人在团队中的一言一行并打分。而这些考官中，必有一位心理学家。这道题目是一次有目的的"情景模拟"心理测试。有的候选人在笔试、面试中表现得非常有能力、有修养，在这个环节却暴露出过于强势的一面：频繁打断别人说话，总想让别人听自己的。这样的表现会直接体现他（她）的综合得分率。

心理测评工具通常分为两类：人格测验工具和能力测验工具。前者最常见的是卡特尔16种人格因素测验、MBTI；后者在人才招聘选拔中多以"基本工作能力测验"为基础。

卡特尔16种人格因素的名称和符号包括：（A）乐群性；（B）聪慧性；（C）稳定性；（E）持强性；（F）兴奋性；（G）有恒性；（H）敢为性；（I）敏感性；（L）怀疑性；（M）幻想性；（N）世故性；（O）忧虑性；（Q1）实验性；（Q2）独立性；（Q3）自律性；（Q4）紧张性。

MBTI是目前国际上应用最广的人才测评工具，可以组合成16种人格类型，然后归于四个大类之中。这四大类型及其著名的代表人物是：忠诚的监护人——乔治·布什；天才的艺术家——帕布洛·毕加索；科学家、思想家的摇篮——艾尔伯特·爱因斯坦；理想主义者、精神领袖——弗拉基米尔·列宁。

教学案例8.24

心理测试题

下面的心理测试是由中国现代心理研究所以著名的美国兰德公司（战略研究所）拟制的一套经典心理测试题为蓝本，根据中国人心理特点加以适当改造后形成的心理测试题，目前已被一些著名大公司，如联想、长虹、海尔等公司作为对员工心理测试的重要辅助试卷，据说效果很好。现在已经有人建议将来作为对公务员的必选辅助心理测试推广使用。快来测试一下，很准的！

注意：每题只能选择一个答案，应为你第一印象的答案，把相应答案的分值加在一起即为你的得分。

1. 你更喜欢吃那种水果？

A. 草莓2分　　　　B. 苹果3分　　　　C. 西瓜5分　　　　D. 菠萝10分

E. 橘子15分

2. 你平时休闲经常去的地方是？

A. 郊外2分　　　　B. 电影院3分　　　　C. 公园5分　　　　D. 商场10分

E. 酒吧15分　　　　F. 练歌房20分

3. 你认为容易吸引你的人是？

A. 有才气的人 2 分　B. 依赖你的人 3 分　C. 优雅的人 5 分　　D. 善良的人 10 分

E. 性情豪放的人 15 分

4. 如果你可以成为一种动物，你希望自己是哪种？

A. 猫 2 分　　　　B. 马 3 分　　　　C. 大象 5 分　　　D. 猴子 10 分

E. 狗 15 分　　　　F. 狮子 20 分

5. 天气很热，你更愿意选择什么方式解暑？

A. 游泳 5 分　　　　B. 喝冷饮 10 分　　C. 开空调 15 分

6. 如果必须与一个你讨厌的动物或昆虫在一起生活，你能容忍哪一个？

A. 蛇 2 分　　　　B. 猪 5 分　　　　C. 老鼠 10 分　　D. 苍蝇 15 分

7. 你喜欢看哪类电影、电视剧？

A. 悬疑推理类 2 分　　　　　　　　B. 童话神话类 3 分

C. 自然科学类 5 分　　　　　　　　D. 伦理道德类 10 分

E. 战争枪战类 15 分

8. 以下哪个是你身边必带的物品？

A. 打火机 2 分　　B. 口红 2 分　　　C. 记事本 3 分　　D. 纸巾 5 分

E. 手机 10 分

9. 你出行时喜欢坐什么交通工具？

A. 火车 2 分　　　B. 自行车 3 分　　C. 汽车 5 分　　　D. 飞机 10 分

E. 步行 15 分

10. 以下颜色你更喜欢哪种？

A. 紫 2 分　　　　B. 黑 3 分　　　　C. 蓝 5 分　　　　D. 白 8 分

E. 黄 12 分　　　　F. 红 15 分

11. 下列运动中你最喜欢哪一项（不一定擅长）？

A. 瑜伽 2 分　　　B. 自行车 3 分　　C. 乒乓球 5 分　　D. 拳击 8 分

E. 足球 10　　　　F. 蹦极 15 分

12. 如果你拥有一座别墅，你认为它应当建立在哪里？

A. 湖边 2 分　　　B. 草原 3 分　　　C. 海边 5 分　　　D. 森林 10 分

E. 城中区 15 分

13. 你更喜欢以下哪种天气现象？

A. 雪 2 分　　　　B. 风 3 分　　　　C. 雨 5 分　　　　D. 雾 10 分

E. 雷电 15 分

14. 你希望自己的窗口在一座 30 层大楼的第几层？

A. 七层 2 分　　　B. 一层 3 分　　　C. 二十三层 5 分　D. 十八层 10 分

E. 三十层 15 分

15. 你认为自己更喜欢在以下哪一个城市中生活？

A. 丽江 1 分　　　B. 拉萨 3 分　　　C. 昆明 5 分　　　D. 西安 8 分

E. 杭州 10 分　　　F. 北京 15 分

【分值对照】

180分以上：意志力强，头脑冷静，有较强的领导欲，事业心强，不达目的不罢休。外表和善，内心自傲，对有利于自己的人际关系比较看重，有时显得性格急躁，咄咄逼人，得理不饶人，不利于自己时顽强抗争，不轻易认输。思维理性，对爱情和婚姻的看法很现实，对金钱的欲望一般。

140分至179分：聪明，性格活泼，人缘好，善于交朋友，心机较深。事业心强，渴望成功。思维较理性，崇尚爱情，但当爱情与婚姻发生冲突时会选择有利于自己的婚姻。金钱欲望强烈。

100分至139分：爱幻想，思维较感性，以是否与自己投缘为标准来选择朋友。性格显得较孤傲，有时较急躁，有时优柔寡断。事业心较强，喜欢有创造性的工作，不喜欢按常规办事。性格倔强，言语犀利，不善于妥协。崇尚浪漫的爱情，但想法往往不切合实际。金钱欲望一般。

70分至99分：好奇心强，喜欢冒险，人缘较好。事业心一般，对待工作，随遇而安，善于妥协。善于发现有趣的事情，但耐心较差，敢于冒险，但有时较胆小。渴望浪漫的爱情，但对婚姻的要求比较现实。不善理财。

40分至69分：性情温良，重友谊，性格踏实稳重，但有时也比较狡黠。事业心一般，对本职工作能认真对待，但对自己专业以外事物没有太大兴趣，喜欢有规律的工作和生活，不喜欢冒险，家庭观念强。比较善于理财。

40分以下：散漫，爱玩，富于幻想。聪明机灵，待人热情，爱交朋友，但对朋友没有严格的选择标准。事业心较差，更善于享受生活，意志力和耐心都较差，我行我素。有较好的异性缘，但对爱情不够坚持认真，容易妥协。没有财产观念。

（三）专业知识题

专业考试主要是检验求职者担任某一职务时是否能达到所要求的专业知识水平和相关的实际能力。专业知识考试的题目专业性很强。

教学案例8.25

应聘程序员岗位的专业知识题举例

1. 请定义一个宏，比较两个数a、b的大小，不能使用大于、小于、if语句。
2. 计算a^b < <2。
3. 如何输出源文件的标题和目前执行行的行数？
4. a［3］［4］哪个不能表示a[1][1]：*（&a[0][0] +5) * (* (a+1) +1) * (&a[1] +1) * (&a[0][0] +4)？
5. fun ((exp1, exp2), (exp3, exp4, exp5)) 有几个实参？
6. 希尔、冒泡、快速、插入，哪个平均速度最快？
7. enum 的声明方式。
8. 频繁地插入删除操作使用什么结构比较合适，链表还是数组？
9. * p = NULL * p = new char ［100］ sizeof (p) 各为多少？

10. 顺序查找的平均时间。

11. for（i＝0，sum＝0；i＜10；＋＋i，sum＋＝i）；的运行结果。

12. 不能做 switch（）的参数类型是什么。

13. 不使用其他变量，交换两个整型 a，b 的值。

14. 写出 float x 与"零值"比较的 if 语句。

15. 两个数相乘，小数点后位数没有限制，请写一个高精度算法。

教学案例 8.26

中国移动公司笔试题目

一、填空

1. 中国移动三大品牌是＿＿＿＿，＿＿＿＿，＿＿＿＿，其口号分别为＿＿＿＿，＿＿＿＿。

2. 中国六大运营商分别为中国移动＿＿＿＿，＿＿＿＿，＿＿＿＿，＿＿＿＿，＿＿＿＿。

3. 白日依山尽，黄河入海流。此诗为著名诗人所著。

4. 用加减乘除使得给出的 4 个数字得出以下答案：24。

(1) 5，6，7，8；(2) 3，3，8，8

二、问答

1. 用十种方法向和尚推销梳子。

推销梳子的故事

有一个单位招聘业务员，由于公司待遇很好，所以很多人面试。经理为了考验大家就出了一个题目：让他们用一天的时间去向和尚推销梳子。很多人都说这不可能的，和尚是没有头发的，怎么可能向他们推销？于是很多人就放弃了这个机会。但是有三个人愿意试试。第三天，他们回来了。

第一个人卖了 1 把梳子。他对经理说："我看到一个小和尚，头上生了很多虱子，很痒，在那里用手抓，我就对他说抓头要用梳子抓，于是我就卖出了 1 把。"

第二个人卖了 10 把梳子。他对经理说："我找到庙里的主持，对他说如果上山礼佛的人，头发被山风吹乱了，就表示对佛不尊敬，是一种罪过。假如在每个佛像前摆一把梳子，游客来了梳完头再拜佛就更好，于是我卖了 10 把梳子。"

第三个人卖了 3000 把梳子，他对经理说："我到了最大的寺庙里，直接跟方丈讲，你想不想增加收入？方丈说想。我就告诉他，在寺庙最繁华的地方贴上标语，捐钱有礼物拿。什么礼物呢，一把功德梳。这个梳子有个特点，一定要在人多的地方梳头，这样就能梳去晦气梳来运气。于是很多人捐钱后就梳头，而梳头又促使很多人去捐钱，一下子就卖出了 3000 把。"

2. 有两个桶，一个三斤，一个五斤，水无限，如何得出精确的四斤水。

3. 三筐苹果，一筐全红色，一筐全绿色，一筐红绿混杂，苹果筐子上分别贴了三张假标签（例如：帖"红苹果"标签的筐子里装的一定不是全红色的，有可能为绿色的或混合的）。请问如何在只拿出一只苹果的情况下得出三筐苹果的实际颜色。

4. 如何用一句最经典的话来批评犯错的美丽女性。

5. 顾客永远是对的吗？

三、论述题

你为什么想进入本公司，你有何优缺点？（可以用汉语或英语，只能选其中一种）

本章小结

本章重点讲述了在求职过程中应该掌握的礼仪和注意事项。通过本章的学习，学生应该认识礼仪在求职及职业发展过程中的作用，了解面试过程中的基本礼仪及注意事项，了解用人单位的招聘程序及用人标准。此外，学生还要了解笔试与面试在整个应聘过程中的重要性，掌握笔试的基本技巧以及类型，掌握面试过程中回答问题的技巧，同时学会读懂面试官的心理，克服恐惧和紧张心理，使自己取得面试的成功。

复习思考题

1. 面试过程应该具备哪些礼仪？

2. 用人单位的招聘程序通常有哪些？用人标准有什么？

3. 笔试的类型以及技巧有哪些？

4. 面试中应该如何克服恐惧心理？

5. 面试的技巧有哪些？应该如何回答面试官的相关问题？

第九章　网络求职与师范生面试技巧

学习本章之后，要求学生能够达到以下目标：

1. 树立网络求职的意识，学会如何利用网络实施网申；
2. 了解网络求职的注意事项；
3. 掌握师范生面试过程与技巧；
4. 掌握师范生说课技巧。

一位本科生网络求职的成功经历

我是一名本科毕业生，给大家讲述一下我网络求职的几点经验：

1. 简历要全面。填写简历的过程是一个很麻烦的过程，但是一份不完整的简历充分地证明你求职没有诚意。我建议大家踏实下来好好为自己的简历措辞，把所有的内容都填满，然后复制下来存档，以备日后直接粘贴用。

2. 要有针对性。不同的职位甚至是不同的企业，用人的标准是不一样的。要有针对性地突出自己的特点。当时我准备了两份简历，一份是本专业方向的，突出了我的成绩和实习经历；另一份是行政类的，突出了我的学生干部工作经历和兼职经历。

3. 用邮箱发送简历的注意事项。由于病毒的威胁，越来越多的公司要求求职者不要用附件发送简历，而且一定要在主题上标明自己的名字和应聘的职位。邮箱最好有一个专业点的名字，例如我的就是我的姓名加了数字，最好不要用那种很傻很天真的名字。

4. 关于 OQ（开放性问题）。很多企业都会设有一些开放性的问题，大家一定要耐心地考虑。其实问题大同小异，论坛上就能搜到很多回答，将结合自己的想法进行综合就可以了。

5. 关于综合评估。很多大企业会在投递简历之后，要求进行网上测评。这种测评是为了考查求职者的性格倾向、职业倾向等方面。我参加了可口可乐的管培和贝因美的质检的测评。可口可乐都是选择题，大家只要按照自己的真实想法填写就好了。贝因美的测评极其全面，令我大开眼界的是有好多照片题，自己是一点都做不了假的。比如给了四个人的照片，问你认为谁的表情表现出最生气，还好最近在看《Lie to Me》，所以顺利通过了网申。

网申过后，就是面试了。我一共就面试过三次，但是已经经历了除了视频面试的所有形式。

第一次是中电飞华。他们先安排的是一个小时的笔试，文史哲类分选择题、简答题和论述题三个类型。第二次面试的是贝因美的质检方向，工作地点在安达，不喜欢这个工作地点也是我放弃本次求职的原因。第三次就是欧莱雅区域销售管理培训生 ASDP 计划。收到面试通知时我就觉得很意外，看了面经后，发现自己没戏了，竞争太激烈了，各种名牌大学的同学。但是还是不想放弃这个机会，利用不到两周的时间，在网上看了好多人的面经，还是一团迷雾。直到面试的前两天才认认真真地把常见的面试问题看了一遍，了解了欧莱雅旗下 15 个品牌的产品知识。非常幸运的是，我加入了一个 ASDP 求职群。一个和我一起在哈尔滨面试的黑龙江大学（简称黑大）的男生一直鼓励我，最巧的是我们都是第二组的。

11 号上午我来到黑大，听说一共发了 120 个通知，但有些人没有来，所以大约有 100人左右。每 10 人一组，一起面试。面试分为两个部分。第一部分是抽题卡回答问题，两分钟的回答时间，翻开题卡就立刻回答，没有思考时间，顺序自愿。我是第二个去回答问题的，极其不幸的是我的题目是"你生活中最不喜欢什么样的人？为什么？你与他如何相处？"这是个陷阱题，很容易暴露出自己的缺点和阴暗面。我心中一凉，开始瞎编，说了两句废话后，突然灵魂附体说我最不喜欢工作拖沓没有效率的人。说自己习惯快速的工作节奏，不喜欢团队中有人扰乱工作效率。穿插了自己在团队中担任领导的角色经历，引入了木桶效应等管理理念，还配合了手势和与考官的交流。感觉回答得还可以。当然其他人也都很让我钦佩。

第二部分是群面，我们按照座位自动分组了。我们组抽到的题目竟然是设计一种新型饮料，并制定出推广方案。我暗自高兴中奖了！李举民极其有领导能力，推动了讨论的进程。我还是负责记录。由于我扎实的专业知识和组员对我的信任，我被推选为代表人代表小组总结发言，但是时间太紧张了，我的语言不够流畅。在结束后组里另一个女孩补充了一些。中午小组几个人还一起吃了饭，大家都觉得我们组表现得很好。

但是晚上的二面通知只有我接到了。二面安排在第二天上午，还想看面经，但大家都说让我表现真的自己就可以了。于是我早早休息，在面试之前我还准备了一个感谢卡打算送给 HR 姐姐。因为欧莱雅的 HR 负责的态度和高效的工作真的令我十分钦佩和感动。面试我的是 Wendy，非常和善的一个姐姐。我们聊了将近一个小时，大部分问题是针对我在 LG兼职促销的工作经历，其中问及了我在工作中最大的收获，最难忘的事情，遭受的挫折等。然后问了我的家庭情况和对 ASDP 的了解程度。随后她问我有没有什么问题，我问了工作地点的安排，Wendy 十分耐心地给我解答了，并且介绍了很多相关的内容。面试结束后她让我把三方协议和推荐表带在身边，不要走太远，一个小时后发 offer。下午两点，我终于签了协议，一颗悬了好久的心也终于落地了。

走在回家的路上，我的心情很复杂，觉得自己四年的努力和积累没有白费，两个多月中经历了很多，也对自己有了新的认识。感谢所有鼓励我、帮助过我的朋友们，你们终于可以不用再替我担忧了。

第一节　网络求职技巧

在资讯和信息越来越重要的时代，互联网正悄悄地改变着人们的工作方式和生活方式。如今，网上应聘已成为人们求职的一种趋势。网上求职方便、快捷，不用看报纸，不用去招聘会，不用找职业介绍所，不用求亲告友，无论是蓝领还是白领的工作，只需轻轻点一下鼠标，合适的工作就会"找上门"来，而且避免了人群的大范围集中，给用人单位提供了更广阔的选择空间，也使天南地北的求职者有了平等表现的机会。因此，这种网上求职的方式，受到了越来越多求职者和用人单位的青睐。那么，毕业生如何通过互联网来有效地推销自己？如何提高网上求职的成功率呢？

一、树立网络应聘的意识

近几年来，由于高校扩招，各类毕业生如潮水般涌入就业市场，求职成为毕业生离校前最重要的工作。毕业生要尽早上网浏览招聘信息，及早了解就业市场，及早调整学习计划。比如，想毕业后到某企业工作，就要经常看这家企业的招聘广告，了解这家企业的具体招聘要求，这样，毕业前个人努力的方向就比较明确了。

二、利用招聘网站搜集网络招聘信息

在网络求职的过程中，要学习一些网络求职技巧，随时关注自己"瞄准"的企业的招聘信息，以提高求职的成功率。

（一）浏览专业招聘网站

目前许多企业，其中不乏知名企业的招聘，主要都是通过专业的招聘网站发布信息，另外还会根据情况举办不同类型的网上招聘会。在招聘网站上发布招聘广告既方便他们搜集和筛选简历，又有利于他们丰富自己的人才库。

（二）经常查看学校就业指导网站

对于即将毕业的学生来说，除了招聘网站，校园的就业指导网站也可以成为搜集就业信息的一个重要途径。目前，大部分学校就业指导部门的网站均发布最新就业信息。相对其他网站的信息而言，学校发出的招聘信息真实得多，可信度较高，而且更新更快。

（三）浏览企业网站

一般来说，知名企业的网站都建设得比较好，栏目丰富，而且具有独立的招聘专区。在招聘专区中，会公布一些岗位需求信息，对岗位职责、求职者的要求描述得比较详尽。如果毕业生对知名企业感兴趣，可以进入目标企业的网站进行查询。目前在网上招聘的知名企业很多，涉及的行业也比较广。

求职者对专业招聘网站的网址一般都比较熟悉，但对于企业网站就不一定了解了。最简单的方式就是利用搜索引擎，用目标企业的名称作为搜索关键词即可查到该企业的网址。

进入企业网站后，找寻相应的招募专区即可。

（四）浏览大型综合网站或行业网站

许多大型综合网站或行业网站也设有人才频道（有的叫招聘频道、求职频道），毕业生浏览这些网站时不妨多留意里面的招聘信息。

 ## 三、网络求职的几种方法

搜集到有效信息后，就要采取适当的网上求职方法，以便从浩如烟海的网上信息中解脱出来，避免浪费时间和精力，提高求职成功率。下面介绍几种方法，供大家参考。

（一）选择适合自己的网上招聘会

有的网上招聘会针对的是有工作经验的社会求职人员，应届毕业生即使投了简历，也会因为条件不符而被用人单位拒之门外。因此，应届生在求职的时候要注意选择适合自己的网上招聘会。

（二）主动出击发布个人信息

毕业生网上求职时，还可以化被动为主动，利用自己的技术优势，在互联网上建立自己的个人主页，充分展示自己的特色，吸引用人单位的眼光。个人主页应该图文并茂，内容应包括自己的求职信、简历、论文、实习报告、日记、个人论坛和发表的文章等；也可以将个人的求职信息张贴在"中华就业网""学生求职网"等专业网站里；或将个人信息发布在一些点击率较高的网站的招聘专栏上；或登录用人单位的网站，捕捉人才招聘网页上随时发布的招聘信息，直接与用人单位联系。

（三）参加网上在线招聘

对于用人单位的提问，回答一定要简明扼要，要突出个人特点和优势，网上应聘最忌讳一开口就谈钱。受网络时间、视频空间的限制，网上应聘给每个求职者的时间是有限的，应聘毕业生要问最想知道的内容和最关键的问题。获得用人单位的首肯后，一定要留下明确的联系方式，为下一步的面试做好准备。

 ## 四、网上求职要注意的问题

（一）明确求职目标，关心就业政策

网上应聘时应明确求职目标、专业方向和求职领域。例如，计算机专业的学生应该多浏览IT行业的需求信息。毕业生在浏览就业信息时，应尽量登录一些政府主管机构设立的毕业生信息网站，了解相关地区的就业政策及就业市场需求，明确本地区的就业政策和就业形势，对于顺利就业会起到事半功倍的效果。

（二）掌握网络应聘最佳时机

网络应聘不要急于一时，人少时求职，效果反而更好。通常网上招聘会持续一段时间，大可不必赶在最初的几个小时去应聘。人少时应聘，更容易引起用人单位的注意。当然，也不要因为网络拥挤，而放弃求职机会。

（三）投递简历应目的明确

投递简历要根据个人的专业、爱好、特长，有目标地向用人单位求职，不要简历"满天飞"，漫无目的投简历等于没投。尤其是不要应聘同一单位的不同岗位，这样容易给用人单位留下随意、不专业、缺少诚信的不良印象。

（四）自荐材料的内容要有所侧重

自荐材料的内容应突出专业、学校、社会实践、自身性格、是否具有工作经验等重点内容，面面俱到、内容太多、太花哨的简历往往容易被淘汰。

（五）投递简历时应附上求职信

毕业生发送简历的同时，应该附上一封求职信，这是毕业生常常忽略的。

（六）以邮件正文的方式发送

发送求职简历最好以邮件正文的方式发送，不要使用附件的形式。因为，很可能由于技术的原因，导致一些用人单位的计算机无法打开邮件，而让好的工作机会白白流走。

（七）要主动与用人单位联系

在网上招聘会结束后，要主动通过 E-mail 或打电话询问情况，向用人单位表示诚意，也让自己心中有数。

（八）要及时整理信息

对网上有用的求职信息要及时进行分类整理，根据个人求职意向进行比较对照，逐步明确目标，增加求职成功率。

（九）要保持平和心态

近年来大学毕业生就业形势严峻，网上招聘会提供的岗位数量有限，而求职者又多，求职的毕业生要坦然面对挫折和困难，不必自卑胆怯和过分焦虑，要积极调整心态。

（十）保存记录

要将所有的应聘材料，包括信件、传真、E-mail 等存档并做好记录，以便展开下一步行动。

参加网上招聘活动时要提高警惕，小心上当受骗。因为网上招聘存在不少局限，求职者并不能全面了解用人单位的情况，为了防止受骗，毕业生要谨慎小心。

第二节　师范生面试技巧

导入案例

一位师范生的求职故事

晓莉是一所师范院校大四的学生。为了找到一份工作，晓莉奔波于各大中小学校应聘试讲。

那天她去了一所实验中学。学校声誉很不错，来应聘的人自然也不在少数，其中有不少重点大学的毕业生。也许他们都很看重这次机会，从着装和面貌中都能看得出来是经过精心准备的。那天正好是学校初中部开学的日子，老师都很忙，负责招聘的老师叫他们在办公室等。办公室很热闹，他们却管不了那么多，一个劲儿地在想一会儿试讲的时候应该怎样让学生和老师喜欢。终于负责人来叫他们去一个班试讲，空气中顿时弥漫着紧张的气氛。

到了那个班发现老师还在给学生发书，所以大家想还有时间容他们观察班上学生的情况，好为接下来的试讲做准备。晓莉看到老师忙得一脸汗水，就很本能地去帮她发书。当看到稚气未脱的初一新生拿到书后满足的神情和听到一声声的"谢谢"时，她很开心地笑了。

发完所有的书时，她的手已经开始发酸了。重新回到那个应聘的队伍，她发现其他人还在为试讲做准备。后来，他们的表演果然很出彩，赢得学生的一片掌声。而晓莉却很一般，虽然没有什么过失却也没有什么出彩的地方。晓莉听了他们绘声绘色的试讲后觉得没什么希望了。

但结果出人意料，毫不出众的晓莉被聘上了。所有的应聘者都觉得不可思议，就连晓莉自己也这么觉得。直到她迷惑不解地问那个老师，老师笑着说："这是孩子们的选择。孩子们也会看人啊，只有你帮忙发书。所以当你把书发到孩子们的手上时，他们看到了一张温暖的笑脸。教书要面对的可是一个个活生生的、有感情而且感情很单纯、很脆弱的孩子，我们需要的是一个有感情的老师，一个关心孩子的老师。虽然他们不懂这些，但他们给的答案充分说明了这一点。所以恭喜你赢得了孩子们的好感，孩子们的眼睛是雪亮的啊。"

晓莉从来没有想过自己的一个小小的举动会给她带来求职的成功，她真心感谢那些可爱的孩子，是他们给了她机会，她想以更大的热情回报他们。

 一、面试过程与技巧

（一）自我介绍

（1）过程一。一般先让毕业生做自我介绍，着重说明自己的优势，时间 3～4 分钟。通过这一程序，招聘者旨在了解毕业生的学习成绩，语言表达能力以及精明干练程度。

（2）存在的问题。从叙述的内容看，不少毕业生大话、套话太多，一开口就说自己从小喜欢当老师，热爱教育事业等，讲了半天，也没有深入到实质问题。

（3）技巧。毕业生可从以下几方面介绍自己：专业课学习成绩，获得奖学金情况，英语、计算机等级，政治面貌，任学生干部的情况。只要是自己的专长，都可以讲出来。特别提醒：毕业生是否获过奖学金，是否担任过学生干部等，都是毕业生自身素质的表现，它们是学校招聘时考虑的一个重要因素，但绝非唯一因素。相对而言，学校比较重视毕业生的学习成绩，这是由普通中学的性质所决定的。未来的教师只有具备丰富的专业知识，才能胜任教师工作。

（二）介绍成绩、专长

（1）过程二。在一般性的介绍后，会让毕业生充分展示自己的成绩和专长。

（2）存在的问题。有的毕业生可能认为自己的成绩都写在简历上了，面试时不必都说出来。其实，这是一个误区。每一位招聘者都非常重视毕业生的简历，都会认真阅读，并做简要记录，但招聘者阅读时会有所遗漏，因此，毕业生一定要把成绩、专长讲够、讲透。

（3）技巧。各方面全面发展的毕业生，学校当然青睐。但是，只有一两方面专长的毕业生，学校同样会郑重考虑。面试时，这些只有"一专之长"或"两专之长"的毕业生，就应该着重介绍这些方面。曾有一位毕业生，随身带来了自己发表过的几篇文章，并给招聘者讲解文章的中心思想，让招聘单位感觉，这位毕业生思想有深度，文学修养好。特别提醒：让人信服，应该是面试时毕业生努力达到的一个目标。受了多年的高等教育，毕业生都具有良好的专业素质，招聘者一般不会对毕业生的成绩、专长有所怀疑。言辞让人信服，会加深毕业生在招聘者心中的印象。让人信服的一个重要方法就是拿出真凭实据。有的毕业生成绩很好，可就是不带证书原件、复印件之类的，这会给双方的交流带来一些麻烦。

（三）从事教育工作经历

（1）过程三。毕业生为了在学校面前显示自己有教学经验，大讲特讲自己的家教经历，认为这是制胜法宝。

（2）存在的问题。对师范生的家教经历，学校一般会一分为二地看待：一方面，它丰富了师范生的社会经验，增强了自立能力；另一方面，过多的家教活动也会影响学业。一些中学不提倡老师做家教。

（3）技巧。在讲自己的家教经历时，要适可而止，不要给人这样的印象：以赚钱为目的，完全占用了业余时间，甚至影响了学业。还有的毕业生为显示自己学识渊博，就说自己不仅教专业课，还教英语等与自己所学专业不相干的一些课程，这样容易让人觉得你什么都能干，却什么都干不好。特别提醒：在介绍自己的家教经历时，应该把介绍的重点放在做家教的过程中如何丰富了专业知识，提高了实践能力、教学能力、沟通能力、学习能力等上面，要让学校从自己的讲述中知道，自己在家教经历中为未来的教学工作积累了初步经验。

（四）言谈举止的观察过程

（1）过程四。学校时刻在观察毕业生的言谈举止。毕业生的穿着打扮在第一次进入招聘者的视线时，就已经"一审"完毕。

（2）存在的问题。毕业生声音过小，会使人认为他不自信，缺乏一定的魄力，不太适合做班主任的工作。在叙述学习成绩时，言辞含糊、态度犹豫，容易给人产生虚假的印象。穿着邋遢，或穿奇装异服，举止夸张，则必将给招聘者留下不好的印象。

（3）技巧。在语言表达方面，语句顺畅、语言简练、声音富于活力、具有演讲才能的毕业生占有很大优势。衣着、举止也是关系面试能否成功的一个不可忽视的因素。毕业生衣着简朴，甚至简陋，都属正常，不卑不亢是招聘者喜欢看到的态度和气魄。不少毕业生在谈话过程中辅助以手势，这无可厚非，但若动作太大，甚至指手画脚，则不太讨人喜欢。

特别提醒：自然和本色是毕业生在语言表达和言谈举止方面取得学校认可的最好"招式"。面试无异于试讲，从毕业生的言谈举止中，学校基本上可以判断其是否适合做教师。

 ## 二、面试时常见的问题

（一）关于教学的问题

（1）为什么要选择教师这个行业？

参考答案：我读的是师范类的专业，当一名优秀的教师是我最大的愿望。现在企业的工作不够稳定，教师稳定性比较高，尤其是好的学校很重视对教师的培养，未来会有很大的发展空间。

（2）你最尊敬的教育家是谁，为什么？

参考答案：我最崇拜的教育家是素有英语教育界泰斗之称的——张道真。我之所以崇拜他，原因有三：

①高尚的人格魅力。76岁高龄的张道真教授，在国内外英语教育界享有盛誉，他把毕生都献身于教育事业，正是他带领着我们走着英语教育改革的每一步。

②科学、实用的英语教学方法。他提出了一系列的方法来改变原有教学状态，而这些行之有效的方法被广泛应用到实际教学中。

③严谨的治学思想。张教授提倡考试要改革，听说与读写，二者并举，甚至听说占有更重要的地位。

思想深邃的张道真教授，以其独特的人格魅力、科学的工作态度、严谨的治学思想征服了我，我要秉承他老人家的思想和态度，在未来的英语教学之路上，默默奋斗，勇敢向前，创造英语教学的辉煌。他是我学习的榜样。

（3）你最赞赏的教学方法是什么？

参考答案：以学生为主体，激发学生的学习兴趣，使课堂生动活泼的教学法是我赞赏的教学方法。教学过程中，用一些平常生活中最常见的例子来跟学生解释，容易吸引学生的注意力，提高学生的学习兴趣。我想每一种教学方法都有它的独特之处，如果用得好、用得恰当，可以使课堂变得更加丰富多彩。

（4）为什么学生会偏科？

参考答案：造成学生偏科的原因有很多，我着重从以下三方面来进行分析：兴趣、环境、教师。首先是兴趣，学生往往会因为兴趣爱好不同而出现偏科现象；其次是环境，低年级学生容易受周围环境的影响，周围同学经常在一起讨论的科目会影响他对某学科的偏好；最后是教师，部分学生会因为某学科教师而出现偏科现象。当然也有其他原因，这里不再一一进行分析。

（5）做好一名教师固然离不开敬业、爱护学生、专业知识扎实等因素，除了这些，你认为对于一名优秀教师来说还有哪些重要特质？

参考答案：做一名好教师除了敬业、爱护学生、专业知识扎实，拥有开朗的个性、良好的品德、渊博的知识也是非常重要的。

（6）你赞同"教学有法，但无定法，贵在得法"这种提法吗？为什么？

参考答案：赞同。教学方法因人而异，没有一个适合所有人的方法，但要适合个人，这就是贵在得法。教师备课时要从教学实际出发，根据教材特点、学生实际、本校条件等，结合不同的教学目标、内容、对象和条件，因校制宜、因时制宜，灵活、恰当地借鉴和选用国内外的教学方法，突出重点、攻破难点，并善于探讨、实践。教学其实就是教学有法、但无定法、贵在得法的过程。

（7）新课程标准的价值取向是什么？

参考答案：新课程标准的价值取向是要求教师成为决策者而不是执行者，要求教师创造出班级气氛、创造出某种学习环境、设计出相应教学活动并表达出自己的教育理念等。

这些常见问题如果考生在考前没有准备，面试时难免会有所疏漏。目前，随着就业压力的增大，招聘机会的宝贵自不必言。"凡事预则立，不预则废。"要想在众多考生中脱颖而出，毕业生在备考阶段对这些常见问题的充分准备是必不可少的，这是确保毕业生取得好成绩的好方法。

（二）关于班主任的问题

（1）如何组织与培养班集体？

参考答案：班主任对组织和培养集体负有主要责任，应把主要时间和精力用在建设班集体上。我认为可以从以下几点入手：

①提出共同的奋斗目标。这样做有利于达到振奋学生精神、鼓舞学生前进、凝聚集体的目的。

②选择和培养班干部。要把全班学生组织起来，班主任应该擅于发现和培养积极分子，擅于挑选和培养班干部，建立班集体的领导核心，以达到让学生学会自我管理、自我教育的目的。

③培养良好的集体舆论和优良的班风。良好的集体舆论和优良的班风会形成一股巨大的教育力量，对每个成员起到熏陶、感染和制约的作用。这在管理班集体的过程中发挥着巨大的作用。

④加强对班集体纪律的管理。班级纪律好有利于学生更好地学习，是提高学生学习成绩的关键，也是使集体及其成员变得更优秀的关键。

⑤组织多样的教育活动。多种多样的集体活动可以使学生焕发精神、开阔眼界、增长知识，有利于促进学生才能、特长的发挥和相互的团结。班主任指导学生参加或组织适当的活动是必不可少的。

以上是组织和培养集体的一些方法，在实际工作中，还可以灵活采用一些别的方法。

（2）如何与不同类型的家长沟通，什么样的家校合作方式比较好？

参考答案：首先，尊重家长是沟通的第一原则，也是教师基本素质的体现；其次，教师要有较强的服务意识；再次，教师与家长联系沟通时要有理性的意识；最后，应重视沟通方式，通常情况下对学生的评价要先扬后抑，让家长在心理上有一个适应过程。

家长这一群体的组成非常复杂，其知识结构、职业类别、性格气质、修养程度等都参差不齐，没有哪一种教育方法是万能的，某种方法在这个家庭有效，但到另外一家则可能就不灵。班主任应对学生的家庭进行调查分析，对家长的文化水平、职业状况、年龄、家教思想、家庭关系等做到心中有数。在与家长沟通的过程中，尽量做到有针对性和实效性。

（3）你心目中的好班主任形象有哪些？

参考答案：我心目中的好班主任应该是一个有爱心的人。当然，这个世界上绝对没有爱心的人几乎不存在，但真正有爱心并懂得怎样付出爱的人更难能可贵。有爱心的班主任应当是一个善解人意的好教师、好长辈、好朋友，最起码的，他不会体罚和侮辱学生。在他眼中，所有的学生都是平等的，没有什么好生和差生之分。他会尊重学生，一视同仁，让学生健康地成长。最重要的是，这样的教师懂得宽容学生，能够原谅学生，给学生改正错误的机会。他懂得关怀学生，在学生受到挫折时去安慰他们，在学生烦恼时去开导他们，在学生迷茫时去帮助他们。我认为，一个创造了高升学率的"成功"班主任未必就是一个好班主任，作为一个班主任，有很好的管理能力也是比较重要的，良好的管理能力可以使班级纪律严明、风气良好，这样的班主任可以教给学生做人的道理、健康的思想和正确的学习方法，可以提高班级的整体素质，而不是只盯着成绩。

（4）请你描述青春期男女学生的心理特点。

参考答案：青少年步入青春期，心理发育迅猛，心理特点体现在：

①性意识骤然增长。由于生理上出现性发育加速，使得青少年对性知识特别感兴趣，对异性有强烈的交往欲望，对性的好奇感也与日俱增。

②智力水平迅猛提高，对问题的精确性和概括性把握发展迅速，逐步从形象思维向抽象逻辑思维过渡。

③自我意识强而不稳，独立欲望增强，对事物能做出自己的判断和见解，但对自我的认识和评价过高或过低，常被一些矛盾所困扰，如独立欲望与缺乏独立能力的矛盾，自己心中的"成人感"与成人眼中的"孩子气"之间的矛盾，等等。

④情感世界充满风暴，常常表现出幼稚的感情冲动和短暂的不安定状态，孤独、优伤、激动、喜悦、愤怒等微妙地交织在一起，组成一个强烈、动摇和不协调的情感世界。

⑤兴趣爱好日益广泛，求知欲与好奇心强烈，富有理想，热爱生活，积极向上，乐于参加各种创造性活动，对于竞争性、冒险性和趣味性的活动更是乐此不疲。

⑥人际交往欲望强烈。一方面强烈希望结交志趣相投，年龄相仿，能够相互理解、分享生活感受的知心朋友；另一方面，希望与自己周围的人保持良好的关系，尤其是对自己所属的集体，有强烈的归属感和依赖性，宁肯自己受点委屈，也要保持生活圈的平衡与协调。

（5）何谓"班级文化"，怎样营造？

参考答案：班级文化可分为"硬文化"和"软文化"。所谓硬文化，是一种"显性文化"，是可以摸得着、看得见的环境文化，也就是物质文化，比如教室墙壁上的名言警句、英雄人物或世界名人的画像；摆成马蹄形、矩形、椭圆形的桌椅；展示学生书画艺术的书画长廊；激发学生探索未知世界的科普长廊；表露爱心的"小小地球村"；悬挂在教室前面的班训、班风等醒目图案和标语，等等。而软文化则是一种"隐性文化"，包括制度文化、观念文化和行为文化。

（6）"学生自己管理自己"的观点你赞同吗？

参考答案：赞同。每个学生都希望自己在班集体中得到重视。既然学生是主体，那么教师就要敢于放手，让每个学生发挥自己的能力、体验成功的快感，并激发他们的积极性。老师要善于引导学生，放手让学生自己管理自己。

（7）你最欣赏的班主任是哪一种类型的？

参考答案：每一位班主任都有自己独特的教育管理班级的方法。有人将优秀的班主任划分成以下6种类型：

①母亲型。这种班主任主要靠"爱心"来工作。他们总是把"爱"的旗帜举得高高的，把爱的气氛搞得浓浓的。无论遇到什么问题，他们都诉诸感情，求助于"爱"。这种班主任活脱脱就是一位"亲妈"，眼巴巴地盯着一帮儿女，喜怒哀乐搅成一团。

②官员型。这种班主任主要靠"监督、检查、评比"来工作。他们热衷于制定各种条条框框，热爱指标，喜欢板上钉钉的要求。他们早来晚走，不错眼珠地死盯着孩子，高密度地使用赏罚手段。这种班主任摆出的是一副和学生拼到底的架势，学生没奈何，只好就范。于是各项工作井然有序，颇见成效。

③政治家型。这种班主任主要靠"煽情"来工作。这是一些知识丰富、口才上乘、有一定表演才能的人，他们凭三寸不烂之舌，能把学生一会儿说哭了，一会儿又说笑了。如果你能引领学生的情感，当然也就能引领学生的行动，于是我们就看见学生常常热泪盈眶地追随在这种班主任的后面。

④领袖型。这种班主任主要靠"活动"来工作。他们是优秀的鼓动家，更是优秀的组织家和活动家。他们的拿手好戏是不断地组织学生进行各种各样的活动，在活动中凝聚集体，在活动中形成正确舆论，在活动中冲刷存在的问题，用活动裹挟差生前进。他们领导的班级往往充满生机。

⑤导师型。这种班主任主要靠"威信"来工作。他们的威信往往高到令学生"迷信"的程度，这样，他们就可以摆脱一些俗物，很多事情只要"运筹帷幄"，甚至"遥控"就行了。这种班主任一般有自己独立的教育思想，有特殊的思路，会用班干部。他们能像"巫师"一样把学生迷住，使其甘愿为班主任赴汤蹈火。

⑥科学家型。他们主要靠"科学"来工作。他们对学生，第一是尊重，第二是爱。他们遇到问题，总是采取研究的态度，先进行诊断，然后拿出解决方案。对他们来说，学生不但是朋友，而且是研究对象。对他们来说，工作本身也是一门科学和艺术，是研究的对象。更重要的是，对他们来说，其自身也是研究对象，他们很注意经常反思和梳理自己的思路。

我认为这6种类型的班主任都有各自的优势和特点，我更倾向于自己能成为一名综合型的班主任。

（三）关于学生的问题

（1）学生的记忆有什么特点，在学科教学方面如何提高学生的识记能力？

参考答案：以小学生为例，一般而言，小学生对能引起强烈情绪体验、易于理解的事物记忆较快而且记忆保持时间也较长。通常低年级小学生主要采取机械识记的方法，中高年级小学生则比较多地采用意义识记的方法。低年级的小学生由于知识经验比较贫乏，抽象逻辑思维欠缺，对学习材料不易理解，也不会进行信息加工，因而在学习功课时较多地运用机械识记。到了中高年级，由于他们的知识经验日益丰富，抽象逻辑思维能力不断发展，在学习活动中运用意义识记的比例逐渐增大。一般来说，小学生回忆能力随年龄的增长而提高，对外在线索的依赖性也越来越小。

教师可采用以下方法提高学生的识记能力：

①动机诱导的方法。动机诱导法是培养学生识记能力的基础。

②培养学生兴趣的方法。这是提高学生识记能力比较好的方法，同时也是教师授课时经常使用的方法。

③具体知识识记方法。这对教师提出了更高的要求，教师在备课的过程中应擅于摸索、总结具体知识记忆的规律，帮助学生找到快速记忆的方法。这是提高学生识记能力的关键。

以上是三种方法的简单介绍，供大家参考。

（2）你认为一种科学的备课方法是什么？

参考答案：备课是教师的一项基本功。我认为无论是哪门学科，教师真正要备好一堂课，都应该脚踏实地，并结合自身和学生的实际，进行创造性的研究和设计。第一，"研读"是备课的必要前提，研读与课程有关的资料是必不可少的环节；第二，"博学"是备课的重要基础；第三，"细致"是备课的基本要求；第四，"创新"是备课成功的亮点。这种备课方法是我所追求的目标。（补充：备出一份好的教案不仅是上好一堂课的重要前提，也能使教师教学更有底气，更加胸有成竹。同时，好的教案设计也直接影响学生的学习兴趣、方式、效率等多个方面，最终对整堂课的教学效果起到决定性的作用。）

（3）你同意"没有不合格的学生，只有不合格的教师"这句话吗？

参考答案：这句话源于教育家陈鹤琴老先生的名言"没有教不好的学生，只有不会教的老师。""没有不合格的学生，只有不合格的教师"是其衍生出的众多"伟辞"中最为著名的一句。我认为陈老先生当初写这句话时，断然不会想到在多年以后的今天会引出如此多的讨论吧！

我不完全赞同，这句话说得太过绝对。出现不合格学生的原因有很多，每位学生的自身条件和生活环境都是完全不同的，因此出现不合格的学生教师不能完全负责。但是教师对待资质不高和成绩不好的学生绝对不能采取视而不见、听而不闻的态度，任其自生自灭。对待此类学生，教师应该积极努力帮助他们找到落后的原因，平时要多关心、多辅导，要尽快帮助学生把成绩赶上来。

（4）一堂好课的标准是什么？

参考答案一：一堂好课的评价标准，第一，是否达到教学目标，这是促进发展的根本宗旨；第二，教学内容方面是否达到科学合理的标准；第三，教学策略与方法是否能达到学生主动学习的目的；第四，教师是否具有良好的教学基本功。

参考答案二：一堂好课的标准是学生能否学有所得，能否在情感、态度、价值观、过程与方法、知识与能力方面有所得。

评价一堂好课的标准有以下几点：有意义、有效率、有生成性、是常态下的真实的课。

一堂好课的基本表现是必须形成学生学习的兴趣和持续学习的动力；兼顾有差异的学生，使不同层次的学生都有所得；体现思维的深度，促使学生知行结合，有所收获。

参考答案三：用建构主义观点探讨一堂课是否好的关键因素是学生学习的主动性、师生互动的有效性、学生自主获取知识的实践性、学生真正的理解性、预备学习材料的良好组织性、学生学习的反思性。"好课"标准没有定论，强调多元、崇尚差异、主张开放、重视平等、推崇创造、关注边缘群体、实现和谐课堂、使每一个学生都得到发展是一堂好课的基本要求。

（5）对于现在常常提的"以学生为本"或"以学生为主体"，你怎样理解？

参考答案：学生是一个民族传承的希望，是一个国家继续生存、发展的灵魂所在，因此教师担负着重大的使命，"以学生为本"或"以学生为主体"确保了教学最终目的的实现。

"以学生为本"或"以学生为主体"是指在教学活动中以学生为主。教师的作用是组织、引导、帮助和监控，引导学生学会认知、学会做事，让学生经历获取知识的过程；关注学生各种能力的发展，促进其知识与技能、过程与方法、态度与价值观的全面发展；建立学生自主探索、合作学习的课堂模式，创设和谐、宽松、民主的课堂环境，从追求学习结果转向追求学习过程，真正把学生当成获取知识、发展自我的主人；应以"一切为了学生，为了学生的一切，为了一切学生"为原则，切实构建"以学生为中心"主体观。

（6）你平常看的教育教学类的书籍和杂志有哪些？

参考答案：书籍类，我曾经看过人大附中的王金战老师编写的书《英才是怎样造就的》，受益匪浅，还有如《教育心理学》《教育教学基础讲义》《教育教学技能讲义》等。杂志类有《中国教育教学杂志》《中学物理教学参考》《读与写》等。

（7）你认为该如何指导学生进行朗读？

参考答案：朗读能力的培养是循序渐进的，不可能一步到位。以指导小学生朗读为例，小学语文大纲对朗读教学有明确的定位，即"学习正确、流利、有感情地朗读课文"。所以，第一，扫清生字障碍，熟悉课文，这是正确朗读课文的前提。第二，教师范读，提出要求。新课标要求教师经常组织学生听朗读，包括教师的范读和录音范读。范读有助于培养学生对朗读的兴趣，唤起学生的感情，丰富学生的词汇，这是提高学生朗读水平的重要方面。第三，创设情境，渲染氛围。对于朗读训练，要想方设法调动学生全身心地投入进去，尤其是低年级的学生，单调地阅读会使学生读得口干舌燥，昏昏欲睡，所以营造趣、情、美的愉快气氛，可以提高学生阅读的兴趣。第四，体悟情感，渐入意境。叶圣陶先生把有感情的朗读叫"美读"，因此培养学生边读边用心体会文章，然后表达真情实感是最好的。真情实感的流露不仅体现在写作文时，在读自己的作文时也会流露出真情实感，这对学生来说是终身受益的。

面试时的仪容仪表很重要。有的毕业生长得很漂亮，但是穿得很随便，给人感觉不够庄重；有的毕业生长相一般，穿着却很大方，让人赏心悦目，面试时会赢得良好的印象分。另外，言谈举止得体，回答简明扼要，抓住重点也是面试需要注意的地方。

三、面试时的说课技巧

（一）面试教学内容选择方法

对于没有教学经验、初走上讲台的人来说，试讲所选的教学内容对于教学经验的积累是非常重要的。教学内容的选择有自主选题和特定题目两种，下面将就这两种选择教学内容的不同方法分别进行介绍。

1. 自主选题

在没有任何教学经验的情况下，特别是第一次讲课时，教学内容的选择对于毕业生来说就非常重要。对于初次准备讲课的毕业生，可以选择自己较为熟悉或者相对比较容易讲授的教学内容。由于很少有过教学经验，在最初走上讲台时，难免会有紧张情绪，在这种情况下容易出现语速不稳定、语言表达不连贯，甚至出现忘记所要讲述的知识点等状况。如果所选择的是自己非常熟悉或者是相对简单的教学内容，就可以从一定程度上克服上述问题。当然，这并不是解决问题的根本方法，但对于需要积累教学经验的毕业生来说，自主选择适合于自己讲解的教学内容对试讲成功是非常有帮助的。

2. 特定题目

在实际的试讲教学中，不可能都让毕业生选择自己所愿意讲授的教学内容。所以，在准备试讲的过程中，要尽量多备些教案，或者尝试不同类型的教法教学，以提升应对特定题目试讲的能力。虽然准备多种多样的试讲方式会遇到更多的问题，但随之而来的也应该是更多解决问题的方法与教学经验。

（二）教师面试说课、试讲的四环节

1. 备课

任何一个教师走上讲台讲授教学内容之前，都必须有充分的准备，对于试讲时的毕业生更是如此。充分而完整的备课是讲好一节课的必备前提。所谓备课，主要是指掌握教学内容，领会编者意图，确定目的要求，选择教学方法。显然，深入钻研教材是提高备课质量的核心。

2. 列大纲

一定要钻研教师用书上写的内容，了解编者意图，不能自己想当然地确定教学目标，草草列出。大纲是在详写教案之前列出的一个大概框架，其中描述了讲授这部分教学内容所需要的几个部分，以及对整个教学过程的初步构思，并且讲课过程中所需要的素材也在其中一一列出。对于准备写教案的毕业生来说，做这一部分的工作不仅能使其对于整个备课过程思路清晰，并且可以避免在详细备课时落下细节内容。

（1）教学内容。任何一部分教学内容都包含有重点、难点和学生较容易理解的部分，对于不同难度及层次的知识点，教师应有不同的详略安排。对于重难点知识应详细地重点讲述，而对于较容易理解的知识，就可以相对简略讲述。参加应聘教师岗位的毕业生在这一个环节很容易出现的问题就是整个教学内容重点不突出，或是对重难点的把握不够准确。对于这个问题，一是要求毕业生在备课之前对自己所要讲述的教学内容足够的熟悉；二是可以向在职的、经验丰富的学科教师请教。这样在教学内容的把握上就不太容易出现偏差。还需要注意的是，对于不同层次的学生群体，其接受能力也是不一样的，因此在安排教学内容时不能太多，也不能过于发散，一定要控制在学生可以接受并且能够基本掌握的范围内。

（2）教学对象。对于具有不同特点的教学对象，所要达到的教学目标及教学过程中所运用的教学方法也有所不同。毕业生在对教学对象进行分析时，应充分考虑教学对象的年龄特征、对知识的接受能力，以及所处的校园环境和社会环境等，以便于对后面其他教学环节进行设计。学生是教学的对象，教师要想教会学生，必须先了解学生，只有这样才能调动学生的学习积极性，有效地帮助学生解决学习过程中的问题和困难。另外，对于毕业生来说，在试讲时面对的不仅仅是学生，也有评委老师，因此，这一点也应当特别注意。

（3）教学目标。在详细分析教学内容和教学对象后，便到了教学目标的编写。对于不

同的教学对象群体，即便是相同的教学内容也有不同层次教学目标的编写，应结合教学内容分析中所确定的重难点以及详略，安排不同的教学目标，将知道、领会、应用、分析、综合、评价等应达到的不同教学目标和教学内容结合起来。当然，对于这一部分的把握毕业生也许会不够准确，所以这里也需要请教一些经验丰富并且对学生有一定了解的学科教师。

对教学目标、教学内容、教学对象的分析是不可分开的，在备课时往往需要整体进行，这一点对于教师来说非常重要。以英语备课为例，在备课要注意：

①理解和掌握课文里的语句、单词和语法；

②能用教过的单词解释新单词的意思和用法；

③钻研本课的语法点，能用英语举例说明新语法点的用法；

④能用英语解释课文里的难句，简化课文里的长句；

⑤能用英语对课文里的句子提问题；

⑥分析课文的结构，用英语概述课文各段的大意，用英语复述课文；

⑦用英语对课文作简短的评论；

⑧结合新材料考虑联系和复习哪些旧材料；

⑨背诵课文；

⑩考虑应使用哪些新的课堂用语。

（4）教学方法。选择的教学方法应符合学生的认识规律，符合学科特点及学生的年龄特点，并有利于发挥教师的主导作用，有利于调动学生学习的主动性与积极性。

①备方法。在我国的中小学教育中，常用的教学方法有讲授法、谈话法、读书指导法、练习法、演示法、实验法、实习作业法、讨论法、研究法这九种。对于不同学科、不同性质的教学内容，也许有的只需要一种教学方法便可以进行，而有的则需要将几种教学方法相结合使用。毕业生在刚开始试讲时，经常单一使用讲授法，这种方法相对其他几种方法较容易掌握，但对于缺乏经验的毕业生，很难把握如何引导、启发学生思维，那么就需要在教学过程的设计中尽可能详细。切勿将知识直接灌给学生，而应让其发挥主观能动性来主动学习知识。

②备感情。除了备方法，备好教师的感情也是讲好课的重要条件。许多教师都有这样的体会：在走进教室以前，如果自己是兴奋的、愉快的而且是信心百倍的，那么一定会讲得津津乐道，学生也会听得全神贯注，讲课的效果也好。反之，如果在课前自己心情不畅，那么这节课的气氛一定会受到影响。所以，有经验的教师，为了使自己上课时能感情充沛、心情愉快，上课前，总要收收心（闭眼深呼吸，抛弃杂念）、养养神（回忆一下讲课的内容），这样讲起课来就能轻松愉快、娓娓动听。

③备语言。讲课是一种艺术，课堂教学无论怎样都离不开艺术。因此，教师必须充分重视语言技巧。一位教师的知识再渊博，如果不能形象、准确地表达出来，那也只能是一种遗憾。有人说："教师的语言是蜜，它可以粘住学生的思维。"据调查统计：学生最喜欢语言风趣、有幽默感的教师上课。这样的教师可以激活学生的思维，调节课堂气氛。正如一些一线教师所说："激情饱满的语言是课堂上悦人人愉情的最佳道具。"

④备教态。讲课时的姿态、动作是表达语言时的重要辅助形式。教态生动活泼、大方自然，就能高度集中学生的注意力，使学生深刻理解所学的知识。如果讲课时，教态生硬

死板，学生就会感到枯燥乏味、无精打采。因此，试讲前，应该认真选择自己的讲课姿态，改进教法，选择语言，备好教态。对于一些疑点，自己不放心的环节，可以利用散步等时间，边走边讲，当然不一定要有人听，也不一定要讲出声，自己练习便可。

（5）教学过程。这是整个教学设计的重点部分，其中包含所要讲述教学内容的具体解析、课堂提问与回答、教学内容间的过渡、讲述各部分内容所要用的时间安排、各个阶段教师和学生所要做的事情、板书的设计及书写等。对于参加面试的毕业生，每一部分的设计都应该尽可能详细，并注意教学内容的重难点及详略得当。在能力允许时，还可以设计教学过程中可能会出现的问题，如学生提问、课外知识的扩充等。

（6）课后作业。学生在课堂教学结束后，完成课后作业便是对所学知识的一种巩固。在设计课后作业时一定要注意与教学内容的重难点以及教学目标的设计相结合。对于不同学科、不同层次的知识点，要设计能体现学科特色的课后作业。练习应从基本的、简单的开始，但不能模式化、固定化，相反，应有一定数量灵活的、综合的、需要创造性思维的练习，只有这样才有助于学生思维的全面、深刻、敏捷和灵活。

（7）试做实验。在文科类的课程中，这一部分的准备可能相对少一些，但在一些学科教学的过程中，可能会需要向学生播放一些音频以及视频素材，那么学科教师就应该在上课之前进行试播，以检查素材是否能顺利播放。对于需要教师课堂朗诵或者领读的部分，初次接触这部分教学内容的毕业生一定要非常熟悉，并且在试讲之前做一定的朗诵练习。对于理科类课程，这一部分的工作是不可缺少的。在课堂教学过程中所涉及的实验，除了极少部分经验非常丰富的学科教师，其余大部分教师，特别是试讲时的毕业生，都应该在条件允许时提前试做实验，这不仅能及时发现实验时可能会出现的问题，并采取一定的措施予以预防，还可以避免课堂教学中因实验失误所带来的时间浪费，而且对于毕业生来说，还可以增加课堂教学时的自信心。特别要指出的是，随着我国新课程改革以及信息技术与课程整合的实施，很多学科教师在教学过程中采用多媒体教学课件，那么就更应该在课堂教学之前试运行教学课件，以避免因为课件运行中出现的异常而耽误课堂教学。

3. 再次完善教案

将所要涉及的实验都试做完成之后，应该根据实验时所做的详细记录对教案做再一次的修改、补充与完善。当然，对于一些经验丰富的学科教师来说，这一部分的工作是不需要的，而对于毕业生来说，就一定要再一次检查自己的教案，检查内容不仅应包括实验部分，还应包括教案的其他部分。

4. 细写讲稿

讲稿不是教案的简单重复，而是在教案的基础上，进一步详细地写出具体课堂教学中的每一个环节，这包括教师在课堂教学中所要说的每一句话，所要做的每一个动作，所要写的每一次板书。当然，计划永远赶不上变化，试讲过程中所遇到的问题并不一定在写讲稿时都能考虑到，但提前写好讲稿，对于缺少教学经验的毕业生来说，是非常有必要的。

因为很少有机会讲课，课堂驾驭能力不够强，提前写出讲稿有助于整理思绪，即使由于各种原因造成课堂教学脱离原来的教学设计，也可以参考讲稿及时回到原来的教学设计中。写过一次讲稿，就会留下比较深刻的印象，也就是说即便试讲时发散得太广，也可以及时发现，做出调整。备课是一个厚积薄发的过程，没有起点和终点，需要不断深化，不仅要倾注时间，还要凝聚智慧。教师要从"为它所控"转变到"为它所动"，最终做到

"为我所用"。这需要一个过程。在这个变革的过程中，教师要不断反思，既要学习他人，也要坚持自己的主张。

（三）教师试讲站姿

1. 站姿

立姿，又叫站姿、站相，指的是人在站立时所呈现出来的具体姿态。立姿是人最基本的姿势，同时也是其他一切姿势的基础。通常，它是一种静态姿势。教师在站立之时，应当显得挺拔而庄重，即身体站直、挺胸收腹、双腿并拢、双脚微分、双肩平直、双目平视、头部保持端正。教师在讲台上的站姿优美与否，对学生的感召力是不一样的。教师的站姿应给人以挺拔笔直、舒展大方、精力充沛、积极向上的印象。站姿在一定程度上反映了一个教师的精神面貌和对课堂的投入程度，因而教师的站姿在稳重之中还要显示出活力，不能过于拘谨和呆板。教师站在讲台上要精神振作，潇洒大方，要随时根据授课内容和课堂情景的变化调整站姿，适当走动，要善于运用恰到好处的动作和站姿来配合自己的语言表达。

2. 教师正确的站姿

站姿是教师在课堂中最重要的举止之一。在课堂上，教师不同的站立姿势，对学生的心理有不同的影响，同样，参加面试的毕业生一定要学会基本的站姿。

（1）正确的站姿。教师站姿的基本要求：端正、稳重、亲切、自然。

（2）男女教师的基本站姿。站立时，对男教师的要求是稳健，对女教师的要求则是优美。男教师在站立时，一般应双脚平行，并要注意其分开的幅度。这种幅度一般应当以不超过肩部为宜，最好间距为一脚之宽。要全身正直，双肩展开，头部抬起，双臂自然下垂伸直，双手贴放于大腿两侧，双脚不能动来动去。如果站立时间过久，可以将左脚或右脚交替后撤一步，以使身体的重心落在另一只脚上；但是上身仍须直挺，伸出的脚不可伸得太远，双腿不可叉开过大，变换不可过于频繁。

女教师在站立时，则应当挺胸，收颌，目视前方，双手自然下垂，叠放或相握于腹前，双腿基本并拢，不宜叉开。站立之时，女士可以将重心置于某一脚上，双腿一直一斜。还有一种方法，即双脚脚跟并拢，脚尖分开，张开的脚尖大致相距 10 厘米，其张角约为 45°，呈现"V"形。女教师还要切记，千万不能正面面对他人双腿叉开而立。

在学生回答问题时，教师身体要微微前倾，这种姿势表明对学生说的话感兴趣，也表明教师的注意力都集中在学生身上，没有走神，增加了亲切感。

在学生回答问题时，教师错误的站姿有两种：第一种是自己板书，背对学生，给学生一种不礼貌的感觉，学生也不能从教师的表情中判断自己的回答是否正确，是否需要继续回答；第二种是双手放在裤袋里或两手背在背后，一副师道尊严、居高临下的姿态，没有一点亲切感。

3. 课堂站姿的禁忌

（1）忌长时间手撑桌面。学生自习时，教师可以用手撑住桌沿，把重心移到某只脚上，但不能长时间手撑桌面，免得学生认为教师疲惫不堪，影响学习情绪。

（2）忌身体不稳。在擦黑板时，教师的站立要稳，不能全身猛烈抖动，左右摇晃，此举会破坏教师的课堂形象。

（3）忌位置固定不变。教师讲课的站位不能呆板地固定在一点上，应适当地移动位置，或到学生座位行间进行巡视。

（4）忌侧身而站。心理学研究表明，侧身而站和面向黑板而站说明教师的心理是封闭的，不利于阐述教学内容，而且会给学生留下缺乏修养的印象。

（5）忌站立时重心移动太快。站立时重心忽左忽右，彰显信心不足、情绪紧张、焦虑。面对学生站立稳定，表明教师准备充足，有信心上好这堂课，有能力控制整个教学局面。

（6）忌远离讲桌，站在讲台的前左角或前右角，"打游击"左右来回移动，或者在学生座位行间踱来踱去，不符合礼仪规范和卫生要求。

（7）忌教师把双手交叉抱在胸前或背在身后，这些动作会给学生一种傲慢的感觉。

（8）忌呆板。对于不同阶段的学生应采取不同的站姿。如对于低年级的学生，为了亲近学生，更多时候需要走到学生中间，蹲下身来，摸摸他的脑袋，夸夸他的某些回答等。

四、试讲制胜的相关因素

（1）作为毕业生，信心和责任心是第一位的。记住一点，你担心的别人也担心，所以不需要有压力。相信自己，别人才能相信你。

（2）打动那些对你有好感的评委，尽量感染那些对你没有好感的评委。用你的眼光告诉所有人，我来了，我能教好学生。

（3）讲课要有激情，如果不能做到抑扬顿挫，起码要做到声音洪亮、普通话标准。讲话语速不要太快，如果拿捏不好，可以多多演练。这是关键。讲话要掷地有声，不要半推半就，在讲台上要有台风。对语文教师要求更高，要做到咬字清晰、语音悦耳、抑扬顿挫。

（4）一定要着装得体，不要穿得太前卫，毕竟教师这个职位还是要讲究矜持的，要整洁得体、端庄大方，给人感觉气质非凡。

（5）在见到评委时要表现得大方，不要太拘谨，也不要太嚣张，要给人留下稳重的印象。注意肢体语言，不要僵直地站在讲台上，要运用好肢体语言。

（6）要在试讲前做好充足的准备，把要讲的内容的相关背景知识等了解到位，并把授课内容和这些背景结合起来，让背景知识在吸引人的同时把人引导到课本的内容上来。

（7）对于背景知识不用花费时间讲得过于详细，只要在讲的时候提到就可以，让听课的评委知道你有这个环节就可以了。

（8）要注意跟台下评委的眼神配合，眼睛的视线不要一直停留在讲稿上，要使台下的每一个评委都以为你在看他们，注视着他们。要面带微笑，不要太严肃。

（9）要有板书。板书就是你的授课大纲。（如果对粉笔字不自信，或者没有要求板书，可以减少板书或者不板书。）

（10）要用电脑，要跟上时代步伐。网络时代了，上课不用电脑的教师必定被淘汰。最好能采用多媒体教学，这通常是可以加分的，也能体现新课程的理念。

（11）要做一下小结，总结一下你所讲的内容，布置一下作业，做到有头有尾。

（12）试讲完成以后还会有评委提问，基本上是涉及如何安排所教的课程，教学侧重点应该在哪里，如果学生出现了这样或那样的问题你该怎么样，等等。不要慌张，首先肯定评委提出的问题，并结合以往的教学经验予以适当的重复，与此同时思考应对的策略。回答的时候最好能有一个提纲，分几点来说明自己的观点，以显得层次鲜明，逻辑性强。对于观点点到即可，除非特别自信，否则不要过于展开。

 ## 五、注意事项

（1）板书的时候忌讳无声板书，长时间课堂空白。可以在板书的同时结合问题和内容，做适当的讲解。说话时写字速度不能太慢，太慢了评委会怀疑你的做事效率。字不要太潦草。可以适当看看讲稿，自然地看即可，不能照着讲稿读，因为评委手里可能有和你完全一样的讲稿。

（2）试讲的内容和原来的教学设计可以有不一致的地方，在试讲完毕，还有时间的情况下，可以做一个简短的说课（说明），让评委知道你的设计意图和理论依据。在试讲中也可以适当穿插对学情、教材、学法、教法的说明。

（3）教学设计的各个环节和要素要尽可能完整、完善，对于教学流程可以拟出恰当的小标题，吸引评委注意力。

（4）试讲时没有学生参与，但是同样要体现自主、合作和探究的学习方式以及新课程教学理念，可以通过教师的模拟对话或者讲解来呈现，如小组讨论、分组学习、课前预习等。要有师生互动，即使面对评委讲课，也要体现与学生的互动。

（5）可以在某个具体环节提供几套教学方案，既可以把教师的预设体现得很充分，同时又能充分体现教师的基本素养。

（6）课堂重点突出，一到两点就足够，其他的不讲或略讲，决不可面面俱到。

（7）要深挖课文，对思想内容有独到见解。这是最难的，也是最重要的，它体现毕业生的水平。文章思路不是重点，一般文章思路都很清晰，高中生都看得清，不需要作为课堂重点。

（8）尽快切入重点。要详讲重点（也就是能出彩的地方），否则导入太长，其他杂七杂八的东西太多会冲淡重点。试讲时，可以省掉作家作品介绍、字词检查等次要内容，深挖重点，然后再点一下文章的其他部分，勾出文章整体思路，给人以整体感。分析重点段落时，集中落脚到关键句、关键词，这样才具体而实在，不然笼而统之，就难以讲清。分析也要细致，要分析细致必然要落脚到文中字词，这样可以紧扣教材，不至于犯脱离课文的毛病。

（9）发挥不宜太多，太多了也会冲淡主题。或者更直接地说，讲课像写文章一样，围绕中心（重点）行文，废话尽量少讲或不讲。

教学案例9.1

教育教学能力测试内容和试讲内容及其评分标准

教育教学能力测试内容及其评分标准（说课、面试、答辩）如表9-1所示。

表 9 - 1　教育教学能力测试内容及其评分标准

姓名：　　　　　　　　　　学科：　　　　　　　　　　测试日期：

项目		内容	评分标准		得分
说课 50分	说教材 (10分)	1. 说清课标对教材的要求，本课在单元中的地位及教材的思路和特点； 2. 对本课教材重点、难点、关键点的分析和把握； 3. 教学目标确定是否具体、明确、全面整合、有层次性	A 优秀 (8~10分)	能依据课标的要求，对本课教学内容在单元中的地位和作用做出分析；能准确把握教材的思路、重点、难点和特点；教学目标编制具体、合理、全面、体现三维目标；符合学生实际，有个性特点	
			B 合格 (4~7分)	了解把握教材，能确定教学重点、难点，确定的教学目标基本上合理	
			C 不合格 (0~3分)	把握不住教材，抓不住重点、难点和特点，确定的教学目标不准确、不合理	
	说学情 (8分)	1. 分析学生的知识基础、生活经验背景、能力起点； 2. 对学生年龄特点及知识背景、学习态度的分析	A 优秀 (6~8分)	在说课设计中能依据教育学、心理学的原理，分析学生知识基础、年龄特点、生活经验与背景、兴趣等	
			B 合格 (3~5分)	以教师讲授为主，适当考虑学生的基础、知识背景、年龄特点、兴趣及学习态度	
			C 不合格 (0~2分)	不了解、不分析学情，完全从自身考虑	
	说教法学法 (12分)	1. 教法是否针对教材、学生实际，运用灵活恰当，是否以一法为主、多法配合，能调到学生多种感官活动； 2. 体现师生、生生互动，以学生为主体，以教师为主导； 3. 教具、学具、板书等的准备与使用	A 优秀 (9~12分)	教法选择符合教材、学生实际，一法为主，多法配合，多种指导；教学思路清晰，教学充分体现学生的主体地位，生生、师生互动；运用现代教学手段，注重对学法的指导	
			B 合格 (4~8分)	教法贴近学生和教材实际，能在教师讲授的基础上适当体现生生互动、师生互动；能够运用板书或电教手段	
			C 不合格 (0~3分)	教法僵硬，脱离学生、教材实际，单一枯燥死板，谈不上学法指导	
	说教学过程 (20分)	1. 教材组织处理得当，教学思路清晰； 2. 导入、新授、练习、结课、作业等教学环节的设计环环相扣，过渡自然； 3. 教学过程设计新颖巧妙，有个性特点	A 优秀 (15~20分)	教材组织处理得当，教学思路清晰，导入、新授、练习、结课等各教学环节设计合理，过渡自然；教学设计新颖、独特	
			B 合格 (7~14分)	教学过程各环节设计合理，有一定的节奏	
			C 不合格 (0~6分)	教学过程杂乱无章，思路混乱	

续表

项目		内容	评分标准		得分
素养表现面试20分	仪表(3分)	考查容貌、身高、体型、发型、着装	A 优秀(3分)	相貌端庄，身高、体重、体型适当，着装得体	
			B 合格(1~2分)	相貌无明显欠缺，仪表着装适当	
			C 不合格(0分)	不修边幅，穿奇装异服，在某一方面有明显生理缺陷	
	教态(4分)	举止得体、大方，有激情，沉稳自信	A 优秀(3~4分)	亲切自然，举止大方得体，沉稳自信	
			B 合格(1~2分)	举止神情微有紧张	
			C 不合格(0分)	神情紧张，语无伦次，教态失常	
	语言(8分)	语言表达流畅、准确，抑扬顿挫，有感染力，普通话标准	A 优秀(5~8分)	脱稿讲授，语言表述流畅准确、清晰，抑扬顿挫，有感染力，普通话标准	
			B 合格(3~4分)	教学语言基本能完成教学任务，缺少个性化风格	
			C 不合格(0~2分)	照稿念，方言土语浓重，讲解混乱不清或口吃结巴，有明显语病	
	板书(5分)	言简意赅，有启发性，粉笔字书写规范、熟练	A 优秀(4~5分)	言简意赅，有启发性，粉笔字书写规范、美观、熟练	
			B 合格(2~3分)	板书设计缺少创新性，粉笔字工整，书写规范，速度有待加强	
			C 不合格(0~1分)	字迹潦草，书写慢，板书混乱无序	
答辩(30分)		专业知识掌握准确，有前沿性；对教师职业有深刻的理解和认识，思路开阔、清晰，思维敏捷，表达流畅	A 优秀(25~30分)	热爱教师职业；基础知识准确，有宽广深厚的知识功底；有很强的语言组织能力、表达能力和应变能力，逻辑性强	
			B 合格(10~24分)	对教师职业理解和认识基本正确；知识无明显错误，思维反应正常；有一定应变能力，语言表达流畅，有条理性	
			C 不合格(0~9分)	对教师职业认识理解不够，无长期从事教师职业的想法；专业知识不够系统，错误较多；无应变能力，思维跳跃、混乱，表述不清	
评语及总分					

试讲内容及其评分标准如表9-2所示。

表9－2　试讲内容及其评分标准

项目	评分标准
教学目标 （6分）	1. 教学目标完整（知识与技能、过程与方法、情感态度和价值观等方面），符合大纲要求（3分）； 2. 教学目标符合教学实际（3分）
教材处理 （6分）	1. 依据学生实际，灵活处理教材（2分）； 2. 教材重、难点突出，详略得当（2分）； 3. 深广度适宜（2分）
教学结构 （6分）	1. 结构展开符合学生认识规律（2分）； 2. 结构完整，重视过程（2分）； 3. 程序合理，过渡顺当（2分）
教学方法 （14分）	1. 是师生交往、合作，共同发展的互动过程（3分）； 2. 能激发学生的学习兴趣，让学生在愉快中学习（2分）； 3. 能培养学生的独立性、自主性，能引导学生质疑、探究、实践（3分）； 4. 能尊重学生的人格，关心学生的个体差异，满足不同程度学生的需要（2分）； 5. 能创设有利于学生主动参与、相互合作探究的教学环境（2分）； 6. 恰当运用现代化技术教育手段（2分）
教学基本功 （10分）	1. 语言准确、生动（2.5分）； 2. 板书简明、规范（2.5分）； 3. 实验操作熟练、准确（2.5分）； 4. 教学组织得法（2.5分）
教学态度 （6分）	1. 仪表端庄（1分）； 2. 教态亲切、自然（1分）； 3. 相互尊重（2分）； 4. 真情互动（2分）
教学效果 （12分）	1. 学生主动参与（4分）； 2. 师生交流充分（4分）； 3. 教学目标落实（4分）

教学案例9.2

语文说课稿一般格式

各位评委老师上（下）午好，我是语文组××号，我今天说课的题目是××××（板书：课题、作者），下面我将从说教材、说教法和学法、说教学过程、说板书设计四个方面来对本课进行说明。

一、说教材

《××》是人教版××年级下/上册第××单元的第××篇课文，该单元以××××为主题展开。

《××》是××××（文章体裁），主要写了××××（主要内容），表达了××××

（中心思想），××××（一般是语言简练，层次清晰，描写生动、细致、充满诗情）是本文最大的写作特色。

结合单元教学要求和本课特点，依据新课标中"知、过、情"三个维度，我将本课的教学目标确定为：

1. 能正确读写本课要求掌握的生字词，了解本课写作背景和有关作者的文学常识；

2. 能整体理解文意，概括中心思想，提炼重点内容，把握文章主要内容（整体感知要达到的）；

3. 能品味重要词句所包含的思想感情（研读赏析要掌握的）。

由于××××（本课的一些特点），我将本课的教学重点确定为××××。

因为××××（学生的一些实际），我将本课的教学难点确定为××××。

二、说教法和学法

科学合理的教学方法能使教学效果事半功倍，达到教与学的和谐完美统一。基于此，我准备采用的教法是讲授法与点拨法。采用讲授法可以系统地传授知识，充分发挥教师的主导作用。

学法上，我贯彻的指导思想是把"学习的主动权还给学生"，倡导"自主、合作、探究"的学习方式。具体的学法是讨论法、朗读法和勾画圈点法，让学生养成不动笔墨不读书的良好阅读习惯。

此外我准备用多媒体手段辅助教学。

三、说教学过程

为了完成教学目标，解决教学重点，突破教学难点，我准备按以下五个环节展开课堂教学。

环节1 导入新课

我设计的导语是××××。此导语以师生对话的方式展开，可以消除学生上课伊始的紧张感，激发学生的阅读兴趣。

环节2 落实基础，整体感知

首先，请学生借助注释和工具书解决字词问题，再有针对性地对某些容易读错写错的生字词进行指导，例如××××。

这为学生阅读课文扫清了障碍，也体现了语文学科工具性的特征。

接下来，邀请数位学生分段朗读课文（或者老师做范读），要求其他学生边听边圈画出每段的关键词句，厘清文章脉络。教师则根据学生板书文章脉络。

新课标对学生阅读的要求是：在通读课文的基础上，厘清思路，理解主要内容。此环节力图将学生置于阅读的主体地位，以调动学生的主动性和积极性为出发点，要求学生边读边思考，在听读中厘清思路，锻炼学生的听说读和概括能力，解决教学重点。

环节3 研读赏析

新课标中明确指出："阅读是学生个性化的行为，不应以教师的分析来代替学生的阅读实践。"教师以多媒体出示Q1（问题1），Q2（问题2），然后请学生先默读再进行分组讨论。

Q1、Q2的设置应一脉相承，使学生在积极主动的思维和讨论中，加深对问题的理解和体验。

环节4　拓展延伸

好处：拓展学生的知识面和阅读范围，满足学生的阅读期待，等等。

环节5　课后作业

好处：巩固知识点（知识类），发挥学生想象力，理论联系实践，学以致用（作文类）。

四、说板书设计

好的板书就像一份微型教案。此板书力图全面而简明地将授课内容传递给学生，清晰直观，便于学生理解记忆，厘清文章脉络。

以上，我从教材、教法学法、教学过程和板书设计四个方面对本课进行了说明，我的说课到此结束，谢谢各位评委老师。

本章小结

本章主要介绍两部分内容：一部分是网络求职的方法。让学生通过学习树立利用网络求职的意识，学会如何利用招聘网站以及企业网站实施网申，掌握网络求职的技巧和注意事项。第二部分是师范类岗位的面试。重点介绍了师范生面试过程以及回答问题的技巧。另外，还突出强调了师范生的说课技巧。

复习思考题

1. 网络求职的途径有哪些？如何利用求职网站实施网申？
2. 师范生面试的特点有哪些？面试过程中应该注意哪些技巧和细节问题？
3. 师范生如何说课？

参 考 文 献

［1］杨萃先，颜培程，等．这些道理没有人告诉过你［M］．北京：群言出版社，2007.

［2］王兴权．30天找到好工作［M］．北京：机械工业出版社，2009.

［3］王珠英．完美英文简历一本通［M］．西安：西安交通大学出版社．2008.

［4］胡鹏．简历：让你脱颖而出［M］.2版．北京：机械工业出版社，2008.

［5］北京纽哈斯国际教育咨询公司．HiAll求职快车面试篇［M］．北京：群言出版社，2005.

［6］大学生就业教学资源建设课题组．财会专业大学生职业发展与就业指导［M］．北京：高等教育出版社，2008.

［7］大学生就业教学资源建设课题组．法学专业大学生职业发展与就业指导［M］．北京：高等教育出版社，2008.

［8］格林．一击即中：成功进入500强企业的简历［M］．罗妍莉，译．北京：中国发展出版社，2005.

［9］许国庆，李国忠．无领到白领［M］.3版．北京：中信出版社，2005.

［10］北京纽哈斯国际教育咨询公司．求职胜经［M］．北京：机械工业出版社，2005.

［11］应届生求职全程指南［DB/OL］.http://downl,Ad.yingiesheng.com.

［12］徐俊祥，黄敏．成功就业——大学生就业技能实训教程［M］．北京：现代教育出版社，2017.

［13］李建国，谢能重，苏道稳．大学生职业生涯规划与就业指导［M］．上海：上海交通大学出版社，2017.

［14］高桥，葛海燕．大学生就业指导［M］．北京：清华大学出版社，2009.

［15］就业与创业指导课题组．大学生就业与创业指导教程［M］．北京：中国传媒大学出版社，2015.

附录一　心理测试

一、气质类型测试

气质量表用来判断人的气质类型。下面是有关气质的60道问答题，没有对错之分，回答时不要猜测什么是正确答案，请根据你的实际情况与真实想法作答。每题设有五个选项：

A. 很符合　　　B. 比较符合　　　C. 介于中间　　　D. 不太符合　　　E. 很不符合

1. 做事力求稳妥，一般不做无把握的事。
2. 遇到可气的事就怒不可遏，只有把心里话全说出来才痛快。
3. 宁可一人做事，不愿很多人在一起。
4. 很快就能适应一个新环境。
5. 厌恶那些强烈的刺激，如尖叫、噪声、危险镜头等。
6. 和人争吵时，总是先发制人，喜欢挑衅。
7. 喜欢安静的环境。
8. 善于和人交往。
9. 羡慕那种善于克制自己感情的人。
10. 生活有规律，很少违反作息制度。
11. 在多数情况下，情绪是乐观的。
12. 碰到陌生人会觉得很拘束。
13. 遇到令人气愤的事，能很好地自我控制。
14. 做事总是有旺盛的精力。
15. 遇到问题时常常举棋不定，优柔寡断。
16. 在人群中从不觉得过分拘束。
17. 情绪高昂时觉得干什么都有趣，情绪低落时觉得干什么都没意思。
18. 当注意力集中于某一事物时，别的事物很难让自己分心。
19. 理解问题总比别人快。
20. 碰到危险情况时，常有一种极度恐惧感。
21. 对学习、工作、事业抱有极大的热情。
22. 能够长时间做枯燥、单调的工作。
23. 符合兴趣的事，干起来劲头十足，否则就不想干。
24. 一点小事就会引起情绪波动。
25. 讨厌做那种需要耐心、细心的工作。

26. 与人交往不卑不亢。

27. 喜欢参加热烈的活动。

28. 爱看感情细腻、描写人物内心活动的文学作品。

29. 工作学习时间长时，常感到厌倦。

30. 不喜欢长时间讨论一个问题，愿意实际动手干。

31. 宁愿侃侃而谈，不愿窃窃私语。

32. 别人说我总是闷闷不乐。

33. 理解问题常比别人慢一些。

34. 疲倦时只要经过短暂的休息就能精神抖擞，重新投入工作。

35. 心里有话时，宁愿自己想，不愿说出来。

36. 认准一个目标就希望尽快实现，不达目的，誓不罢休。

37. 同样和别人学习、工作一段时间后，常比别人更疲倦。

38. 做事有些莽撞，常常不考虑后果。

39. 老师和师傅讲授新知识、新技术时，总希望他讲慢些，多重复几遍。

40. 能够很快忘记不愉快的事情。

41. 做作业或完成一件工作总比别人花的时间多。

42. 喜欢运动量大的剧烈活动，或各种娱乐活动。

43. 不能很快地把注意力从一件事上转移到另一件事上去。

44. 接受一个任务后，就希望迅速完成。

45. 认为墨守成规比冒风险好一些。

46. 能够同时注意几件事。

47. 当我烦闷的时候，别人很难让我高兴。

48. 爱看情节起伏跌宕、激动人心的小说。

49. 对工作认真严谨，具有始终如一的态度。

50. 和周围人的关系总是处不好。

51. 喜欢复习学过的知识，重复检查已经完成的工作。

52. 希望做变化大、花样多的工作。

53. 小时候会背许多首诗歌，似乎比别人记得清楚。

54. 别人说我"出语伤人"，可我并不觉得这样。

55. 在体育活动中，常因反应慢而落后。

56. 反应敏捷，头脑机智灵活。

57. 喜欢有条理而不麻烦的工作。

58. 兴奋的事常常使我失眠。

59. 老师讲新的概念，常常听不懂，但是弄懂以后就很难忘记。

60. 如果工作枯燥无味，马上情绪就会低落。

【计分标准】选 A 得 2 分，选 B 得 1 分，选 C 得 0 分，选 D 得 -1 分，选 E 得 -2 分。然后计算总分。

【测试结果】

1. 将每题得分填入下表中相应的"得分"栏内。

2. 计算每种气质类型的总分数。

3. 气质类型的确定：如果某类气质得分明显高出其他三种，且均高出 4 分以上，则可定为该类气质。此外，如果某类气质得分超过 20 分，则为典型型；如果某类得分在 10～20 分，则为一般型。如果两种气质类型得分接近，其差异低于 3 分，而且又明显高于其他两种，高出 4 分以上，则可定为两种气质的混合型。

如果三种气质得分均高于第四种，而且相互接近，则为三种气质的混合型。

胆汁质	题号	2	6	9	14	17	21	27	31	36	38	42	48	50	54	58	总分
	得分																
多血质	题号	4	8	11	16	19	23	25	29	34	40	44	46	52	56	60	总分
	得分																
黏液质	题号	1	7	10	13	18	22	26	30	33	39	43	45	49	55	57	总分
	得分																
抑郁质	题号	3	5	12	15	20	24	28	32	35	37	41	47	51	53	59	总分
	得分																

【心理评析】气质是心理活动的动态特征，与日常生活中所说的"脾气""秉性"相近。气质是人格特征的自然风貌，它的成因主要与大脑的神经活动类型及后天习惯有关。气质类型本身在社会价值评价方面无好坏优劣之分，可以说每一种气质类型中都有积极或消极的成分，在人格的自我完善过程中，应扬长避短。气质不能决定人的思想道德素养和活动成就的高低，各种气质类型的人都可以对社会做出贡献，当然其消极成分也会对人的行为产生负面影响。

在人群中，典型的气质类型者较少，更多的人是综合型。多血质和胆汁质的气质类型易形成外向性格；黏液质和抑郁质的气质类型的人一般较文静和内向。

1. 多血质

神经特点：感受性低；耐受性高；不随意反应性强；具有可塑性；情绪兴奋性高；反应速度快而灵活。

心理特点：活泼好动，善于交际；思维敏捷；容易接受新鲜事物；情绪和情感容易产生也容易变化和消失，同时容易外露；体验不深刻。

典型表现：多血质又称活泼型，敏捷好动，善于交际，在新的环境里不会感到拘束。在工作、学习上富有精力而且效率高，表现出机敏的工作能力，善于适应环境变化。在集体中精神愉快，朝气蓬勃，愿意从事合乎实际的事业，会对事业心向神往，能迅速地把握新事物，在有充分自制能力和纪律性的情况下，会表现出巨大的积极性。兴趣广泛，但情感易变，如果事业上不顺利，热情可能消失，其速度与投身事业一样迅速。从事多样化的工作往往成绩卓越。

合适的职业：导游、推销员、节目主持人、演讲者、外事接待人员、演员、市场调查员、监督员等。

2. 胆汁质

神经特点：感受性低；耐受性高；不随意反应性强；外倾性明显；情绪兴奋性高；控

制力弱；反应速度快但不灵活。

心理特点：坦率热情；精力旺盛，容易冲动；脾气暴躁；思维敏捷，但准确性差；情感外露，但持续时间不长。

典型表现：胆汁质又称不可遏止型或战斗型。具有强烈的兴奋过程和比较弱的抑郁过程，情绪易激动，反应迅速，行动敏捷，暴躁而有力；在语言上、表情上、姿态上都有一种强烈而迅速的情感表现；在克服困难上有不可遏止和坚忍不拔的劲头，但不善于考虑；性急，情感易爆发而不能自制。这种人的工作特点带有明显的周期性，埋头于事业，也准备去克服通向目标的重重困难和障碍，但是当精力耗尽时，易失去信心。

适合职业：管理工作、外交工作、驾驶员、服装纺织业、餐饮服务业、医生、律师、运动员、冒险家、新闻记者、演员、军人、公安干警等。

3. 黏液质

神经特点：感受性低；耐受性高；不随意反应性低；外部表现少；情绪具有稳定性；反应速度快但不灵活。

心理特点：稳重，考虑问题全面；安静，沉默，善于克制自己；善于忍耐；情绪不易外露；注意力稳定而不容易转移，外部动作少而缓慢。

典型表现：这种人又称为安静型，在生活中是一个坚定而稳健的辛勤工作者。由于这种人具有与兴奋过程相均衡的强的抑制，所以行动缓慢而沉着，严格恪守既定的生活秩序和工作制度，不会为无谓的事而分心。黏液质的人态度持重，交际适度，不做空泛的清谈，情感上不易激动，不易发脾气，也不易流露情感，能自制，也不常常显露自己的才能。这种人能长时间坚持不懈，有条不紊地从事自己的工作。其不足之处在于不够灵活，不善于转移自己的注意力。惰性使他因循守旧，固定性有余，而灵活性不足。具有从容不迫和严肃认真的品德，性格上表现出一贯性和确定性。

适合职业：外科医生、法官、管理人员、出纳员、会计、播音员、话务员、调解员、教师、人力人事管理主管等。

4. 抑郁质

神经特点：感受性高；耐受性低；随意反应性低；情绪兴奋性高；反应速度慢，刻板固执。

心理特点：沉静，对问题感受和体验深刻、持久；情绪不容易表露；反应迟缓但深刻；准确性高。

典型表现：有较强的感受能力，易动感情，情绪体验的方式较少，但是体验时持久且有力，能观察到别人不易察觉的细节；对外部环境变化敏感，内心体验深刻；外表行为非常迟缓、忸怩、怯懦、怀疑、孤僻、优柔寡断，容易恐惧。

适合职业：校对、打字、排版、检察员、雕刻工作、刺绣工作、保管员、机要秘书、艺术工作者、哲学家、科学家。

二、MBTI 职业性格类型测试

MBTI 测试前须知：

1. 参加测试的人员请务必诚实、独立地回答问题，只有如此，才能得到有效的结果。

2.《性格分析报告》展示的是你的性格倾向，而不是你的知识、技能、经验。

3. MBTI 提供的性格类型描述仅供测试者确定自己的性格类型之用。性格类型没有好坏，只有不同。每一种性格特征都有其价值和优点，也有缺点和需要注意的地方。清楚地了解自己的性格优劣势，有利于更好地发挥自己的特长，而尽可能地在为人处世中避免自己性格中的劣势，更好地和他人相处，更好地作重要的决策。

4. 本测试分为四部分，共 93 题，需时约 18 分钟。所有题目没有对错之分，请根据自己的实际情况选择。将你选择的 A 或 B 所在的〇涂黑，例如：●。

只要你是认真、真实地填写了测试问卷，那么通常情况下你都能得到一个确实和你的性格相匹配的类型，希望你能从中或多或少地获得一些有益的信息。

一、哪一个答案最能贴切地描绘你一般的感受或行为？

序号	问题描述	选项	E	I	S	N	T	F	J	P
1	当你要外出一整天，你会： A. 计划你要做什么和在什么时候做； B. 说去就去	A							〇	
		B								〇
2	你认为自己是一个： A. 较为随兴所至的人；B. 较为有条理的人	A								〇
		B							〇	
3	假如你是一位老师，你会选教： A. 以事实为主的课程；B. 涉及理论的课程	A			〇					
		B				〇				
4	你通常 A. 与人容易混熟；B. 比较沉静或矜持	A	〇							
		B		〇						
5	一般来说，你和哪些人比较合得来？ A. 富于想象力的人；B. 现实的人	A				〇				
		B			〇					
6	你是否经常让： A. 你的情感支配你的理智；B. 你的理智主宰你的情感	A						〇		
		B					〇			
7	处理许多事情上，你会喜欢： A. 凭兴所至行事；B. 按照计划行事	A								〇
		B							〇	
8	你是否： A. 容易让人了解；B. 难以让人了解	A	〇							
		B		〇						

续表

序号	问题描述	选项	E	I	S	N	T	F	J	P
9	按照程序表做事： A. 合你心意；B. 令你感到束缚	A							○	
		B								○
10	当你有一份特别的任务，你会喜欢： A. 开始前小心组织计划；B. 边做边找需做什么	A							○	
		B								○
11	在大多数情况下，你会选择： A. 顺其自然；B. 按程序表做事	A								○
		B							○	
12	大多数人会说你是一个： A. 重视自我隐私的人；B. 非常坦率开放的人	A		○						
		B	○							
13	你宁愿被人认为是一个： A. 实事求是的人；B. 机灵的人	A			○					
		B				○				
14	在一大群人当中，通常是： A. 你介绍大家认识；B. 别人介绍你	A	○							
		B		○						
15	你会跟哪些人做朋友？ A. 常提出新主意的；B. 脚踏实地的	A				○				
		B			○					
16	你倾向： A. 重视感情多于逻辑；B. 重视逻辑多于感情	A						○		
		B					○			
17	你比较喜欢： A. 坐观事情发展才作计划；B. 很早就作计划	A								○
		B							○	
18	你喜欢花很多的时间： A. 一个人独处；B. 和别人在一起	A		○						
		B	○							
19	与很多人一起会： A. 令你活力倍增；B. 常常令你心力交瘁	A	○							
		B		○						
20	你比较喜欢： A. 很早便把约会、社交聚集等事情安排妥当；B. 无拘无束，看当时有什么好玩就做什么	A							○	
		B								○
21	计划一个旅程时，你较喜欢： A. 大部分的时间都是随当天的感觉行事；B. 事先知道大部分的日子会做什么	A								○
		B							○	

续表

序号	问题描述	选项	E	I	S	N	T	F	J	P
22	在社交聚会中，你： A. 有时感到郁闷；B. 常常乐在其中	A		○						
		B	○							
23	你通常： A. 和别人容易混熟；B. 趋向自处一隅	A	○							
		B		○						
24	哪些人会更吸引你？ A. 一个思维敏捷及非常聪颖的人；B. 实事求是，具有丰富常识的人	A				○				
		B			○					
25	在日常工作中，你会： A. 颇为喜欢处理迫使你分秒必争的突发事件；B. 通常预先计划，以免要在压力下工作	A								○
		B							○	
26	你认为别人一般： A. 要花很长时间才能认识你；B. 用很短的时间便可以认识你	A		○						
		B	○							

二、在下列每一对词语中，哪一个词语更合你心意？请仔细想想这些词语的意义，而不要理会他们的字形或读音。

序号	问题描述	选项	E	I	S	N	T	F	J	P
27	A. 注重隐私；B. 坦率开放	A		○						
		B	○							
28	A. 预先安排的；B. 无计划的	A							○	
		B								○
29	A. 抽象；B. 具体	A				○				
		B			○					
30	A. 温柔；B. 坚定	A						○		
		B					○			
31	A. 思考；B. 感受	A					○			
		B						○		
32	A. 事实；B. 意念	A			○					
		B				○				
33	A. 冲动；B. 决定	A								○
		B							○	
34	A. 热衷；B. 文静	A	○							
		B		○						

序号	问题描述	选项	E	I	S	N	T	F	J	P
35	A. 文静；B. 外向	A		○						
		B	○							
36	A. 有系统；B. 随意	A							○	
		B								○
37	A. 理论；B. 肯定	A				○				
		B			○					
38	A. 敏感；B. 公正	A					○			
		B						○		
39	A. 令人信服；B. 感人的	A					○			
		B						○		
40	A. 声明；B. 概念	A			○					
		B				○				
41	A. 不受约束；B. 预先安排	A								○
		B							○	
42	A. 矜持；B. 健谈	A		○						
		B	○							
43	A. 有条不紊；B. 不拘小节	A							○	
		B								○
44	A. 意念；B. 实况	A				○				
		B			○					
45	A. 同情怜悯；B. 远见	A						○		
		B					○			
46	A. 利益；B. 祝福	A					○			
		B						○		
47	A. 务实的；B. 理论的	A			○					
		B				○				
48	A. 朋友不多；B. 朋友众多	A		○						
		B	○							
49	A. 有系统；B. 即兴	A							○	
		B								○
50	A. 富想象的；B. 以事论事	A				○				
		B			○					

序号	问题描述	选项	E	I	S	N	T	F	J	P
51	A. 亲切的；B. 客观的	A						○		
		B					○			
52	A. 客观的；B. 热情的	A					○			
		B						○		
53	A. 建造；B. 发明	A			○					
		B				○				
54	A. 文静；B. 爱合群	A		○						
		B	○							
55	A. 理论；B. 事实	A				○				
		B			○					
56	A. 富同情；B. 合逻辑	A						○		
		B					○			
57	A. 具分析力；B. 多愁善感	A					○			
		B						○		
58	A. 合情合理；B. 令人着迷	A			○					
		B				○				

三、哪一个答案最能贴切地描绘你一般的感受或行为？

序号	问题描述	选项	E	I	S	N	T	F	J	P
59	如果你要在一个星期内完成一个大项目，你在开始的时候会：A. 把要做的不同工作依次列出；B. 马上动工	A							○	
		B								○
60	在社交场合中，你经常会感到：A. 与某些人很难打开话匣和保持对话；B. 与多数人都能从容地长谈	A		○						
		B	○							
61	要做许多人也做的事，你比较喜欢：A. 按照一般认可的方法去做；B. 构想一个自己的想法	A			○					
		B				○				
62	你刚认识的朋友能否说出你的兴趣？A. 马上可以；B. 要待他们真正了解你之后才可以	A	○							
		B		○						
63	你通常较喜欢的科目是：A. 讲授概念和原则的；B. 讲授事实和数据的	A				○				
		B			○					

续表

序号	问题描述	选项	E	I	S	N	T	F	J	P
64	哪个是较高的赞誉或称许： A. 一贯感性的人；B. 一贯理性的人	A						○		
		B					○			
65	你认为按照程序表做事： A. 有时是需要的，但一般来说你不大喜欢这样做；B. 大多数情况下是有帮助而且是你喜欢做的	A								○
		B							○	
66	和一群人在一起，你通常会选： A. 跟你很熟悉的个别人谈话；B. 参与大伙的谈话	A		○						
		B	○							
67	在社交聚会上，你会： A. 是说话很多的一个；B. 让别人多说话	A	○							
		B		○						
68	把周末期间要完成的事列成清单，这个主意会： A. 合你意；B. 使你提不起劲	A							○	
		B								○
69	哪个是较高的赞誉或称许： A. 能干的；B. 富有同情心	A					○			
		B						○		
70	你通常喜欢： A. 事先安排你的社交约会；B. 随兴之所至做事	A							○	
		B								○
71	总的说来，要做一个大型作业时，你会选： A. 边做边想该做什么；B. 首先把工作按步细分	A								○
		B							○	
72	你能否滔滔不绝地与人聊天： A. 只限于跟你有共同兴趣的人；B. 几乎跟任何人可以	A		○						
		B	○							
73	你会： A. 跟随一些证明有效的方法；B. 分析还有什么毛病，及针对尚未解决的难题	A			○					
		B				○				
74	为乐趣而阅读时，你会： A. 喜欢奇特或创新的表达方式；B. 喜欢作者直话直说	A				○				
		B			○					
75	你宁愿替哪一类上司（或者老师）工作？ A. 天性纯良，但常常前后不一的；B. 言词尖锐但永远合乎逻辑的	A					○			
		B					○			
76	你做事多数是： A. 按当天心情去做；B. 照拟好的程序表去做	A								○
		B							○	

序号	问题描述	选项	E	I	S	N	T	F	J	P
77	你是： A. 可以和任何人按需求从容地交谈；B. 只是对某些人或在某种情况下才可以畅所欲言	A	○							
		B		○						
78	要作决定时，你认为比较重要的是： A. 据事实衡量；B. 考虑他人的感受和意见	A					○			
		B						○		

四、在下列每一对词语中，哪一个词语更合你心意？

序号	问题描述	选项	E	I	S	N	T	F	J	P
79	A. 想象的；B. 真实的	A				○				
		B			○					
80	A. 仁慈慷慨的；B. 意志坚定的	A						○		
		B					○			
81	A. 公正的；B. 有关怀心	A					○			
		B						○		
82	A. 制作；B. 设计	A			○					
		B				○				
83	A. 可能性；B. 必然性	A				○				
		B			○					
84	A. 温柔；B. 力量	A						○		
		B					○			
85	A. 实际；B. 多愁善感	A					○			
		B						○		
86	A. 制造；B. 创造	A			○					
		B				○				
87	A. 新颖的；B. 已知的	A				○				
		B			○					
88	A. 同情；B. 分析	A						○		
		B					○			
89	A. 坚持己见；B. 温柔有爱心	A					○			
		B						○		
90	A. 具体的；B. 抽象的	A			○					
		B				○				

续表

序号	问题描述	选项	E	I	S	N	T	F	J	P
91	A. 全心投入；B. 有决心的	A						○		
		B					○			
92	A. 能干；B. 仁慈	A					○			
		B						○		
93	A. 实际；B. 创新	A			○					
		B				○				
每项总分			E	I	S	N	T	F	J	P

五、评分规则

1. 当你将●涂好后，把8项（E、I、S、N、T、F、J、P）分别加起来，并将总和填在每项最下方的方格内。

2. 请复查你的计算是否准确，然后将各项总分填在下面对应的方格内。

每项总分				
外向	E		I	内向
感觉	S		N	直觉
思考	T		F	情感
判断	J		P	认知

六、确定类型的规则

1. MBTI 以四个组别来评估你的性格类型倾向："E－I""S－N""T－F"和"J－P"。请你比较四个组别的得分。每个组别中，获得较高分数的那个类型，就是你的性格类型倾向。例如：你的得分是 . E（外向）12 分，I（内向）9 分，那你的类型倾向便是 E（外向）了。

2. 将代表获得较高分数的类型的英文字母填在下方的方格内。如果在一个组别中，两个类型得分相同，则依据下边表格中的规则来决定你的类型倾向。

评估类型

同分处理规则：假如 E = I，请填上 I；
假如 S = N，请填上 N；
假如 T = F，请填上 F；
假如 J = P，请填上 P

【性格解析】"性格"是一种个体内部的行为倾向，它具有整体性、结构性、持久稳定性等特点，是每个人特有的，可以对个人外显的行为和态度提供统一的、内在的解释。

MBTI 把性格分为4个维度，每个维度上包含相互对立的两种偏好，其中，"外向 E—内向 I"代表着个人不同的精力（Energy）来源；"感觉 S—直觉 N""思考 T—情感 F"分别表示个人在进行感知（Perception）和判断（Judgement）时不同的用脑偏好；"判断 J—感知 P"是针对个人的生活方式（Life Style）而言的，它表明个人如何适应外部环境——在个人适应外部环境的活动中，究竟是感知还是判断发挥了主导作用。

ISTJ	ISFJ	INFJ	INTJ
ISTP	ISFP	INFP	INTP
ESTP	ESFP	ENFP	ENTP
ESTJ	ESFJ	ENFJ	ENTJ

注：根据 1978 – MBTI – K 量表，以上每种类型中又分 625 个小类型。

每一种性格类型都具有独特的行为表现和价值取向。了解性格类型是寻求个人发展、探索人际关系的重要开端。

MBTI 十六种人格类型如下：

ISTJ

1. 严肃、安静，借由集中心志与全力投入及可被信赖获得成功。
2. 行事务实、有序、实际、逻辑、真实及可信赖。
3. 十分留意且乐于任何事（工作、居家、生活）均有良好组织及秩序。
4. 负责任。
5. 照设定成效来做出决策且不畏阻挠与闲言，会坚定为之。
6. 重视传统与忠诚。

7. 传统性的思考者或经理。

ISFJ

1. 安静、和善、负责任且有良心。

2. 行事尽责投入。

3. 安定性高，常居项目工作或团体之安定力量。

4. 愿投入、吃苦及力求精确。

5. 兴趣通常不在于科技方面，对细节事务有耐心。

6. 忠诚、考虑周到、知性且会关切他人感受。

7. 致力于创构有序及和谐的工作与家庭环境。

INFJ

1. 因为坚忍、创意及必须达成的意图而能成功。

2. 会在工作中投注最大的努力。

3. 默默强力地、诚挚地及用心地关切他人。

4. 因坚守原则而受敬重。

5. 提出造福大众利益的明确远景而为人所尊敬与追随。

6. 追求创见、关系及物质财物的意义及关联。

7. 想了解什么能激励别人及对他人具洞察力。

8. 光明正大且坚信其价值观。

9. 有组织且果断地履行其愿景。

INTJ

1. 具强大动力与本意来达成目的与创意——固执顽固者。

2. 有宏大的愿景且能快速在众多外界事件中找出有意义的模范。

3. 对所承负职务，具良好能力于策划工作并完成。

4. 具怀疑心、挑剔性、独立性、果决，对专业水准及绩效要求高。

ISTP

1. 冷静旁观者，安静、预留余地、弹性及会以无偏见的好奇心与未预期原始的幽默观察与分析。

2. 有兴趣于探索原因及效果，技术事件是为何及如何运作且使用逻辑的原理组构事实、重视效能。

3. 擅长于掌握问题核心及找出解决方式。

4. 分析成事的缘由且能实时由大量资料中找出实际问题的核心。

ISFP

1. 羞怯的、安宁和善的、敏感的、亲切的，且行事谦虚。

2. 喜于避开争论，不对他人强加己见或价值观。

3. 无意于领导却常是忠诚的追随者。

4. 办事不急躁，安于现状，无意于以过度的急切或努力破坏现况，且非成果导向。

5. 喜欢有自由的空间及照自定的时间、程序办事。

INFP

1. 安静观察者，具理想性，对其价值观及重要之人具忠诚心。

2. 希望外在生活形态与内在价值观相吻合。

3. 具好奇心且能很快看出机会所在，常担负开发创意的触媒者。

4. 除非价值观受侵犯，否则行事会具弹性，适应力高且承受力强。

5. 具想了解及发展他人潜能的企图，想做太多事且做事全神贯注。

6. 对所处境遇及拥有不太在意。

INTP

1. 安静、自持、弹性及具适应力。

2. 特别喜爱追求理论与科学事理。

3. 习惯于以逻辑及分析来解决问题——问题解决者。

4. 最有兴趣于创意事务及特定工作，对聚会与闲聊无大兴趣。

5. 追求可发挥个人强烈兴趣的生涯。

6. 追求发展对有兴趣事务之逻辑解释。

ESTP

1. 擅长现场实时解决问题——解决问题者。

2. 喜欢办事并乐于其中及过程。

3. 倾向于喜好技术事务及运动，交结同好友人。

4. 具适应性、容忍度、务实性，投注心力于会很快具成效的工作。

5. 不喜欢冗长概念的解释及理论。

6. 最专精于可操作、处理、分解或组合的真实事务。

ESFP

1. 外向、和善、接受性、乐于分享喜乐于他人。

2. 喜欢与他人一起行动且促成事件发生，在学习时亦然。

3. 知晓事件未来的发展并会热烈参与。

4. 最擅长于人际相处及具备完备常识，很有弹性，能立即适应他人与环境。

5. 生命、人、物质享受的热爱者。

ENFP

1. 充满热忱、活力充沛、聪明的、富想象力的，视生命充满机会但期能得到他人肯定与支持。

2. 几乎能达成所有有兴趣的事。

3. 对难题很快就有对策并能对有困难的人施予援手。

4. 依赖能改善的能力而无须预作规划准备。

5. 为达目的常能找出强制自己为之的理由。

6. 即兴执行者。

ENTP

1. 反应快、聪明、长于多样事务。

2. 具激励伙伴、敏捷及直言不讳的专长。

3. 会为了有趣而对问题的两面加以争辩。

4. 对解决新的及具有挑战性的问题富有策略，但会轻视或厌烦经常的任务与细节。

5. 兴趣多元，易倾向于转移至新生的兴趣。

6. 对所想要的会有技巧地找出富有逻辑的理由。

7. 长于看清楚他人，有智能去解决新的或具有挑战的问题。

ESTJ

1. 务实、真实、事实倾向，具企业或技术天分。

2. 不喜欢抽象理论，最喜欢学习可立即运用的事理。

3. 喜好组织与管理活动且专注于以最有效率方式行事以达至成效。

4. 具决断力、关注细节且很快做出决策——优秀行政者。

5. 会忽略他人感受。

6. 喜做领导者或企业主管。

ESFJ

1. 诚挚、爱说话、合作性高、受欢迎、光明正大的——天生的合作者及活跃的组织成员。

2. 重和谐且长于创造和谐。

3. 常做对他人有益的事务。

4. 给予鼓励及称许会有更佳工作成效。

5. 最有兴趣于会直接及有形影响人们生活的事务。

6. 喜欢通过与他人共事去精确且准时地完成工作。

ENFJ

1. 热忱、易感应及负责任的，具能鼓励他人的领导风格。

2. 对别人所想或希求会表达真正关切且切实用心去处理。

3. 能怡然且技巧性地带领团体讨论或演示文稿提案。

4. 爱交际、受欢迎及富同情心。

5. 对称许及批评很在意。

6. 喜欢带引别人且能使别人或团体发挥潜能。

ENTJ

1. 坦诚、具决策力的活动领导者。

2. 长于发展与实施广泛的系统以解决组织的问题。

3. 专精于具内涵与智能的谈话，如对公众演讲。

4. 乐于经常吸收新知且能广开信息管道。

5. 易生过度自信，会强于表达自己的创见。

6. 喜于长程策划及目标设定。

三、霍兰德职业兴趣类型测试

　　本测试将帮助你发现和确定自己的职业兴趣和能力特长，从而更好地做出求职择业的决策。如果你已经考虑好或选择好了自己的职业，本测验将使你的这种考虑或选择具有理论基础，或向你展示其他合适的职业；如果你至今尚未确定职业方向，本测验将帮助你根据自己的情况选择一个恰当的职业目标。本测验共有七个部分，每部分测验都没有时间限制，但请你尽快按要求完成。

第一部分　你心目中的理想职业（专业）

对于未来的职业（或升学进修的专业），您得早有考虑，它可能很抽象、很朦胧，也可能很具体、很清晰。不论是哪种情况，现在都请您把自己最想干的3种工作或最想读的3种专业按顺序写下来。

第二部分　你所感兴趣的活动

下面列举了若干种活动，请就这些活动判断你的好恶。喜欢的打√；不喜欢的打×。请按顺序回答全部问题。

R：实际型活动

1. 装配修理电器或玩具；
2. 修理自行车；
3. 用木头做东西；
4. 开汽车或摩托车；
5. 用机器做东西；
6. 参加木工技术学习班；
7. 参加制图描图学习班；
8. 驾驶卡车或拖拉机；
9. 参加机械和电气学习班；
10. 装配修理机器。

统计答"是"的项目总数：（　　　）。

I：调查型活动

1. 读科技图书和杂志；
2. 在实验室工作；
3. 改良水果品种，培育新的水果；
4. 调查了解土和金属等物质的成分；
5. 研究自己选择的特殊问题；
6. 解算术或玩数学游戏；
7. 物理课；
8. 化学课；
9. 几何课；
10. 生物课。

统计答"是"的项目总数：（　　　）。

A：艺术型活动

1. 素描/制图或绘画；
2. 参加话剧/戏剧；
3. 设计家具/布置室内；
4. 练习乐器/参加乐队；
5. 欣赏音乐或戏剧；

6. 看小说/读剧本；

7. 从事摄影创作；

8. 写诗或吟诗；

9. 参加艺术（美术/音乐）培训；

10. 练习书法。

统计答"是"的项目总数：（　　　）。

S：社会型活动

1. 学校或单位组织的正式活动；

2. 参加某个社会团体或俱乐部活动；

3. 帮助别人解决困难；

4. 照顾儿童；

5. 出席晚会、联欢会、茶话会；

6. 和大家一起出去郊游；

7. 想获得关于心理方面的知识；

8. 参加讲座会或辩论会；

9. 观看或参加体育比赛和运动会；

10. 结交新朋友。

统计答"是"的项目总数：（　　　）。

E：事业型活动

1. 说服鼓动他人；

2. 卖东西；

3. 谈论政治；

4. 制订计划、参加会议；

5. 以自己的意志影响别人的行为；

6. 在社会团体中担任职务；

7. 检查与评价别人的工作；

8. 结交名流；

9. 指导有某种目标的团体；

10. 参与政治活动。

统计答"是"的项目总数：（　　　）。

C：常规型（传统型）活动

1. 整理好桌面和房间；

2. 抄写文件和信件；

3. 为领导写报告或公务信函；

4. 检查个人收支情况；

5. 参加打字培训班；

6. 参加算盘、文秘等实务培训；

7. 参加商业会计培训班；

8. 参加情报处理培训班；

9. 整理信件、报告、记录等；

10. 写商业贸易信。

统计答"是"的项目总数：（　　　）。

第三部分　你所擅长获胜的活动

下面列举了若干种活动，其中你能做或大概能做的事，请打√或打×。请回答全部问题。

R：实际型活动

1. 能使用电锯、电钻和锉刀等木工工具；

2. 知道万用表的使用方法；

3. 能够修理自行车或其他机械；

4. 能够使用电钻床、磨床或缝纫机；

5. 能给家具和木制品刷漆；

6. 能看建筑设计图；

7. 能够修理简单的电气用品；

8. 能修理家具；

9. 能修理收录机；

10. 能简单地修理水管。

统计答"是"的项目总数：（　　　）。

I：调研型能力

1. 懂得真空管或晶体管的作用；

2. 能够列举三种含蛋白质多的食品；

3. 理解铀的裂变；

4. 能用计算尺、计算器、对数表；

5. 会使用显微镜；

6. 能找到三个星座；

7. 能独立进行调查研究；

8. 能解释简单的化学；

9. 理解人造卫星为什么不落地；

10. 经常参加学术会议。

统计答"是"的项目总数：（　　　）。

A：艺术型能力

1. 能演奏乐器；

2. 能参加二部或四部合唱；

3. 独唱或独奏；

4. 扮演剧中角色；

5. 能创作简单的乐曲；

6. 会跳舞；

7. 能绘画、素描或书法；

8. 能雕刻、剪纸或泥塑；

9. 能设计板报、服装或家具；

10. 写得一手好文章。

统计答"是"的项目总数：（　　　）。

S：社会型能力

1. 有向各种人说明解释的能力；

2. 常参加社会福利活动；

3. 能和大家一起友好相处地工作；

4. 善于与年长者相处；

5. 会邀请人、招待人；

6. 能简单易懂地教育儿童；

7. 能安排会议等活动顺序；

8. 善于体察人心和帮助他人；

9. 帮助护理病人和伤员；

10. 安排社团组织的各种事务。

统计答"是"的项目总数：（　　　）。

E：事业型能力

1. 担任过学生干部并且干得不错；

2. 工作上能指导和监督他人；

3. 做事充满活力和热情；

4. 有效利用自身的做法调动他人；

5. 销售能力强；

6. 曾作为俱乐部或社团的负责人；

7. 向领导提出建议或反映意见；

8. 有开创事业的能力；

9. 知道怎样做能成为一个优秀的领导者；

10. 健谈善辩。

统计答"是"的项目总数：（　　　）。

C：常规型能力

1. 会熟练地打印中文；

2. 会用外文打字机或复印机；

3. 能快速记笔记和抄写文章；

4. 善于整理保管文件和资料；

5. 善于从事事务性的工作；

6. 会用算盘；

7. 能在短时间内分类和处理大量文件；

8. 能使用计算机；

9. 能搜集数据；

10. 善于为自己或集体做财务预算表。

统计答"是"的项目总数：（　　　）。

第四部分　你所喜欢的职业

下面列举了多种职业，请逐一认真地看，如果是你有兴趣的工作，请打√，如果是你不太喜欢、不关心的工作，请打×。请回答全部问题。

R：实际型活动

1. 飞机机械师；

2. 野生动物专家；

3. 汽车维修工；

4. 木匠；

5. 测量工程师；

6. 无线电报务员；

7. 园艺师；

8. 火车司机；

9. 长途公共汽车司机；

10. 电工。

统计答"是"的项目总数：（　　　）。

I：调研型职业

1. 气象学或天文学者；

2. 生物学者；

3. 医学实验室的技术人员；

4. 人类学者；

5. 动物学者；

6. 化学学者；

7. 数学学者；

8. 科学杂志的编辑或作家；

9. 地质学者；

10. 物理学者。

统计答"是"的项目总数：（　　　）。

A：艺术型职业

1. 乐队指挥；

2. 演奏家；

3. 作家；

4. 摄影家；

5. 记者；

6. 画家、书法家；

7. 歌唱家；

8. 作曲家；

9. 电影电视演员；

10. 电视节目主持人。

统计答"是"的项目总数：（　　　）。

S：社会型职业

1. 街道、工会或妇联干部；

2. 小学、中学教师；

3. 精神病医生；

4. 婚姻介绍所工作人员；

5. 体育教练；

6. 福利机构负责人；

7. 心理咨询员；

8. 共青团干部；

9. 导游；

10. 国家机关工作人员。

统计答"是"的项目总数：（   ）。

E：事业型职业

1. 厂长；

2. 电视片编制人；

3. 公司经理；

4. 销售员；

5. 不动产推销员；

6. 广告部长；

7. 体育活动主办者；

8. 销售部长；

9. 个体工商业者；

10. 企业管理咨询人员。

统计答"是"的项目总数：（   ）。

C：常规型职业

1. 会计师；

2. 银行出纳员；

3. 税收管理员；

4. 计算机操作员；

5. 簿记人员；

6. 成本核算员；

7. 文书档案管理员；

8. 打字员；

9. 法庭书记员；

10. 人口普查登记员。

统计答"是"的项目总数：（   ）。

第五部分 你的能力类型简评

附表 1 和 2 是你在 6 个职业能力方面的自我评定表。你可以先与同龄者比较自己在每一方面的能力，然后经斟酌后对自己的能力作评估。请在表中适当的数字上画圈。数字越大，表示你的能力越强。注意，请勿全部画同样的数字，因为人的每项能力不可能完全一样。

附表1

R 型	I 型	A 型	S 型	E 型	C 型
机械操作能力	学习研究能力	艺术创作能力	解释表达能力	商业洽谈能力	事务执行能力
7 6 5 4 3 2 1	7 6 5 4 3 2 1	7 6 5 4 3 2 1	7 6 5 4 3 2 1	7 6 5 4 3 2 1	7 6 5 4 3 2 1

附表2

R 型	I 型	A 型	S 型	E 型	C 型
体育技能	数学技能	音乐技能	交际技能	领导技能	办公技能
7 6 5 4 3 2 1	7 6 5 4 3 2 1	7 6 5 4 3 2 1	7 6 5 4 3 2 1	7 6 5 4 3 2 1	7 6 5 4 3 2 1

如果你没看懂，看下面一段文字：

这个部分的主要目的是看你的哪个能力较其他能力更为突出，所以你可以把6个能力排队，然后让能力度不同的能力有不同的数值就好了。

比如一个人觉得自己最强是数学技能，接着是办公技能，然后觉得领导技能、交际技能差不多，再是体育技能，最后是音乐技能，音乐技能特别差，它比体育能力差好多，那就可以评分为7，6，5，5，4，2或者6，5，4，4，3，1，都不会影响得到的结果。

能力之间的差距好好感觉一下，能力差距大的两种能力的数值差距可以隔一个数字，比如体育和音乐之间。

第六部分　统计和确定你的职业倾向

请将第二部分至第五部分的全部测验分数按前面已统计好的6种职业倾向（R型、I型、A型、S型、E型和C型）得分填入附表3，并作纵向累加。

附表3

测试	R 型	I 型	A 型	S 型	E 型	C 型
第二部分						
第三部分						
第四部分						
第五部分 A						
第五部分 B						
总分						

请将附表3中的6种职业倾向总分按大小顺序依次从左到右排列：

____型、____型、____型、____型、____型、____型。

您的职业倾向性得分：最高分____；最低分____。

第七部分　你所看重的东西——职业价值观

这一部分测验列出了人们在选择工作时通常会考虑的 9 种因素（见所附工作价值标准）。现在请你在其中选出最重要的两项因素，并将序号填入下边相应空格上。

最重要：_____；次重要：_____；最不重要：_____；次不重要：_____。

附：工作价值标准

1. 工资高、福利好；

2. 工作环境（物质方面）舒适；

3. 人际关系良好；

4. 工作稳定有保障；

5. 能提供较好的受教育机会；

6. 有较高的社会地位；

7. 工作不太紧张、外部压力少；

8. 能充分发挥自己的能力特长；

9. 社会需要与社会贡献大。

以上全部测验完毕。

现在，将你测验得分居第一位的职业类型找出来，对照附表4，判断一下自己适合的职业类型。

附表 4　职业索引——职业兴趣代号与其相应的职业对照表

R（实际型）	木匠、农民、操作 X 光的技师、工程师、飞机机械师、鱼类和野生动物专家、自动化技师、机械工（车工、钳工等）、电工、无线电报务员、火车司机、长途公共汽车司机、机械制图员、修理机器师、电器师
I（调查型）	气象学者、生物学者、天文学家、药剂师、动物学者、化学家、科学报刊编辑、地质学者、植物学者、物理学者、数学家、实验员、科研人员、科技作者
A（艺术型）	室内装饰专家、图书管理专家、摄影师、音乐教师、作家、演员、记者、诗人、作曲家、编剧、雕刻家、漫画家
S（社会型）	社会学者、导游、福利机构工作者、咨询人员、社会工作者、社会科学教师、学校领导、精神病工作者、公共保健护士
E（事业型）	推销员、进货员、商品批发员、旅馆经理、饭店经理、广告宣传员、调度员、律师、政治家、零售商
C（常规型）	记账员、会计、银行出纳、法庭速记员、成本估算员、税务员、核算员、打字员、办公室职员、统计员、计算机操作员、秘书

下面介绍与你 3 个代号的职业兴趣类型一致的职业表，对照的方法如下：

首先根据你的职业兴趣代号（即分居前三位的），在下表中找出相应的职业，例如你的职业兴趣代号是 RIA，那么牙科技术人员、陶工等是适合你兴趣的职业。然后寻找与你职业兴趣代号相近的职业，如你的职业兴趣代号是 RIA，那么，其他由这三个字母组合成的编号（如 IRA、IAR、ARI 等）对应的职业，也较适合你的兴趣。

RIA：牙科技术员、陶工、建筑设计员、模型工、细木工、制作链条人员。

RIS：厨师、林务员、跳水员、潜水员、染色员、电器修理、眼镜制作、电工、纺织机器装配工、服务员、装玻璃工人、发电厂工人、焊接工。

RIE：建筑和桥梁工程、环境工程、航空工程、公路工程、电力工程、信号工程、电话工程、一般机械工程、自动工程、矿业工程、海洋工程、交通工程技术人员，制图员、家政经济人员、计量员、农民、农场工人、农业机械操作、清洁工、无线电修理、汽车修理、手表修理、管工、线路装配工、工具仓库管理员。

RIC：船上工作人员、接待员、杂志保管员、牙医助手、制帽工、磨坊工、石匠、机器制造工、机车（火车头）制造工、农业机器装配工、汽车装配工、缝纫机装配工、钟表装配和检验工、电动器具装配工、鞋匠、锁匠、货物检验员、电梯机修工、托儿所所长、钢琴调音师、装配工、印刷工、建筑钢铁工、卡车司机。

RAI：手工雕刻、玻璃雕刻、制作模型，家具木工、制作皮革品、手工绣花、手工钩针纺织、排字工作、印刷工作、图画雕刻、装订人员。

RSE：消防员、交通巡警、警察、门卫、理发师、房间清洁工、屠夫、锻工、开凿工人、管道安装工、出租汽车驾驶员、货物搬运工、送报员、勘探员、娱乐场所的服务员、起卸机操作工、灭害虫者、电梯操作工、厨房助手。

RSI：纺织工、编织工、农业学校教师、某些职业课程教师（诸如艺术、商业、技术、工艺课程）、雨衣上胶工。

REC：抄水表员、保姆、实验室动物饲养员、动物管理员。

REI：轮船船长、航海领航员、大副、试管实验员。

RES：旅馆服务员、家畜饲养员、渔民、渔网修补工、水手长、收割机操作工、搬运行李工人、公园服务员、救生员、登山导游、火车工程技术员、建筑工作、铺轨工人。

RCI：测量员、勘测员、仪表操作者、农业工程技术、化学工程技师、民用工程技师、石油工程技师、资料室管理员、探矿工、煅烧工、烧窑工、矿工、保养工、磨床工、取样工、样品检验员、纺纱工、炮手、漂洗工、电焊工、锯木工、刨床工、制帽工、手工缝纫工、油漆工、染色工、按摩工、木匠、农民建筑工作、电影放映员、勘测员助手。

RCS：公共汽车驾驶员、一等水手、游泳池服务员、裁缝、建筑工作、石匠、烟囱修建工、混凝土工、电话修理工、爆炸手、邮递员、矿工、裱糊工人、纺纱工。

RCE：打井工、吊车驾驶员、农场工人、邮件分类员、铲车司机、拖拉机司机。

IAS：普通经济学家、农场经济学家、财政经济学家、国际贸易经济学家、实验心理学家、工程心理学家、心理学家、哲学家、内科医生、数学家。

IAR：人类学家、天文学家、化学家、物理学家、医学病理制作者、动物标本制作者、化石修复者、艺术品管理者。

ISE：营养学家、饮食顾问、火灾检查员、邮政服务检查员。

ISC：侦察员、电视播音室修理员、电视修理服务员、验尸室人员、编目录者、医学实验技师、调查研究者。

ISR：水生生物学者，昆虫学者、微生物学家、配镜师、矫正视力者、细菌学家、牙科医生、骨科医生。

ISA：实验心理学家、普通心理学家、发展心理学家、教育心理学家、社会心理学家、临床心理学家、目标学家、皮肤病学家、精神病学家、妇产科医师、眼科医生、五官科医生、医学实验室技术专家、民航医务人员、护士。

IES：细菌学家、生理学家、化学专家、地质专家、地理物理学专家、纺织技术专家、医院药剂师、工业药剂师、药房营业员。

IEC：档案保管员、保险统计员。

ICR：质量检验技术员、地质学技师、工程师、法官、图书馆技术辅导员、计算机操作员、医院听诊员、家禽检查员。

IRA：地理学家、地质学家、声学物理学家、矿物学家、古生物学家、石油学家、地震学家、声学物理学家、原子和分子物理学家、电学和磁学物理学家、气象学家、设计审核员、人口统计学家、数学统计学家、外科医生、城市规划家、气象员。

IRS：流体物理学家、物理海洋学家、等离子体物理学家、农业科学家、动物学家、食品科学家、园艺学家、植物学家、细菌学家、解剖学家、动物病理学家、作物病理学家、药物学家、生物化学家、生物物理学家、细胞生物学家、临床化学家、遗传学家、分子生物学家、质量控制工程师、地理学家、兽医、放射性治疗技师。

IRE：化验员、化学工程师、纺织工程师、食品技师、渔业技术专家、材料和测试工程师、电气工程师、土木工程师、航空工程师、行政官员、冶金专家、原子核工程师、陶瓷工程师、地质工程师、电力工程师、口腔科医生、牙科医生。

IRC：飞机领航员、飞行员、物理实验室技师、文献检查员、农业技术专家、动植物技术专家、生物技师、油管检查员、工商业规划者、矿藏安全检查员、纺织品检验员、照相机修理者、工程技术员、编计算程序者、工具设计者、仪器维修工。

CRI：簿记员、会计、记时员、铸造机操作工、打字员、按键操作工、复印机操作工。

CRS：仓库保管员、档案管理员、缝纫工、讲述员、收款员。

CRE：标价员、实验室工作者、广告管理员、自动打字机操作员、电动机装配工、缝纫机操作工。

CIS：记账员、顾客服务员、报刊发行员、土地测量员、保险公司职员、会计师、估价员、邮政检查员、外贸检查员。

CIE：打字员、统计员、支票记录员、订货员、校对员、办公室工作人员。

CIR：校对员、工程职员、海底电报员、检修计划员、发单员。

CSE：接待员、通信员、电话接线员、卖票员、旅馆服务员、私人职员、商学教师、旅游办事员。

CSR：运货代理商、铁路职员、交通检查员、办公室通信员、簿记员、出纳员、银行财务职员。

CSA：秘书、图书管理员、办公室办事员。

CER：邮递员、数据处理员、办公室办事员。

CEI：推销员、经济分析家。

CES：银行会计、记账员、法人秘书、速记员、法院报告人。

ECI：银行行长、审计员、信用管理员、地产管理员、商业管理员。

ECS：信用办事员、保险人员、各类进货员、海关服务经理、售货员、购买员、会计。

ERI：建筑物管理员、工业工程师、农场管理员、护士长、农业经营管理人员。

ERS：仓库管理员、房屋管理员、货栈监督管理员。

ERC：邮政局长、渔船船长、机械操作领班、木工领班、瓦工领班、驾驶员领班。

EIR：科学、技术和有关周期出版物的管理员。

EIC：专利代理人、鉴定人、运输服务检查员、安全检查员、废品收购人员。

EIS：警官、侦察员、交通检验员、安全咨询员、合同管理者、商人。

EAS：法官、律师、公证人。

EAR：展览室管理员、舞台管理员、播音员、驯兽员。

ESC：理发师、裁判员、政府行政管理员、财政管理员、工程管理员、职业病防治员、售货员、商业经理、办公室主任、人事负责人、调度员。

ESR：家具售货员、书店售货员、公共汽车的驾驶员、日用品售货员、护士长、自然科学和工程的行政领导。

ESI：博物馆管理员、图书馆管理员、古迹管理员、饮食业经理、地区安全服务管理员、技术服务咨询者、超级市场管理员、零售商品店店员、批发商、出租汽车服务站调度。

ESA：博物馆馆长、报刊管理员、音乐器材售货员、广告营业员、导游、（轮船或班机上的）事务长、飞机上的服务员、船员、法官、律师。

ASE：戏剧导演、舞蹈教师、广告撰稿人、报刊、专栏作者、记者、演员、英语翻译。

ASI：音乐教师、乐器教师、美术教师、管弦乐指挥、合唱队指挥、歌星、演奏家、哲学家、作家、广告经理、时装模特。

AER：新闻摄影师、电视摄影师、艺术指导、录音指导、丑角演员、魔术师、木偶戏演员、骑士、跳水员。

AEI：音乐指挥、舞台指导、电影导演。

AES：流行歌手、舞蹈演员、电影导演、广播节目主持人、舞蹈教师、口技表演者、喜剧演员、模特。

AIS：画家、剧作家、编辑、评论家、时装艺术大师、新闻摄影师、男演员、文学作者。

AIE：花匠、皮衣设计师、工业产品设计师、剪影艺术家、复制雕刻品大师。

AIR：建筑师、画家、摄影师、绘图员、环境美化工、雕刻家、包装设计师、陶器设计师、绣花工、漫画工。

SEC：社会活动家、退伍军人服务官员、工商会事务代表、教育咨询者、宿舍管理员、旅馆经理、饮食服务管理员。

SER：体育教练、游泳指导。

SEI：大学校长、学院院长、医院行政管理员、历史学家、家政经济学家、职业学校教师、资料员。

SEA：娱乐活动管理员、国外服务办事员、社会服务助理、一般咨询者、宗教教育工作者。

SCE：部长助理、福利机构职员、生产协调人、环境卫生管理人员、戏院经理、餐馆经理、售票员。

SRI：外科医师助手、医院服务员。

SRE：体育教师、职业病治疗者、体育教练、专业运动员、房管员、儿童家庭教师、警察、引座员、传达员、保姆。

SRC：护理员、护理助理、医院勤杂工、理发师、学校儿童服务人员。

SIA：社会学家，心理咨询者，学校心理学家，政治科学家，大学或学院的系主任，大学或学院的教育学教师，大学农业教师，大学工程和建筑课程的教师，大学法律教师，大学数学、医学、物理、社会科学和生命科学的教师，研究生助教，成人教育教师。

SIE：营养学家、饮食学家、海关检查员、安全检查员、税务稽查员、校长。

SIC：描图员、兽医助手、诊所助理、体检检查员、监督缓刑犯的工作者、娱乐指导者、咨询人员、社会科学教师。

SIR：理疗员、救护队工作人员、手足病医生、职业病治疗助手。

霍兰德的职业理论，其核心假设是——人可以分为六大类：

R：现实型（Realistic）；

I：研究型（Investigative）；

A：艺术型（Artistic）；

S：社会型（Social）；

E：企业型（Enterprise）；

C：传统型（Conventional）；

R：现实型（技能型）。

【共同特点】愿意使用工具从事操作性工作，动手能力强，做事手脚灵活，动作协调。好于具体任务，不善言辞，做事保守，较为谦虚。缺乏社交能力，通常喜欢独立做事。

【性格特点】感觉迟钝、不讲究、谦逊的，踏实稳重、诚实可靠。

【职业建议】喜欢使用工具、机器，需要基本操作技能的工作。要求具备机械方面才能、体力，或从事与物件、机器、工具、运动器材、植物、动物相关的职业有兴趣，并具备相应能力。

如：技术性职业（计算机硬件人员、摄影师、制图员、机械装配工），技能性职业（木匠、厨师、技工、修理工、农民、一般劳动）。

I：研究型

【共同特点】思想家而非实干家，抽象思维能力强，求知欲强，肯动脑，善思考，不愿动手。喜欢独立的和富有创造性的工作。知识渊博，有学识才能，不善于领导他人。考虑问题理性，做事喜欢精确，喜欢逻辑分析和推理，不断探讨未知的领域。

【性格特点】坚持性强，有韧性，喜欢钻研。为人好奇，独立性强。

【职业建议】喜欢智力的、抽象的、分析的、独立的定向任务，要求具备智力或分析才能，并将其用于观察、估测、衡量、形成理论、最终解决问题的工作，并具备相应的能力。

如：科学研究人员、教师、工程师、电脑编程人员、医生、系统分析员。

注：工作中调研兴趣强的人做事较为坚持，有韧性，善始善终，调研兴趣弱的（<20%）通常做事容易浅尝辄止，常性也弱。

A：艺术型

【共同特点】有创造力，乐于创造新颖、与众不同的成果，渴望表现自己的个性，实现自身的价值。做事理想化，追求完美，不重实际。具有一定的艺术才能和个性。善于表达，怀旧，心态较为复杂。

【性格特点】有创造性，非传统的，敏感，容易情绪化，较冲动，不服从指挥。

【职业建议】喜欢的工作要求具备艺术修养、创造力、表达能力和直觉，并将其用于语言、行为、声音、颜色和形式的审美、思索和感受，具备相应的能力。不善于事务性工作。

如：艺术方面（演员、导演、艺术设计师、雕刻家、建筑师、摄影家、广告制作人）、音乐方面（歌唱家、作曲家、乐队指挥）和文学方面（小说家、诗人、剧作家）。

注：艺术兴趣高的人倾向于理想化，做事追求完美。在平常生活中，艺术的测试不指做艺术工作，而是工作中的艺术，倾向于将事情做得漂亮、有美感、有情调、锦上添花，追求完美。

S：社会型

【共同特点】喜欢与人交往，不断结交新的朋友，善言谈，愿意教导别人。关心社会问题、渴望发挥自己的社会作用。寻求广泛的人际关系，比较看重社会义务和社会道德。

【性格特点】为人友好、热情、善解人意、乐于助人。

【职业建议】喜欢要求与人打交道的工作，能够不断结交新的朋友，从事提供信息、启迪、帮助、培训、开发或治疗等事务，并具备相应能力。

如：教育工作者（教师、教育行政人员）、社会工作者（咨询人员、公关人员）。

E：企业型

【共同特点】追求权力、权威和物质财富，具有领导才能。喜欢竞争、敢冒风险、有野心/抱负。为人务实，习惯以利益得失、权利、地位、金钱等来衡量做事的价值，做事有较强的目的性。

【性格特点】善辩、精力旺盛、独断、乐观、自信、好交际、机敏、有支配愿望。

【职业建议】喜欢要求具备经营、管理、劝服、监督和领导才能，以实现机构、政治/社会及经济目标的工作，并具备相应的能力。

如：项目经理、销售人员、营销管理人员、政府官员、企业领导、法官、律师。

注：工作中通常要求管理人员和销售人员要有较强的企业兴趣，企业兴趣强则做事目的性强，务实，推动性也较强，若企业兴趣弱（＜40％），则做事的推动性较弱，速度较慢。

C：传统型（常规型）

【共同特点】尊重权威和规章制度，喜欢按计划办事，细心、有条理，习惯接受他人的指挥和领导，自己不谋求领导职务。喜欢关注实际和细节情况，通常较为谨慎和保守，缺乏创造性，不喜欢冒险和竞争，富有自我牺牲精神。

【性格特点】有责任心、依赖性强、高效率、稳重踏实、细致、有耐心。

【职业建议】喜欢要求注意细节、精确度、有系统、有条理，具有记录、归档、据特定要求或程序组织数据和文字信息的职业，并具备相应能力。

如：秘书、办公室人员、记事员、会计、行政助理、图书馆管理员、出纳员、打字员、投资分析员。

注：常规型的人做事有耐心、细致，如果人的常规兴趣弱（＜20％），通常表现为做事较为粗心，容易丢三落四，不够踏实。

相邻关系：RI，IR，IA，AI，AS，SA，SE，ES，EC，CE，RC，CR。属于相邻关系的两种类型的个体间共同点较多。

相隔关系：RA，RE，IC，IS，AR，AE，SI，SC，EA，ER，CI，CS。属于相隔关系的两种类型个的体之间共同点比相邻关系少。

相对关系：RS，IE，AC，SR，EI，CA。属于相对关系的人格类型共同点少，一个人同时对处于相对关系的两种职业环境都兴趣很浓的情况较为稀少。

四、职业价值观测试

说明：下面有 52 道题目，每个题目都有 5 个备选答案，请根据自己的实际情况或想法，在题目后面写出相应字母，每题只能选择一个答案。通过测验，你可以大致了解自己的职业价值观念倾向。

A. 非常重要　　B. 比较重要　　C. 一般　　D. 较不重要　　E. 很不重要

1. 你的工作必须经常解决新的问题。

2. 你的工作能为社会福利带来看得见的效果。

3. 你的工作奖金很高。

4. 你的工作内容经常变换。

5. 你能在你的工作范围内自由发挥。

6. 工作能使你的同学、朋友非常羡慕你。

7. 工作带有艺术性。

8. 你的工作能使人感觉到你是团体中的一分子。

9. 不论你怎么干，你总能和大多数人一样晋级和涨工资。

10. 你的工作使你有可能经常变换工作地点、场所或方式。

11. 在工作中你能接触到各种不同的人。

12. 你的工作上下班时间比较随便、自由。

13. 你的工作使你不断获得成功的感觉。

14. 你的工作赋予你高于别人的权力。

15. 在工作中，你能试行一些自己的新想法。

16. 在工作中你不会因为身体或能力等因素被人瞧不起。

17. 你能从工作的成果中知道自己做得不错。

18. 你的工作经常要外出参加各种集会和活动。

19. 只要你干上这份工作，就不再被调到其他意想不到的单位和工种上去。

20. 你的工作能使世界更美丽。

21. 在你的工作中，不会有人常来打扰你。

22. 只要努力，你的工资会高于其他同年龄的人，升级或涨工资的可能性比干其他工作大得多。

23. 你的工作是一项对智力的挑战。

24. 你的工作要求你把一些事务管理得井井有条。

25. 你的工作单位有舒适的休息室、更衣室、浴室及其他设备。

26. 你的工作有可能结识各行各业的知名人物。

356

27. 在你的工作中，能和同事建立良好的关系。

28. 在别人眼中，你的工作是很重要的。

29. 在工作中你经常接触到新鲜的事物。

30. 你的工作使你能常常帮助别人。

31. 你在工作单位中，有可能经常变换工作。

32. 你的作风使你被别人尊重。

33. 同事和领导人品较好，相处比较随便。

34. 你的工作会使许多人认识你。

35. 你的工作场所很好，比如有适度的灯光，安静、清洁的工作环境，甚至恒温、恒湿等优越的条件。

36. 在工作中，你为他人服务，使他人感到很满意，你自己也很高兴。

37. 你的工作需要计划和组织别人的工作。

38. 你的工作需要敏锐的思考。

39. 你的工作可以使你获得较多的额外收入，比如常发实物、常购买打折扣的商品、常发商品的提货券、有机会购买进口货等。

40. 在工作中你是不受别人差遣的。

41. 你的工作结果应该是一种艺术而不是一般的产品。

42. 在工作中不必担心会因为所做的事情领导不满意，而受到训斥或经济惩罚。

43. 在你的工作中能和领导有融洽的关系。

44. 你可以看见你的努力工作的成果。

45. 在工作中常常要你提出许多新的想法。

46. 由于你的工作，经常有许多人来感谢你。

47. 你的工作成果常常能得到上级、同事或社会的肯定。

48. 在工作中，你可能做一个负责人，虽然可能只领导很少几个人，你信奉"宁做兵头，不做将尾"的俗语。

49. 你从事的那种工作，经常在报刊、电视中被提到，因而在人们的心目中很有地位。

50. 你的工作有数量可观的夜班费、加班费、保健费或营养费。

51. 你的工作比较轻松，精神上也不紧张。

52. 你的工作需要和影视、戏剧、音乐、美术、文学等艺术打交道。

【评分与评价】

上面的 52 道题分别代表 13 项工作价值观。每个 A 得 5 分、B 得 4 分、C 得 3 分、D 得 2 分、E 得 1 分。请你根据下表中每一项前面的题号，计算一下每一项的得分总数，并把它填在每一项的得分栏上。然后在表格下面依次列出得分最高和最低的三项。

工作价值观	得分题号	价值观说明
利他主义	2, 30, 36, 46	工作的目的和价值在于直接为大众的幸福和利益尽一份力
美感	7, 20, 41, 52	工作的目的和价值在于能不断地追求美的东西，得到美感的享受
智力刺激	1, 23, 38, 45	工作的目的和价值在于不断进行智力的操作，动脑思考，学习以及探索新事物，解决新问题

续表

工作价值观	得分题号	价值观说明
成就感	13，17，44，47	工作的目的和价值在于不断创新，不断取得成就，不断得到领导与同事的赞扬，或不断实现自己想要做的事
独立性	5，15，21，40	工作的目的和价值在于能充分发挥自己的独立性和主动性，按自己的方式、步调或想法去做，不受他人的干扰
社会地位	6，28，32，49	工作的目的和价值在于所从事的工作在人们的心目中有较高的社会地位，从而使自己得到人的重视与尊敬
管理	14，24，37，48	工作的目的和价值在于获得对他人或某事物的管理支配权，能指挥和调遣一定范围内的人或事物
经济报酬	3，22，39，50	工作的目的和价值在于获得优厚的报酬，使自己有足够的财力去获得自己想要的东西，使生活过得较为富足
社会交际	11，18，26，34	工作的目的和价值在于能和各种人交往，建立比较广泛的社会联系和关系，甚至能和知名人物结识
安全感	9，16，19，42	不管自己能力怎样，希望在工作中有一个安稳局面，不会因为奖金、涨工资、调动工作或领导训斥等经常提心吊胆、心烦意乱
舒适	12，25，35，51	希望能将工作作为一种消遣、休息或享受的形式，追求比较舒适、轻松、自由、优越的工作条件和环境
人际关系	8，27，33，43	希望一起工作的大多数同事和领导人品较好，相处在一起感到愉快、自然，认为这就是很有价值的事，是一种极大的满足
变异性或追求新意	4，10，29，31	希望工作的内容经常变换，使工作和生活显得丰富多彩，不单调枯燥

得分最高的三项是：1. _____；2. _____；3. _____。

得分最低的三项是：1. _____；2. _____；3. _____。

从得分最高和最低的三项中，可以大致看出你的价值倾向，在选择职业时就可以加以考虑。

日常生活和职业活动的观察和研究都证明，人的职业能力各不相同，有人善于言语交谈，有人善于操作，有人善于理论分析，有人善于事务性工作，每个人都有自己独特的能力结构。社会上的职业也是多种多样的，各种职业对从业者的能力要求亦各不同，有的需要言语能力，有的需要计算能力，有的需要动手能力，大多数职业需要几种能力的综合。

五、职业能力测试五级量表

职业能力的评定采用"五级量表"：强、较强、一般、较弱、弱。每级评定都有相应的权重参数，将评定等级数量乘以权重参数，然后把六项数值加起来，再除以六，就得到一组评定的等级分数。

例如：

	强	较强	一般	较弱	弱
1. 善于表达自己的观点。	(√)	( )	( )	( )	( )
2. 阅读速度快，并能抓住中心内容。	( )	( )	(√)	( )	( )
3. 清楚地向别人解释难懂的概念。	( )	(√)	( )	( )	( )
4. 对文章中的字、词、段落和篇章的理解、分析和综合的能力。	( )	( )	(√)	( )	( )
5. 掌握词汇量的程度。	( )	(√)	( )	( )	( )
6. 中学时你的语文成绩。	( )	(√)	( )	( )	( )

各等级次数累计：$1 \times ($　$) + 2 \times ($　$) + 3 \times ($　$) + 4 \times ($　$) + 5 \times ($　$)$。

总计次数 $\sum = 1 \times 1 + 2 \times 3 + 3 \times 2 + 4 \times 0 + 5 \times 0 = 13$。

评定等级（2.2）＝总计次数（13）除以6。

根据自己实际情况，对下面的每一种活动做出评定。

【第一组】

	强	较强	一般	较弱	弱
1. 善于表达自己的观点。	( )	( )	( )	( )	( )
2. 阅读速度快，并能抓住中心内容。	( )	( )	( )	( )	( )
3. 清楚地向别人解释难懂的概念。	( )	( )	( )	( )	( )
4. 对文章中的字、词、段落和篇章的理解、分析和综合的能力。	( )	( )	( )	( )	( )
5. 掌握词汇量的程度。	( )	( )	( )	( )	( )
6. 中学时你的语言成绩。	( )	( )	( )	( )	( )

各等级次数累计：$1 \times ($　$) + 2 \times ($　$) + 3 \times ($　$) + 4 \times ($　$) + 5 \times ($　$)$。

总计次数 $\sum = ($　$)$。

评定等级（　）＝总计次数（　）除以6。

【第二组】

	强	较强	一般	较弱	弱
1. 做出精确的测量（如测长、宽、高等）。	( )	( )	( )	( )	( )
2. 解算术应用题。	( )	( )	( )	( )	( )
3. 笔算能力。	( )	( )	( )	( )	( )
4. 心算能力。	( )	( )	( )	( )	( )
5. 使用工具（如计算器）的计算能力。	( )	( )	( )	( )	( )
6. 中学时你的数学成绩。	( )	( )	( )	( )	( )

各等级次数累计：$1 \times ($　$) + 2 \times ($　$) + 3 \times ($　$) + 4 \times ($　$) + 5 \times ($　$)$。

总计次数 $\sum = ($　$)$。

评定等级（　）＝总计次数（　）除以6。

【第三组】

	强	较强	一般	较弱	弱
1. 美术素描画的水平。	( )	( )	( )	( )	( )

2. 画三维度的立体图形。　( )( )( )( )( )
3. 看几何图形的立体感。　( )( )( )( )( )
4. 想象盒子展开后平面形状。　( )( )( )( )( )
5. 玩拼板（图）游戏。　( )( )( )( )( )

各等级次数累计：1×( )+2×( )+3×( )+4×( )+5×( )。

总计次数∑ = ( )。

评定等级 ( ) =总计次数 ( ) 除以6。

【第四组】

　　　　　　　　　　　　　　　强　　较强　　一般　　较弱　　弱

1. 发现相似图形中的细微差异。　( )( )( )( )( )
2. 识别物体的差异。　( )( )( )( )( )
3. 注意到多数人所忽视的物体的细节部分。　( )( )( )( )( )
4. 检查物体的细节。　( )( )( )( )( )
5. 观察图案是否正确。　( )( )( )( )( )
6. 学习时善于找出数学作业的细小错误。　( )( )( )( )( )

各等级次数累计：1×( )+2×( )+3×( )+4×( )+5×( )。

总计次数∑ = ( )。

评定等级 ( ) =总计次数 ( ) 除以6。

【第五组】

　　　　　　　　　　　　　　　强　　较强　　一般　　较弱　　弱

1. 快而正确地抄写资料（诸如姓名、日期、电话号码等）。

　　( )( )( )( )( )
2. 阅读中发现错别字。　( )( )( )( )( )
3. 发现计算错误。　( )( )( )( )( )
4. 在图书馆很快地查找编码卡片。　( )( )( )( )( )
5. 发现图表中的细小错误。　( )( )( )( )( )
6. 自我控制能力（如较长时间地进行抄写资料工作）。

　　( )( )( )( )( )

各等级次数累计：1×( )+2×( )+3×( )+4×( )+5×( )。

总计次数∑ = ( )。

评定等级 ( ) =总计次数 ( ) 除以6。

【第六组】

　　　　　　　　　　　　　　　强　　较强　　一般　　较弱　　弱

1. 劳动技术中做操纵机器一类活动。　( )( )( )( )( )
2. 玩电子游戏中瞄准打靶。　( )( )( )( )( )
3. 在体操、广播操一类活动中身体的灵活性。　( )( )( )( )( )
4. 打球的姿势的水平度。　( )( )( )( )( )
5. 打字比赛或算盘比赛。　( )( )( )( )( )

6. 闭眼单脚站立的平衡能力。　　　　（　　）（　　）（　　）（　　）（　　）

各等级次数累计：$1 \times ($　　$) + 2 \times ($　　$) + 3 \times ($　　$) + 4 \times ($　　$) + 5 \times ($　　$)$。

总计次数$\Sigma = ($　　$)$。

评定等级（　　）＝总计次数（　　）除以6。

【第七组】

| | 强 | 较强 | 一般 | 较弱 | 弱 |

1. 灵巧地使用手工工具（如榔头、锤子）。（　　）（　　）（　　）（　　）（　　）

2. 灵巧地使用很小的工具（如镊子、缝衣针等）。

　　　　　　　　　　　　　　　　　　（　　）（　　）（　　）（　　）（　　）

3. 弹乐器时手指的灵活度。　　　　　　（　　）（　　）（　　）（　　）（　　）

4. 动手做一件小手工品。　　　　　　　（　　）（　　）（　　）（　　）（　　）

5. 很快地削水果（如苹果、梨子）。　　（　　）（　　）（　　）（　　）（　　）

6. 修理、装配、拆卸、纺织、缝补等一类活动。

　　　　　　　　　　　　　　　　　　（　　）（　　）（　　）（　　）（　　）

各等级次数累计：$1 \times ($　　$) + 2 \times ($　　$) + 3 \times ($　　$) + 4 \times ($　　$) + 5 \times ($　　$)$。

总计次数$\Sigma = ($　　$)$。

评定等级（　　）＝总计次数（　　）除以6。

【第八组】

| | 强 | 较强 | 一般 | 较弱 | 弱 |

1. 善于在陌生的场合发表自己的意见。　（　　）（　　）（　　）（　　）（　　）

2. 善于在新场合结交新朋友。　　　　　（　　）（　　）（　　）（　　）（　　）

3. 口头表达力。　　　　　　　　　　　（　　）（　　）（　　）（　　）（　　）

4. 善于与人友好交往，并协同工作。　　（　　）（　　）（　　）（　　）（　　）

5. 善于帮助别人。　　　　　　　　　　（　　）（　　）（　　）（　　）（　　）

6. 擅长做别人的思想工作。　　　　　　（　　）（　　）（　　）（　　）（　　）

各等级次数累计：$1 \times ($　　$) + 2 \times ($　　$) + 3 \times ($　　$) + 4 \times ($　　$) + 5 \times ($　　$)$。

总计次数$\Sigma = ($　　$)$。

评定等级（　　）＝总计次数（　　）除以6。

【第九组】

| | 强 | 较强 | 一般 | 较弱 | 弱 |

1. 擅长单位或班级的集体活动。　　　　（　　）（　　）（　　）（　　）（　　）

2. 在集体活动或学习中，时常关心他人的情况。

　　　　　　　　　　　　　　　　　　（　　）（　　）（　　）（　　）（　　）

3. 在日常能经常动脑筋，想出与别人不一样的好点子。

　　　　　　　　　　　　　　　　　　（　　）（　　）（　　）（　　）（　　）

4. 冷静果断地处理突然发生的事情。　　（　　）（　　）（　　）（　　）（　　）

5. 在你曾做过的组织工作中，你认为自己的能力属于哪一水平。

　　　　　　　　　　　　　　　　　　（　　）（　　）（　　）（　　）（　　）

6. 善于解决同事或同学之间的矛盾。　　（　　）（　　）（　　）（　　）（　　）

各等级次数累计：$1 \times ($ $) + 2 \times ($ $) + 3 \times ($ $) + 4 \times ($ $) + 5 \times ($ $)$。

总计次数$\Sigma = ($ $)$。

评定等级（   ）＝总计次数（   ）除以6。

统计和确定你的职业能力类型：把每一组的评定等级填入附表1中。

附表1

组	评定等级	相应的职业能力
第一组	（ ）	言语能力
第二组	（ ）	数理能力
第三组	（ ）	空间判断能力
第四组	（ ）	察觉细节能力
第五组	（ ）	书写能力
第六组	（ ）	运动协调能力
第七组	（ ）	动手能力
第八组	（ ）	社会交往能力
第九组	（ ）	组织管理能力

五个等级含义："1"为强；"2"为较强；"3"为一般；"4"为较弱；"5"为弱。评定等级可有小数点，如等级2.2，表示此种能力水平稍低于较强水平，高于一般水平。

各种职业能力的特点：

言语能力：指对词及其含义的理解和使用能力，对词、句子、段落篇章的理解能力，以及善于清楚正确地表达自己的观念和向别人介绍信息的能力。

数理能力：指迅速而准确地运算以及在准确的同时，能推理、解决应用问题的能力。

空间判断能力：指对立体图形以及平面图形与立体图形之间关系的理解能力，包括能看懂几何图形，对立体图形的三个面的理解力，识别物体在空间运动中的联系，解决几何问题。

察觉细节能力：指对物体或图形的有关细节具有正确的知觉能力，对于图形的明暗、线的宽度和长度做出区别和比较，看出其细微的差异。

书写能力：指对词、印刷物、账目、表格等材料的细微部分具有正确知觉的能力，迅速发现错字和正确地校对数字的能力。

运动协调：指眼、手、脚、身体迅速准确地随活动做出精确的动作和运动反应，手能跟随眼所看到的东西迅速行动，进行正确控制的能力。

动手能力：指手、手指、手腕能迅速而准确地活动和操作小的物体，在拿取、放置、换、翻转物体时手能做出精巧运动和腕的自由运动能力。

社会交往能力：指善于人与人之间的相互交往，相互联系，相互帮助，相互影响，从而协同工作或建立良好的人际关系。

组织管理能力：指擅长组织上和安排各种活动，协调参加活动中人际关系的能力。

各种常见职业与其相应的职业能力要求如附表2所示。

附表2

职业	言语	数理	空间判断	察觉细节	书写	运动协调	动手	社会交往	组织管理
水利工程师	3	3	4	4	3	3	3	3	4
自来水工人	4	3	4	4	4	2	2	4	4
供水工程师	3	2	2	2	3	3	3	3	3
食品饮料工人	4	3	4	4	4	4	2	2	4
食品饮料工程师	3	2	2	2	3	3	3	3	3
服装工人	3	3	3	3	3	3	2	3	4
服装设计师	3	2	2	2	3	3	3	3	3
家具工人	4	2	3	3	3	2	2	4	4
家具设计师	4	2	2	2	3	3	3	3	3
印刷工人	4	3	3	3	3	3	2	4	4
工艺设计师	4	2	2	2	3	3	3	3	3
化学工程师	3	2	2	2	3	3	3	3	3
冶金工程师	4	3	3	3	4	2	2	4	4
机械工程师	3	2	2	2	3	3	3	3	3
电工	3	3	3	3	3	2	2	3	4
电气工程师	3	2	2	2	3	3	3	3	3
仪器仪表工程师	3	2	2	2	3	3	3	3	3
电气安装工人	4	3	3	2	4	2	2	4	4
勘察设计工程师	3	2	2	2	3	3	3	3	3
城建规划工程师	3	2	2	2	3	3	3	3	3
市政管理员	3	2	2	2	3	3	3	3	3
汽车驾驶员	3	2	2	3	3	2	2	3	4
调度员	2	2	4	3	3	3	3	2	1
电信业务员	2	2	3	3	2	3	2	3	3
零售商业从业者	2	2	4	3	2	3	2	3	3
商业管理人员	2	2	4	3	2	4	3	2	2
售货员	2	2	4	3	2	3	2	3	2
商业采购员、供销员	2	2	4	3	3	3	3	1	2
外贸职员	1	2	4	3	3	3	3	1	2
厨师	4	3	4	4	4	2	2	3	3
餐厅服务员	2	2	4	4	3	2	2	2	3

续表

职业	言语	数理	空间判断	察觉细节	书写	运动协调	动手	社会交往	组织管理
保管员	3	2	3	3	3	3	2	3	3
房屋维修工	3	3	2	3	3	2	2	3	3
公交服务员	2	2	4	4	3	2	2	2	3
园林绿化验室工作者	3	3	3	4	4	2	2	4	4
美容、美发师	3	3	4	3	4	2	2	3	3
导游	1	3	4	4	3	2	3	2	1
宾馆服务员	2	3	4	4	3	3	2	2	2
摄影师	3	2	2	2	3	3	2	3	3
殡葬业服务员	3	3	4	4	4	3	3	3	3
家电维修人员	3	2	2	2	3	3	3	3	3
科技咨询工作者	2	3	3	2	2	3	3	2	2
心理咨询工作者	2	3	3	3	2	4	3	2	2
职业咨询工作者	2	3	3	3	3	4	3	2	2
社会工作者	2	3	4	4	3	3	2	3	3
银行信贷职员	2	1	4	1	2	4	3	2	3
税收员	2	2	4	3	3	4	3	2	2
会计、出纳、统计	3	1	4	1	2	4	3	2	3
保险职员	2	1	4	3	2	4	3	2	3
医生	2	2	3	3	3	2	1	3	3
护士	2	3	3	3	3	2	1	3	3
药剂师	3	2	3	3	3	2	1	3	3
运动员	3	3	3	2	4	1	1	3	3
教练员	2	3	3	2	4	1	1	3	1
演员	1	3	3	3	4	1	2	2	2
导演	1	3	3	2	2	2	2	2	1
编辑	1	2	3	1	2	3	3	1	1
图书馆员	3	2	4	2	2	3	3	3	3
播音员	1	2	3	1	3	3	2	2	3
广播、电视工程师	3	3	2	2	3	2	2		
幼儿园教师	1	3	3	2	2	3	2	2	2
中小学教师	1	2	3	2	1	3	2	2	1
中小学管理员	2	2	4	3	2	3	3	2	1

职业	言语	数理	空间判断	察觉细节	书写	运动协调	动手	社会交往	组织管理
教学辅助人员	2	2	4	3	2	3	3	2	1
自然科学家	3	1	2	1	2	3	1	2	3
社会科学家	2	3	3	2	1	3	3	2	2
科技情报人员	2	2	3	2	2	3	2	2	3
气象、地震预报员	2	2	3	2	2	3	3	3	3
业务员	2	2	3	2	1	3	3	2	2
打字员	3	3	4	2	2	3	2	3	4
秘书	2	2	3	2	1	3	3	2	2
警察	2	2	3	3	3	2	2	2	2
律师	1	2	3	2	3	3	3	2	2
审判员	1	3	3	2	3	3	3	2	2

附录二 就业政策汇编

一、高校毕业生就业政策百问

（2020 年）

（一）鼓励企业特别是中小企业吸纳高校毕业生就业

1. 国家对鼓励中小企业吸纳高校毕业生有哪些政策措施？

按照《国务院关于进一步做好新形势下就业创业工作的意见》（国发〔2015〕23 号）、《国务院办公厅关于做好 2014 年全国普通高等学校毕业生就业创业工作的通知》（国发〔2014〕22 号）、《国务院办公厅关于做好 2013 年全国普通高等学校毕业生就业工作的通知》（国办发〔2013〕35 号）、《国务院关于进一步支持小型微型企业健康发展的意见》（国发〔2012〕14 号）和《国务院关于进一步做好普通高等学校毕业生就业工作的通知》（国发〔2011〕16 号）等文件规定：

（1）对招收高校毕业生达到一定数量的中小企业，地方财政应优先考虑安排扶持中小企业发展资金，并优先提供技术改造贷款贴息。

（2）对劳动密集型小企业当年新招收登记失业高校毕业生，达到企业现有在职职工总数30%（超过100人的企业达15%）以上，并与其签订1年以上劳动合同的劳动密集型小企业，可按规定申请最高不超过200万元的小额担保贷款并享受50%的财政贴息。

（3）高校毕业生到中小企业就业的，在专业技术职称评定、科研项目经费申请、科研成果或荣誉称号申报等方面，享受与国有企事业单位同类人员同等待遇。

（4）对小微企业新招用毕业年度高校毕业生，签订1年以上劳动合同并缴纳社会保险费的，给予1年社会保险补贴。

2. 国家对引导国有企业吸纳高校毕业生就业有哪些政策措施？

按照《国务院关于进一步做好新形势下就业创业工作的意见》（国发〔2015〕23 号）、《国务院办公厅关于做好 2014 年全国普通高等学校毕业生就业创业工作的通知》（国发〔2014〕22 号）、《国务院办公厅关于做好 2013 年全国普通高等学校毕业生就业工作的通知》（国办发〔2013〕35 号）和《关于做好 2013—2014 年国有企业招收高校毕业生工作有关事项的通知》（国资厅发分配〔2013〕37 号）等文件规定：

（1）承担对口支援西藏、青海、新疆任务的中央企业要结合援助项目建设，积极吸纳当地高校毕业生就业。

（2）建立国有企事业单位公开招聘制度，推动实现招聘信息公开、过程公开和结果公开。

（3）国有企业招聘应届高校毕业生，除涉密等特殊岗位外，要实行公开招聘，招聘应届高校毕业生信息要在政府网站公开发布，报名时间不少于7天；对拟聘人员应进行公示，明确监督渠道，公示期不少于7天。

3. 企业招收就业困难高校毕业生享受什么优惠政策？

按照《财政部、人力资源社会保障部关于进一步加强就业专项资金管理有关问题的通知》（财社〔2011〕64号）规定，对各类企业（单位）招用符合条件的就业困难高校毕业生，与之签订劳动合同并缴纳社会保险费的，按其为就业困难高校毕业生实际缴纳的基本养老保险费、基本医疗保险费和失业保险费给予补贴，不包括企业（单位）和个人应缴纳的其他社会保险费。

根据《就业促进法》有关规定，就业困难人员是指因身体状况、技能水平、家庭因素、失去土地等原因难以实现就业，以及连续失业一定时间仍未能实现就业的人员。就业困难人员的具体范围，由省、自治区、直辖市人民政府根据本行政区域的实际情况规定。企业（单位）按季将符合享受社会保险补贴条件人员的缴费情况单独列出，向当地人力资源社会保障部门申请补贴。社会保险补贴申请材料应附：符合享受社会保险补贴条件的人员名单及身份证复印件、就业创业证复印件、劳动合同等就业证明材料复印件、社会保险征缴机构出具的社会保险费明细账（单）、企业（单位）在银行开立的基本账户等凭证材料，经人力资源社会保障部门审核后，财政部门将补贴资金支付到企业（单位）在银行开立的基本账户。

4. 企业为高校毕业生开展岗前培训享受什么优惠政策？

按照《国务院关于进一步做好新形势下就业创业工作的意见》（国发〔2015〕23号）、《国务院办公厅关于做好2014年全国普通高等学校毕业生就业创业工作的通知》（国发〔2014〕22号）、《财政部、人力资源社会保障部关于进一步加强就业专项资金管理有关问题的通知》（财社〔2011〕64号）等文件规定，企业新录用毕业年度高校毕业生与其签订6个月以上期限劳动合同，在劳动合同签订之日起6个月内由企业依托所属培训机构或政府认定的培训机构开展岗前就业技能培训的，根据培训后继续履行劳动合同情况，按照当地确定的职业培训补贴标准的一定比例，对企业给予定额职业培训补贴。

企业开展岗前培训前，需将培训计划大纲、培训人员花名册及身份证复印件、劳动合同复印件等材料报当地人力资源社会保障部门备案，培训后根据劳动者继续履行劳动合同情况，向人力资源社会保障部门申请职业培训补贴。申请材料经人力资源社会保障部门审核后，财政部门按规定将补贴资金直接拨入企业在银行开立的基本账户。企业申请职业培训补贴应附：培训人员花名册、培训人员身份证复印件、就业创业证复印件、劳动合同复印件、职业培训合格证书等凭证材料。

对小型微型企业新招用高校毕业生按规定开展岗前培训的，各地要根据当地物价水平，适当提高培训费补贴标准。

5. 高校毕业生从企业到机关事业单位就业后工龄如何计算？

按照《国务院关于进一步做好普通高等学校毕业生就业工作的通知》（国发〔2011〕16号）等文件规定，高校毕业生从企业、社会团体到机关事业单位就业的，其按规定参加企业职工基本养老保险的缴费年限合并为连续工龄。

6. 高校毕业生到企业特别是中小企业就业可否在当地落户？

按照《国务院办公厅关于做好 2014 年全国普通高等学校毕业生就业创业工作的通知》（国发〔2014〕22 号）、《国务院办公厅关于做好 2013 年全国普通高等学校毕业生就业工作的通知》（国办发〔2013〕35 号）文件规定，要简化高校毕业生就业程序，消除其在不同地区、不同类型单位之间流动就业的制度性障碍。切实落实允许包括专科生在内的高校毕业生在就（创）业地办理落户手续的政策（直辖市按有关规定执行）。省会及以下城市要放开对吸收高校毕业生落户的限制，简化有关手续，应届毕业生凭普通高等学校毕业证书、全国普通高等学校毕业生就业报到证、与用人单位签订的就业协议书或劳动（聘用）合同办理落户手续；非应届毕业生凭与用人单位签订的劳动（聘用）合同和普通高等学校毕业证书办理落户手续。高校毕业生到小型微型企业就业、自主创业的，其档案可由当地市、县一级的公共就业人才服务机构免费保管。办理高校毕业生档案转递手续，转正定级表、调整改派手续不再作为接收审核档案的必备材料。

7. 流动人员人事档案如何保管？

按照《关于进一步加强流动人员人事档案管理服务工作的通知》（人社部发〔2014〕90 号）、《流动人员人事档案管理暂行规定》的规定，流动人员档案具体包括：非公有制企业和社会组织聘用人员的档案；辞职辞退、取消录（聘）用或被开除的机关事业单位工作人员档案；与企事业单位解除或终止劳动（聘用）关系人员的档案；未就业的高校毕业生及中专毕业生的档案；自费出国留学及其他因私出国（境）人员的档案；外国企业常驻代表机构的中方雇员的档案；自由职业或灵活就业人员的档案；其他实行社会管理人员的档案。

流动人员人事档案管理实行集中统一、归口管理的管理体制，主管部门为政府人力资源社会保障部门，接受同级党委组织部门的监督和指导。流动人员人事档案具体由县级以上（含县级）公共就业和人才服务机构以及经人力资源社会保障部门授权的单位管理，其他单位未经授权不得管理流动人员人事档案。严禁个人保管本人或他人的档案。跨地区流动人员的人事档案，可由其户籍所在地或现工作单位所在地的公共就业和人才服务机构管理。

高校毕业生到具有档案管理权限的机关、事业单位、国有企业就业的，由单位直接接收、管理档案。到无档案管理权限的单位（私营企业、外资企业等）就业的，可由各地公共就业和人才服务机构负责提供档案管理等人事代理服务。高校毕业生离校时没有就业的，档案可由学校统一发回原户籍所在地公共就业和人才服务机构保管。档案不允许个人保存。

2015 年 1 月 1 日起，取消收取人事关系及档案保管费、查阅费、证明费、档案转递费等名目的费用。各级公共就业和人才服务机构应提供免费的流动人员人事档案基本公共服务。

8. 什么是人事代理？

公共就业和人才服务机构可在规定业务范围内接受用人单位和个人委托，从事下列人事代理服务：

（1）流动人员人事档案管理；

（2）因私出国政审；

（3）在规定的范围内申报或组织评审专业技术职务任职资格；

（4）转正定级和工龄核定；

（5）大中专毕业生接收手续；

（6）其他人事代理事项。

9. 高校毕业生怎样办理人事代理？

按照《人才市场管理规定》有关规定：人事代理方式可由单位集体委托代理，也可由个人委托代理；可多项委托代理，也可单项委托代理；可单位全员委托代理，也可部分人员委托代理。

单位办理委托人事代理，须向代理机构提交有效证件以及委托书，确定委托代理项目。经代理机构审定后，由代理机构与委托单位签订人事代理合同书，明确双方的权利和义务，确立人事代理关系。

10. 高校毕业生如何与用人单位订立劳动合同？

《劳动合同法》第七条规定，用人单位自用工之日起即与劳动者建立劳动关系。第十条规定，建立劳动关系，应当订立书面劳动合同。已建立劳动关系，未同时订立书面劳动合同的，应当自用工之日起一个月内订立书面劳动合同。用人单位与劳动者在用工前订立劳动合同的，劳动关系自用工之日起建立。

第八条规定，用人单位（企业、个体经济组织、民办非企业单位等组织）招用劳动者时，应当如实告知劳动者工作内容、工作条件、工作地点、职业危害、安全生产状况、劳动报酬，以及劳动者要求了解的其他情况；用人单位有权了解劳动者与劳动合同直接相关的基本情况，劳动者应当如实说明。

第九条规定，用人单位招用劳动者，不得扣押劳动者的居民身份证和其他证件，不得要求劳动者提供担保或者以其他名义向劳动者收取财物。

11. 什么是社会保险？我国建立了哪些社会保险制度？

社会保险是指国家通过立法，按照权利与义务相对应原则，多渠道筹集资金，对参保者在遭遇年老、疾病、工伤、失业、生育等风险情况下提供物质帮助（包括现金补贴和服务），使其享有基本生活保障、免除或减少经济损失的制度安排。

社会保险法第二条规定，我国建立基本养老保险、基本医疗保险、工伤保险、失业保险、生育保险等社会保险制度，保障公民在年老、疾病、工伤、失业、生育等情况下依法从国家和社会获得物质帮助的权利。其中，基本养老保险制度包括职工基本养老保险制度、新型农村社会保险制度和城镇居民社会养老保险制度；基本医疗保险制度包括职工基本医疗保险制度、新型农村合作医疗制度和城镇居民医疗保险制度。

12. 用人单位应该履行哪些社会保险义务？享有哪些社会保险权利？

（1）社会保险义务：一是申请办理社会保险登记的义务；二是申报和缴纳社会保险费的义务；三是代扣代缴职工社会保险的义务；四是向职工告知缴纳社会保险费明细的义务。

（2）社会保险权利：一是有权免费查询、核对其缴费记录；二是有权要求社会保险经办机构提供社会保险咨询等相关服务；三是可以参加社会保险监督委员会，对社会保险工作提出咨询意见和建议，实施社会监督；四是对侵害自身权益和不依法办理社会保险事务的行为，有权依法申请行政复议或者提起行政诉讼。此外，还有权对违反社会保险法律、法规的行为进行举报、投诉。

13. 参加社会保险的个人享有哪些权利？

高校毕业生依法缴纳社会保险费后，享有以下权利：

（1）有权依法享受社会保险待遇；

（2）有权监督本单位为其缴费情况；

（3）有权免费向社会保险经办机构查询、核对其缴费和享受社会保险待遇权益记录；

（4）有权要求社会保险经办机构提供社会保险咨询等相关服务；

（5）对侵害自身权益和不依法办理社会保险事务的行为，有权依法申请行政复议或者提起行政诉讼。

此外，还有权对违反社会保险法律、法规的行为进行举报、投诉。

14. 目前国家对用人单位及其职工和参保个人缴纳社会保险费的费率是如何规定的？

（1）用人单位及其职工缴纳社会保险费的费率。根据《国务院关于完善企业职工基本养老保险制度的决定》（国发〔2005〕38号）、《国务院关于建立城镇职工基本医疗保险制度的决定》（国发〔1998〕44号）、《失业保险条例》（国务院令第258号）规定，用人单位缴纳基本养老保险、基本医疗保险和失业保险的费率，分别是原则上为本单位工资总额的20%、6%左右和2%；用人单位缴纳工伤保险费按照《工伤保险条例》（国务院令第586号）规定实行行业差别费率和浮动费率，有关费率确定按照国家相应规定执行；用人单位缴纳生育保险费的费率按照《企业职工生育保险试行办法》（劳部发〔1994〕504号）规定执行，由统筹地区政府根据实际情况自行确定，但不得超过用人单位工资总额的1%。职工本人缴纳基本养老保险、基本医疗保险和失业保险的费率，分别为本人工资的8%、2%和1%。

（2）参保个人缴纳社会保险费的费率。根据《国务院关于完善企业职工基本养老保险制度的决定》（国发〔2005〕38号）规定，无雇工的个体工商户和灵活就业人员参加职工基本养老保险的缴费费率为20%，其中8%计入个人账户；无雇工的个体工商户和灵活就业人员参加职工基本医疗保险的缴费费率，按国家有关规定，统筹地区可以参照当地基本医疗保险建立统筹基金的缴费水平确定。

（3）城镇居民参加居民医疗保险和农村居民参加新型农村社会养老保险及新型农村合作医疗，主要采取定额方式缴纳社会保险费。

15. 高校毕业生如何处理劳动人事纠纷？

发生劳动人事争议，可以通过协商解决。当事人不愿协商或协商不成的，可以向调解组织申请调解；不愿调解、调解不成或者达成调解协议后不履行的，可以向劳动人事争议仲裁委员会申请仲裁；对仲裁裁决不服的，除法律另有规定的外，可以向人民法院提起诉讼。

对用人单位违反劳动保障法律、法规和规章的情况，高校毕业生可向人力资源社会保障部门举报、投诉。劳动保障监察机构将依法受理，纠正和查处有关违法行为。

16. 什么是服务外包和服务外包企业？

服务外包是指企业将其非核心的业务外包出去，利用外部最优秀的专业化团队来承接该业务，从而使其专注核心业务，达到降低成本、提高效率、增强企业核心竞争力和对环境应变能力的一种管理模式。

服务外包企业是指其与服务外包发包商签订中长期服务合同，承接服务外包业务的企业。

17. 目前服务外包产业主要涉及哪些领域及地区？

服务外包分为信息技术外包服务（ITO）、技术性业务流程外包服务（BPO）和技术性知识流程外包（KPO）等。ITO包括软件研发及外包、信息技术研发服务外包、信息系统运营维护外包等领域。BPO包括企业业务流程设计服务、企业内容管理数据库服务、企业运营数据库服务、企业供应链管理数据库服务等领域。KPO包括知识产权研究、医药和生物技术研发和测试、产品技术研发、工业设计、分析学和数据挖掘、动漫及网游设计研发、教育课件研发、工程设计等领域。

我国目前有服务外包示范城市21个，分别是北京、天津、上海、重庆、大连、深圳、广州、武汉、哈尔滨、成都、南京、西安、济南、杭州、合肥、南昌、长沙、大庆、苏州、无锡、厦门。

18. 服务外包企业吸纳高校毕业生有哪些财政支持？

按照《国务院办公厅关于鼓励服务外包产业加快发展的复函》（国办函〔2010〕69号）、《人力资源社会保障部、商务部关于加快服务外包产业发展促进高校毕业生就业的若干意见》（人社部发〔2009〕123号）等文件规定，对符合条件的服务外包企业，每新录用1名大学以上学历员工从事服务外包工作并签订1年期以上劳动合同的，给予企业不超过每人4500元的培训支持；对符合条件的培训机构培训的从事服务外包业务人才（大学以上学历），通过服务外包业务专业知识和技能培训考核，并与服务外包企业签订1年期以上劳动合同的，给予培训机构每人不超过500元的培训支持。服务外包企业吸纳高校毕业生参加就业见习的，享受相关财政补助政策。服务外包企业吸纳就业困难高校毕业生就业，享受社会保险补贴等扶持政策。就业困难高校毕业生参加服务外包培训可按规定享受职业培训补贴和职业技能鉴定补贴。

（二）鼓励引导高校毕业生面向城乡基层、中西部地区以及民族地区、贫困地区和艰苦边远地区就业

19. 什么是基层就业？

基层就业就是到城乡基层工作。国家近几年出台了一系列优惠政策鼓励高校毕业生积极参加社会主义新农村建设、城市社区建设和应征入伍。一般来讲，"基层"既包括广大农村，也包括城市街道社区；既涵盖县级以下党政机关、企事业单位，也包括社会团体、非公有制组织和中小企业；既包含单位就业，也包括自主创业、自谋职业。

20. 国家鼓励毕业生到基层就业的主要优惠政策包括哪些？

按照《国务院关于进一步做好新形势下就业创业工作的意见》（国发〔2015〕23号）、《国务院办公厅关于做好2014年全国普通高等学校毕业生就业创业工作的通知》（国发〔2014〕22号）、《国务院办公厅关于做好2013年全国普通高等学校毕业生就业工作的通知》（国办发〔2013〕35号）和《国务院关于进一步做好普通高等学校毕业生就业工作的通知》（国发〔2011〕16号）等文件规定：

（1）完善工资待遇进一步向基层倾斜的办法，健全高校毕业生到基层工作的服务保障机制，鼓励毕业生到乡镇特别是困难乡镇机关事业单位工作。

（2）对高校毕业生到中西部地区、艰苦边远地区和老工业基地县以下基层单位就业、履行一定服务期限的，按规定给予学费补偿和国家助学贷款代偿（本专科学生每人每年最高不超过8000元、研究生每人每年最高不超过12000元）。

（3）结合政府购买服务工作的推进，在基层特别是街道（乡镇）、社区（村）购买一批公共管理和社会服务岗位，优先用于吸纳高校毕业生就业。

（4）落实完善见习补贴政策，对见习期满留用率达到50%以上的见习单位，适当提高见习补贴标准。

（5）将求职补贴调整为求职创业补贴，对象范围扩展到已获得国家助学贷款的毕业年度高校毕业生。

（6）各地区要结合城镇化进程和公共服务均等化要求，充分挖掘教育、劳动就业、社会保障、医疗卫生、住房保障、社会工作、文化体育及残疾人服务、农技推广等基层公共管理和服务领域的就业潜力，吸纳高校毕业生就业。要结合推进农业科技创新、健全农业社会化服务体系等，引导更多高校毕业生投身现代农业。

（7）高校毕业生在中西部地区和艰苦边远地区县以下基层单位从事专业技术工作，申报相应职称时，可不参加职称外语考试或放宽外语成绩要求。充分挖掘社会组织吸纳高校毕业生就业潜力，对到省会及省会以下城市的社会团体、基金会、民办非企业单位就业的高校毕业生，所在地的公共就业人才服务机构要协助办理落户手续，在专业技术职称评定方面享受与国有企事业单位同类人员同等待遇。

（8）对到农村基层和城市社区从事社会管理和公共服务工作的高校毕业生，符合公益性岗位就业条件并在公益性岗位就业的，按照国家现行促进就业政策的规定，给予社会保险补贴和公益性岗位补贴。

①对到农村基层和城市社区其他社会管理和公共服务岗位就业的，给予薪酬或生活补贴，同时按规定参加有关社会保险。

②自2012年起，省级以上机关录用公务员，除部分特殊职位外，均应从具有2年以上基层工作经历的人员中录用。市（地）级以下机关特别是县乡机关招录公务员，应采取有效措施积极吸引优秀应届高校毕业生报考，录用计划应主要用于招收应届高校毕业生。

③对具有基层工作经历的高校毕业生，在研究生招录和事业单位选聘时实行优先。

21. 什么是基层社会管理和公共服务岗位？

所谓基层社会管理和公共服务岗位，包括大学生村官、支教、支农、支医、乡村扶贫，以及城市社区的法律援助、就业援助、社会保障协理、文化科技服务、养老服务、残疾人居家服务、廉租房配套服务等岗位。

2009年4月，人力资源社会保障部下发《关于公布第一批基层社会管理和公共服务岗位目录的通知》（人社部函〔2009〕135号），向社会公布第一批基层社会管理和公共服务岗位目录，以指导各地做好鼓励和引导高校毕业生到基层就业的工作。这批发布的岗位目录共分为基层人力资源和社会保障管理、基层农业服务、基层医疗卫生服务、基层文化科技服务、基层法律服务、基层民政、托老托幼、助残服务、基层市政管理、基层公共环境与设施管理维护以及其他等9大类领域，包括在街道（乡镇）、社区（村）等基层单位从事公共就业服务、社会保障、劳动关系协调、劳动监察、农业、扶贫开发、医疗、卫生、保健、防疫、文化、科技、体育、普法宣传、民事调解、托老、养老、托幼、助残、公共设施设备管理养护等相关事务管理服务工作的50种岗位。

22. 什么是其他基层社会管理和公共服务岗位？

在街道社区、乡镇等基层开发或设立的相应的社会管理和公共服务岗位。部分由政府出资，或由相关组织和单位出资。所安排使用的人员按规定享受相关补贴。

23. 什么是公益性岗位？

由政府开发、以满足社区及居民公共利益为目的的管理和服务岗位。对符合条件在公益性岗位安置就业的就业困难人员，按规定给予社会保险补贴和岗位补贴。符合公益性岗位安置条件的就业困难高校毕业生，可按规定享受公益性岗位就业援助政策。

24. 什么是公益性岗位社会保险补贴？

按照《财政部、人力资源社会保障部关于进一步加强就业专项资金管理有关问题的通知》（财社〔2011〕64号）规定，对就业困难人员的社会保险补贴实行"先缴后补"的办法。在公益性岗位安排就业困难人员，并缴纳社会保险费的，按其为就业困难人员实际缴纳的基本养老保险费、基本医疗保险费和失业保险费给予补贴，不包括就业困难人员个人应缴纳的基本养老保险费、基本医疗保险费和失业保险费，以及企业（单位）和个人应缴纳的其他社会保险费。社会保险补贴期限，一般最长不超过3年。

25. 什么是公益性岗位补贴？

对在公益性岗位安排就业困难人员就业的单位，按其实际安排就业困难人员人数给予岗位补贴。公益性岗位补贴期限，一般最长不超过3年。

在公益性岗位安排就业困难人员就业的单位，可按季向当地人力资源社会保障部门申请公益性岗位补贴。公益性岗位补贴申请材料应附：符合享受公益性岗位补贴条件的人员名单及身份证复印件、就业创业证复印件、发放工资明细账（单）、单位在银行开立的基本账户等凭证材料，经人力资源社会保障部门审核后，财政部门将补贴资金支付到单位在银行开立的基本账户。

26. 为鼓励高校毕业生面向基层就业，实施学费补偿和助学贷款代偿政策的主要内容是什么？

按照《国务院关于进一步做好新形势下就业创业工作的意见》（国发〔2015〕23号）、《关于调整完善国家助学贷款相关政策措施的通知》（财教〔2014〕180号）、《财政部、教育部关于印发〈高等学校毕业生学费和国家助学贷款代偿暂行办法〉的通知》（财教〔2009〕15号）等文件规定，高校毕业生（全日制本专科、高职生、研究生、第二学士学位毕业生）到中西部地区、艰苦边远地区和老工业基地县以下基层单位就业、履行一定服务期限的，按规定给予学费补偿和国家助学贷款代偿。在校学习期间获得国家助学贷款（含高校国家助学贷款和生源地信用助学贷款，下同）的，补偿的学费优先用于偿还国家助学贷款本金及其全部偿还之前产生的利息。定向、委培以及在校期间已享受免除全部学费政策的学生除外。

目前，国家助学贷款资助标准已经调整为，全日制普通本专科学生（含第二学士学位、高职学生，下同）每人每年申请贷款额度不超过8000元；年度学费和住宿费标准总和低于8000元的，贷款额度可按照学费和住宿费标准总和确定。

全日制研究生每人每年申请贷款额度不超过12000元；年度学费和住宿费标准总和低于12000元的，贷款额度可按照学费和住宿费标准总和确定。

27. 国家实施补偿学费和代偿助学贷款的就业地域范围包括哪些？

国家对到中西部地区和艰苦边远地区基层单位就业、并履行一定服务期限的中央部门所属高校毕业生，按规定实施相应的学费补偿和助学贷款代偿。这里涉及的地域范围主要包括：

（1）西部地区：西藏、内蒙古、广西、重庆、四川、贵州、云南、陕西、甘肃、青海、宁夏、新疆等12个省（自治区、直辖市）；

（2）中部地区：河北、山西、吉林、黑龙江、安徽、江西、河南、湖北、湖南、海南等10个省；

（3）艰苦边远地区：由国务院确定的经济水平、条件较差的一些州、县和少数民族地区。（详情可登录中国政府网查询：http://www.gov.cn）

（4）基层单位：

①中西部地区和艰苦边远地区县以下机关、企事业单位，包括乡（镇）政府机关、农村中小学、国有农（牧、林）场、农业技术推广站、畜牧兽医站、乡镇卫生院、计划生育服务站、乡镇文化站、乡镇劳动就业服务站等；

②工作现场地处以上地区县以下的气象、地震、地质、水电施工、煤炭、石油、航海、核工业等中央单位艰苦行业生产第一线。

28. 学费补偿和助学贷款代偿的标准和年限是多少？

学费补偿、国家助学贷款代偿及学费减免标准，本专科生每人每年最高不超过8000元，研究生每人每年最高不超过12000元。

本科、专科（高职）、研究生和第二学士学位毕业生补偿学费或代偿国家助学贷款的年限，分别按照国家规定的相应学制计算。在校学习的时间低于相应学制规定年限的，按照实际学习时间计算补偿学费或代偿助学贷款年限。在校学习时间高于相应学制年限的，按照学制规定年限计算。

每年代偿学费或国家助学贷款总额的三分之一，三年代偿完毕。

29. 中央部门所属高校毕业生如何申请学费补偿和助学贷款代偿？

（1）在办理离校手续时向学校递交《学费和国家助学贷款代偿申请表》和毕业生本人、就业单位与学校三方签署的到中西部地区、艰苦边远地区和老工业基地县以下基层单位服务3年以上的就业协议；

（2）在校学习期间获得国家助学贷款的，在与国家助学贷款经办银行签订毕业后还款计划时，注明已申请国家助学贷款代偿，如获得国家助学贷款代偿资格，不需自行向银行还款；

（3）高校负责审查申请资格并上报全国学生资助管理中心。

30. 地方所属高校毕业生到基层就业如何获得学费补偿和助学贷款代偿？

按照《财政部、教育部关于印发〈高等学校毕业生学费和国家助学贷款代偿暂行办法〉的通知》（财教〔2009〕15号）要求，各地要抓紧研究制定本地所属高校毕业生面向本辖区艰苦边远地区基层单位就业的学费补偿和助学贷款代偿办法。地方所属高校毕业生到基层就业是否可以获得学费补偿或国家助学贷款代偿，以及如何申请办理补偿或代偿等，请向学校所在地政府有关部门查询。

31. 到基层就业如何办理户口、档案、党团关系等手续？

对到中西部地区、艰苦边远地区和老工业基地县以下基层单位就业的高校毕业生，实行来去自由的政策，户口可留在原籍或根据本人意愿迁往就业地区；人事档案原则上统一转至就业单位所在地的县级政府人力资源社会保障部门，由公共就业和人才服务机构提供

374

免费人事代理服务；党团组织关系转至就业单位，在工作期间积极要求入党的，由乡镇一级党组织按规定程序办理。

32. 中央有关部门实施了哪些基层就业项目？

近年来，中央各有关部门主要组织实施了 5 个引导高校毕业生到基层就业的专门项目，包括：团中央、教育部、财政部、人力资源社会保障部等四部门从 2003 年起组织实施的"大学生志愿服务西部计划"；中组部、人力资源社会保障部、教育部等八部门从 2006 年开始组织实施的"三支一扶"（支教、支农、支医和扶贫）计划；教育部、财政部、人力资源社会保障部、中央编办等四部门从 2006 年开始组织实施的"农村义务教育阶段学校教师特设岗位计划"；中组部、教育部、财政部、人力资源社会保障部等部门从 2008 年起组织实施的"选聘高校毕业生到村任职工作"；农业部、人力资源社会保障部、教育部等部门从 2103 年起组织实施的"农业技术推广服务特设岗位计划"。

33. 什么是农村义务教育阶段学校教师特设岗位计划？

2006 年，教育部、财政部、人力资源社会保障部、中央编办下发《关于实施农村义务教育阶段学校教师特设岗位计划的通知》（教师〔2006〕2 号），联合启动实施"特岗计划"，公开招聘高校毕业生到"两基"攻坚县农村义务教育阶段学校任教。特岗教师聘期 3 年。

34. 农村教师特岗计划实施的地区范围包括哪些？

2006—2008 年"特岗计划"的实施范围以国家西部地区"两基"攻坚县为主（含新疆生产建设兵团的部分团场），包括纳入国家西部开发计划的部分中部省份的少数民族自治州，适当兼顾西部地区一些有特殊困难的边境县、少数民族自治县和少小民族县。2009 年，实施范围扩大到中西部地区国家扶贫开发工作重点县。

35. 农村教师特岗计划招聘对象和条件是什么？

（1）以高等师范院校和其他全日制普通高校应届本科毕业生为主，可招少量应届师范类专业专科毕业生。

（2）取得教师资格，具有一定教育教学实践经验，年龄在 30 岁以下的全日制普通高校往届本科毕业生。

（3）参加过"大学生志愿服务西部计划"、有从教经历的志愿者和参加过半年以上实习支教的师范院校毕业生同等条件下优先。

（4）报名者应同时符合教师资格条件要求和招聘岗位要求。

36. 农村教师特岗计划的招聘程序有哪些？

特岗教师实行公开招聘，合同管理。合同规定用人单位和应聘人员双方的权利和义务。

招聘工作由省级教育、人力资源社会保障、财政、编办等相关部门共同负责，遵循"公开、公平、自愿、择优"和"三定"（定县、定校、定岗）原则，按下列程序进行：①公布需求；②自愿报名；③资格审查；④考试考核；⑤集中培训；⑥资格认定；⑦签订合同；⑧上岗任教。

37. 什么是选聘高校毕业生到村任职？

2008 年，中组部、教育部、财政部、人力资源和社会保障部出台了《关于印发〈关于选聘高校毕业生到村任职工作的意见（试行）〉的通知》（组通字〔2008〕18 号），计划用五年时间选聘 10 万名高校毕业生到农村担任村党支部书记助理、村委会主任助理或团支部书记、副书记等职务。从 2010 年开始，扩大选聘规模，逐步实现"一村一名大学生村官"计划的目标。选聘的高校毕业生在村工作期限一般为 2～3 年。

38. 选聘到村任职的对象是什么？要满足哪些条件？

选聘对象为 30 岁以下应届和往届毕业的全日制普通高校专科以上学历的毕业生，重点是应届毕业和毕业 1 至 2 年的本科生、研究生，原则上为中共党员（含预备党员），非中共党员的优秀团干部、优秀学生干部也可以选聘。

基本条件是：①思想政治素质好，作风踏实，吃苦耐劳，组织纪律观念强。②学习成绩良好，具备一定的组织协调能力。③自愿到农村基层工作。④身体健康。此外，参加人力资源社会保障部、团中央等部门组织的到农村基层服务的"三支一扶"、"志愿服务西部计划"等活动期满的高校毕业生，本人自愿且具备选聘条件的，经组织推荐可作为选聘对象。

39. 选聘到村任职的程序是什么？

选聘工作一般通过个人报名、资格审查、组织考察、体检、公示、决定聘用、培训上岗等程序进行。

40. 什么是"三支一扶"计划？

三支一扶是支教、支医、支农、扶贫的简称。2006 年，中组部、人力资源社会保障部等八部门下发《关于组织开展高校毕业生到农村基层从事支教、支农、支医和扶贫工作的通知》（国人部发〔2006〕16 号），以公开招募、自愿报名、组织选拔、统一派遣的方式，从 2006 年开始连续 5 年，每年招募 2 万名高校毕业生，主要安排到乡镇从事支教、支农、支医和扶贫工作。服务期限一般为 2～3 年。招募对象主要为全国普通高校应届毕业生。

2011 年 4 月，人力资源和社会保障部下发《关于继续做好高校毕业生三支一扶计划实施工作的通知》（人社部发〔2011〕27 号），决定继续组织开展高校毕业生"三支一扶"计划，从 2011 年起，每年选拔 2 万名，5 年内选拔 10 万名高校毕业生到基层从事"三支一扶"服务。

41. 什么是大学生志愿服务西部计划？

大学生志愿服务西部计划由共青团中央牵头，教育部、财政部、人力资源社会保障部共同组织实施。从 2003 年开始，每年招募 1.8 万名普通高等学校应届毕业生，到西部贫困县的乡镇从事为期 1～3 年的教育、卫生、农技、扶贫以及青年中心建设和管理等方面的志愿服务工作。

42. 什么是农业技术推广服务特设岗位计划？

农业技术推广服务特设岗位计划由农业部牵头，人力资源社会保障部、教育部、科技部共同组织实施。从 2013 年开始，每年招募一批普通高等学校应届毕业生，到乡镇或区域性农业技术推广机构从事为期 2～3 年的农业技术推广、动植物疫病防控、农产品质量安全服务等工作。

43. 参加中央部门组织实施的基层就业项目，服务期满后享受哪些优惠政策？

根据中组部、人力资源社会保障部、教育部、财政部、共青团中央《关于统筹实施引导高校毕业生到农村基层服务项目工作的通知》（人社部发〔2009〕42 号）等政策规定，参加中央部门组织实施的基层就业项目、服务期满的毕业生，享受以下优惠政策：

（1）公务员招录优惠：每年拿出公务员考录计划的一定比例，专门用于定向招录服务期满且考核称职（合格）的服务基层项目人员。服务基层项目人员也可报考其他职位。

（2）事业单位招聘优惠：鼓励在项目结束后留在当地就业，参加各基层就业项目相对应的自然减员空岗，全部聘用服务期满的高校毕业生。从2009年起，到乡镇事业单位服务的高校毕业生服务满1年后，在现岗位空缺情况下，经考核合格，即可与所在单位签订不少于3年的聘用合同。同时，各省（区、市）县及县以上相关的事业单位公开招聘工作人员，应拿出不低于40%的比例，聘用各专门项目服务期满考核合格的高校毕业生。

（3）考学升学优惠：服务期满后三年内报考硕士研究生初试总分加10分；同等条件下优先录取；高职（高专）学生可免试入读成人本科。

（4）国家补偿学费和代偿助学贷款政策：参加各基层就业项目的毕业生，符合规定条件的，可享受相应的学费补偿和助学贷款代偿政策。

（5）服务期满自主创业的，可享受税收优惠、行政事业性收费减免、小额贷款担保和贴息等有关政策。

（6）其他：各基层就业项目服务年限计算工龄。服务期满到企业就业的，按照规定转接社会保险关系。

44. 高校毕业生到艰苦边远地区或国家扶贫开发工作重点县就业有什么优惠政策？

根据《国务院关于进一步做好普通高等学校毕业生就业工作的通知》（国发〔2011〕16号）规定，对到艰苦边远地区或国家扶贫开发工作重点县就业的高校毕业生，在机关工作的，试用期工资可直接按试用期满后工资确定，试用期满后级别工资高定1至2档；在事业单位工作的，可提前转正定级，转正定级时薪级工资高定1至2级。

（三）鼓励大学生应征入伍，报效祖国

45. 国家鼓励大学生应征入伍服义务兵役，这里的"大学生"如何界定？

这里的大学生指根据国家有关规定批准设立、实施高等学历教育的全日制公办普通高等学校、民办普通高等学校和独立学院，按照国家招生规定录取的全日制普通本科、专科（含高职）、研究生、第二学士学位的应（往）届毕业生、在校生和已被普通高校录取但未报到入学的学生。

征集的大学生以男性为主，女性大学生征集根据军队需要确定。

46. 公民应征入伍需要满足哪些政治条件？

征集服现役的公民必须热爱中国共产党，热爱社会主义祖国，热爱人民军队，遵纪守法，品德优良，决心为抵抗侵略、保卫祖国、保卫人民的和平劳动而英勇奋斗。征兵政治审查的内容包括：应征公民的年龄、户籍、职业、政治面貌、宗教信仰、文化程度、现实表现以及家庭主要成员和主要社会关系成员的政治情况等。

47. 公民应征入伍要满足哪些基本身体条件？

公民应征入伍要符合国防部颁布的《应征公民体格检查标准》和有关规定。其中，有几项基本条件：

身高：男性160cm以上，女性158cm以上。

体重：男性不超过标准体重的30%，不低于标准体重的15%；女性不超过标准体重的20%，不低于标准体重的15%。标准体重＝（身高－110）kg。

视力：大学生右眼裸眼视力不低于4.6，左眼裸眼视力不低于4.5。屈光不正，准分子激光手术后半年以上，无并发症，视力达到相应标准的，合格。

内科：乙型肝炎表面抗原呈阴性，等等。

48．应征入伍服义务兵役大学生的年龄是如何规定的？

男性普通高等学校在校生为年满 18 至 22 周岁，高职（专科）毕业生可放宽到 23 周岁，本科及以上学历毕业生可放宽到 24 周岁。

女性普通高等学校在校生为年满 18 到 20 周岁，应届毕业生放宽到 22 周岁。

49．高校毕业生应征入伍服义务兵役要经过哪些程序？

（1）网上报名预征：有应征意向的高校毕业生可在夏秋季征兵开始之前登录"大学生应征入伍网上报名平台"（网址为 http://zbbm.chsi.com.cn 或 http://zbbm.chsi.cn）进行报名，填写、打印《应届毕业生预征对象登记表》和《高校毕业生应征入伍学费补偿国家助学贷款代偿申请表》（以下分别简称《登记表》《申请表》），交所在高校征兵工作管理部门。

（2）初审、初检：毕业生离校前，在高校参加身体初检、政治初审，符合条件者确定为预征对象，高校协助兵役机关将《登记表》和《申请表》审核盖章发给毕业生本人，并完成网上信息确认。初审、初检工作最晚在 7 月 15 日前完成。

（3）实地应征：高校应届毕业生可在学校所在地应征入伍，也可在入学前户籍所在地应征入伍。

（4）组织高校应届毕业生在学校所在地征集的，结合初审、初检工作同步进行体格检查和政治审查，在毕业生离校前完成预定兵，9 月初学校所在地县（市、区）人民政府征兵办公室为其办理批准入伍手续。政治审查以本人现实表现为主，由其就读学校所在地的县（市、区）公安部门负责，学校分管部门具体承办，原则上不再对其入学前和就读返乡期间的现实表现情况进行调查。

（5）在入学前户籍所在地应征入伍的，高校应届毕业生 7 月 30 日前将户籍迁回入学前户籍地，持《登记表》和《申请表》到当地县级兵役机关参加实地应征，经体格检查、政治审查合格的，9 月初由当地县（市、区）人民政府征兵办公室办理批准入伍手续。

50．大学生征集工作由哪个部门牵头负责？

高校所在地兵役机关会同有关部门进入高校开展征集工作，高校由学生管理部门或学校武装部门牵头负责，有意向参军入伍的大学生可向所在学校学工部（处）、就业中心、资助中心或武装部咨询有关政策。

51．高校毕业生应征入伍服义务兵役享受哪些优惠政策？

高校毕业生应征入伍服义务兵役，除享有优先报名应征、优先体检政审、优先审批定兵、优先安排使用"四个优先"政策，家庭按规定享受军属待遇外，还享受优先选拔使用、学费补偿和国家助学贷款代偿、退役后考学升学优惠、就业服务等政策。

52．高校毕业生应征入伍"四个优先"政策是怎样规定的？

高校毕业生预征对象参军入伍享受"四优先"政策：

（1）优先报名应征。报名由县级兵役机关直接办理。夏秋季征兵开始前，县级兵役机关通知其报名时间、地点、注意事项等。确定为预征对象的高校毕业生，持《登记表》，可以直接到学校所在地或户籍所在地县级兵役机关报名应征。

（2）优先体检政考。体检由县级兵役机关直接办理。夏秋季征兵体检前，县级兵役机关通知其体检时间、地点、注意事项等。确定为预征对象的高校毕业生，未能在规定时间内在学校参加体检的，本人持《登记表》，可在征兵体检时间内报名直接参加体检。

（3）优先审批定兵。审批定兵时，应当优先批准体检政审合格的高校毕业生入伍。高职（专科）以上文化程度的合格青年未被批准入伍前，不得批准高中文化程度的青年入伍。

（4）优先安排使用。在安排兵员去向时，根据高校毕业生的学历、专业和个人特长，优先安排到军兵种或专业技术要求高的部队服役；部队对征集入伍的高校毕业生，优先安排到适合的岗位，充分发挥其专长。

53. 大学生应征入伍服义务兵役给予国家资助的内容是什么？

高等学校学生应征入伍服义务兵役国家资助，是指国家对应征入伍服义务兵役的高校学生，在入伍时对其在校期间缴纳的学费实行一次性补偿或获得的国家助学贷款（国家助学贷款包括校园地国家助学贷款和生源地信用助学贷款，下同）实行代偿；应征入伍服义务兵役前正在高等学校就读的学生（含按国家招生规定录取的高等学校新生），服役期间按国家有关规定保留学籍或入学资格；退役后自愿复学或入学的，国家实行学费减免。

54. 高校学生应征入伍享受学费补偿、国家助学贷款代偿及学费减免的标准是多少？

按照《关于调整完善国家助学贷款相关政策措施的通知》（财教〔2014〕180号）、《财政部　教育部　总参谋部关于印发〈高等学校学生应征入伍服义务兵役国家资助办法〉的通知》（财教〔2013〕236号）规定：

（1）学费补偿、国家助学贷款代偿及学费减免标准，本专科生每人每年最高不超过8000元，研究生每人每年最高不超过12000元。

（2）学费补偿或国家助学贷款代偿金额，按学生实际缴纳的学费或获得的国家助学贷款（国家助学贷款包括本金及其全部偿还之前产生的利息，下同）两者金额较高者执行，据实补偿或者代偿。退役复学后学费减免金额，按学校实际收取学费金额执行。超出标准部分不予补偿、代偿或减免。

（3）获学费补偿学生在校期间获得国家助学贷款的，补偿资金必须首先用于偿还国家助学贷款。如补偿金额高于国家助学贷款金额，高出部分退还学生。

55. 高校学生应征入伍服义务兵役都可以享受国家资助政策吗？

在校期间已免除全部学费的学生，定向生、委培生和国防生，其他不属于服义务兵役到部队参军的学生，均不享受学费补偿和国家助学贷款代偿政策。

56. 高校学生应征入伍服义务兵役享受学费补偿、国家助学贷款代偿和学费减免的年限如何计算？

学费补偿、国家助学贷款代偿和学费减免的年限，按照国家对本科、专科（高职）、研究生和第二学士学位规定的相应修业年限据实计算。以入伍时间为准，入伍前已达到的修业规定年限，即为学费补偿或国家助学贷款代偿的年限；退役复学后应完成的国家规定的修业年限的剩余期限，即为学费减免的年限；复学后攻读更高层次学历不在减免学费范围之内。

专升本、本硕连读、中职高职连读、第二学士学位毕业生补偿学费或代偿国家助学贷款的年限，分别按照完成本科、硕士、高职和第二学士学位阶段学习任务规定的学习时间计算。

专升本、本硕连读学制在校生，在专科或本科学习阶段应征入伍的，以实际学习时间实行学费补偿或国家助学贷款代偿，在本科或硕士学习阶段应征入伍的，以本科已学习时间或硕士已学习时间计算，实行学费补偿或国家助学贷款代偿，其以前专科学习时间或本科学习时间不计入学费补偿或国家助学贷款代偿。中职高职连读学生学费补偿或国家助学贷款代偿的年限，按照高职阶段实际学习时间计算。

57. 高校学生申请应征入伍服义务兵役国家资助的程序是什么？

（1）应征报名的高校学生登录大学生征兵报名系统，按要求在线填写、打印《申请表》并提交学校学生资助管理部门。在校期间获得国家助学贷款的学生，需同时提供国家助学贷款借款合同复印件和本人签字的一次性偿还贷款计划书。

（2）学校相关部门对《申请表》中学生的资助资格、标准、金额（如有生源地信用助学贷款，学校应联系贷款经办银行或贷款经办地县级学生资助管理机构确认贷款金额）等相关信息审核无误后，对《申请表》加盖公章，一份留存，一份返还学生。

（3）学生在征兵报名时将《申请表》交至入伍所在地县级人民政府征兵办公室。学生通过征兵体检被批准入伍后，县级人民政府征兵办对《申请表》加盖公章并返还学生。

（4）学生将《申请表》原件和入伍通知书复印件，寄送至原就读高校学生资助管理部门。

58. 因个人原因被部队退回，高校学生已获国家资助的经费要被收回吗？

因本人思想原因、故意隐瞒病史或弄虚作假、违法犯罪等行为造成退兵的学生，学校取消其受助资格，并不得申请学费减免。各省（区、市）人民政府征兵办公室应在接收退兵后及时将被退回学生的姓名、就读高校、退兵原因等情况逐级上报至国防部征兵办公室，并按照学生原就读高校的隶属关系，通报同级教育行政部门。

被部队退回并被取消资助资格的学生，如学生返回其原户籍所在地，已补偿的学费或代偿的国家助学贷款资金由学生户籍所在地县级教育行政部门会同同级人民政府征兵办公室收回；如学生返回其原就读高校，已补偿的学费或代偿的国家助学贷款由学生原就读高校会同退役安置地县级人民政府征兵办公室收回。各县级教育行政部门和各高校应在收回资金后十日内，逐级汇总上缴全国学生资助管理中心。收回资金按规定作为下一年度学费补偿或国家助学贷款代偿经费。

59. 高校毕业生入伍服义务兵役年限是多少？

我国现行的义务兵役制度服役年限是两年。

60. 大学生士兵退役后享受哪些就学优惠政策？

（1）高职（专科）学生入伍经历可作为毕业实习经历。

（2）退役大学生士兵入学或复学后免修军事技能训练，直接获得学分。

（3）设立"退役大学生士兵"专项硕士研究生招生计划。根据实际需求，每年安排一定数量专项计划，专门面向退役大学生士兵招生。在全国研究生招生总规模内单列下达，不得挪用。

（4）将高校在校生（含高校新生）服兵役情况纳入推免生遴选指标体系。鼓励开展推荐优秀应届本科毕业生免试攻读研究生工作的高校在制定本校推免生遴选办法时，结合本校具体情况，将在校期间服兵役情况纳入推免生遴选指标体系。在部队荣立二等功及以上的退役人员，符合研究生报名条件的可免试（指初试）攻读硕士研究生。

（5）将考研加分范围扩大至高校在校生（含高校新生）。退役人员在继续实行普通高校应届毕业生退役后按规定享受加分政策的基础上，允许普通高校在校生（含高校新生）

应征入伍服义务兵役退役，在完成本科学业后3年内参加全国硕士研究生招生考试，初试总分加10分，同等条件下优先录取。

（6）退役大学生士兵专升本实行招生计划单列。高职（专科）学生应征入伍服义务兵役退役，在完成高职学业后参加普通本科专升本考试，实行计划单列，录取比例在现行30%的基础上适度扩大，具体比例由各省份根据本地实际和报名情况确定。

（7）高校新生录取通知书中附寄应征入伍优惠政策。高校向新生寄送《录取通知书》时，附寄应征入伍宣传单，宣传单主要内容包括优惠政策概要、报名流程指南、学籍注册要求等。

（8）放宽退役大学生士兵复学转专业限制。大学生士兵退役后复学，经学校同意并履行相关程序后，可转入本校其他专业学习。

（9）具有高职（高专）学历的，退役后免试入读成人本科，或经过一定考核入读普通本科；荣立三等功以上奖励的，在完成高职（专科）学业后，免试入读普通本科。

（10）应征入伍的高校毕业生退役后报考政法干警招录培养体制改革试点招生时，教育考试笔试成绩总分加10分。

61. 什么是政法干警招录培养体制改革试点考试？

国家为培养政治业务素质高，实战能力强的应用型、复合型政法人才，加强政法机关公务员队伍建设，2008年开始重点从部队退役士兵和普通高校毕业生中选拔优秀人才，为基层政法机关特别是中西部和其他经济欠发达地区的县（市）级以下基层政法机关提供人才保障和智力支持。

62. 应征入伍的高校应届毕业生离校后户口档案存放在哪里，如何迁转？

被确定为预征对象的高校应届毕业生，回入学前户籍所在地应征的，将户口迁回入学前户籍所在地，档案转到入学前户籍所在地人才交流中心存放。在学校所在地应征的，可将户籍和档案暂时保留在学校。

高校应届毕业生批准入伍后，其户口档案予以注销，档案放入新兵档案。

63. 高校应届毕业生退役后户档迁移有何优惠政策？

高校应届毕业生入伍服义务兵役退出现役后一年内，可视同当年的高校应届毕业生，凭用人单位录（聘）用手续，向原就读高校再次申请办理就业报到手续，户档随迁（直辖市按照有关规定执行）。

64. 什么是士官？与义务兵有什么区别？

我军现役士兵按兵役性质分为义务兵役制士兵和志愿兵役制士兵。义务兵役制士兵称为义务兵，志愿兵役制士兵称为士官。士官属于士兵军衔序列，但不同于义务兵役制士兵，是士兵中的骨干。义务兵实行供给制，发给津贴，士官实行工资制和定期增资制度。

65. 没有参加网上报名预征的大学生是否可以应征入伍并享受有关优惠政策？

未参加网上报名预征的大学生，在征兵期间需要补办网上预征手续，没有经过网上报名预征的大学生不享受有关优惠政策。

（四）积极聘用高校毕业生参与国家和地方重大科研项目

66. 国家和地方重大科研项目包括哪些？

按照《科技部　教育部　财政部　人力资源社会保障部　国家自然科学基金委员会关于鼓励科研项目单位吸纳和稳定高校毕业生就业的若干意见》（国科发财〔2009〕97号）

规定，由高校、科研机构和企业所承担的民口科技重大专项、973 计划、863 计划、科技支撑计划项目以及国家自然科学基金会的重大重点项目等，可以聘用高校毕业生作为研究助理或辅助人员参与研究工作。此外的其他项目，承担研究的单位也可聘用高校毕业生。

67. 哪些高校毕业生可以被吸纳为研究助理或辅助人员？

吸纳对象主要以优秀的应届毕业生为主，包括高校以及有学位授予权的科研机构培养的博士研究生、硕士研究生和本科生。

68. 科研项目吸纳的高校毕业生是否为在编职工？

不是项目承担单位的正式在编职工，被吸纳高校毕业生需与项目承担单位签订服务协议，明确双方的权利、责任和义务。

69. 科研项目承担单位与被吸纳高校毕业生签订的服务协议应包含哪些内容？

（1）项目承担单位的名称和地址；

（2）研究助理的姓名、居民身份证号码和住址；

（3）服务协议期限；

（4）工作内容；

（5）劳务性费用数额及支付方式；

（6）社会保险；

（7）双方协商约定的其他内容。

服务协议不得约定由毕业生承担违约金。

70. 服务协议的期限如何约定？

根据《人力资源社会保障部办公厅关于重大科研项目单位吸纳高校毕业生参与研究工作签订服务协议有关问题的通知》（人社厅发〔2009〕47 号）等文件规定，服务协议期限最多可签订三年，三年以下的服务协议期限已满而项目执行期未满的，根据工作需要可以协商续签至三年。

71. 服务协议履行期间可以解除协议吗？

服务协议履行期间，毕业生可以提出解除服务协议，但应提前 15 天书面通知项目承担单位。

项目承担单位提出解除服务协议的，应当提前 30 日书面通知毕业生本人。研究助理被解除服务协议或协议期满终止后，符合条件的毕业生可按规定享受失业保险待遇。

72. 被吸纳高校毕业生如何获取报酬？

由项目承担单位向高校毕业生支付劳务性费用，具体数额按照国家有关规定、参照相应岗位标准，由双方协商确定。

73. 项目承担单位是否给被吸纳的高校毕业生上保险？

项目承担单位应当为毕业生办理社会保险，具体包括基本养老保险、基本医疗保险、失业保险、工伤保险、生育保险，并按时足额缴费。参保、缴费、待遇支付等具体办法参照各项社会保险有关规定执行。

74. 被吸纳的高校毕业生户档如何迁转？

毕业生参与项目研究期间，根据当地情况，其户口、档案可存放在项目承担单位所在地或入学前家庭所在地公共就业和人才服务机构。项目承担单位所在地或入学前家庭所在地公共就业和人才服务机构应当免费为其提供户口、档案托管服务。

75. 服务协议期满后如何就业？

协议期满，如果项目承担单位无意续聘，则毕业生到其他岗位就业。同时，国家鼓励项目承担单位正式聘用（招用）人员时，优先聘用担任过研究助理的人员。项目承担单位或其他用人单位正式聘用（招用）担任过研究助理的人员，应当分别依据《劳动合同法》、《国务院办公厅转发人事部关于在事业单位试行人员聘用制度意见的通知》（国办发〔2002〕35 号）等规定执行。

76. 毕业生服务协议期满被用人单位正式录（聘）用后，如何办理落户手续？工龄如何接续？

担任过研究助理的人员被正式聘用（招用）后，按照有关规定，凭用人单位录（聘）用手续、劳动合同和普通高等学校毕业证书办理落户手续；工龄与参与项目研究期间的工作时间合并计算，社会保险缴费年限合并计算。

（五）鼓励支持高校毕业生自主创业，稳定灵活就业

77. 高校毕业生自主创业，可以享受哪些优惠政策？

按照《国务院关于进一步做好新形势下就业创业工作的意见》（国发〔2015〕23 号）、《国务院办公厅关于深化高等学校创新创业教育改革的实施意见》（国办发〔2015〕36 号）等文件规定，高校毕业生自主创业优惠政策主要包括：

（1）税收优惠：持人力资源社会保障部门核发的就业创业证（注明"毕业年度内自主创业税收政策"）的高校毕业生在毕业年度内（指毕业所在自然年，即 1 月 1 日至 12 月 31 日）创办个体工商户、个人独资企业的，3 年内按每户每年 8000 元为限额依次扣减其当年实际应缴纳的营业税、城市维护建设税、教育费附加和个人所得税。对高校毕业生创办的小型微利企业，按国家规定享受相关税收支持政策。

（2）创业担保贷款和贴息支持：对符合条件的高校毕业生自主创业的，可在创业地按规定申请创业担保贷款，贷款额度为 10 万元。鼓励金融机构参照贷款基础利率，结合风险分担情况，合理确定贷款利率水平，对个人发放的创业担保贷款，在贷款基础利率基础上上浮 3 个百分点以内的，由财政给予贴息。

（3）免收有关行政事业性收费：毕业 2 年以内的普通高校毕业生从事个体经营（除国家限制的行业外）的，自其在工商部门首次注册登记之日起 3 年内，免收管理类、登记类和证照类等有关行政事业性收费。

（4）享受培训补贴：对高校毕业生在毕业学年（即从毕业前一年 7 月 1 日起的 12 个月）内参加创业培训的，根据其获得创业培训合格证书或就业、创业情况，按规定给予培训补贴。

（5）免费创业服务：有创业意愿的高校毕业生，可免费获得公共就业和人才服务机构提供的创业指导服务，包括政策咨询、信息服务、项目开发、风险评估、开业指导、融资服务、跟踪扶持等"一条龙"创业服务。各地在充分发挥各类创业孵化基地作用的基础上，因地制宜建设一批大学生创业孵化基地，并给予相关政策扶持。对基地内大学生创业企业要提供培训和指导服务，落实扶持政策，努力提高创业成功率，延长企业存活期。

（6）取消高校毕业生落户限制，允许高校毕业生在创业地办理落户手续（直辖市按有关规定执行）。

78. 大学生创业工商登记有什么要求？

深化商事制度改革，进一步落实注册资本登记制度改革，坚决推行工商营业执照、组织机构代码证、税务登记证"三证合一"，推进"三证合一"登记制度改革意见和统一社会信用代码方案，实现"一照一码"。放宽新注册企业场所登记条件限制，推动"一址多照"、集群注册等，降低大学生创业门槛。

79. 对大学生自主创业学籍管理有什么要求？

根据《教育部关于做好 2016 届全国普通高等学校毕业生就业创业工作的通知》（教学〔2015〕12 号）文件规定，对有自主创业意愿的大学生，实施弹性学制，放宽学生修业年限，允许调整学业进程、保留学籍休学创新创业。

80. 高校对自主创业大学生可提供什么条件？

根据《教育部关于做好 2016 届全国普通高等学校毕业生就业创业工作的通知》（教学〔2015〕12 号）文件规定，各地各高校建设一批大学生创业示范基地，继续推动大学科技园、创业园、创业孵化基地和实习实践基地建设，高校应开辟专门场地用于学生创新创业实践活动，教育部工程研究中心、各类实验室、教学仪器设备等原则上都要向学生开放。各高校要优化经费支出结构，多渠道统筹安排资金，支持创新创业教育教学，资助学生创新创业项目。

81. 高校毕业生怎样提升自主创业的能力？

各高校要根据人才培养定位和创新创业教育目标要求，促进专业教育与创新创业教育有机融合，调整专业课程设置，挖掘和充实各类专业课程的创新创业教育资源，在传授专业知识过程中加强创新创业教育。面向全体学生开发开设创新创业必修课和选修课，纳入学分管理。

各地人力资源社会保障部门已形成一些成熟的创业培训模式，如"GYB"（产生你的企业想法）、"SYB"（创办你的企业）、"IYB"（改善你的企业）；高校毕业生可选择参加创业培训和实训，并可按规定享受培训补贴，以提高创业能力。

82. 高校如何开展创新创业教育？

健全创新创业教育课程体系。高校要加快创新创业教育优质课程信息化建设，推出一批资源共享的慕课、视频公开课等在线开放课程。建立在线开放课程学习认证和学分认定制度。组织学科带头人、行业企业优秀人才，联合编写具有科学性、先进性、适用性的创新创业教育重点教材。

改革教学方法和考核方法。高校要广泛开展启发式、讨论式、参与式教学，扩大小班化教学覆盖面，推动教师把国际前沿学术发展、最新研究成果和实践经验融入课堂教学，注重培养学生的批判性和创造性思维，激发创新创业灵感。运用"大数据"技术，掌握不同学生学习需求和规律，为学生自主学习提供更加丰富多样的教育资源。改革考试考核内容和方式，注重考查学生运用知识分析、解决问题的能力，探索非标准答案考试，破除"高分低能"积弊。

强化创新创业实践。高校要加强专业实验室、虚拟仿真实验室、创业实验室和训练中心建设，促进实验教学平台共享。各地区、各高校科技创新资源原则上向全体在校学生开放，开放情况纳入各类研究基地、重点实验室、科技园评估标准。鼓励各地区、各高校充分利用各种资源建设大学科技园、大学生创业园、创业孵化基地和小微企业创业基地，作为创业教育实践平台，建好一批大学生校外实践教育基地、创业示范基地、科技创业实习基地和职业院校实训基地。完善国家、地方、高校三级创新创业实训教学体系，深入实施大学生创新创业训练计划，扩大覆盖面，促进项目落地转化。举办全国大学生创新创业大赛，办好全国职业院校技能大赛，支持举办各类科技创新、创意设计、创业计划等专题竞赛。支持高校学生成立创新创业协会、创业俱乐部等社团，举办创新创业讲座论坛，开展创新创业实践。

83. 如何向高校毕业生创设的小微企业优先转移科技成果？

国家鼓励利用财政性资金设立的科研机构、普通高校、职业院校，通过合作实施、转让、许可和投资等方式，向高校毕业生创设的小微企业优先转移科技成果。

84. 怎样申请创业担保贷款？在哪些银行可以申请创业担保贷款？

创业担保贷款按照自愿申请、社区推荐、人力资源社会保障部门审查、贷款担保机构审核并承诺担保、商业银行核贷的程序，办理贷款手续。

各国有商业银行、股份制商业银行、城市商业银行和城乡信用社都可以开办创业担保贷款业务，各地区根据实际情况确定具体经办银行。在指定的具体经办银行可以办理创业担保贷款。

85. 哪些项目属于微利项目？

微利项目由各省、自治区、直辖市人民政府结合当地实际情况确定，并报财政部、中国人民银行、人力资源和社会保障部备案。对于从事微利项目的，财政据实全额贴息，展期不贴息。

86. 离校后未就业高校毕业生如何参加就业见习？

人力资源社会保障部门通过媒体、公共就业和人才服务机构以及电视、网络、报纸等多种渠道，发布就业见习信息，公布见习单位名单、岗位数量、期限、人员要求等有关内容，或者组织开展见习单位和高校毕业生的双向选择活动，帮助离校未就业高校毕业生和见习单位对接。离校后未就业回到原籍的高校毕业生可与原籍所在地人力资源社会保障部门及当地团组织联系，主动申请参加就业见习。

87. 就业见习期限有多长？

高校毕业生就业见习期限一般为3～12个月。高校毕业生就业见习活动结束后，见习单位对高校毕业生进行考核鉴定，出具见习证明，作为用人单位招聘和选用见习高校毕业生的依据之一。在见习期间，由见习单位正式录（聘）用的，在该单位的见习期可以作为工龄计算。

88. 离校未就业高校毕业生参加就业见习享受哪些政策和服务？

（1）获得基本生活补助（基本生活补助费用由见习单位和地方政府分担，各地要根据当地经济发展和物价水平，合理确定和及时调整基本生活补助标准）；

（2）免费办理人事代理；

（3）办理人身意外伤害保险；

（4）见习期满未被录用可继续享受就业指导与服务。

89. 见习单位能享受什么优惠政策？

对企业（单位）吸纳离校未就业高校毕业生参加就业见习的，由见习企业（单位）先行垫付见习人员见习期间基本生活补助，再按规定向当地人力资源社会保障部门申请就业见习补贴。

就业见习补贴申请材料应附：实际参加就业见习的人员名单、就业见习协议书、见习人员身份证、登记证复印件和大学毕业证复印件、企业（单位）发放基本生活补助明细账（单）、企业（单位）在银行开立的基本账户等凭证材料，经人力资源社会保障部门审核后，财政部门将资金支付到企业（单位）在银行开立的基本账户。

见习单位支出的见习补贴相关费用，不计入社会保险缴费基数，但符合税收法律法规规定的，可以在计算企业所得税应纳税所得额时扣除。

90. 高校毕业生如何申请参加职业培训？

职业培训由各地人力资源社会保障部门负责组织实施。高校毕业生可到当地人力资源社会保障部门咨询了解职业培训开展情况，选择适宜的培训项目参加。

职业培训工作主要由政府认定的培训机构、技工院校或企业所属培训机构承担。

91. 高校毕业生能否享受职业培训补贴政策？如何申请职业培训补贴？

高校毕业生毕业年度内参加就业技能培训或创业培训，可按规定向当地人力资源社会保障部门申请职业培训补贴。毕业后按规定进行了失业登记的高校毕业生参加就业技能培训或创业培训，也可向当地人力资源社会保障部门申请职业培训补贴。

按照《财政部 人力资源社会保障部关于进一步加强就业专项资金管理有关问题的通知》（财社〔2011〕64号）等文件规定，申请材料经人力资源社会保障部门审核后，财政部门按规定将补贴资金直接拨付给申请者本人。职业培训补贴申请材料应附：培训人员身份证复印件、就业创业证复印件、职业资格证书（专项职业能力证书或培训合格证书）复印件、就业或创业证明材料、职业培训机构开具的行政事业性收费票据（或税务发票）等凭证材料。

高校毕业生参加就业技能培训或创业培训后，培训合格并通过职业技能鉴定取得初级以上职业资格证书（未颁布国家职业技能标准的职业应取得专项职业能力证书或创业培训合格证书），6个月内实现就业的，按职业培训补贴标准的100%给予补贴。6个月内没有实现就业的，取得初级以上职业资格证书，按职业培训补贴标准的80%给予补贴；取得专项职业能力证书或创业培训合格证书，按职业培训补贴标准的60%给予补贴。

92. 高校毕业生如何获取职业资格证书？

高校毕业生个人可向职业技能鉴定所（站）自主申请职业技能鉴定。职业技能鉴定要参加理论知识考试和操作技能（专业能力）考核。经鉴定合格者，由人力资源社会保障部门核发相应的职业资格证书。

93. 高校毕业生能否享受职业技能鉴定补贴政策，如何申请技能鉴定补贴？

按照《财政部 人力资源社会保障部关于进一步加强就业专项资金管理有关问题的通知》（财社〔2011〕64号）等文件规定，对高校毕业生在毕业年度内通过初次职业技能鉴定并取得职业资格证书或专项职业能力证书的，按规定给予一次性职业技能鉴定补贴。

通过初次职业技能鉴定并取得职业资格证书或专项职业能力证书的，可向职业技能鉴定所在地人力资源社会保障部门申请一次性职业技能鉴定补贴。职业技能鉴定补贴申请材料应附：申请人身份证复印件、就业创业证复印件、职业资格证书复印件、职业技能鉴定机构开具的行政事业性收费票据（或税务发票）等凭证材料，经人力资源社会保障部门审核后，财政部门按规定将补贴资金支付给申请者本人。

（六）为高校毕业生提供就业指导、就业服务和就业援助

94. 主要有哪些机构为高校毕业生提供就业服务？

（1）公共就业和人才服务机构。由各级人力资源社会保障部门举办的公共就业和人才服务机构，为高校毕业生免费提供政策咨询、就业信息、职业指导、职业介绍、就业援助、就业与失业登记或求职登记等各项公共服务，按规定为登记失业的高校毕业生免费提供人事档案管理等服务。此外，还定期开展面向高校毕业生的公共就业和人才服务专项活动，比如每年5月"民营企业招聘周"、每年9月"高校毕业生就业服务月"、每年11月"高校毕业生就业服务周"等，为高校毕业生和用人单位搭建供需对接平台。

（2）高校毕业生就业指导机构。目前，各省教育部门、各高校普遍建立了高校毕业生就业指导机构，为毕业生提供就业咨询、用人单位招聘及实习实训信息、求职技巧、职业生涯辅导、毕业生推荐、实习实践能力提升和就业手续办理等多项就业指导和服务。

（3）职业中介机构，主要包括从事人力资源服务的经营性机构。政府鼓励各类职业中介机构为高校毕业生提供就业服务，对登记失业的高校毕业生提供服务，并为符合条件的职业中介机构按规定给予职业介绍补贴。

95. 职业中介机构如何享受职业介绍补贴？

按照《财政部　人力资源社会保障部关于进一步加强就业专项资金管理有关问题的通知》（财社〔2011〕64号）等文件规定，在工商行政部门登记注册的职业中介机构，可按经其就业服务后实际就业的登记失业人员人数向当地人力资源社会保障部门申请职业介绍补贴。

职业介绍补贴申请材料应附：经职业中介机构就业服务后已实现就业的登记失业人员名单、接受就业服务的本人签名及身份证复印件、就业创业证复印件、劳动合同等就业证明材料复印件、职业中介机构在银行开立的基本账户等凭证材料。申请材料经人力资源社会保障部门审核后，财政部门按规定将补贴资金支付到职业中介机构在银行开立的基本账户。

96. 高校毕业生获取就业信息的主要渠道有哪些？

（1）浏览各类就业信息网站，包括中央有关部门主办的全国性就业信息网站、地方有关部门主办的就业信息网站、各高校就业信息网站及校内 bbs 求职版面、其他专业性就业网站等。

（2）参加各类招聘和双向选择活动，包括国家有关部门、各地、学校、用人单位等相关机构组织的各类现场或网络招聘活动。

（3）参与校企合作实习，包括社会实践、毕业实习等活动。

（4）查阅媒体广告，如报纸、刊物、电台、电视台、视频媒体等。

（5）他人推荐，如导师、校友、亲友等。

（6）主动到单位求职自荐等。

97. 在校期间高校毕业生可以通过哪些途径提升就业能力？

在学好专业知识技能的同时，根据学校要求或安排，毕业生可以通过选修或必修就业指导课程，参与学校组织的就业实习、技巧辅导、模拟招聘等活动，学习和了解相关职业的资料和信息，充分借助社会实践平台，全面提升就业能力。

高校毕业生还可通过学校实施的毕业证书与职业资格证书"双证书"制度、组织到企

业顶岗实习、参加人力资源社会保障部门认定的定点机构开展的职业技能培训等，切实增强自身的岗位适应能力与就业竞争力，促进职业素养的养成。

98. 困难家庭高校毕业生包括哪些毕业生？享受哪些帮扶政策？

困难家庭高校毕业生，是指来自城镇低保家庭、低保边缘户家庭、农村贫困家庭和残疾人家庭的普通高校毕业生。

各级机关考录公务员、事业单位招聘工作人员时，免收困难家庭高校毕业生的报名费和体检费。

为帮助困难家庭的高校毕业生求职就业，高校一般都会安排经费作为困难家庭毕业生的求职补助，或对已成功就业的困难家庭毕业生给予奖励。困难家庭的毕业生可向所在院系书面申请。学校也应根据平时掌握的情况，对困难家庭的毕业生给予主动帮助。

从 2013 年起，对享受城乡居民最低生活保障家庭、获得国家助学贷款的毕业年度内高校毕业生，可给予一次性求职创业补贴，补贴标准由各省级财政、人力资源社会保障部门会同有关部门根据当地实际制定，所需资金按规定列入就业专项资金支出范围。

99. 高校毕业生如何办理就业登记和失业登记？离校后未就业如何获得相应的就业指导和服务？

在法定劳动年龄内、有劳动能力和就业要求、处于无业状态的城镇常住人员，可以到常住地的公共就业服务机构进行失业登记。各地公共就业服务机构要为登记失业的各类人员提供均等化的政策咨询、职业指导、职业介绍等公共就业服务和普惠性就业政策，并逐步使外来劳动者与当地户籍人口享有同等的就业扶持政策。将就业失业登记证调整为就业创业证，免费发放，作为劳动者享受公共就业服务及就业扶持政策的凭证。有条件的地方可积极推动社会保障卡在就业领域的应用。

100. 离校未就业高校毕业生享受哪些服务和政策？

按照《国务院办公厅关于做好 2013 年全国普通高等学校毕业生就业工作的通知》（国办发〔2013〕35 号）和《人力资源社会保障部关于实施离校未就业高校毕业生就业促进计划的通知》（人社部发〔2013〕41 号）要求，为做好离校未就业高校毕业生就业工作，从2013 年起实施离校未就业高校毕业生就业促进计划：

（1）地方各级人力资源社会保障部门所属公共就业人才服务机构和基层公共就业服务平台要面向所有离校未就业高校毕业生（包括户籍不在本地的高校毕业生）开放，办理求职登记或失业登记手续，发放就业创业证，摸清就业服务需求。其中，直辖市为非本地户籍高校毕业生办理失业登记办法按现行规定执行。

（2）对实名登记的所有未就业高校毕业生提供更具针对性的职业指导。

（3）对有求职意愿的高校毕业生要及时提供就业信息。

（4）对有创业意愿的高校毕业生，各地要纳入当地创业服务体系，提供政策咨询、项目开发、创业培训、融资服务、跟踪扶持等"一条龙"创业服务，及时提供就业信息。

（5）要将零就业家庭、经济困难家庭、残疾等就业困难的未就业高校毕业生列为重点工作对象，提供"一对一"个性化就业帮扶，确保实现就业。

（6）对有就业见习意愿的高校毕业生，各地要及时纳入就业见习工作对象范围，确保能够随时参加。

（7）对有培训意愿的离校未就业高校毕业生，各地要结合其专业特点，组织参加职业培训和技能鉴定，按规定落实相关补贴政策。

（8）地方各级公共就业人才服务机构要为离校未就业高校毕业生免费提供档案托管、人事代理、社会保险办理和接续等一系列服务，简化服务流程，提高服务效率；有条件的地方可对到小微企业就业的离校未就业高校毕业生，提供免费的人事劳动保障代理服务。

（9）加大人力资源市场监管力度，严厉打击招聘过程中的欺诈行为，及时纠正性别歧视和其他各类就业歧视；加大劳动用工、缴纳社会保险费等方面的劳动保障监察力度，切实维护高校毕业生就业后的合法权益。

二、辽宁省就业帮扶政策与措施

（一）沈阳

根据《沈阳市人力资源和社会保障局关于做好 2017 年高校毕业生就业创业工作的意见》（沈人社发〔2017〕31 号）规定，高校毕业生到沈阳就业创业享受以下政策：

（1）创业扶持行动。为高校毕业生提供优惠的创业场地扶持；积极落实高校毕业生各项优惠政策，会同有关 26 部门简化工商登记手续，按规定给予税费减免优惠，为高校毕业生创业开辟"绿色通道"。拓宽多元化资金支持渠道，落实创业担保贷款政策，鼓励天使基金、风险投资和创业投资基金等社会资本支持高校毕业生创业。

（2）定向帮扶行动。对离校未就业困难家庭高校毕业生开展就业援助，在离校 3 个月内提供至少两次岗位对接援助。积极开发公益性岗位，确保困难家庭高校毕业生全部实现就业。密切高校合作，对符合条件的困难家庭毕业生按时发放求职创业补贴。

（3）就业见习行动。完善见习政策和监督检查机制，提高见习补贴标准，对见习期满留用率超过 50% 的企业，见习补贴全部由财政承担（补贴计算基数以我市最低工资标准为上限）。

（更多政策信息详见沈阳人力资源和社会保障网 http://www. syhrss. gov. cn/。）

（二）大连

根据《关于进一步做好就业工作的意见》（大政发〔2012〕46 号）、《关于进一步做好普通高等学校全日制毕业生就业创业工作的意见》（大政办发〔2014〕54 号）、《关于执行就业工作政策有关规定的通知》（大政发〔2014〕39 号）和《大连市加强创业孵化平台建设进一步促进创业型人才在连创业办法》（大委发〔2015〕8 号）等文件，高校毕业生到大连就业创业享受以下政策：

1. 优化初次创业人员创业环境

（1）城镇登记失业人员初次创办企业的，区市县政府、先导区管委会一次性给予 6000元创业资金补贴。

（2）城镇登记失业人员享受失业保险待遇期间初次创业的，领取营业执照后可一次性申领应领取的失业保险金。

（3）自主创业的高校毕业生可加入团市委组织实施的 YBC 项目，接受咨询培训、资金支持和导师辅导等扶持。

（4）对高校毕业生自主创业的，可按规定给予10万元的小额担保贷款，高校毕业生在高新领域实现自主创业的，贷款额度为20万元，并享受贴息政策。

（5）在电子商务网络平台开办"网店"的高校毕业生，可按规定享受小额担保贷款和贴息政策。

（6）留学回国的高校毕业生自主创业的，可按规定享受现行高校毕业生创业扶持政策。

（7）初次创业人员（指在我市行政区域内首次领取营业执照的创业者）创办企业免费或以优惠租金入驻孵化基地的，按规定减征或免征房产税和城镇土地使用税。

（8）对持就业失业登记证（注明"自主创业税收政策"）人员从事个体经营的，在3年内按每户每年9600元为限额依次扣减其当年实际应缴纳的营业税、城市维护建设税、教育费附加、地方教育附加和个人所得税。

2. 扶持创业孵化工作健康发展

（1）建立创业扶持基金。创业扶持基金贷款期限最长不超过1年，利率一般为基准利率上浮不超过20%；对符合条件的，市政府按贷款基准利率的50%给予贴息支持。

（2）每年从创业孵化平台中选拔一批有发展潜力和带头示范作用的优秀创业人才，市政府按1万元/人的标准组织参加高层次的创业进修或交流考察。

（3）每年从创业孵化平台中遴选一批优秀在孵企业，市政府给予每户5万~10万元资助。

（4）对选拔出的创业孵化平台优秀创业人才购买首套普通商品住房的，市政府给予10万元一次性购房补贴。申请办理住房公积金个人住房贷款的，其住房公积金连续缴存时间由现行的6个月缩短到3个月，贷款额度上浮20%但不得超过当地最高贷款限额并符合其他限制性规定。

（5）对初次创业人员免费或以优惠租金入驻孵化基地开展经营活动的，按规定减征或免征房产税和城镇土地使用税。

（6）对所有初次创业人员提供创业孵化服务，各级政府对苗圃哺育和实体孵化工作成果给予补贴。

3. 实施就业技能培训

（1）大学生可根据个人职业规划和学业情况选择参加2次政府补贴就业技能培训，或向市公共实训基地和大学生实训示范基地申请参加技能实训，对培训（实训）后经鉴定取得国家职业资格证书的，按规定享受相应培训、鉴定补贴和意外伤害保险补贴。

（2）大连市生源的困难家庭高校毕业生（指零就业家庭、城乡低保家庭、残疾人家庭以及在校享受国家助学贷款的高校毕业生）在毕业年度内参加技能培训的，市政府按培训地最低工资标准给予生活费补贴。

4. 实施涉农项目就业

（1）实施"三支一扶"计划，对高校毕业生到农村基层从事支教、支农、支医和扶贫工作，服务期满、考核合格的，报考公务员或事业单位时可按规定享受各项优惠政策。加大基层机关考录、事业单位公开招聘"三支一扶"计划高校毕业生的工作力度，市直机关公开遴选公务员和市属事业单位选聘人员时，可优先考虑已进入基层机关或事业单位工作的"三支一扶"计划高校毕业生。对到县属乡镇、村工作且服务期满2年以上的，其在校期间申领国家助学贷款的本金和利息由市和服务所在的区市县政府、先导区管委会各按50%的比例代为偿还。

（2）城镇登记失业高校毕业生到市农业主管部门认定的都市型现代农业示范区的创建企业、农业产业化龙头企业、农民专业合作社示范社就业，与企业签订1年以上劳动合同并按规定缴纳社会保险费的，3年内由区市县政府、先导区管委会按当地最低工资标准的50%对高校毕业生给予生活补贴。

5. 落实中央和省项目就业

（1）按规定全面落实高校毕业生到中西部地区和艰苦边远地区县以下基层单位就业的学费补偿和助学贷款代偿政策。高校毕业生在中西部地区和艰苦边远地区县以下基层单位从事专业技术工作，申报相应职称时，可不参加职称外语考试或放宽外语成绩要求。

（2）参加省大学生志愿服务辽西北计划的大学生志愿者享受工作和生活补贴及相关待遇。服务期满考核合格的大学生志愿者，报考公务员或事业单位时按规定享受各项优惠政策，报考高校硕士研究生时按规定享受加分政策。符合条件的高校毕业生到农村基层就业的，可按规定享受相应的助学贷款代偿政策。

（3）按照省委组织部部署安排，实施选聘优秀高校毕业生到村（社区）任职工作。选聘到村（社区）任职的大学生村官，按《大连市大学生村官管理办法》有关规定享受各项政策待遇。

6. 鼓励参军入伍

（1）对应征入伍服义务兵役的大学生在校期间缴纳的学费实行补偿，退役后复学的实行学费资助，对应征入伍服义务兵役的应届毕业生实施学费补偿和国家助学贷款代偿。

（2）对自愿应征入伍的大学生，可保留学籍至退出现役后两年内。

（3）入伍时是大学生的退役士兵，退出现役后复学的，由征集地区市县政府、先导区管委会按照当地退役士兵自主就业经济补助标准发给经济补助；退役后不愿意复学的，由入学前户籍所在地政府按照城镇退役士兵给予政策优惠。

（4）高校毕业生可在毕业学校所在地应征入伍，退役后允许在入伍地落户。

（5）大学生和异地入伍的高校毕业生的进藏义务兵服役期满，或转为士官、提干和考入军队院校的，可到批准入伍地民政部门申领进藏义务兵优待金，标准为当地义务兵优待金的4倍。

（6）退役高校毕业生参加我市事业单位面向社会公开招聘时，笔试总成绩加5分。

（7）对优秀高校毕业生士兵可依据《从大学毕业生士兵中选拔军官暂行办法》（政联〔2011〕10号）提干、报考军校和保送入学。

7. 加大人才储备力度

（1）继续落实岗位储备计划，市政府每年储备1000名择业期内未就业的我市生源高校毕业生。聘用到储备计划岗位的高校毕业生与用人单位签订服务协议，服务期限一般不超过1年，确因岗位需要且经核准后服务期限可延长1年。服务期内，高校毕业生按规定享受岗位补贴并参加社会保险。落实就业单位的，可提前解除聘用关系；未落实就业单位的，服务期满后自主就业。储备计划岗位出现空缺时可随时递补。

（2）实施千岗计划，市人社部门采取考试方式，择优招用高校毕业生从事基层公共服务工作，服务期间享受生活补贴并参加社会保险；鼓励各区市县政府、先导区管委会公开招聘街道、乡镇事业单位工作人员时，优先考虑服务期满、考核合格的高校毕业生。

（3）继续做好就业见习工作，就业见习单位每接受1名就业见习毕业生，区市县政府、先导区管委会给予 50 元/月的指导老师带教补贴；高校毕业生就业见习期间，见习单位按不低于当地最低工资标准发放生活补贴，参加意外伤害保险，区市县政府、先导区管委会按当地最低工资标准的 50% 对见习单位给予补助，意外伤害保险费由区市县政府、先导区管委会承担。

8. 做好就业帮扶

（1）对到社会组织就业的高校毕业生，所在地的公共就业服务机构要协助办理接收、落户手续。

（2）将我市生源的少数民族高校毕业生和困难家庭高校毕业生作为帮扶重点，纳入就业援助体系实行"兜底"安置。

（3）毕业年度内的残疾高校毕业生和享受城乡居民最低生活保障家庭中的高校毕业生，离校前按每人 1000 元标准给予一次性求职补贴。

（4）对毕业 3 年以内离校未就业的高校毕业生申报灵活就业的，按其缴纳养老保险和医疗保险费的 60% 给予 2 年补贴。

（5）对毕业不满 5 年，且与用人单位签订 1 年以上劳动合同的高校毕业生，按我市公共租赁住房管理暂行办法予以保障。

（更多政策信息详见大连高校毕业生就业信息网 http://www.dlgxbys.com。）

（三）鞍山

根据《2015 年鞍山市高校毕业生就业创业工作意见》（鞍人社发〔2015〕34 号）规定，高校毕业生到鞍山就业创业享受以下政策：

1. 鼓励自主创业，积极推动以创业带动就业，积极为创业毕业生提供资金扶持

"大学生创业资金"、小额担保贷款对高校毕业生创业项目提供 10 万元以下借款及贷款。各银行机构通过进一步完善抵押、质押、联保、保证和信用贷款等多种方式，多途径为高校毕业生解决反担保难的问题。对在电子商务网络平台开办"网店"的高校毕业生，每人可申请不超过 5 万元的小额担保贷款。

2. 强化就业见习，实施给薪培训

（1）见习期间给予毕业生每月不低于当地最低工资标准 60% 的见习补贴，并购买人身意外伤害保险。

（2）继续实施"给薪培训"。对有参加职业技能培训意愿的普通高校应届毕业生提供给薪培训，培训期间给予每人每月 750 元的培训补贴。考试合格后，颁发国家职业资格证书，并优先推荐就业。

3. 实施就业援助，确保困难家庭高校毕业生全部就业

（1）对困难家庭毕业生实施重点帮扶。各县（市）、区按照属地化管理原则，对申请就业援助的困难家庭毕业生和就业有困难的毕业生，采取重点帮扶服务，通过"一对一"就业指导、重点推荐、就业见习、给薪培训和公益性岗位安置等形式，确保年底前全部安置就业。

（2）对学籍在我市辖区，毕业年度内有就业意愿并积极求职的享受城乡居民最低生活保障家庭的高校毕业生，经人力资源社会保障部门认定和财政部门审核，给予 500 元的一次性求职补贴。

4. 鼓励支持高校毕业生参军入伍

退出现役后 3 年内，优先享受我省高校应届毕业生就业创业一系列优惠政策。

（更多政策信息详见鞍山市人力资源和社会保障网 http://www.asrs.gov.cn。）

（四）抚顺

根据《抚顺市人民政府关于进一步做好新形势下就业创业工作的实施意见》（抚政发〔2016〕11号）规定，高校毕业生到抚顺就业创业享受以下政策：

（1）对没有进入孵化基地、自行租赁场地进行首次自主创业（指首次领取工商营业执照）的高校毕业生（毕业3年内）、退役士兵及就业困难人员等群体，带动就业分别在10人以下（含10人）、10人以上20人以下（含20人）、20人以上的，市财政分别相应给予3000元/年、5000元/年、10000元/年的创业场地补贴，补贴期限不超过2年。对符合申领条件的困难家庭高校毕业生给予补贴10000元/年。创业项目推荐单位（或个人）推荐的项目，被创业者采纳并付诸实施的，每吸纳一名失业人员，财政部门给予项目推荐单位（或个人）500元的一次性创业推荐补贴。

（2）加大减税降费力度。凡在抚顺市登记失业人员、残疾人、退役军人、高校毕业生从事个体经营的（不受户籍限制），自在工商部门首次注册登记之日起3年内，免收管理类、登记类和证照类等有关行政事业性收费。对持有就业创业证的抚顺市居民从事规定行业个体经营的，按每户每年8000元限额依次扣减其当年实际应缴纳的营业税、城市维护建设税、教育费附加和个人所得税优惠。定额标准为每人每年4800元。将营业税按月纳税的起征点由月营业额20000元提高到30000元。

（3）将高校毕业生求职补贴调整为求职创业补贴，补贴范围扩展到已获得国家助学贷款的毕业年度高校毕业生。高校毕业生就业见习补贴不低于当地最低工资标准的60%，具体标准由见习单位根据实际情况确定。对见习期满留用率50%以下（含50%）的企业，见习补贴由财政承担2/3，其余由见习单位承担（见习补贴计算基数以当地最低工资标准为上限）；对见习期满留用率超过50%的企业，见习补贴全部由财政承担（见习补贴计算基数以当地最低工资标准为上限）。技师学院高级工班、预备技师班和特殊教育院校职业教育类毕业生可参照高校毕业生享受相关就业补贴政策。

（更多政策信息详见抚顺市人力资源和社会保障网 http://www.fsrs.gov.cn/。）

（五）本溪

根据《本溪市人民政府关于进一步做好新形势下就业创业工作的实施意见》（本政发〔2015〕22号）规定，高校毕业生到本溪就业创业享受以下政策：

（1）对有创业意愿的城乡劳动者，提供免费创业引导培训、创业指导培训和创业辅导培训。组织创业培训学员到创业实训基地进行实训，帮助其掌握经营管理知识、创业技能及改善企业应具备的管理经验，提高创业成功率。将一次性创业补贴调整为创业场地补贴。对没有进入孵化基地（园区）、租赁场地进行首次自主创业（指首次领取工商营业执照）的高校毕业生（毕业3年内）、退役士兵及就业困难人员等群体，给予6000元/年的创业场地补贴，补贴期限不超过2年。创业项目推荐单位（或个人）推荐的项目，被创业者采纳并付诸实施的，每吸纳一名失业人员，财政部门给予项目推荐单位（或个人）500元的一次性创业推荐补贴。

（2）对有创业意愿的城乡劳动者，提供免费创业引导培训、创业指导培训和创业辅导培训。组织创业培训学员到创业实训基地进行实训，帮助其掌握经营管理知识、创业技能及改善企业应具备的管理经验，提高创业成功率。将一次性创业补贴调整为创业场地补贴。对没有进入孵化基地（园区）、租赁场地进行首次自主创业（指首次领取工商营业执照）的高校毕业生（毕业3年内）、退役士兵及就业困难人员等群体，给予6000元/年的创业场地补贴，补贴期限不超过2年。创业项目推荐单位（或个人）推荐的项目，被创业者采纳并付诸实施的，每吸纳一名失业人员，财政部门给予项目推荐单位（或个人）500元的一次性创业推荐补贴。

（3）将小额担保贷款调整为创业担保贷款。凡在我市以个体、合伙经营和组织起来创业，且已办理就业创业证的城乡劳动者，以及当年吸纳就业人数达到原有职工总数15%以上的小微企业，除国家明令限制的建筑业、娱乐业以及销售不动产、转让土地使用权、广告业、房屋中介、桑拿、按摩、网吧、氧吧等10种行业外，均可享受创业担保贷款扶持政策。提高贷款额度，将贷款最高额度调整为10万元；大学生在高新技术领域实现自主创业的，贷款最高额度不超过20万元。当年吸纳新就业人员达到规定比例的小微企业，与其签订1年以上期限劳动合同并依法缴纳社会保险费的，最高贷款额度由200万元提高到300万元。

（4）将求职补贴调整为求职创业补贴，补贴范围扩展到已获得国家助学贷款的毕业年度高校毕业生。高校毕业生就业见习补贴不低于当地最低工资标准的60%，具体标准由见习单位根据实际情况确定。对见习期满留用率50%以下的企业，见习补贴由财政承担2/3，其余由见习单位承担（见习补贴计算基数以当地最低工资标准为上限）；对见习期满留用率超过50%的企业，见习补贴全部由财政承担（见习补贴计算基数以当地最低工资标准为上限）。技师学院高级工班、预备技师班和特殊教育院校职业教育类毕业生可参照高校毕业生享受相关就业补贴政策。

（更多政策信息详见本溪市人力资源和社会保障网 http://www.lnbxhrss.gov.cn/。）

（六）丹东

根据《辽宁省人民政府关于进一步做好新形势下就业创业工作的实施意见》（辽政发〔2015〕17号）、《丹东市人民政府关于进一步做好新形势下就业创业工作的实施意见》（丹政发〔2015〕31号）规定，高校毕业生到丹东就业创业享受以下政策：

1. 高校毕业生自主创业优惠政策

（1）对持就业失业登记证（注明"自主创业税收政策"或附着高校毕业生自主创业证）从事个体经营的高校毕业生，在3年内按照每户每年9600元为限额依次扣减其当年实际应缴纳的营业税、城市维护建设税、教育费附加、地方教育附加和个人所得税。对高校毕业生创办的年应纳税所得额低于10万元（含10万元）的小型微利企业，在2016年年底前其所得减按50%计入应纳税所得额，按20%的税率缴纳企业所得税。对高校毕业生创办的月销售额（营业额）不超过2万元的企业或非企业性单位，暂免征收增值税、营业税、城市维护建设税、教育费附加、地方教育附加。留学回国的高校毕业生自主创业，符合条件的，可享受现行高校毕业生创业扶持政策。

（2）加大高校毕业生创业担保贷款扶持力度，提高贷款额度，将贷款最高额度由针对不同群体的5万元、8万元、10万元，统一调整为10万元；大学生在高新技术领域实现自主创业的，贷款最高额度不超过20万元。贷款期限最长为2年，到期确需延长的，可以展期两年。在贷款期限内由财政全额贴息，展期不予贴息。

（3）加强对高校毕业生自主创业扶持力度。为有创业意愿的高校毕业生提供免费的创业培训，针对大学生创业意识薄弱、创业技能欠缺、创业经验不足等问题开设特色培训课程，因人而异进行培训，提升大学生创业能力。建立大学生创业实训平台，通过分析软件评估大学生创业项目的特点及可行性，为大学生创业提供帮助。组建丹东市创业专家指导团，聘请我市知名专家学者为毕业生进行创业指导，设计创业项目。同时建立丹东市大学生创业孵化园，将合适的创业项目引入孵化园进行孵化，并给予房租水电费第一年全免第二年减半、环境评价减半的优惠政策，并免费提供企业管理、财务咨询、环境评价、科技咨询、会议室、洽谈室以及停车场等服务。

（4）鼓励高校毕业生自主创业。对没有进入孵化基地（园区）、租赁场地进行首次自主创业（指首次领取工商营业执照）的高校毕业生（毕业3年内），给予3000元/年的创业场地补贴，补贴期限不超过2年。对符合补贴申领条件的困难家庭高校毕业生给予5000元/年的创业场地补贴。

2. 培训见习优惠政策

（1）建立高校毕业生就业前培训制度，将回丹东或来丹东的离校未就业的高校毕业生纳入普惠制培训计划实施范围。为高校毕业生免费提供普惠制培训和专业转换技能培训，通过培训增强其就业技能。

（2）组织开展就业见习活动。为了给毕业生提供更多的实践机会，鼓励毕业生积极参与见习活动，积累社会经验，积极引导毕业生进入就业和就业准备状态之中。对见习期满留用率50%以下（含50%）的企业，见习补贴由财政承担2/3，其余由见习单位承担（见习补贴计算基数以当地最低工资标准为上限）；对见习期满留用率超过50%的企业，见习补贴全部由财政承担（见习补贴计算基数以当地最低工资标准为上限）。技师学院高级工班、预备技师班和特殊教育院校职业教育类毕业生可参照高校毕业生享受相关就业补贴政策。

3. 就业援助优惠政策

（1）落实高校毕业生求职补贴。根据省人社厅有关工作要求，认真落实高校毕业生求职补贴发放工作，及时为具有丹东学籍的毕业年度内享受城乡居民最低生活保障家庭高校毕业生、残疾高校毕业生和已获得国家助学贷款的高校毕业生发放每人500元的求职补贴。

（2）重点做好困难家庭高校毕业生就业援助。定期对全地区离校未就业困难家庭高校毕业生信息进行汇总，建立基础台账，由就业部门责专人为其提供有针对性的就业帮扶。对通过市场渠道确实难以实现就业的，通过政府购买服务开发的公益性岗位进行兜底安置，确保困难家庭离校未就业高校毕业生100%实现就业。

（3）实行低保渐退机制。对低保及其边缘对象享受义务教育或全日制非义务教育毕业后就业创业，视其工作稳定情况，给予3个月的救助缓退期。

4. 应征入伍政策

鼓励支持高校毕业生参军入伍。退出现役后3年内，优先享受省高校应届毕业生就业创业一系列优惠政策。

5. 鼓励自主创业

创业项目推荐单位（或个人）推荐的项目，被创业者采纳并付诸实施的，每吸纳一名失业人员，财政部门给予项目推荐单位（或个人）500元的一次性创业推荐补贴。

6. 支持就业创业，促进创业担保贷款发展

将小额担保贷款调整为创业担保贷款。凡在我市以个体、合伙经营和组织起来创业（含网络创业），且已办理就业创业证的城乡劳动者（不受户籍限制），以及当年吸纳就业人数达到原有职工总数15%以上（含15%）的小微企业（国家限制的建筑业、娱乐业以及销售不动产、转让土地使用权、广告业、房屋中介、桑拿、按摩、网吧、氧吧除外，下同），均可享受我市创业担保贷款扶持政策。提高贷款额度，贷款最高额度由针对不同群体的5万元、8万元、10万元，统一调整为10万元；大学生在高新技术领域实现自主创业的，贷款最高额度不超过20万元。当年吸纳就业人员达到规定比例的小微企业，与其签订1年以上期限劳动合同并依法缴纳社会保险费的，可按规定申请不超过300万元的创业担保贷款。

7. 将求职补贴调整为求职创业补贴，补贴范围扩展到已获得国家助学贷款的毕业年度高校毕业生

高校毕业生就业见习补贴不低于当地最低工资标准的60%，具体标准由见习单位根据实际情况确定。对见习期满留用率50%以下（含50%）的企业，见习补贴由财政承担2/3，其余由见习单位承担（见习补贴计算基数以当地最低工资标准为上限）；对见习期满留用率超过50%的企业，见习补贴全部由财政承担（见习补贴计算基数以当地最低工资标准为上限）。技师学院高级工班、预备技师班和特殊教育院校职业教育类毕业生可参照高校毕业生享受相关就业补贴政策。

（更多政策信息详见丹东人事人才网 http://www.ddrsrc.com。）

（七）锦州

根据《锦州市人民政府办公厅关于进一步做好促进就业再就业工作的实施意见》（锦政办发〔2016〕117号）规定，高校毕业生到锦州就业创业享受以下政策：

（1）创建省级创业创新实习基地，为有意愿的大中专学生和复员转业退伍军人提供3个月的创业创新实习机会。鼓励有意愿的大中专学生和复员转业退伍军人到处于创业期的企业实习，共同体会创业感受，培育创业创新精神。比照高校毕业生就业见习补贴政策，对实习单位予以补贴。

（2）采取政府购买服务的方式，鼓励社会培训机构开展大中专学生和复员专业退伍军人创业创新培训。

（3）对没有进入孵化基地而自行租赁场地首次创业（指首次领取工商营业执照）的大中专学生和复员转业退伍军人，给予5000元/年的创业场地补贴，补贴期限不超过2年。

（4）获得省级以上创业大赛前3名并在我市登记注册的大中专学生和复员转业退伍军人创业项目，每个项目给予5万元的资助，所需资金从就业专项资金中列支。

（5）鼓励申请国内外发明专利自主创业的大中专学生和复员转业退伍军人取得国内外发明专利，按照《辽宁省发明专利申请费用补助资金管理办法》对专利权人予以资助。

（6）符合有关规定条件的大中专学生和复员转业退伍军人创办企业，可提供最高额度为10万元的财政贴息创业担保贷款。对大学生在高新技术领域实现自主创业的，贷款最高额度不超过20万元。当年吸纳就业人员达到规定比例的小微企业，与其签订1年以上期限劳动合同并依法缴纳社会保险费的，可按规定申请不超过300万元的创业担保贷款。

（更多政策信息详见锦州市人民政府网 http://www.jz.gov.cn/。）

（八）营口

根据《关于进一步做好新形势下就业创业工作实施意见》（营政发〔2015〕26号）规定，高校毕业生到营口就业创业享受以下政策：

（1）鼓励自主创业。将一次性创业补贴调整为创业场地补贴。对没有进入孵化基地（园区）、租赁场地进行首次自主创业（指首次领取工商营业执照）的高校毕业生（毕业3年内）、退役士兵及就业困难人员等群体，给予5000元/年的创业场地补贴，补贴期限不超过2年，对符合补贴申领条件的困难家庭高校毕业生按10000元/年给予补助。创业项目推荐单位（或个人）推荐的项目，被创业者采纳并付诸实施的，每吸纳一名失业人员，财政部门给予项目推荐单位（或个人）500元的一次性创业推荐补贴。经人力资源社会保障部门审核认定为创业带头人企业，吸纳符合条件的人员就业（签订1年以上劳动合同、并依法缴纳社会保险费），3年内按企业为吸纳人员缴纳的养老、医疗、失业保险费给予社会保险补贴。

（2）支持创业担保贷款发展。将小额担保贷款调整为创业担保贷款。凡在我市以个体、合伙经营和组织起来创业（含网络创业），且已办理就业创业证的城乡劳动者（不受户籍限制），以及当年吸纳就业人数达到原有职工总数15%以上（含15%）的小微企业（国家限制的建筑业、娱乐业以及销售不动产、转让土地使用权、广告业、房屋中介、桑拿、按摩、网吧、氧吧除外，下同），均可享受我市创业担保贷款扶持政策。提高贷款额度，将贷款最高额度由针对不同群体的5万元、8万元、10万元，统一调整为10万元；大学生在高新技术领域实现自主创业的，贷款最高额度不超过20万元。当年吸纳新就业人员达到原有职工总数30%以上的小微企业，与其签订1年以上期限劳动合同并依法缴纳社会保险费的，可按规定申请不超过300万元的创业担保贷款。

（3）鼓励高校毕业生多渠道就业创业。从2017年起，全市每年从事业单位拿出100个岗位、国有企业单位拿出50个岗位，对2015年以后入伍的大学生退役士兵实行专考专招。各市（县）区要在街道（乡镇）、社区（村）购买一批公共管理和社会服务岗位，用于吸纳高校毕业生就业。将求职补贴调整为求职创业补贴，补贴范围扩展到已获得国家助学贷款的毕业年度高校毕业生。高校毕业生就业见习补贴不低于当地最低工资标准的60%，具体标准由见习单位根据实际情况确定。对见习期满留用率50%以下（含50%）的企业，见习补贴由财政承担2/3，其余由见习单位承担（见习补贴计算基数以当地最低工资标准为上限）；对见习期满留用率超过50%的企业，见习补贴全部由财政承担（见习补贴计算基数以当地最低工资标准为上限）。技师学院高级工班、预备技师班和特殊教育院校职业教育类毕业生可参照高校毕业生享受相关就业补贴政策。

（更多政策信息详见营口市人力资源和社会保障局网站 http://www.lnyk.lss.gov.cn/。）

（九）阜新

1. 高校毕业生就业政策

（1）高校毕业生求职补贴。从2013年起，对享受城乡居民最低生活保障家庭、获得国家助学贷款的毕业年度高校毕业生，可给予一次性求职创业补贴。补贴标准为500元/人。

（2）就业见习补贴。就业见习对象为在我市进行求职登记和失业登记并领取就业失业登记证的毕业年度已办理离校手续、未就业的高校毕业生。此前2年毕业，符合条件未参加过就业见习的高校毕业生也可以参加当年离校未就业高校毕业生就业见习。参加见习的高校毕业生可享受的政策有：获得基本生活补助（由见习单位和地方政府分担）和人身意外伤害保险。

（3）免费参加职业培训。高校毕业生在毕业年度内或毕业后未实现就业的，都可免费参加我市职业培训定点机构组织的职业培训（就业技能培训和创业培训）及职业技能鉴定。

（4）就业援助政策。对困难家庭和就业困难的高校毕业生实行公益岗兜底安置。

2. 高校毕业生创业政策

（1）创业场地补贴。为鼓励高校毕业生创业，对未进入孵化基地（园区）、租赁场地进行首次自主创业（指首次领取工商营业执照）的高校毕业生（毕业3年内）给予创业场地补贴。每年补贴5000元，补贴期限为2年。

（2）创业担保贷款。大学生在高新技术领域实现自主创业的，贷款最高额度不超过20万元。

（3）收费减免。毕业2年以内的高校毕业生从事个体经营（除国家限制的行业外）的，自其在工商部门首次注册登记之日起3年内，免收管理类、登记类和证照类等有关行政事业性收费。

（4）税收优惠。毕业年度内高校毕业生从事个体经营的，持就业创业证（注明"毕业年度内自主创业税收政策"）享受税收优惠政策。在3年内按每户每年9600元为限额依次扣减其当年实际应缴纳的营业税、城市维护建设税、教育费附加、地方教育附加和个人所得税。

（更多政策信息详见阜新人力资源网 http://www.fxrcw.com/fxrc/。）

（十）辽阳

根据《辽阳市人民政府关于进一步做好新形势下就业创业工作的实施意见》（辽市政发〔2015〕23号）规定，高校毕业生到辽阳就业创业享受以下政策：

（1）创业场地补贴政策。对没有进入孵化基地（园区）、租赁场地进行首次自主创业（指首次领取工商营业执照）的高校毕业生（毕业3年内）、退役士兵、就业困难人员等群体，经市人力资源社会保障部门认定的，市财政部门给予5000元/年的创业场地补贴；对符合补贴申领条件的困难家庭高校毕业生和高校毕业生参军退伍人员自主创业的，给予1万元/年的创业场地补贴，补贴期限不超过2年。

（2）创业补贴政策。凡高校毕业生自主创业创办的经济实体，合法经营1年以上且依法缴纳社会保险、年销售额在30万元以上，带动3名以上高校毕业生就业，经市人力资源社会保障部门认定为创业带头人的，可享受政府一次性2万元的补贴奖励。

（3）实行创业带动就业补贴。凡我市户籍的登记失业人员、高校毕业生、科技人员、复转军人（含随军家属）、高校毕业生参军退伍人员、新生劳动力（未继续升学的初、中等学历人员）、困难群体（城镇零就业家庭成员、城乡低保户和低保边缘户）、残疾人、农村劳动力，在我市辖区内首次自主创业，领取工商营业执照，正常纳税或提供免税证明，吸纳就业并按规定缴纳社会保险费的，可凭创业者身份证、工商营业执照和最近3个月的社保缴费凭证，按其吸纳就业（签订1年以上期限劳动合同）人数申请一次性创业带动就业补贴。招用3人（含3人）以下的按每人2000元给予补贴；招用3人以上的每增加1人给予3000元补贴，总额最高不超过3万元。

（4）创业带头人社会保险补贴。对于经认定的创业带头人，且创办的企业吸纳一定数量的辽阳市登记失业人员、高校毕业生（不限辽阳市户籍）、科技人员、复转军人（含随军家属）、高校毕业生参军退伍人员（不限辽阳市户籍）、新生劳动力（未继续升学的初、中等学历人员）、困难群体（城镇零就业家庭成员、城乡低保户和低保边缘户）、残疾人、农村劳动力就业，并与之签订 1 年以上劳动合同、足额缴纳养老保险、失业保险和基本医疗保险费，在辽阳市创业群体中具有一定知名度，按照"先缴后补"的原则，自创业带头人认定当年起，按实际缴纳数额给予一定比例补助，补贴期限最长不超过 3 年。

（5）支持创业担保贷款政策。将小额担保贷款调整为创业担保贷款。凡在我市以个体、合伙经营和组织起来创业（含网络创业），且已办理就业创业证的城乡劳动者（不受户籍限制），以及当年吸纳就业人数达到原有职工总数 15% 以上（含 15%）的小微企业（国家限制的建筑业、娱乐业以及销售不动产、转让土地使用权、广告业、房屋中介、桑拿、按摩、网吧、氧吧除外，下同），均可享受创业担保贷款扶持政策，贷款最高额度统一提高到10 万元；高校毕业生参军退伍人员和大学生在高新技术领域实现自主创业的，贷款最高额度不超过 20 万元。当年吸纳新就业人员达到规定比例的小微企业，与其签订 1 年以上期限劳动合同并依法缴纳社会保险费的，可按规定申请不超过 300 万元的创业担保贷款。将求职补贴调整为求职创业补贴，补贴范围扩展到已获得国家助学贷款的毕业年度高校毕业生。见习单位要为见习生发放不低于当地最低工资标准 60% 的见习补贴。对见习期满留用率50% 以下的企业，见习补贴财政承担 2/3（补贴计算基数以当地最低工资标准为上限，下同），其余由见习单位承担。对见习期满留用率超过 50% 的企业，见习补贴全部由市级财政承担。技师学院高级工班、预备技师班和特殊教育院校职业教育类毕业生可参照高校毕业生，享受相关就业补贴政策，以及现行促进包括符合条件高校毕业生在内的劳动者就业创业各类政策措施。

（更多政策信息详见辽阳市人力资源和社会保障局 http://www.lnly.lss.gov.cn/。）

（十一）铁岭

根据《铁岭市人民政府关于进一步做好新形势下就业创业工作的实施意见》（铁政发〔2015〕12 号）规定，高校毕业生到铁岭就业创业享受以下政策：

（1）加强创业孵化平台建设。积极创建农民工、大学生和退役士兵返乡创业园，简化创业场所登记手续，落实定向减税和普遍性降费措施，鼓励电子商务交易平台渠道下沉、带动网络创业，加强提供均等化公共服务，运用政府购买服务等机制，帮助返乡创业人员改善经营，开拓市场。

（2）鼓励自主创业。将一次性创业补贴调整为创业场地补贴。对没有进入孵化基地（园区）、租赁场地进行首次自主创业（指首次领取工商营业执照）的高校毕业生（毕业 3 年内）、退役士兵及就业困难人员等群体，给予 6000 元/年的创业场地补贴，补贴期限不超过 2 年，对符合补贴申领条件的困难家庭高校毕业生及创业明星给予 10000 元/年的创业场地补贴。创业项目推荐单位（或个人）推荐的项目，被创业者采纳并付诸实施的，每吸纳一名失业人员，财政部门给予项目推荐单位（或个人）500 元的一次性创业推荐补贴。

（3）支持创业担保贷款发展。将小额担保贷款调整为创业担保贷款。凡在我市以个体、合伙经营和组织起来创业（含网络创业），且已办理就业创业证的城乡劳动者（不受户籍限制），以及当年吸纳就业人数达到原有职工总数 15% 以上（含 15%）的小微企业（国家限制的建筑业、娱乐业以及销售不动产、转让土地使用权、广告业、房屋中介、桑拿、按摩、网吧、氧吧除外，下同），均可享受我市创业担保贷款扶持政策。提高贷款额度，将贷款最高额度由针对不同群体的5万元、8万元、10万元，统一调整为10万元；大学生在高新技术领域实现自主创业的，贷款最高额度不超过20万元。当年吸纳新就业人员达到规定比例的小微企业，与其签订1年以上期限劳动合同并依法缴纳社会保险费的，可按规定申请不超过300万元的创业担保贷款。

（4）将求职补贴调整为求职创业补贴，补贴范围扩展到已获得国家助学贷款的毕业年度高校毕业生。高校毕业生就业见习补贴不低于当地最低工资标准的60%，具体标准由见习单位根据实际情况确定。对见习期满留用率50%以下（含50%）的企业，见习补贴由财政承担2/3，其余由见习单位承担（见习补贴计算基数以当地最低工资标准为上限）；对见习期满留用率超过50%的企业，见习补贴全部由财政承担（见习补贴计算基数以当地最低工资标准为上限）。技师学院高级工班、预备技师班和特殊教育院校职业教育类毕业生可参照高校毕业生享受相关就业补贴政策。

（更多政策信息详见铁岭市人力资源和社会保障局 http://www.lntl.hrss.gov.cn/。）

（十二）朝阳

（1）鼓励企业和事业单位吸纳高校毕业生就业。多举措扩大企业吸收高校毕业生渠道，对符合条件的企业招用高校毕业生并与其签订1年以上劳动合同并依法缴纳社会保险费的，在3年内按实际招用人数依次扣减相关税费，定额标准为每人每年5200元；继续支持事业单位（不含参照公务员管理事业单位，下同）吸纳高层次学历毕业生就业。普通高校硕士研究生及以上学历的毕业生，在"专业对口，单位急需"前提下，市直相关部门要优先吸纳。

（2）鼓励高校毕业生自主就业。朝阳市户籍全日制普通高校毕业生，毕业3年内（含3年），登记失业1年以上，实现灵活就业，且以灵活就业人员身份参加社会养老和医疗保险的，可享受养老和医疗保险补贴。其中，社会养老保险补贴标准为：社会养老保险自选缴费档次确定后，按照缴费基数的12%给予补贴（即统筹部分），其余部分由本人承担；医疗保险补贴标准为：按照上年度朝阳市职工月平均工资的4.6%给予补贴（标准按现行政策执行），其余部分由本人承担。

（3）鼓励各级定点培训机构开展高校毕业生创业培训，充分调动其积极性，对符合条件的定点培训机构预先拨付培训补贴。

（4）落实税费减免政策。鼓励高校毕业生从事个体经营和创办企业，并多渠道减轻高校毕业生所经营和创办的企业负担。对持就业创业证（注明"自主创业税收政策"或附着高校毕业生自主创业证）人员从事个体经营的，在3年内按每户每年9600元依次扣减相关税费。

（5）实施资金补贴政策。一是对于毕业年度内或毕业2年内自主创业，在朝阳市领取营业执照并开展经营的本市户籍高校毕业生，经营满1年且缴纳社会保险的，给予2000元的一次性创业补贴。二是对创业成功大学生，优先扶持为创业带头人。对大学生创业带头人吸纳一定人数就业、且与其签订1年以上期限劳动合同和缴纳社会保险费的，按规定给予企业社会保险补贴。

（更多政策信息详见朝阳市人事人才网 http://www.lncyrc.com.cn。）

（十三）盘锦

根据《盘锦市人民政府办公室关于促进高校毕业生就业有关政策的通知》（盘政办发〔2013〕64 号）规定，高校毕业生到盘锦就业创业享受以下政策：

（1）选聘到村（社区）任职的大学生村官，经过实践锻炼赢得党员和群众认可的，可通过推荐、选举担任村（社区）领导职务。对"选聘优秀高校毕业生到村任职""志愿服务辽西北计划""三支一扶计划"服务期满、考核合格的大学生，要在公务员招考中单独拿出一定比例的县、乡机关职位，进行专门招录；各受援地有空编的事业单位，可采取考试和考核相结合的方式，进行优先招聘。对参加"三支一扶计划"和"志愿服务辽西北计划"的大学生服务期满后，首次评聘专业技术职务，享受县以下专业技术人员的优惠政策，可取消见习期，直接转正定级。从事专业技术工作的大学生在适用评定条件或破格条件评定职称时，可在若干项条件中减少一项或在成果方面按相应资格级别放宽一个档次。

（2）各级政府购买或开发的基层公益性岗位，要优先吸纳高校毕业生就业。统筹实施基层服务项目，规范岗位管理，健全保障机制，落实和完善生活补贴、社会保险、期满就业服务等政策，积极促进服务期满人员就业创业。

（3）凡是到县属乡镇、村工作，且服务期限满 2 年以上的高校毕业生，其在校期间申领国家助学贷款利息按高校隶属关系由同级财政负担，本金由省财政和服务所在市、县财政按 4∶4∶2 的比例代为偿还；工作满 4 年，其学费由政府一次性返还，所需经费由省财政和服务所在地市、县财政按 4∶4∶2 的比例分担。

（4）对高校毕业生在高新技术领域实现自主创业的，每人可申请不超过 10 万元的小额担保贷款；对合伙经营和组织起来就业的，可按照人均额度不超过 5 万元、总额不超过 50 万元的标准给予小额担保贷款支持。贷款期限最长为 2 年，到期确需延长的，可以展期 2 年。在贷款期限内由财政全额贴息，展期不予贴息。

（5）对符合规定条件，申请小额担保贷款的创业高校毕业生，要降低反担保门槛，并逐步取消反担保。将国有企业职工和差额事业单位人员纳入小额担保贷款反担保范畴，对采用担保人方式进行反担保的，反担保额度为每人 5 万元。

（6）对经营满 1 年，并依法正常纳税的创业大学生，给予 3000 元的创业补贴。补贴资金由市、县区（经济区）财政按 7∶3 的比例配备。

（7）高校毕业生（持就业失业登记证，注明"自主创业税收政策"或附着高校毕业生自主创业证，下同）从事规定行业个体经营的，在 3 年内按每户每年 8000 元为限额依次扣减其当年实际应缴纳的营业税、城市维护建设税、教育费附加和个人所得税。高校毕业生创办的企业经国家有关部门认定为高新技术企业的，按 15% 优惠税率减征企业所得税。对高校毕业生创办的年应纳税所得额低于 6 万元（含 6 万元）的小型微利企业，在 2015 年年底前其所得税按 50% 计入应纳税所得额，按 20% 的税率缴纳企业所得税。

（8）毕业 3 年内的高校毕业生，首次创办家庭服务业企业和首次从事个体经营（除建筑业、娱乐业、广告业以及销售不动产、从事房屋中介等）的，自其在工商部门首次登记之日起，3 年内免收登记类和证照类等行政事业性收费。

（9）要在全市重点项目单位和规模民营企业中甄选一批具有行业代表性、工作环境较好的用人单位作为市级就业见习基地。积极组织因缺乏工作经验、就业实践能力较差等原因尚未就业，且已进行求职登记和失业登记，领取就业失业登记证的高校毕业生参加就业见习活动。见习期间，见习单位要为见习生发放不低于我市最低工资标准60%的见习补贴，补贴资金由省财政承担2/3（补贴计算基数以我市最低工资标准为上限），其余部分由见习单位承担。见习补贴资金由见习单位先行垫付，待见习结束后由财政部门统一拨付。高校毕业生见习期间享受人身意外伤害保险，所需费用由省财政承担。对见习单位支出的见习补贴费用，实行所得税税前列支，不计入社会保险费缴费基数。

（10）对高校毕业生在毕业年度内通过初次职业技能鉴定并取得职业资格证书或专项职业能力证书的，按规定给予一次性职业技能鉴定补贴。对企业新招收的毕业年度高校毕业生，与企业签订6个月以上期限劳动合同，在劳动合同签订之日起6个月内由企业依托所属培训机构或政府认定的培训机构开展岗前就业技能培训的，按当地确定的补贴标准给予企业职业培训补贴。

（11）鼓励困难家庭高校毕业生参加创业技能和就业能力提升培训。各级政府要优先将困难家庭高校毕业生纳入创业技能和就业能力提升培训，对参加人员给予适当交通、午餐等生活费补助。

（12）鼓励各类民办职业中介机构为高校毕业生提供就业服务，对为登记失业高校毕业生提供免费服务并符合规定条件的，经县级以上人力资源社会保障部门认定和财政部门审核后，按每人每年一次给予职业介绍补贴，补贴标准为每介绍一人就业补贴100元。

（13）允许高校毕业生在求职地进行求职登记和失业登记，申领就业失业登记证，具体程序按有关规定执行。

（14）在求职地进行求职登记和失业登记的高校毕业生可享受就业培训、就业见习、就业援助及各类创业扶持等公共就业服务和就业扶持政策。

（15）对低保、低保边缘户家庭高校毕业生首次就业或自主创业的，在1年内保留家庭低保、低保边缘户待遇不变。

（16）对享受城乡居民最低生活保障家庭的毕业年度内高校毕业生，经所在县区（经济区）人力资源社会保障部门认定和财政部门审核的，可给予每人300元的一次性求职补贴，所需资金按规定列入就业专项资金支出范围。

（17）对申报灵活就业的困难家庭和就业困难（毕业1年以上3年以下未就业）的高校毕业生，经所在县区（经济区）人力资源社会保障部门认定和财政部门审核的，可按统筹标准享受养老保险和医疗保险补贴，期限最长为1年。

（18）对已经登记失业的有就业意愿的困难家庭高校毕业生和就业困难毕业生，各县区（经济区）、市直各有关部门要开展重点援助，要在3个月内提供至少两次岗位对接援助；对仍未实现就业的，提供阶段性公益岗位兜底安置服务。

（更多政策信息详见盘锦市人力资源和社会保障网 http://www.lnpj.hrss.gov.cn/。）

（十四）葫芦岛

根据《葫芦岛市关于进一步做好新形势下就业创业工作的实施意见》（葫政发〔2015〕11号）规定，高校毕业生到葫芦岛就业创业享受以下政策：

（1）加强创业孵化平台建设。积极创建农民工、大学生和退役士兵返乡创业园，简化创业场所登记手续，落实定向减税和普遍性降费措施，鼓励电子商务交易平台渠道下沉、带动网络创业，加强提供均等化公共服务，运用政府购买服务等机制，帮助返乡创业人员改善经营，开拓市场。

（2）鼓励自主创业。将一次性创业补贴调整为创业场地补贴。对没有进入孵化基地（园区）、租赁场地进行首次自主创业（指首次领取工商营业执照）的高校毕业生（毕业3年内）、退役士兵及就业困难人员等群体，给予5000元/年的创业场地补贴，补贴期限不超过2年。创业项目推荐单位（或个人）推荐的项目，被创业者采纳并付诸实施的，每吸纳一名失业人员，财政部门给予项目推荐单位（或个人）500元（市、县各负担50%）的一次性创业推荐补贴。

（3）将求职补贴调整为求职创业补贴，补贴范围扩展到已获得国家助学贷款的毕业年度高校毕业生。高校毕业生就业见习补贴不低于当地最低工资标准的60%，具体标准由见习单位根据实际情况确定。对见习期满留用率50%以下（含50%）的企业，见习补贴由财政承担2/3，其余由见习单位承担（见习补贴计算基数为当地最低工资标准）；对见习期满留用率超过50%的企业，见习补贴全部由财政承担（见习补贴计算基数以当地最低工资标准为上限）。技师学院高级技工班、预备技师班和特殊教育院校职业教育类毕业生可参照高校毕业生享受相关就业补贴政策。

（4）放开高校毕业生落户限制，简化有关手续。应届毕业生凭普通高等学校毕业证书、全国普通高等学校毕业生就业报到证、户口迁移证，可在原籍地、市就业人才中心、用工单位集体落户；非应届毕业生按照《辽宁省人民政府关于进一步推进户籍制度改革的意见》放宽引进人才落户条件的规定。优秀人才被我市国家机关、人民团体、企事业单位以及社会团体、基金会、民办非企业单位录用（聘用）或招收并依法签订劳动合同的，可在就业地人才中心、单位的集体户或亲属朋友的家庭户处申请登记常住户口。

（5）离校未就业的困难高校毕业生（毕业3年以内）实现灵活就业，在公共就业人才服务机构办理登记并按规定缴纳养老保险和医疗保险的，经县级以上人力资源社会保障部门认定和财政部门审核后，按其养老保险和医疗保险实际缴费额的2/3给予补贴，补贴期限最长不超过2年，所需资金从就业专项资金中列支。

（更多政策信息详见葫芦岛市人力资源和社会保障网 http://www.lnhld.lss.gov.cn/。）

三、四川省大学生就业创业扶持政策清单
（2020年完整版）

（一）就业扶持政策

1. 大学生毕业前

（1）求职创业补贴。对学籍在省内高校的城乡低保家庭毕业生、贫困残疾人家庭毕业生、建档立卡贫困家庭毕业生、残疾毕业生、已获得国家助学贷款的毕业生，一次性给予每人1500元的求职创业补贴。同时符合两个及以上条件的，不重复享受。由高校会同校区所在市（州）人社部门和财政部门负责办理，毕业学年10月底前发放到位。

（2）职业培训和技能鉴定补贴。大学生在校期间参加职业培训和技能鉴定，可以享受一次培训补贴和鉴定补贴。由校区所在地人社部门负责办理。

（3）家庭经济困难和就业困难毕业生帮扶补助。对家庭经济困难和就业困难毕业生，

离校前给予一次性就业帮扶补助 600 元。由高校和教育厅负责办理。

（4）机关招录公务员、事业单位招聘工作人员。应届毕业生毕业学年可报考市（州）及以下机关公务员。国家统一组织的政法体改生专项招考项目单设名额，定向招录应届毕业生。艰苦边远地区基层机关招录高校毕业生，可适当放宽学历、专业等条件，降低开考比例，可设置一定数量的职位面向具有本市、县户籍或在本市、县长期生活的高校毕业生招考。民族地区、艰苦边远地区、贫困县和革命老区县县、乡事业单位考核招聘专业技术人员的学历条件，可结合实际分别放宽到本科、大专。公务员公招考试中，特殊困难家庭毕业生免收公共科目笔试考务费用。省属、市属事业单位可结合岗位特点和实际，公开招聘无基层工作经历的高校毕业生，聘用后 5 年内须安排到基层锻炼 2 年。

（5）鼓励应征入伍服义务兵役。对参军入伍的大学生（包含毕业生）发放一次性入伍奖励。应征入伍的大学生（含新生），服役期间保留学籍或入学资格，退役后 2 年内允许按学期复学或入学。入伍时，对其在校期间缴纳的学费实行一次性补偿或获得的国家助学贷款实行代偿，退役后自愿复学或入学的，实行学费减免。标准：本专科生（含高职、第二学士学位）每生每年最高不超过 8000 元，研究生每生每年最高不超过 12000 元。入伍经历可作为毕业实习经历和基层工作经历。高职在校生（含新生）应征入伍，退役后在完成高职（专科）学业的前提下，免试入读普通本科，或根据意愿入读成人本科，自 2022 年专升本招生期执行。面向退役大学生士兵硕士研究生实行专项招生，重点向双一流建设高校倾斜；将服兵役情况纳入推免生遴选指标体系；在部队荣立二等功及以上的退役人员，符合研究生报名条件的可免试（指初试）攻读硕士研究生；将考研加分范围扩大至在校生（含新生），在继续实行普通高校应届毕业生退役后按规定享受加分政策的基础上，允许在完成本科学业后 3 年内参加全国硕士研究生招生考试，初试总分加 10 分，同等条件下优先录取。放宽退役大学生士兵复学转专业限制，退役后复（入）学，经本人申请、学校同意并履行相关程序，可转入本校其他专业学习（特殊类型招生等除外）。

（6）建立大学生实训基地。支持高校实行校企对接，鼓励和支持各类企业接纳大学生实习，建立相对稳定的大学生实习基地。组织开展"逐梦计划"大学生实习活动。拓展就业实习、见习基地的领域和功能，积极培育、认定一批学科门类齐全、基础条件完备且集实习、见习功能于一体的实训基地。相关补贴按现行政策规定执行。由高校创办及高校与企业联办的大学科技园、电商基地，纳入实训基地认定范围。对认定的实训基地实行动态管理。

2. 大学生毕业后

（7）就业见习补贴。离校 2 年内未就业毕业生，可参加 3 ~ 12 个月的就业见习，并享受就业见习补贴和人身意外伤害保险。就业见习补贴标准按当地最低工资标准的 80% 执行。其中，国家级见习基地补贴标准可上浮 20%，省级见习基地补贴标准可上浮 10%。对留用的毕业生，见习期应作为工龄计算。

（8）社保补贴和岗位补贴。对离校 2 年内未就业的毕业生灵活就业后缴纳社会保险费，给予最长不超过 2 年、标准不超过其实际缴费 2/3 的社保补贴。小微企业、新型农业经营主体和社会组织吸纳离校 2 年内未就业高校毕业生，签订 1 年以上劳动合同并为其缴纳社会保险费，给予最长不超过 1 年的社保补贴（不包括个人应缴纳部分）。用人单位招用认定为就业困难人员的大学生，可给予最长不超过 3 年的社保补贴（不包括个人应缴纳部分）

和岗位补贴（标准不低于当地最低工资标准）。

（9）基层和艰苦边远地区工资待遇激励。到县以下机关事业单位工作的毕业生，新录用为公务员的，试用期工资可直接按试用期满后工资确定，试用期满考核合格后的级别工资，在未列入艰苦边远地区或国家扶贫开发工作重点县的地区高定一档，在三类及以下艰苦边远地区或国家扶贫开发工作重点县的高定两档，在四类及以上艰苦边远地区的高定三档；招聘为事业单位正式工作人员的，可提前转正定级，转正定级时的薪级工资，在未列入艰苦边远地区或国家扶贫开发工作重点县的地区高定一级，在三类及以下艰苦边远地区或国家扶贫开发工作重点县的高定两级，在四类及以上艰苦边远地区的高定三级。按规定执行乡镇工作补贴、艰苦边远地区津贴。

（10）基层单位就业学费补偿和国家助学贷款代偿。中央部门所属高校应届毕业生，自愿到中西部地区和艰苦边远地区县以下基层单位工作、服务期在3年以上（含3年）的，可分年度向就读高校申请学费补偿和国家助学贷款代偿，资助标准为：本专科生（含高职、第二学士学位）每生每年最高不超过8000元、研究生每生每年最高不超过12000元。省级部门所属高校应届毕业生，到我省艰苦边远地区（国家规定的77个县市区）县以下基层单位，连续不间断服务满3年及以上的，可向就业所在地县（市、区）教育局申请学费奖补。奖补金额按在校期间实际缴纳的学费计算（享受了部分减免的应予以扣除），每生每年最高不超过6000元。

（11）专业技术职称评定。到中小企业就业，在职称评定方面，享受国有企事业单位同类人员同等待遇。对在基层工作的高校毕业生，除有特别规定外，首次申报评审职称可提前1年，对论文、科研、外语和计算机应用能力等不作为统一或硬性要求。对任现职以来在艰苦边远地区连续工作四年以上且考核合格的，在申报评审高一级职称资格时，其任职年限可放宽一年。

（12）鼓励参加"三支一扶"项目。从年龄不超过30周岁的全日制专科及以上学历的毕业生中，招募到农村基层从事支教、支农、支医和扶贫服务。服务期间，享受工作生活补贴（参照本地乡镇事业单位从高校毕业生中新聘用工作人员试用期满后工资收入水平确定，在艰苦边远地区工作的，发放艰苦边远地区津贴），参加社会保险（在建立补充医疗保险制度的地方，办理补充医疗保险），新招募且服务满6个月以上给予一次性安家补贴3000元；支医人员在乡镇卫生院的服务时间，计算为城市医生在晋升主治医师或副主任医师前到基层累计服务的时间；"三支一扶"服务年限计算为专业技术工作年限，在乡镇工作的，对论文、科研、外语和计算机应用能力等不作为统一或硬性要求。服务期满考核合格，可报名参加服务基层项目人员中定向考录公务员的考试；结合服务县乡镇事业单位岗位空缺情况和岗位基本聘用条件，可通过考核方式直接聘用为乡镇事业单位工作人员〔在民族地区、艰苦边远地区和贫困县服务的人员，可招聘到服务所在县（市、区）的县、乡事业单位〕；报考事业单位工作人员时，在乡镇及以下每服务满1周年，笔试总成绩加2分，最高加6分；进入事业单位工作，不再约定试用期；服务期满后3年内报考硕士研究生的，初试总分加10分，同等条件下优先录取；高职（大专）毕业生可免试入读成人高等学历教育专科起点本科；已被录取为研究生的应届高校毕业生参加"三支一扶"计划，学校为其保留学籍；考录为公务员或事业单位工作人员后，其服务期计算工龄；按规定享受学费和助学贷款代偿政策。经服务单位所在县"三支一扶"办同意，按省"三支一扶"办统一安排，可续期服务 2 年。

（13）鼓励参加"农村义务教育阶段学校教师特设岗位"项目。从具有相应的教师资格条件、年龄在 30 岁以下、本科及以上或高等师范专科应往届毕业生中，招聘到项目实施县的乡村学校任教。聘期 3 年，其间执行国家统一的工资制度和标准，其他津补贴由各地根据当地同等条件公办教师年收入水平和中央补助水平综合确定。享受当地相应社会保障待遇。服务期满、每年年度考核合格，且自愿留在本地学校的，在编制和岗位总量内，经县教育部门审核，县人社部门批准，由县教育部门办理事业单位人员聘用手续。期满报考硕士研究生的，3 年内享受"初试总分加 10 分，同等条件下优先录取"的优惠政策。推荐免试攻读教育硕士，3 年聘期视同"农村学校教育硕士师资培养计划"要求的 3 年基层教学实践。

（14）鼓励参加"大学生志愿服务西部计划"。从普通高等院校应届毕业生或在读研究生中选拔招募，实施基础教育、服务三农、医疗卫生、基层青年工作、基层社会管理等专项服务。服务期为 1～3 年，服务协议 1 年 1 签。服务期间，享受生活工作补贴（省项目办每月发放 1600 元，服务地每月发放不低于 800 元），艰苦边远地区补贴根据国家政策标准予以发放，在当地参加社会保险，统一为其购买综合保障险。志愿者依实际服务年限计算服务期及工龄；服务期满，可报名参加从服务基层项目大学生中定向考录公务员的考试；服务 2 年以上且考核合格，服务期满 3 年内报考硕士研究生的，初试总分加 10 分，同等条件下优先录取；报考事业单位工作人员时享受相关优惠政策。

（15）鼓励应征入伍服兵役（含义务兵和志愿兵役）。入伍时，对其在校期间缴纳的学费实行一次性补偿或获得的国家助学贷款实行代偿，标准与在校大学生一致。高职（专科）毕业生应征入伍，退役后可免试入读普通本科，或根据意愿入读成人本科，自 2022 年专升本招生起执行。设立"退役大学生士兵"专项研究生招生计划，专门面向退役大学生士兵招生。应届毕业生应征入伍服义务兵役，退役后 1 年内可同等享受离校未就业毕业生就业扶持政策，退役后 3 年内参加全国硕士研究生招生考试，初试总分加 10 分，同等条件下优先录取。报考川内高校和研究生培养单位并通过全国硕士研究生招生考试（指初试）的，同等条件下优先复试和录取。服役 5 年以上的（含退役后复学完成学业的），退役后可报考基层机关（单位）面向服务基层项目人员定向考录的职位，同服务基层项目人员共享公务员定向考录计划。国家统一组织的政法体改生专项招考项目中，单设名额定向招录。各级党政机关在组织开展选调生工作时，注意选调有服役经历的优秀大学生，参军入伍经历可作为选调生报考条件之一，且年龄相应放宽 2 至 3 岁。专职人民武装干部职位出现空缺时，优先定向招录（聘），比例不低于录（聘）用专职人民武装干部计划的 50%。事业单位可按规定拿出一定岗位面向符合条件的退役大学生士兵进行专项招聘。退役大学生士兵按规定享受笔试总成绩加 2 分，被旅（团）级及以上单位评为优秀义务兵、优秀士官或荣立三等功的另加 2 分，立二等功及以上的另加 4 分、累积不超过 6 分。国有、国有控股和国有资本占主导地位的企业在新招录职工时，原则上拿出 10% 的工作岗位，在符合岗位所需条件的退役大学毕业生士兵中择优录取。注重从退役大学生士兵中培育村级后备力量，将表现优秀的选拔进村（社区）"两委"班子。

（16）鼓励到社区就业。支持社区服务类企业、社会组织吸纳高校毕业生就业或组织见习。支持高校毕业生到城乡社区服务领域创业和灵活就业。社区工作者队伍出现空缺岗位优先招用高校毕业生。

（17）鼓励继续升学和报考第二学位。落实专升本政策。对未就业本科毕业生，鼓励参加各类继续教育。对本科毕业并获得学士学位的应届毕业生，鼓励报考原本科专业分属不同学科门类的第二学士学位专业，或与原本科专业属于同一学科门类、但不属于同一本科专业类的第二学士学位专业，学制两年，全日制学习，纳入高校学籍管理系统，教学内容主要包括专业基础课和专业课，原则上不安排专业实习。

（18）鼓励科研项目单位吸纳就业。高校、科研机构和企业，在所承担的民口科技重大专项、重点研发计划、国家自然科学基金以及省级各类科技计划等重大重点项目实施过程中，通过签订项目聘用合同聘用优秀毕业生为研究助理或辅助人员参与研究工作，聘用毕业生的劳务性费用和有关社会保险费补助可从项目经费中列支。合同期满后根据工作需要可以续聘或到其他岗位就业，就业后工龄与参与研究期间的工作时间合并计算，社会保险缴费年限合并计算。

（19）一次性吸纳就业补贴。中小微企业和社会组织招用毕业年度高校毕业生并签订1年以上劳动合同，按1000元/人的标准给予一次性吸纳就业补贴。

（20）创业担保贷款及贴息。小微企业当年（申请贷款前12个月内）新招用包括大学生在内的符合创业担保贷款申请条件的人员，数量达到企业现有在职职工人数15%（超过100人的企业达8%），并与其签订1年以上劳动合同的，可申请最高不超过300万元的创业担保贷款。符合创业担保贷款贴息条件的，各级财政按规定及时足额予以贴息。

（21）税收优惠。自2019年1月1日至2021年12月31日，企业招用建档立卡贫困人口，以及在人力资源社会保障部门公共就业服务机构登记失业半年以上且持就业创业证或就业失业登记证（注明"企业吸纳税收政策"）的高校毕业生等人员，与其签订1年以上期限劳动合同并依法缴纳社会保险费的，自签订劳动合同并缴纳社会保险当月起，在3年内按实际招用人数予以定额依次扣减增值税、城市维护建设税、教育费附加、地方教育附加和企业所得税优惠。定额标准为每人每年7800元。纳税人在2021年12月31日未享受满3年的，可继续享受至3年期满为止。

（22）公开国有企业招聘应届高校毕业生信息。国有企业要建立公开招聘应届高校毕业生制度，在企业官方网站和四川公共招聘网、四川人才网上联合发布公开招聘信息。除涉密等不适宜公开招聘的特殊岗位外，坚持公开、平等、竞争、择优的原则，普遍实行公开招聘，扩大选人用人范围，切实做到信息公开、过程公开、结果公开。

（二）创业扶持政策

1. 扶持创业大学生

（23）扶持对象为省内普通高等学校全日制在校大学生和毕业5年内、处于登记失业状态的普通高等学校全日制毕业生（含国家承认学历的留学回国人员）。服务基层项目的大学生同等享受大学生创业培训补贴和创业补贴。大学生村官、服务期满"三支一扶"人员可按规定享受创业担保贷款政策。省内高校就读的港澳台学生，以及毕业5年内、国家承认学历、在川创业的港澳台大学生，同等享受创业扶持政策。

（24）创业培训补贴。大学生在常住地（在校生可在就读高校）参加创业培训并取得培训合格证的，可享受培训补贴。在校大学生可以利用周末、节假日和晚自习等时间，在40天内完成规定的培训内容。

（25）创业补贴。对大学生创业实体和创业项目，给予1万元补贴。创办多个创业项目，最高不超过10万元。创办家庭农场和农民合作社达到财政项目扶持条件的，优先纳入支持范围。

（26）科技创新苗子补助。采取"人才+项目"的方式，对大学生创新创业给予支持，其中，重点项目补助10万元/个，培育项目补助2万~5万元/个。

（27）省级创业大赛获奖项目前期孵化补助。对省级及以上相关部门（单位）组织的创业大赛获奖项目，进入前期孵化，可享受5万~20万元的补助。对参加"创客中国"四川省中小企业创新创业大赛暨"创客天府"创新创业大赛的获奖项目，除获得相应资金外，同时享受"投贷服"联动机制等帮扶措施。

（28）创业吸纳就业奖励。大学生创业实体吸纳就业并按规定缴纳社会保险费的，可向创业所在地公共就业服务机构申请一次性奖励。招用3人（含3人）以下的按每人2000元给予奖励，招用3人以上的每增加1人给予3000元奖励，总额最高不超过10万元。

（29）创业担保贷款贴息。大学生创业可申请贷款额度最高不超过20万元、贷款期限最长不超过3年的创业担保贷款。自2020年4月15日起，新发放创业担保贷款利率应适当下降，具体标准为：贫困地区（含国家扶贫开发工作重点县、全国14个集中连片特殊困难地区）贷款利率上限不得比贷款市场报价利率高2.5个百分点，其余地区贷款利率上限不得比贷款市场报价利率高1.5个百分点。对非贫困地区符合条件的个人创业担保贷款执行差异化的贴息政策；对贫困地区2021年1月1日前发放的符合条件的个人创业担保贷款，由各级财政部门在贷款期限内给予全额贴息，2021年1月1日起新发放的个人创业担保贷款，贷款市场报价利率扣减1.5个百分点的利息，由借款人承担，剩余部分由财政部门给予贴息，各级财政具体分担比例均与非贫困地区一致。

（30）青年创业贷款。创业大学生可向创业所在地市（州）团委申请额度不超过10万元、期限不超过3年的免息、免担保青年创业基金贷款，并配备一名志愿者导师"一对一"帮扶。在蓉在校大学生创业，可向省大学生创新创业活动中心申请。

（31）创业提升培训。对创办企业或从事个体经营的大学生，以及在大学生创新创业园区（孵化基地）内有创业项目的大学生，每年组织一定数量的人员免费参加全省"我能飞"大学生成功创业者提升培训。

（32）高素质农民培育。在项目区域内，将符合政策条件的从事农业就业创业的大学生纳入高素质农民培育计划。

（33）税费减免。自2019年1月1日至2021年12月31日，在人力资源社会保障部门公共就业服务机构登记失业半年以上且持就业创业证（注明"自主创业税收政策"或"毕业年度内自主创业税收政策"）或就业失业登记证（注明"自主创业税收政策"）的高校毕业生人员，从事个体经营的，自办理个体工商户登记当月起，在3年（36个月，下同）内按每户每年14400元为限额依次扣减其当年实际应缴纳的增值税、城市维护建设税、教育费附加、地方教育附加和个人所得税。纳税人在2021年12月31日未享受满3年的，可继续享受至3年期满为止。

2. 扶持创业服务平台和创业指导专家

（34）创新创业服务平台补助。对评定为省级大学生创新创业园区（孵化基地）的，由所在地人力资源社会保障部门给予30万元补助；对每年复核合格的省级大学生创新创业园区（孵化基地），由所在地人力资源社会保障部门给予 15 万元补助。支持民族地区依托"飞地"产业园区建设大学生创新创业园区（孵化基地）。被人社部认定为全国创业孵化示范基地的，由所在地人力资源社会保障部门参照省级大学生创新创业园区（孵化基地）的补助标准，给予补助。

对绩效评价优秀的国家级和省级科技企业孵化器、大学科技园、创新创业众创空间和农业科技园区，分别给予不超过 100 万元/个、50 万元/个的奖励性补助。

（35）创业指导补贴。县级以上人力资源社会保障部门认定的创业专家、顾问，为大学生创业提供指导服务的，给予一定补贴。

3. 扶持创业服务活动

（36）创业活动补贴。县级以上人力资源社会保障部门和省级相关部门为增强大学生创业意识，提高大学生创业能力，举办创业讲座、报告、大赛、表彰、宣传等活动，可给予创业活动补贴。

（三）综合扶持政策

（37）取消户籍限制。农村户籍、异地户籍离校未就业高校毕业生，可凭本人居民身份证、毕业证、居住证（暂住证），在常住地公共就业服务机构办理失业登记，领取就业创业证，享受相关扶持政策。

（38）简化体检手续。各高校可根据实际情况决定是否安排毕业体检，有条件的地方可建立入职定点体检和体检结果互认机制。除国家和我省有特别规定外，高校毕业生取得我省二级以上医疗机构、3 个月以内健康体检证明的，用人单位或其主管部门、人事综合管理部门应予认可。超过 3 个月未到半年需重新体检的，无须再做 X 线检查，尽量避免重复体检。

（39）享受公共就业创业服务。公共就业人才服务机构为大学生提供免费的就业失业登记、职业指导、职业介绍、就业见习、人事档案管理等公共就业服务，以及项目选择、开业指导、投（融）资等公共创业服务。对延迟离校的应届毕业生，相应延长报到接收、档案转递、落户办理时限。离校未就业毕业生，可根据本人意愿，将户口、档案在学校保留 2 年或转入生源地公共就业人才服务机构。各地将符合当地住房保障条件的稳定就业创业的大学生纳入住房保障和住房公积金缴存范围，支持使用住房公积金贷款购房。

（40）就业创业指导教师队伍建设。建设职业化、专业化、专家化的就业创业指导工作队伍，建立相关专业教师、创新创业教育专职教师每 2 年至少 2 个月到行业企业挂职锻炼制度。高等学校、园区对作出贡献的导师，在工作量认定、职称评定、待遇报酬等方面给予激励，支持就业创业指导教师到机关、企事业单位实践，建立完善符合职业指导教师特点的职称评价标准，同等条件下优先评审职称。专职就业指导教师和专职工作人员，与应届毕业生的比例原则上不低于 1∶500。鼓励机关、企事业单位相关人员兼任高校就业创业工作义务辅导员。

（41）学分管理。高校将就业创业课程列入必修课或必选课，纳入学分管理。建立创新创业档案和成绩单，实施弹性学制、保留学籍休学创新创业等具体措施，优先支持参与创新创业的学生转入相关专业学习。设置合理的创新创业学分，建立创新创业学分积累与转换制度，设立创新创业奖学金。创业经历可作为实习经历，并可折算为实习学分。在符合学位论文规范要求的前提下，允许本科生用创业成果申请学位论文答辩。